beck'sche reihe

W0409925

bsr

Kann man glücklich sein und trotzdem in Einklang mit der Moral leben? Die Frage stellt sich schon im alltäglichen Leben. Sie ist zugleich eine Frage der Lebensweisheit alter Kulturen und vor allem der Philosophie. Solange man das Glück rein subjektiv als Wohlbefinden versteht, stimmt es mit der Moral bestenfalls zufällig überein. Meint man mit Glück aber die Qualität eines gelungenen Lebens, daß nämlich das eigene Dasein glückt, so gehören dazu Haltungen, die zweifellos einen moralischen Charakter haben und Tugenden heißen. In drei großen Abschnitten des Buches führt Otfried Höffe die Leser durch die Fragestellungen der philosophischen Ethik. Klar und allgemeinverständlich legt er dar, was man unter Glück und Freiheit zu verstehen hat, und macht auf Irrwege in der Philosophiegeschichte, aber auch auf Schwierigkeiten aufmerksam, die der Sache selbst geschuldet sind. Hat das Gute Vorrang vor dem Richtigen, oder ist es umgekehrt? Ist Freiheit immer Anarchie, und läßt sich eine Steigerung der Freiheit durch Moralität denken? Ist Moralität nur ein schöneres Wort für Dummheit? Haben Menschen einen guten oder schlechten Charakter? Gibt es das Böse? Höffe bietet mit seinen Überlegungen philosophische Aufklärung und grundlegende Orientierung, aber keine Rezepte an. Ohnehin wird jeder, der sein Leben selbstbestimmt führt, sich jedes Rezept verbitten.

Otfried Höffe ist Professor für Philosophie an der Universität Tübingen. Er leitet die Forschungsstelle Politische Philosophie und ist Mitherausgeber der Zeitschrift für philosophische Forschung. Bei C. H. Beck sind zuletzt von ihm erschienen: *Ist die Demokratie zukunftsfähig?* (2009), *Demokratie im Zeitalter der Globalisierung* (bsr 1459, 2002), *Wirtschaftsbürger, Staatsbürger, Weltbürger. Politische Ethik im Zeitalter der Globalisierung* (2004), *Kleine Geschichte der Philosophie* (bsr 1597, ²2008) und das *Lexikon der Ethik* (bsr 152, ⁷2008). Er ist Herausgeber der Reihe *Denker*.
Otfried Höffe wurde ausgezeichnet mit dem Bayerischen Literaturpreis (Karl Vossler Preis) für wissenschaftliche Werke von literarischem Rang.

Otfried Höffe

Lebenskunst und Moral

oder

Macht Tugend glücklich?

Verlag C. H. Beck

Die erste Auflage dieses Buches erschien 2007
in gebundener Form im Verlag C. H. Beck.

1., überarbeitete Neuausgabe in der Beck'schen Reihe. 2009
© Verlag C. H. Beck oHG, München 2007
Satz: Fotosatz Reinhard Amann, Aichstetten
Druck und Bindung: Druckerei C. H. Beck, Nördlingen
Umschlagentwurf: malsyteufel, Willich
Umschlagabbildung: Ausschnitt aus «Der Garten Eden»
von Hieronymus Bosch, ca. 1500, Prado Madrid
Printed in Germany
ISBN 978 3 406 59249 2

www.beck.de

Inhalt

1. Einführung 9

ERSTER TEIL:
ETHIK PLUS HANDLUNGSTHEORIE

2. Das Gute zu Ende denken 18
2.1 Drei Gegenstände, drei Diskurse – 2.2 Das moralisch Gute – 2.3 Relativismus – 2.4 Die Moral: funktionslos geworden?

3. Fehlschlüsse 35
3.1 Der Sein-Sollensfehler – 3.2 Moralismus – 3.3 Das moralische Bewußtsein auslegen – 3.4 Moralkritik als Genealogie – 3.5 Ethik ohne Metaphysik?

4. Animal morabile 46

5. Handeln 55
5.1 Bewußt und freiwillig – 5.2 Einschub: Ethischer Realismus? – 5.3 Praktischer Syllogismus, praktische Vernunft – 5.4 Gründe und Motive – 5.5 Glück (Eudaimonia) oder Freiheit (Autonomie)?

ZWEITER TEIL
PRINZIP GLÜCK: EUDAIMONIE

6. Strebensglück 76
6.1 Streben: Herstellen und Handeln – 6.2 Das Endziel zweiter Stufe – 6.3 Sehnsuchtsglück oder Strebensglück? – 6.4 ‹Nur der Engländer strebt nach Glück›

7. Lebenskunst 92
7.1 Savoir vivre – 7.2 Grundriß-Wissen – 7.3 Doppelstrategie

8. Vier Lebensziele 104
8.1 Lust – 8.2 Wohlstand – 8.3 Macht – 8.4 Ansehen

9. Tugend 126
9.1 Charaktertugend und Lebensklugheit – 9.2 Tugend lernen – 9.3 Moralität in der Tugendethik – 9.4 Subjektive Objektivität

10. Besonnenheit, Gelassenheit, Selbstvergessenheit 139
10.1 Besonnenheit – 10.2 Gelassenheit – 10.3 Aus Selbstinteresse selbstvergessen

11. Lebensklugheit statt Kalkulation 153
11.1 Ein empirisch-rationaler Kalkül – 11.2 Die Alternative – 11.3 Zurück zu Aristoteles?

12. Macht Tugend glücklich? 166
12.1 Meistens – 12.2 Böse und gute Widerfahrnisse – 12.3 Eudaimonistische Gelassenheit

13. Euthanasie der Moral? 178
13.1 Jenseits der Alternative Eigen- oder Fremdwohl – 13.2 Mehr als nur prudentiell – 13.3 Provokation Theoria – 13.4 Vorrang des Guten vor dem Richtigen?

14. Von der Strebens- zur Willensethik 190

DRITTER TEIL
PRINZIP FREIHEIT: AUTONOMIE

15. Die moralische Freiheit verorten 198

16. Praktische Vernunft: Handlungsfreiheit 203
16.1 Freier Urheber – 16.2 Nach Gründen handeln – 16.3 Gründe und Scheingründe – 16.4 Stufen praktischer Vernunft

17. Autonome Vernunft: Willensfreiheit 219
17.1 Drei Stufen von Freiheit und Reue – 17.2 Autonomie als reine praktische Vernunft

18. Einspruch 1: Determinismus 228
18.1 Methodischer oder dogmatischer Determinismus – 18.2 Nur Handlungsfreiheit? – 18.3 Verschärfter Determinismus

19. Einspruch 2: Hirnforschung 246
19.1 Tragweite der Provokation – 19.2 Ein exemplarisches Experiment – 19.3 Weitere Einwände

20. Das Kriterium 262
20.1 Zwischenbilanz – 20.2 Begriff, Kriterium, Imperativ – 20.3 Maximen und Maximenethik – 20.4 Universalisierung – 20.5 Folgenethik oder Diskursethik als Alternativen?

21. Der Universalisierungstest: zwei Beispiele 285
21.1 Versprechen – 21.2 Depositum

22. Die Wirklichkeit 298
22.1 Zwei Gedankenexperimente – 22.2 Ein präskriptives Faktum – 22.3 Moralität als Steigerung – 22.4 Ein moralisches Gefühl: Achtung – 22.5 Moralische Anmut – 22.6 Freiheit in Institutionen: Sittlichkeit – 22.7 Metaphysikfrei metaphysisch

23. Moralisch böse 327
23.1 Zum Begriff – 23.2 Zur Wirklichkeit – 23.3 Den Begriff des Bösen aufheben?

24. Autonome Moral und Lebenskunst 340
24.1 Ein Gegensatz? – 24.2 Besonnenheit, Wohlwollen, innere Freiheit – 24.3 Moralerziehung

25. Macht Moralität glücklich? 356

Literatur 365
Namenregister 375
Sachregister 379

1. Einführung

Zwei Dinge sind dem Menschen über die Tagesgeschäfte hinaus wesentlich: das eigene Wohl, auch Glück genannt, und die Moral. Auf den ersten Blick widersprechen sie einander, denn beim Eigenwohl stellt man sich selbst in den Mittelpunkt, wogegen die Moral Einspruch erhebt. Diese Studie, ein Versuch in Fundamentalethik, wirft einen zweiten Blick und fragt: Muß, wer glücklich sein will, der Moral zuwiderhandeln, und muß, wer die Moral anerkennt, sein Lebensglück aufs Spiel setzen? Oder kann man beides zugleich, glücklich und trotzdem im Einklang mit der Moral leben?

Die Fragen stellen sich schon im alltäglichen Leben. Von Philosophen nicht erfunden, sondern vorgefunden, verlangen sie nach einer Antwort, die sich im gewöhnlichen Leben bewährt. Um von den Menschen, die dieses Leben führen, verstanden zu werden, verzichtet die Studie auf unnötige Gelehrsamkeit. Sie versucht in gebotener Gründlichkeit, selbst die Sache zu durchdenken. Die naive Ansicht, es zum ersten Mal zu tun, hegt sie aber nicht. Bei Fragen, die den Menschen seit langem bedrängen, sind bahnbrechend neuartige Antworten selten. Unredlich wäre es daher, die Fülle von Anregungen zu unterschlagen, die man den heutigen Debatten, vor allem der Geschichte der Philosophie verdankt. Was man für sich erwartet, schuldet man auch anderen: die neidlose Anerkennung fremder Leistungen; Originalität beanspruche man nur, wo sie tatsächlich berechtigt ist.

Geht es um Grundlagen des Menschen, so ist nicht bloß von Philosophen zu lernen, sondern ebenso von Lebenserfahrung und überlegtem Alltagsverstand, ferner von mancher Wissenschaft, nicht zuletzt von der Lebensweisheit und der Weltliteratur. Dabei zeigt sich, wie die Menschen sich in Fragen von Glück und Moral über Epochen- und Kulturgrenzen, auch Religionsgrenzen hinweg einig sein können: Das Nachdenken über Lebenskunst und Moral mündet wie von selbst in einen interkulturellen Diskurs.

Einig sind sich die Menschen nicht bloß in Verbindlichkeiten und den Begriffen und Argumenten, mit denen man über sie redet. Gemeinsam sind auch Zweifel und Schwierigkeiten. Bei ihnen setzt der interkulturelle Diskurs an. Für einfache Zweifel braucht man die Philosophie freilich nicht. Auch im Fall der Moral tritt sie erst dort auf den Plan, wo die Zweifel so grundlegender Art sind, daß sie sich zu Schwierigkeiten auswachsen, bei denen die üblichen Methoden des Lebens, die Erfahrung und die Urteilskraft, auch die Lebensweisheit, an Grenzen stoßen. Man kann vor den entsprechenden Schwierigkeiten kapitulieren, indem man sie zu einer Weg- und Ausweglosigkeit, einer unauflösbaren Aporie, erklärt. Wie bei einem guten Arzt oder Naturforscher, so liegt auch beim Philosophen die Leistung nicht allein in der dramatischen Beschreibung von Ausweglosigkeit. Mindestens ebenso ist die Fähigkeit gefragt, auch in schwieriger Lage noch einen Weg zu finden. Zu diesem Zweck halte man die Schwierigkeiten für Rätsel, die sich entziffern lassen. Dann bleibt nämlich die Neugier aktiv; sie fordert den Ehrgeiz des Entschlüsselns heraus, der die Weglosigkeit zu einem Weg erklärt, der aber noch gefunden oder erfunden werden muß. Häufig genügt es sogar, die Schwierigkeiten so genau zu diagnostizieren, daß sich schon in der Diagnose eine Lösung abzeichnet.

Im Fall der Ethik fangen die Schwierigkeiten nicht erst beim Verhältnis von Glück und Moral an. Sie beginnen bei der Vorfrage, was unter diesen Begriffen zu verstehen ist. Geht die Ethik vom Glück aus und begreift es rein subjektiv als bloßes Wohlbefinden, so stimmt es mit der Moral bestenfalls zufällig überein. Meint es aber die Qualität eines gelungenen Lebens, daß nämlich das eigene Dasein glückt (griechisch: *eudaimonia*), so gehören dazu Haltungen wie die Besonnenheit, Freigebigkeit und Gerechtigkeit, die zweifellos einen moralischen Charakter haben, deshalb Tugenden heißen und dem Glück erlauben, sich mit der Moral weitgehend zu vertragen.

Nach einem anderen Ansatz, dem der utilitaristischen Ethik, kommt es von vornherein nicht – nur – auf das eigene Glück an. Alles Handeln habe vielmehr zum Ziel (*telos*), dem Wohl aller Betroffenen, beizutragen. Ein dritter Ansatz der Ethik geht vom Begriff der Moral aus und sieht diese weder mit dem eigenen noch mit fremdem Glück verbunden, sondern mit dem, was Pflicht ist (*deon*), etwa dem Verbot zu lügen und dem Gebot, Notleidenden zu helfen. Als deren Prinzip gilt die Freiheit im Sinne einer Selbst-Gesetzgebung (*auto-nomia*) des Willens. Somit tut sich eine neue Spannung auf. Sie besteht nicht mehr zwischen Glück und Moral, sondern zwischen drei Begriffen von Moral und deren unterschiedlichen Prinzipien. Im ersten Fall geht es um die am eigenen Glück orientierte Tugendmoral, im zweiten um eine aufs Kollektivglück verpflichtete Ziel- und Erfolgsmoral und im dritten Fall um eine der Autonomie entspringende Pflichtenmoral.

Die Naturforschung pflegt ihre großen Neuerungen nach deren Entdeckern zu benennen; sie spricht zum Beispiel von Newtonschen Gesetzen und von Röntgenstrahlen. Entsprechend greift die (abendländische) Philosophie auf ihre Entdecker, insbesondere die Griechen, zurück. Sie nennt die Ethik des Glücks nach dem griechischen Ausdruck eudaimonistisch, die Ethik der Zielorientierung teleologisch und die der Pflicht deontologisch oder wegen der Selbstgesetzgebung Ethik der Autonomie. Sofern sie sich auf klassische Vorbilder bezieht, beruft sie sich beim Prinzip Glück (Eudaimonie) vor allem auf einen Kirchenvater der antiken Philosophie, Aristoteles, beim Prinzip Freiheit (Autonomie) auf den herausragenden Denker der Neuzeit, Immanuel Kant; und für die utilitaristische Teleologie gelten Jeremy Bentham und John Stuart Mill als entscheidende Klassiker.

Wie in anderen Bereichen, so ist auch in der philosophischen Ethik das Reservoir an grundlegenden Begriffen und Argumenten begrenzt, überdies seit langem bekannt. Im Zuge von Feinabstimmungen und Zwischenpositionen werden die philosophischen Karten zwar immer wieder neu gemischt, das Blatt ist aber im wesentlichen vorgegeben als ein Spiel mit diesen drei Farben: Eudaimonismus, Teleologie als Utilitarismus und Deontologie als Autonomie. Für eine Philosophie, die sich nicht auf die akademische Tradition einschränkt, kommt als vierte Farbe die Moralkritik hinzu.

Lange Zeit waren die Sprachräume von «ihrem» Klassiker bestimmt, die deutsche Debatte etwa von Kant, dem Kantkritiker Hegel und dem Moralkritiker Nietzsche, während im englischsprachigen Diskurs der Utilitarismus vorherrschte. Nur die «Gründerväter» Platon und vor allem Aristoteles wurden sowohl auf dem europäischen Kontinent als auch in der englischsprachigen Welt in gleicher Achtung diskutiert. Schon vor einiger Zeit begannen aber erhebliche Verschiebungen. Nach einer Phase schlechter Presse erhielt der Utilitarismus auch in der deutschen Philosophie größeres Gewicht. Und in der angloamerikanischen Moralphilosophie fand geradezu ein Umbruch statt, ausgelöst durch das Werk von John Rawls, der seine Gerechtigkeitstheorie mit einer Spitze gegen den Utilitarismus an Kant orientiert.

Wie andere Philosophie, so zeichnet sich auch die Moralphilosophie durch drei Momente aus. Mit dem Ziel, Irrtümer über den Gegenstand zu entlarven und möglichst ein Wissen zu gewinnen, richtet die Philosophie keine Appelle an die Menschen, sondern arbeitet mit Argumentation, Reflexion und in Voraussetzungslosigkeit. Als *erstes* sucht sie Begriffe zu klären, denn selbst die Grundbegriffe pflegen mehrdeutig zu sein; sie fragt nach einem Maßstab für die Sache der Grundbegriffe – hier: für die Moral und für das glückliche Leben – und erörtert deren Vereinbarkeit; um zu gültigen Aussagen zu gelangen, entwickelt sie sowohl Gründe als auch Gegengründe und wägt sie gegeneinander ab.

Dieses Vorgehen, das insgesamt Argumentation heißt, zeichnet sich *zweitens* durch die Eigenschaft der Reflexion aus. Es setzt nämlich bei einem Vorwissen, hier: der Moral und dem glücklichen Leben, an, nimmt dann aber Abstand zu dem Wissen, um in neuer Hinwendung es in seine Elemente oder Momente aufzugliedern, es aus ersten Gründen (Prinzipien) entweder zu rechtfertigen oder aber, wie in der Moralkritik, zu verwerfen.

Immer wieder dient man der Philosophie die Mathematik als Vorbild an. Die Mathematik kann aber ihre Gegenstände zu einem erheblichen Teil «selber machen», sie nämlich konstruktiv de-finieren, und dadurch, durch ein vollständiges Abgrenzen und Konstruieren, Mehrdeutigkeiten vermeiden. Der Moralphilosophie ist dieses Vorgehen verwehrt. Gemäß ihrem Reflexionscharakter wendet sie sich auf eine schon bekannte Welt, die von Glücksverlangen und Moral, zurück. Weil sich diese Welt in so gut wie allen Kulturen und Epochen findet, kann man darin ein Grundfaktum der Menschheit sehen und den Menschen in dieser Doppelheit bestimmen, als das auf Glück und Moral hin orientierte Lebewesen einerseits, das andererseits über diese Orientierung reflektiert.

Die Philosophie beansprucht *drittens*, bei ihrer Argumentation und Reflexion in dem Sinn voraussetzungsfrei zu sein, daß sie nichts als aller Nachfrage entzogen anerkennt. Auch das noch so Selbstverständliche muß sich in Frage stellen, gegebenenfalls kritisieren lassen: Die Radikalkritik gehört zur Philosophie wesentlich hinzu. In der Moralphilosophie ist es die vierte Farbe, die facettenreiche Moralkritik, die beispielsweise als strenger Relativismus keine allgemeingültige Verbindlichkeit anerkennt. Und heute erklärt ein neurowissenschaftlicher Determinismus die Freiheit und Verantwortung zur Illusion. Diese Studie versucht, das volle Blatt der vier moralphilosophischen Farben auszuspielen, verbunden mit dem Interesse, dort verfestigte Frontlinien aufzulösen, wo die Auseinandersetzung in einem philosophischen Stellungskrieg erstarrt ist.

Nach einem in der Antike beliebten Bild ist der Mensch wie ein Bogenschütze, dem der Moralphilosoph sein Ziel zu treffen hilft. Wechselt man vom Bild zum Medium der Philosophie, dem Begriff, so ergibt sich ein Selbstverständnis, das dem Publikum willkommen ist: die Ethik als praktische Philosophie. Der Ausdruck steht im Gegensatz zur theoretischen Philosophie und klingt wie dieser ungewöhnlich, sogar provokativ. Denn die Philosophie ist eine Form von Theorie, so daß der Zusatz des Theoretischen unnötig, der des Praktischen dagegen widersprüchlich ist. «Praktisch» heißt nämlich, was zur Bewältigung konkreter Lebensprobleme dient, von denen die Philosophie als Theorie absieht.

Die Theorie, gegen die sich eine praktische Philosophie absetzt, bezeichnet aber nicht jedes relativ grundsätzliche Wissen. Gemeint ist jene «theoretische Theorie», die, um ihrer selbst willen gesucht, das Wissen zum Zweck macht. Davon unterscheidet sich die praktische Philosophie trivialerweise durch ihren Gegenstand. Während sich die theoretische Philosophie auf die vom Menschen unabhängige naturale Natur richtet, untersucht die praktische Philosophie die vom Menschen abhängige Praxis. Wahrhaft praktisch wird sie aber erst durch den zweiten Unterschied, daß es ihr im Gegensatz zu einem sich selbst genügenden Wissen um Einsichten geht, die den konkreten Menschen betreffen, seinen Daseinsvollzug und seine Institutionen. Die Ethik als praktische Philosophie sucht eine existentielle Bedeutung.

Trotzdem bleibt sie ihrem Metier, der Philosophie, treu. Sie entfaltet sich ausschließlich durch Begriff, Argument und Reflexion. Eine Ethik, die es statt dessen eilig hat, die Welt zu verändern, und zur persönlichen Umkehr, zur politischen Revolution oder zur Gegenrevolution auffordert, verläßt ihre Kompetenz. Infolgedessen läuft sie Gefahr, eine unausgereifte Philosophie und zugleich eine laienhafte Politik zu betreiben, also zur schlechten Theorie und schlechten Praxis in einem zu werden. Will die Philosophie auf ihre eigene Weise praktisch sein, so kann sie es nur durch praxisrelevante Einsichten.

Einer Ethik des Prinzips Glück scheint diese Leistung leichter zu fallen. Man rühmt sie daher gern als eine philosophische Lebenskunst. Tatsächlich läßt sich aber auch eine Freiheits- und Pflichtenethik als praktische Philosophie, sogar als philosophische Lebenskunst entfalten. Daß die Moralphilosophie in beiden Gestalten, als Eudaimonie- und als Autonomie-Ethik, zwar eine Aufklärung und grundlegende Orientierung leistet, aber keine Rezepte anbietet, versteht sich von selbst. Ebenso selbstverständlich ist ihre Ablehnung jeder autoritären Moral. Ohnehin wird, wer sein Leben eigenverantwortlich führt, jedes Rezept und jede autoritäre Vorschrift sich verbitten.

Im Ziel, praktische Philosophie und Lebenskunst zu sein, brauchen sich also Eudaimonismus und autonome Moral nicht zu unterscheiden. Der Gegensatz beginnt andernorts, an einer Stelle, die man bislang so nicht wahrgenommen hat: im Grundbegriff menschlichen Handelns. Seinetwegen gibt es die zwei Leitinteressen Glück und Freiheit. Gemeinsam ist beiden das Interesse, beim Grundbegriff «gut» einen Superlativ zu bilden, verschieden ist dessen Gegenstand. Versteht man das Handeln als ein Zulaufen auf ein Ziel, als ein Streben, so besteht der Superlativ von «gut» im unüberbietbar, schlechthin höchsten Ziel. Folgerichtig liegt das, was «Moralprinzip» heißen darf, im Inbegriff der Erfüllung allen Strebens, im eudaimonistischen Glück. Versteht man dagegen das Handeln nicht vom Ziel, sondern vom Anfang her, so besteht der Superlativ im Gedanken jenes allerersten Anfangs, den die Philosophie als Willensfreiheit oder Autonomie des Willens bezeichnet.

Daraus ergibt sich die Gliederung. Im Durchgang durch eine Reihe von Schwierigkeiten und Methoden, sie zu lösen, entwickelt *der erste Teil* das grundlegende Argumentationsmuster «Ethik plus Handlungstheorie». Das Stichwort «Ethik» verweist auf die Gemeinsamkeit der beiden Leitinteressen Glück und Freiheit, auf den Superlativ von «gut» (*Kapitel* 2). Es folgen zwei weitere Gemeinsamkeiten: die zuständige, eine Reihe von Fehlschlüssen vermeidende Argumentationslogik (*Kapitel* 3) und eine Skizze der von der philosophischen Ethik oft vernachlässigten Moralanthropologie (*Kapitel* 4). Erst bei der Handlungstheorie taucht schließlich die Gabelung in eudaimonistisches Streben und autonomes Wollen auf (*Kapitel* 5). Die zwei nächsten Teile nehmen sich die daraus fließenden Leitinteressen des Menschen vor, das «Prinzip Glück: Eudaimonie» und das «Prinzip Freiheit: Autonomie».

Der *zweite Teil* beginnt mit einer Klärung des zum Strebenshandeln gehörenden Begriffs von Glück (*Kapitel* 6). Auf die Überlegung hin, wie eine darauf bezogene philosophische Lebenskunst aussehen kann (*Kapitel* 7), wird diese schrittweise entfaltet: Wie sind die weitverbreiteten Lebensziele von Lust, Wohlstand, Macht und Ansehen vom Prinzip Glück aus einzuschätzen (*Kapitel* 8)? Worin besteht der für eine Ethik des Glücks charakteristische Begriff der Tugend (*Kapitel* 9), was sind charakteristische Beispiele (*Kapitel* 10) und warum braucht es zur Ergänzung eher die Lebensklugheit als das von Utilitaristen favorisierte Kalkül für Glück (*Kapitel* 11)? Es folgen zwei kritische Rückfragen: «Macht Tugend glücklich?» (*Kapitel* 12) und «Euthanasie der Moral?» (*Kapitel* 13). Ihretwegen drängt sich der Übergang von der Strebens- zur Willensethik auf (*Kapitel* 14.)

Der *dritte Teil* entwickelt zunächst den schwierigen Leitbegriff, die Willensfreiheit (*Kapitel* 15–17). Da eine gründliche Philosophie sich mit der einschlägigen Skepsis auseinandersetzt, werden dann zwei Provokationen der Willensfreiheit erörtert: der Determinismus (*Kapitel* 18) und die Herausforderung von Seiten der Hirnforschung (*Kapitel* 19). Erst anschließend kann die Philosophie der Willensfreiheit «konstruktiv» werden. Sie entfaltet das Kriterium, die Universalisierung von Lebensgrundsätzen (Maximen), und setzt es gegen zwei Alternativen, die Folgenethik und die Diskursethik, ab (*Kapitel* 20). Aufgrund von zwei viel erörterten Beispielen, dem Versprechen und dem Depositum, erhält das Kriterium konkrete Prägnanz (*Kapitel* 21). Es folgt die schwierige Frage, ob es die autonome Freiheit gibt und gegebenenfalls in welcher Weise sie existiert (*Kapitel* 22). Nach einem kurzen Blick auf den erstaunlich oft vernachlässigten Gegenbegriff zum moralisch Guten, dem Bösen (*Kapitel* 23), läßt sich eine Bilanz ziehen: Die Lebenskunst, die man in der Regel nur dem Prinzip Glück zugute hält, ist der autonomen Moral alles andere als fremd (*Kapitel* 24 und 25).

Wieder ist vielen zu danken: als erstes aufmerksam-kritischen Studenten, sodann engagierten Mitarbeitern, dieses Mal Dirk Brantl M. A. und Axel Rittsteiger M. A., besonders aber Dr. Nico Scarano, nicht zuletzt der Deutschen Forschungsgemeinschaft für ein Semester ohne Lehrverpflichtungen und verringerte Kommissionslast.

Tübingen, im Oktober 2006 *Otfried Höffe*

Erster Teil

Ethik plus Handlungstheorie

2. Das Gute zu Ende denken

Schon der erste Schritt, die Gegenstandsbestimmung, führt die Ethik in vier erhebliche Schwierigkeiten. Sie hängen weder von Besonderheiten der westlichen Kultur noch von der «moralischen Situation» der Gegenwart ab: Sowohl der Gegenstand als auch die zuständigen Diskurse zeichnen sich durch Mehrdeutigkeit aus (Kap. 2.1); der Grundbegriff «gut», sagt der sogenannte naturalistische Fehlschluß, sperrt sich angeblich jeder Definition (Kap. 2.2); die übliche Voraussetzung einer Ethik, die allgemeine Verbindlichkeit, wird durch den Relativismus in Frage gestellt (Kap. 2.3); und nach einer wirkungsreichen Theorie der Moderne soll die Moral ihre Funktion verloren haben (Kap. 2.4).

2.1 Drei Gegenstände, drei Diskurse

Andere kommen gern rasch zur Sache, Philosophen fragen zunächst, was die Sache denn ist. Ihre Gegenstände sind nämlich so facettenreich und ihre Begriffe so vieldeutig, daß sie einer Begriffsklärung bedürfen. Wie generell, so gründet auch im Fall der Ethik die Mehrdeutigkeit weniger in einer Unklarheit des Denkens oder Ungenauigkeit des Sprechens als in einer Vielschichtigkeit der Sache.

Die abendländische Moralphilosophie beginnt bei den Griechen, als eigene Disziplin bei Aristoteles, unter dem Titel *ta êthika.* Der darin enthaltene Ausdruck *êthos* hat drei Bedeutungen, die die Philosophie sinnvollerweise allesamt, freilich mit unterschiedlichem Gewicht behandelt.

Die erste Bedeutung, Ethos 1, der gewohnte Ort des Lebens, spielt schon im vormenschlichen Bereich eine Rolle. Wie das Wasser für die Fische, so ist die Luft für die Vögel und der Raum unter der abgestorbenen Baumrinde für den Borkenkäfer der artgerechte Lebensraum. Domestizierte Tiere haben schon mehr als einen einzigen Lebensraum: Rinder, Schafe und Pferde bewegen sich auf dem eher natürlichen Weideplatz und in dem von Menschenhand geschaffenen, künstlichen Stall. Erst der Urheber der Domestikation kann sich aber vielerorts, mit technischer Hilfe so gut wie überall bewegen: auf der Erde, unter und über ihr; in Höhlen, Zelten, einfachen Häusern und Wohntürmen; in ärmlichen Hütten und luxuriösen Palästen. Was bei Tieren weitgehend artspezifisch vorgegeben ist, hängt beim Menschen zu einem erheblichen Teil von seinen Interessen und Techniken ab, die wiederum kulturell geprägt sind: Die biologische Art überläßt großzügig der Kultur eine erhebliche Macht. Liberale Kulturen setzen die Großzügigkeit fort und gewähren den Individuen einen weiten Spielraum. Beide, der kulturelle und der individuelle Spielraum, werfen nun Bewertungs- und Orientierungsfragen auf, die die philosophische Ethik auf den Plan rufen.

In der Unterscheidung von kulturellem und individuellem Spielraum deutet sich eine weitere Besonderheit des Menschen an: daß sein Ethos sich auf zweierlei Art entfaltet. Das soziale Ethos oder Ethos 2 (griechisch *ethos,* mit kurzem e; lateinisch *mores*) besteht im Inbegriff von Üblichkeiten und Gewohnheiten, die von bloßen Konventionen, etwa dem Rechts- oder Linksfahren, über die Etikette und das Schickliche bis zu Lebensweisen und Institutionen wie Ehe und Familie, Schule, Universität, Recht und Staat reichen. Auf der anderen Seite gibt es das personale Ethos (Ethos 3), nämlich die Art und Weise, wie jemand innerhalb des sozialen Ethos sein eigenes Leben führt. Die mehr oder weniger persönliche Lebensstrategie oder Lebensform hat als subjektive Grundlage oder Ausprägung die individuelle Denkweise und Sinnesart, den Charakter. Zum personalen Ethos gehört auch die Zustimmung oder Ablehnung, die die soziale Praxis bei den Subjekten findet, also persönliches Loben und Tadeln, Achten und Verachten. Wegen dieser Besonderheit entfaltet sich die Ethik des Menschen, die Humanethik, in zwei sich ergänzende Bereiche. Die soziale Ethik untersucht die gesellschaftlichen Sitten und Institutionen, die personale Ethik die individuellen Lebensformen und Charaktere.

Alleinzuständig für diese Gegenstände ist die Moralphilosophie freilich nicht. Das soziale und das personale Ethos lassen sich nämlich unter drei Erkenntnisinteressen betrachten.

(1) Im größeren Rahmen der *empirischen Ethik* richtet sich (1.1) eine beschreibende (*deskriptive*) Ethik auf das tatsächlich vorhandene, herrschende Ethos, die *positive Moral*, und trägt ihre Vielfalt, aber auch ihre Gemeinsamkeiten zusammen. (1.2) Die wissenschaftlich anspruchsvollere, *explanatorische Ethik* sucht die Herkunft und Funktion der positiven Moral zu erklären und die Erklärung zu einer Theorie menschlichen Verhaltens zu verallgemeinern. Zum empirischen Diskurs gehört eine strenge Wertfreiheit: Man enthält sich jeder Beurteilung von Wert oder Unwert, von Gut oder Schlecht; man bleibt normativ neutral.

Für deskriptive und explanatorische Fragen sind vornehmlich andere Wissenschaften zuständig. Ganz ohne Kompetenz ist die Philosophie aber nicht. Sie kann nämlich neue Forschungsgesichtspunkte einbringen, beispielsweise die oft vernachlässigte Frage, ob es trotz vieler Unterschiede nicht auch erhebliche Gemeinsamkeiten gibt. Im Gegensatz zu einem strengen Relativismus stößt der erfahrungsoffene Blick sogar auf ein derart großes Maß an Gemeinsamkeiten, daß die Moral den Rang eines gemeinsamen Erbes der Menschheit beanspruchen darf (vgl. Kap. 2.3).

(2) Vordringlich widmet sich die philosophische Ethik der zweiten, *normativen Aufgabe*, die ebenfalls zweigeteilt ist. Als bewertende *(evaluative) Ethik* beurteilt sie das gegebene Ethos im Vorgriff auf ein zu Recht geltendes Ethos, auf eine *kritische Moral*, die häufig schlicht «Moral» heißt. Dabei ist die Moral in einem weiten Verständnis gemeint, als Oberbegriff zu den genannten vier konkurrierenden Prinzipien: der Eudaimonie, der Autonomie, des Kollektivwohls und der unterschiedlichen Moralkritiken. Im Fall eines positiven Bewertens spricht man von gut, auch von richtig, bei gegenteiliger Bewertung von schlecht, falsch oder sogar böse.

Die vorschreibende *(präskriptive) Ethik* schließt sich daran an. Wegen der Eigentümlichkeit des Menschen, nicht immer das Positive zu tun und das Negative zu unterlassen, nehmen die moralischen Bewertungen den Charakter eines Sollens an, das im Falle eines begründeten Sollens «Imperativ» heißt. Die philosophische Ethik versteht unter dem Imperativ also nicht den Befehl einer überlegenen Macht, die fraglosen Gehorsam verlangt. Sie meint allein Forderungen, die zwar auch gegen widerstrebende Interessen Anerkennung verlangen, aber dafür die Bewertungen als Gründe anführen. Ihre Verbindlichkeiten sind nicht autoritär, sondern autoritativ.

Viele Moralphilosophen halten das begründete Sollen, den Imperativ, für eine Besonderheit der Pflichtenethik. In Wahrheit kommen auch deren Alternativen nicht ohne aus. Die eudaimonistische Tugendmoral beispielsweise verlangt zumindest stillschweigend, die Tugenden zu erwerben und auszuüben. Auch Verbindlichkeiten für ein gutes Leben sind Imperative, die sich vom eigenen Wohl her rechtfertigen. Als präskriptive Theorie schreibt die Ethik vor, was aus Gründen positiv, und lehnt ab, was aus Gründen negativ bewertet wird. Der positive Imperativ hat die Gestalt eines Gebotes («du sollst ...»), der negative die eines Verbotes («du sollst nicht ...», besser: «du darfst nicht ...»).

Eine so kreative, aber auch anpassungsbereite Sprache wie das Deutsche übersetzt *ethos* mit «Sitte» und bildet dazu die Ausdrücke «sittlich» und «Sittlichkeit». Trotzdem bewahrt sie in Fremdwörtern sowohl den griechischen Ausdruck «Ethik» und «ethisch» als auch dessen lateinische Übersetzungen «Moral» und «moralisch» auf. Daraus folgt allerdings die verwirrende Situation, daß drei Ausdrücke in etwa dasselbe bedeuten. Man kann zwar «ethisch» auf die Antike, «moralisch» dagegen auf die Neuzeit, hier vor allem auf Kant beziehen. Die Vorläufer der Neuzeit reichen jedoch über das Mittelalter bis in die Spätantike zurück. Außerdem entspricht der heutige Bedeutungsvorschlag für «ethisch» nur zum geringen Teil dem Verständnis der klassischen Antike. Und Hegel will sich zwar gegen Kants Begriff der Moralität mit dem Ausdruck Sittlichkeit absetzen; diesen Ausdruck verwendet Kant aber ebenfalls.

In dieser verwirrenden Lage empfiehlt es sich eher, mit «Ethik» die wissenschaftliche Disziplin, die Theorie von Moral und Sitten, zu bezeichnen, mit «Moral» und «Sitten» dagegen den Gegenstand dieser Disziplin. Dabei bildet die positive Moral und Sitte den Gegenstand der deskriptiven und der empirischen Ethik, die kritische Moral, oder schlicht: Moral dagegen den Gegenstand der normativen Ethik, die auch Moralphilosophie heißt.

In beiden Gestalten, der bewertenden und der vorschreibenden Ethik, interessiert sich die Philosophie in erster Linie nicht für konkrete Einschätzungen. Sie vorzunehmen ist Aufgabe des moralischen Diskurses, bei dem die Philosophie allenfalls subsidiär, hilfsweise mitwirkt. Wichtiger ist ihr ein Diskurs zweiter Stufe, der ethische Diskurs, der unter anderem nach einem allgemeinen Maßstab für die Moral sucht, nach einem «Moralometer», das sich jedoch strukturell als weit komplizierter denn ein Thermometer erweisen wird.

(3) Insofern die in Imperativen enthaltenen Grundsätze schon Maßstäbe setzen, sucht die Moralphilosophie einen Maßstab für Maßstäbe, also einen moralischen Maßstab zweiter Stufe. Um ihn zu gewinnen, klärt sie zunächst einmal die entscheidenden Begriffe und die logische Struktur einer Moralbegründung, was eine dritte Diskursstufe ausmacht und «Metaethik» genannt wird. Dieser Ausdruck ist freilich mißverständlich, da der Metadiskurs zur philosophischen Ethik unverzichtbar hinzugehört. Deren klassische Werke, beispielsweise Aristoteles' *Nikomachische Ethik* und Kants *Grundlegung zur Metaphysik der Sitten*, halten sich mit moralischen Diskursen zurück,

legen dagegen – wie auch diese Studie – auf die beiden anderen, die ethischen und die metaethischen Diskurse, wert.

2.2 Das moralisch Gute

Vom Grundwort der Moralphilosophie «gut» behauptet eine einflußreiche Ansicht, die des britischen Philosophen G. E. Moore (1903), es sei ein schlechthin einfacher Gegenstand. Infolgedessen versperre er sich gegen eine Definition und sei nur einer geistigen Intuition zugänglich. Keineswegs unbescheiden, vermeint Moore mit diesem Argument so gut wie die gesamte bisherige philosophische Ethik in Mißkredit zu bringen. Sie habe nämlich irrtümlich «gut» mit anderen Gegenständen gleichgesetzt, insbesondere mit naturalen Eigenschaften wie «nützlich» (Utilitarismus), «lustvoll» (Hedonismus) oder «lebensdienlich» (Evolutionismus), weshalb er von einem naturalistischen Fehlschluß spricht. Einen ähnlichen Fehlschluß wirft er auch metaphysischen Ethiken vor, so daß er zusätzlich einen metaphysizistischen Fehlschluß behauptet. (Eine ausführlichere Auseinandersetzung mit Moore in Höffe 1988, 25 ff.).

Für die Behauptung, «gut» sei undefinierbar, trägt Moore keinen schlüssigen Beweis, sondern lediglich ein direktes und ein indirektes Argument vor. Das direkte Argument, «gut» lasse sich nicht in weitere Bestandteile zerlegen, ist zirkulär. Es setzt nämlich als bewiesen voraus, was erst zu beweisen wäre: die Nichtzerlegbarkeit, folglich Einfachheit von «gut». Nach dem indirekten Argument, dem der offenen Frage, bleibt dort, wo man «gut» etwa mit «nützlich» oder «lustvoll» gleichsetzt, die Frage offen, ob das Nützliche, Lustvolle ... unter allen Umständen gut sei. In der Tat kann man ein unehrliches Versprechen als nützlich oder das Quälen eines Sadisten als lustvoll bezeichnen und trotzdem dessen Gutsein in Frage stellen. Rundum beweiskräftig ist aber auch dieses Argument nicht. Denn es gibt versteckte Synonymitäten. Wo die Bedeutungsgleichheit nicht unmittelbar ins Auge springt, etwa bei Brunch und Gabelfrühstück, ist die Frage: «Dieses ist A (Brunch); ist es auch B (Gabelfrühstück)?» nicht sinnlos.

Solange man das Argument der offenen Frage nicht beweiskräftiger ausbaut, bleibt die Behauptung eines naturalistischen Fehlschlusses das trockene Versichern einer Gegenposition: Während Moore bei «gut» und «nützlich» («lebensdienlich» ...) zwei verschiedene Eigenschaften «wahrzunehmen» glaubt, «sehen» seine Gegner nur eine einzige. Moore kann den Naturalisten (und den Metaphysikern) nur eine Art von Farbenblindheit, nämlich ein mangelndes Unterscheidungsvermögen vorwerfen, während die Gegner ihm eine Art von Halluzination anlasten: die Wahrnehmung einer von «nützlich» usw. angeblich, aber nicht tatsächlich verschiedenen Eigenschaft.

Nach Moore ist die bisherige Moralphilosophie noch gar nicht «zur Sache», dem Begriff des Guten, gekommen. Für die Erwiderung, dieses Defizit bilde er sich nur ein, bietet sich eine neuartige, konstruktive Semantik an. Sie stellt beim normativen Grundbegriff «gut» drei Bedeutungen fest, sieht, daß sie rangmäßig aufeinander aufbauen und daß man vielleicht schon die zweite, auf jeden Fall aber die dritte Stufe sinnvollerweise mit «moralisch gut» gleichsetzt:

Auf der *untersten* Stufe bewertet man Mittel und Wege auf ihre Tauglichkeit für beliebige Absichten oder Ziele. Wer beispielsweise zu Wohlstand kommen will, braucht weit mehr Einnahmen als Ausgaben. Die Frage, ob es gut ist, wohlhabend zu werden, bleibt dagegen offen. Dieses «gut für (irgend-) etwas» schließt alles technische, taktische oder strategische, alles instrumentelle, auch funktionale Gutsein ein; es kann im weiteren Sinn des Wortes «technisch gut», auch «fachlich gut» heißen. Trägt man die Bewertung als begründete Forderung vor, so nimmt sie die Gestalt eines technischen Imperativs an, eines aus technischen Gründen folgenden Sollens.

Hinsichtlich seiner Verbindlichkeit hat der (im weiten Sinn) technische Imperativ einen relativen oder bedingten («hypothetischen») Charakter: «*Wenn* ich *x* will, *dann* muß ich *y* tun.» Dabei kann das *y*, der Inbegriff der Mittel und Wege, einfach sein oder aber schwierig und beispielsweise in einem bunten Strauß von Wahlmöglichkeiten bestehen. So kann man den Wohlstand entweder durch eine Verringerung der Ausgaben oder durch eine Erhöhung der Einnahmen erlangen, was wiederum durch besser bezahlte Tätigkeiten, Erfindungen, einen Bestseller, einen Lottogewinn oder eine Erbschaft geschehen kann. Und manch einer versucht es mit einem Bankraub.

Nach einer in der ersten Hälfte des 20. Jahrhunderts verbreiteten Ansicht, dem Emotivismus (z. B. Stevenson 1944), bezeichnet «gut» weder natürliche noch nichtnatürliche Eigenschaften, denn der Ausdruck habe nur eine Gefühls- (Emotions-) Bedeutung. Sagt jemand «*a* ist gut», so bringe er bloß seine persönliche Einstellung, seinen nicht verallgemeinerbaren Geschmack zum Ausdruck, der sich allerdings mit dem Versuch verbindet, den anderen zum Übernehmen der Einstellung bzw. des Geschmacks zu bewegen.

Wäre diese Ansicht richtig, so fielen alle Bewertungen, auch die moralischen Urteile, aus dem Bereich des Erkennbaren (Kognitiven) heraus. Die Ethik wäre nur nichtkognitivistisch möglich, als Theorie von unterschiedlichem Geschmack, folglich als Konsens über den Dissens. Zumindest für die erste, technische Bewertungsstufe überzeugt die Ansicht nicht. Denn bei Aussagen über ein technisches Gutsein gibt ein vorgegebenes Ziel Z den Maßstab ab, an dem die Richtigkeit der Aussage «*a* ist gut für *Z*» objektiv gemessen wird. Infolgedessen drückt die Aussage weder ein nur persönliches Gefühl noch einen bloß subjektiven Geschmack aus; sie erhebt einen objektiven, jedenfalls kognitiven Anspruch.

Dies bedeutet freilich nicht, ein technisches Bewerten sei ein übliches Beschreiben oder Behaupten, nicht einmal, es sei ein Beschreiben mit Zusatz, ein «Beschreiben plus x». Denn im technischen Bewerten wird nicht etwas «von» etwas behauptet, vielmehr etwas, zum Beispiel eine Handlung, «im Lichte von» etwas, dem Ziel, als zu ihm hinführend eingeschätzt. Die Einschätzung läßt sich allerdings in eine gewöhnliche Behauptung umformulieren. Wer sagt «*a* ist gut für *Z*» behauptet: «*a* ist in Hinsicht auf *Z* zielführend».

Um den Emotivismus zu verteidigen, könnte man noch erklären, die Mittel mögen einen objektiven Charakter haben, das entscheidende Ziel sei aber subjektiv, so daß auch die Gesamtaussage nur einen subjektiven Charakter habe. Dieser Einwand verkennt das Wesen des technisch Guten, die auf das Mittel-Ziel-Verhältnis eingeschränkte Bewertung. Nur in anderer Hinsicht kann man dem Einwand recht geben: Wer lediglich technische Bewertungen vornimmt, verschenkt einen Großteil objektiver Bewertungschancen.

Dem technischen Gutsein bzw. Imperativ entspricht die technische Rationalität, die auch «technische Vernunft» heißt. Beide Ausdrücke sind wieder in dem weiten Sinn gemeint, daß sie die taktische, strategische, instrumentelle und funktionale Rationalität bzw. Vernunft umfassen. Weil sie sich nicht aufs Erkennen, sondern Handeln beziehen, spricht man auch von praktischer, näherhin technisch-praktischer Vernunft und meint die Fähigkeit, technisch-praktischen Gründen zu folgen.

Auf der *zweiten* Bewertungsstufe wird, was man auf der untersten Stufe bloß voraussetzt, das Ziel seinerseits bewertet. Die Bewertung erfolgt im Blick auf ein Ziel zweiter Stufe, auf eine Leitabsicht, das eigene Wohlergehen, nach dem die Menschen – wie wir sehen werden – natürlicherweise verlangen. Ob es um eine natürliche oder eine juristische

Person, etwa eine Schule, ein Unternehmen oder einen Staat geht – auf der zweiten Stufe fragt man, ob deren Wohl befördert werde. Auf das «für etwas gut» folgt das «für jemanden gut» und auf die technische Stufe von Rationalität die pragmatische Rationalität samt pragmatischem Imperativ. Dabei sind zwei Teilstufen zu unterscheiden, der bloß auf den einzelnen bezogene, individualpragmatische und der gruppenbezogene, sozialpragmatische Imperativ.

Auch pragmatische Bewertungen sind nur relativ bzw. hypothetisch verbindlich. Denn das Wohlergehen ist zwar ein natürliches, aber kein notwendiges Ziel. Vor allem ist die entsprechende Bewertung nur unter Voraussetzung dieses Zieles gültig: «*Wenn* man das eigene (individuelle oder soziale) Wohl verfolgt, *dann* ist y gut bzw. geboten.» Zweifellos haben pragmatische Bewertungen einen objektiven Anteil. Wie weit er reicht, wird in Teil II untersucht. Hier genügt der Hinweis, daß erneut etwas «im Lichte von» etwas eingeschätzt wird. Dabei ist das maßgebende Ziel, das Wohlergehen, in wissenstheoretischer Hinsicht sehr anspruchsvoll, denn es läßt sich in wohlabgegrenzte Mittel und Wege nur schwer übersetzen. In Julian Barnes' Roman *Das Stachelschwein* verteidigt sich vor Gericht der langjährige Diktator Stojo Petkanow nicht bloß technisch brillant, sondern auch pragmatisch hoch gelungen. Seine Verurteilung konnte er zwar nicht verhindern, denn sie war vorab entschieden. Ihm blieb aber ein wichtiges Element von Glück, die Genugtuung, seinen ehrgeizigen Gegner, den Generalstaatsanwalt, so an die Wand gespielt zu haben, daß dieser nicht nur die Liebe seiner Frau, sondern wegen seiner kläglichen Rolle selbst deren Achtung verliert. Am Ende steht der siegreiche Generalstaatsanwalt stärker geschlagen da als der im Prozeß unterlegene Diktator.

Nach Ansicht der großen Vertreter einer Ethik des (eudaimonistischen) Glücks schließt dieses Leitziel nicht nur Tugenden ein, die wie die Besonnenheit zur zweiten Verbindlichkeitsstufe gehören, sondern auch eine Tugend der dritten Stufe, die Gerechtigkeit. Schon aus diesem Grund reicht das menschliche Glücksverlangen in den Bereich der Moral im strengen Sinn, und der Eudaimonismus ist als echte Moralphilosophie ernst zu nehmen.

Eine Sozialpragmatik, die auf das Wohl aller Betroffenen abhebt, ist der schon genannte Utilitarismus. Dessen normativ-ethische Beurteilung kann erst später erfolgen. Hier, in der Metaethik, ist aber eine vorläufige Einschätzung möglich: *Falls* der Utilitarismus «moralisch gut» schon semantisch, also ohne normative Argumente, mit «gut für alle Betroffenen» gleichsetzt, erhebt er einen normativ zu geringen Anspruch. Denn er gibt sich mit einer hypothetischen Verbindlichkeit zufrieden, obwohl sie die normativ unabweisbare und zugleich höherstufige Frage offen läßt, warum man denn das Wohlergehen aller verfolgen soll. Wer fremdem Wohl dient, muß zumindest gelegentlich sein eigenes Wohl einschränken, was zur Frage führt, warum im Konfliktfall das Eigenwohl zurückzustehen habe.

Weil diese Frage offen bleibt, sind die Möglichkeiten des Bewertens noch nicht ausgeschritten. Dies geschieht erst dort, wo man auf etwas stößt, das für sich selbst gut ist, gut schlechthin im Sinne von «einfachhin»: ohne Zusätze und Voraussetzungen. Erst auf dieser *dritten* Bewertungsstufe wird alle hypothetische Verbindlichkeit aufgegeben und ein hinsichtlich der Verbindlichkeit voraussetzungsfrei, also ein uneingeschränkt Gutes erreicht. Man nennt es das moralisch Gute im engen und strengen Sinn. Wie beim technischen und beim pragmatischen Gutsein gibt es auch beim moralischen auf seiten des begründeten Sollens eine Entsprechung. Da die hypothetische Verbindlichkeit begrifflich ausgeschlossen ist, liegt ein nicht mehr hypothetischer Imperativ vor. Ihm entspricht die moralische Rationalität und moralische Vernunft. Erst hier, da sich das Bewerten selbst auf die zugrundeliegende Leitabsicht, das Eigenwohl oder aber Kollektivwohl, erstreckt, wird die Stufung des Bewertens vollständig ausgeschöpft.

Vom bloßen Begriff her bedeutet die Moral einen höchsten Anspruch, den man an das menschliche Leben und Zusammenleben stellt, und zugleich einen letzten Grund ihrer Rechtfertigung. Insofern es willkürlich wäre, die Frage nach dem Gutsein vorzeitig abzubrechen, bezeichnet diese eigentliche oder kritische Moral einen unabweisbaren Anspruch. Da trotzdem andere Bewertungen belangvoll bleiben, könnte man ihn für einen bloß dominanten Gesichtspunkt halten, der anderen Bewertungen zwar übergeordnet, mit ihnen aber verrechenbar sei. Beispielsweise könnten moralische Verfehlungen durch ein Übermaß an wissenschaftlicher, künstlerischer oder auch politischer Leistung ausgeglichen werden. Nach einer wohlüberlegten Überzeugung hat aber auch ein Genie kein Recht zu betrügen, zu stehlen oder zu töten.

Erkennt man diese Überzeugung an, so spricht man der Moral eine Eigenschaft zu, die manche Philosophen allzu rasch als unsinnig beiseite schieben: Hinsichtlich der Verbindlichkeit erhält sie den Rang eines unbedingt gültigen Anspruchs. Sie ist beim Bewerten wie ein Trumpf im Kartenspiel, der alles andere sticht, oder wie in einem Lexikon der vorangehende Buchstabe, dessen (lexikalischer) Vorrang sich unter keinen Umständen aufheben läßt. Der entsprechende, seit Kant kategorisch genannte Imperativ ist in erster Linie kein Maßstab für Moral, zu dem es eventuell alternative Maßstäbe gäbe. Er bringt vielmehr die Sache der Moral auf den Begriff und ist hier alternativlos gültig: Im Fall der Moral hat die Verbindlichkeit nicht mehr den Charakter eines «*vorausgesetzt*, daß man x will, *so* soll man y tun». Sie ist vielmehr ohne Voraussetzung, rein als solche und für sich, folglich un-bedingt, eben kategorisch gültig. Ob es um Personen oder Institutionen geht – vom Standpunkt der Moral aus beschränkt sich menschliche Praxis nicht darauf, eine Funktion für anderes abzugeben; sie soll für sich und uneingeschränkt gut sein.

Offensichtlich ist diese Forderung nicht auf bestimmte Bereiche und Aspekte des Lebens festgelegt, weder auf die Sexualität noch auf seltene Grenzsituationen, auch nicht auf natürliche Personen. Nicht nur das Ethos 3, die personale Seite, sondern auch das Ethos 2, die soziale und politische Seite menschlicher Praxis, unterliegt der höchsten, moralischen Bewertung. Moralisch heißen sowohl gewisse Handlungen samt deren Grundsätzen und einschlägigen Charaktereigenschaften als auch die Strukturen und Verfassungsgrundsätze eines Gemeinwesens.

Innerhalb der dritten Stufe lassen sich noch zwei Teilstufen unterscheiden. Die untere Teilstufe, die Rechtsmoral, auch (politische) Gerechtigkeit genannt, besteht in Verbindlichkeiten, deren Anerkennung die Menschen einander schulden, so daß sie auf deren Verletzung mit Empörung reagieren dürfen. Dazu gehört etwa der Respekt vor fremdem Leib und Leben und vor anderen religiösen Überzeugungen. Die anspruchsvollere zweite Teilstufe, die Tugendmoral, besteht im verdienstlichen Mehr. Wer aus einer Not hilft, die er mitverschuldet hat, genügt lediglich einer Rechtspflicht, wer es dagegen aus einer nicht mitverschuldeten Not tut, erfüllt eine Tugendpflicht. Das Vorbild gibt die Nächstenliebe ab, die sich übrigens nicht bloß in der christlichen Kultur einer hohen Wertschätzung erfreut (vgl. in *Lesebuch*, Nr. 5 für Alt-Ägypten, Nr. 31 für den Konfuzianismus und Nr. 39 für den Islam). Um die Nächstenliebe windet sich noch ein Kranz weiterer Tugendpflichten: Wohlwollen, Mitleid (Sympathie) und Mitgefühl (Empathie), vielleicht auch Dankbarkeit.

Einer der neueren Moralphilosophen, Bernard Williams 1985, vertritt eine antifundamentalistische und zugleich antireduktionistische Ethik. Antifundamentalistisch heißt sie, weil es keine Menge moralischer Kategorien gebe, die für die gesamte Praxis grundlegend sei, und antireduktionistisch, weil kein Verfahren existiere, um alles moralische Denken auf derartige Kategorien zurückzuführen. Mit dem Begriff des schlechthin Guten beginnt eine Alternative. Sie fällt allerdings weit formaler aus, als man gewöhnlich erwartet. Da sie in dieser Formalität noch nicht entwickelt worden ist, könnte man pathetisch sagen: Wir denken den Ursprung der Moral noch nicht gründlich genug. Ihre Quelle besteht weder wie in Aristoteles' *Nikomachischer Ethik* im Prinzip Glück noch wie bei Kant im Prinzip des guten Willens, sondern in einem für beide gemeinsamen Superlativ, in der Idee des schlechthin Guten.

Daß ihr Hauptgegenstand, das moralisch Gute, in der Höchststufe des Bewertens liegt, bringt der philosophischen Ethik eine erhebliche Entlastung. Moores einflußreicher These, der Begriff des Guten, weil schlechthin grundlegend, sperre sich jeder Definition, läßt sich zweierlei entgegenhalten: Erstens gibt es die formale Definition; «gut» heißt, was man positiv einschätzt. Zweitens geht es der Ethik nicht um das Gute überhaupt, sondern nur um das moralisch Gute, so daß man sich bei der Definition des Gattungsbegriffs «gut» nicht aufzuhalten braucht. Moralphilosophen, die sich dabei festbeißen, gehen nicht etwa gründlicher vor, sondern übersehen, worauf es ankommt, nämlich nicht auf irgendein Gutes, sondern auf das moralisch Gute. Und dafür hat sich ebenfalls eine formale Bestimmung gefunden: «moralisch gut» heißt, was man gemäß der strukturell höchsten Bewertungsstufe uneingeschränkt positiv einschätzt.

Diese Bestimmung hat den weiteren Vorteil, im Vergleich zu vielen Alternativen offener, neutraler zu sein. Insbesondere nimmt sie zu zwei Kontroversen nicht schon metaethisch Partei. Einerseits läßt sie die Frage offen, ob das Prinzip Glück eine Moral im strengen Sinn zu begründen vermag. Andererseits wird die Moral nicht von vornherein auf das Soziale eingeschränkt. Daß es neben den moralischen Pflichten gegen andere auch moralische Pflichten gegen sich selbst gibt, bleibt denkbar. Gute Gründe mögen dagegen sprechen. Sie sind aber vorzutragen, statt durch eine semantische Vorentscheidung die Moral von jeder Selbstverpflichtung freizuhalten. Im übrigen erscheint zumindest der Gedanke einer basalen Pflicht gegen sich, nämlich einer Selbstachtung aus moralischen Gründen, nicht als «offensichtlich abwegig».

2.3 Relativismus

Gründliche Moralphilosophie setzt sich mit einschlägiger Skepsis auseinander; eine davon taucht menschheitsgeschichtlich sehr früh und allerorten auf: Im wirtschaftlichen und kulturellen Austausch, später durch sozialgeschichtliche und völkerkundliche Studien, mittlerweile selbst in der eigenen pluralistischen Gesellschaft lernt man eine bald unendliche, sich oft genug widerstreitende Vielfalt von Sitten und Gesetzen kennen. Die praktische Folge liegt auf der Hand: Wer moralisch sein will, weiß nicht, woran er sich orientieren, wie er sein Leben führen soll.

Manche reagieren auf dieses existentielle Orientierungsproblem mit dogmatischer Selbstgerechtigkeit; sie erklären die eigenen Sitten und Gesetze für die besseren. Nicht selten schließen sie die missionarische Botschaft an, die anderen sollten zu ihrem eigenen Wohl diese besseren Verbindlichkeiten übernehmen. Wer über ein Minimum an Offenheit verfügt, entdeckt aber die dogmatische Selbstgerechtigkeit vielerorts, was ihn zur Rückfrage drängt: «Wer hat denn nun und warum Recht?»

Ein erster, kultureller Relativismus (z. B. Herskovits 1972) antwortet: «jeder», ein zweiter, ethischer Relativismus (untersucht von Ladd ^{2}1985 und Rippe 1993): «keiner». Der kulturelle Relativismus bestreitet nicht die Verbindlichkeit moralischer Normen, weist aber die Annahme einer kulturübergreifenden Verbindlichkeit zurück.

Der ethische Relativismus sieht ebenfalls die unterschiedlichen Verbindlichkeiten als gleichermaßen gültig an. Aus der bloß kulturrelativen Gültigkeit leitet er aber das Fehlen allgemeiner Gültigkeit ab und behauptet, es könne sie gar nicht geben. Hier geht das erste, existentielle Orientierungsproblem in ein ethisches Legitimationsproblem über. Da der Gegenstand sich durch so hohe Unterschiedlichkeit und Unbeständigkeit auszeichne, erscheint alle angebliche Moral als bloßes Menschenwerk und willkürliche Setzung. Dann aber fehle, was für echte Moral unverzichtbar sei, ein Moment an nichtwillkürlicher Verbindlichkeit. Auf diese Weise steigert sich der ethische Relativismus zu einer Entmoralisierung im wörtlichen Sinn, zu jener umfassenden Verabschiedung aller Moral, die man teils Amoralismus, teils (ethischen) Nihilismus nennt.

Gründliche Philosophie fragt nach. Gegen die genannte Moralskepsis ihrerseits skeptisch, macht sie als erstes auf eine weder bemerkte noch erwünschte Folge aufmerksam. Wer nur kultureigene Verbindlichkeiten anerkennt, erklärt, was schon innerhalb pluralistischer Gesellschaften gefährlich, auf globaler Ebene sogar tödlich sein kann: Wer alle moralischen Verbindlichkeiten für nur kulturrelativ gültig erklärt, hält schon Gespräche über die Grundlagen eines friedlichen Mit- oder Nebeneinanderlebens der Kulturen, also interkulturelle Moraldiskurse, für unmöglich. Und weil er die Verbindlichkeiten für Eigentum und Vorrecht der jeweiligen Kultur hält, leistet er einem neuartigen, «kulturellen Chauvinismus» Vorschub.

Die Philosophie überprüft als zweites die Reichweite der Relativität: Eine Verschiedenheit moralischer Normen läßt sich leicht feststellen. Schon Herodot (*Historien*, Buch III, Kap. 38) berichtet von unterschiedlichen Bestattungsriten, auch daß man die eigenen für die besten halte: So wie die Griechen um keinen Preis ihre Toten verspeisen wollen, so würden die indischen Kalatier sie für keinen Lohn verbrennen.

Außer vielen Unterschieden lassen sich aber auch zahlreiche Gemeinsamkeiten bemerken. Wer sie unterschlägt, geht parteilich vor. So gut wie alle Kulturen schätzen Gegenseitigkeit (Reziprozität) verbunden mit Großzügigkeit hoch ein. Sie kennen ein Inzestverbot, auch wenn ihr Kriterium von Inzest nicht immer dasselbe ist, und sie lehnen sexuellen Libertinismus ab. Allgemein verbreitet sind ferner das Lüge- und Betrugsverbot, ein Respekt vor den Älteren, die Sorge für die Kinder und ein generelles Mitgefühl, weiterhin die Anerkennung von Besonnenheit, Hilfsbereitschaft und Tapferkeit, auch von Zivilcourage. Grundlegende Rechtsgüter wie Leib und Leben, Eigentum und Ehre werden allerorten strafrechtlich geschützt. Hinzu kommen Grundsätze der Verfahrens- und der Tauschgerechtigkeit.

Der erfahrungsoffene Blick entdeckt also weithin anerkannte Verbindlichkeiten, deren Liste einer vorherrschenden selektiven Wahrnehmung zum Trotz erstaunlich lang ist. Ein kultureller Relativismus ist nur teilweise gegeben, so daß die Ausweitung zu einem vollständigen, ethischen Relativismus auf einer Täuschung beruht. Wer den Reichtum der Kulturen unvoreingenommen wahrnimmt, kann den ethischen Relativismus als vorurteilsbeladene Wirklichkeitsverkürzung entlarven. Generell zeigen interkulturelle Studien: Was in der eigenen Gesellschaft geächtet wird, findet sich meist auch in anderen Gesellschaften geächtet; und was man hierzulande hochschätzt, wird meist andernorts ebenfalls hoch geschätzt. (Einen Einblick in verschiedene, aber nicht immer unterschiedliche moralische Ansichten bietet das *Lesebuch*.)

Eine weitere Täuschung: Die verbleibenden Unterschiede betreffen häufig erst jene relativ konkreten «Oberflächennormen», die sich aus der Anwendung gemeinsamer Grundsätze auf unterschiedliche Randbedingungen ergeben. Dazu gehören die für die jeweilige Gesellschaft charakteristischen geographischen, klimatischen und ökonomischen Faktoren sowie Überzeugungen über die Handlungsfolgen. Solange man beispielsweise überzeugt ist, die Natur sei von Göttern beherrscht, deren etwaiger Zorn durch Tier- oder Menschenopfer besänftigt werde, bringt man im Dienst guter Ernten oder um Naturkatastrophen zu verhindern entsprechende Opfer dar. Sobald man aber in der Natur anonyme Kräfte am Werk sieht, gibt man die Opfer auf, sucht statt dessen die Naturkräfte zu entschlüsseln und in eigene Dienste zu stellen.

Auch die genannten Bestattungsriten enthalten zwar einen konventionellen, zugleich unterschiedlichen Anteil. In der Vehemenz, mit der man die eigene Art verteidigt, tritt aber eine wesentliche Gemeinsamkeit, die hohe Achtung vor den Toten, zutage. Wird die Achtung offensichtlich verletzt, will etwa der trojanische Königssohn Hektor den getöteten Patroklos noch enthaupten, überdies den kopflosen Rumpf über das Feld schleifen und ihn schließlich den Hunden zum Fraß vorwerfen (vgl. Homer, *Ilias*, 17. Gesang, Vers 125–127; s. auch 18. Gesang, Vers 170–180), oder erfährt man heute, daß Soldaten die Leichen ihrer Gegner zunächst verstümmeln, um anschließend auf ihnen ausgelassen zu tanzen, so macht sich nicht bloß bei den nächsten Verwandten, sondern weltweit Empörung breit.

Die moralisch entscheidenden Grundverbindlichkeiten entdeckt jedenfalls nur, wer aus den konkreten Verbindlichkeiten die kulturspezifischen Randbedingungen herausfiltert, so daß das normative Fundament übrig bleibt. Sobald man die beobachtbaren Verbindlichkeiten als kulturspezifische Ausprägung allgemeiner Grundsätze erkennt, sind die Unterschiede nicht mehr erstaunlich, sondern sogar notwendig. Die erste, relativistische Interpretation der kulturellen Vielfalt erweist sich als eine perspektivische Täuschung, die dadurch noch vergrößert wird, daß man die kulturellen Gemeinsamkeiten verdrängt.

Hier nimmt die Moralphilosophie die Unterscheidungen der drei Diskursstufen auf und setzt ihretwegen einen empirischen gegen einen normativ-ethischen und beide gegen einen (aber wohl selten vertretenen) metaethischen Relativismus ab. Innerhalb des empirischen Relativismus trennt sie einen auf beobachtbare Normen eingeschränkten, deskriptiven kulturellen Relativismus von jenem kulturellen Prinzipien-Relativismus, der selbst die moralischen Grundsätze als lediglich kulturrelativ gültig behauptet. Der für die Behauptung erforderliche Beweis wird aber selten angetreten. Jedenfalls beläuft sich nicht jeder Normenunterschied oder Wertewandel auf einen moralischen Unterschied oder Wandel. Mit dieser Orientierungsleistung, einer Einsicht von aufklärendem Wert, zeigt die philosophische Ethik, wie berechtigt ihr Anspruch auf wahrhaft praktische Philosophie sein kann: Oft haben sich nicht die Grundsätze, sondern bloß die Zeiten, nämlich die Randbedingungen geändert. Hält man trotzdem an denselben konkreten Normen fest, so verrät man die einstmals bestimmenden moralischen Prinzipien.

Schließlich gibt es auch auf der Prinzipienebene Unterschiede; beispielsweise kann man Beleidigungen mit Rache oder aber Großmut beantworten. Aus einer beobachtbaren Prinzipiendifferenz, einem empirisch-prinzipiellen Relativismus, folgt aber nicht jener normativprinzipielle Relativismus, den ein ethischer Relativismus behauptet. Wer aus der Tatsache sich widerstreitender Prinzipien auf eine gleiche Gültigkeit schließt, begeht sogar – wie wir sehen werden – einen argumentationslogischen Fehler.

2.4 Die Moral: funktionslos geworden?

Der kulturelle Relativismus beschränkt die Gültigkeit moralischer Prinzipien auf eine gewisse Kultur, läßt ihnen aber innerhalb der jeweiligen Kultur ein Recht. Wer selbst dieses Recht angreift, vertritt einen ethischen Nihilismus. Historisch gesehen tritt er relativ spät, überdies ziemlich selten auf, in der Regel als Ergebnis einer Entwertung aller obersten, dem Leben und Sterben bislang sinngebenden moralischen Grundsätze. Das daraus folgende Gefühl der Leere und Sinnlosigkeit führt bei manchen Menschen zu einem unbeschränkten Selbstinteresse, vielleicht sogar zu Verbrechen, bei anderen zu apathischer Gleichgültigkeit gegenüber dem Leben oder, weil man des Lebens überdrüssig geworden ist, zu Selbstmord. Für die Betroffenen ist er jedenfalls häufig eine existentielle Katastrophe, nachzulesen beispielsweise in Feodor Dostojewskis Roman *Die Brüder Karamasow.* Auf philosophischer Seite ist es vor allem Nietzsche, der für seine Zeit einen europäischen, heute teilweise schon weltweiten Nihilismus diagnostiziert und als Therapie eine neue Moral vorschlägt, die des souveränen Individuums.

In einer weniger pathetischen, im Ergebnis umfassenderen Form taucht der Nihilismus in der soziologischen Systemtheorie auf. In Anspielung auf John Miltons berühmtes Epos *Paradise Lost* (*Das verlo-*

rene Paradies) erklärt Niklas Luhmann 1988 die Moral zu einem für die moderne Gesellschaft verlorenen Paradigma (zur Kritik schon Höffe [3]1995, Abschn. 3.1). Moderne Gesellschaften bestehen nämlich aus relativ selbständigen Funktionssystemen. Und jedes von ihnen, etwa die Wirtschaft, die Wissenschaft und die Politik, seien ihrer eigenen, funktionsspezifischen Normativität unterworfen, die Wissenschaft beispielsweise der Unterscheidung von Wahr und Falsch und die demokratische Politik dem Zusammen- und Widerspiel von Regierung und Opposition. Die Moral sei aber eine funktionsunspezifische Normativität, die daher in einer nach Funktionssystemen gegliederten Gesellschaft arbeitslos geworden sei.

Erneut fragt die Philosophie nach. Als erstes erinnert sie daran, daß es schon lange vor der Moderne bereichsspezifische Normativitätsideen gab: für die Philosophie und die Wissenschaft ist es nach wie vor die Wahrheit und für die Wirtschaft ein gewisser Mehrwert. Die darin begonnene Kritik an unzulässiger Vereinfachung setzt die Philosophie mit ihrem Begriff der Moral fort. Sie widerspricht weder Luhmanns Interesse an einem empirisch brauchbaren Begriff von Moral noch seinem Vorschlag, sie als «eine besondere Art von Kommunikation» anzusprechen, «die Hinweise auf Achtung oder Mißachtung mitführt». Beim Zusatz, der Moral gehe es nicht um gut oder schlecht in funktionsspezifischer Hinsicht, sondern um die ganze Person, ist aber zweierlei bedenklich. Zum einen bezieht sich Moral nicht nur auf Personen, sondern auch auf Institutionen und soziale Strukturen. Zum anderen liegt der Alternative «funktionsspezifisch oder aber funktionsunspezifisch» eine sachfremde Vereinfachung zugrunde. Denn eine funktionsunspezifische Normativität kann gleichwohl funktionsspezifisch eingesetzt werden:

Bei Wissenschaftlern, die um der Karriere willen Daten erfinden, und bei Politikern oder Richtern, die sich eine Korruption zuschulden kommen lassen, steht zwar ihre personale Integrität auf dem Spiel, dies aber in funktionsspezifischer Hinsicht. Im Privatleben mögen Wissenschaftler unehrlich sein; damit die Forschung «funktioniert», ist es ihnen aber als Forschern verboten. Entsprechend funktionieren die Systeme der Politik und der Gerichtsbarkeit nur, wenn dort die Politiker, hier die Richter nicht korrupt sind. In den negativen Formulierungen «weder unehrlich noch korrupt» tritt übrigens eine Eigenart der funktionsspezifischen Moral zutage: Sie tritt als Veto-Instanz auf. Wer Daten verfälscht, disqualifiziert sich als Wissenschaftler; wer es unterläßt, muß seine Forscherqualität noch unter Beweis stellen.

Nach dem ersten, sozialgeschichtlichen Argument gegen Luhmann ist die Moderne nicht ganz so neu. Nach dem zweiten, sozialtheoretischen Argument kann die Moderne, nämlich ihre funktionale Differenzierung, auf den moralischen Blick nicht verzichten. Nach einem dritten, sowohl ethischen als auch sozialtheoretischen Argument wird die moderne Gesellschaft von der Moral allenfalls in *einer* Hinsicht, der personalen Moral, ein wenig frei. Von einer anderen Hinsicht sieht man nicht einmal Anzeichen von Freiwerden. Bei der Politik beispielsweise stellt sich die Frage, warum sie formal als ein Zusammen- und Widerspiel von Regierung und Opposition eingerichtet wird und darüber hinaus materiale Prinzipien wie die Grund- und Menschenrechte anerkennen soll.

Die Frage richtet sich auf die moralischen Grundlagen des politischen Systems und wird von der funktionsspezifischen Normativität kaum berührt. Einmal mehr erweist sich Luhmanns die Moral nihilierende These als übereilt. Statt guter Gründe für eine radikale Moralskepsis zeigt sich für den moralischen Blick, daß er in zwei Hinsichten unaufgebbar ist. Einerseits können die gesellschaftlichen Funktionssysteme ohne eine funktionsspezifische personale Moral nicht funktionieren. Andererseits gibt erst eine institutionelle Moral den Funktionssystemen jene Legitimationsgrundlage, ohne die die Funktionssysteme, mangels Zustimmungsbereitschaft der Betroffenen, von Dysfunktionalitäten, vielleicht sogar der Gefahr der Auflösung bedroht sind. So empfiehlt sich, auf Miltons weniger bekanntes Epos *Paradise Regained* zurückzugreifen und die Moral als das wiedergefundene Paradigma zu entdecken. Dabei stellt die philosophische Ethik ein weiteres Mal eine fundamentale Orientierungsleistung unter Beweis: Gegen die beliebte Skepsis gegen Moral erweist sie deren Standpunkt als kaum verzichtbar.

3. Fehlschlüsse

Manche Philosophen trauen der formalen Logik die Lösung vieler Probleme zu. Der Begründer der formalen Logik, Aristoteles, war bescheidener; und die Entwicklung der neueren Moralphilosophie dürfte ihm recht geben. Einige Zeit erwartete man nämlich, mit dem Nachweis *eines* logischen Fehlers, dem Sein-Sollensfehler, in Verbindung mit dem schon genannten naturalistischen Fehlschluß, so gut wie alle überlieferte Moralphilosophie als Irrtum entlarven zu können. Tatsächlich liegt der Irrtum bei dieser Erwartung. Die beiden Fehlschlüsse haben zusammen mit einem dritten Fehler, dem Moralismus, eher eine argumentationsdidaktische Bedeutung. Sie ergibt sich aus einer der Philosophie vertrauten Methode, der bestimmten Negation: Wer den Grund des Fehlers durchschaut, dem wird die der Ethik sachgerechte Argumentationslogik klar. Daß aber die maßgeblichen Argumente der Moralphilosophie in die Fehler verfallen seien, trifft nicht zu.

3.1 Der Sein-Sollensfehler

Der erste Fehler mißachtet eine semantische Unterscheidung, die der Seins- von den Sollensaussagen. Die Unterscheidung liegt freilich so nahe, daß sie von zahlreichen Philosophen sowohl erkannt als auch anerkannt wird. Kant zum Beispiel setzt den Bereich der Naturgesetze («Sein») gegen die auch als Imperative auftauchenden Freiheitsgesetze («Sollen») ab. Über den Neukantianismus vermittelt, lebt die Unterscheidung fort als Trennung von Tatsachen, über die man wahre oder falsche Urteile fällt, und von Werten, die über Gut und Schlecht entscheiden. Philosophen wie Hegel pflegen zwar gegen Sollensaussagen eine gewisse Skepsis. Aber auch sie heben – wie wir sehen werden – die Unterscheidung einer Welt der wahr/falsch-Urteile von einer Welt der gut/schlecht-Urteile nicht auf, wohl relativieren sie sie.

Wer trotzdem einer Ethik vorwirft, sie mißachte die Unterscheidung, beruft sich gern auf David Hume, auf eine knappe Passage aus dem *Traktat* (3. Buch, 1. Teil, 1. Abschn.). Nach deren Standardinterpretation, Humesches Gesetz genannt, sei die Ableitung von Sollensaussagen aus bloßen Seinsaussagen logisch unmöglich. Um das Humesche Gesetz als gültig zu beweisen, bedarf es keines ausgefeilten logischen, hier deontischen, das heißt auf Pflichten bzw. Sollen bezogenen Kalküls. Zwei einfache Elemente genügen. Das erste besteht in der Einsicht in die Leistungsfähigkeit der formalen Logik. Als Lehre des Triftigen kann sie im Schlußsatz (Konklusion) nicht mehr als das bieten, was in den Vordersätzen (Prämissen) enthalten ist. Teilt man zusätzlich die semantische Voraussetzung, eine die Seins- und die Sollensaussagen unterscheidende Sprache, so braucht man zur Ableitung einer Sollensaussage mindestens eine Sollensprämisse.

Um den Sein-Sollensübergang als nicht wirklich, sondern nur angeblich fehlerhaft zu entlarven, suchen philosophische Dissidenten nach einem Gegenbeispiel. Statt sich einen der Großen vorzunehmen, Aristoteles oder Hegel oder Kants These von einem Faktum der reinen praktischen, also moralischen Vernunft (s. dazu Kap. 22.2), versuchen sie sich in logisch-semantischem Scharfsinn, der am Ende jedoch scheitert: Nach Searle (1969, Kap. 8) läßt sich aus einer speziellen Seinsaussage, der deskriptiven, zugleich performativen Feststellung «A gibt das Versprechen, x zu tun, ab» die Sollensaussage «A soll x tun» ableiten. Das Beweisziel wird aber nur mittels der verschwiegenen Sollensprämisse, ein Versprechen soll man halten, erreicht. Nun kann man das Versprechen als eine Selbstverpflichtung begreifen, an die man auch gebunden ist (vgl. Kap. 21.1). Dann kann man *mit* Searle daraus die Verpflichtung ableiten, das Versprochene zu tun; *im Gegensatz zu* Searle versteht man aber den Ausgangssatz als eine normativ schon aufgeladene Behauptung. «A gibt das Versprechen, x zu tun, ab» ist nämlich gleichbedeutend mit «A verpflichtet sich, x zu tun». Wer dagegen die Verpflichtung, Versprochenes zu halten, weder als schon inbegriffene noch als zusätzliche Prämisse anerkennt, erreicht sein Beweisziel nicht. Kurz: Entweder enthält die angebliche Seinsprämisse schon ein Sollensmoment, oder die angebliche Sollenskonklusion ist in Wahrheit nur eine Seinsaussage.

Auch Philosophen, die die Trennung von naturalen Tatsachen und idealen Normen bzw. moralischen Werten nicht mitmachen, bestätigen indirekt die Fehlerhaftigkeit des Übergangs vom Sein zum Sollen. Ein gutes Beispiel bietet Hegel, der in der Vorrede seiner *Philosophie des Rechts* provokativ erklärt: «Was vernünftig ist, das ist wirklich; und was wirklich ist, das ist vernünftig.» Hegel setzt zwar die Vernunft mit Platons Begriff der Idee gleich, also nach heutigem Verständnis mit einem Sollen, so daß die Behauptung, das Wirkliche («Sein») sei vernünftig («Sollen»), einem geradezu extremen Sein-Sollensfehler zu erliegen scheint. In Wahrheit leitet er nicht aus einer naturalen Wirklichkeit ein Sollen ab. Ohnehin ist er nicht so töricht, alles, was in der sozialen Welt vorkommt, für vernünftig zu erklären. Im Gegenteil setzt er sich für «die Macht des Gerechten und Sittlichen» ein (§ 258 Anm.) und brandmarkt etwa das «Sklavenverhältnis der römischen Kinder» als eine der «befleckendsten Institutionen» (§ 175).

Hegels nur auf den ersten Blick so anstößigen These liegt ein spezielles Verständnis von (praktischer) Philosophie zugrunde. An die Stelle der moralphilosophischen Frage «Was soll ich tun?» – mit der angeblichen Gefahr, daß das ideale Sollen nie verwirklicht werde – tritt eine spekulative Ontologie, die die übliche Unterscheidung von Sein- und Sollensaussagen unterläuft. Weil nur das Vernünftige als wahrhaft wirklich gilt, wird umgekehrt das Wirkliche zur Vergegenwärtigung der Vernunft. Dabei sind «Vernünftigkeit» und «Wirklichkeit» gradualisierbare Begriffe. In dem Maße, wie Sozialverhältnisse dem Vernunftstandard nicht gerecht werden, gelten sie als beides, als unvernünftig und als unwirklich zugleich. Dahinter steht die geschichtsphilosophische Erwartung, daß klarerweise unvernünftige Sozialverhältnisse, da sie beispielsweise der Idee des Rechts widersprechen, auf Dauer zerfallen (zu Hegel s. auch Kap. 22.6).

3.2 Moralismus

Eine Ethik, die wie gebannt auf den Vorwurf des Sein-Sollensfehlers schaut, übersieht die nicht minder große Gefahr, daß die Philosophie sich ausschließlich in der Welt des Sollens bewegt. Wo jeder Bezug auf die Wirklichkeit und die Erfahrung fehlt, verzichtet man auch auf jede Belehrung durch sie und wird unfähig, gehaltvolle Verbindlichkeiten zu gewinnen. Offensichtlich läßt sich konkretes Sollen nicht schon aus Sollensaussagen allein ableiten. Um etwa den zu Wohlstand führenden technischen Imperativ «weit mehr Einnahmen als Ausgaben» konkret zu erfüllen, braucht man gewisse ökonomische Fachkenntnisse und eine Einschätzung der eigenen Lage, zusätzlich Erfahrung und Urteilskraft. Bei einem pragmatischen Imperativ, etwa der Sorge um die Gesundheit, sieht es ebenso aus, nicht zuletzt bei manchem moralischen Grundsatz, etwa dem Hilfsgebot. Wer jemandem aus einer Notlage helfen will, muß dreierlei kennen bzw. richtig einschätzen: die konkrete Not, die Mittel, sie zu beheben, und den eigenen Zugang zu diesen Mitteln.

Wer auf derartige Kenntnisse und Einschätzungen glaubt verzichten zu können, verfällt einem argumentationslogisch nicht haltbaren Normativismus. Im Fall der Moral nimmt er die Gestalt des Moralismus an. Der moralistische Fehlschluß besteht in der zum Sein-Sollensfehler entgegengesetzten Annahme, aus moralischen Voraussetzungen allein ließen sich spezifische oder gar konkrete Verbindlichkeiten ableiten. Tatsächlich führen rein moralische Überlegungen nur zu allgemeinen Beurteilungsprinzipien, die ohne Vermittlung mit der Lebenswirklichkeit keine konkrete Verpflichtung rechtfertigen.

Mit dem Ausdruck «Vermittlung» vermeidet man übrigens die irreführende «Ontologie», die dem beliebteren Ausdruck «Anwendung» zugrunde liegt. «Anwendung» läßt nämlich an zwei für sich existierende Entitäten denken, zusätzlich an einen Vorrang des Moralischen vor der Erfahrung. In Wahrheit hat eine schlüssige, moralische Argumentation beide Aussagearten, Seins- und Sollensaussagen, in eine Beziehung zu bringen, sie also zu vermitteln. Und diese Vermittlung kennt keine für sich existierende Moral und keine ebenso selbständig existierende naturale Wirklichkeit, noch glaubt sie, daß eine zunächst «reine Moral» durch nachgeordnete empirische Elemente ergänzt, vielleicht sogar «verunreinigt» werde.

Die Vermittlungsaufgabe stellt sich nicht erst bei der Konkretisierung moralischer Prinzipien, sondern schon bei deren Begründung. Das Hilfsgebot beispielsweise bezieht den Standpunkt der Moral auf eine grundlegende Bedingung menschlichen Lebens, also auf ein anthropologisches Element, die Möglichkeit von Not und Hilfsfähigkeit. So wiederholt sich auf verschiedenen Ebenen dasselbe Argumentationsmuster: Nur der gelangt zu schlüssigen Aussagen, der beide Fehler, sowohl den Sein-Sollensfehler als auch den Moralismus, vermeidet.

Durch die originär moralische Prämisse, die logisch eigenständige Moral, wird die Philosophie frei, im anderen, deskriptiven Schritt empirische Kenntnisse in der Fülle menschlicher Erfahrung und humanwissenschaftlicher Forschung zu berücksichtigen. Die Moralismus-Kritik fordert diese Berücksichtigung sogar heraus. Für Grundverbindlichkeiten braucht es allgemeine Einsichten in die *Conditio humana*, für spezifischere Gebote und Verbote ein geschichts- und gesellschaftsbezogenes Wissen. Für konkrete Verbindlichkeiten schließlich ist «la minutie du savoir», jene sich peinlich auf die Einzelheiten und Feinheiten verpflichtende Sorgfalt der Kenntnisse geboten, die Michel Foucault (1971, 145) einer seiner Inspirationsquellen, Nietzsche, zuspricht und die den Abstand zwischen der Allgemeinheit von Prinzipien und der Singularität des Lebens überwindet. Wer diese Mühe scheut, hat kein Recht, konkrete Gestalten der sozialen Welt zu verurteilen. Er ist keine «reine Seele» in einer ansonsten schlechten Welt, sondern eher eine «schlechte Seele», nämlich zu bequem, die Welt mit ihren Sachgesetzlichkeiten, Funktionsabläufen und Randbedingungen zu studieren.

Diese Argumentationslogik hat Folgen für politische Debatten: Da in konkrete moralische Urteile sowohl normative als auch deskriptive Elemente eingehen, ist es in Kontroversen nicht selten übereilt, dem Gegner, bloß moralisierend, einen Mangel an moralischem Engagement oder ihm, rein technokratisch, ein Zuwenig an Sachkenntnis vorzuwerfen. Bevor man sich dieser höchstens rhetorisch erfolgreichen Kritikmuster bedient, prüfe man, ob beim Kontrahenten nicht ein ähnliches Engagement, aber eine andere Situationsanalyse vorliegt oder eine vergleichbare Sachkenntnis, aber eine abweichende moralische Einschätzung.

3.3 Das moralische Bewußtsein auslegen

Die klare Unterscheidung moralischer und empirischer Prämissen ist argumentationslogisch, nicht substantiell zu verstehen. In der erfahrbaren Wirklichkeit gibt es zahllose «Gemengelagen», so daß man moralische Prinzipien aus einer Interpretation der Wirklichkeit, namentlich des moralischen Bewußtseins, gewinnen kann. Zuständig ist dafür eine Hermeneutik besonderer Art. In der Regel kennt man die Hermeneutik nur als eine Kunst, Texte auszulegen. In einem erweiterten Verständnis richtet sie sich auch auf Kunst- und Musikwerke, ferner auf Sitten und Bräuche sowie rechtliche und andere Institutionen, überdies auf Mythen, Ursymbole und das Unbewußte, sogar das Unterbewußte, mit einem Wort: auf alle Kulturzeugnisse des Menschen. Zu diesen gehört auch das moralische Bewußtsein. Da es zwei Seiten hat, eine inhaltliche («Was ist verbindlich?») und eine formale («Auf welche Art ist es verbindlich?»), hat die Hermeneutik des moralischen Bewußtseins zwei Gegenstände, denen man sich mit zwei unterschiedlichen Methoden nähert.

Kommt es auf den Inhalt an, so geht man, wie zum Beispiel John Rawls (1971, §§ 9 und 87) von wohlüberlegten moralischen Urteilen aus, also von Urteilen, die als wohlüberlegte nicht zögernd, mit wenig Vertrauen, unter Verwirrung oder Angst und die als moralische nicht im Blick auf eigene Vor- oder Nachteile gefällt werden. Im Ausgang von diesen Urteilen sucht man jene Prinzipien auf, die es erlauben, beide

Seiten, die wohlüberlegten Ausgangsurteile und die basalen Prinzipien, in einen von Unstimmigkeiten freien Zusammenhang zu bringen. Hat man einen derartigen Zusammenhang gefunden, so hat man das Ziel, ein Überlegungsgleichgewicht, erreicht. Ohne Zweifel gelingt dieser Hermeneutik eine Aufklärung über die Moral. Darüber hinaus erlaubt sie eine moderate moralische Kritik. Denn gewisse moralische Fragen, bei denen man sich noch unsicher ist, etwa die Frage, ob man in gewissen Notlagen lügen darf, kann man eventuell mit Hilfe der Prinzipien entscheiden. Sicher gegeben ist diese Möglichkeit aber nicht. Außerdem muß das Verfahren, damit es erfolgreich ist, zwei Bedingungen erfüllen. Einmal braucht es hinreichend viele Personen, die bei den wohlüberlegten Urteilen einhelliger Ansicht sind. Zum anderen dürfen zu den verschiedenen Themen die Urteile nicht so unterschiedlich ausfallen, daß sie sich einem widerspruchsfreien Zusammenhang versperren.

Noch aus einem weiteren Grund ist das kritische Potential einer derartigen Ethik begrenzt. Mit einem widerspruchslosen Zusammenhang, mit Kohärenz, zufrieden, bindet man sich an inhaltliche Vorgaben, letztlich an den Hintergrundkonsens einer Kultur. Die Kohärenz verlangt zwar, gewisse Korrekturen vorzunehmen. Denn die verschiedenen moralischen Überzeugungen sind schon bei einem Individuum und noch mehr in einer Kultur zunächst kaum in sich widerspruchsfrei. Die schließlich erreichte Kohärenz bleibt aber an die Überzeugungen der jeweiligen Kultur eng gebunden; die Hermeneutik des moralischen Bewußtseins verhindert den kulturellen Relativismus nicht. Was heute im Westen kohärent ist, braucht es weder in der Vergangenheit noch in nichtwestlichen Kulturen zu sein. Infolgedessen werden zwei sich überlappende Aufgaben einer Moralphilosophie verfehlt: der interkulturelle Diskurs und der universale Anspruch. Auch wenn man sich auf eine moralisch hoch entwickelte Moral bezieht, befaßt man sich letztlich nur mit einer positiv gegebenen, nicht mit der Idee der kritischen Moral. Die Kohärenzforderung erlaubt nicht einmal, für die jeweilige Kultur zu sagen, in welche Richtung eine etwaige Inkohärenz zu beheben ist. Kann man nämlich eine gegebene Inkohärenz auf verschiedene Weise beseitigen, so gibt es kein eindeutiges Ergebnis.

Wer sich den Grenzen der Kohärenzmethode nicht beugt, setzt eine Stufe tiefer an. Ob Gegenwart oder Vergangenheit, ob westliche oder nichtwestliche Kulturen, er klammert alle Inhalte des moralischen Bewußtseins ein. Selbst gegenüber den Kontroversen in der Ethik, etwa dem Streit zwischen Pflichtenethik (Deontologie) und Zweckethik (Teleologie bzw. Utilitarismus) einerseits und dem zwischen Eudaimonismus und autonomer Moral andererseits, hat er sich neutral zu verhalten. Er darf allein auf die Art der Verbindlichkeit achten.

Selbst wenn man alle Inhalte des moralischen Bewußtseins einklammert, sich überdies gegen die Frage indifferent verhält, ob das moralische Bewußtsein deontologisch, teleologisch, eudaimonistisch oder autonom verfaßt ist, bleibt eine Bestimmtheit noch übrig: Man ist sich einer Verbindlichkeit bewußt, die nicht mehr von einer noch höheren Verbindlichkeit her zu relativieren ist, also eines schlechthin höchsten Imperativs. Damit erfährt die konstruktive Semantik einen gewissen Wirklichkeitsbeweis: Im moralischen Bewußtsein ist der Gedanke eines höchststufigen Gutseins und höchststufigen Imperativs tatsächlich gegenwärtig.

Die Hinweise auf große Moralphilosophen könnten zu dem Mißverständnis führen, die Moral sei ein Gegenstand, der nur Fachleuten, sogar bloß überragenden Denkern zugänglich sei. In Wahrheit – so zeigt die Hermeneutik des moralischen Bewußtseins – ist sie ab einem gewissen Alter so gut wie jedem Menschen vertraut. Die Philosophie klärt lediglich über das allen Vertraute auf; sie nimmt die Selbstreflexion des moralischen Bewußtseins vor. Ob die dabei zutage tretende Wirklichkeit der Moral noch ein Sollen ist, wird später zu klären sein (Kap. 9 und 22). Schon hier erweist sich aber die schlichte Trennung von Sein und Sollen als zu einfach; die trennende Semantik ist in einem Hegelschen Sinn aufzuheben, nämlich zu bewahren und zugleich zu überwinden.

3.4 Moralkritik als Genealogie

Ein Moralist, der indirekt von sich sagen darf: «Sie reden alle von mir» (*Zarathustra*, «Von der verkleinernden Tugend», 2); ein Moraltheoretiker und Sprachkünstler, der mit seinem dionysischen Gift und Dynamit des Geistes die intellektuelle und künstlerische Jugend in den Bann schlägt; ein Kritiker der europäischen Zivilisation, auf den sich Heidegger, Camus und Foucault berufen; ein Erkenntnis- und Gesellschaftskritiker, den Freud und die Frankfurter Schule hochschätzen; ein Philosoph, der als Anti-Philosoph wenigstens einmal «Kritiker und Skeptiker und Dogmatiker und Historiker und überdies Dichter und Sammler und Reisender», vor allem aber «freier Geist» (*Jenseits von Gut und Böse*, Nr. 211) sein will und trotzdem von analytischen Philosophen und Pragmatisten, von Dekonstruktivisten, postmodernen Denkern und feministischen Philosophinnen geschätzt wird – dieser intellektuelle Artist, Schamane und Verführer, Friedrich Nietzsche, führt die abendländische Moralkritik zu einem philosophischen Höhepunkt. Manche üben Moralkritik im Bonsai-Format, Nietzsche dagegen in Übergröße, radikal und fundamental zugleich.

Die Argumentationslogik interessiert sich allerdings lediglich für die methodische Seite. Um diese nicht falsch zu situieren, sagt sie zur inhaltlichen Moralkritik, der Umwertung aller Werte, nur soviel: Die Umwertung bedeutet nicht Abwertung; sie stellt vielmehr die Werte auf eine neue Wertgrundlage. An die Stelle des (angeblichen) Versuchs, den Sinn des Lebens nur in jenseitigen Werten und Wahrheiten zu suchen, tritt eine Diesseits-Rechtfertigung. Sie verwirft zwar einige der überlieferten Werte, bringt aber anderen, namentlich der Gerechtigkeit und der Ehrlichkeit, eine hohe Wertschätzung entgegen.

Der Diesseits-Rechtfertigung dient nun die Methode einer entlarvenden Genealogie. Radikal im wörtlichen Sinn, gräbt sie Wurzeln der Moral aus, um die bisherige Rechtfertigung zu erschüttern. Wichtige Argumentationsmuster finden sich übrigens schon in der Antike. Zum Beispiel sieht man die Wurzel einer religiös fundierten Moral im Neid der Götter oder erklärt die Gerechtigkeit entweder zum Egoismus der Herrschenden (Thrasymachos in Platons *Politeia* 338 c) oder gegenläufig zum Ressentiment der Schwachen (Kallikles in Platons *Gorgias* 492 a–492 e). Die Neuzeit greift derartige Muster der Moralkritik auf, Karl Marx etwa das Muster von Thrasymachos und Friedrich Nietzsche das des Kallikles. Eine andere entlarvende Genealogie stellt die angeblich selbstlose Regung des Mitleids als ein verstecktes Selbstinteresse bloß, etwa als die Furcht vor dem eigenen zukünftigen Leiden (Hobbes) oder als «die kluge Voraussicht der Unglücksfälle, die uns selbst begegnen können» (La Rochefoucauld). Andere erklären das Gewissen zu einer nach innen verlegten fremden Stimme (Sigmund Freud). In all diesen Gestalten sucht eine entlarvende Genealogie für die Moral eine Quelle auf, die die Berechtigung der gegenwärtigen Moral untergräbt.

Die bloße Argumentationslogik interessiert sich nicht für die Frage, ob und inwieweit die behauptete Vergangenheit zutrifft. Sie fragt nur, ob eine Genealogie, wörtlich: Entstehungsgeschichte, die Legitimität der Moral überhaupt zu entscheiden vermag. Semantisch gesehen haben Aussagen über die Entstehung einen Seinscharakter, Legitimitätsaussagen dagegen einen Sollenscharakter. Eine entlarvende Entstehungsgeschichte ist zwar für eine Moral nicht legitimatorisch belanglos; denn ihre bisherige Legitimationsgrundlage ist erschüttert. Es bleibt aber offen, ob es nicht eine andere, bisher bloß unentdeckte Legitimation gibt. Wer dieses Offenbleiben ausdrücklich oder unausdrücklich bestreitet, begeht klarerweise einen Sein-Sollensfehler, den genealogischen Fehlschluß, der sich von anderen Formen allenfalls durch seine Subtilität unterscheidet.

Der genealogische Fehlschluß tritt in zwei Spielarten auf. In seiner affirmativen Variante vermeint er, mit einem positiv einzuschätzenden Ursprung die Moral zu rechtfertigen. Die stärker verbreitete kritische Variante vermeint, der Moral mit einem negativen Ursprung ihre Rechtfertigung zu nehmen. Aus einem Tatbestand, dem positiv oder aber negativ zu bewertenden Ursprung, folgt aber nicht, daß das Ergebnis selber positiv oder aber negativ zu bewerten sei. Außerdem kann im Verlauf der Entwicklung auch eine Bewertungsänderung, sogar Bewertungsumpolung stattfinden. Im übrigen sind viele Genealogien selektiv; sie beschränken sich auf wenige Gesichtspunkte und blenden die das erwünschte Beweisziel störenden Faktoren aus.

Im Beispiel Nietzsche: Wenn seine These zutrifft, daß die jüdisch-christliche Moral einem Ressentiment der Schwachen und einem Herrschaftsinteresse von Priestern entspringt, wird zwar hinter diese Moral von Mitleid und Nächstenliebe ein kräftiges Fragezeichen gesetzt. Es verlangt, die Aufgabe der Rechtfertigung ernster zu nehmen und dabei Nietzsches Einwände zu entkräften zu suchen. Einer Moral des Mitleids jedes Recht abzustreiten, vermag die Genealogie aber nicht.

Für Nietzsche darf man allerdings nicht dessen Ziel der Umwertung vergessen. Während andere nur eine destruktive Moralkritik üben, ist sie bei Nietzsche letztlich konstruktiv. Denn wie der Begriff der Umwertung anzeigt, bereitet die entlarvende Genealogie den Weg für eine bessere Fundierung der Moral. An die Stelle der Moral jenseitiger Werte tritt nicht jener Nihilismus, der alle Verbindlichkeiten leugnet, sondern eine Selbstbejahung und zugleich Steigerung des Lebens, ein «Instinkt der Freiheit», den Nietzsche auch den Willen zur Macht nennt.

3.5 Ethik ohne Metaphysik?

Der philosophische Geist unserer Zeit hält die Frage dieses Abschnitts für überflüssig, zumindest das Fragezeichen für unangebracht. Denn die heute dominierenden Philosophen nennen ihr Denken ausdrücklich nicht- oder nachmetaphysisch. Trotzdem stellen sich im Fall der Ethik Zweifel ein. Denn der Ausdruck «Metaphysik» bedeutet weder ein unaufgeklärtes Denken oder ein intellektuell verstiegenes Philosophieren, noch schließt er ein, was säkulare Philosophen ablehnen, eine Begründung der Ethik aus Religion oder Weltanschauung. Nach der ursprünglichen Bedeutung geht es um ein Wissen, das sich mit einem Gegenstand jenseits (*Meta-*) der Naturforschung (*Physik*) befaßt. Entstanden in der griechischen Kultur, als ihr die jüdisch-christliche Offenbarung noch fremd ist, bedeutet die Metaphysik jene Erste Philosophie oder Fundamentalphilosophie, die sich so grundlegenden Fragen zuwendet, daß sie den Zuständigkeitsbereich der Naturforschung notwendig übersteigen.

Eine eigenständige und aller Metaphysik gemeinsame Argumentationslogik gibt es zwar nicht. Zur Geschichte der Metaphysik gehört vielmehr die immer wieder neue Suche danach. Auch im Fall einer auf die Praxis bezogenen Fundamentalphilosophie, der praktischen Metaphysik, klärt sich die Argumentationslogik erst im Verlauf der Durchführung. Nach den bisherigen Überlegungen sprechen schon zwei Gesichtspunkte für einen gewissen metaphysischen Charakter. Da es um eine möglichst voraussetzungslose Grundlegung geht, um eine Fundamentalethik, hat sie genau deshalb, als Fundamentalanalyse, einen metaphysischen Rang. Zusätzlich hat ihr Gegenstand, der Gedanke eines höchsten Gutes, einen nichtempirischen Charakter. Schon als eine Bewertung, der man nicht notwendig folgt, als ein Sollen, hat sie einen nichtempirischen Anstrich. Und im Fall des schlechthin höchsten Gutes verliert das Sollen noch jene empirischen Momente, die im technischen und pragmatischen Gutsein bzw. Sollen verblieben sind. Nicht allein von ihrem Grundlegungsinteresse, sondern auch von ihrem vorrangigen Gegenstand, dem moralisch Guten, her hat also die Fundamentalethik einen die Naturerfahrung überschreitenden Rang. Falls sie diesen Rang abstreitet und sich lediglich auf Naturerfahrung beruft, begeht sie offensichtlich den Sein-Sollensfehler.

Die Titelfrage dieses Abschnitts ist damit allerdings erst vorläufig beantwortet. Denn paradoxerweise fängt die Geschichte der wahrhaft fundamentalen, insofern metaphysischen Ethik so gut wie ohne jede Metaphysik an. Das Programm, das der bedeutende Theoretiker politischer Moral, John Rawls, sich vorgenommen hat, eine politische, nicht metaphysische Theorie, trifft schon mehr als zwei Jahrtausende vorher auf die erste als «Ethik» betitelte Abhandlung, Aristoteles' *Nikomachi-*

sche Ethik, zu. Es gibt eine zweite Paradoxie: Rawls' wichtigste Inspirationsquelle, Kant, ist ein Philosoph, der die überlieferte Metaphysik kompromißlos scharf kritisiert und trotzdem seine Ethik der Metaphysik zuordnet.

Im Verlauf dieser Studie wird noch zu klären sein, ob diese Situation zufällig ist oder triftige Gründe dafür sprechen, daß die maßgebliche Ethik der Eudaimonie, Aristoteles' Philosophie der Lebenskunst, metaphysikfrei, die maßgebliche Ethik der Autonomie dagegen, Kants Moralphilosophie, metaphysisch ausfällt. Die Folge wäre überraschend, sogar verstörend: daß die ältere, antike Ethik auf das verzichtet, was man ihr gern vorwirft, die Metaphysik, während die neuere, mit dem Prinzip der Autonomie immer noch moderne Ethik sie zu benötigen scheint.

Für die Argumentationslogik lautet die Zwischenbilanz: Wegen zwei Hinsichten ist eine Fundamentalethik zumindest in einem bescheidenen Sinn metaphysisch. Sie befaßt sich mit einem nichtempirischen Gegenstand, dem höchsten Guten, und nimmt für ihn eine sehr grundlegende Untersuchung vor. Ob sie noch in einem anspruchsvolleren, dann vielleicht problematischen Sinn metaphysisch ist, bleibt dagegen zunächst offen (s. Kap. 22.7).

4. Animal morabile

Vornehmlich erörtert die philosophische Ethik normative Fragen. Sie blendet jedoch die empirischen Fragen nicht aus, insbesondere nicht die Frage, wodurch überhaupt und wozu die aus der natürlichen Evolution hervorgegangene Spezies Homo sapiens sapiens und eventuell sie allein ein Moralwesen ist. Nach einem spitzen Wort des Philosophen Joseph de Maistre ist «der» Mensch eine Fiktion, die Unterstellung eines allgemeinen Wesens, obwohl das Menschsein nur in kulturellen Ausprägungen vorkommt: «Es gibt gar keinen Menschen in der Welt. Ich habe in meinem Leben gesehen: Franzosen, Italiener, Russen usw. ... Aber was den Menschen anbelangt, so erkläre ich, daß ich ihm in meinem Leben nicht begegnet bin.» (*Considérations*, 1884, 74)

Bei der Alternative, der philosophischen Anthropologie, für die Ethik der Moralanthropologie, handelt es sich methodisch wieder um eine Hermeneutik besonderer Art. Sie legt nicht mehr gewisse Kulturzeugnisse des Menschen, sondern empirische Befunde über den Menschen aus. Zwei einander ergänzende Wege legen sich nahe. Einmal wandere man in die Ferne und suche nach Gemeinsamkeiten, die der heutige Mensch unserer Breiten mit zeitlich und räumlich fernen Artgenossen teilt. Zum anderen schaue man in die Nähe und suche nach Unterschieden, die den Menschen vor anderen Lebewesen, insbesondere seinen stammesgeschichtlichen Verwandten, den Primaten, auszeichnen. (Zur biologischen Anthropologie s. Eibl-Eibesfeldt [3]2004; zur vergleichenden Primatenforschung: Paul 1998, de Waal 2005; zur Paläoanthropologie: Diamond 1992; s. auch Illies 2006.)

Eine methodisch überlegte Moralanthropologie erwartet nicht, die normative philosophische Ethik ersetzen zu können. Gegen den gelegentlichen Imperialismus einiger Erfahrungswissenschaftler spricht schon die Argumentationslogik: daß aus nur empirischen Behauptungen, also Seinsaussagen, sich kein Sollen ableiten läßt. So ist man mit der bescheideneren Frage zufrieden, welche biologischen, einschließlich neurobiologischen Eigentümlichkeiten des Menschen dafür verantwortlich sind, daß er Moral hat. Damit verbindet sich die Frage, warum die Moral eine allgemeine Grundlage in der Natur hat und doch kulturell bestimmt ist? Eine Zusatzfrage lautet: Warum hat die Moral den Charakter eines begründeten Sollens, eines Imperativs, ohne ein ohnmächtiges Sollen zu sein?

Da die neuere Ethik wie generell die neuere Philosophie das Interesse an der Anthropologie weitgehend verloren hat, empfehlen sich einige Vorbemerkungen: Obwohl die Sache alt zu sein scheint, ist das Wort «Anthropologie» überraschend neu. Als «Lehre von der menschlichen Natur» taucht es erst Ende des 16. Jahrhunderts auf, um noch später, im wesentlichen erst in der Zeit Kants, zu einer Erfahrungslehre des Menschen zu werden. Kant sieht zu Recht, daß methodisch gesehen die Anthropologie eine Zwischenstellung einnimmt; sie ist nämlich eine «Weltkenntnis», die man weder durch bloße Philosophie noch durch das damalige Vorbild empirischer Wissenschaft, die Physik, erwirbt (*Anthropologie* VIII 3 ff.). In den 20er bis 40er Jahren des letzten Jahrhunderts blüht die philosophische Anthropologie vor allem durch drei Philosophen, Max Scheler, Helmut Plessner und Arnold Gehlen, auf.

Gegen die Befürchtung, der Mensch werde auf ein ungeschichtliches Wesen festgelegt, zeigt die Anthropologie, daß dem Menschen seiner biologischen Natur nach eine Dynamik innewohnt, die sowohl die Kultur im Singular, das nicht bloß organisch-natürliche Menschsein, als auch die Kultur im Plural, die geschichtlich unterschiedlichen Gestalten, schafft. Infolgedessen ist ein dualistisches Denken – hier Natur, dort Kultur – aufzugeben. Während die natürliche Existenz des Menschen durch und durch kulturell geprägt ist, machen sich die kulturellen Prägungen nie ganz von den organisch-natürlichen Anlagen frei. Die Anthropologie erkennt bestenfalls ein Skelett von Menschsein, das erst durch kulturelle, darüber hinaus individuelle Faktoren zu einem Wesen aus «Fleisch und Blut» wird.

Inzwischen steht der Anthropologie weit mehr Erfahrung als dem ausgehenden 18. Jahrhundert zur Verfügung. Die Grundfrage allerdings, auch die beiden Hauptwege und vor allem zwei Grundaussagen reichen sogar bis zur Antike zurück: der Mensch als vernunft- und sprachbegabtes Lebewesen und als Sozial-, näherhin Rechts- und Politikwesen. Beides ist der Mensch freilich, sowohl das Individuum als auch die Gattung, zunächst nur in Form einer Anlage. Ohne eine gewisse Entwicklung (Evolution) samt eigener Anstrengung gelangt weder die Vernunft noch die politische Natur des Menschen zur Wirklichkeit und schließlichen Blüte. Das Sich-Entwickeln-Müssen schlägt auf die Moral durch. Der Mensch ist nicht sogleich das animal morale, das Moralwesen, wohl aber in dreierlei Hinsicht ein animal morabile: Er ist zur Moral fähig, zu ihr auch berufen, muß sich aber auch dazu entwickeln. Wegen der nötigen Anstrengungen hat die Moral in einem noch grundlegenderen Sinn einen Sollenscharakter: Sie tritt nicht nur in Gestalt von Imperativen auf, vielmehr liegt ihrer Entfaltung selber schon ein basaler Imperativ zugrunde.

Sehr früh, schon in einer Vorform des rationalen Denkens, im Mythos, fallen beim Menschen im Vergleich zum Tier zwei Eigentümlichkeiten auf, eine Schwäche und eine Stärke. Die Schwäche: In seiner Organ- und Instinktausstattung hat er so deutliche Defizite, daß er nur wenig überspitzt als ein Mängelwesen erscheint. Weil dem als Stärke der Geist bzw. die Intelligenz gegenübersteht, könnte man zusammenfassend diagnostizieren: schwacher Körper, starker Geist. In Wahrheit greifen aber beide Seiten ineinander, wobei die Schwäche in Stärke umschlägt: Damit die Intelligenz einen Spielraum hat, dürfen die Organ- und vor allem die Instinktvorgaben nicht zu eng auf eine bestimmte Umwelt festgelegt sein. Die sachgerechte Diagnose lautet deshalb nicht auf Organschwäche und Instinktmängel, sondern auf Weltoffenheit statt Umweltgebundenheit und auf reflexiven Welt- und Selbstbezug statt unmittelbarem Lebensvollzug.

Was auf den ersten Blick als Schwäche erscheint, offenbart sich also bei genauerer Betrachtung als Stärke. Im übrigen darf man die organische Leistungsfähigkeit nicht unterschätzen. Der Mensch sprintet zwar nicht wie Hasen, klettert nicht wie Koala-Bären, schwimmt nicht wie ein Fisch, und wie ein Vogel fliegen kann er nicht einmal ansatzweise. Er verfügt aber über die drei Fähigkeiten, das Laufen, Klettern und Schwimmen, und mittels technischer Geräte vermag er sogar zu fliegen. Unsere Vorfahren – sagt die neuere Forschung – waren sogar so hervorragende Dauerläufer, daß sie viele Tiere bis zu deren Erschöpfung verfolgen konnten, um schließlich mit den Proteinen der durch das Laufen erjagten Tiere ein größeres Gehirn zu entwickeln. Das größere Gehirn wiederum diente dem Überleben, da der Mensch zu den Beutetieren gehörte, unter denen nur die Schlausten den Räubern entkamen. Ein Beleg: Große Raubtiere wie Leopard, Jaguar und Puma erbeuten mehr Tiere mit geringer als mit stärker entwickeltem Gehirn.

Auch in anderer organischer Hinsicht ist der Mensch hochleistungsfähig. So verfügt er über eine enorme Beweglichkeit und Lichtempfindlichkeit des Auges; hinsichtlich Tonhöhen haben manche Menschen nicht bloß ein sehr feines, sondern sogar ein absolutes Gehör; die Zunge vermag Gegenstände zu erfühlen, die Bruchteile eines Millimeters dick sind; und mit den Händen kann man ebenso schwere Brocken tragen wie die hochsensiblen Aufgaben eines Goldschmieds, Chirurgen oder Pianisten erfüllen. So ist der Mensch ein Generalist, der fast unbegrenzt Vieles vermag, womit er auch in organischer Hinsicht das Glück der Weltoffenheit genießt. Es erlaubt ihm zum Beispiel, in allen, auch den unwirtlichsten Regionen der Erde zu leben.

Die vielfältige Weltoffenheit beläuft sich auf einen Horizont, der ein sehr weites Feld eröffnet, aber noch kein «konkretes» Feld darstellt. Oder: Der Mensch ist ein Acker, den er selbst zu bestellen hat. Diese Aufgabe nimmt er in Gemeinsamkeit mit anderen wahr, dabei in einer geordneten und auf relative Dauer eingestellten Weise, also in Form einer Kultur. Auf diese Weise ist der Mensch schon von seiner Biologie her ein Sozial- und Kulturwesen. Er mag unterschiedliche Kulturen, dabei bessere und schlechtere Gestalten entwickeln – ohne jede Kultur (einschließlich deren positiver Moral) kann er aber so gut wie nicht leben.

An dieser Stelle drängt sich die Frage auf, ob man den Sein-Sollensfehler nicht unterlaufen und die zur Kultur gehörende Moral rein biologisch, folglich aus einem bloßen Sein begründen kann. Darüber hinaus scheint der naturalistische Fehlschluß unterlaufen zu werden, da die Moral aus ihrer Lebensdienlichkeit erklärt wird. In den mit diesen Fragen befaßten Debatten vertritt die eine Seite, ein biologischer Naturalismus, die positive, ihr Gegner, der ethische Antinaturalismus, die negative Antwort. Beide Streitfragen pflegen freilich zwei Dinge zu übersehen. Zum einen ist die von den skizzierten Befunden begründete Moral nicht die normative oder kritische, die «moralische Moral», sondern lediglich eine geltende, positive Moral. Ein Unterlaufen des Sein-Sollensfehlers wird also gar nicht versucht, da man im Bereich des Positiven, des Seins, verbleibt. Zum anderen bleibt die positive Moral wesentlich unterbestimmt: Wegen der Weltoffenheit braucht es zwar irgendeine positive Moral; deren genaue Verbindlichkeiten sind dadurch nicht begründet. Dieses Nicht kann man als Toleranz gegen unterschiedliche Positivierungen verstehen. Tatsächlich liegt eine Indifferenz vor, die die Möglichkeit, in gewisser Weise sogar Notwendigkeit für andere, wahrhaft moralische Argumente frei läßt.

Beim Versuch, auch die nähere Begründung rein biologisch vorzunehmen, pflegt man mit Kriterien zu arbeiten wie Optimierung der Lebensmöglichkeiten. Auch mit diesem Kriterium ist die Moral noch unterbestimmt; zu einem konkreten Moralprogramm ist der Weg noch weit. Insbesondere bleibt die Frage offen, ob die Moral, wie in der Natur anscheinend üblich, dem Überleben der Spezies oder wie beim Menschen eher der jeweiligen Kultur, letztlich sogar den einzelnen Mitgliedern, den Individuen, dienen soll. Hier zeichnet sich eine Alternative ab – Spezies oder einzelne Kulturen oder Individuum –, die sich mit bloß biologischen Mitteln schwerlich entscheiden läßt. Hinzu kommt eine weitere Alternative, die der bloß biologischen Betrachtung weitgehend fremd ist: schlichtes Leben (Überleben) oder aber Gutleben. Die zweite Möglichkeit ist nämlich nicht bloß eine Steigerung der ersten, sondern kann ihr widerstreiten.

Auch die Tierwelt kennt ein Phänomen, das man beim Menschen einen heroischen Altruismus nennen würde: daß ein Individuum für andere, daß insbesondere ein Muttertier für die eigenen Jungen sich opfert. Bei Tieren findet das entsprechende Verhalten aber einfach ohne die Rückfrage statt, ob man das Opfer denn bringen soll. Hinzu kommen zwei Ausweitungen, die der Tierwelt fremd sind: Soll ich mich eventuell für andere als meine Kinder, vielleicht sogar für Nichtverwandte opfern? Und: Soll ich einer (zum Beispiel religiösen, politischen oder kulturellen) Überzeugung unter großen Opfern, auch unter Inkaufnahme meines Todes treu bleiben? Selbst wenn eine positive Moral das Opfer verlangt, kann es Gründe, vielleicht sogar moralische Gründe geben, das Opfer zu verweigern, sei es in einem Einzelfall, sei es generell. Derartige Fragen lassen sich nicht biologisch, sondern letztlich nur mit einer moralischen Moral beantworten.

Die Sachlage trifft auch auf den raffinierten Naturalismus zu, den die Moralphilosophin Philippa Foot vertritt. Gemäß der im Buchtitel vertretenen These «Natural Goodness» (2001, im Deutschen leider: «Die Natur des Guten»: 2004) bedeute «gut» generell, was den Mitgliedern einer biologischen Art gut tue. Wie bei allen Tieren, selbst Pflanzen, so bestehe auch beim Menschen das Gute in dem, was seinem natürlichen Gedeihen zuträglich sei: «Ich ziehe es daher vor zu sagen, daß Tugenden im Leben von Menschen eine notwendige Rolle spielen, so wie es Stacheln im Leben von Bienen tun.» (2004, 56) Foot erklärt keineswegs, Menschen seien letztlich nichts anderes als Bienen. Sie behauptet nur eine semantische, zugleich biologische Gemeinsamkeit: Trotz anderer Unterschiede bedeute für beide, Mensch und Tier: «Gut ist, was die jeweilige Art zum eigenen Leben braucht.» Dabei unterschlägt sie freilich die genannte Unterscheidung, daß es bei den Tieren im wesentlichen ums bloße Leben, dem Menschen aber um mehr geht. Während Stacheln den Bienen zum Überleben verhelfen, dient beim Menschen nur ein Teil der Moral dem Überleben, ein anderer Teil dagegen dem guten Leben. Zugleich taucht der den Tieren fremde Konflikt auf: Soll man den Anforderungen des bloßen Lebens zum Preis des Gutlebens oder im Gegenteil den Verbindlichkeiten des guten zulasten des bloßen Lebens folgen?

Kehren wir zu den anthropologischen Befunden zurück. Zum biologischen Multitalent gehört als psychologische Eigenart ein unspezialisierter Energieüberschuß. Seine biologische Grundlage bildet ein Hormon, das zur Leistungssteigerung befähigt, das Noradrenalin. Im Zusammenhang mit der Intelligenz legt es den Menschen nicht auf gewisse Wege oder Ziele fest, nicht einmal auf die beiden Generalziele, das individuelle und das kollektive Überleben. Infolgedessen ermöglicht der Antriebsüberschuß humane Glanzlichter wie Technik und Medizin, wie Musik, Kunst und Architektur, wie Literatur, Wissenschaft und Philosophie, nicht zuletzt heroische Verzichte.

Die neuen Chancen verbinden sich aber mit neuartigen Gefahren, so daß zum Menschen auch die umgekehrte Richtung gehört, der Umschlag einer biologischen Stärke in Schwäche. Der Antriebsüberschuß befähigt den Menschen zu einem so gut wie grenzenlosen Immer-mehr: zu Völlerei und sexueller Maßlosigkeit, zu Ehrsucht, Herrschsucht und Habsucht im wörtlichen Sinn von Sucht. Nicht zuletzt kann er Allmachtsphantasien erliegen; ein Verlangen, «wie Gott zu sein», kann kein anderes Tier überkommen, so daß man den Menschen auch ironisch als einen Affen definieren kann, der gelegentlich wie Gott sein will. Anscheinend vermag auch nur er, seinesgleichen und sich selber ohne Hemmungen zu schädigen. Zimperlich sind beispielsweise Menschenaffen nicht, denn sie reißen ihren Feinden die Fingernägel aus, zerquetschen ihre Hoden oder reißen ihnen die Luftröhre aus dem Leib. Aber lediglich der Mensch scheint auf fremden Befehl oder aus eigenem Antrieb kaltblütig zu morden und es im Sadismus zum Selbstzweck zu machen. Dagegen erhebt die Moral Einspruch, begründet ihren Einspruch und stellt Kriterien auf. Bloß ein Ungeheuer ist der Mensch freilich nicht. Im Unterschied zum Affen knüpft nur er freundschaftliche Beziehungen zu Nachbarn, treibt Handel und hilft bei Katastrophen. Auch dabei hat die Moral einen Ort.

Ein erster biologischer Grund für Moral: Mangels biologisch einprogrammierter Hemmnisse muß der Mensch den Antriebsüberschuß zu kanalisieren und produktiv statt destruktiv einzusetzen lernen. Zu diesem Zweck muß er sich zu einem Wesen, das sein Tun und Lassen selber entwirft und sein Leben selber führt, entwickeln, also zu einem Handlungswesen.

Ob Geist, Vernunft oder Intelligenz genannt – die für das Handeln zuständige Instanz hat wesentlich eine kulturelle Komponente, augenfällig in der Sprachgebundenheit eines Großteils der Intelligenz. Die Umkehrung gilt allerdings ebenfalls: Die Kultur ist eine wesentliche Leistung der Intelligenz. Zu Recht sagt die Kognitionsforschung, daß das den Primaten weit überlegene Hirnniveau des Menschen ein kulturelles Lernen erlaubt, mit der Rückwirkung, daß die Kultur, evolutionär betrachtet, das Hirn zu einer abhängigen Variable macht. Dabei darf man nicht vergessen, daß zum kulturellen Lernen ein enormes Potential an individuellem Lernen und erhebliche Unterschiede in der Lernleistung hinzukommen. Erwachsene Affen erreichen allenfalls das Intelligenzniveau von drei- bis vierjährigen Menschen, also kleinen Kindern.

Gering sind die geistigen und sozialen Fähigkeiten mancher Tierarten nicht (vgl. Tomasello 1999, de Waal 1996 und 2006, Perler/Wild 2005). Schon der Aufklärer d'Holbach (1770/1978, 629, Anm. 50) hatte davor gewarnt, die intellektuellen Fähigkeiten der Tiere zu unterschätzen. Heute weiß man, daß einige Tiere die Fähigkeit haben, die Welt im Hinblick auf überlebensrelevante Gegenstände und Ereignisse zu kategorisieren. Sie vermögen eine große Anzahl von selbsterlebten Episoden in der Erinnerung zu speichern und auf diese Weise künftige Zustände ihrer Welt in einem gewissen Maß vorauszusehen. Im Verlauf ihrer Domestikation haben Katzen und noch stärker Hunde ein ebenso weites wie feines Spektrum von Interaktion und Kommunikation mit dem Menschen, also Nichtartgenossen, gelernt. Bei Primaten finden sich Gesten der Beschwichtigung und taktisches Täuschen in Hülle und Fülle. So vermag ein Schimpanse vorzugeben, einen Strauch von Beeren nicht bemerkt zu haben, um ihn, wenn seine Genossen weitergezogen sind, allein abzupflücken. Sogar Vögel, etwa Regenpfeifer, können einen gebrochenen Flügel vortäuschen, um einen Raubfeind von ihrem Nest abzulenken. Ein Schimpanse kann in Anwesenheit eines dominanten Männchens seine Erektion mit der Hand verbergen, und ein Weibchen gegen ein anderes eine versöhnende Geste machen, um darauf sein Opfer umso erfolgreicher zu beißen.

Belegen derartige Täuschungsmanöver die Moralfähigkeit von Schimpansen, da sie gegen die Moral, hier die Offenheit und Ehrlichkeit, verstoßen können? Richtig ist, daß die Täuschungsmanöver nicht bloß zielgerichtet, sondern auch absichtsvoll vorgenommen werden; es geschieht aber nur in bezug auf das gewünschte Ergebnis. Der eine will das dominante Männchen nicht gegen sich aufbringen, die andere will leichteres Spiel haben. Um das Verhalten als bewußte Täuschung, als Lug und Betrug, deuten zu dürfen, fehlt eine strukturelle Komplikation: daß das Verhalten nicht bloß tatsächlich, sondern *als Täuschung* stattfindet.

Zum Begriff des Lügens gehört, daß man bei einem anderen absichtlich eine falsche Überzeugung hervorzurufen sucht. Dafür braucht es eine geistige Fähigkeit, die man bei hochentwickelten Tieren nicht gefunden hat. Das Tier muß in einem einzigen Denkakt die Vorstellung von etwas Tatsächlichem, in den Beispielen die Geste des Zudeckens oder des Sich-Zurückhaltens, mit der Vorstellung einer nur möglichen oder sogar nur eingebildeten Situation verbinden: Das dominante Männchen ist davon überzeugt, es habe keinen sexuellen Konkurrenten; oder das bedrohte Weibchen hält die Geste der Konkurrentin für ein Versöhnungszeichen und wird dadurch «eingelullt». Zur Fähigkeit des Lügens gehören geistige Spiegelungsprozesse von der Art «Ich weiß, daß du weißt, daß ich weiß», hier: «Ich glaube, daß du glaubst, daß ich die Geste so (als Geste der Versöhnung ...) meine».

Kontrollversuche zeigen, daß sich das betreffende Verhalten als Erlernen einer in bestimmter Situation wirkungsvollen Handlungsweise erklären läßt. Um das erwartete Ergebnis zu erzielen, brauchen Tiere nicht zu wissen, daß ihre Artgenossen auf der Grundlage entsprechender Überzeugungen handeln. Somit liegt kein Täuschen im strengen Sinn eines absichtlichen Hinters-Licht-Führens, folglich auch kein moralwidriges Verhalten vor. Was manche als Ansätze von Moralfähigkeit bezeichnen, ist in Wahrheit zwar bemerkenswert, aber erst eine Vorstufe. Ähnliches gilt für die Erinnerungsfähigkeit. Zu einem moralischen Subjekt, «Person» genannt, gehört ein Können, das selbst Primaten fehlt, jene Fähigkeit, auf die eigene Vergangenheit und Zukunft Bezug zu nehmen, die man das «autobiographische Gedächtnis» nennen kann (vgl. Markowitsch/Welzer 2005).

Eine erfahrungsoffene Moralanthropologie betont weitere moralerhebliche Gesichtspunkte, etwa daß der Mensch sich um Anerkennung sorgt, sogar um sie kämpft, mit Folgephänomenen wie Neid, Eifersucht und Mißgunst, wie Rache, aber auch Verzeihen, Sympathie und Empathie, Barmherzigkeit, Reue und Scham. (Zur Philosophie und Psychologie der Gefühle bzw. Emotionen s. Solomon 2004 und Wassmann 2002;

zur Anthropologie der Gesichtsmimik Meuter 2006.) Andere Innovationen des Menschen sind zwar nur indirekt moralerheblich, beispielsweise die Welt von Technik und Medizin, die Welt der Arbeit und die des Spielens. Es sind aber Welten mit einer fast unbegrenzten Fortschrittsfähigkeit (Perfektibilität), der gegenüber selbst die intelligenteste Schimpansenpopulation seit Jahrtausenden so gut wie auf der Stelle tritt.

Anthropologisch gesehen existiert die Moral zunächst auf zweierlei Weise: wegen der Intelligenz und Weltoffenheit als Moralfähigkeit, wegen des Gefahrenpotentials im Antriebsüberschuß und der Weltoffenheit aber auch als Moralbedürftigkeit. Jedenfalls steht sie realiter dem Menschen weder individualgeschichtlich von Geburt an noch gattungsgeschichtlich seit den ersten Anfängen zur Verfügung. Von der Anthropologie aus betrachtet ist die Moral eine merkwürdige Mischung aus Sollen, Bedürfnis und Sein. Denn der Mensch, dieses weltoffene, aber auch gefährdete Lebewesen, braucht Verbindlichkeiten, die die Intelligenz auf ihr Gutsein, letztlich auf ein uneingeschränktes Gutsein zu befragen erlaubt, was zwar nicht notwendig ist, sich aber schwerlich auf Dauer unterdrücken läßt. Somit erweist sich die Moral erstens als von der Biologie vorbereitet. Zweitens nimmt sie erst in einer Kultur die konkrete Gestalt einer positiven Moral an, so daß man, wie schon gesagt, die natürliche Ausstattung und die kulturelle Prägung nicht als Gegensatz verstehen darf. Dank einer allgemeinmenschlichen Vernunft wird die positive Moral drittens einer kritischen Moral ausgesetzt, nicht selten ihr gemäß auch umgestaltet. Die biologische, einschließlich neurobiologische Natur des Menschen bietet also Rahmenbedingungen, die der Entwicklung von Moral förderlich sind, die sie sogar schon um des bloßen Lebens willen herausfordern. Die Moral selbst muß der Mensch aber aus eigener Kraft und nach eigenen Kriterien entwickeln.

5. Handeln

Eine Zwischenbilanz sagt zweierlei: Dank Weltoffenheit, Antriebsüberschuß und Intelligenz ist der Mensch zu eigenverantwortlichem Handeln mit kritischer Bewertung, zu praktischer Reflexivität, fähig, ihrer aber auch bedürftig. Und: Im Rahmen des kritischen Bewertens stellt das moralisch Gute, als das schlechthin Gute bestimmt, die höchste Stufe dar. Offensichtlich ist damit keine gehaltvolle Moral, nicht einmal ein aussagekräftiges Moralprinzip erreicht. Dafür sind noch die zwei Kernelemente näher zu bestimmen, das (eigenverantwortliche) Handeln und das schlechthin Gute. Beide Bestimmungen – darauf hat bislang kaum ein Moralphilosoph geachtet – hängen miteinander zusammen. Einem aussagekräftigen Moralprinzip liegt ein gewisses Verständnis von menschlichem Handeln zugrunde, und umgekehrt präjudiziert das Handlungsverständnis das Moralprinzip, allerdings nur in Verbindung mit der Idee des schlechthin Guten. Das grundlegende Argumentationsmuster heißt daher: Ethik plus Handlungstheorie.

5.1 Bewußt und freiwillig

«Handeln» ist ein Grundwort, das wir täglich verwenden, trotzdem fällt es schwer zu sagen, was wir unter ihm verstehen. Schon die Frage, was darunter fällt, ist strittig. Ereignet sich ein Zugunglück, weil der Bahnwärter die Schranken nicht geschlossen hat, so hat er etwas unterlassen: Ist auch das Unterlassen ein Handeln oder nur das Tun? Es gibt Menschen, die zupackend, andere, die zögernd agieren: Ist bloß die rasche Tat ein Handeln oder fallen auch Zögern, Nachdenken und Abwarten darunter? Weiterhin: Handelt jemand, dessen Augenlid zuckt, jemand, der atmet, der gähnt oder niest, jemand, der sich verschreibt oder verrechnet? Diese Fragen mögen Grenzfälle ansprechen; beginnen wir mit den Kernfällen: Was ist so verschiedenen Verhaltensweisen gemeinsam wie Essen, Spazierengehen und Autofahren, wie seine Liebe erklären, Heiraten und Zeugen, wie einem Verunglückten helfen, jemanden Begrüßen oder Verabschieden?

Eine andere Schwierigkeit liegt in der Mehrdeutigkeit des Verhaltens: Geht jemand eine Straße entlang, so kann er flanieren, aber auch jemanden verfolgen oder ungeduldig erwarten. Wer ein Blatt Papier beschreibt, kann einen Brief verfassen, aber auch zeichnen, dichten, eine Seminararbeit schreiben oder gelangweilt herummalen. Ist «Handeln» am Ende ein unklarer, unwissenschaftlicher Begriff?

Nach einem ersten Verständnis ist das Handeln das für den Menschen eigentümliche Tun und Lassen. Durch Intelligenz und Weltoffenheit bedingt, zeichnet es sich vor physikalisch-chemischen Bewegungen, vegetativen Prozessen und tierischem Verhalten durch ein praktisches Selbstverhältnis aus: durch die Fähigkeit zur Überlegung, zur Beratung (mit sich und anderen) und zur Entscheidung.

Schon diese vorläufige Bestimmung erlaubt, einige der angeführten Fragen zu beantworten: Insoweit man das Unterlassen jemandem zurechnen kann, hat es Handlungscharakter; insoweit das Augenlidzukken und das Atmen nicht zurechenbar sind, fallen sie aus der Welt des Handelns heraus, ein mit Absicht vorgenommenes Zucken und ein bewußtes Atmen dagegen nicht. Im praktischen Selbstverhältnis kommen nämlich zwei Momente zusammen, ein willentliches (volitives, genuin praktisches) und ein darauf bezogenes wissentliches (kognitives) Moment. Einerseits gehört zum Handeln, daß man mehr oder weniger deutlich weiß, was man tut oder läßt. Es braucht ein Wissen, das sich sowohl auf die Ziele und Zwecke als auch die zweck- und situationsgemäßen Mittel und Wege erstreckt. Das Wissen über Praxis verbindet also einen finalen bzw. teleologischen («Ziele») mit einem instrumentellen Anteil («Mittel»). Die beiden Anteile des «Wissens von» Praxis, das instrumentelle und das finale Wissen, sind nicht notwendig miteinander verkoppelt. Manches praxisbezogene Wissen beinhaltet zwar die richtigen Mittel und Wege, aber für Ziele, die eventuell aus bloßer Gewohnheit verfolgt werden. Anderes enthält die richtigen Ziele, verbindet sie aber mit unsachgemäßen Mitteln. Wieder anderes bringt beide Anteile, die vernünftigen Ziele und die geeigneten Mittel, zusammen.

Selbst die Verbindung beider Anteile ergibt erst ein praxisbezogenes, kein praktisches Wissen. Sie handelt von Praxis, bringt die Praxis aber nicht zustande. Sie ist wie ein Klavierinterpret, der seine Sonate erläutert, aber nicht spielt. Wer eine andere Ansicht vertritt, verkürzt das Handeln auf ein Erkenntnismoment; er erliegt einer theoretischen bzw. kognitivistischen Verkürzung. Nur wenn sich das Moment des Wissentlichen mit dem unverzichtbar zweiten Moment des Willentlichen verbindet, wird aus dem «Wissen von» Praxis ein die Praxis zustande bringendes, kurz: «praktisches Wissen». Nur dort, wo sich das wissentliche, näherhin diiudikative Moment, das ausdrückliche oder nur stillschweigende Urteil über Ziel und Mittel, mit dem willentlichen bzw. exekutorischen Moment, dem Antrieb bzw. der Motivation, verbindet, kann man von einer praktischen Rationalität bzw. praktischen Vernunft sprechen: Auf der Wissensseite wählt der Mensch unter den möglichen Zielen und Mittel aus, die er nach der willentlichen Seite als die seinigen anerkennt und verfolgt. Was er tut, ist von ihm auch beabsichtigt (intendiert); ebenso wird, was er beabsichtigt, getan.

Für die exekutorische Seite vermeide man den wegen seiner Mehrdeutigkeit mißverständlichen Ausdruck «Wille». In einem weiten Verständnis bezeichnet der Ausdruck jedes handlungswirksame Wünschen, was weniger mißverständlich «absichtlich» oder «freiwillig» heißt. Daneben gibt es ein enges und strenges Verständnis, das «einen Zustand von selbst anfangen» meint. Dafür könnte es mehr als die anthropologische Eigenart, die reflexive Weltoffenheit, brauchen. In dem Fall zählte der engere Willensbegriff nicht zur menschlichen Grundausstattung, sondern setzte eine beträchtliche kulturelle Entwicklung voraus, so daß er weniger entwickelten Kulturen und Epochen unbekannt sein könnte. Jedenfalls stehen in dieser Studie «absichtlich» und «freiwillig» für eine erste Stufe praktischer Reflexion, während der strenge Begriff von Wille für deren zweite Stufe reserviert wird.

In der praktischen Reflexivität gründet die Antwort auf Wittgensteins «schwieriges», weil rein analytisch nicht mehr auflösbares Problem: «was ist das, was übrigbleibt, wenn ich von der Tatsache, daß ich meinen Arm hebe, die abziehe, daß mein Arm sich hebt?» (*Philosophische Untersuchungen*, Nr. 621) Übrig bleibt das praktische Selbstverhältnis, das allerdings nicht für sich existiert, sondern als die reflexive, bewußte und freiwillige Struktur von Verhaltensweisen.

Es versteht sich, daß nicht jedes menschliche Verhalten bewußt und freiwillig ist. Rein physiologische Prozesse und bloße Reflexbewegungen sind in keinem Fall freiwillig. Jemand, der einen Zug verpaßt, vor sich hin döst oder vom Blitz getroffen wird, handelt in der Regel weder wissentlich noch willentlich. Ein Gähnen und Niesen, ein Stolpern und Stottern erfolgen zwar nicht immer, aber doch meistens unabsichtlich. Anderes ist dagegen in jedem Fall beabsichtigt. Wer eine Behauptung aufstellt oder einen Betrug vornimmt, wer Logarithmen berechnet oder philosophische Klassiker interpretiert, handelt schwerlich unbewußt oder auch nur unabsichtlich. Wieder andere Verhaltensweisen können sowohl bewußt und freiwillig als auch unbewußt und unabsichtlich sein. So kann man absichtlich stolpern oder jemandem unabsichtlich helfen.

Ferner geht es um ein Mehr oder Weniger. Nicht als ein Ereignis, wohl aber hinsichtlich der Momente des Freiwilligen und des Bewußten ist Handeln ein komparativer Begriff. Der Wissensanteil kann nämlich mehr oder weniger klar und deutlich sein. Er mag eher intuitiven Charakter haben oder stärker von ausdrücklichen Überlegungen kontrolliert werden. Es kann sich um die nur subjektive Gewißheit einer persönlichen Überzeugung oder um eine objektive, methodisch begründete Erkenntnis, vielleicht sogar um die Perfektionierung des Wissens zur Wissenschaft handeln. Das Wissen kann unvollständig sein: Ödipus ist sich bewußt, einen Reisenden, nicht aber seinen Vater zu töten, Hamlet, einen Lauscher, aber nicht Polonius zu erstechen. Es dürfte sogar die Regel sein, daß man gewisse Merkmale nicht kennt, insofern auch nicht will. Nicht zuletzt kann das vorgebliche Wissen falsch sein.

Selbst beim Freiwilligen kann man verschiedene Grade unterscheiden. Denn bei einem Handeln, das mit Überzeugung und aus vollem Herzen geschieht, liegt ein höheres Maß an Freiwilligkeit vor als bei einem, zu dem man nur überredet oder gar verführt wird. Solange es nicht fremdgelenkt ist, bleibt es aber freiwillig. Während nach dem Begriff des Wissentlichen der Handelnde irgendwie weiß, daß er dieses Tun oder (Unter-) Lassen begeht, gehört zum Begriff des Willentlichen, daß er es deshalb begeht, weil er es als solches oder im Hinblick auf ein weiteres Ziel will.

Welchen Sinn und Zweck verfolgt man mit diesem Begriff? Ein Tun und Lassen, das bewußt oder freiwillig geschieht, rechnet man dem Betreffenden als verantwortlichem Urheber zu. Er hat die Sache getan, in kraß-negativen Fällen hat er sie verbrochen. Folglich kann er je nach Einschätzung gelobt oder getadelt, gerühmt oder verachtet werden. Jedenfalls kann man ihn zur Verantwortung ziehen und im Fall von Verfehlungen für diese haftbar machen. Dem Begriff des bewußten und freiwilligen Geschehens, des Handelns, liegt das Interesse zugrunde, den Menschen als verantwortlich zu begreifen, als verantwortlich vor den Mitmenschen oder auch vor sich selbst, vielleicht auch vor Gott.

5.2 Einschub: Ethischer Realismus?

Jemanden für sein Handeln zur Verantwortung ziehen, heißt Gründe einfordern, durch die das Tun oder Lassen als gelungen: als gut und richtig, oder aber als mißlungen: als schlecht, falsch oder böse, erscheint. Weil es bewußt und freiwillig ist, steht menschliches Handeln in einer Welt von Gründen. Ihretwegen hängt auch das moralische Handeln mit mehr als bloß subjektiver Meinung, nämlich mit objektivem Wissen, zusammen. Allerdings unterscheiden sich die Gründe und das Wissen von denen, die für die Erkenntnis von Gegenständen wesentlich sind. Die Welt praktischer Gründe ist an die Bewertung als Gut und Schlecht bzw. Böse, die Welt theoretischer Gründe an die Beurteilung als Wahr und Falsch gebunden. Infolgedessen ist Handeln zwar begründbar und argumentationsfähig, aber nicht im üblichen, theoretischen Sinn wahrheitsfähig.

Der lateinische Ausdruck, der dem Fremdwort Rationalität zugrunde liegt, *ratio*, hat ebenso wie seine griechische Entsprechung *logos* eine Doppelbedeutung, die sich in europäischen Sprachen etwa als reason, raison, ragione und razón wiederfindet: Der Ausdruck bedeutet im Singular Vernunft, in der pluralisierbaren Verwendung dagegen Grund. In diesem Sinn entspricht die Welt der Gründe der Vernunft. Wer den Ausdruck «Vernunft» für zu anspruchsvoll findet, mag sich an diesen Zusammenhang erinnern: Seit den Anfängen der Philosophie gilt der Mensch – unter anderem – genau deshalb als vernunftbegabt (*logon echon*), weil er fähig ist, einen Grund, ein Argument anzugeben (*logon didonai*).

In der neueren Metaethik gibt es die Ansicht, moralische Urteile handelten über moralische Tatsachen, weshalb sie wie Aussagen über die natürliche und die soziale Welt wahr oder falsch seien. Die Ansicht heißt moralischer Realismus, als Theorie über Moral besser: ethischer Realismus (s. Brink 1989, Schaber 1997; zur Kritik s. Scarano 2001, Teil 1). Er ist für ein Denken typisch, das von der theoretischen Philosophie ausgeht und das Erkennen zum Muster nimmt. Dieses Denken vereinfacht zwei Optionen. *Entweder* nimmt es den Bereich der Moral aus der Welt der wahr-falsch-fähigen Aussagen heraus. Dafür zahlt es den «ontologischen» Preis eines ethischen Relativismus. Ihm entspricht «erkenntnistheoretisch» jener ethische Nonkognitivismus, der dem Bereich des Moralischen weder eine Erkenntnis noch etwas Analoges zubilligt. *Oder* dieses Denken vereinnahmt, um den Relativismus und den Nonkognitivismus abzuwehren, die Moral für die theoretische Welt des Wahren und Falschen. Der ethische Realismus entspricht dem Oder, folglich hat er zwei Spitzen. Im Gegensatz zu einem strengen ethischen Relativismus spricht er moralischen Aussagen eine objektive Geltung zu. Und im Gegensatz zur Annahme, die Objektivität sei von der der theoretischen Aussagen verschieden, nimmt er eine Selbigkeit an, deutlich sichtbar im selben Objektivitätsgesichtspunkt Wahr-Falsch.

Diese Studie teilt die erste Spitze des ethischen Realismus: Sie sucht objektive Aussagen zur Moral, erkennt die Kritik am ethischen Relativismus an (s. Kap. 2.3) und vertritt mit der Objektivitätsfähigkeit moralischer Aussagen einen Kognitivismus. Im Gegensatz zur zweiten Spitze behauptet sie aber die Eigenständigkeit des Praktischen gegenüber dem Theoretischen. Sie bestreitet zwar nicht die gewichtigen Gemeinsamkeiten. Gemäß der Kritik am Moralismus sieht sie für das konkrete Handeln deskriptive, also der Wahr-Falsch-Beurteilung ausgesetzte Elemente als konstitutiv an. Der genuin moralische Aspekt ist jedoch von eigener Art. Er besteht in der Gut-Schlecht/Böse und nicht der Wahr-Falsch-Beurteilung. Allenfalls im übertragenen Sinn nennt man eine Handlung falsch und meint dann, sie sei moralisch unerlaubt.

Moralische Sachverhalte sind also in erster Linie gut oder schlecht/böse, nicht wahr oder falsch. Im Rahmen der gut-schlecht-Bewertung spielen zwar wahr-falsch-fähige Anteile eine erhebliche, für die Leitaufgabe des moralischen Bewertens aber nachrangige Rolle. Infolgedessen hat zwar eine Bewertungsstufe, die alle anderen Stufen übersteigt und zugleich relativiert, den Charakter von Vernunft bzw. Rationalität. Sie ist aber von der «üblichen», theoretischen Vernunft streng verschieden, denn dieser geht es um die Erkenntnis von Sachverhalten und deren Erklärung, also um ein *know that*. Die Moral besteht dagegen in einer qualifizierten Form von *know how*: in der Fähigkeit und Fertigkeit, die das eigene Leben und dessen institutionellen Kontext höchststufig zu bewerten und nach Maßgabe der Bewertung zu gestalten versucht. (Die damit vertretene Alternative zum ethischen Realismus mag wegen ihrer Anerkennung von Rationalitätskriterien «Rationalismus» und wegen ihres Gegensatzes zur theoretisierten Rationalität «praktischer Rationalismus» heißen.)

Innerhalb der philosophischen Handlungstheorie streitet man über die Frage, ob es zur Beschreibung einer Handlung ausreiche, sie aus der Einstellung eines neutralen Beobachters heraus als ein Ereignis zu betrachten, das auf das Wirken unpersönlicher Kräfte, auf subjektlose Ursachen, zurückzuführen ist (schlichter Kausalismus). Oder muß man sich in die Perspektive des Handelnden selbst versetzen und dessen Intentionen und Gründe in eine angemessene Beschreibung aufnehmen (Intentionalismus)? Eine «Verschärfung» des Intentionalismus nehmen die Personalisten vor, nach denen eine Handlung als solche von einer Person und nicht durch Sachverhalte «bewirkt» wird. Nach einem modifizierten Kausalismus gelten Handlungen als Ereignisse, die zwar auf Gründe des Handelnden zurückzuführen sind, dessen Gründe aber den Charakter von Ursachen haben.

Eine nähere Auseinandersetzung mit den verschiedenen Positionen ist für die Ethik nur begrenzt erforderlich; folgendes läßt sich jedoch sagen. *Erstens* ist den Intentionalisten und Personalisten insofern zuzustimmen (zugleich den schlichten Kausalisten zu widersprechen), als nicht jedes Verhalten des Menschen, wohl aber das für ihn eigentümliche ein eigenständiges Phänomen ist, das sich nicht auf rein natürliche Sachverhalte verkürzen läßt. Die Handlungssprache ist nicht nur tatsächlich, sondern, sobald das Spezifische erfaßt werden soll, notwendigerweise mit intentionalen Ausdrücken durchsetzt. *Zweitens* ist das Grundmerkmal des menschlichen Handelns nicht, wie manche Kausalisten abwertend sagen, ein geheimnisvoller, nicht beobachtbarer geistiger Zustand des Handelnden (siehe die These vom Gespenst in der Maschine: Ryle 1949/69, Kap. I 2). Überhaupt ist es kein «Zusatz» zu beobachtbaren Naturvorgängen, vielmehr eine den Vorgängen innewohnende Strukturkomplikation, deretwegen in die Beschreibung subjektive Elemente aufzunehmen sind. Zu ihnen gehört mehr als jene aus sich heraus erfolgende Gerichtetheit auf ein Objekt, die mancherorts schon «Intentionalität» heißt. Denn mit ihr ist weder ein Wissen noch ein Wollen angesprochen, so daß sie sich schon bei subhumanem Verhalten findet. Erforderlich ist eine bewußte und freiwillige Gerichtetheit: eine Absicht (Intention).

5.3 Praktischer Syllogismus, praktische Vernunft

Um die Struktur besser zu verstehen, kann man das absichtsvolle Verhalten in einem praktischen Syllogismus darstellen. Der theoretische, auf Erkenntnis bezogene Syllogismus zieht aus zwei Vordersätzen, beispielsweise (1) Alle Menschen sind sterblich, und (2) Sokrates ist ein Mensch, den notwendigen Schluß: (3) Sokrates ist sterblich. Der praktische Syllogismus behauptet ebenfalls einen deduktiv zwingenden Zusammenhang: Aus dem Obersatz zum Ziel und dem Untersatz zum zugehörigen Mittel folgt mit gewisser Notwendigkeit eine Handlung, zumindest die Entscheidung zu ihr. Eine Person P_1, die ein Ziel Z_1 zu erreichen beabsichtigt, schlägt Weg W_1 ein, von dem sie glaubt, er führe zum Ziel Z_1:

(1) P_1 beabsichtigt Z_1.
(2) P_1 glaubt, W_1 führt zu Z_1.

---

(3) P_1 geht W_1.

Man kann den praktischen Syllogismus von unten nach oben («bottom up») oder von oben nach unten («top down») lesen. Im ersten Fall formalisiert man eine (in Gedanken oder in der Wirklichkeit) schon geschehene, im zweiten Fall eine noch in Aussicht genommene Handlung. In beiden Fällen behauptet man mit dem praktischen Syllogismus klugerweise nicht, das menschliche Handeln *ist* so, vielmehr: *es läßt sich* so *rekonstruieren*. Diese Rekonstruktion gilt heute als das Standardmodell des Handelns. Man spricht aber besser von einem Elementarmodell, da es erhebliche Vereinfachungen vornimmt.

Eine erste Vereinfachung ist unbedenklich: daß im Obersatz das Z_1 nur ein Zwischenziel sein kann, womit erst eine Art molekularer Handlung vorliegt: Ein Handwerker richtet Bretter her, um – so das höhere Ziel Z_2 – einen Schrank anzufertigen; ein Reisender fährt irgendwohin, um dort etwas zu erledigen. (Als atomar sind noch kleinere Einheiten, kleinste Teilhandlungen, zu bezeichnen, etwa daß man eine Hand hebt, um als Handwerker nach einem Werkzeug oder als Reisender nach einem Koffer zu greifen.)

Diese erste Vereinfachung läßt sich durch eine Kette von Syllogismen zurücknehmen, in der entweder dieselbe Person oder aber – erneute Komplikation – mehrere Personen tätig sind: P_1 macht eine Entwurfskizze, P_2 richtet die Bretter her, P_3 verklebt oder verschraubt die Bretter. Eine weitere Komplikation innerhalb der Syllogismuskette: Die Zwischenziele stehen nicht wie bei der Möbelherstellung oder bei einer Bergbesteigung in einer im vorhinein weitgehend bestimmten Abfolge. Die zeitlich vorangehenden Ziele schaffen vielmehr neue Lebenslagen, deren Bewältigung das neue Ziel ausmacht.

Unbedenklich ist auch die zweite Vereinfachung: daß zum Ziel verschiedene Wege führen können, unter denen man auszuwählen hat, was

– zusätzliche Komplikation – nach unterschiedlichen Gesichtspunkten geschehen kann: Wie schnell, wie sicher, wie effizient ist der Weg, wie reich an Kosten und Nebenkosten usw.? Hier könnte eine Nutzenkalkulation einspringen, die später erörtert wird (s. Kap. 11).

Nicht mehr unbedenklich ist der Umstand, daß das Ziel-Mittel-Modell nur auf ein Handeln paßt, bei dem nicht der Vollzug, sondern das schließliche Ergebnis zählt, also auf ein Herstellen oder auf andere Arten des Zustandebringens: Der Schrank steht fertig da, oder der Berggipfel ist bestiegen. Man kann zwar ein moralisches Handeln als Zusammenspiel einer Absicht mit einer Mittelüberlegung verstehen. So verbindet beispielsweise eine konkrete hilfsbereite Handlung die Absicht, jemandem zu helfen, mit der Überlegung, wie das gelingt. Vollzugshandlungen, in der Philosophie «Praxis» im engen Sinn genannt, werden dagegen nicht erfaßt. Gibt es wie beim Sehen, Musizieren oder Spazierengehen kein Ziel, das außerhalb des Handelns besteht, so verliert das Grundmodell sein Recht (zu den Begriffen Herstellen und Vollzugshandeln s. Kap. 6.1).

Ob mit oder ohne praktischen Syllogismus, wo man sein Handeln mit guten Gründen verteidigen kann, heißt es vernünftig. Es folgt einer praktischen Vernunft, gemäß den drei Stufen des Guten der technisch-, der pragmatisch- oder der moralisch-praktischen Vernunft (s. Kap. 2.2). Lange Zeit herrschten dafür zwei konträre Modelle vor. Nach beiden stammt die Antriebskraft zum Handeln von außerhalb der Vernunft. Nach dem einen, «rationalistischen» Modell übernimmt die Vernunft die Lenkung der vorvernünftigen Energie, sie ist deren Herrin (deutlich bei Platon im Mythos der Seelenrosse: *Phaidros* 246 a–249 d). Das andere, «empiristische» Modell erklärt in undialektischer Umkehrung die Vernunft zur Sklavin. Merkwürdigerweise in Form einer Vorschrift sagt David Hume, die Vernunft dürfe niemals eine andere Funktion beanspruchen als die, den Leidenschaften zu dienen und zu gehorchen (*Traktat*, 3. Buch, 1. Teil, 1. Abschn.). Auf den praktischen Syllogismus bezogen, läßt das empiristische Modell die Vernunft nur für den Untersatz zu, während sie sich im rationalistischen Modell in erster Linie auf den Obersatz, im Fall einer Syllogismuskette auf den obersten Obersatz richtet.

Ohne für das rationalistische Modell vorschnell Partei zu ergreifen, kann man ihre Option zumindest für denkbar halten. Dabei kann es zunächst offen bleiben, ob es dann nur um eine aufs Wohlergehen orientierte, pragmatische oder eine auch im engeren Sinn moralische Vernunft geht. Jedenfalls zeichnen sich drei aufeinander aufbauende Möglichkeiten, also Stufen ab: Ein partiell vernünftiges Handeln ist entweder (1) hinsichtlich der Mittel, also im Untersatz, mithin in einem weiten Sinn instrumentell vernünftig oder (2) hinsichtlich des Zieles, also im Obersatz bzw. final vernünftig. Schließlich (3) dienen bei einem in beider Hinsicht, dem rundum vernünftigen Streben, die vernünftigen Mittel einem vernünftigen Ziel. Ebenso gibt es drei Möglichkeiten unvernünftigen Strebens: ein bloß instrumentell unvernünftiges, ein nur final und ein rundum unvernünftiges Streben.

Gegen ein verbreitetes Mißverständnis ist zu betonen: Auch wenn es bei manchen Philosophen anklingt, ist die praktische Vernunft nicht in dualistischer Psychologie als eine eigenständige, vom Körper bzw. Leib verschiedene Instanz anzusehen, als das für manche Philosophen sprichwörtliche Gespenst, das in einer Maschine hockt und deren Funktionieren dirigiert. Gemeint ist ein Verhältnis des Menschen zu sich und seiner natürlichen sowie sozialen Welt, das zugleich ein Selbstverhältnis ist und wegen seiner Beziehung auf das Handeln praktische Vernunft heißt.

Die praktische Vernunft bedeutet auch nicht, daß vor-vernünftige, etwa sinnliche Antriebskräfte ausgeschlossen sind. Sie dürfen aber nicht die einzige Bestimmungsmacht sein, der sich der Mensch sklavenartig unterwirft. Der Vernunft folgen heißt, die Antriebskräfte weder erleiden noch sie beiseite schieben, sondern sie in einem wohlbestimmten Sinn steuern: Erstens nimmt man Distanz und hält weder die Ziele noch die Mittel und Wege für eine Vorgabe, die man kommentar- und korrekturlos stets hinnehmen muß. Aus der Distanz heraus geht man zweitens mit sich, eventuell auch mit anderen zu Rate, nimmt eine Einschätzung und Wertschätzung vor und wählt als finale (teleologische) Vernunft die positiv geschätzten, «guten» Ziele und als instrumentelle Vernunft die positiv geschätzten, «guten» Mittel und Wege. Selbst eine eingeschränkte, nur für die Mittel zuständige Vernunft ist in erster Linie keine theoretische (kognitive), sondern praktische, weil handlungsleitende Vernunft.

5.4 Gründe und Motive

Gemäß der Unterscheidung von Sein und Sollen kann die Vernunft in zweierlei Hinsicht das Handeln leiten. Normativ verstanden, als Inbegriff von Gründen, kann sie ein Handeln rechtfertigen, und deskriptiv bzw. explikativ verstanden, als Inbegriff von inneren Ursachen, den Motiven, kann sie das Handeln erklären. In beiden Fällen erwartet man auf dieselbe Warum-Frage: «Warum hat jemand das getan?» eine grundverschiedene Antwort. Im normativen Fall will man wissen, mit welchem objektiven Recht jemand gehandelt hat, im deskriptiven und kausalen Fall aus welcher für das Subjekt zutreffenden Ursache. Beim normativen Verständnis der Warum-Frage sucht man Gründe, die die Handlung rechtfertigen, sei es tatsächlich, sei es nur scheinbar; es geht um objektivitätsfähige Gründe. Beim kausalen Verständnis der Warum-Frage interessiert man sich für das tatsächliche Zustandekommen, genauer: um die in der betreffenden Person liegende Ursache, um das eigene Motiv bzw. die subjektive Triebfeder.

Wie die Fragen so hängen auch beide Antworten zusammen, dürfen aber nicht verwechselt werden: die Gründe als mögliche Rechtfertigungen und die Motive als mögliche Ursachen. Selbst die besten Gründe für eine Handlung müssen nicht deren Ausführung zustande bringen, und die tatsächlichen Motive der Ausführung können jeder Rechtfertigung spotten. Im gewöhnlichen Leben erörtert man das Problem als Willensschwäche, deren Verständnis übrigens der Philosophie von der Antike bis heute viel Kopfzerbrechen bereitet. Der handlungstheoretische Beitrag dazu sagt: Eine Rechtfertigung ist ein bloßes Urteil über das Gute, eine diiudicatio boni, die von der Ausführung, der executio boni, verschieden ist. Das fehlende Zwischenmoment liegt in der Anerkennung des Guten, die im Motiv des Handelnden sichtbar wird oder dort fehlt.

Für den Zusammenhang von Grund und Motiv gibt es zwei Grundansichten. Die einen behaupten, zwischen den Gründen und den entsprechenden Motiven bestehe eine innere («interne») Verbindung. Nach diesem Internalismus sind nicht etwa die Gründe selbst, wohl aber die Überzeugungen von rechtfertigenden Gründen ein starkes Motiv, so zu handeln. Es kann allerdings konkurrierende Motive geben, so daß man den rechtfertigenden Gründen nicht notwendig folgt. Nach der anderen Ansicht, dem Externalismus, braucht es für die Ausführung der Handlung noch ein gegenüber den Gründen äußeres («externes») Motiv. Das moralische Handeln beispielsweise komme entweder erst aus Furcht vor äußeren oder inneren negativen Sanktionen, dort vor Strafen, hier vor Gewissensbissen (Scham- oder Schuldgefühlen), zustande oder aus Hoffnung auf positive Sanktionen wie die Anerkennung durch andere oder die Achtung vor sich selbst. Der Externalismus hält jedenfalls die Verbindung von Grund und Motiv für nicht notwendig (kontingent).

Die Frage, ob die Verbindung intern oder aber extern ist, hängt von den näheren Bestimmungen ab. Der Internalismus drängt sich dort auf, wo man mit Anscombe ^{2}1963 das Gewicht der Absicht so stark betont, daß selbst die Beschreibung und Erklärung einer Handlung von der Absicht des Handelnden abhängt. Da der Handelnde, werde er nach der Absicht seines Handelns gefragt, mit Handlungsgründen antworte, verfüge er über ein Wissen vom Zusammenhang zwischen begründender Absicht und absichtlicher Handlung. Im Gegensatz zu einer empiristischen Tradition sei dieses Wissen ein eigenständiges, nicht kontemplatives (vielleicht besser: theoretisches), sondern praktisches Erkennen. Es entspricht dem in dieser Studie vertretenen Begriff der praktischen Vernunft. Während das theoretische Erkennen an Beobachtungen gebunden sei, komme das praktische ganz ohne sie aus. Statt dessen sei es an ein Erwünschen gebunden, das gemäß dem praktischen Syllogismus den Obersatz ausmache (z. B. P_1 wünscht in Berlin einen Vortrag zu halten), der in Verbindung mit dem zuständigen Untersatz – P_1 ist überzeugt, mit dem Flug nach Berlin eine notwendige Vorbedingung zu erfüllen – die auszuführende Handlung ergebe.

Die Frage, ob der Schlußsatz tatsächlich in der Handlung oder nur im Entschluß zu ihr oder sogar bloß in einer Aufforderung («P_1 sollte nach Berlin fliegen») besteht, führt in Feindebatten, die durch die Gegenposition zum Intentionalismus, den Kausalismus, an Wert verloren haben. Dessen Hauptvertreter Davidson 1980 verwirft die Differenz von theoretischem und praktischem Wissen, indem er das Verhältnis vom Grund einer Handlung und ihrer Ausführung nach dem kausalen Modell von Ursache und Wirkung erklärt. In Übereinstimmung mit einer empiristischen Grundannahme integriert er die Welt des Handelns in die *eine* Welt und plaziert die Erklärung des Handelns in eine Einheitswissenschaft, die dem Theoretischen als Vorbild verpflichtet ist.

Davidson weiß, daß Schwierigkeiten auftauchen. Zum Beispiel erfolgt die Entscheidung zu einer Handlung häufig erst aus einem Abwägen zwischen verschiedenen Alternativen: Soll ich nach Berlin per Flugzeug, Bahn oder Auto fahren? Zum anderen gibt es Absichten, die nicht in einer Handlung resultieren: Trotz der Entscheidung zu fliegen, kommt es nicht zum Flug, weil sich andere Antriebskräfte durchsetzen, etwa Flugangst oder Angst vor dem Vortrag. Den Übergang vom Abwägen der Gründe zur Handlungsabsicht stellt Davidson aber unter ein Prinzip der Enthaltsamkeit («continence»): Um Handlungen erklärbar zu machen, verzichte man auf «Querschläger» und unterstelle eine rationale Verknüpfung von Grund und Intention. Davidson reflektiert aber nicht auf die Tragweite der Unterstellung. Weil man sie nur für die Welt des

Handelns, nicht die der naturalen Natur braucht, zeigt sich hier ein Riß, der bei beiden – der Welt und der Wissenschaft – die angebliche Einheit aufbricht. Und in dem Maße, wie dies geschieht, schmilzt die Differenz von Intentionalisten und Kausalisten, was den Intentionalisten zugute kommt.

Mit der These «reasons are causes» (Gründe erklären eine Handlung kausal) glaubt Davidson, den Unterschied von erklärendem Motiv und rechtfertigendem Grund einziehen zu können. Das dahinter liegende Interesse, die Handlungstheorie mit einer naturalistischen Weltsicht zu vereinbaren, kann man noch verstärken. Rüdiger Bittner 2001 versucht die Handlungstheorie von allem Subjektiven und Geistigen, den sogenannten mentalen Zuständen, zu lösen. Für ihn sind Gründe weder Wünsche noch Motive, Absichten, Überzeugungen oder eine Kombination davon. Sie sind auch keine Regeln oder subjektive Handlungsgrundsätze (Maximen), auch keine normativen Kompetenzen oder Haltungen (Tugenden), selbst keine Ursachen, obwohl letztere eine Handlung erklären. Nach dem Muster eines Spielzuges im Schachspiel liege der Grund einer Handlung in einer vorangehenden Sachlage, also nicht in subjektiven Überzeugungen, sondern in objektiven Umständen: P_1 zieht den Bauern, weil der gegnerische Läufer den Turm bedroht.

Bittner versteht sich als Aufklärer, der den mentalen und zugleich normativen Ballast der bisherigen Handlungstheorie, einschließlich dem Gedanken einer Sonderstellung des Menschen, radikal über Bord werfen will. Ist aber alles, was er über Bord wirft, tatsächlich Ballast? Bittners Versuch lebt vom Ausblenden mehrerer subjektiver und zugleich normativer Momente. In seinem Beispiel liegen die ersten zwei subjektiven und zugleich normativen Momente im Umstand, daß der Schachspieler den vorausgehenden Sachverhalt als eine Herausforderung verstehen muß, die er bewältigen will. Darin liegt ein theoretisches Moment: P_1 muß den Läufer *als* Bedrohung wahrnehmen. Die Wahrnehmung darf aber nicht theoretisch bleiben und sich mit der distanzierten Beobachtung zufrieden geben: «Da gibt es eine Bedrohung». Sie muß praktisch, nämlich für den Betroffenen evaluativ und präskriptiv werden. Er selbst und für sich bewertet die Bedrohung als «für ihn schlecht» (evaluatives Moment) und hält – präskriptives Moment – die Bewertung für einen Grund, der Bedrohung entgegenzutreten: «Ich will die Bedrohung überwinden.» Eine bloß theoretische Wahrnehmung nimmt etwas als etwas – hier: den gegnerischen Läufer als Bedrohung des Turms – wahr; die praktische Wahrnehmung sieht darin die

Handlungsaufforderung, den Turm gegen die Bedrohung zu schützen. Für die praktische Wahrnehmung ist es nicht entscheidend, ob sie gelegentlich so einfach ist, daß sie ohne größeres Nachdenken stattfindet, dem versierten Schachspieler sogar wie von allein kommt, also gar nicht eigens ins Bewußtsein tritt.

Im Hintergrund des zweiten Momentes dürfte ein drittes subjektives Moment stehen, das Interesse zweiter Stufe am Sieg; zumindest will man möglichst gut spielen und gegebenenfalls in Ehren verlieren. Dabei gibt es beträchtliche Unterschiede; große Schachmeister sind bekanntlich oft Meister des Ehrgeizes und der psychologischen Kampfführung.

Es gibt weitere subjektive Momente: Wenn das Schachspiel nicht gegen allzu leichte Gegner stattfindet, verlangt es eine gehörige Portion von Aufmerksamkeit und Durchblick. Wo sie fehlen, kann man sich täuschen: Vielleicht stellt der Läufer keine Bedrohung dar, weil er die Dame zu decken hat. Dazu kommt eine unterschiedliche Schachkompetenz. Könner vermögen die Bedrohung viele Züge vorab zu planen und schrittweise in die Wege zu leiten, was die Gegenseite, sofern ähnlich kompetent, frühzeitig durchschaut und rechtzeitig zu durchkreuzen sucht.

Offensichtlich ist es im realen Leben häufig unsinnig, auf die Frage, warum man so handelte, mit einer subjektiven Mittel-Ziel-Überzeugung und zusätzlich einem handlungsleitenden Zielwunsch zu antworten. Statt dessen nennt man einen objektiven Grund: Ich springe ins Wasser, weil jemand am Ertrinken ist; ich esse, weil ich Hunger habe; ich nehme einen Regenschirm mit, weil ich Regen befürchte. Diese Antworten sind aber als jene Kurzform aufzufassen, Enthymem genannt, die von der vollständigen Antwort das allzu Selbstverständliche unausgesprochen (im Herzen: *en thymo*) läßt. Beim Schachbeispiel ist es in der Regel überflüssig zu sagen, daß man, um seine Gewinnchance zu wahren, seinen Turm vor dem gegnerischen Läufer retten will. Ebenso ist es selten erwähnenswert, obwohl es zur vollständigen Begründung hinzugehört, daß man dem Ertrinkenden helfen will und annimmt, ihn selber ans rettende Ufer ziehen zu können, und daß man, um nicht naß zu werden, den Regenschirm für ein taugliches Mittel hält.

Daraus folgt diese Zwischenbilanz: Wer alles Subjektive und Geistige über Bord wirft, macht sich nicht bloß von Ballast frei, sondern gibt auch wesentliche Momente auf.

5.5 Glück (Eudaimonia) oder Freiheit (Autonomie)?

Für die Ethik noch grundlegender als die Unterscheidung von Herstellen und Praxis bzw. Vollzugshandeln ist die Alternative von Strebens- und Willenshandeln. Ihretwegen führt derselbe Moralbegriff, das uneingeschränkt Gute, zu zwei grundverschiedenen Arten von Moralprinzipien, dem Prinzip Glück und dem Prinzip moralische Freiheit.

Das erste, naheliegendere Modell kann am skizzierten Elementarmodell anknüpfen: Der Handelnde nimmt sich ein Ziel oder einen Zweck vor und ergreift die dafür erforderlichen Mittel und Wege. Hier hat das Handeln die Struktur eines Strebens. Mit eigenen Kräften und nicht aus äußerem Zwang, sondern aus eigenem Antrieb, geht man auf ein Ziel zu. Streben heißt jede aus sich heraus erfolgende spontane und zugleich zielgerichtete, finale Aktivität.

Zu einem schwächeren Begriff von Streben genügt jene Ziel- oder Zweckmäßigkeit, die man schon bei Organismen findet. Der enge und strenge Begriff verlangt dagegen, daß man sich das Ziel vorstellt, es bejaht und mit den entsprechenden Mitteln zu verfolgen oder aber – negatives Streben – zu meiden sucht. Das Streben im engen Sinn ist keine rein naturhafte, sondern eine reflektierte, eine bewußte und freiwillige Tätigkeit. Sie kann deshalb dem Tätigen zugerechnet werden; er trägt für sie Verantwortung. Hier ist Streben kein naturphilosophischer, sondern ein anthropologischer und ethischer Begriff, da er eine für den Menschen eigentümliche Bewegungsform meint: daß man etwas beabsichtigt und auf das Beabsichtigte hinarbeitet. (Mit Bezug auf den maßgeblichen Klassiker, Aristoteles, vgl. schon Höffe ²1996, Kap. Teil I, Kap. 1, und ⁵2000, Kap. 11.)

Die Ziele, die man beabsichtigt, lassen sich in einer formalen Hierarchie ordnen. Die untersten Ziele sind Mittel für ein höheres Ziel, haben also nur den Rang eines Zwischenziels. Die nächsthöheren Ziele, schon selber Zweck, sind Endziele. Falls es im Rahmen der Endziele noch eine Stufung gibt, findet das Streben aber erst dann seine formale Erfüllung, wenn es sich auf ein Ziel richtet, über das hinaus kein anderes Ziel gedacht und verfolgt werden kann, also auf ein schlechthin höchstes Ziel. Dieses singuläre Ziel beinhaltet die Erfüllung allen menschlichen Strebens; es ist jener absolute Superlativ, der auch Glück heißt. Gemeint ist dann nicht ein glücklicher Zufall von der Art eines Lottoglücks, sondern ein Ziel, auf das hin man sein Leben führen und als Ganzes ausrichten kann. Das entsprechende Leben ist eine gute und gelungene, eine geglückte Existenz. Im derartigen Glück, das im Griechischen *eudaimonia* heißt, auch mit Glückseligkeit übersetzt wird, liegt das schlechthin höchste, insofern moralische Gut für alles zielorientierte Handeln: Zum Handlungsbegriff des Strebens gehört als moralisches Prinzip das (eudaimonistische) Glück; dieses bildet den Horizont, in dem alles Streben seine letzte Rechtfertigung erfährt.

Das Strebensmodell des Handelns ist so naheliegend, daß viele, selbst Philosophen, keine Alternative sehen. Das Modell lebt aber von einer Voraussetzung, die nicht mehr hinterfragt wird, die aber hinterfragt werden kann. Sie besteht auf der volitiven Seite, der spontanen Zielgerichtetheit und deren Rundum-Erfüllung. Wird das menschliche Handeln als Streben verstanden, so unterstellt man ihm, daß es immer Ziele habe, die im Horizont des Glücks zu bewerten sind. Teils durch Triebe, Bedürfnisse und Leidenschaften, teils durch die politisch-soziale Umwelt, teilweise auch durch persönliche Faktoren bedingt, bewegt sich der Mensch in der Tat immer schon auf gewisse Ziele zu, letztlich auf den Inbegriff aller Zielerfüllung, das (eudaimonistische) Glück. Wer moralisch handelt, folgt weder bloßer Konvention noch nur naturwüchsigen Impulsen. Dank entsprechender Erziehung und Selbsterziehung nimmt er sich vielmehr die in moralischer Hinsicht richtigen Ziele vor. Das «richtig» bleibt zwar noch näher zu klären. Eine erste, formale Bestimmung hat es aber schon gefunden, und diese Bestimmung, der Inbegriff der Erfüllung aller Zielgerichtetheit, ist eine Vorgabe, die nicht mehr zur Entscheidung steht.

Die genaue Begründung dafür wird noch folgen (Kap. 6): Sobald man das Handeln als Streben versteht, ist es auf Ziele ausgerichtet, die vom schlechthin höchsten Ziel ihren Sinn und ihre Bedeutung erhalten. Im Rahmen des Strebensmodells kann man ein Handeln, das sich nicht letztlich vom Interesse am Glück rechtfertigt, nicht denken. Stellt man die Spontaneität der Zielgerichtetheit samt Prinzip Glück in Frage, so wird die für den Menschen eigentümliche praktisch-reflexive Weltoffenheit auf der volitiven Seite gesteigert. Man kann auch sagen: sie wird strukturell radikalisiert. Statt «etwas im Horizont des Glücks beabsichtigen» nimmt man zum Horizont des üblichen Beabsichtigens, dem Glück, Distanz. Aufgrund der Distanz tut sich die vorher unbekannte Alternative auf, daß das Glück nicht notwendigerweise das Leitziel und den Horizont aller Absichten bildet. Das, was im Strebensmodell eine unhinterfragbare Vorgabe ist, wird jetzt in Frage gestellt, allerdings nicht in einem Erkenntnisvorgang, sondern praktisch, also handlungswirksam. Die Philosophie bringt dieses strukturell neuartige Handeln lediglich auf den Begriff; der zuständige Ausdruck heißt Wollen im strengen Sinn bzw. freier Wille.

Das Strebenshandeln richtet sich auf die Erfüllung von Absichten, das Willenshandeln primär auf den Horizont von Absichten, damit auf den allerersten Anfang. In aller Vorläufigkeit ist damit gemeint, daß das Wollen im blassen Verständnis, das gewöhnliche Beabsichtigen, nicht länger wie selbstverständlich, weil alternativlos im Horizont des (eudaimonistischen) Glücks sich bewegt. Aus dem schlichten Beabsichtigen wird ein freies Wollen. Dessen Moralprinzip besteht in einem schlechthin ersten Wollen, in der Willensfreiheit im anspruchsvollen Sinn von Autonomie, von Selbstgesetzgebung.

Die auf dem Strebensbegriff gründende Moraltheorie hat nicht etwa Schwierigkeiten, für den Rahmen der beabsichtigten Ziele Veränderungen zu denken. Die Veränderungsfaktoren bleiben jedoch innerhalb des strebensethischen Horizontes, des Prinzips Glück. Es sind Veränderungen der Bedürfnisse und Interessen, der Mittel der Befriedigung oder der Art der Mittel (Geschmacks-, Mode-Wechsel), für die es wiederum wirtschaftliche oder kulturelle, auch Wissensgründe geben kann. Diese nichtmoralischen Gründe erklären aber nicht alle Veränderungen. Wer eine herrschende Moral aus moralischen Gründen kritisiert oder im Namen der Gerechtigkeit gegen die bestehende Verfaßtheit eines Gemeinwesens protestiert, verfolgt nicht im Horizont des Glücks vorgegebene Ziele, sondern stellt den bisher herrschenden Grundrahmen der Ziele zur Debatte. Ähnliches geschieht, wenn jemand sich Geboten oder Verboten unterwirft, die sein Glück beeinträchtigen. Derartiges Handeln kann nicht mehr als ein im Horizont des Glücks spontanes Bejahen und Verfolgen von Zielen, als eine Strebenshandlung, gedacht werden. Denn es nimmt eine Distanz des Strebens in sich selbst vor, was man einen Willen im engen und strengen Sinn nennt. Gemeint ist jenes Moment menschlicher Aktivität, kraft dessen Ziele nicht im Rahmen eines eudaimonistischen Horizonts gewählt, sondern – so heißt die Alternative – nachdrücklich «gewollt» werden. Auf diese Weise wird die Nichtnotwendigkeit menschlichen Handelns bis zum Äußersten ausgeschritten, was man in der philosophischen Tradition «einen Zustand von selbst anfangen» nennt.

Der Gedanke eines (schlechthin) höchsten Gutes, zu dem die konstruktive Semantik führt, wird in der philosophischen Anthropologie um den Gedanken der Verantwortung angesichts der intelligenzgestützten Weltoffenheit ergänzt. Beide Gedanken werden über die Handlungstheorie entweder, so das Strebensmodell, dem Kriterium eines schlechthin höchsten Zieles, dem Glück im Sinne von Eudaimonie, oder, so das Willensmodell, dem Kriterium eines schlechthin ersten Anfangs, der Willensfreiheit im Sinne von Autonomie, unterworfen. Beide Modelle, das Streben und der Wille, richten sich auf die menschliche Verantwortlichkeit. Weil der Strebensbegriff erst deren schwächere Bedingung nennt: freiwillig und bewußt, erhält aber bei ihm die Idee der Verantwortlichkeit noch nicht die volle Schärfe und Radikalität. Dies geschieht erst im Willensbegriff mit der Freiheit im Sinne von Autonomie. Trotzdem könnten die zwei Dinge, auf die es einem Menschen ankommt, der mit seinem Leben ernst macht, Glück und Freiheit, zwar in einer gewissen Spannung zueinander stehen, die Spannung braucht aber nicht die Form eines Duells anzunehmen. Es muß nicht sein, daß das eudaimonistische Glück nur unter Mißachtung der Freiheit und die Freiheit als Autonomie bloß unter Hintanstellung des Glücks erreichbar sind. Vielleicht stecken selbst in der Eudaimonie kategorische Momente und in der Autonomie Momente des guten Lebens. Ohne in eins zu fallen, würden die beiden Moraltheorien, die Strebensethik des eudaimonistischen Glücks und die Willensethik der autonomen Freiheit, sich ebenso ergänzen wie die Doppelaufgabe des Menschen, die der Lebenskunst und der Moral.

Zweiter Teil

Prinzip Glück: Eudaimonie

Alle Menschen verlangen letztlich nach Glück; trotzdem scheitern viele; und denen, die nicht scheitern, droht der Vorwurf, ihr Verlangen, zum Prinzip erhoben, widerspreche der Moral. Schon ein flüchtiger Blick enthüllt also für das Prinzip Glück drei Eigenarten. Die erste Eigenart erleichtert der Ethik ihren Start. Während der prosaische Menschenverstand sagt: «Alle Menschen wollen glücklich werden», schreibt ein begeisterter Schriftsteller: «glücklich zu sein, das ist ja der erste aller unsrer Wünsche, der laut und lebendig aus jeder Ader und Nerve unseres Wesens spricht, der uns durch den ganzen Lauf unseres Lebens begleitet». Der Autor, Heinrich von Kleist, beruft sich nicht etwa auf seine Zeitgenossen, auch nicht auf die europäische Neuzeit oder die abendländische Kultur, sondern auf «unser Wesen», also die Natur des Menschen. Ihretwegen gibt es ein Ziel, das die Menschen aller Kulturen und Epochen vereint. Die behauptete interkulturelle Gültigkeit, drängt freilich die Rückfrage auf: Mit welchem Recht?

Nach der zweiten Auskunft stehen dem Erreichen des Glücks so gewaltige Hindernisse im Weg, daß die Ethik mehr als die gewöhnlichen Aufgaben zu leisten hat; die Begriffserklärung des Verlangens nach Glück und dessen Begründung reichen hier nicht. Es sind auch die Hindernisse zu bestimmen und die Wege, um sie zu überwinden. Somit ist die Ethik als Lebenskunst, freilich als philosophische gefragt. Wer sie beherrscht – so die dritte Auskunft – kann sich aber des Hauptgegenstandes der Ethik, der Moral, nicht sicher sein. Das Glücksverlangen und die Moral scheinen einander zu widerstreiten.

Nimmt man die drei Auskünfte zusammen, so ist das Diskussionsfeld einer Philosophie des Glücks abgesteckt. Zunächst ist der Begriff im Blick auf die erste Eigenart zu klären: Was ist unter dem Glück zu verstehen, sofern es ein Ziel sein soll, nach dem alle Menschen verlangen? Zu einem derartigen Glück gehört, daß es sich handelnd verwirklichen läßt. Folglich besteht es nicht im Zufallsglück, auch wenn die Menschen es zusätzlich mögen, sondern in einem praktischen und praktikablen Glück. Dieser Begriff wirft aber Schwierigkeiten auf, die sich zu veritablen Aporien verschärfen.

Die erste Schwierigkeit: Wie können Menschen verschiedener Kulturen und Epochen dasselbe Ziel verfolgen; warum verlangen sie alle nach Glück? Nach dem ersten Teil dieser Studie hängt die Antwort sowohl von einer generellen Moralanthropologie als auch von einem nicht ganz so generellen Handlungsbegriff ab, von zielorientiertem Handeln, dem Streben. Dessen Begriff benennt zwar eine Voraussetzung, die eine Moralkritik an dem nur angeblich allgemeinen Glücksverlangen zurückweist. Er öffnet aber den Blick für die zweite Schwierigkeit, daß sich beim Inhalt des Glücks so erhebliche Unterschiede zeigen – erstaunlicherweise weniger zwischen den Kulturen als unter deren Mitgliedern –, daß die Gemeinsamkeit nur scheinbar besteht. Das Glück könnte sogar jeder inhaltlichen Festlegung spotten. Diese Aporie läßt sich durch einen formalen, deshalb interkulturell überzeugenden Glücksbegriff auflösen (*Kapitel 6*). Dabei taucht aber drittens die Schwierigkeit auf, wie man mit einem bloß formalen Glücksbegriff eine Lebenskunst ermöglichen soll (*Kapitel 7*). Einen Weg könnten so weit verbreitete Lebensziele weisen wie der Genuß, der Wohlstand, die Macht und das Ansehen (*Kapitel 8*).

Eine noch größere Schwierigkeit folgt aus der Ansicht, weil es im Glücksverlangen um das Selbstinteresse gehe, habe es mit der Moral wenig, recht eigentlich nichts zu tun. Nach dem scharfen Wort eines großen Philosophen, Kant: «Wenn *Eudaimonie* (das Glückseligkeitsprinzip) ... zum Grundsatz aufgestellt wird, so ist die Folge davon *Euthanasie* (der sanfte Tod) aller Moral.» Aus Sorge vor einer eventuell übereilten Kritik werfen wir jedoch auf die kritisierte Ethik einen genaueren Blick. Kant bemerkt, daß für sie der Begriff der Tugend eine wesentliche Stütze bildet (*Kapitel 9*) und daß deren Kern so moralfreundliche Haltungen wie Besonnenheit, Gelassenheit und Wohlwollen bilden (*Kapitel 10*).

Zusätzlich zu diesen Charaktertugenden greift die Eudaimonie-Ethik auf eine intellektuelle Tugend zurück. Diese Tugend hat aber aufgrund einer weiteren Schwierigkeit mit dem Glück weniger den von Utilitaristen vertretenen empirisch-rationalen Charakter einer Glückskalkulation. Vielmehr braucht es in erster Linie eine moralisch-praktische Urteilskraft, die Klugheit (*Kapitel 11*). Weil sowohl die charakterliche als auch die intellektuelle Tugend ein so großes Gewicht erhalten, stellt sich die Gegenfrage, die mittlerweile sechste Schwierigkeit: Hält die in der Eudaimonie-Ethik in Anspruch genommene Tugend ihr Versprechen; macht sie denn glücklich? (*Kapitel 12*) Schließlich kann in zwei Schritten Bilanz gezogen werden: Welches Potential an Moral enthält die eudaimonistische Strebensethik? (*Kapitel 13*) Und: Wo liegen die Grenzen, die den Übergang zu einer Willensethik mit dem Prinzip Freiheit als Autonomie aufdrängen? (*Kapitel 14*)

6. Strebensglück

6.1 Streben: Herstellen und Handeln

Als philosophischer Grundbegriff ist der Ausdruck «Streben» kaum anerkannt; den Schüler erinnert er nur an den verächtlichen Streber. Meint man aber die aus eigenem, «inneren» Antrieb erfolgende Bewegung auf ein Ziel, also ein handlungsmächtiges Begehren, so taugt der Ausdruck zum Grundbegriff des für den Menschen charakteristischen Handelns. Da der Strebende das angestrebte Ziel stillschweigend als (jetzt für sich) gut einschätzt, schließt sich die Frage an, wofür das Ziel seinerseits gut ist. Das entsprechende Weiterfragen findet erst im Gedanken eines höchsten, positiv bewerteten Zieles, eines höchsten Gutes, die Erfüllung. Genau dadurch wird das Streben zu einem Grundbegriff der Ethik: durch den am Ende von Teil I skizzierten Vorgriff auf ein höchstes Gut, das man Glück bzw. Glückseligkeit nennt.

Der Strebensbegriff zeichnet sich durch die drei Momente der Aktivität, der Finalität und der Spontaneität aus. Gemäß dem ersten Moment genügt nicht ein Potential an Energie oder eine Fähigkeit; man muß sie auch in Gebrauch nehmen. Es geht nicht um eine bloße Vorliebe, sondern um ein Tätigsein, den tatsächlichen Vollzug. Das Streben braucht nicht das Erstrebte wirklich zu erreichen. Die eingeschlagene Richtung kann nämlich falsch oder die unternommene Anstrengung zu schwach sein. Aber nur, wer etwas zu erreichen trachtet und sich in die (vermutete) Richtung auf den Weg macht oder im negativen Fall, dem Meiden, das Tätigwerden unterläßt, vollzieht ein Streben.

Verhaltensweisen von Tieren – die artspezifischen Trinkweisen, Balz-, Brut- und Pflegeformen, sogar vegetative Prozesse wie der anabolische Stoffwechsel und die Selbst-Reproduktion – lassen sich auch als ein Streben verstehen. Es sind nämlich Aktivitäten, die einem strategischen Ziel, der Erhaltung des Individuums und der Art, dienen und die anders als Erosionsvorgänge nicht durch äußere, sondern innere Kräfte bestimmt werden. Von diesem weiten Begriff unterscheidet sich das für den Menschen charakteristische Streben durch ein viertes Moment: daß der Betreffende auf das Ziel zuläuft. Es braucht ein individuelles Beabsichtigen: daß man weiß, was man tut oder läßt, und dem Gewußten auch zustimmt. Beim typisch menschlichen Streben steigert sich die spontane Finalität zu einem praktischen Selbstverhältnis. Anstelle eines rein objektiven, einerseits zweckmäßigen, andererseits in sich distanzlosen Prozeßverlaufes findet auch etwas Subjektives statt, die Rückwendung des tätigen Subjekts auf sich selbst.

Im Einzelfall mag die praktische Reflexion nur rudimentär gegeben sein. Aber zu behaupten, jemand strebe beispielsweise nach Gesundsein oder beruflichem Erfolg, obwohl er weder eine Vorstellung von diesen Zielen habe, noch wisse, wie er dahin komme, ist weniger empirisch als bedeutungslogisch unmöglich. Nicht etwa zusätzlich und akzidentell, sondern wesentlich braucht es den subjektiven Zusammenhang: die Vorstellung eines Zieles, dessen Bejahen und die Meinung, ihm aufgrund einer bestimmten Tätigkeit näherzukommen. Spätestens, wer «warum?» gefragt wird, stellt einschlägige Überlegungen an. Menschliches Handeln spielt sich in der Welt der propositionalen Sprache ab, hier freilich einer nichttheoretischen, sondern praktischen, auf Tun und Lassen bezogenen Sprache. Während Tiere nach etwas, das sie sehen, auslangen, kommt beim Menschen das Propositionale «etwas als etwas» hinzu: Der Handelnde schätzt erstens etwas *als* wünschenswert ein, sieht zweitens etwas *als* zielführend an und stimmt drittens beidem zu. Oder aber, so das Phänomen der Willensschwäche bzw. Unbeherrschtheit, er wählt das Schlechtere, obwohl er das Bessere kennt. Im Strebensbegriff wird nicht etwa eine abstrakte Reflexion gedacht, sondern ein Selbstverhältnis angesichts einer Bewegung, eine wissentlich-willentliche Aktivität.

Es versteht sich, daß die genannten vier Momente nicht Zeitabschnitte eines Geschehens, sondern Momente eines einheitlichen Begriffes sind. Wie auch immer die Bewegung abläuft – wenn sie unter den Begriff des Strebens fällt, handelt es sich um die spontane und zielgerichtete Aktivität. Weil man sie einem individuell verantwortlichen Urheber zuschreibt, gehört «Streben» zum Kreis jener Begriffe, die latent oder manifest der Selbstverständigung des Menschen als Gattungswesen dienen. Die Verantwortlichkeit wird aber nicht abgetrennt für sich, sondern als ein Moment von Bewegungsabläufen gedacht.

Die neuzeitliche Philosophie wird gern als Frage nach dem Selbstbewußtsein bestimmt. Daß ein maßgeblicher Denker des Strebensbegriffs, ein antiker Philosoph, Aristoteles, ist, korrigiert dieses (Selbst-) Verständnis der Neuzeit. Weiterhin zeigt sich, daß eine umsichtige Theorie das Selbstbewußtsein nicht, entweder überhaupt nicht oder nicht allein, getrennt für sich thematisiert. Zugleich zeichnet sich jene «vernünftige»

Einschätzung des Menschen ab, die beide Extreme vermeidet: die pure Ausnahmestellung und das Nur-wie-die-anderen-Sein: Über das Moment der Bewegung wird der Mensch ins Kontinuum der Natur gestellt; über die spontane Zielorientierung zeichnet sich eine der Natur immanente Rangfolge ab; und in der Reflexivität der Ziel- und Mittelorientierung deutet sich die Sonderstellung des Menschen, sogar eine Spitzenstellung an.

Für das Streben als ethischen Grundbegriff ist wichtig zu sehen, daß die Tätigkeit zum Ziel sich auf zweierlei Weise verhalten kann (vgl. Aristoteles, *Nikomachische Ethik* I 1, 1094 a 3 ff.; *Metaphysik* IX 6, 1048 b 23–27). Beim linearen Streben, dem *Herstellen*: Machen oder Hervorbringen, in gewissen, aber keineswegs allen Zusammenhängen: Arbeiten, geht das Ziel, auf das das Streben zuläuft, aus der Strebenstätigkeit hervor, und am Ende steht es als selbständiger Gegenstand, als Werk, Produkt oder Resultat, da. Ob handwerkliches oder industrielles, ob künstlerisches, selbst soziales und intellektuelles Tun – überall dort, wo über dessen Gelingen oder Wert nicht der Vollzug entscheidet, sondern das, was herauskommt, liegt ein Herstellen im griechischen Sinn von *poiêsis* vor.

Das Herstellen weist in einem strukturellen Sinn über sich hinaus; denn man führt es nicht um seiner selbst, sondern um eines anderen, nämlich des Resultats willen durch. Der Vollzug ist zwar unverzichtbar, aber nur als ein Mittel für das schließliche Produkt. Das Herstellen ist daher eine lineare, sich selbst vergessende Tätigkeit, ein im weiten Sinn instrumentelles Tun, das Werke schafft und im geschaffenen Werk seinen Sinn und Wert erhält. Der klare Beleg: Das Gelingen bemißt sich nicht an der Qualität des Herstellens, sondern des Hergestellten. Beim Hausbau kommt es am Ende nicht auf das Bauen, sondern auf die Benutzbarkeit und Wohnlichkeit des fertigen Hauses, nicht zuletzt seine Erschwinglichkeit an. Oder bei einem Stuhl zählt die Frage: Ist er körpergerecht, bequem und haltbar; zusätzlich: paßt er in den Raum, und erneut: kann man ihn auch bezahlen? Bei einer wissenschaftlichen Veröffentlichung: Ist sie auf dem neuesten Stand der Diskussion, bringt sie diese weiter, ist sie zudem gut lesbar?

Anders verhält es sich beim immanenten Streben, dem *Handeln* im engeren Sinn, der *praxis*. Ob Sehen, Denken oder Spazierengehen, ob Sich-Unterhalten oder Musizieren, auch besonnenes und gerechtes Handeln oder ehrliches Forschen – in all diesen Fällen erreicht das Streben sein Ziel im Vollzug. Wer beispielsweise sieht, hat zugleich gesehen; wer sich unterhält, hat zugleich sich unterhalten; wer denkt, hat schon gedacht. Über das Gelingen, das es auch hier gibt, entscheidet die Qualität des Vollzugs: Unterhält man sich kurzweilig oder aber langweilig; musiziert man rhythmisch, melodiös und mit Spannung; forscht man ohne Plagiat und Verfälschen empirischer Daten?

Stets liegt der Maßstab nicht bei einem vom Bewegungsablauf verschiedenen Ergebnis, sondern in einem dem Ablauf innewohnenden Gutsein, in einer dem Vollzug immanenten Vollkommenheit. Der Maßstab besteht im *gut* Sehen, *schön* Musizieren, *gerecht* Handeln. Die Praxis ist nicht von einem anderen her als gelungen oder mißlungen, geglückt oder mißglückt, sinnvoll oder nicht sinnvoll zu beurteilen, sondern ausschließlich in sich und vor sich selbst. Dieser Umstand schlägt auf die Existenzweise des *praxis*-Guten durch; er hat eine «ontologische» Bedeutung. Der Gegenstand der Ethik, das moralisch Gute, ist nicht etwas Vorhandenes; es existiert nicht für sich, sondern ausschließlich als gute Praxis. Ob gerecht, besonnen oder ehrlich, ob couragiert, gelassen oder hilfsbereit: all diese Gegenstände existieren lediglich im (gerechten, besonnenen ...) Tun und Lassen.

6.2 Das Endziel zweiter Stufe

Das angestrebte Ziel ist in der Regel kein Selbstzweck. Wer einen (geographischen) Ort aufsucht, will dort arbeiten, Möbel einkaufen, jemanden treffen oder ein Klavierkonzert besuchen, kurz: etwas erledigen. Selbst das Zu-Erledigende pflegt kein Selbstzweck, vielmehr ein Zwischenziel zu sein. Mit der Arbeit beispielsweise will man seinen Lebensunterhalt verdienen oder Karriere machen, mit den Möbeln seine Wohnung einrichten usw. Auch an diese weiteren Ziele läßt sich noch die Frage «Wozu?» richten, was im Prinzip so lange weitergeht, wie die jeweiligen Ziele relativ selbständig existieren. Solange die Tätigkeit von der Struktur des Herstellens ist, gibt es kein grundsätzlich höchstes Ziel. Im Gegenteil tut sich ein unendlicher Fortgang auf, so daß das menschliche Tun strukturell gesehen als sinnlos erscheint. Man strebt formal gesehen nach immer höheren Zielen, ohne daß es ein letztes «Wozu?» gäbe.

Im gewöhnlichen Leben beantwortet man die offene Frage pragmatisch: Man bricht das Weiterfragen an einer Stelle ab, an der das Ziel für sich spricht. Daß man eine unmöblierte Wohnung möbliert, hat zwar einen Zweck, der aber meist so selbstverständlich ist, daß man ihn nicht ausspricht: Man braucht ein Bett zum Schlafen, eine Küche zum Kochen und zum Arbeiten einen Schreibtisch mit Bücherwand oder eine Staffelei oder einen Flügel.

Gelegentlich taugt aber das pragmatische Abbrechen des Fragens nicht. Wenn jemand in eine Lebenskrise gerät oder sich einen Beruf überlegt, ist die Frage nach jenen strukturell höheren Zielen, den Endzielen, unvermeidbar, die das Immer-Weiter-Streben zum Halt bringen, also den Progreß stoppen. So kann man das Klavierkonzert als Musikkritiker besuchen, um einen Zeitungsartikel zu schreiben, oder als Pianist, um sich fürs eigene Spiel inspirieren zu lassen. In beiden Fällen dient das Konzerterlebnis einem externen Ziel; es hat – nicht notwendig ausschließlich, aber auch – einen instrumentellen Charakter. Man kann aber ins Konzert auch aus purer Lust am Musikerlebnis gehen. In diesem Fall taucht ein mögliches Endziel, die Lust, auf, unter der hier mehr als nur ein sinnlicher Genuß, ein Ohrenschmaus, zu verstehen ist. Ob nur sinnlich oder sinnlich-geistig – als ein Gefühl, das das unbehinderte, freie Tätigsein zustimmend begleitet, ist die Lust nicht mehr das Produkt eines Herstellens, sondern in gewisser, aber auch nur gewisser Weise sich selbst genug (vgl. Kap. 8.1).

Die höchste Spitze einer Hierarchie des Wozu-Fragens ist trotzdem noch nicht erreicht. Denn es gibt weitere Endziele, zum Beispiel die zweckfreie Erkenntnis oder Selbstentfaltung, folglich eine Mehrzahl von Progreß-Stoppern, was deren Bewertung herausfordert: Warum will man («Motiv») oder aber soll man («Grund») die Lust suchen statt der reinen Erkenntnis oder der Selbstentfaltung oder eines noch anderen Endzieles?

Soll es mit dem Weiterfragen ein endgültiges Bewenden haben, so muß es ein schlechthin höchstes Ziel geben, über das hinaus kein weiteres Ziel gedacht werden kann. Da es selbst für die gewöhnlichen Endziele noch die Wozu-Frage erlaubt und beantwortet, ist es ein außergewöhnliches Endziel, ein Endziel zweiter Stufe. Dieser veritable Abschluß der Hierarchie von Zielen, das methodisch wieder in einer konstruktiven Semantik gewonnene schlechthin letzte Umwillen, trägt den Namen «Glück» oder «Glückseligkeit». Wer gleichwohl weiterfragt («Warum strebt man nach Glück»), hat unter der Hand den hier eingeführten Glücksbegriff verändert. Denn gegenüber einem schlechthin höchsten, rein superlativischen Ziel gibt es, rein begrifflich gesehen, kein höheres Ziel. Wohl kann man noch fragen, welcher Glücksbegriff zum schlechthin höchsten Ziel tauge.

Wie das Handeln als Streben sich in so gut wie allen Kulturen und Epochen findet, so gibt es auch auf die Wozu-Frage eine interkulturell gemeinsame Antwort. Zumindest taucht der Name, den die Antwort hat, sinngemäß in vielen Sprachen auf, was für eine interkulturelle Gemeinsamkeit spricht. Als ein gemeinsamer Nenner der Menschheit dürfte das Verlangen nach Glück sogar einen anthropologischen Rang haben. Das Glück im Sinne eines letzten Umwillens heißt etwa im Griechischen *eudaimonia*, im Lateinischen *beatitudo* oder *felicitas*, im Englischen *happiness* und im Französischen *bonheur*, auf Russisch *stscháste*, auf Arabisch *Al Sa'ada*, auf Chinesisch *xìngfú* und auf Japanisch *kōfuku*.

Wo ein derartiges Leben gelingt, nennt man es «erfüllt» oder «sinnerfüllt». Die Griechen sprechen von *eu zen*, die Römer von *bene vivere* und meinen nicht irgendein Glück, insbesondere nicht das Glück, das einem lediglich widerfährt, den glücklichen Zufall der launischen Fortuna, auch nicht bloß ein subjektives Empfinden, das Sich-wohl-fühlen. Beide, ein günstiges Geschick und eine behagliche Zufriedenheit, sind zwar nicht ausgeschlossen; im «Beiprogramm» mögen sie eine Rolle spielen. Entscheidend ist aber anderes: daß man sein Leben persönlich in die Hand nimmt und die Sache seines Lebens gut macht. Der Ausdruck «Leben» ist hier nämlich nicht primär von der Biologie, sondern vom Strebensmodell her zu verstehen. Er bedeutet nicht einen vegetativen Prozeß, der (weitgehend) unabhängig vom Handelnden oder wie der Ablauf der Geschichte (weitgehend) hinter seinem Rücken stattfindet. «Leben» heißt hier, was man selber und in eigener Verantwortung, was man bewußt und freiwillig vollzieht.

Das Prinzip der Strebensethik deckt also nicht alles ab, was im Ausdruck «Glück» oder seinen fremdsprachlichen Äquivalenten mitschwingt. Glück heißt hier, was dem Leben den selber verantworteten Sinn gibt und das Dasein im Ganzen gelingen läßt. Nur als Zusatz taucht auf, daß es einem dabei gut geht, auch gut ergeht. Wie sich der Mensch in theoretischer Hinsicht durch ein Verlangen nach Wissen, durch Neugier, auszeichnet, so in praktischer Hinsicht durch ein Ziel, das man allerorten anstrebt und das nie altert. Es besteht in jenem selbstverantworteten Glück, das sich sowohl vom Glückhaben, dem puren Zufalls- oder Lottoglück, als auch vom nur subjektiven Wohlgefühl, schon begrifflich unterscheidet.

6.3 Sehnsuchtsglück oder Strebensglück?

Die Schwierigkeiten des Glücks beginnen mit einer Sprachlosigkeit, die bei Wittgenstein anklingt, der von «Menschen, denen der Sinn des Lebens nach langen Zweifeln klar wurde», behauptet, daß sie «dann nicht sagen konnten, worin dieser Sinn bestand» (*Tractatus* 6.521). Die Aufgabe der Philosophie, die Sprachlosigkeit zu überwinden, setzt bei der Beobachtung an, daß man in der Geschichte und Gegenwart allerorten ein Streben nach Glück findet und daß das Streben den Menschen sein ganzes Leben begleitet. Mit der bloßen Beobachtung nicht zufrieden, sucht die Philosophie nach Gründen und vermutet sie, da das Glücksverlangen universal ist, in allgemeinen Bedingungen des Menschseins.

Die menschlichen Antriebskräfte sind zwar ihrer Struktur nach höchst unterschiedlich. So gibt es Triebe, Bedürfnisse und Leidenschaften, auch Interessen, Wünsche und Sehnsüchte. Sie alle zeichnen sich aber durch die Gemeinsamkeit aus, daß sie nach Befriedigung bzw. Erfüllung drängen. Der Inbegriff der Befriedigung und Erfüllung heißt, sofern der Mensch sie selber verantwortet, im genannten Sinne Glück.

Die nähere Bestimmung fällt freilich so unterschiedlich aus, daß – zweite Schwierigkeit – eine bloße Namensgleichheit zu befürchten ist. Die einen suchen nämlich das Glück in Wohlstand oder in Macht, andere in Freundschaft oder Liebe, wieder andere in wissenschaftlicher und philosophischer Forschung, in Kunst oder Meditation. (Glücksvorstellungen verschiedener Kulturen und Epochen finden sich bei Bellebaum 1994 und im *Lesebuch*; zur Philosophie des Glücks s. Pieper ²2003.) Diese Vielfalt der Glücksvorstellungen hat gute Gründe. Zum einen hängen sie von der Lebenssituation ab: Der Einsame wünscht sich Freunde, der Arme Wohlstand, werden sie aber krank, so sehnen sie sich nach Gesundheit. Und ein Schiffbrüchiger, der ohne Nahrung und Wasser einsam auf dem offenen Meer dahintreibt, bekommt, als ein strahlender Tag beginnt, «wieder Kraft zu warten» und ist zum ersten Mal in den zwanzig Jahren seines Lebens «vollkommen glücklich» (Gabriel García Márquez, *Bericht eines Schiffbrüchigen,* Kap. 4). Zum anderen kommt es auf die Persönlichkeit an. Was zum Glück des Mathematikers, in anderer Weise des Philosophen und wieder anderer Weise des Schachspielers beiträgt, die Lust bei der Lösung kniffliger Probleme, hilft weder dem Gourmet, Tänzer oder Fußballspieler noch dem manuell oder sozial Begabten. Kurz: Solange die Menschen sich in den Bedürfnissen, Interessen und Erfahrungen sowie den Hoffnungen und Sehnsüchten unterscheiden, kann die konkrete Erfüllung ihres Strebens, das nähere Glück, nicht für alle zu aller Zeit dieselbe sein.

Gewisse Gesichtspunkte finden allerdings kulturübergreifend Zustimmung. Dieses dürfte mit wenigen Vorbehalten auf die Liste zutreffen, in der Aristoteles gemeingriechische Überzeugungen zusammenträgt. Die Liste taucht allerdings nicht aus Zufall in der *Rhetorik* auf (I 5, 1360 b 19–24), nicht in der *Nikomachischen Ethik*, da sie zahlreiche für das strebensethische Prinzip Glück unerhebliche Elemente enthält: «vornehme Abstammung, zahlreiche und wertvolle Freunde, Reichtum, gute und zahlreiche Kinder, ein gutes Alter, dazu Vortrefflichkeiten des Körpers wie Gesundheit, Schönheit, Kraft, eine große Statur und athletische Fähigkeiten, außerdem ein guter Ruf, Ansehen, ein günstiges Geschick und schließlich die Tugend samt ihren Teilen wie Klugheit, Tapferkeit, Gerechtigkeit und Besonnenheit».

Vor allem bleibt die formale Gemeinsamkeit eines Äußersten und Letzten: Glück heißt, was sich unüberbietbar lohnt. Bloße Abschnitte einer Biographie reichen dafür nicht; wenn das Glück eine Vollendung meint, so zeichnet sie das Leben als Ganzes aus. Nun hat das Leben den Charakter einer Praxis – wer lebt, hat zugleich schon gelebt –, so daß das höchste Ziel nicht außerhalb, sondern im Vollzug liegt. Das Glück besteht nicht in gewissen Leistungen, die aus dem Leben hervorgehen, am Ende selbständig übrigbleiben und wertvoller als das Leben selbst sein könnten. Es liegt vielmehr in der Qualität des gelingenden, besser noch: des vortrefflich gelingenden und am Ende gelungenen, geglückten Lebens.

Die Unterschiede der Glücksvorstellungen beginnen nicht erst beim Inhalt, sondern schon beim formalen Begriff. Gemeinsam ist noch, daß es auf ein Äußerstes und Letztes ankommt. Dessen nähere Art hängt aber von der Beziehung ab, die man zum Äußersten einnimmt. Denn man kann sich darauf mit jenem bloßen Wünschen, gesteigert zur Sehnsucht, richten, das die Erfüllung zwar gern hätte, zu deren Erreichen aber nicht aktiv wird. Die Alternative besteht im tätigen Verlangen, im Streben.

Nach Judentum, Christentum und Islam lebten die Menschen am Uranfang an einem schlechthin sinn- und glückserfüllten Ort, im Paradies. Platon spricht von einer «Insel der Seligen», auf der man allerdings erst nach dem Tod lebe. Gleichwohl beschreibt er für das Diesseits eine Welt, die der «Insel der Seligen» nahekommt. Seine mehrstufige Polis-

Genese beginnt mit einer (wohl bewußt utopischen) Stufe, der «gesunden Polis». In ihr leben die Bürger, weil frei von Neid, Eifersucht und anderen «asozialen Leidenschaften», in Frieden und Eintracht miteinander; sie führen ihr Dasein bei voller Gesundheit und sterben erst in hohem Alter; sie genießen die Freuden der Liebe; dank hinreichender Arbeitsproduktivität ernähren sie sich vergnüglich von Wein und Brot; sie bekränzen sich und lobsingen den Göttern (*Politeia* 372 a–c).

Obwohl ein solches Glück kaum je zu erreichen ist, sehnt sich der Mensch nach ihm mit gewisser Notwendigkeit. Denn nicht nur auf naheliegende und leicht erreichbare Dinge richten sich seine Wünsche, sondern auch auf weit entfernte, selbst schwerlich zu erreichende Dinge. Warum aber wünscht sich der Mensch sogar Unerreichbares? Eine Vorbedingung: Weil seine Vorstellungskraft an keine Grenzen gebunden ist. Der Hauptgrund: Weil er im Alltag Mühsal und Entbehrungen erleidet und sich nach einem Zustand sehnt, in dem nicht bloß das gegenwärtige Elend, sondern auch alles künftige Elend, sogar alle nur denkbaren Mühen und Plagen, alle Schwierigkeiten und Leiden aufgehoben sind. In diesem Sinn enden viele Märchen mit dem Satz «Da hatten alle Sorgen ein Ende, und sie lebten in lauter Freude zusammen».

Die Alltagserfahrung kennt dieses Sehnsuchtsglück, das Märchen- oder Sonntagsglück, zumindest für einige Momente. Beispielsweise kreuzen zwei wildfremde Menschen den Weg, werfen sich einen freundlichen Blick zu, werden sich für einen Moment bewußt, daß sie die Erde miteinander teilen und daß dieses Miteinanderteilen schön ist, dann setzen sie ihren Weg wieder fort. Die Schriftstellerin Christa Wolf stellt es bezeichnenderweise unter den Titel *Der geteilte Himmel* (1987, 87): «Kurz danach begannen die Ferien. Gemeinsam ... durchforschten sie die Umgebung von (ihrem) Dorf, sie badeten in Waldseen und sogen sich bis in die Fingerspitzen voll mit klarer, unverdorbener Luft und Sommerleichtigkeit ... Sie liebten sich und waren voll neuer Erwartung.» Was erwartet sie? Leider eine Jahreszeit, die der «Sommerleichtigkeit» widerspricht, daher den Verlust des «geteilten Himmels» befürchten läßt: «ihren zweiten Winter».

So sehr man auf das Sehnsuchtsglück hoffen mag – mit der Leichtigkeit eines Träumers überspringt es alle Beschränkungen der Wirklichkeit und ihre Widersprüche. Weil die Phantasie an keine Grenzen der Realisierbarkeit gebunden ist, kann sie sich auf eine Utopie im wörtlichen Sinn richten, auf einen *ou-topos*, einen Unort. Zumindest in dieser Welt und bei der Gattung Homo sapiens sapiens gibt es keinen Ort erstens für eine Welt ohne jede Güterknappheit, eine Überflußgesellschaft im strengsten Wortsinn, zweitens für eine Welt, die die im Überfluß vorhandenen Güter wie im Schlaraffenland stets mundgerecht darbietet. Drittens sollten alle Dienstleistungen unbegrenzt zur Verfügung stehen, ohne daß sie viertens auch nur einen Anflug von Mühe, Last und «Arbeit im Schweiße des Angesichts» mit sich führen. Mangels Streit und Wettstreit sollten fünftens alle in eitel Liebe und Freundschaft leben, dabei in so hoher Achtung und Selbstachtung, daß man weder Neid noch Eifersucht kennt noch je Gewissensbisse hat oder sich schämt. Sechstens bleibe man von Krankheit und Unfällen verschont. Siebentens darf niemand zu früh sterben, weder nach eigener Ansicht zu früh noch nach Ansicht seiner Lieben und Freunde noch anderer Mitmenschen; und manche wünschen sich Unsterblichkeit.

Offensichtlich ist schon diese Wunschliste anspruchsvoll und lang; trotzdem entfallen noch nicht alle Ängste und Sorgen. Zum Sehnsuchtsglück mancher Menschen gehört, daß es auch den Tieren gut ergehe, zumindest denen, mit denen sie Umgang pflegen, den Haustieren, möglichst ebenso denen, die sie in der Natur erleben, freilich mit dem Zusatz, daß sie vor keinem Tier Angst haben wollen, vielleicht sogar mit einem zweiten Zusatz, daß die Tiere untereinander in Frieden leben. Auch den Pflanzen sollte es gut ergehen, zumindest denen der Gärten und Wälder, in denen man spazieren geht. Und manche Menschen sehnen sich nach Allmacht: nach einer unbegrenzten Herrschaft über die Natur oder über die Mitmenschen. Andere wünschen sich eine Ganzheit bis hin zur Einheit des Wahren, Guten und Schönen.

Man kann hier abbrechen, da der entscheidende Punkt sich abzeichnet: Ein Wohlbefinden, das nach Mannigfaltigkeit der Bedürfnisse und Interessen sowie nach der Stärke und Dauer ihrer Befriedigung das höchste vorstellbare Maximum erreicht – dieses Sehnsuchtsglück ist so anspruchsvoll, daß es auch bei größter Anstrengung weder von einzelnen Menschen noch von der Menschheit insgesamt jemals zu erreichen und noch weniger als Erreichtes jemals auf Dauer zu bewahren ist. Auch der ein wenig bescheidenere Begriff, der sich unter den verschiedenen Kantischen Bestimmungen findet: daß alles nach Wunsch und Willen gehe (*Tugendlehre*, «Bruchstück eines moralischen Katechisms», VI 480), ist ein unerreichbares Sehnsuchtsglück, denn es setzt eine Allmacht über die natürlichen und sozialen Verhältnisse voraus.

Das Sehnsuchtsglück ist also ein schwärmerisches Glück, gegen das sich die Wirklichkeit der natürlichen, der sozialen und der psychischen

Welt zu Wort meldet. Beispielsweise zieht sich der lärm- und streßgeplagte Großstädter gern in die unberührte Natur zurück, in der Regel aber nur für eine überschaubare Zeit, ferner unter Mitnahme hochentwickelter Kleidung und Geräte und zusammen mit einer wohlsortierten Reiseapotheke. Einen grundsätzlicheren Einspruch erhebt ein Element der menschlichen Natur, das wir von der Moralanthropologie kennen: Selbst in Bezug auf seine lebensnotwendigen Bedürfnisse fehlen dem Menschen artspezifisch geprägte Grenzen; ihn kennzeichnet ein Hang zur Übersättigung. Hinzu kommt die Neigung zur Verfeinerung und zum Luxus, weshalb er in einer weiteren Hinsicht «von Natur aus» niemals endgültig saturiert ist. Und dieses vielfältige Nimmersatt beschwört Konflikte des Menschen schon mit sich selbst herauf, darüber hinaus mit seinesgleichen, nicht zuletzt mit der naturalen Natur.

Die Folge liegt auf der Hand: Wer trotz der Konfliktgefahren lediglich den Sehnsuchtsbegriff des Glücks kennt, ist vor immer wieder neuen Enttäuschungen nicht gefeit. Er verfällt in Resignation und denkt, wie es seit alters her vorkommt, etwa von den Griechen bis Sigmund Freud, «die Absicht, daß der Mensch ‹glücklich› sei, ist im Plan der ‹Schöpfung› nicht enthalten» (*Das Unbehagen in der Kultur*, 1974, 208). Vielleicht hat manche «Flucht» in die Sucht hier einen Grund: in der mangelnden Fähigkeit, außer dem Sehnsuchtsbegriff einem realistischeren und zugleich humaneren Begriff zu folgen.

Die Alternative, das Verlangen nach einem Glück, nach dem man sich nicht bloß sehnen, sondern auf das man auch mit guten Erfolgschancen hinarbeiten könne, ist keineswegs weltfremd. Auf sie spielt schon das Sprichwort an: «Jeder ist seines Glückes Schmied». Selbst im Märchen fällt dem «Helden» das Glück oft erst nach eigener Anstrengung zu, entweder nach Gefahren, die er bestanden, oder nach Entbehrungen, die er erlitten hat. Der Strebensbegriff des Glücks besteht jedenfalls weder im zu kleinen Glück, jenem «Glückhaben», auf das man hoffen, aber nicht hinarbeiten kann, noch in dem zu großen, weil grundsätzlich nicht realisierbaren Glück, dem Sehnsuchtsglück, oder gar in der Seligkeit, die der Gottheit reserviert ist. Was heute «Moralprinzip» heißt, das letzte Maß menschlichen Handelns, besteht vom Strebensmodell aus «nur» im obersten aller mittels Tun und Lassen erreichbaren Ziele, dem Strebensglück. Betont man die Erreichbarkeit, so kann man vom menschlichen im Gegensatz zum übermenschlichen Glück sprechen.

Der Begriff zeichnet sich durch zwei schon genannte Momente aus.

Zum einen ist das Strebensglück in einer Hierarchie von Zielen kein Zwischenziel, sondern ein Endziel und bei einer Mehrzahl von Endzielen jenes vollkommene Endziel, über das hinaus kein weiteres Endziel gedacht werden kann. Zum anderen läßt ein derart höchstes Ziel sich nicht «technisch», als Ergebnis eines Herstellens, sondern nur im engen Sinn «praktisch» verstehen. Das Glück liegt im gelungenen Lebensvollzug; es verwirklicht sich daher strenggenommen in jedem Augenblick, eventuell mit dem Zusatz: «Nur wer nicht in der Zeit, sondern in der Gegenwart lebt, ist glücklich.» (Wittgenstein, *Tagebücher*, 8.7.1916) Wegen des ersten Momentes, des Strebens, verbietet sich ein zu hohes Glück, die Glückshybris im Sehnsuchtsglück, wegen des zweiten Momentes ein strukturell falsches Glück, eine Glücksperversion, die das zu vollziehende Glück als herstellbares Glück mißversteht.

Das Endziel zweiter Stufe hat einen neuartigen Zielcharakter. Als ein Endziel, dessentwegen man die gewöhnlichen Endziele anstrebt, läßt es sich selber nicht direkt anstreben. Es benennt vielmehr den Sinngrund, warum man, und den Sinnhorizont, in dem man die gewöhnlichen Endziele anstrebt. Dieser Sinnhorizont zeichnet sich durch drei absolute Superlative aus, die schon der maßgebliche Philosoph einer Strebens- und Glücksethik, Aristoteles, bemerkt hat (*Nikomachische Ethik* I 5). Als eine höchste Steigerung, mithin via eminentiae gedacht, ist es erstens das schlechthin höchste (*akrotaton*), deshalb zweitens das «zielhafteste» Ziel (*telos teleiotaton*), das zugleich drittens über eine Selbstgenügsamkeit (*autarkeia*) verfügt, die hier aber nicht jene Bedürfnislosigkeit meint, die vieles nicht braucht.

Der Ratschlag zur Selbstbescheidung: «Sei im Leben mit wenigem zufrieden», mag zwar in Lebenserfahrung gründen (vgl. Kap. 8.1 und 10.2). Er wird auch oft erteilt, prominent von Gautama Buddha: «Glück ist die Einsamkeit des Zufriedenen, der die Lehre gehört (und) erschaut hat. / Nichtschädigen ist Glück in der Welt; / gegenüber den Lebewesen (Selbst-) Zügelung. / Glück ist Leidenschaftslosigkeit in der Welt, / der Begierden Überwindung. / Des Ichbewußtseins Beseitigung / ist fürwahr das höchste Glück.» (*Mahavagga* I 3; abgedruckt in *Lesebuch*, Nr. 25) Eine Begriffsbestimmung beruft sich aber nicht auf Lebenserfahrung, sondern auf den formalen Glücksbegriff. Weil die für ihn eigentümliche Autarkie einen Superlativcharakter hat, besteht sie nicht in einer Bescheidenheit. Nicht restriktiv ist sie zu verstehen: einschränkend und einengend, sondern komprehensiv: umgreifend und umfassend. Das Strebensglück ist in dem Sinn sich selbst genug, als es rein begrifflich nichts gibt, das man darüber hinaus noch anstreben könnte: Einem geglückten Leben fehlt es an nichts; insofern ist es selbstgenügsam (autark).

Weil es das entsprechende Leben für sich allein begehrenswert «macht», bedeutet das Strebensglück keinen gewöhnlichen Superlativ wie etwa in der Geographie der höchste Berg oder längste Fluß. Derartig höchste Dinge lassen sich noch zu einem «Superlativ Plus» steigern: Der höchste Gipfel könnte mehr als die 8848 Meter des Tschomolungma (Mount Everest) über dem Meeresgipfel liegen, und der längste Fluß könnte länger als die 6671 km des Nil (mit Kagera) sein. Darüber hinaus könnte ein Kontinent sich rühmen, beide Superlative, den höchsten Gipfel und den längsten Fluß, überdies noch weitere Superlative zu beherbergen, etwa den kältesten, zusätzlich den heißesten Ort, überdies die an Tier- und Pflanzenarten dichteste Region. Zu dem «Glück» genannten höchsten Lebensziel gibt es aber kein Plus. Andernfalls läge nicht das wahre, sondern nur ein scheinbares Strebensglück vor, so wie bei mancher Bergtour ein Gipfel sich beim Näherkommen als Vorgipfel erweist, hinter dem der Hauptgipfel aufragt.

Das Strebensglück läßt sich noch auf zwei Arten interpretieren, von denen man oft annimmt, sie schlössen sich gegenseitig aus. Weil der Begriff des Höchsten entweder das Oberste (lateinisch: supremum) oder das Vollendete (consummatum), bedeutet, könnte das Glück entweder als etwas Monolithisches, als dominantes Ziel, gelten, das alle anderen Ziele überragt. Oder man hält es für etwas in sich Vielfältiges, für ein inklusives und integratives Ziel, das alle anderen Ziele umfaßt. In Wahrheit eignen sich für den Glücksbegriff beide Bestimmungen, beide aber nur mit Einschränkung.

Ein logisch höherstufiges Endziel hat gegenüber den gewöhnlichen Endzielen einen dominanten Charakter, der an den ontologischen Begriff von Gott erinnert. Was dieser in Bezug auf das Seiende (*ens*) besagt – Gott ist das Seiende, über das hinaus nichts Größeres gedacht werden kann: *ens quo maius cogitari nequit* –, trifft hier hinsichtlich des Zieles zu: *finis quo maius nihil cogitari potest*. Das Strebensglück ist ein Ziel (*telos*), in dem der Zielcharakter zum unüberbietbaren Superlativ des «am Zielhaftesten» (*teleiotaton*) gesteigert wird. Diese superlativische Dominanz, die das schlechthin Oberste besitzt, entspricht aber nicht dem gewöhnlichen Begriff der Dominanz, der Spitze einer Pyramide oder dem höchsten Gipfel eines Bergmassivs. Innerhalb derselben Stufe könnte die Selbstentfaltung gegenüber der Lust dominant sein. Im Glück verbinden sich dagegen mehrere Endziele miteinander, so daß es auch die andere Bedeutung des Höchsten, den inklusiven Charakter, hat. Zwei Dinge gehören zumindest als Vollendungsmomente immer hinzu: das die unbehinderte Tätigkeit begleitende Gefühl der Lust und das freie Entfalten und ungehinderte «Auskosten» der eigenen Begabungen und Interessen, die Selbstentfaltung.

Als der letzte Sinnhorizont allen Strebens hat das Glück einen (quasi-) transzendentalen Charakter. Die Frage, ob es Kants Bedingung des Transzendentalen genügt, dem synthetischen Apriori, kann dahingestellt bleiben. Offensichtlich erfüllt es die andere Forderung, eine «grundsätzliche Bedingung der Möglichkeit von ...» zu sein. Als Endziel zweiter Stufe entscheidet es über die Zieltauglichkeit aller Ziele: daß sie letztlich nur im Horizont des Glücks erstrebenswert sind. Dem Strebensglück kommt also eine Eigenschaft zu, die man bislang nur aus der neuzeitlichen, nicht mehr eudaimonistischen Moralphilosophie kennt. Als eine Bedingung, die zum einen die gewöhnlichen Ziele möglich macht, ohne zum anderen noch von einer höheren Bedingung abzuhängen, hat es den Charakter des Unbedingten. Nicht erst in einer Ethik der Willensfreiheit (Autonomie), sondern schon in einer Ethik des Strebensglücks (Eudaimonie) hat der Begriff der unüberbietbaren, eben unbedingten Bedingung ein Recht.

6.4 ‹Nur der Engländer strebt nach Glück›

Auf einem Höhepunkt der neuzeitlichen Moralkritik wird das Prinzip Glück verworfen. Von einem so scharfen Kritiker des scharfen Eudaimonismuskritikers Kant, von Friedrich Nietzsche, hätte man zwar eine Verteidigung der von Kant kritisierten Ethik erwarten können, sogar ein Lob des Eudaimonismus, da dessen Hauptvertreter Aristoteles, wie Nietzsche verlangt, eine Diesseits-Ethik ganz ohne Religion, Metaphysik und jenseitige Werte entwickelt. Tatsächlich verschärft Nietzsche die Kritik. Kant verwirft das Glück zwar als Moralprinzip, hält es aber für ein notwendiges Ziel der Menschen, was Nietzsche bestreitet. Zusätzlich behauptet er, es werde nicht einmal tatsächlich verfolgt: «Der Mensch strebt *nicht* nach Glück, nur der Engländer tut das» (*Götzen-Dämmerung*, «Sprüche und Pfeile», Nr. 12). Prüft man die Behauptung, so erweist sie sich allerdings nicht als triftiges Gegenargument.

Nietzsche meint mit dem Engländer zweierlei. Zum einen wendet er sich gegen einen Menschentyp, der mit seinem Verlangen «nach comfort und fashion» sich im Gegensatz zum souveränen Individuum «unverwüstlich-mittelmäßig / *Sans genie et sans ésprit*» verhalte. Zum anderen kritisiert er die dazu gehörenden Theoretiker, die «englischen Utilitarier» (*Jenseits von Gut und Böse*, Nr. 228). Allerdings verwirft Nietzsche das Prinzip Glück nicht nur in seiner utilitaristischen Gestalt, der allgemeinen Wohlfahrt. Er lehnt vielmehr den Eudaimonismus generell ab. Sein Gegenargument, daß der Wert der Dinge lediglich nach Lust und Leid bemessen werde (ebd. Nr. 225), trifft aber nur einen Teil, jenen hedonistischen Eudaimonismus, das Genußleben, das eine reflektierte Glücksethik ebenfalls verwirft (s. Kap. 8.1).

Ein Gesichtspunkt in der Kritik am hedonistischen Eudaimonismus könnte freilich auch gegen die reflektierte Glücksethik sprechen: In seiner Naturgeschichte der Moral stellt Nietzsche den Menschen in den Zusammenhang der Natur und behauptet, angefangen mit den Pflanzen gebe es nur ein «Sich-Ausbreiten, Einverleiben, Wachsen» und «ein Anstreben gegen Widerstrebendes». Die Folge: «Worum kämpfen die Bäume eines Urwaldes mit einander? Um ‹Glück›? – Um *Macht*» (*Nachgelassene Fragmente* 1887–1889, 52 f.). Im Fall des Menschen – sagt Nietzsche – braucht dieser Machtwille aber etwas, das Hedonismus und Utilitarismus abschaffen wollen: das Leiden. Nietzsche sieht im Leiden zwar keinen Selbstzweck; ebensowenig versteht er es christlich, als Hingabe für andere, oder, säkular, als Leiden an der Welt. Ihm geht es nicht um die Überhöhung von somatischen Krankheiten oder seelischem Kummer, sondern um eine Voraussetzung höheren, gesteigerten Menschseins.

Klammert man das anklingende Elitebewußtsein ein, so kann man Nietzsche im Sinn des Sprichworts recht geben: «Vor den Preis haben die Götter den Schweiß gesetzt.» Wie Nietzsche behauptet, besitzt der Mensch im Vergleich zu seinen frühen Vorfahren «ein ungeheures Quantum Macht», aber nicht ein Plus von ‹Glück› (ebd.). Um zu dieser Macht zu gelangen, mußte er einen harten Erziehungsprozeß durchlaufen. Dessen Härte läßt sich aber schwerlich als Steigerung des hedonistisch verstandenen Glücks begreifen. Noch mehr gilt für das souveräne Individuum, beispielsweise den kreativen Künstler, daß er nicht seine Lustbilanz, sondern vornehmlich seine Lebensmöglichkeiten zu steigern sucht. Dafür braucht es aber – so bestätigt die Psychologie – den Triebverzicht.

Daß der Mensch «Herr über die Naturgewalten» geworden sein muß, dabei «Herr über seine eigene Wildheit und Zügellosigkeit» (ebd.), also mehr über die innere als die äußere Natur – diese Ansicht Nietzsches ist plausibel. Sie enthält jedoch aus drei Gründen keinen Einwand gegen das eudaimonistische Prinzip Glück. Erstens interessiert sich die eudaimonistische Ethik nicht für die Naturgeschichte der Moral; falls es in der Naturgeschichte um Lebens- und Machtsteigerung statt um das Glück geht, so bleibt eine auf die Biographie konkreter Menschen bezogene Ethik davon – zunächst – unbetroffen. Zweitens hat der von Nietzsche favorisierte Gedanke der höheren Menschlichkeit den Rang eines inhaltlichen Endziels, an das sich die formale Frage stellen läßt, warum man es denn verfolgen solle. Darauf ist aber mit dem formalen Glücksbegriff zu antworten: weil das Leben erst dann als gelungen, als geglückt erscheint. Ob inhaltlich als Lebenssteigerung oder anders verstanden – zum gelungenen Leben dürfte zwar drittens mancherlei Anstrengung notwendig sein. Die Lebenssteigerung, um deretwillen man sie auf sich nimmt, könnte aber eine eigene Art von Lust bieten. Nietzsche selbst: «Glück ... gibt Luft, Licht und freie Bewegung» (*Morgenröte*, Nr. 136). Dabei störte es nicht, wenn man diesen Genuß nicht direkt anstrebte, er sich vielmehr als ein «Begleitzustand und eine Nebensache» sich einstellt (*Jenseits von Gut und Böse*, Nr. 225).

Somit kann man Nietzsche in seiner Kritik am Hedonismus folgen, vorausgesetzt, man verändert die Betonung: «der Mensch *strebt* nicht nach (hedonistischem) Glück». Wenn er jedoch erreicht, wonach er strebt, so ist der Begleitumstand, das hedonistische Glück, zwar nicht sicher, aber hochwahrscheinlich.

7. Lebenskunst

7.1 Savoir vivre

Lange Zeit hielt man die Philosophie für eine Lebenskunst, sogar für eine Kunst, glücklich zu leben. Man empfand die Kunst zwar nicht in jenem modernen Verständnis, das sich im Geniekult der Spätaufklärung und in der Frühromantik ausbildet, wohl aber meinte man, was im Lateinischen *ars* und im Griechischen *technê* heißt: ein anwendungsorientiertes Experten-Wissen, das, fachlich geordnet und in Regeln faßbar, lehr- und lernbar ist. Eine Lebenskunst, die *ars bene vivere* bzw. *technê peri tou biou*, sucht allerdings kein Wissen von Sachverhalten, kein Know that. Sie zielt auf ein Können, auf jenes Know how, das weithin bekannt ist, angefangen mit der Koch-, Garten- oder Redekunst über die Kunst, Klavier oder Schach zu spielen, bis zur ärztlichen oder richterlichen Kunst, also der Fertigkeit, dort Kranke zu heilen, hier Streitfälle unparteiisch zu entscheiden.

Die ersten drei Elemente, die fachliche Ordnung, die Regelfähigkeit und die Lehr- und Lernbarkeit, treffen auf eine Lebenskunst nur begrenzt zu. Während die üblichen Kunstfertigkeiten sich auf ein Fach konzentrieren, geht es einer Lebenskunst um das Gegenteil jedes Faches, um ein Un-Fach, nämlich das Leben als Ganzes. Nur Scharlatane preisen genaue Regeln, Rezepte für ein glückliches Leben an. Der Philosoph begnügt sich mit Regeln zweiter Stufe, mit gewissen Grundsätzen, denen ein außergewöhnliches Know how entspricht, nämlich Lebenseinstellungen, die wegen ihres positiven Wertes Tugenden heißen.

Das außergewöhnliche Know how verlangt nach einer ebenso außergewöhnlichen Art des Lehrens und Lernens. Von der Kochkunst über die Klavierkunst bis zur ärztlichen und richterlichen Kunst gibt es Kurse, sogar Schulen und Hochschulen; eine (Hoch-) Schule für die Lebenskunst gibt es zu Recht nicht. Wer über wahre Lebenskunst verfügt, über das nicht zum Genießen abgeflachte Savoir vivre, der darf zwar ein Maestro, ein Meister, der Lebensführung genannt werden. Daß er ein glückliches Leben auch nur für sich, geschweige für andere zu garantieren vermag, erwartet man aber nicht. Noch weniger glaubt man, aus den Büchern zur Lebenskunst, die neuerdings Konjunktur haben, das gute Leben so weit lernen zu können, wie man aus Kochbüchern das Kochen und aus Schachbüchern das Schachspielen zu lernen vermag.

Noch in einer weiteren Hinsicht unterscheidet sich die Lebenskunst von den üblichen Künsten: Fachwissen kann veralten, deutlich sichtbar bei der Heilkunst. Für die Lebenskunst dagegen erweisen sich die Ratschläge der Alten als immer noch erstaunlich jung, bei rechter Deutung fast so frisch und überzeugend wie vor vielen Jahrhunderten. Ein Kennzeichen der modernen Wissenschaften, die immer wieder neuen Entdekkungen und Erfindungen, ist der Lebenskunst weitgehend fremd. Einer der Gründe: Die zwei entscheidenden Faktoren, die Herausforderungen des Lebens und die glückstauglichen Antworten, sind wegen ihres Zusammenhangs mit der Conditio humana in ihrem Kern kultur- und epochenunabhängig.

Wegen dieser doch beträchtlichen Unterschiede zur Fachkunst könnte die Rede von einer Lebenskunst mißverständlich und der Ausdruck «Lebensweisheit» vorzugswürdig sein. Der neue Ausdruck kommt überdies dem Sprachgebrauch der (schönen) Literatur und vor allem auch dem anderer Kulturen entgegen. Die Lebensweisheit, oft schlicht Weisheit genannt, gilt vielerorts als eine Fähigkeit und Haltung, das Leben nicht in seinen abgrenzbaren Sach- und Fachbereichen, auch nicht aufs Naheliegende und Kurzsichtige beschränkt, sondern als Ganzes «wissend», das heißt hier: lebenserfahren und einsichtsvoll, zu bewältigen. (Zur Weisheit als Gegenstand psychologischer Forschung vgl. Staudinger/Smith/Baltes 1994.) Andererseits schwingt im Ausdruck «Lebensweisheit» eine Prise von Sonderwissen mit im Sinne einer außergewöhnlichen Begabung oder einer außergewöhnlichen Wissensquelle («Esoterik»), das dem einzigen Medium der Philosophie, der *allgemein*menschlichen Vernunft widerspricht. Wir bleiben daher bei dem nüchternen und «demokratischeren» Ausdruck der Lebenskunst.

Versteht man den Ausdruck «philosophisch» nicht zu eng, auf möglichst wissenschaftliche Aussagen eingeschränkt, so tritt die philosophische Lebenskunst idealtypisch gesehen in drei Grundmustern auf. Das erste Muster gibt die meist lockere Sammlung von Maximen und Reflexionen ab. In literarisch brillanter Form präsentieren die europäischen Moralisten, also Autoren von den Sieben Weisen Griechenlands über die Stoa bis La Rochefoucauld, Lichtenberg, Goethe und Nietzsche, Überlegungen zum guten Leben, einschließlich skeptischer Einwürfe oder wie bei Adorno «Reflexionen aus dem beschädigten Leben». Fast immer ist der Stil wesentlich: Die großen Moralisten pflegen ihre je eigene, freilich mit der Sache eng verknüpfte Form der Darstellung. Montaignes *Essais* beispielsweise lieben die brüske Provokation. Ihr entschieden «momentanistischer Individualismus» nimmt das jeweilige Jetzt der Existenz ernst: Jedes Ich ist anders, und das Ich im jeweiligen Augenblick ist weder mit dem Ich davor noch mit dem danach identisch. Bei Nietzsche fällt dagegen der ätzende Sarkasmus und eine Schule des Verdachts auf, die sich zwischen Pathos und Ironie in der Schwebe hält. Das nichteuropäische Gegenstück findet sich in der (Lebens-) Weisheit anderer Kulturen, von Alt-Ägypten und den davon inspirierten Weisheitsbüchern Israels bis zu hinduistischen, buddhistischen, konfuzianischen und daoistischen Texten.

Ein zweites Muster philosophischer Lebenskunst besteht in Visionen eines guten Lebens, vor allem aber guten Zusammenlebens. In den Darstellungen idealer Lebensverhältnisse, den sogenannten Utopien, finden sich sowohl religiöse als auch nichtreligiöse Paradiesvorstellungen, auf philosophischer Seite etwa die schon erwähnte gesunde Polis aus Platons *Politeia*. Das neuzeitliche Vorbild schreibt der Humanist Thomas Morus unter dem namengebenden Titel *Von der besten Staatsverfassung oder der neuen Insel Utopia*. Die Verfasser von Utopien schicken die Vorstellungskraft auf die Reise; sie befassen sich eher mit dem Sehnsuchtsglück.

Schließlich gibt es die prinzipienorientierte Lebenskunst, die sich auch praktische Philosophie nennt. Ihr vor allem ist diese Studie verpflichtet. Der Ausdruck steht im Gegensatz zur theoretischen Philosophie und klingt wie jener ungewöhnlich, sogar provokativ. Denn die Philosophie ist doch eine Form von Theorie, so daß der Zusatz des Theoretischen unnötig, der des Praktischen dagegen widersprüchlich ist. «Praktisch» heißt nämlich, was zur Bewältigung jener konkreten Lebensprobleme dient, von denen die Philosophie als Theorie absieht.

Die Theorie, gegen die sich der Gedanke einer praktischen Philosophie absetzt, ist aber nur ein Wissen als Selbstzweck. Von dieser «theoretischen Theorie» unterscheidet sich die praktische Philosophie nicht nur trivialerweise, durch ihren Gegenstand, das menschliche Handeln. Im Gegensatz zu einem sich selbst genügenden Wissen sucht sie auch ihren Sinn und Zweck im Handeln, näherhin in Einsichten, die den konkreten Menschen angehen; sie sucht existentielle Bedeutung. Trotzdem bleibt sie ihrem Metier, der Philosophie, treu und dient der Praxis lediglich auf philosophischem Weg, also in Verbindung von Begriff, Argument und Reflexion. Im Gegensatz zu einem falschen Selbstverständnis, auch zu einer überzogenen Erwartung liefert sie keine Rezepte, sondern sucht Einsichten und als Fundamentalethik Einsichten grundlegender Art. (Zum Unterschied von praktischer Philosophie und aphoristischer Lebenskunst s. Höffe 2007; zur Antike s. Annas 1993 und Horn 1998, zu ausgewählten Theorien des Gücks s. Claussen 2005; für eine Grundlegung zu «Glück und Wohlwollen» s. Spaemann ³1993; s. auch Seel ²1999.)

Schon in der Antike, bei Platon und Aristoteles, erreicht die prinzipienorientierte Lebenskunst einen bis heute paradigmatischen Höhepunkt. Über das Mittelalter bis weit in die Neuzeit, zu Spinoza und Leibniz, bleibt die Philosophie dem Prinzip Glück verpflichtet. Danach verliert sie aber die Lebenskunst aus dem Blick. Mindestens vier Gründe sind dafür verantwortlich:

Erstens wird von der Eudaimonie behauptet, sie sei ein unzureichendes, sogar untaugliches Fundament der Moral. An ihre Stelle tritt die Autonomie, die Selbstbestimmung des Willens. Diese Entwicklung, eine veritable Revolution, schickt zwar die Ethik des Glücks in die philosophische Verbannung. Sie erklärt nämlich den Eudaimonismus zur überholten via antiqua und beläßt nur noch der via moderna, der Ethik der Autonomie, ein Recht. Durch die moralphilosophische Revolution werden die Fragen nach dem gelungenen Leben aber nicht überflüssig; sie verlieren nur an Gewicht. Im Mittelpunkt stehen nicht länger die Fragen nach dem Glück und der humanen Selbstverwirklichung, kurz: nach dem Menschsein-*Können,* sondern die nach dem Menschsein-*Sollen*. An die Stelle einer Philosophie der Lebens*kunst* tritt die der Lebens*pflicht*, an die Stelle einer Eudaimonologie, einer Könnensethik, eine Deontologie, eine Sollensethik. Diese reicht allerdings – wird sich in Teil III zeigen – in die Dimension der Lebenskunst hinein.

Der Autonomie-Gedanke allein kann jedenfalls die Eudaimonie-Ethik nur entmachten, nicht zerstören. Der Newton der moralphilosophischen Revolution, Immanuel Kant, bekräftigt sogar, daß der Mensch als sinnliches Vernunftwesen notwendig nach Glück(seligkeit) verlange (z. B. *Kritik der praktischen Vernunft*, § 3 Anm. II). Gegen eine philosophische Theorie dieser Ansicht spricht erst – *zweiter* Grund – die wissenschaftstheoretische These, Philosophen sollten nach objektiv gültigen Aussagen suchen, die es für das menschliche Glück aber nicht gebe, denn dessen Begriff sei inhaltlich zu unbestimmt.

Sofern es über das Glück doch ein objektives Wissen gibt, hat die Philosophie *drittens* eine starke Konkurrenz erhalten. Ob in eigenen Büchern, Zeitschriften oder Kolumnen, ob von Psychologen, Soziologen oder Theologen, ob von Journalisten oder lebenserfahrenen Frauen und Männern verfaßt – Ratgeber zu Fragen der Lebenskunst füllen längst ganze Bibliotheken. Nicht nur Bahnhofsbuchhandlungen für die rasche Lektüre, auch «seriösere» Orte bieten Woche für Woche neue Titel an. Mit ihnen kann und will die Philosophie nicht konkurrieren; ein neidvolles Naserümpfen, weil deren Auflagen so hoch sind, braucht sie nicht.

Daß die wissenschaftliche Grundlage der Ratgeber, die empirische Glücksforschung, interessante Ergebnisse erbringt, steht außer Zweifel (zur Forschung seitens der Psychologie s. Diener/Suh 2000, seitens der Ökonomie mit Blick auf Sozial- und Neurowissenschaften s. Layard 2005). Wie sich diese Forschung auch von Philosophen belehren läßt, so können sich diese dort kundig machen, ohne deshalb arbeitslos zu werden. Denn im strebensethischen Begriff des Glücks spielt der Hauptgegenstand der empirischen Glücksforschung, das subjektive Wohlbefinden, nur eine nachrangige Rolle. Aus demselben Grund ist gegen empirische Glücksforschung Vorsicht geboten: Weder die Umsetzung des Prinzips Glück in ein empiriefähiges Konzept noch die einschlägige Interpretation empirischer Befunde sind unstrittig. Selbst bei der subjektiven Zufriedenheit verläßt man sich oft zu stark auf die Selbsteinschätzung der Betroffenen. Für den beliebten Ländervergleich zum Beispiel gibt es Sozialindikatoren, die zwar kein objektives Maß für Glück sind, aber die bloß persönliche Selbsteinschätzung relativieren. Dazu gehören die Selbstmordrate, der Anteil der Drogen-, Alkohol- und anderen Suchtabhängigen, auch die Scheidungen, da sie beide, die ehemaligen Partner und deren Kinder, beeinträchtigen.

Erstaunlich ist ein hohes Maß an Chancengleichheit, auf das die Glücksforschung gestoßen ist. Faktoren, die in (eng) umgrenzten Lebensbereichen zu erheblichen Unterschieden führen, also Alter, Geschlecht, Aussehen, Intelligenz und Bildung, sind glücklicherweise eudaimonistisch kaum ausschlaggebend. Selbst der Wohlstand erweist sich als nicht annähernd so glückserheblich, wie oft angenommen wird.

Viertens haben zumindest die westlichen Philosophen deshalb über Lebenskunst und Glück nachzudenken verlernt, weil sich im Europa des 19. Jahrhunderts mehr und mehr die Erfahrung des Nihilismus breitmacht. Darunter ist hier nicht die moralphilosophische, zugleich ethikkritische These zu verstehen, allgemeine Verbindlichkeiten des Lebens seien unmöglich zu begründen. Gemeint ist die geschichtliche Erfahrung, daß die bislang vorherrschenden Grundwerte ihren Wert verlieren. Wo die dem Leben und Sterben bislang sinngebenden Normen und Werte sich entwerten, weil das sie tragende Prinzip, etwa der Glaube an Gott, fragwürdig geworden ist, breitet sich ein Gefühl der Leere und Sinnlosigkeit aus. Der Nihilismus wird nicht etwa herbeigeredet, sondern zur existentiell bedrückenden Erfahrung.

Wer die lange Geschichte des europäischen Nihilismus mit Siebenmeilenstiefeln durchläuft, entdeckt vier Phasen. Die erste, *skeptische* Phase steht unter der Schopenhauerschen, von Nietzsche aufgenommenen Frage: «hat denn das Dasein überhaupt einen Sinn?» (*Die fröhliche Wissenschaft*, Nr. 357). Der Skeptiker zweifelt, daß es überhaupt etwas gebe, von dem man sagen könnte, das Leben lohne, und es lohne absolut. Die zweite, konstruktive *Trotzphase*, eine Sinngebung des Sinnlosen, nimmt sich das Schicksal des Korintherkönigs Sisyphos zum Vorbild: Als Strafe für seine Verschlagenheit war Sisyphos von den Göttern verurteilt worden, ewig auf einen steilen Berg einen Felsblock hinaufzuwälzen, der, sobald er fast den Gipfel erreichte, wieder zu Tale rollte. Nach Albert Camus' Deutung wird Sisyphos, sobald er dieses anscheinend absurde Schicksal annimmt, zu dessen Herr. Die darin enthaltene Lebensweisheit, also doch ein Stück Lebenskunst, vermag manche Niedergeschlagenheit zu überwinden: «Der Kampf gegen Gipfel» – und die vielen Menschen vertraute Auseinandersetzung mit Krankheit, Leid und Tod hat diesen Charakter – «vermag ein Menschenherz auszufüllen. Wir müssen uns *Sisyphos* als einen glücklichen Menschen vorstellen.» (*Der Mythos von Sisyphos* 1942/1959, 101) Die dritte Phase kann mit Marquard (1986, 38) die *Klagephase* heißen. In ihr beklagt man den Sinnverlust und schließt daran oft viertens die *Sehnsuchts-* oder *Nostalgiephase* an, in der man sich (in Annäherung: MacIntyre 1981) nach den früheren, von der Skepsis noch nicht angekränkelten Zeiten zurücksehnt.

Wer die philosophische Lebenskunst nicht allzu naiv zurückgewinnen will, kennt die genannten Gründe, sieht in ihnen aber nicht unüberwindbare Hindernisse, sondern Schwierigkeiten, die er zu lösen sucht. Im Wissen um die Klage vom Sinnverlust sucht er die Sprachlosigkeit angesichts der Sinn- und Glücksfrage nicht nur, wie angedeutet, rein semantisch zu überwinden. Ohne der Autonomie den Rang eines eventuell neuen Fundaments der Moral abzustreiten, erweitert er die Ethik des Sollens um eine Ethik des eudaimonistischen Könnens. Bei ihr verläßt er sich nicht auf die Gewißheit eines Experten, eines empirischen Wissenschaftlers, auch nicht auf die andersartige Gewißheit des Propheten, der im Namen seines Gottes wortgewaltig zu Buße und Umkehr aufruft; schließlich nicht auf die Bilderkraft eines Dichters. Auf die ständige Gefahr für Philosophen, hochgestellte Erwartungen zu enttäuschen, bleibt er im nüchternen Medium von Begriff und Argument. Und angesichts der hochgradigen Unterschiede unter den Menschen und Kulturen geht er mit dem Anspruch auf eudaimonistische Aussagen von allgemeiner oder objektiver Gültigkeit vor- und umsichtig um. In die Resignation – «nur subjektive Aussagen» – fällt er aber nicht.

7.2 Grundriß-Wissen

Nach dem antiken Bild vom Bogenschützen, der sein Ziel, wenn er es klar vor Augen hat, besser trifft, setzt die prinzipienorientierte Lebenskunst beim veritablen Leitziel, dem Prinzip Glück, an. Als ein Endziel zweiter Stufe ist es aber nur begrenzt mit dem Ziel eines Bogenschützen zu vergleichen, und genau deshalb fällt die Orientierungskraft anders als bei der gewöhnlichen Lebenskunst aus. Die praktische Philosophie liefert «nur» ein Grundriß-Wissen, das sich bewußt für Unterschiede in der menschlichen Glückssuche offen hält. Dem selbständig Handelnden ist dies willkommen, nur dem Unselbständigen erscheint es als zu wenig. (Zum Begriff des Grundriß-Wissens s. Höffe ^{2}1996, Teil II, zusammengefaßt in ^{2}2006a, Kap. 2.2.)

Eine prinzipienorientierte Lebenskunst argumentiert durchaus facettenreich und lebensnah. Sie beginnt mit dem Begriff des Glücks, entwickelt aus ihm gewisse Kriterien und setzt mit deren Hilfe Lebensformen, die das Glück erwarten lassen, gegen andere ab, die das Glück strukturell verhindern. Sie arbeitet die Grundbausteine der glückstauglichen Lebensformen heraus, nennt die Art und Weise, wie man sie erwirbt, und benennt auch grundlegende Hindernisse. Nimmt man all dies zusammen, so darf man das philosophische Wissen sachgerecht, gegebenenfalls auch erfahrungsgesättigt nennen. Rezepte dafür, wie Individuen für sich oder mit anderen hier und jetzt glückstauglich handeln, stellt es aber nicht auf. Und dafür gibt es einen eudaimonistischen Grund: Auf das entscheidende Strukturgitter, gewissermaßen das eudaimonistische Skelett, konzentriert, bleibt das individuelle Handeln der Verantwortung der Handelnden, ihrer Begabung, Lage und kulturellen Umwelt, überlassen, folglich inhaltlich offen.

Im Vorübergehen zeigt die praktische Philosophie, wie menschliches Leben verschieden sein und doch eine gemeinsame Qualität, hier die des glücklichen Gelingens, haben kann, ohne einem ethischen Relativismus auf der einen oder einem starren Regeldogmatismus auf der anderen Seite das Wort zu reden. Das Strukturgitter bezeichnet genau jenes Einheitsmoment, das gegen den Relativismus spricht, und die Notwendigkeit, das Gitter durch ein Vermitteln mit individuellen Besonderheiten, gewissermaßen mit «Fleisch und Blut», anzureichern, benennt das andere, gegen einen Regeldogmatismus gerichtete Moment.

Eine prinzipienorientierte Lebenskunst, die unter dem stolzen Anspruch einer praktischen Philosophie auftritt, übt sich daher selbstkritisch in Bescheidenheit. Im Wissen, daß das konkrete Tun und Lassen dem Handelnden überantwortet bleiben muß, erkennt sie, daß ihre Einsichten nicht weniger, aber auch nicht mehr als ein Strukturgitter, als eine Grundriß-Einsicht, ist. Dessen in praktischer Hinsicht entscheidende Leistung, der Vollzug, bleibt ohnehin nur einer nichtphilosophischen Instanz, dem Handelnden selbst, aufgegeben.

Während die Philosophie sich also mit relativ konkreten Regeln zurückhält, stellt sie – so wird sich zeigen – teils mitlaufend, teils stillschweigend grundlegendere Vorschriften auf. Ansonsten überläßt sie das konkrete Handeln den Individuen und der sie umgebenden Kultur. Einer der Gründe: Beim moralischen Handeln spielen drei methodisch grundverschiedene Momente eine Rolle. Das rein moralische Moment besteht im Gedanken des moralisch Guten, und das beschreibende Moment in allgemeinen Anwendungsbedingungen, unter denen das moralisch Gute gefragt ist. Hinzu kommt drittens das Handeln in seiner individuellen Konkretion.

Offensichtlich liegt das moralische Moment in der Zuständigkeit der Moralphilosophie. Da in das zweite Moment allgemeinmenschliche Erfahrungen hereinspielen, besitzt die Philosophie hier keine Alleinzuständigkeit, aber eine erhebliche Mitzuständigkeit. Für das dritte Moment, die Einschätzung der konkreten Situation, braucht es dagegen eine Fähigkeit, die Urteilskraft, für die der Philosoph keine Sonderkompetenz mitbringt. Hier ist jede mündige Person selbst zuständig. Denn sie muß ihr eigenes Leben führen und sich dabei auf die eigene Urteilskraft verlassen, auch wenn sie bei wichtigen Fragen und in verwickelter Lage den Rat urteilsfähiger Freunde einholt.

Gegen eine zu hohe Orientierungserwartung spricht ein weiteres Argument. Damit beispielsweise ein Arzt seine Urteilskraft in den Dienst des Patienten stellt, braucht er zusätzlich zu seinem medizinischen Fachwissen eine moralische Grundeinstellung: die Bereitschaft, dem Patienten zu helfen. Ähnlich sucht beim moralischen Handeln die Urteilskraft nur unter Voraussetzung einer moralischen Grundeinstellung für die jeweilige Lage eine moralische Lösung. Die Philosophie kann nun diese moralische Voraussetzung klären, aber nicht zu ihr erziehen. Wer aus der Ethik Nutzen ziehen will, muß sich daher – so sagt Aristoteles zu Recht (*Nikomachische Ethik* I 1, 1095 a 4 ff.) – von seinen Leidenschaften gelöst und sein Streben nach der Vernunft (*kata logon*) ausgerichtet haben.

Welche Orientierung leistet also die Philosophie? Sie vermag Grundschwierigkeiten zu lösen, zum Beispiel gegen die radikale Skepsis seitens des Relativismus und des Nihilismus die moralische Perspektive in ihr Recht zu setzen. Im Streit um das letzte Handlungsprinzip beginnt sie mit einer Begriffsanalyse und gewinnt aus ihr einen Begriff, dann Maßstab. Schließlich stellt sie allgemeine Beurteilungspunkte bereit. Dieses doch reiche Arsenal von Orientierungsmitteln verhilft nicht zum einschlägigen Handeln, wohl aber versteht man das Ziel, im Fall des Eudaimonismus das Strebensglück, genauer zu sehen und leichter zu treffen. Eine prinzipienorientierte Lebenskunst verbindet also ihre Grundorientierung mit einem hohen Maß an Freiheit und einem Recht auf Differenz. Mitlaufend votiert sie für einen ethischen Liberalismus, der sich hinsichtlich konkreter Lebensentwürfe von allem maternalistischen und paternalistischen Besserwissen freihält.

7.3 Doppelstrategie

Gemäß ihrem vornehmlichen, prinzipienorientierten Muster von Lebenskunst, greift diese Studie zwar gelegentlich auf Lebenserfahrung, Weisheitsliteratur und empirische Forschung zurück. Sie konzentriert sich aber im wesentlichen auf eine diskursive Lebenskunst.

Ihre nach der Begriffsbildung zweite Reihe von objektiven Aussagen über das Glück setzt bei der Erfahrung an, daß ein glückliches Leben von einer Fülle von Illusionen bedroht ist. Sie beginnen mit den kleinen Illusionen, daß jemand mit «zwei linken Händen» Goldschmied oder jemand mit «zwei linken Beinen» Rennläufer oder Fußballspieler werden will. Der einschlägige Grundsatz, man kann das Glück nur seinen Begabungen entsprechend finden, mag als trivial erscheinen. Wer ihn aber nicht zu beherzigen vermag, wird kaum glücklich. Aus diesem Grund sind zwei Fähigkeiten zu erwerben: zum einen die intellektuelle Fähigkeit, seine eigenen Begabungen realistisch einzuschätzen, also Urteilskraft, zum anderen die charakterliche Fähigkeit, sein Leben gemäß der Selbsteinschätzung zu führen, seine Lebensträume also in oft schmerzlichen Prozessen den Grenzen der Begabung und den Schwierigkeiten der Weltlage anzupassen. Wer beispielsweise trotz eines bestehenden Überangebots Goldschmied werden will, sollte besonders begabt und engagiert sein und sich zusätzlich mit bescheideneren Einnahmen begnügen können.

Dieselben zwei Fähigkeiten braucht man gegen mittlere Illusionen, beispielsweise, daß jemand Freundschaft sucht, dabei aber an Opportunisten oder Schnorrer zu geraten pflegt. Erneut muß man sich und die Welt, hier andere Menschen, richtig einzuschätzen und der Einschätzung gemäß zu leben verstehen.

Die Philosophie setzt sich in der Regel erst mit der nächsten Stufe auseinander. Es ist die große Illusion, die das Glück aus einer Lebensstrategie erwartet, die unabhängig von der jeweiligen Situation und Persönlichkeitsstruktur, nämlich strukturbedingt, kein glückliches Leben zuläßt, da sie die begriffliche Bedingung vom Strebensglück, den Selbstzweckcharakter, verletzt.

Es gibt aber eine noch größere Illusion, mit der die Philosophie sinnvollerweise beginnt: Wer das Glück nur als Sehnsuchtsglück kennt oder nur als schwindelerregend überschäumende Freude anerkennt, wird auf Dauer nicht glücklich, weder in dieser Welt noch in dieser seiner Haut, nämlich als Mensch mit Bedürfnissen, die einander widerstreiten; mit dem Hang zur Übersättigung; mit dem «neidischen Blick auf die Früchte in Nachbars Garten»; mit der Gefahr, daß man von Freunden verlassen oder gar verraten wird; mit der weiteren Gefahr, Unglück zu erleiden und alt und gebrechlich zu werden; nicht zuletzt wegen der Ängste und Sorgen, die nicht erst diese und weitere Gefahren, sondern schon die Angst vor solchen Gefahren heraufbeschwören.

Das mancherorts beklagte Glücksdefizit besteht in der Kluft zwischen Glückserwartung und Glückserfüllung. Um die Kluft zu überwinden, bieten sich zwei Strategien an. Entweder vermindert man die Nachfrage an Glückserwartungen oder man erhöht das Angebot an Glückserfüllung. Angesichts der Differenz von Sehnsuchtsglück und Strebensglück beginnt die philosophische Lebenskunst mit der ersten Aufgabe: Bevor man die Leistung erhöht, mindert man die Erwartung. Diese Lebensstrategie besteht in der Fähigkeit, ein glückliches Leben zu führen, ohne auf der Insel der Seligen zu leben: im vollkommenen Heil, der totalen Versöhnung und dem ewigen Frieden. Es ist die Fähigkeit zum Glück – trotz bleibender Defizite an Sehnsuchtsglück.

Unter der semantischen Voraussetzung, daß das erste Moment im Glücksbegriff, das «Äußerste und Letzte», sowohl anspruchsvoller als auch bescheidener ausbuchstabiert werden kann, und der empirischen Bedingung, daß die Realisierbarkeit eines zu anspruchsvollen Begriffs sich an der Conditio humana bricht, also aus der Verbindung einer semantischen Option mit anthropologischen Gegebenheiten, gewinnt die Philosophie einen mehr als bloß subjektiven Ratschlag. Der erste Baustein objektiver Lebenskunst richtet sich gegen ein Übermaß an Erwartungen, das notwendigerweise in Enttäuschungen umschlägt. Gegen eine Hybris der Glückssuche, die sich am Ende, wegen der vorhersehbaren Enttäuschung, selbst bestraft, gebietet der erste eudaimonistische Rat: «Nichts im Übermaß!», oder professioneller, sozialwissenschaftlicher formuliert: «Man übe sich in Sinnfrustrationstoleranz!» Nur wer diesem keineswegs moralisierenden Ratschlag zu folgen vermag, erfüllt eine wichtige Eigenschaft des Glücksbegriffs: Die angestrebten Ziele finden sich zu einem Ganzen zusammen, das sich rundet.

Die schon von den Griechen bekannte Maxime «nichts im Übermaß» («*mêden agan*») antwortet auf die generelle Gefahr der Unersättlichkeit (*pleonexia*). Hier richtet sie sich gegen die Unersättlichkeit der Glückssehnsucht. Das endgültige Heil ist Sache der Gottheit, das endliche Heil Sache des Menschen. Gegen eine vorschnelle Zufriedenheit mit dem Zweitbesten weiß die Philosophie aber, daß das Göttliche in gewisser Weise schon in uns ist, in der Regel aber nur für eine kurze Spanne des Lebens. Was Aristoteles von der Theoria, der philosophisch-wissenschaftlichen Lebenspraxis, sagt, kann es auch andernorts geben, etwa in der Beziehung zu Mitmenschen, zur Natur, zu eigenen Bedürfnissen, nach Auskunft einiger Mystiker sogar im Verhältnis zum Göttlichen selbst: eine Steigerung des Lebens, die bis an den Rand des Sehnsuchtsglücks reicht.

Das zweitbeste Glück schließt das absolut beste nicht notwendig aus. Der erste Ratschlag gebietet keine vorschnelle Zufriedenheit; er verlangt nicht, das Sehnsuchtsglück zu vergessen, beispielsweise alle Jugendträume aufzugeben. Wer noch Sehnsucht «sich leistet», könnte im Gegenteil ein erfüllteres Leben führen. Die Zufriedenheit mit dem Zweitbesten ist lediglich ein Glück «aus Sicherheitsgründen». Man gebe die Hoffnung auf das große Glück nicht auf: daß einem beispielsweise etwas Unerwartetes zuteil wird oder daß man vorübergehend seiner selbst in einer ursprünglichen Einheit mit anderen Menschen oder mit der Natur innewird. Daher ein zweiter philosophischer Ratschlag: «Man halte sich im Werktagsglück für das Sonntagsglück offen!»

Im Gegensatz zu Marquards (1986, 41 f.) grundsätzlicher Mäßigung eines unmäßig gewordenen Sinnanspruchs, statt einer Sinndiät durch «Diätetik der Sinnerwartung», statt einer bloßen Erwartungsreduktion, empfiehlt sich eine Doppelstrategie: Man hoffe auf die große Versöhnung und verstehe trotzdem, mit Entfremdungen zu leben. Die Zufriedenheit mit dem kleineren, aber keineswegs kleinen Glück behält sich für das größere Glück eine Erwartungsreserve zurück. Die Doppelstrategie führt freilich als Folgelast ein Enttäuschungspotential mit sich. Wer sich mit dem «kleinsten Glück» der Üblichkeiten und der Routine zufriedengibt, entgeht dem Risiko, das eigentlich Lohnenswerte vielleicht nie zu erreichen. Der Preis für seine «Versicherungsmentalität in der Lebensführung», der rigorose Verzicht auf eine Steigerung des Lebens, ist aber ersichtlich hoch. Denn die Routine hilft nur über Durststrecken der Glückssuche, löscht jedoch nicht den Durst. Man kann zwar den Durst verringern, aber der Durst, der bleibt, will gelöscht werden, wozu die Routine – bestätigt die empirische Glücksforschung – außerstande ist.

8. Vier Lebensziele

Daß ein Mensch sein Leben samt dessen Umfeld als vollkommen empfindet, dieses Sonntagsglück höchsten Wohlergehens ereignet sich selten. Sollte es doch eintreten, so läßt es sich kaum auf Dauer halten. Und daß es eintritt, hängt von einer glücklichen Konstellation der Umstände ab, die nur begrenzt in der Hand des Menschen liegt. Aus diesen Gründen gibt es für das Sonntagsglück keine Lebenskunst. Wer weder in großer Abhängigkeit von äußeren Umständen noch bloß vorübergehend, sondern aus eigener Kraft und auf Dauer glücklich sein will, der überlegt aber, wie er sein Leben als Ganzes selber einrichtet: Welche Lebensform oder Lebensstrategie läßt am ehesten eine gelungene Existenz erwarten?

Nach Ansicht einiger Sozialphilosophen, der die eigene Gemeinschaft (community) betonenden Kommunitaristen, sind die Lebensformen kulturspezifisch. So gebe es eine antike und eine moderne Lebensweise und innerhalb der modernen eine nordamerikanische Form. Viele der ohne Zweifel zutreffenden Unterschiede sind jedoch für die Glückstauglichkeit unerheblich. Statt dessen zeigt sich eine dreifache interkulturelle Gemeinsamkeit, nachweisbar in Texten der Lebensweisheit. Erstens verfolgt man in so gut wie allen Kulturen dieselben vier Lebensziele. Sie haben aber zweitens für die verschiedenen Menschen derselben Kultur ein unterschiedliches Gewicht. Ohne die anderen Lebensziele ganz zu vernachlässigen, suchen einige Menschen vornehmlich sinnliche Lust, sie führen ein Genußleben. Andere interessieren sich weit mehr für Wohlstand («ökonomische Existenz»), wieder andere für Macht (beispielhaft ist das «politische Leben») oder aber für das Ansehen (es mag vorläufig «Leben des Ehrgeizes» heißen). Eine dritte interkulturelle Gemeinsamkeit: Die vier Lebensziele treten in den Weisheitstexten in der Regel nicht als Gegenstand der Zustimmung, sondern der Kritik auf.

Alt-Ägyptische Lebensweisheit wendet sich zum Beispiel gegen den Reichtum, indem sie Habgier und Geiz verwirft (s. *Lesebuch*, Nr. 1 und 11). Einer der Sieben Weisen Griechenlands, Periander von Korinth, erklärt noch schärfer: «Gewinn: etwas Schimpfliches» (Nr. 45). Ein anderer der Sieben, Thales von Milet, sagt zurückhaltender: «Sei nicht reich auf schimpfliche Weise» (ebd.). Bei beiden Griechen klingt im

Ausdruck «schimpflich» das vierte Lebensziel positiv an: Um ein wünschenswertes Ansehen zu bewahren, vermeide man «Schimpf und Schande». Dagegen streut der Daoist Yang Zhu eine Prise Skepsis ein: «In rastloser Hast streitet man um eitles Lob» (Nr. 35). Ein weiterer der Sieben, Kleobulos aus Lindos, rät, seine Lust zu beherrschen (Nr. 45), während Buddha die «Lust der Begierden» verwirft (Nr. 24). Und beim alttestamentarischen *Prediger* (2,1) lesen wir: «‹Wohlan, ich will es mit der Freude versuchen› ... Doch siehe, auch dieses war Eitelkeit!» Philosophen wie Platon und Aristoteles ziehen zusätzlich die Glückstauglichkeit der Macht in Frage.

Aristoteles' prägnanten Argumenten gegen die genannten Lebensziele (*Nikomachische Ethik* I 3; die Macht kommt hier freilich nur am Rande vor) kommt eine so große Überzeugungskraft zu, daß sie über Jahrhunderte anerkannt werden. Noch an der Epochenschwelle zur Neuzeit liest sich der Glücksdiskurs des Renaissance-Philosophen Marsilio Ficino (*Lesebuch*, Nr. 102) weithin als eine freie Aristoteles-Paraphrase. Einen neuen Höhepunkt erreicht die philosophische Untersuchung von Glücksangeboten auf ihre Glückstauglichkeit bei Søren Kierkegaard. (Zur ästhetischen Existenzweise, die nichts als sinnliches Glück sucht, und zur ethischen, moralisch-sozialen Existenz s. *Entweder-Oder*, zur dritten, religiösen Existenz s. *Abschließende unwissenschaftliche Nachschrift.*) Im folgenden geht es aber nicht um Autoritäten, sondern um die Sachfrage: Kann man die vier Lebensziele einer mehr als bloß subjektiv moralisierenden Beurteilung unterziehen; gibt es zu ihren Glücksentwürfen objektive eudaimonistische Aussagen? Mit mehr als grundrißhaft bescheidenen Einsichten rechnen wir freilich nicht.

8.1 Lust

Ein erstes Lebensziel, das Glück als Lust, läßt sich anscheinend leicht beurteilen. Denn wer verlangt nicht nach Lust und sucht Unlust zu vermeiden? Und wer bezweifelt, daß man den, der rundum froh und frei von Leid ist, glücklich nennt? Trotzdem fragt die Philosophie nach; sie beginnt mit einer Begriffsklärung.

Häufig denkt man nur an sinnliche Lust und Unlust. Tatsächlich steht auf der negativen Seite, der Unlust, die Gesamtheit vom Mühsal, Schmerz und Leid, von materieller und vor allem auch seelischer (emotionaler) Not. Und die positive Seite, die Lust, umfaßt das ganze Spektrum von körperlicher, seelischer, sozialer und geistiger (intellektueller)

Lust: von der flüchtigen Begierde über die ekstatische Wollust bis zum beständigen Wohlgefallen; ebenso von vegetativ-bescheidener Lust («Die Sonne wärmt mich, und ich atme ohne Beschwerden») über einen Sonnentag mit lieben Menschen und einem Glaserl Wein, über Jean Pauls «Idylle» des vergnügten Schulmeisterleins Maria Wutz im Auenthal bis zum Freudentaumel «Jauchzet! Frohlocket», aber auch zu jener Distanz zur Sinneslust, die selber Lust sein kann, dem «Gegenglück, dem Geist» (Gottfried Benn, *Einsamer nie* –). Der eine findet sein Vergnügen beim Lösen kniffliger (Mathematik-, Schach- oder Philosophie-) Aufgaben, der andere beim Musizieren, Malen, Lesen oder Gedichte-Schreiben. Don Juan genießt seine Verführungskunst. Ein vierter findet Vergnügen beim Flanieren oder auf einer Parkbank, wo er dem Treiben der Menschen zuschaut und inmitten von Menschen mit sich allein sein kann. Es gibt eine generelle Lebens- und eine ähnlich generelle Arbeitsfreude; man kennt die kleinere, aber nahrhafte Vollkornbrot- und die größere, aber ungesunde Praliné-Freude. Kurz: Die Welt der Freuden ist bunt und reich.

Im Gegensatz zu einer verbreiteten Ansicht ist freilich die Lust im weiten Verständnis kein Ergebnis, das herausspringt. Sie gehört zum Vollzug, hat also keinen technischen bzw. poietischen, sondern praktischen Charakter, und in genau dieser Hinsicht taugt sie als Endziel. Sie pflegt allerdings weder neben den gewöhnlichen Zielen noch oberhalb von ihnen aufzutreten. Über ein Wiederfinden kann man sich freuen, auch wenn man es nicht angestrebt hat. Und bei so elementaren Bedürfnissen wie Hunger und Durst sucht man nicht die Lust, sondern die Nahrung, auch wenn das Stillen von Hunger und Durst von einem Gefühl der Zufriedenheit begleitet sein kann.

Diese Sachlage enthält einen Grund dafür, daß man im philosophischen Streit um das Prinzip Lust häufig aneinander vorbeiredet: Der Verteidiger hat insofern Recht, als die Lust im Sinne der erlebten Zustimmung zum eigenen Tun fast immer ein mitlaufendes Ziel oder ein Begleitumstand ist. Der Kritiker darf sich hingegen darauf berufen, daß die Lust häufig nur ein Nebenziel und nicht das Hauptziel bildet: Sich in einer Tätigkeit verlieren, die man voll bejaht, heißt, sie lustvoll tun. So formal verstanden, ist die Lust kein Gefühl eigener Art, sondern das subjektive Empfinden bei allem Tun und Lassen, das man nicht schlicht vollzieht, sondern in dem man «mit Leib und Seele» aufgeht.

Schon der Vordenker einer Philosophie der Lust, Epikur, trifft eine wichtige Unterscheidung. Er kennt nicht bloß die «in Bewegung» entstehende, eher episodische Lust, die «Bewegungslust», die sich beispielsweise bei der Befriedigung eines Bedürfnisses, bei der Abwechslung im Lustempfinden und als Erleichterung beim Nachlassen von Schmerz einstellt. Die zweite Art, die fortwährend-beständige, «ruhige» Lust (*katastêmatikê*), zeichnet etwa ein waches Leben aus; der als geistige Lust empfundene Lebensgenuß ist eine «Zustandslust». Mannigfache Erfahrung erlaubt eine erste Bewertung: daß man sich am Leben mehr durch dessen freien Vollzug erfreut als durch wechselnden Genuß, der sich allerdings in den freien Vollzug integrieren kann.

Außer dem unmittelbaren Genuß im Lebensvollzug gibt es auch die Vor- und die Nachfreude. Beide haben den großen Vorteil, eine episodische Lust erheblich zu verlängern. Im übrigen ist die eher episodische Lust nicht auf die fünf Sinne beschränkt, denn man kann auch ein Konzert, einen Vortrag oder die Lösung unterschiedlichster Aufgaben als Genuß oder mit Genuß erfahren. Dies führt zu einer weiteren Unterscheidung: Die sinnliche Lust ist von jener im weiteren Sinn geistigen Lust verschieden, die der Mensch beim gelingenden Vollzug seiner nichtsinnlichen Fähigkeiten erlebt. Nicht zuletzt bestehen zwischen den Menschen große Unterschiede.

Wegen des griechischen Ausdrucks für Lust, *hêdonê*, heißt, wer sein Leben nach dem Lustprinzip einrichtet, Hedonist (wörtlich «Lüstling»). Die zugehörige Position, der Hedonismus, erklärt in seiner psychologischen Gestalt die Lust zum einzigen letzten Motiv und in seiner ethischen Gestalt zum einzigen letzten Rechtfertigungsgrund. Dort hat allein die Lust eine motivierende, hier sie allein eine legitimierende Kraft. Dabei kommt es im egoistischen Hedonismus nur auf das jeweilige Individuum, beim hedonistischen Utilitarismus dagegen auf alle Betroffenen an. (Zu Lust, Lustprinzip und Hedonismus sind immer noch einschlägig: Platon, *Philebos*, Aristoteles, *Nikomachische Ethik* VII 12–15, X 1–5; Epikur, *Philosophie der Freude*; später z.B. Freud, *Jenseits des Lustprinzips* und Marcuse, *Zur Kritik des Hedonismus*; zur neueren Debatte s. Sumner 1996 und Diener/Kahneman/Schwarz 1999.)

Nach einem dritten, semantischen bzw. bedeutungslogischen Hedonismus sucht man in dem, was auch immer man anstrebe, notwendig eine Gefühlsqualität, die man Lust nenne, nämlich Befriedigung oder Erfüllung. In Wahrheit gilt bedeutungslogisch nur das Folgende: Wonach der Mensch strebt, hält er für gut. Ob er beim Erreichen des Erstrebten auch Lust empfindet, ist dagegen eine empirische Frage, die oft mit «Ja», gelegentlich aber mit «Nein» zu beantworten ist: Manche bleiben froh, obwohl ihnen etwas mißlingt, andere trotz Gelingens unfroh.

Für die Strebensethik ist weder die psychologische «Seins»- noch die ethische «Sollens»-Aussage entscheidend, wohl aber die in methodischer Hinsicht mittlere These, die Lust eigne sich zum Endziel. Der entsprechende eudaimonistische Hedonismus behauptet weder, die Lust sei tatsächlich, noch sie sei aus begrifflichen Gründen das Endziel allen Handelns, noch sie solle es sein. Er erklärt lediglich, die Lust tauge dazu; sie habe das Potential für ein gelungenes Leben. Sollte sich allerdings die Lust als das einzige glückstaugliche Lebensziel oder zumindest als ein für das Glück unverzichtbares Endziel erweisen, so ergäbe sich doch ein Sollen, nämlich das eudaimonistische Grundgebot: «Strebe nach Lust!»

Wir beginnen die Beurteilung des eudaimonistischen Hedonismus mit Argumenten zugunsten der Lust und überlassen das von «Freude trunkene» Loblied, die Ode «An die Freude», Dichtern wie Schiller. Die elementare, aber nicht deshalb niedrige, sinnliche Lust stellt sich etwa bei der Befriedigung von primär physiologisch bedingten Bedürfnissen wie Hunger, Durst, Schlafbedürfnis und sexuellem Verlangen ein. Soweit sie den biologischen Zielen der Selbst- und der Arterhaltung dienen, haben sie eine utilitäre Bedeutung, von der sie sich aber auch abkoppeln können: Über Landschaften, Kunstwerke, Naturschauspiele oder Bewegungen von Tieren und Menschen kann sich das Auge, über das Rauschen des Meeres, den Gesang von Vögeln und über Musik kann sich das Ohr, über den Geruch von Blumen oder Speisen die Nase erfreuen. Ebenso kann man beim Fühlen und Schmecken einen hohen Genuß empfinden. Nicht zuletzt gibt es ein aus kultureller Verfeinerung stammendes Verlangen nach genußreicher Erfahrung.

Die Sinnenlust wird pathologisch, wenn sie in Gier oder Sucht umschlägt. Um den pathologischen Charakter zu behaupten, braucht es kein dem Betroffenen äußeres, etwa von sozialen Vorgaben diktiertes Maß für Maßlosigkeit. Das interne, gewissermaßen subjektiv-objektive Kriterium genügt: Werden bei derselben Person («subjektiv») andere wichtige Bedürfnisse und Interessen stark beeinträchtigt («objektiv»)? Empfindet zum Beispiel die Person selbst die Folgen als störend, oder wird sie durch die Folgen in ihrer Handlungs- und Verantwortungsfähigkeit eingeschränkt?

Wer nur die sinnliche Lust kennt, den Genuß mit seinen fünf Sinnen, folgt einem sensualistischen Lustbegriff. Dessen nichtdogmatische, nicht subjektiv moralisierende, sondern anthropologische Kritik erinnert an den fast banalen Umstand, daß der Mensch nicht bloß über Sinne verfügt. Die den anderen Fähigkeiten entsprechenden Tätigkeiten gewähren teils soziale, teils intellektuelle, teils ästhetische, vielleicht auch moralische, selbst religiöse Freuden. Ferner gibt es eine Tätigkeit, die sinnliche mit emotionaler, häufig auch mit sozialer Lust verbindet. Es ist das Spiel in seiner schlichten oder hochentwickelten Form: von den Geschicklichkeits- über die Ball-, Karten- und Brettspiele bis zum Theater- und Musikspiel, auch dem Tanz. Schließlich kennt man die organisierte Freude, das Fest und die Feier, ferner die Steigerung der Freude: vom Jubel über die Begeisterung bis zum lusterfüllten Taumel.

Was spricht gegen ein Leben bloß der Lust, sofern es sich für das weite Spektrum der Lustmöglichkeiten offen hält, also nicht bloß den «Konsumspießer» meint, sondern auch soziales, künstlerisches und intellektuelles Tun einschließt? Gegen die Lust spricht gewiß nicht, daß sie auch sinnliche Lust zuläßt, denn strenggenommen kann ihr niemand entkommen. Ob es in einer freien Askese oder erzwungenermaßen geschieht – in Umkehr eines noch zu erläuternden Prinzips, der hedonistischen Diskontierung (Kap. 11.1), folgt auf Phasen der Entbehrung eine Steigerung der Lust: Auch ein Asket, der des längeren nicht gegessen, getrunken oder geschlafen hat, wird sich am endlich eintreffenden Essen, Trinken oder Schlafenkönnen freuen, selbst wenn das Essen wenig schmeckt und die Schlafstatt unbequem ist. Der Grund liegt auf der Hand: Weil der Mensch einen Körper mit Sinnesorganen hat, kann keiner ein Leben ohne Körper- und Sinnesempfindungen führen, zu denen nach dem angedeuteten Prinzip notgedrungen angenehme Empfindungen gehören.

Eine andere, soziale Lust ist nicht ganz unvermeidbar. Denn es mag Misanthropen im strengen Sinn geben, also Menschen, die im Umgang mit anderen sich nur unwohl fühlen, zumal, wenn sie wie Alceste in Molières (Tragik-) Komödie *Der Menschenfeind* bei den Mitmenschen ausschließlich selbstsüchtige Verstellung und berechnende Boshaftigkeit sehen. In der Regel hat man aber zumindest einige Verwandte, Freunde und Kollegen, mit denen man im Einvernehmen lebt. Und trifft man sich etwa zum Musizieren, Sport oder zu einem «von munteren Reden begleiteten Mahl», so verbinden sich sinnliche mit sozialen und emotionalen Freuden. Die Lust ist also nicht bloß so gut wie unvermeidbar, sondern dort auch positiv einzuschätzen, wo sie sich mühelos in ein sinnvolles, sogar die Humanität beförderndes Leben integriert.

Mit welchem Recht sprechen sich dann Weisheitstexte vieler Kulturen, auch mancher Philosoph, gegen ein Genußleben aus? Wo liegen Schwierigkeiten? Als ein Begleitumstand jeder Art von Gelingen lebt die Lust in und aus der Gegenwart. Wer nun grundsätzlich seinen momentan vorherrschenden Impulsen folgt, lebt, wie Aristoteles mit unnachahmlicher Prägnanz sagt, «sklavenartig» (*Nikomachische Ethik* I 3, 1095 b 19 f.). Er unterwirft sich nämlich seinen jeweiligen Bedürfnissen und Interessen. Da er die vorgegebenen Antriebskräfte passiv hinnimmt, insofern erleidet, können sie Leidenschaften heißen, denen gelegentlich das Fremdwort «Affekte» entspricht. Besser ist es allerdings, beide zu unterscheiden und unter den Affekten jäh auflodernde, aber rasch vorübergehende Gefühlsaufwallungen wie Zorn zu verstehen, unter den Leidenschaften dagegen dauerhafte Fixierungen wie Haß, Neid und Eifersucht: «Der Affekt wirkt wie ein Wasser, das den Damm durchbricht; die Leidenschaft wie ein Strom, der sich in seinem Bette immer tiefer eingräbt.» (Kant, *Anthropologie*, VII 252)

Warum soll der Mensch seinen Affekten und Leidenschaften nicht folgen dürfen? Die beliebte Antwort, es widerspreche der Vernunft, ist zunächst nur ein Wort, zu dem die Anschlußfrage lautet, was es hier bedeutet, und vor allem, warum ein Genußleben die Vernunft braucht. Die nichtmoralisierende Antwort besteht in internen, oft trivialen Schwierigkeiten. Die erste Schwierigkeit, eine dreidimensionale Pleonexie, das Mehr-und-mehr-Wollen hinsichtlich Menge (Quantität), Stärke (Intensität) und Art (Qualität), droht vor allem bei der sinnlichen Lust. In Shakespeare-Worten: «Der Ozean ist begrenzt, die Begier dagegen unbeschränkt.» (*Venus und Adonis*, Vers 389) Nun mag man einwenden: «Ja, und; was stört daran? Warum sollte der Mensch denn je grundsätzlich genug haben?» Ein erster Hinweis, daß die Lust immer wieder mal versiege und oft nur aufwendig wieder zum Sprudeln gebracht werde, ist noch kein Gegenargument. Zuvor sind zwei Arten von Nie-Genug zu unterscheiden. Die eine, linear in der Zeit verlaufende Art ist vom Typ des Essens und Trinkens und Schlafens. Wer gesättigt ist, lege eine Pause ein, und sobald er hungrig, durstig oder müde ist, nehme er wieder Nahrung zu sich oder genieße den Schlaf. Auch in anderen Bereichen gibt es das unproblematische, oft sogar unvermeidliche, «natürliche» Auf und Ab von Bedürfnis, Befriedigung und erneutem Bedürfnis.

Problematisch ist nur das andere, nicht lineare oder auch horizontale, nämlich das vertikale Nie-Genug: das Bedürfnis nach Verfeinern und Luxurieren, das sich weder mit dem Maß der Befriedigung («Übersättigung») noch vor allem mit deren Art jemals begnügt. Wie im Märchen «Vom Fischer und seiner Frau» wird man dann nie glücklich, da ein notwendiges Moment des Glücks, die Zufriedenheit, ausbleibt.

Eine *zweite*, erneut dem bloßen Genußleben innewohnende Schwierigkeit: Die unterschiedlichen Bedürfnisse und Interessen beachten nur sich; es mangelt ihnen an Koordination mit den anderen. In Verbindung mit der ersten Schwierigkeit, der Gefahr der Grenzenlosigkeit, neigen die einzelnen Bedürfnisse zu einer gegen die anderen rücksichtslosen Alleinherrschaft, mithin zu einer die Gesamtheit gefährdenden Tyrannis: Wo man dem einen Bedürfnis nachgibt, können andere vergessen, verdrängt, sogar unterdrückt werden, was eine Erfüllung der unterschiedlichen Bedürfnisse und die erst daraus resultierende Gesamtlust, folglich auch das Glück gefährdet.

Auf die *dritte* Schwierigkeit, die eventuell negativen Nebenfolgen, spielt das polnische Sprichwort an: «Gott schuf den Wein, der Teufel den Kater.» Ob (viel) zu viel an Essen oder Alkohol oder über längere Zeit zu wenig Schlaf – man handelt sich Beschwerden ein, die oft harmlos, gelegentlich aber gravierend sind, mit Schillers «Lied von der Glocke»: «Der Wahn ist kurz, die Reu' ist lang.»

Eine *vierte* Schwierigkeit bündelt sich im Sprichwort: «Vor den Preis haben die Götter den Schweiß gesetzt.» Das zugehörige Argument braucht nicht zwei doch bedenkliche Annahmen zu machen. Es ist weder nötig, für Askese oder das sogenannte protestantische Arbeitsethos zu plädieren, noch, eine grundsätzliche Überlegenheit der geistigen über die sinnlichen Genüsse zu behaupten. Die von beiden Annahmen unabhängige Lebenserfahrung zeigt, daß viele Dinge, die wenig Aufwand kosten, einen geringen Lustwert haben, während die längere und tiefere Zufriedenheit sich oft nur dort einstellt, wo man Mühen auf sich nimmt. Die Bereitschaft, vorübergehend auf Lust zu verzichten, sogar Unlust zu ertragen, ist wie eine hedonistische Investition, die sich auf längere Sicht hedonistisch auszahlt. Wer bei wachsenden Anforderungen seine Anstrengungen steigert, bringt in der Regel nicht bloß eine größere Leistung zustande. Eudaimonistisch entscheidend ist, daß er dann oft eine tiefere und länger andauernde und im Rückblick noch als Erinnerungsfreude erneuerte Zufriedenheit erlebt. Eine Befriedigung eigener Art kann hinzukommen: das Bewußtsein, vor Schwierigkeiten nicht kapituliert, sie vielmehr schließlich bewältigt zu haben. So gesehen schadet eine «Schon-Pädagogik» den Heranwachsenden und die «Spaß-Gesellschaft» sich selbst. Wer hohe Ziele verfolgt, erhöht sein Gratifikationspotential, tut sich also selber Gutes an.

Die Lebenserfahrung wird glücklicherweise in gewissen «Sozialexperimenten» wiederentdeckt, beispielsweise nachzuschauen im Kinofilm «Rhythm is it» (2004; Regie Enrique Sánchez Lansch und Thomas Grube): Der Dirigent Simon Rattle studiert mit zwei Choreographen ein klassisches Tanzprojekt ein und läßt nicht die üblichen Personen mitwirken, sondern aus 25 Nationen 50 Jugendliche, die bislang weder die erforderliche körperliche Anstrengung noch die nötige Disziplin kannten und großenteils zum ersten Mal mit klassischer Musik in Berührung kamen. Nach der gelungenen Aufführung waren die Schüler auch in anderen, etwa schulischen Bereichen zu höheren Leistungen motiviert. Vor allem waren sie, auf ihre Leistung stolz, weit über den Augenblick hinaus beglückt. Daß es hier Sensibilität und Augenmaß braucht, versteht sich. Was die eine Person in eudaimonistisch kreative Leistung einbringt, kann einem anderen das Selbstbewußtsein schmälern und zugleich seine Glücksfähigkeit mindern.

Eine *fünfte* Schwierigkeit des bloßen Genußlebens liegt in den für andere negativen Nebenfolgen: Wer stets nur seine eigenen Bedürfnisse zu befriedigen sucht, nimmt die Beeinträchtigung, sogar empfindliche Schädigung anderer in Kauf, was die nächste, *sechste* Schwierigkeit verschärft: Von einer harmlosen Schadenfreude über die Lust, andere sportlich, politisch oder wissenschaftlich auszustechen, bis zur schurkischen Lust eines Betrügers oder Gewalttätigen und dem ausgewachsenen Sadismus findet mancher seine Lust in fremder Unlust. Man braucht nicht einmal auf die großen Schurken der Weltliteratur zu verweisen, auch nicht auf de Sade, der ohnehin kaum im heutigen Sinn sadistisch war. Man kann auch den «Titelhelden» der wenig bekannten «lieblosen Komödie», Stefan Zweigs *Ben Jonsons «Volpone»* zitieren: «Du weißt ja, Junge, mir schmeckt's erst, wenn ich mir die Kehle gesalzen habe: so eine pfeffrige Bosheit vorher, so eine saftige Schurkerei, dann erst hab' ich den rechten Appetit.» (1. Akt, 1. Szene) Die Variante auf Seiten der Unlust ist die Mißgunst. Wie es in Jean Racines *Phädra* heißt: «Ein Glück, das mich nicht trifft, kann ich nicht ertragen.» (4. Aufzug, 6. Auftritt)

Bei den zwei zuletzt genannten Schwierigkeiten kann zusätzlich zum sozialen (*inter*personalen) ein persönlicher (*intra*personaler) Konflikt auftreten. Er beläuft sich auf eine *siebte* Schwierigkeit: Soll man um der Befriedigung der eigenen Lust willen eine Rücksichtslosigkeit pflegen, obwohl sie einer anderen Art eigener Lust, dem Wunsch nach einem guten Ruf, widerstreitet? Hier liegt nicht etwa der vielbeschworene Konflikt von Egoismus und Altruismus vor, vielmehr bleibt es bei einem dem Eigenwohl internen Konflikt: Weil zur eigenen Freude in der Regel eine genuin soziale Freude, die an einem guten Ansehen, gehört, schadet, wer sie verdrängt, der «Glück» genannten Gesamtbilanz. Dies trifft schon dort zu, wo man bei der Rücksichtslosigkeit «ein ungutes Gefühl» hat, vielleicht sogar Scham empfindet und Gewissensbisse verspürt.

Selbst damit ist die Reihe der Schwierigkeiten noch nicht ausgeschritten. Grundsätzlich nicht an den Pflock des Augenblicks gebunden, lebt der Mensch auch im Genuß aus der Vergangenheit und in die Zukunft. Die entsprechenden Erinnerungs- und die Erwartungsfreuden sind zwar schwer zu «organisieren», gehören aber zu einem vollen Genußleben hinzu: die Nachfreude bei der Erinnerung an schöne Erlebnisse oder an Leistungen, auf die man stolz ist, und die Vorfreude auf künftige Vergnügen. Ähnlich gibt es auf Seiten der Unlust «Vor-Mühen» wie Angst und Sorgen und «Nach-Mühen» wie ärgerliche Erinnerung, Schamgefühle oder Verbitterung. Obwohl sie sich der direkten Verfügung entziehen, kann man sie durch «Techniken der Innensteuerung» beeinflussen. Die einfachen Ratschläge kennt jeder, zum Beispiel die belastenden Sorgen des Alltags durch Entlastungen auszugleichen wie Gymnastik, Sport und Tanz, wie Musik, Film, wie Meditation und Lesen, wie Familie, Freunde und Vereine oder Clubs. Die Angebotspalette wird in zahllosen Ratgebern ausgebreitet – mit der Gefahr, sich in der Lektüre zu verlieren, statt seinen Lebensstil zu ändern.

Eine weitere, mittlerweile *neunte* Schwierigkeit: Wer wenig Freuden findet oder eine zu geringe Frustrationstoleranz hat oder zu hohe und zu rasche Genußansprüche stellt, sucht gern einmal eine «Abkürzung»: die chemische Beeinflussung des eigenen Organismus, die «Intoxikation». Freuds nüchterne Einschätzung dürfte bis heute zutreffen: Den Rauschmitteln dankt man «im Kampf um das Glück und zur Fernhaltung des Elends ... nicht nur den unmittelbaren Lustgewinn, sondern auch ein heiß ersehntes Stück Unabhängigkeit von der Außenwelt». Aber: «Es ist bekannt, daß gerade diese Eigenschaft der Rauschmittel auch ihre Gefahr und Schädlichkeit bedingt. Sie tragen unter Umständen die Schuld daran, daß große Energiebeträge, die zur Verbesserung des menschlichen Loses verwendet werden könnten, nutzlos verlorengehen.» (*Das Unbehagen in der Kultur* 1974, 210) Zum Verlust großer Energiebeträge und dem gesteigerten «Kater-Phänomen» – daß man sich danach körperlich und seelisch elender als zuvor fühlt – kann eine Abhängigkeit hinzukommen, die bis zum Verfall des Körpers und der Persönlichkeit reicht.

Eine eudaimonistische Bilanz braucht keine Vollständigkeit der Argumente; die bisherige Kaskade von Schwierigkeiten bildet eine hinreichend breite Grundlage: Auf der einen Seite folgt aus den meisten Schwierigkeiten kein absolutes Veto. Die Erfahrung, daß sich mancher Genuß mühelos in ein sinnerfülltes Leben einfügt, bleibt ebenso unbestritten wie der Umstand, daß sich beim Gelingen selbstgewählter Tätigkeiten Lust einzustellen pflegt, so daß es ein im Lebensvollzug erreichtes Glück ohne Lust gar nicht gibt. Die Schwierigkeiten sprechen jedoch gegen eine Alleinherrschaft; um sie zu überwinden, braucht es eine Gegeninstanz:

Da die Lust allein sich auf Konkretes und Momentanes richtet, auf die jeweiligen Antriebskräfte, die aber einander widerstreiten, zudem verkümmern oder ungehemmt wuchern können, da sie überdies weder die Folgen noch die Nebenfolgen berücksichtigen, scheitert das Lustprinzip schon immanent. Es kann die harmonische Realisierung der verschiedenen für das betreffende Individuum wichtigen Lustarten nicht sichern. Worin die deshalb erforderliche Gegeninstanz besteht, wird noch zu klären sein. Da sie zur Distanz fähig sein muß, kann sie «Vernunft» und wegen ihres Dienstes an einer optimalen Gesamtlustbilanz «hedonistische Vernunft» heißen. Ohne sie ist jene hedonistische Kreativität und Lebenskunst nicht möglich, die mit Lustgesichtspunkten der Unlust entgegentritt, zum Beispiel in Mühen deren Chance zu künftiger Lust wahrnimmt, also die Mühe durch eine gegenwärtige Vorfreude mindert, oder in Situationen des Leidens die Erinnerung vergangener Freuden als Quelle gegenwärtigen Trostes einbringt. Dem bloßen Genußleben fehlt jedenfalls der für das Strebensglück erforderliche innere Bezug auf das Gesamtleben. Es mangelt schon an hedonistischer, noch mehr an eudaimonistischer Vernunft.

8.2 Wohlstand

Die ethische Beurteilung der beiden nächsten Lebensziele, Wohlstand und Macht, fällt leichter. Dasselbe Grundmuster, eine Kritik, die die moralisierende Parteilichkeit vermeidet, erinnert als erstes an die verschiedenen Stufen menschlicher Ziele und Werte. Ihretwegen besteht die Gefahr, daß man die niedrigen Stufen als höhere einschätzt. Unter dem Blickwinkel des glücklichen Lebens verschärft sich diese Rang-Verschiebungsgefahr zu einer Perversionsgefahr. Nach der Devise eines großbürgerlichen Versicherungsdirektors, des Schwiegervaters von Otto Dix (nach Schick 2005, 19): «Glück ist Ordnung, Disziplin und Pünktlichkeit», drängen sich Ziele in den Vordergrund, die recht besehen nur einen funktionalen Wert haben. Werden sie trotzdem als Endziele verfolgt, so verdrängen sie die wahrhaft glückstauglichen Endziele und setzen ein gelungenes Leben aufs Spiel. Im Englischen nennt man es «medium maximization»: Man maximiert ein Mittel, ohne daran zu denken, was man mit dem Mittel denn will.

Der Perversion erliegt ein Leben, das letztlich nur nach Wohlstand strebt. Der Grund liegt nicht etwa in einer pathetischen Idee vom eigentlichen Menschsein. Denn der Wohlstand taugt nicht einmal zum «kleinen Lebenssinn». Menschen, die auf nichts anderes als auf Geld und andere materiellen Werte wie Immobilien und Aktien aus sind oder auf Kunstwerke, die sie nur als Wertanlage erwerben, ver-rennen sich im wörtlichen Sinn. Ein Beleg aus der Lebenserfahrung: Der Mensch lebt zwar gern «in Wohlstand», aber nicht «um des Wohlstands willen».

Die nichtmoralisierende Kritik folgt nicht der vielleicht tröstlichen, aber lebensfernen Ansicht Kleists (hier gekürzt): «Die Großen dieser Erde leben in Herrlichkeit und Überfluß und darum nennt man sie Günstlinge des Glücks. Aber der Unmut trübt ihre Blicke, der Schmerz bleicht ihre Wangen, der Kummer spricht aus allen ihren Zügen. Dagegen sehen wir einen armen Tagelöhner, Zufriedenheit blickt aus seinen Augen, die Freude lächelt auf seinem Antlitz, Frohsinn und Vergessenheit umschweben die ganze Gestalt.» (*Weg des Glücks*, 867)

Zunächst ist der beträchtliche Wert anzuerkennen: Das Geld ist ein universales Tauschmittel, als Kapital sogar ein Handelsgegenstand, eine Ware, und der Wohlstand öffnet eine Fülle von Tauschmöglichkeiten. Wer danach strebt, setzt sich daher gegen ein Moment des Lustprinzips, die bloße Gegenwart, ab und führt schon ein «reflektiertes», freilich in engen Grenzen reflektiertes Leben. Eudaimonistisch gesehen ist ein bescheidener Wohlstand der Inbegriff materieller Mittel, die gegenwärtig in Fülle zur Verfügung stehen, um auch künftig seine Bedürfnisse und Interessen zu erfüllen. Hinzu kommt als emotionaler Gewinn ein Sicherheitsgefühl. Da der Mensch in die Zukunft schaut, kann ihn nämlich schon heute, um ein elementares Beispiel zu geben, der Hunger von morgen ängstigen. Hier bewirkt der Wohlstand, die gegenwärtige Angst zu überwinden. Eudaimonistisch erfüllt also der Wohlstand einen doppelten Dienst. Direkt dient er dem Genuß von morgen, indirekt dem heutigen Genuß, nämlich der Überwindung der gegenwärtigen Angst. Ein weiterer Gewinn, das Ziel, Wohlstand neu zu erwerben oder ihn in einem schwierigen Umfeld zu erhalten und zu mehren, stimuliert zu Kreativität und Leistung, verhilft mithin zu einer (freilich oft einseitigen) Entfaltung der Begabung.

Trotz derartiger Vorteile bleibt ein strukturelles Problem: Aufgrund ihres Tausch- und Warencharakters, also von ihrem Begriff her, sind Geld und Kapital und deren Großbesitz, der Reichtum, nur Zwischen-, kein Endziel. In der Regel sind sie sogar lediglich ein Mittel zweiter Stufe, nämlich ein Mittel, um sich jene Mittel erster Stufe wie Güter oder Dienstleistungen zu besorgen, mit denen sich die gewöhnlichen Bedürfnisse und Interessen erfüllen lassen. Gemeint sind also nicht Interessen zweiter Stufe wie etwa: nie mehr arm zu sein, oder: sich alles kaufen zu können. Wer seine Existenz auf nichts anderes als auf Geld ausrichtet, verkehrt ein Mittel zweiter Stufe, ein durchaus bedeutendes Zwischenziel, zu einem Endziel, was ein sinnerfülltes Leben strukturbedingt verhindert. Noch einmal Zweigs «lieblose Komödie»: «Das Geld, das Geld vernarrt die Welt, / ... Denn selbst wer's hat, der wird nicht satt.» (1. Akt, 1. Szene) Im übrigen führt ein zweiter Weg zum Wohlstand: Reich kann auch der sein, dem jede Geldgier fehlt, und wohlhabend, wer von Kaufsucht frei ist. (Ein amüsanter Ratgeber, Schönburgs *Kunst des stilvollen Verarmens*, ist sogar ein Beststeller geworden; siehe auch den «Leitfaden für Menschen mit geringem Einkommen», die vom ungarischen Schriftsteller Sándor Márai verfaßte *Schule der Armen*.)

Bevor man ein sentimentales Lob der Armut anstimmt, vergesse man aber nicht, daß es (fast) «nichts Entwürdigenderes als die ständige Sorge um das tägliche Brot» gibt. Aus bitterer Erfahrung erklärt die Romanfigur aus William Somerset Maughams *Der Menschen Hörigkeit* ([3]1986, 278): «Ich habe nichts als Geringschätzung für die Leute, die das Geld verachten. Sie sind Heuchler und Narren.» Oder mit einem Aphorismus Voltaires: «L'argent ne fait pas le bonheur, mais sans l'argent le bonheur n'est qu'une farce» (Geld schafft kein Glück, aber ohne Geld ist das Glück eine Farce).

Die strukturelle Kritik behauptet nicht, jedes Streben nach Wohlstand erliege der Pervertierung. Wie die Biographien so reicher Personen wie der Fuggers, Rockefellers oder Rothschilds zeigen, geht es zumindest unbewußt, oft genug ausdrücklich um anderes. Viele suchen den Erfolg, zusätzlich Macht und eher nebenbei ein angenehmes Leben. Zuweilen trifft die böse Diagnose aus Toni Morrisons Roman *Liebe* zu (2004, 65): «Die Reichen mochten sich benehmen wie die Haie, aber was sie im Inneren antrieb, war der Hunger eines Kindes nach Süßigkeiten ... Verehrung, Gehorsam und allezeit Spaß.»

Andere Ziele sprengen diese Grenzen: Durch Großzügigkeit gewinnt man sich Freunde, durch gesteigerte Großzügigkeit, Mäzenatentum, sogar öffentliche Achtung, die bis zu Ruhm reichen kann. Große Sozial-, Kultur- und Wissenschaftsstiftungen wie die Bosch-, Gates-, Rockefeller- und Thyssen-Stiftung, aber auch kleinere Stiftungen halten die Großzügigkeit ihrer Stifter über viele Generationen in Erinnerung. Vorausgesetzt sind Haltungen, die generell hochgeschätzt werden und hier eine eudaimonistische Rechtfertigung erfahren: Freigebigkeit und Großzügigkeit. Ein Plädoyer aus einer anderen Kultur, aus den Ghaselen des islamischen Dichters Hafiz (2004, 255): «O du Reicher, nimm das Herz deines Bettlers in die Hand [d. h. nimm dich seiner an]; der Goldschatz und der Geld-Tresor werden (dir) nicht bleiben.» Wer dagegen an seinem Wohlstand klebt, der Geizige, verspielt diese Glückschance, ebenso der Habsüchtige, der in seinem Immer-mehr-Wollen nie genug hat.

Die kleine, oft banale Schwester des Wohlstandsstrebens liegt im Verlangen nach materiellen Gütern. Deren Erwerb hängt aber von der Gunst der Umstände ab. Das ängstliche Nachjagen nach ihnen schafft Zwänge, die oft genug von tieferen und dauerhafteren Freuden abhalten. Und entgegen ihrem Versprechen, dem glücklichen Leben zu dienen, können sie zum Schaden gereichen, indem sie beispielsweise Neid auf sich ziehen oder zu Diebstahl, Raub, vielleicht sogar zur Entführung verlocken. Vor allem stellen materielle Güter und deren Voraussetzung, der Wohlstand, für sich genommen bestenfalls Glückschancen dar, die man als solche erkennen und relativieren muß.

Eine vorläufige Bilanz bündelt sich in vier eudaimonistischen Einsichten, denen ebenso viele eudaimonistische Imperative entsprechen. Die *erste* Einsicht besteht in der eudaimonistischen Ambivalenz des Wohlstands: Wegen seines grundsätzlich instrumentellen Charakters kann man ihn zum Guten wie Schlechten einsetzen, was zu dem Ratschlag führt: «Halte das Ziel, wohlhabend zu werden, für nicht so wichtig und das rastlose Streben nach immer mehr Wohlstand, die Geldgier, für einen Irrweg zum Glück!» Die *zweite* Einsicht: Die Frage, wohin das Pendel ausschlägt, ob zum eudaimonistisch Guten oder Schlechten, hängt von der Fähigkeit ab, nichtambivalente Ziele zu verfolgen, daher der zweite Ratschlag: «Richte Dein Leben vornehmlich an nichtambivalenten Zielen aus!» Aus der *dritten* Einsicht, daß ein gelungenes Leben lebt, wer die Glückschancen zu erkennen und zugunsten seines Glücks auch einzusetzen versteht, folgt eine Variante zum generellen Ratschlag: «Make the best of it!»: «Wenn Du reich geboren oder reich geworden bist, nimm den Wohlstand als eine der Rahmenbedingungen, unter denen Du den nichtambivalenten Zielen zu konkreter Gestalt zu verhelfen hast!»

Zusammen besagen die drei Einsichten: Wohlstand mag hilfreich sein, für das Lebensglück entscheidend ist er nicht. Infolgedessen – *vierte* Einsicht – ist es für den Nichtreichen unklug, den Reichen zu beneiden. Man braucht nicht der doch sentimentalen Einschätzung Kleists zu folgen und das Armsein für einen eudaimonistischen Vorteil zu halten. Eher entwickele man eine eudaimonistische Kreativität und Vernunft, die sich an Jean Pauls «vergnügtem Schulmeisterlein» orientieren mag. Zu dessen Lebenskunst gehörte die Fähigkeit zur Vorfreude selbst unter quälenden Umständen: «‹Vor dem Aufstehen›, sagt er, ‹freue ich mich auf das Frühstück, den ganzen Vormittag aufs Mittagessen, zur Vesperzeit aufs Vesperbrot und abends aufs Nachtbrot›» und, «um stets fröhlich aufzuwachen», hob er sich «immer vom Tage vorher etwas Angenehmes für den Morgen auf». Ohne Zweifel kann man sich über die Idylle mokieren: klüger ist, wer dem Ratschlag folgt: «Versuche unter Deinen Lebensbedingungen eudaimonistisch kreativ zu sein!» Die vierte Einsicht mahnt also zur Bescheidenheit gegenüber den Nicht-so-Reichen: Ein auch noch so überragender Wohlstand verbessert die Glückschancen nicht allzu viel. Die Glücksforschung liefert zwei eindrucksvolle Bestätigungen; die eine: «obwohl die Menschen im Westen immer reicher werden, sind sie keineswegs glücklicher geworden.» (Layard 2005, 13) Die andere Bestätigung: Im Ländervergleich leben in armen Ländern wie Indonesien, Kolumbien und Mexiko prozentual ähnlich viele glückliche Menschen wie im Durchschnitt der reichen Industrienationen (ebd., 46).

8.3 Macht

Vor der Bedingung glücklichen Lebens, dem Selbstzweck, hat ebensowenig das rastlose Streben nach Macht und immer mehr Macht, die Machtgier, Bestand. Eine Variante bildet das nie zufriedene Karrierestreben. Beim Glück als Prinzip der Ethik geht es nicht um die Macht als Grundbegriff von Gesellschaft und Politik, sondern um ein leitendes Lebensziel.

Der Blick auf die Mächtigen der Erde weckt die Skepsis, sieht er doch allzu viele Gegenbeispiele. Eines bietet etwa das in der Alten Pinakothek zu München hängende Gemälde «Kaiser Karl V.». Der Maler, vermutlich der kaiserliche Hofmaler Tizian, zeigt den Herrscher im Jahr 1548, also auf dem Höhepunkt von dessen Macht. Trotzdem schaut der Herr über den halben Erdball weder stolz über Leistungen noch gewaltig drein. Und obwohl der Kaiser erst 48 Jahre alt ist, sieht man eine ältere Person, deren Antlitz mehr von der Bürde seines Amtes als dessen Würde und Macht gezeichnet ist.

Eine Lanze für ein ruheloses Machtstreben bricht der Begründer der modernen Staatsphilosophie, Thomas Hobbes. In Kapitel 13 des *Leviathan* erklärt er es zwar nicht zu einer Form sinnerfüllten Lebens, aber zu dessen notwendiger Bedingung. Wir lassen Hobbes' Leitinteresse, die Rechtfertigung einer allmächtigen Staatsgewalt beiseite, ebenso den geschichtlichen Hintergrund, die Bürgerkriege der frühen Neuzeit. Uns kommt es nur auf den Zusammenhang der Macht mit persönlichem Glück an. Im Blick darauf besteht die Macht einer Person im Inbegriff der gegenwärtig zur Verfügung stehenden Mittel, um ihre teils gegenwärtigen, teils künftigen Bedürfnisse und Interessen auch gegen Widerstände zu erfüllen.

Wie schon der Wohlstand, so ist auch die so bestimmte Macht eudaimonistisch gesehen ein Mittel zweiter Stufe. Denn mit ihr kann man zwar keine der gewöhnlichen, erststufigen Interessen erfüllen, wohl aber Widerstände gegen deren Erfüllung überwinden. Nun tauchen Widerstände grundverschiedener Art auf, weshalb es auch die Macht in grundverschiedenen Arten braucht. Gegen Widerstände der äußeren Natur richtet sich die Technik (dazu Höffe [4]2000, bes. Kap. 8) und gegen Widerstände innerhalb des Handelnden unter anderem eine bestimmte Art von Einstellungen (s. u. Kap. 9–10). Die hier zu erörternde Macht im engeren Sinn besteht in der Fähigkeit, sich gegen Widerstände durchzusetzen, die in sozialen Beziehungen wirksam sind. Weil mit diesen Widerständen zu rechnen ist, erscheint das Verlangen nach Macht eudaimonistisch gesehen vernünftig.

Eine detaillierte Phänomenologie der Macht ist nicht erforderlich, eine formale und funktionale Unterscheidung jedoch hilfreich, wobei der Übergang zwischen beiden Machtarten fließend ist. Mit einer Defensivmacht schützt man sich etwa vor Erfolglosigkeit, vor Demütigung und (latenter) Ausbeutung. Eine Offensivmacht dagegen dient dazu, sich erwünschte Dinge zu holen. Ein krasses Beispiel: Wer Schläge auszuteilen vermag, wird gefürchtet, überdies findet er Gefolgschaft und erhält Zugang zu Gütern und Dienstleistungen, ohne den marktüblichen Preis zu zahlen. Gegen die Fähigkeit der Offensivmacht, andere zu unterdrücken, zu erpressen und zu demütigen, hilft nur eine Gegenmacht, eine Defensivmacht, die freilich zuweilen ohne die eigene Offensive zu schwach bleibt.

Das Argument zugunsten von Macht ähnelt dem der Rechtfertigung eines (bescheidenen) Wohlstands: Weil der Mensch, der in die Zukunft schaut, schon heute mit Widerständen rechnet, die sich bei der Erfüllung seiner morgigen Bedürfnisse und Interessen auftun, und weil er Angst hat, die Widerstände dann nicht hinreichend überwinden zu können, trifft er schon heute Vorsorge. Das Machtstreben erfüllt, eudaimonistisch betrachtet, erneut einen dreifachen Dienst am Glück. Direkt dient sie dem Genuß von morgen, indirekt dem heutigen Genuß, nämlich der Überwindung der gegenwärtigen Angst; und wegen der Schwierigkeit, Macht zu erringen und zu erhalten, wird Kreativität freigesetzt.

Gegen den bloß instrumentellen Charakter könnte man auf einen Menschentyp, den Politiker, verweisen, den es ja nicht nur innerhalb jenes Teilbereiches gibt, der sich Politik nennt. Auch in der Wirtschaft und der Wissenschaft, selbst der Kunst kommt es auf drei typische Politiker-Aufgaben an: auf die Gestaltung von Rahmenbedingungen, auf Personalentscheidungen und auf eine Selbstverwaltung der Bereiche. Für die Wirtschaft denke man an Arbeitgeberverbände, an Gewerkschaften, an Industrie- und Handels- und an Handwerkskammern, für die Wissenschaft aber an Hochschulrektoren oder -präsidenten, an Rektorenkonferenzen und den Wissenschaftsrat. Wer hier und andernorts nach Macht strebt, mag die mit dem Amt verbundene Macht anscheinend um ihrer selbst willen anstreben. Bei genauem Hinsehen entpuppt sich der Anschein als trügerisch. Denn das Amt gilt es auszufüllen, also die in der Regel anspruchsvollen Aufgaben nicht bloß zu erledigen, sondern kreativ zu lösen. Folglich steht die gesuchte Macht im Dienst von Aufgabenerfüllung und Gestaltungswillen, behält also den instrumentellen Charakter bei. Auch wenn es gelegentlich in Annäherung vorkommt: Bloße Macht ohne einen Gestaltungswillen läuft ins Leere.

Es versteht sich, daß manche an bloßer Macht Vergnügen haben. Sie genießen etwa den Stolz des «Jägers», der einen Konkurrenten zur

Strecke bringt, oder das Hochgefühl des Siegers, der alle anderen hinter sich läßt, oder das Gefühl einer Überlegenheit, die vermeint, so gut wie alles und alle beherrschen zu können. Es gibt auch das sadistische Machtgefühl, das vor keiner Grausamkeit zurückschreckt und sich dabei noch freut. Glücklicherweise haben viele andere die Freude, mit ihrer Macht etwas Gutes zustande zu bringen.

Nach dem eudaimonistischen Begriff ist die Macht inhaltlich nicht zu eng aufzufassen. Gewöhnlich denkt man nur an vier Arten, an die ökonomische, die soziale und die politische Macht sowie an die Macht der Medien. Dazu kommt aber die Macht des Geistes, von der die Wissensmacht nur einen kleinen Teil ausmacht. Welcher der sogenannten Mächtigen besitzt annähernd so viel Macht wie ein Religionsstifter oder wie ein großer Philosoph, deren Macht sich ständig erneuert?

Das den gewöhnlichen Machtarten gemeinsame Instrument ist die Macht der Beziehungsnetze, unschön «Netzwerke» genannt. Für die meisten Menschen genügt bei all diesen Arten ein bescheidenes, fast anspruchsloses Maß. Für das Eigenwohl gewöhnlicher Privatpersonen reicht als ökonomische Macht ein gutes finanzielles Auskommen mit einigen Rücklagen, als soziale Macht ein Ansehen bei Kollegen und Freunden, als politische Macht das Bürger- und Wahlrecht. Und anstelle von Medienmacht braucht es eine gewisse Fähigkeit, andere von sich, seinem Können und seinen berechtigten Interessen, zu überzeugen. Jede dieser Machtarten enthält gewisse Glückschancen, die man aber wie beim Wohlstand selber als Chancen erkennen und zugunsten des eigenen Glücks einsetzen können muß. Die dafür erforderlichen Fähigkeiten haben eudaimonistisch gesehen ebenfalls Machtcharakter.

Dem Glück dient auch die Macht in Form von drei personalen Fähigkeiten, mit deren Hilfe man neue Situationen bewältigt: Mittels Klugheit versteht man sich intellektuell, mittels psychischer Mobilität emotional und mittels sozialer Sensibilität in Hinsicht auf neue soziale Konstellationen einzustellen. Nicht zuletzt besteht Macht in der Fähigkeit zum Verzicht, um gegebenenfalls mit weniger als bisher auszukommen, sei es mit weniger an Konsum und Komfort, also mit weniger Gütern und Dienstleistungen, sei es mit abnehmender Anerkennung. Diese vier Fähigkeiten, Formen von Macht über sich, dürften für das Glück sogar wichtiger als die üblichen Arten von Macht sein, die Macht über andere.

Aus der so weit skizzierten eudaimonistischen Rechtfertigung folgt, daß das Machtstreben durchaus vernünftig ist, aber nicht als rastloses

Streben. Philosophen wie Hobbes übersehen, daß die Zukunftsangst nicht die einzige «Leidenschaft» des Menschen ist und daß ihre Verabsolutierung die gegenwärtige Befriedigung der anderen Bedürfnisse und Interessen gefährdet. Wie im Luststreben und im Verlangen nach Wohlstand, so tut sich auch im Machtstreben eine innere Spannung auf, begründet in seiner Doppelaufgabe: Die eine Aufgabe, die Beschwichtigung der gegenwärtigen Angst, kann mit der anderen Aufgabe kollidieren, der Befriedigung jener Neigungen, denen das Sicherheitsdenken dient. Zusätzlich sagt die Erfahrung, daß, gewisse Risiken einzugehen, glücksförderlich ist. Infolgedessen stellt sich die Frage, wie viel Zukunftsangst «vernünftig» ist, um nicht das aktuale Glück von heute dem potentiellen Glück von morgen zu opfern.

Weil es sowohl klug ist, an die Zukunft zu denken, als auch, die Zukunftsgedanken nicht zu verabsolutieren, empfiehlt sich kein unbegrenztes Machtstreben. Statt die eine oder die andere Seite zu maximieren, kommt es erneut auf eine Optimierung an. Die dafür verantwortliche eudaimonistische Vernunft bündelt sich in zwei Imperativen. Der erste richtet sich gegen die Gefahr, daß in der Zukunft das Erschrecken folgt, weil dann die Mittel für die Befriedigung der neuen Bedürfnisse fehlen. Er lautet: «Gib das grenzenlose Streben nach dem je gegenwärtigen Genuß zugunsten eines rationalen Triebverzichts auf!» Der zweite Imperativ sagt: «Gebiete im Namen des gegenwärtigen Genusses dem bloß in die Zukunft blickenden Machtstreben Einhalt!» Der Grund: Es sollen nicht immer mehr Mittel für einen möglichen Genuß bereitliegen, von der Angstüberwindung abgesehen aber nie ein wirklicher Genuß stattfinden. Zudem droht der Macht, vor allem der großen Macht, der Neid, der wiederum das eigene Glück beeinträchtigt und zusätzlich das anderer bedroht.

8.4 Ansehen

Eher einen Selbstzweckcharakter hat das Ansehen, das man bei seinen Mitmenschen genießt: die Reputation. Deren Minimum besteht im guten Ruf, die Steigerung in der Ehre, die aus einem Sich-Auszeichnen entspringt, und der Superlativ im Ruhm, der am liebsten ewig dauere. Hier zeigt sich noch stärker als bei der Macht die dem Glücksstreben innewohnende soziale Dimension. Man kann nämlich auf Ansehen hinarbeiten und es trotzdem durch Eigenleistung allein nicht erreichen. Denn die Leistungen, die man zustande bringt, müssen von anderen *als*

Leistung wahrgenommen, überdies geschätzt werden. Somit sind für die Anerkennung die anderen zuständig, womit man sich ungewollt in fremde Abhängigkeit begibt. Ob bei den Eltern oder den Lehrern, ob bei Gleichaltrigen, Kollegen oder der Öffentlichkeit – viele buhlen um deren Anerkennung, und nicht wenige scheitern. Weil Menschen ein grundlegendes Interesse an einem guten Namen haben, gehört dessen Voraussetzung, die Anerkennung, zu den Grundbedingungen menschlichen Glücks. Erstaunlicherweise wird sie aber erst der Neuzeit und selbst hier relativ spät, bei Fichte und Hegel, zu einem philosophischen Grundbegriff. Die in Frage stehende Sache findet sich freilich weit früher und vermutlich in allen Kulturen.

Im schlichten Verständnis bedeutet «Anerkennung» eine Belobigung und in etwas anspruchsvollerem Verständnis die im Ansehen zutagetretende Achtung fremder Leistung. Als Grundbegriff der philosophischen Ethik und normativen Sozialphilosophie bedeutet sie dagegen eine Wechselbeziehung, jenen gegenseitigen Respekt, der sich weder zwischen Individuen noch zwischen Gruppen, Rechtsgemeinschaften und selbst Kulturen von allein einstellt.

Hobbes' Gedankenexperiment des Naturzustandes zeigt Schwierigkeiten der wechselseitigen Anerkennung auf, die in grundlegender Weise erst ein Rechtsverhältnis mit öffentlicher Gewalt, also ein Staatswesen, löst. Hegel knüpft daran an und geht zugleich darüber hinaus. In einem zu Recht berühmten Kapitel seiner *Phänomenologie des Geistes* skizziert er unter dem Titel «Herrschaft und Knechtschaft» den für das entwickelte Menschsein notwendigen Kampf um Anerkennung. An deren Anfang steht nicht der wechselseitige Respekt, sondern die gegenseitige, sogar lebensbedrohliche Gefährdung. Im Fortgang dieser Auseinandersetzung von existentiellem Gewicht kommt es nach verschiedenen Zwischenstufen schließlich zur Anerkennung des anderen als einer Person. Hegels dynamischer Prozeß ist primär nicht als ein geschichtlicher Vorgang zu verstehen, sondern als eine gedankliche Konstruktion, die den Zusammenhang von Personsein, Vergesellschaftung und Recht zu begreifen sucht. Der Kern besteht in einer «Selbsterkenntnis im Anderen»: Zunächst kommt man sich gegenseitig ins Gehege, was, von einem Exklusivanspruch getragen, in einen Kampf auf Leben und Tod übergeht. Erst nach schmerzlichen Erfahrungen gelangt man zur wechselseitigen Anerkennung, die notwendig, aber nicht ausschließlich Rechtscharakter hat.

Weil diese Basis- und zugleich Rahmenanerkennung ein überragendes Gewicht hat, ist das Streben danach sinnvoll. Diese Anerkennung stellt allerdings noch nicht das Glück dar, sondern erst dessen Voraussetzung. Sie besitzt aber den unschätzbaren Vorteil, im Unterschied zu Geld und Macht nicht unter Knappheit zu leiden: Wie ein demokratischer Rechtsstaat zeigt, ist die wechselseitige Anerkennung als Rechtsperson und als Staatsbürger kein knappes Gut nur für einige; sie kann vielmehr allen Menschen zugute kommen.

Anders verhält es sich mit der konkreten Anerkennung, dem persönlichen Ansehen eines Individuums. Die Aufmerksamkeit der Mitmenschen ist ein knappes Gut, um das auch innerhalb eines Rechtsstaats teils offen, teils versteckt gekämpft wird. Besonders deutlich spielt es sich in der Öffentlichkeit ab, zumal bei den überregionalen Tageszeitungen und dem Rundfunk und Fernsehen. Auch beim Kampf um die Anerkennung seitens der Fachkollegen, in anderer Weise der Kunden oder Klienten ist nicht mit Gleichheit zu rechnen. Selbst die Gleichheit der Startchancen läßt sich kaum erreichen, noch weniger die der Ergebnisse. Sonderbegabungen und Hochbegabungen, ein außergewöhnlicher Einsatz, herausragende Leistungen (gleich welcher Art), unterschiedliche Erwartungen, nicht zuletzt glückliche Konstellationen begünstigen die Chancen auf ein hohes Ansehen.

Einige dieser Faktoren liegen weitgehend in der eigenen Hand, so daß man auf Ansehen hinarbeiten kann. Weil aber andere der Verfügung entzogen sind, ist man für das Gesamtansehen nur begrenzt verantwortlich, weshalb das Strebensglück schwerlich im bloßen Ansehen liegen kann. Dagegen spricht auch die Gefahr, daß man im Wissen, von den anderen abhängig zu sein, nicht auf die eigene Leistung baut, sondern auf die Art, wie die Leistung bei den anderen ankommt. Nicht wenige versuchen, die eigene Leistung hochzuspielen, aus Konkurrenzgründen die Leistung anderer herabzuwürdigen; selbst vor Manipulationen machen sie oft nicht halt. Manch einer läßt sich sogar für eine Leistung bewundern, die er nie vollbracht hat; er lebt mit einer veritablen Lebenslüge.

Eine Alternative liegt auf der Hand, und zwar der folgende Imperativ: «Suche die Leistung als solche, schöpfe aus ihr Selbstachtung und bemühe Dich um die Achtung anderer nur nach Maßgabe von zwei Kriterien, der tatsächlich erbrachten Leistung und deren Wertschätzung allein durch die Personen, die die Leistung unparteiisch zu würdigen vermögen!» Hier wird die konkrete Anerkennung durch andere – die persönliche Fremdachtung – durch eine Selbstachtung teils ergänzt, teils sogar ersetzt.

Eine eudaimonistische Bilanz zu den vier vorgeschlagenen Lebenszielen fällt unterschiedlich aus: Die Lust ist in gewisser Weise ein Endziel, aber in Form eines mitlaufenden Zieles, eines Begleitumstandes, der überdies für sich allein, als Lustprinzip, des gesuchten Erfolges nicht sicher ist. Darüber hinaus ist die Lust kein exklusives, «allein seligmachendes» Endziel. Wohlstand und Macht dagegen sind nicht unwichtig, aber nur als Zwischenziele, freilich im Rang von relativ universalen Mitteln zweiter Stufe. Das Ansehen schließlich ist zwar ein mögliches Endziel. Ähnlich wie die Lust ist es aber nur ein mitlaufendes Endziel, das sich bei entsprechenden Leistungen einstellt; zudem ist es von Verzerrungen, Täuschungen und Manipulationen bedroht.

Außer diesen Unterschieden gibt es eine doppelte Gemeinsamkeit. Einerseits haben die vier Ziele innerhalb des Strebensglücks einen festen Ort; sie sind für ein umfassendes, integrales Konzept unabdingbar. Andererseits werden sie, für sich genommen und verabsolutiert, beiden Momenten im Strebensglück, dem Moment des Glücks und des Strebens, nicht gerecht. Auch wenn sie sich, als Vor- oder Zusatzbedingungen oder als Gegenmacht gegen Glücksbarrieren verstanden, in ein größeres Konzept von Glück leicht integrieren, sind sie für sich allein nicht glückstauglich. Statt für das Gelingen des eigenen Lebens so weit wie möglich selbst Sorge zu tragen, wird man, pathetisch gesagt, zum Sklaven seiner momentanen Bedürfnisse und Interessen: Prinzip Lust; oder seiner Zukunftssorgen: Prinzip Wohlstand und Prinzip Macht; oder der Wertschätzung seitens anderer: Prinzip Ansehen.

Die gemeinsame Gegenkraft heißt eudaimonistische Vernunft. Nach einer in der Philosophie bewährten Methode, der bestimmten Negation, gibt die Bilanz ihr die Richtung vor: Im Unterschied zu Macht und Wohlstand nimmt sie veritable Endziele in den Blick; im Unterschied zu Lust und Ansehen strebt sie diese Endziele weder je exklusiv noch wirklich direkt an; sie sind eher Bei-Gaben, die sich einstellen, wenn man den eigentlichen Endzielen erfolgreich auf der Spur ist.

9. Tugend

9.1 Charaktertugend und Lebensklugheit

Das Selbstverhältnis zu den Antriebskräften, das dem Prinzip Glück dient, kann eudaimonistische Vernunft heißen. Nötig ist sie, weil weder die sinnlichen Antriebskräfte noch das Verlangen nach Wohlstand, Macht oder Ansehen von Natur aus auf eine nur dem schlichten oder sogar dem glücklichen Leben dienende Weise festgelegt sind. Gegen den deshalb drohenden Wildwuchs braucht es zumindest eine Koordination und Kontrolle der Antriebskräfte, dabei teils ein gezieltes Zurückstutzen, teils ein Verstärken oder sogar ein Neu-Lernen.

Das Vernunft genannte Selbstverhältnis mag einen Wissensanteil haben, vorrangig ist dieses kognitive oder intellektuelle Moment aber nicht. Wichtiger ist, daß die willentliche Seite spontan die glückstauglichen Ziele verfolgt. Zu diesem Zweck sind die Antriebskräfte dahin zu bringen, daß sie aus sich heraus eine glückstaugliche Richtung einschlagen. Man kann hier von einer Macht über die Macht sprechen, nämlich von einer Macht über die Macht der Lust, über die der Habgier und der Machtgier, nicht zuletzt über die Macht der Ehrsucht bzw. Geltungssucht. Es ist aber keine Macht, die die anderen Mächte unterdrückt, vielmehr sorgt sie dafür, daß diese die glückstauglichen Ziele anstreben.

Da es auf ein ganzes Leben ankommt, genügt eine vorübergehende Glücksorientierung nicht. Sie muß zu einem festen Bestandteil der betreffenden Person, zu ihrer Einstellung und zugleich Fertigkeit (Know how) werden. Als handlungsfähige Lebenshaltung besteht sie in einer Spontaneität eigener Art, in einer gegenüber den angeborenen Eigenschaften zweiten Natur. Weil sie positiv bewertet ist, heißt sie «Tugend», die negativ bewerteten Einstellungen dagegen «Laster».

Es genügt dabei nicht, etwas zu können; das Können ist auch zu praktizieren. Die Tugend ist zwar eine Disposition, die man auch dem zuschreibt, der sie nicht aktuell ausübt. Dies geschieht aber nur unter der Voraussetzung, daß die einschlägige Anwendungsbedingung derzeit nicht gegeben ist. Jemand heißt auch dann hilfsbereit, wenn er nicht aktuell hilft, weil zum Beispiel entweder keine oder nicht seine Hilfe gefordert ist. Wer dagegen fremde Not gern gelindert sieht, mangels

Bequemlichkeit aber nichts unternimmt, dem fehlt die Hilfsbereitschaft. «Tugend» ist zwar kein Erfolgsausdruck, da im Beispiel die Hilfe zu spät, zu schwach oder falsch erfolgen kann. Sie betrifft aber einen Vollzug, eine Performanz: Wo die eigene Hilfe gefragt ist, muß man etwas tun.

Um glücklich zu werden, reicht es nicht aus, glückstaugliche Ziele zu verfolgen; man muß auch die zielgerechten Wege einschlagen. Infolgedessen braucht es eine zweite Tugendart, außer der auf die Antriebskräfte bezogenen, motivationalen Tugend oder Charaktertugend, eine intellektuelle Tugend. Es ist eine eudaimonistische Urteilskraft – die Klugheit im Sinne von Lebensklugheit – die für die Mittel und Wege verantwortlich ist, freilich nicht für beliebige Mittel und Wege. Im Unterschied zu einer gegen Charaktertugenden neutralen Urteilskraft, der Gerissenheit, oder einer im Dienst von Untugenden, sogar Lastern stehenden Verschlagenheit überlegt sie lediglich jene Mittel und Wege, die zu den von den Charaktertugenden bestimmten glückstauglichen Zielen führen.

Beide sind also von ihrem Begriff wechselseitig aufeinander angewiesen: Ohne die Lebensklugheit fehlen der Charaktertugend die glückstauglichen Mittel, ohne die von der Charaktertugend geleistete Grundausrichtung leistet die Lebensklugheit nicht, was ihr Name besagt; sie verhilft nicht zu einem insgesamt gelungenen, glücklichen Leben. Die eudaimonistische Vernunft hat also zwei grundverschiedene und doch aufeinander angewiesene Anteile. Weil erst deren Zusammenspiel, die innere Verbindung von Charaktertugend mit Lebensklugheit, den Menschen glückstauglich macht, ergibt sich ein weiterer nicht moralisierender Ratschlag einer objektiven Lebenskunst: «Lerne die zwei Tugendarten und praktiziere sie!»

Heute empfindet man den Ausdruck «Tugend» als etwas angestaubt; er klingt nach Moralin. Wer sich seiner Kernbedeutung erinnert, teilt dieses Empfinden nicht; statt dessen kann er einen moralinfreien Tugendbegriff bilden. Zu Beginn der Begriffsgeschichte zeichnet die Tugend all das aus, was in seiner Art nicht übertroffen werden kann. Sie bedeutet ein Leistungsniveau, das man bewundert: eine generelle Bestheit oder Vortrefflichkeit, die man auch bei einem Organ («höchst scharfsichtiges Auge») oder bei Tieren findet, etwa bei einem hervorragenden Rennpferd oder einem exzellenten Wachhund. Auch Menschen können gewisse Aufgaben bewundernswert gut ausfüllen und hervorragende Möbeltischler, Physiklehrer, Musiker oder Fußballspieler sein.

Die Ethik löst sich von allen speziellen Gesichtspunkten und fragt, was ein bewundernswerter Mensch ist. Bei dieser Ablösung verliert der Tugendbegriff alle aufgabenspezifische Einschränkung; er zeichnet den Menschen, sofern er Mensch ist, aus, so daß man auch von Humanität sprechen mag. Während der lateinische Ausdruck *virtus* wörtlich die Vortrefflichkeit bloß des Mannes (*vir*) bezeichnet, löst sich das Deutsche von der geschlechtsspezifischen Engführung und versteht unter «Tugend», dem griechischen Ausdruck *aretê* näher, generell die (hervorragende) Tauglichkeit, Tüchtigkeit und Kraft. Und in der Ethik bedeutet der Ausdruck die zur Haltung gewordene Fähigkeit und Bereitschaft, als ein hervorragender Mensch zu leben.

Wie der Mensch, so ist auch seine Vortrefflichkeit eine Einheit. Der zugehörige Tugendbegriff kann daher im Singular auftauchen und als Charaktertugend etwa Rechtschaffenheit heißen. Erstaunlicherweise gibt es trotzdem den Plural. Seit der Antike spricht man zum Beispiel von vier Kardinaltugenden, kennt aber auch umfangreichere Tugendlisten. Man könnte darin einen Rückfall in den vorphilosophischen, aufgabenspezifischen Begriff befürchten. Tatsächlich gehören Tugenden wie Hilfsbereitschaft oder Ehrlichkeit nicht zu einem gewissen Beruf, einem Musiker, Arzt oder Fußballspieler. Sie sind nichts anderes als die Tugend im Singular, schematisiert nach allgemeinmenschlichen, nicht rollen- oder aufgabenspezifischen Situationstypen.

Gemäß den drei Stufen des Bewertens (Kap. 2.2) gibt es auch drei Tugendstufen. Auf der untersten Stufe stehen die im weiten Sinn technischen, die instrumentellen, funktionalen und strategischen Tugenden. Wie die «bürgerlichen» Tugenden Pünktlichkeit, Ordnungsliebe, Sparsamkeit und Fleiß, auch der Leistungswille und eine Beharrlichkeit, die sich nicht zu früh entmutigen läßt, sind sie nicht in sich selbst gut. Es kommt darauf an, wofür sie eingesetzt werden; systematisch gesehen sind sie lediglich Sekundärtugenden. Viele Menschen begnügen sich in ihrem Leben sogar mit Ersatztugenden, wie etwa der bislang «arbeitsversessene» Staatsanwalt in einer «Moritat» von Max Frisch: «Arbeit als Tugend. Tugend als Ersatz für die Freude.» (*Graf Öderland*, Bild 1)

Die Alternative besteht für die philosophische Ethik nicht in einer Idee von gesteigertem Leben. Das eigentliche bzw. authentische Leben mag durchaus Bewunderung verdienen, also gemäß der ursprünglichen Bedeutung einen Tugendcharakter haben. Es ist aber nicht der einzige Weg für ein sinnvolles Leben. Im Gegenteil hat es einen in humaner Hinsicht aristokratischen Charakter, denn der Idee von Eigentlichkeit vermögen nur wenige Menschen zu genügen, ohne daß deshalb das Leben der anderen mißlungen genannt werden müßte. Die philosophische Ethik spricht sich daher für Haltungen aus, die allen Menschen offen stehen. Den Rang einer veritablen Primärtugend billigt sie Haltungen zu, die wie Ehrlichkeit, Hilfsbereitschaft oder Gerechtigkeit zum Menschen als Menschen gehören. Erst sie bedeuten nicht irgendeinen charakterlichen Vorzug, sondern einen vorzüglichen Charakter.

Eine Bemerkung zu einer neueren, wenn auch nicht neuesten moralphilosophischen Debatte: Nach einer in der sogenannten Tugendethik verbreiteten Legende soll der Tugendbegriff der modernen Moralphilosophie unbekannt sein. Diese vor allem von englischsprachigen Neoaristotelikern vertretene Behauptung zeugt – man muß es leider so sagen – von Ignoranz. Denn beim maßgeblichen Vertreter der modernen Ethik, Kant, spielt die Tugend eine wesentliche Rolle. Dies zeigt sich schon im Gedanken universalisierbarer Maximen. Noch deutlicher wird es in Kants systematischer Moralphilosophie, der *Metaphysik der Sitten*. Der zuständige zweite Teil trägt nämlich den Titel «Tugendlehre».

Dazu kommt ein indirektes Argument gegen die genannte These: Der große Neoaristoteliker der Neuzeit, Hegel, pflegt gegen den Tugendbegriff Skepsis, so etwa im Abschnitt «Die Tugend und der Weltlauf» der *Phänomenologie des Geistes*. Ferner ist an die ältere Rehabilitierung der Tugend zu erinnern, die seit Max Scheler 1913a in der Wertphilosophie und der Phänomenologie stattfindet (z. B. Hartmann 1926, Teil II, Abschn. V-VIII, Hildebrand 1933 vgl. auch Bollnow 1958, Guardini 1963 und Jankélévitch 1968). Wegen der neuerdings sich ausbreitenden Traditionsvergessenheit ist sie aber weder in der bis zu Anscombe 1958 zurückreichenden englischsprachigen *virtue ethics* gegenwärtig noch in deren deutscher Rezeption. (Zur neueren Debatte s. French/Uehling/Wettstein 1988, Crisp/Slote 1997 und Rippe/Schaber 1998, zur Begriffsgeschichte der Neuzeit s. Höffe/Rapp 1997.)

9.2 Tugend lernen

Die Erfahrung lehrt, daß man die Tugend nicht von Natur aus mitbringt. Bei einer Naturanlage geht nämlich dem Gebrauch die Fähigkeit voraus: Beim Mensch sind die Fähigkeiten zu sehen, zu hören und zu fühlen bereits bei der Geburt vollständig ausgebildet und werden beispielsweise beim Öffnen der Augen in Gebrauch genommen. Die doppelte, sowohl charakterliche als auch intellektuelle Vernunfthaltung zu natürlichen Antrieben muß man dagegen lernen. Darin unterscheidet sich die Ausbildung der Tugend auch von einer natürlichen Entwicklung wie dem Heranwachsen. Während Entwicklungsphasen wie Fremdeln, Trotzphase und Vorpubertät von Kindern wie von allein durchlaufen werden, müssen sie die Haltungen lernen. Und da sich die Haltungen nicht mit Worten begnügen, sondern sich in Taten manifestieren, einschließlich «verbaler Taten» wie Trösten, lernt man sie nicht wie Kenntnisse («Worte») durch Unterricht und Lektüre, sondern ebenfalls durch Taten, nämlich durch das eigene Tun und Lassen: durch Übung und Gewöhnung.

Nicht wie Musikgeschichte lernt man Tugenden, sondern wie ein Musikinstrument, also praktisch, etwa durch Vormachen des Richtigen und den Versuch, es nachzumachen. Dieses einübende Praktizieren verbindet sich mit einer starken sozialen Komponente, denn das richtige Nachmachen wird gelobt, das falsche getadelt. Auf die nicht theoretische, sondern praktische Art des Lernens spielt die Moralphilosophie an, wenn sie seit ihren Anfängen sagt: Wer immer wieder besonnen handelt, wird zu einem besonnenen, wer sich häufig tapfer verhält, zu einem tapferen Menschen, und durch wiederholt gerechtes Handeln wird man rechtschaffen bzw. gerecht (z. B. Aristoteles, *Nikomachische Ethik* II 1, 1103 a 31 ff.): Zunächst lernt man, tugendhaft zu handeln, und nach erfolgreichem Lernen geht das richtige Tun, wie man bildlich sagt, «in Fleisch und Blut» über.

Ob jemand eine Tugend besitzt, zeigt sich nicht in Absichtserklärungen, in «frommen Worten». Selbst Einzelhandlungen genügen nicht. Gefordert ist Verläßlichkeit, folglich ein kraft Haltung auf Dauer gestelltes Verhältnis zu den natürlichen Antrieben, ein Charakter- oder Persönlichkeitsmerkmal, eben eine zweite, nicht bloß vorgegebene, sondern mitverantwortete Natur.

Obwohl die Tugend insgesamt eine sekundäre, mitverantwortete Natur ist, gibt es eine natürliche Anlage zu ihr, zumindest zwei natürliche Interessen: Kinder und Heranwachsende lassen sich lieber loben als tadeln, wohinter das Interesse an Anerkennung steht. (Allerdings wird von den zuständigen «Autoritäten», etwa den Eltern, Lehrern und Gleichaltrigen, nicht immer dasselbe gelobt.) Außerdem besteht ein natürliches Verlangen nach Glück, das ohne die Ausbildung von Tugenden geringe Erfolgschancen hat. Im Interesse an Lob und Anerkennung bindet man sich zwar an die Achtung durch andere. Trotzdem macht man sich bei der Ausbildung der Tugend nur dann von anderen abhängig, wenn man sich mit gesellschaftlichen Gepflogenheiten («das tut man nicht») oder gar den individuellen Vorlieben einer Autoritätsperson zufrieden gibt («das hat sie gern/ungern»). Dort handelt man letztlich konventionell, hier autoritär. Die Alternative besteht in einer Art Lob und Tadel, die den Betreffenden zu Selbständigkeit und Eigenverantwortlichkeit zu befähigen sucht.

Im Einzelfall ist der wahre Rechtfertigungsgrund nicht leicht festzustellen. Das, was man für den Grund hält, wird allzu oft von Täuschungen und Selbsttäuschungen versperrt. Die hier eingeführte Unterscheidung von fremdorientiertem («autoritärem») oder aber eigenorientiertem («autonomem») Lob und Tadel betrifft einen Grund, der häufig erst in schwierigen und der Wahrheit nie endgültig sicheren Deutungen freigelegt wird (s. Kap. 16.3).

Im Rahmen der Strebensethik hat das autonome Loben und Tadeln einen eudaimonistischen Grundzug. Es tritt dem Adressaten nicht als etwas Fremdes entgegen, sondern als das Glück, nach dem er letztlich selbst verlangt, so daß er sich darin wiederfinden und ihm zustimmen kann. Man erfährt sich als zu Recht gelobt und darf (ein wenig) stolz auf sich sein, oder man empfindet sich zu Recht getadelt, ist von sich enttäuscht oder ärgert sich über sich selbst.

9.3 Moralität in der Tugendethik

Wer aus einer Haltung heraus lebt, der handelt nicht aus Zufall oder aus einer glücklichen Stimmung. Er ist auch nicht der Spielball der auf ihn einwirkenden emotionalen und sozialen Kräfte. Er lebt aus der eigenen Persönlichkeit, daher sowohl mit innerer Zustimmung als auch in großer Verläßlichkeit. Der zur Tugend führende Lernprozeß ist daher erst dann erfolgreich abgeschlossen, wenn man erstens mit Regelmäßigkeit das Richtige und dieses zweitens ohne jeden inneren Widerstand tut.

Die Pflichtenethik unterscheidet zwei Beziehungen zum moralisch Richtigen, die (moralische) Legalität und die Moralität (s. Kap. 22.3). Unter dem ersten versteht sie die aus irgendwelchen Gründen erfolgende Übereinstimmung mit dem Richtigen, unter dem zweiten eine Steigerung: die freie Übereinstimmung um ihrer selbst willen. In der eudaimonistischen Tugendethik klingt die Steigerung zumindest an. Denn nicht, wer lediglich unter innerer Anstrengung richtig handelt, verdient das große Lob, sondern erst derjenige, der einen anstrengenden Lernprozeß durchlaufen haben mag, am Ende aber das Richtige spontan, mit Lust und ohne Widerstreben tut. Zum runden Glück gehört, daß man sich an der Art, wie man handelt, erfreut: Man tut das Richtige gern und empfindet insofern Lust. Entscheidend ist allerdings nicht die Lust selbst, sondern die ihr zugrundeliegende freie Zustimmung.

Wo die freie Zustimmung erfolgt, begnügt man sich nicht mit einer bloßen Übereinstimmung mit dem, was die Tugend verlangt, also mit Legalität. Man erbringt die Mehrleistung der Moralität. Diese spielt also nicht erst in einer Pflichtenethik, vielmehr schon in der eudaimonistischen Tugendethik eine Rolle. Die Steigerung ist nicht bloß pflicht-, sondern auch tugendethisch relevant; sie hat nicht erst in der Willens-, sondern ebenso in der Strebensethik ihren Ort.

Schon dem bis heute maßgeblichen Vorbild einer Tugendethik, Aristoteles, ist der Gedanke, das Tugendgemäße nicht um anderer Zwecke willen, sondern als solches zu tun, vertraut. Beispielsweise erklärt er zu Anfang der Abhandlung über die Gerechtigkeit in einer schönen Steigerung, daß man durch die Gerechtigkeit zum Gerechten *fähig* werde, gerecht *handle*, es überdies *wolle* (*Nikomachische Ethik* V 1, 1129 a 8 f.). Auch nach Aristoteles reicht es nicht aus, das Richtige zu tun. Man muß sich auch daran freuen (II 2, 1104 b 3 ff.). Damit erweitert sich die Übereinstimmung von eudaimonistischer (Aristotelischer) und autonomer (Kantischer) Ethik: Ohne die als Lust empfundene freie Zustimmung gibt es weder dort ein rundes Glück noch hier eine volle Moral. Zugleich bestätigt sich, daß die Lust einen integralen Bestandteil des Glücks bildet, weshalb ein weiterer eudaimonistischer Ratschlag sagt: «Suche Tätigkeiten, denen Du frei, ‹mit vollem Herzen› zustimmen kannst!»

Es kann hier dahingestellt bleiben, ob man diese nicht körperliche, sondern geistige Lust mit der ungehinderten, frei zugestimmten Tätigkeit gleichsetzt oder sie eher als ein hinzukommendes Moment der Vollendung ansieht, das, mit der Schönheit von Pflanzen und Tieren, auch von Menschen vergleichbar, sich im Laufe der Lebensentwicklung einstellt. In beiden Deutungen steigert die Lust das schlichte Leben und das gute Leben zugleich. Wer eine Sache mit Vergnügen betreibt, erhöht deren Qualität und Intensität. Diese Art von Lust läßt sich freilich nur mittelbar, durch die volle Konzentration auf eine Tätigkeit, anstreben. Vorab und zweitens muß man sich Tätigkeiten vornehmen, denen man voll zustimmen kann. Davor und drittens muß man zunächst mit Hilfe der Erziehung, später mit einer gewissen Selbsterziehung sein Leben derart auf die eigenen Begabungen und Lebensumstände ausrichten, daß man die Tätigkeiten, auf die man sich einläßt, in voller Zustimmung vollzieht. Einmal mehr erweist sich das Glück als ein Ziel, das man weder kurzfristig noch kurzsichtig, sondern mit langem und überlegtem Atem anzustreben hat. Man muß nämlich so weit kommen, daß man stets über das eudaimonistisch Richtige Lust und das eudaimonistisch Falsche Unlust empfindet.

Für diesen Zweck genügt es nicht, die Tugenden zu entwickeln. Denn das kann auch aus niederrangigen Motiven geschehen; denn selbst für die Primärtugenden sprechen auch instrumentelle Gründe, für die Ehrlichkeit beispielsweise, daß sie Vertrauen schafft, mithin gesellschaftlichen, politischen, auch ökonomischen Kredit bringt. Um sowohl in sozialer Perspektive eine rundum lobenswerte Person zu sein als auch in personaler Hinsicht die volle Selbstachtung zu finden, darf man die Charaktertugend nicht etwa nur als Mittel zu einem anderen Zweck, sondern muß sie um ihrer selbst willen sowohl einüben als auch ausüben. Allein dann erkennt man das von der Tugend Gebotene in ihrer Reinheit und Strenge an, lebt also aus jener rundum freien Zustimmung, durch die das Rechthandeln zur Rechtgesinnung, eben zur Moralität, wird.

Wie weit reicht die zum Begriff der Haltung gehörende Standfestigkeit? Wer optimistisch ist, glaubt, der wahrhaft Tugendhafte sei aller Gefährdung enthoben; er strebe stets das rechte Ziel an, ohne je zu wanken. Diese Forderung gehört zwar zum Begriff, dürfte aber in der Wirklichkeit kaum je erreicht werden. Hier ist es eher ein Ideal, dem man sich lediglich anzunähern vermag. Die Lebenserfahrung mahnt jedenfalls zur nüchternen Einschätzung, die etwa Friedrich Dürrenmatt in seiner «tragischen Komödie» *Der Besuch der alten Dame* vorträgt: Es kann so überwältigend starke Versuchungen geben, daß ihnen selbst ein ansonsten Tugendhafter erliegt und er unbesonnen, mutlos oder unehrlich handelt. Man kann es auch «ontologisch» bzw. anthropologisch formulieren: Dem Menschen kann die zweite Natur, die Tugend, nie zur ausschließlichen Natur werden.

9.4 Subjektive Objektivität

Inhaltlich sind Charaktertugenden für höchst unterschiedliche Kulturen und Individuen offen. Weil ihre Offenheit aber nicht zu einer relativistischen Beliebigkeit reicht, kann man ihnen Objektivität zusprechen, die aber wegen der Offenheit für Eigenarten der Kulturen, insbesondere auch der Individuen als subjektiv zu qualifizieren ist. Nehmen wir als

Beispiel eine noch nicht erwähnte Tugend. Der Situationstyp, der sie herausfordert: daß Gefahren auftreten, weil ein Gegner lauert, oder daß ein Unheil droht, den gibt es allerorten. Folglich dürfte auch die eudaimonistische Antwort überall gefragt sein, die Tugend der Tapferkeit, die auch Mut, Courage, Standhaftigkeit oder Unerschrockenheit heißt.

Selbst wenn die eine oder andere Spielart von Gefahr sich überlebt haben sollte, bleiben andere Arten erhalten, überdies tauchen neue auf, so daß man der Herausforderung eine anthropologische Bedeutung zusprechen darf. Idealtypisch gesagt, tritt man Gefahren natürlicherweise auf zwei gegenläufige Arten entgegen. Entweder reagiert man in Furchtsamkeit, also mit nichts als Angst und Schrecken, die einen vor der Gefahr erstarren oder aber vor ihr weglaufen lassen; die entsprechenden Personen heißen im Fall der Zurechenbarkeit feige. Oder man schließt vor der entgegenkommenden Drohung die Augen; man verkleinert die Gefahr oder verkennt sie sogar und tritt ihr unbesonnen-tollkühn, «blind vorpreschend», entgegen. Hier wagt man zu viel: man handelt waghalsig, draufgängerisch; dort zu wenig: man schreckt bloß zurück. Die sachgerechte Reaktion besteht in einer Art von Mitte zwischen dem Zuviel und dem Zuwenig.

Der aus der antiken, vor allem Aristotelischen Ethik stammende Begriff der Mitte lädt leider zu Mißverständnissen ein. Ihretwegen gilt dieses Begriffselement der klassischen Tugenddefinition, nachdem es viele Jahrhunderte eine ungewöhnliche Wirkungsmacht entfalten konnte, heute als dunkel oder leer. Man denkt nämlich allzu leicht an eine Strecke, auf der es einen mittleren Punkt gibt, wodurch die Tugend als ein Kompromiß zwischen zwei Affekten oder Leidenschaften erscheint, die «Laster» heißen und derart auf ein unschädliches Mittelmaß herabgestimmt werden sollen, daß sie unschädlich werden und in ihrer Unschädlichkeit «Tugenden» heißen. In Wahrheit sind Tugend und Laster nicht bloß gradmäßig verschieden:

Für die Antike hat die Mitte nicht bloß die mathematische Bedeutung eines Punktes, der von zwei gegebenen Punkten oder aber von zwei gegebenen Linien gleich weit entfernt ist. Ebenfalls und beim Tugendbegriff primär ist etwas Vollkommenes gemeint, das Mittlere im Sinne einer Höchstform menschlicher Lebensführung, einschließlich einer Höchstgestalt des Umgangs mit seinen Affekten oder Leidenschaften. Daher geht man besser von dem Bild eines Kreises aus, bei dem die Mitte nicht auf dem Kreisumfang liegt, sondern eine herausragende Sonderstellung einnimmt. Sofern die klassische Ethik die Tugend durch den Begriff der Mitte bestimmt, meint sie keinen Kompromiß, den man gern zum «goldenen Mittelweg» adelt, sondern eine neue und zugleich vortreffliche Qualität, eine Souveränität.

Die Mitte bedeutet auch nicht, man könne des Guten zu viel oder zu wenig tun, also beim Tapferen: zu viel oder zu wenig Courage zeigen. Sie versucht vielmehr schlicht, die Fähigkeit zu denken, das Gute zu tun. Dazu gehört eine praktisch-reflexive Beziehung zu den naturwüchsigen Antriebskräften. Daß die Tapferkeit und die Zivilcourage als Mitte zwischen Tollkühnheit und Feigheit bestimmt wird, besagt zwar auch, daß der Tollkühne über zuviel und der Feige über zuwenig Mut verfügt. Wichtiger ist, daß sich beide einer natürlichen Neigung hingeben, wobei der eine vor keinen Gefahren zurückschreckt, der andere sich vor jeder Gefahr drückt. Im Gegensatz dazu heißt «tapfer», wer sich gegenüber Gefahren unerschrocken und standhaft verhält und sie genau deshalb souverän zu meistern versteht.

Worin genau die Haltung liegt, läßt sich aber nicht subjektunabhängig sagen. Darauf spielt der Zusatz «(Mitte) für uns» an, der in mancher Aristoteles-Interpretation unterschlagen wird: Zum einen kommt es auf die Art und Größe der Gefahr an. Zum anderen ist von dem, der vor Gefahren eher zurückschreckt, etwas anderes zu erwarten als von dem, der lieber «blind vorprescht». Dieses vom Temperament, folglich vom Subjekt abhängige Moment kann und will die eudaimonistische Tugend nicht leugnen. Außerdem ist für einen Beruf, der wie die Feuerwehr, die Bergwacht oder das Militär der Gefahrenbewältigung dient, ein anderes Maß an Unerschrockenheit zu erwarten als von einem Schriftsteller oder einem Kundenberater. (Und freigebig ist nicht nur, wer dank seines großen Vermögens eine Stiftung gründet, sondern auch die in der Bibel gelobte arme Witwe, die ihr Scherflein opfert.) Der Tapfere folgt nun insofern einer mittleren Haltung, als er weder alle Gefahren auf sich nimmt noch vor allen zurückweicht. Die entsprechende Einstellung gewinnt er aber nur dadurch, daß er sich zu seinen Affekten in ein richtiges Verhältnis setzt, daß er sie «vernünftig», souverän organisiert.

Tapfer (auch im Sinne von Zivilcourage) ist nicht, wer in einer Gefahr keine oder nur wenig Furcht verspürt, weshalb er die Gefahr übersieht oder unterschätzt. Entscheidend ist vielmehr, wegen der Gefahr durchaus Furcht zu haben, ihr aber nicht das letztentscheidende Wort zu überlassen, also nicht kleinmütig und verzagt zu werden. Diese Fähigkeit hält sich zur bloßen Furcht in Distanz und vermag aus der Distanz heraus die rechte Antwort zunächst zu überlegen, sondann zu ergreifen. Beide, der Unbesonnen-Tollkühne und der Feige, geben sich einer quasi-instinktiven, bloß affektiven Reaktion hin. Der eine glaubt, selbst übermächtige Gefahren bewältigen zu können; er erliegt einer affektiven Allmachtsphantasie. Der Feige schreckt dagegen selbst vor geringer Gefahr zurück; er hält sich für ohnmächtig. Beiden fehlt das reflektierte Verhältnis zu den natürlichen Antrieben. Die alternative Person, der im militärischen oder aber im staatsbürgerlichen Sinn Mutige, tritt den Gefahren unerschrocken entgegen.

Die objektive Seite der Tapferkeit besteht in der Haltung der Unerschrockenheit, in der ebenso überlegenen wie überlegten Beziehung zu Gefahren, die subjektive Seite dagegen in der Offenheit für Unterschiede hinsichtlich des Temperaments, des Lebensstils und der Art der mittleren Lebensziele. Dasselbe gilt für die anderen Charaktertugenden. Wer Großes will, etwa eine Sportler- oder Politiker-Karriere, wer ein künstlerisches oder ein wissenschaftliches Werk schaffen oder ein Leben der Meditation führen will, braucht einen großen Einsatz. Und ein Hochbegabter führt begabungsbedingt ein anderes Leben als ein weniger Begabter. Auch unterschiedliche Lebensschicksale prägen die individuell konkrete Gestalt. Darin besteht die subjektive Objektivität der Charaktertugend, daß sie sowohl auf der subjektiven Seite, den eigenen Möglichkeiten, aber auch auf der objektiven Seite, der Situation und den Sacherfordernissen, Unterschiede anerkennt.

Statt von Objektivität spricht man in der Ethik oft lieber von Universalismus. Selbst Vertreter der Tugendethik bezweifeln aber den universalistischen Charakter ihres Grundbegriffs; im Nichtuniversalismus sehen sie sogar einen Vorteil. In Wahrheit hat auch die eudaimonistische Tugendethik einen universalistischen Kern. Der für die Ethik maßgebliche Universalismus gibt sich mit einem sowohl gattungsspezifischen als auch auf Grundsätze («Pflichten») oder Grundhaltungen («Tugenden») konzentrierten Universalismus zufriedenen. Einen weiterreichenden, transhumanen und schlechthin universalen Universalismus zu vertreten, bleibt durchaus sinnvoll. Wie in der Gegenstandstheorie, der Ontologie, einige Grundaussagen «in allen möglichen Welten wahr» sind, so beansprucht die Moral, für alle leibgebundenen Sprach- und Vernunftwesen gültig zu sein. Denn warum sollten für nichtmenschliche, aber moralfähige Wesen andere Tugenden und Pflichten gelten, solange sie sich ähnlichen Herausforderungen wie die Menschen ausgesetzt finden, also beispielsweise den Empfindungen von Lust und Unlust, der Möglichkeit von Gefahren und der Möglichkeit, sowohl selber in Not zu geraten als auch anderen in einer Notsituation zu helfen? Weil als Moralwesen aber nur der Mensch bekannt ist, darf man sich mit einem gattungsspezifischen Universalismus begnügen. Überzeugt, daß der Begriff und die Prinzipien der Moral für die gesamte Gattung «Mensch» und nicht lediglich für gewisse Gruppen, Gesellschaften oder Epochen gültig sind, macht der gattungsspezifische Universalismus, statt sich an gewisse Kulturen, Traditionen oder Gemeinschaften zu binden, vor keinen politischen, religiösen oder sprachlichen Grenzen halt.

Die eudaimonistischen Tugenden erfüllen nun beide Bedingungen. Auf der Ebene des Grundsätzlichen sind sie universal gültig und halten sich genau deshalb, weil sie sich mit der Ebene des Grundsätzlichen begnügen, für kulturelle und personale Unterschiede offen. Universal gültig war schon das Leitprinzip, die Eudaimonie samt ihrer formalen Bestimmung als höchstem Strebensziel: In allen Kulturen und Epochen handeln Menschen zielorientiert und finden ihren Sinn und Zweck erst in Endzielen, die von einem Endziel zweiter Stufe – dem Strebensglück – her als rundum sinnvoll erscheinen.

Weiterhin sind universal gültig die vier Kandidaten, die sich für Endziele aufdrängen: die Lust, der Wohlstand, die Macht und das Ansehen. Mehr als Kandidaten – das zeigt die kritische Prüfung – sind sie aber nicht. Denn glückstauglich sind sie erst, wenn man ihnen zwar ein gewisses Recht einräumt, ihnen aber jedes Exklusivrecht bestreitet, sie überdies einer eudaimonistischen Vernunft unterwirft, dem Zusammenspiel von Charaktertugend und (intellektueller) Lebensklugheit.

Vertreter der Gegenthese, des Antiuniversalismus, berufen sich gern auf den Umstand, daß man Tugenden nicht in einer – gern als abstrakt diskreditierten – Weltgesellschaft, sondern nur innerhalb der eigenen Gemeinschaft lerne. Das Argument ist insofern richtig, als vor allem die Anfänge einer gelungenen moralischen Erziehung in Familien und ähnlichen Kleingruppen stattfinden. Wer aber daraus folgert, daß man sich lediglich in die Üblichkeiten der eigenen Gemeinschaft einlebe, verwechselt den gemeinschaftsgebundenen, insoweit partikularen Erwerb einer Tugend mit ihrem universalen Begriff und der ebenso universalen Rechtfertigung:

Auch wenn man beim Einüben der Tugenden zunächst einige gemeinschaftsabhängige Besonderheiten miterwirbt, lernt man doch relativ bald ihren formalen und zugleich universalen Kern. Im Fall der Hilfsbereitschaft zum Beispiel lernt man ziemlich rasch, daß man nicht bloß helfen soll, wenn jemand etwas verloren hat, sondern auch in anderen Notsituationen, überdies nicht nur befreundeten Spielkameraden. Wer nicht eine generelle Sensibilität für fremde Notlagen und die Bereitschaft lernt, der Sensibilität gemäß, wenn auch in gestufter Verantwortung zu helfen, wem also dieser universale Kern fremd bleibt, der kann die veritable Tugend der Hilfsbereitschaft nicht beanspruchen.

Auch beim Beispiel der Tapferkeit darf man über den gemeinschaftsbezogenen Einfärbungen nicht den allgemeingültigen Kern übersehen, daß man auf Gefahren weder feige noch tollkühn, vielmehr unerschrokken reagiere. Dasselbe gilt für andere Tugenden: Nicht von antik-griechischen oder europäisch-zeitgenössischen, wohl aber von anthropologischen Bedingungen hängt es ab, daß es den Situationstyp gibt, die jeweilige Art der Herausforderung, und die vom Prinzip Glück bestimmte Art der Antwort. Zumindest die Grundtugenden sind nicht Zeichen von Üblichkeiten einer partikularen Gemeinschaft, sondern Schematisierungen einer glückstauglichen Praxis, vorgenommen in bezug auf allgemeinmenschliche Typen von Leidenschaften oder Handlungsbereichen.

Mit der Ablösung von spezifischen Aufgaben und Rollen macht sich der Tugendbegriff von kulturellen Besonderheiten frei und erhält einen universalistischen Rang. Beide Momente im Tugendbegriff erhalten diesen antipartikularistischen Charakter und widersprechen gleichwohl dem hartnäckigen Vorurteil, eine universalistische Ethik sei mit einer kulturspezifischen Einfärbung der Moral unvereinbar: Einerseits hängt der Situationstyp, der für jede Tugend eine charakteristische Aufgabe benennt, nicht von kulturspezifischen, sondern von allgemeinmenschlichen Bedingungen ab. Die Tapferkeit braucht es allerorten, weil in jeder Kultur Gefahren (gegen Leib und Leben ...) auftreten; die Freigebigkeit, weil es so gut wie überall Tauschmittel und Vermögen gibt und die Gefahr, mit ihnen verschwenderisch oder aber geizig umzugehen; die Hilfsbereitschaft, weil es überall Not gibt, der aber glücklicherweise Mitmenschen entgegentreten können. Diese allgemeinmenschlichen Bedingungen können sich aber im Konkreten in durchaus kulturell und individuell unterschiedlicher Form zeigen. Dasselbe gilt für die konkreten Antworten. Die genauere Gestalt der Tapferkeit, der Freigebigkeit und anderer Tugenden mag von der jeweiligen Gemeinschaft und ihren Üblichkeiten mitbestimmt sein. Die Grundgestalt ist davon unabhängig: daß man die naturwüchsige Reaktion – der eine neigt zur Feigheit, der andere zur Tollkühnheit, der eine zur Verschwendung, der andere zum Geiz – überwindet, statt dessen überlegt und überlegen handelt, also in praktischer Reflexivität oder praktischer Vernunft.

10. Besonnenheit, Gelassenheit, Selbstvergessenheit

Einführungen in die Ethik haben Konjunktur. Erstaunlicherweise behandeln sie zwar die Tugendethik, lassen sich aber auf die Analyse einzelner Tugenden nicht ein. Selbst Vertreter der neueren Tugendethik üben Zurückhaltung. Eine schöne Ausnahme, aber für eine nichtklassische eudaimonistische Tugend, den Patriotismus, bietet MacIntyre 1981. Ein anderer Denker, den die Tugendethiker aber noch nicht als einen der ihren wahrgenommen haben, führt drei Jahre später exemplarisch vor, wie man die Tradition philosophischer Lebenskunst erneuern kann. Unter dem Titel *L'Usage des plaisirs*, im Deutschen mit einem Beiklang von Frivolität: *Der Gebrauch der Lüste*, entfaltet Michel Foucault, was die Philosophie «Besonnenheit» zu nennen pflegt: Es meint eine Arbeit des Menschen an sich selbst, die sich gegen ein pures Sich-Ausleben richtet, ohne einem lebensfeindlichen Abtöten der Sinnlichkeit das Wort zu reden.

Spezielle Tugendanalysen sind nicht leicht, da sie zwei entgegengesetzte Gefahren vermeiden müssen, sowohl zu gehaltlose als auch zu konkrete, rezeptähnliche Ausführungen. Statt dort im Vagen zu bleiben und sich in einem paternalistischen Besserwissen zu gefallen, das in das Eigenrecht der Kulturen und der Individuen eingreift, bleibt die Kunst des Grundriß-Wissens gefordert (s. Kap. 7.2). Es richtet sich hier nicht auf überlieferte Tugendlisten, weder auf Platons Quartett der vier Kardinaltugenden Besonnenheit, Tapferkeit, Gerechtigkeit und Klugheit (bzw. Weisheit) noch auf Aristoteles' größeren Katalog, obwohl beide Listen einer kritischen Prüfung standhalten könnten. Wir begnügen uns mit exemplarischen Überlegungen zu den im Kapitel 8 genannten vier Lebenszielen. Da die zwei mittleren Ziele, Wohlstand und Macht, sich auf dieselbe Tugend, die Gelassenheit, beziehen, geht es im folgenden vor allem um drei Charaktertugenden, zu der später die Lebensklugheit hinzukommt (Kap. 11). Daraus ergibt sich ein etwas abweichendes Quartett von Tugenden, die Verbindung der drei Charaktertugenden Besonnenheit, Gelassenheit und Selbstvergessenheit mit der intellektuellen Tugend der Lebensklugheit. Sie dürfen durchaus Kardinaltugenden heißen, da gemäß *cardo*: Türangel, sich vieles um sie dreht, beispielsweise sind die Freigebigkeit und die Heiterkeit mitgemeint. Alles decken die vier Tugenden aber nicht ab, so nicht die schon erwähnte Tapferkeit bzw. Zivilcourage (s. Kap. 9.4).

Argumentationslogisch ergeben sich die drei Charaktertugenden aus den Schwächen der vier Kandidaten für Endziele, also auf dem Weg der bestimmten Negation. Gemeinsam war ein Mangel an eudaimonistischer Vernunft hinsichtlich der Zielausrichtung. Also haben die Charaktertugenden diesen Mangel zu überwinden und die Überwindung in Form einer Haltung auf Dauer zu stellen.

10.1 Besonnenheit

Wie die Lust so tritt auch die dafür zuständige Tugend in verschiedenen Arten auf. Angesichts körperlicher Lust besteht die Gefahr, den Begierden so, wie sie auftreten, nachzugeben, also die Freuden des Essens, Trinkens und der Sexualität jeweils zu genießen, ohne Zusammenhänge zu berücksichtigen und Folgen zu bedenken. Auf die sinnliche Lust trifft aber der Satz ersichtlich zu: «omnis determinatio est negatio», hier: Alles, was wir begehren, verdankt sich einer Fülle von Ausschließungen und Verwerfungen. Wer ißt, schläft nicht; und wer das eine ißt, läßt das andere zumindest vorläufig beiseite.

In extremen Fällen steigert sich die Genußsucht zu einer veritablen Zügellosigkeit, zum Laster. Wie der Vorgänger von Thomas Morus als Staatskanzler, Thomas Wolsey, von König Heinrich VIII. sagte, riskierte dieser lieber den Verlust seines halben Reiches, als daß er auf den kleinsten Teil seines Begehrens verzichten wollte. Andere dagegen sind sinnenfeindlich oder halten sich ängstlich, vielleicht überängstlich zurück; sie werden empfindungsarm, im Extremfall empfindungslos. Die Alternative zu beidem, die Einstellung des zugleich koordinierenden und kontrollierenden, daher im praktischen Sinn reflektierten Verhältnisses zur Lust heißt Besonnenheit.

Zum eudaimonistischen Ratschlag einer Doppelstrategie gehörte die Teilempfehlung, die Glückserwartungen zu vermindern. Der jetzt entscheidende Ratschlag weist in die Gegenrichtung; er empfiehlt eine Erhöhung, freilich nicht der Erwartungen, sondern der Fähigkeiten: Um angesichts von sinnlicher Lust und Unlust die Glücksfähigkeit zu steigern, entwickle man eine hedonistische Vernunft und in ihrem Rahmen die Tugend der Besonnenheit.

Die gewöhnliche Besonnenheit fordert nicht etwa, alle Sinnlichkeit zu unterdrücken, was dem Menschen als einem körpergebundenen Wesen auch nur zum Preis fehlender Vitalität, mangelnder Lebendigkeit, gelänge. Keineswegs soll der Mensch zu jenem Krüppel an Sinnlichkeit werden, der nur deshalb in «pace dei senso», im Frieden der Sinne und Gelüste, lebt, weil er, in seinen Gefühlen und Empfindungen unausgebildet oder verdorrt, den «Anfechtungen der Welt» entrückt ist. Die Besonnenheit gebietet keine «zum Gähnen langweilige» Lebensführung. Wer von Philosophen Lust- und Sinnenfeindlichkeit befürchtet, wird von Spinoza eines Besseren belehrt: «Der [im Lebenswandel] Weise, sage ich, erquickt und erfreut sich an mäßiger und angenehmer Speise und Trank, sowie an Geruch und Lieblichkeit grünender Pflanzen, an Kleiderschmuck, Musik, Kampfspielen, Theater und anderen dergleichen, welche ein Jeder ohne irgendeines Anderen Schaden genießen kann.» (*Ethik* IV, Lehrsatz 45, Anm.)

Die Besonnenheit bewahrt die für jede Tugend charakteristische Offenheit. Kein Philosoph maßt sich an, zu entscheiden, was für den einzelnen gut oder schlecht ist. Als ein praktisches Selbstverhältnis zu Lust und Unlust definiert, ist die Besonnenheit ein hochformaler Begriff. Sie gibt keinen bestimmten Lebensstil vor, sondern überläßt ihn den Menschen in ihren unterschiedlichen Temperamenten, Umständen und Interessen.

Ähnliches gilt für Affekte. Besonnen ist nicht, wer nie Zorn empfindet. Wer sich nie echauffiert, sich über keine Unannehmlichkeit ärgert, sich an keiner Beleidigung oder ungerechten Behandlung stört, selbst auf eine Demütigung nicht mit Empörung antwortet, ist gefühllos. Ihm fehlt es sogar an Selbstachtung, weshalb seine Haltung als verachtenswert erscheint. Besonnen ist dagegen, wer sich weder über jede Kleinigkeit noch über berechtigte Kritik ärgert, wohl aber zwei Bedingungen erfüllt: Seine «Vergeltungsimpulse» entzünden sich nur bei berechtigtem Anlaß, und auch dann lebt er sie nur in angemessener Weise aus, also nicht in maßlosem Zorn oder mitleidloser Rache.

Vielfach setzt man die Besonnenheit mit einer Selbstkontrolle und Selbstbeherrschung gleich. Tatsächlich gibt sie sich mit dieser bloß negativen Leistung, einer Ablehnung des Falschen, nicht zufrieden. Sie besteht weit mehr in einer Einstellung zum Richtigen, in jenem zur positiven Grundhaltung gewordenen Selbstverhältnis zur eigenen Emotionalität, das sowohl der wuchernden Affektivität und maßlosen Begierde als auch ihrer Ausschaltung entgegentritt. Wer besonnen ist, verfolgt im Bereich von Lust und Unlust Teil- und Einzelziele, die untereinander einen Zusammenhang bilden, der ein gelungenes, sinnerfülltes Leben ermöglicht.

Gemäß den Stufen des Guten kann man drei Stufen der Besonnenheit unterscheiden, auch wenn man die erste Stufe selten Besonnenheit nennt: Die bescheidene, technische Besonnenheit befähigt, irgendeine Lust, sofern man sie nur anstrebt, tatsächlich zu erreichen. Die anspruchsvollere, pragmatische Besonnenheit beantwortet die Frage, welche Lust sich in ein insgesamt gelungenes Leben integriert. Um ein langfristiges, verschiedene Lustarten miteinander versöhnendes Wohl zu erreichen, muß man sich vom Despotismus der momentanen Begierden freimachen, öfters deren Befriedigung aufschieben, einige Begierden beschneiden, manche sogar ganz zurückdrängen. Die höchste, moralische Besonnenheit widersetzt sich einem gegen andere rücksichtslosen Luststreben. Sie sucht keine Lust, die die Selbstachtung oder die berechtigten Interessen der Mitmenschen verletzt.

Die Lebenserfahrung steuert einige nähere Ratschläge bei; zwei sind schon genannt. Der eine sagt: «Suche nicht bloß unmittelbaren Genuß, sondern lasse Dich, wo erforderlich, auf Verzichte und auf Anstrengungen ein!» Sie vermögen nämlich die Gesamtlust zu steigern. Der andere Ratschlag: «Bringe in Zeiten der Mühe und des Leids die Erinnerung vergangener Freude als mühe- und leidmindernden Trost ein!» Ein dritter Ratschlag beruft sich auf den hohen Lustwert der Vorfreude: «Stelle Dir manchen künftigen Genuß schon gegenwärtig vor und zögere ihn, um die Vorfreude zu verlängern, trotzdem hinaus!» Ein vierter Rat: «Lerne die Fähigkeit zur Vorfreude oder bewahre sie, auch wenn Du weißt, daß nicht alle ‹Blütenträume› des Lebens sich erfüllen!» Einen weiteren Ratschlag kann man von Sokrates übernehmen: «Sei besonnen, indem Du von den vielen Dingen, die es gibt, vieles nicht brauchst!» Ein weiterer Ratschlag: «Lasse Dich nicht von Groll oder gar Haß gefangennehmen!» Zur Lebenskunst gehört die Fähigkeit, sich auch von etwas, das einem angetan worden ist, zu lösen.

Die Besonnenheit bringt kein Mensch von Geburt aus mit, noch bildet sie sich in bloßen Wachstumsprozessen aus. Ebensowenig wird man der Partikularität und Hartnäckigkeit rein naturwüchsiger Antriebskräfte Herr durch einen heroischen Entschluß. Das für die Tugend generell Gesagte trifft auf die Besonnenheit ebenfalls zu: Das die Macht bloßer Vorgaben aufhebende Selbstverhältnis gewinnt man durch einen längeren Lernprozeß, der vornehmlich einen praktischen, keinen theoretischen Charakter hat: durch fortgesetztes Einüben. Biographisch beginnt dieses Lernen schon vor dem Lernen, nämlich in frühkindlichen Phasen der Zuwendung und Fürsorge, die die emotionalen Grundlagen für ein Selbst- und Weltvertrauen legen, das die spätere Entwicklung entschieden erleichtert. Erst im Fortgang der Erziehung treten mehr und mehr Elemente der Selbsterziehung hervor.

Obwohl die Herausforderung der Besonnenheit, vor allem das Immer-mehr-Wollen, eine allgemeinmenschliche Gefahr darstellt, gibt es auch zeitspezifische Aufgaben: Die heutige, in der Bevölkerungszahl und den Pro-Kopf-Ansprüchen enorm gewachsene Weltgesellschaft braucht nicht nur eine persönliche, sondern auch eine weltgesellschaftliche, globale und kollektive Besonnenheit, die den vieldimensional ungehemmten Raubbau an der Natur endlich bremst (vgl. Höffe [4]2000, Kap. 10.3).

Einen analogen Raubbau gibt es an den eigenen Ressourcen. Denn jemand mag noch so gesund, vital, begabt, arbeits- und widerstandsfähig sein – sein Reservoir an physischen und psychischen, sozialen und kulturellen Kräften ist zwar entwicklungsfähig und kann von bislang unentdeckten Reserven profitieren; unbegrenzt ist es aber nicht. Wie die Menschheit die Erde für die nächsten Generationen bewahren muß, so darf sich der einzelne nicht persönlich aufbrauchen, vielmehr sollte er seine physischen, psychischen und intellektuellen Kräften für die Zukunft, freilich für keine unbegrenzte, offenhalten. Welche zeitgenössischen Verhältnisse der Selbstüberbeanspruchung und Selbstüberlastung Vorschub leisten, kann nur die Erfahrung lehren: Ist es das Überangebot an Reizen, dabei die gewachsene Macht von Bildmedien wie dem Fernsehen? Ist es die Informationsflut? Ist es eine Regulierungsdichte und zugleich größere Dichte von Sozialkontakten, nicht zuletzt die Allgegenwart von Mobiltelefonen, Faxgeräten und elektronischer Post, die die Kreativität einschnüren?

Ein Blick in die Kulturgeschichte bewahrt vor einer moralisierenden Gegenwartskritik, denn das Problem ist nicht neu. Schon der stoische Philosoph Seneca beklagt in der Schrift *Über die Kürze des Lebens* (Abschn. IX), daß die Menschen ihre Lebenszeit mit nichtigen Geschäften vertun, statt mit ihrer allzu knappen Lebenszeit vernünftig umzugehen. Für Seneca kam es darauf an, die rechte Balance zwischen dem privaten und dem öffentlichen Gebrauch der Lebenszeit zu finden und über dem Dienst am Gemeinwesen nicht die «Eigenzeit» zu vergessen, die man für sich, bei ihm vor allem für philosophische und literarische Studien, braucht.

Ein Teil des Beklagten könnte an Besonderheiten der modernen Kultur gebunden sein, deren Dynamik allzu viele Tätigkeitsfelder bereitstellt. Ein Kern, die Begrenztheit der menschlichen Lebenszeit, gehört aber zur Conditio humana. Und unabhängig von der genauen Diagnose der Ursachen ist eines offensichtlich: Während viele etwa wegen Arbeitslosigkeit oder Krankheit zur Untätigkeit «verurteilt» sind, leiden andere unter dem Verlust an Muße, ohne die man weder die Zeit zum Nachdenken noch die zu außerberuflicher Tätigkeit und für dauerhafte persönliche Beziehungen findet. Ein kleines Wort aus dem Mund eines großen Denkers, Blaise Pascal: «Wenn ich es gelegentlich unternommen habe, die vielfältige Geschäftigkeit der Menschen zu betrachten, ... habe ich entdeckt, daß alles Unglück der Menschen von einem einzigen herkommt: sie verstehen es nicht, in Ruhe in einem Zimmer zu bleiben.» (*Pensées*, Nr. 139)

Verschiedene Arten von Besonnenheit sind der philosophischen Tradition bekannt. Ihr gegenüber braucht es wegen der Gefahr der Überbeanspruchung seiner selbst eine (relativ) «neue Besonnenheit». Sie besteht in der Entwicklung von Widerstandsreserven: in der Fähigkeit, gegen eigene Wünsche nein zu sagen und auf gewisse Anreize zu verzichten; ferner die Fähigkeit, sich nicht zu viel aufzuladen, also der Kunst, anderen nein zu sagen, ohne sie zu verletzen. Manches Ja, das man anderen gibt, zeugt weniger von Großmut als von einer Feigheit, die aus Angst, unbeliebt zu werden, es allen recht machen will.

10.2 Gelassenheit

Beim zweiten Lebensziel, dem Streben nach Wohlstand, gibt es zwei «Versuchungen», die oft zusammenkommen: eine Habsucht, die mehr und mehr will, und ein Geiz, der mit niemandem teilt («Hartherzigkeit»), oft sogar für sich selbst nichts ausgibt. Den Gegensatz dazu bildet die Verschwendung. Beiden Haltungen tritt jener freie Umgang mit materiellen Gütern entgegen, der die Güter weder «aus dem Fenster wirft» noch sich an sie ängstlich klammert. Indem der Freigebige sich sowohl gegen Verschwendung als auch gegen Geiz sperrt, praktiziert er die eudaimonistisch richtige Wertschätzung materieller Güter. Mit seinem Vermögen «nicht verheiratet», sondern dessen souveräner Herr, gibt er es aus, wo es ihm als sinnvoll erscheint, vor allem auch für andere, freilich nie so viel, daß er selber im Armenhaus landet.

Eine andere Tugend setzt tiefer als die Freigebigkeit an. Sie weist eine Antriebskraft in die Schranken, die zu einem dem Wohlstand verfallenen Leben motiviert. Da die Antriebskraft sich beim dritten Lebensziel, dem Machtstreben, wiederfindet, gibt es zur Geld- und zur Machtsucht eine gemeinsame Alternative. Sie richtet sich – unter anderem – gegen die Zukunftsangst: im einen Fall gegen die Sorge, in Zukunft nicht über genügend materielle Ressourcen, im anderen Fall, nicht über genügend Machtressourcen zu verfügen. Der Anwendungsbereich reicht allerdings weit darüber hinaus. Dieser Umstand bekräftigt das Gewicht einer Haltung, die im klassischen, Aristotelischen Tugendkatalog des Eudaimonismus fehlt. Der Grund könnte im Anwendungsbereich liegen. Er setzt nämlich dem Leitinteresse, das eigene Glück selber in die Hand zu nehmen, Grenzen, was den Eudaimonismus als Ganzen relativiert:

Das Kräftefeld, in dem sich das menschliche Leben abspielt, hängt von Natur- und Sozialvorgaben ab, die nur zum Teil vom jeweils Handelnden beeinflußt, in der Regel nicht einmal voll überschaut werden. Soll das Leben trotz vielfältiger Fremdvorgaben glücken, so braucht es ein paradoxes Können: Man muß imstande sein, etwas, das nicht in eigener Hand liegt, trotzdem in die Hand zu nehmen. Dafür braucht es – so ein weiterer Ratschlag – die Fähigkeit und Bereitschaft, die Vorgaben in ihrer Eigenart wahrzunehmen und als Vorgaben anzuerkennen. Hinzu kommt eine Anerkennung zweiter Stufe: die Fähigkeit, selbst den Grenzen zuzustimmen, die der eigenen Fähigkeit, die Vorgaben zu durchschauen, gesetzt sind. Wer den eigenen Grenzen frei zustimmt und die freie Zustimmung zu einer Grundhaltung entwickelt, der verfügt über eine zweite Tugend, die Gelassenheit. Auch sie meint kein paternalistisches Lebenskonzept, sondern ein praktisches Selbstverhältnis, das sich gegen die Unterschiede von Temperamenten, Lebensumständen und -interessen offenhält.

Die Gelassenheit wendet sich gegen eine Ungeduld, die sich auf eine Situation nicht einstellen kann, sondern schon bei deren Wahrnehmung im Sinne eigener Vorstellungen verändern will. Sie unterscheidet sich auch von Nachgiebigkeit und Schwäche, aufgrund deren man sich der jeweiligen Situation willenlos unterwirft. Das Extrembeispiel einer am Ende verhängnisvollen Willenlosigkeit zeichnet Karl-Heinz Ott im Roman *Endlich Stille*: Der Ich-Erzähler wird von einem Wildfremden in eine so vereinnahmende Pseudo-Freundschaft gedrängt, daß er sich zunächst über Wochen bis zur Bewußtlosigkeit betrinkt, danach, weil «im eigenen Heim nicht sein eigener Herr», aus der Wohnung flüchtet, bei der schließlichen Rückkehr aber den Eindringling zu einer Bergwanderung drängt, wo dieser, vom Ich-Erzähler anscheinend vorhersehbar, hinter einem Felsvorsprung in die Tiefe stürzt.

Zwischen Erzwingenwollen und Gefügigkeit, zwischen Aktivität und

Passivität gestellt, besteht die Gelassenheit in der Bereitschaft, die natürliche Welt, die Mitmenschen, nicht zuletzt die eigene Person mitsamt der dazugehörigen Geschichte anzunehmen und sich trotzdem nicht als freie und schöpferisch handelnde Person aufzugeben. Gegen sich selbst weder zu großzügig noch zu kleinlich, sucht man, wo erforderlich, seine Fähigkeiten fortzuentwickeln, ohne sich, wo man versagt, zu quälen. Auch akzeptiert man, daß das Leben sowohl unangenehme Überraschungen als auch nicht überraschende Unannehmlichkeiten wie das Altern bringt. Trotzdem lebe man in Unbesorgtheit. Gelassen ist auch, wer sich der Diktatur der Hetze entzieht und sich an Zeitverschwendung, an Muße, erfreut.

Zu dieser Tugend, einem Ausdruck von Selbstvertrauen, Weltvertrauen und Ich-Stärke, zählt die Bereitschaft, weder unentschlossen zu bleiben noch übereilt zu handeln. Gelassen ist, wer den rechten Zeitpunkt abzuwarten und das rechte Maß des Tuns sowohl einzuschätzen als auch einzusetzen versteht. Gelegentlich gebietet die Gelassenheit, sich von jener Rastlosigkeit frei zu machen, der Goethe im Gedicht *Erinnerung* die Erfahrung entgegenhält: «Willst du immer weiter schweifen? / Sieh, das Gute liegt so nah.» Zu Recht betont das Gedicht aber eine Kreativität eigener Art («Lerne nur das Glück ergreifen»), die den optimistischen Schluß erlaubt: «Denn das Glück ist immer da.»

Wegen der Mehrdeutigkeit des deutschen Ausdrucks «Glück» spricht man gelegentlich lieber von Sinn, allerdings häufig in einer negativen Verbindung. So redet man heute gern von «Sinnkrise», meint dann meist nicht eine Lebenskrise, in die jeder Mensch einmal geraten kann, sondern eine Krise in der Gesellschaft und macht für sie einen «Sinnverlust» verantwortlich. Gegen den pessimistisch-moralisierenden Unterton – «früher war alles besser» – versuche man es mit einer anderen Diagnose: Entgegen dem Defätismus des Sinn*verlustes* bemerke man einen Sinn*gewinn*, der in einem bislang unbekannten Reichtum an Möglichkeiten sinnerfüllten Lebens liegt. Sondert man die strukturell illusionären Sinnerwartungen aus, also das reine Genußleben und das bloße Streben nach Wohlstand und Macht, so bleibt immer noch ein Überfluß an sinnvollen Lebensmöglichkeiten übrig. In deren Fülle spiegelt sich die *Conditio humana* wider, die Weltoffenheit und Multikompetenz.

Der Überfluß an Sinnmöglichkeiten hat freilich Kosten. Eine erste Folgelast: Eine bisher als einzig gültig erscheinende Lebensform wird relativiert, was die Sicherheit der Lebensführung erschüttert. Wer dann von «Sinnverlust» spricht, sitzt einer perspektivischen Täuschung auf.

Nicht der Sinn selbst geht verloren, wohl aber die Gewißheit, in welcher Lebensform man den Sinn erwarten darf. Eine zweite Folgelast liegt in der Unübersichtlichkeit und Entscheidungsnot, deretwegen man sich nach der vertrauten Einfachheit zurücksehnt. Sozialpsychologisch verständlich ist diese Sehnsucht, die Sinn-Nostalgie, allemal. Sie folgt aber dem «Lustprinzip», nicht dem «Realitätsprinzip», ist daher ein untaugliches Mittel, um der neuen Unübersichtlichkeit zu begegnen.

Weil die Menschen verschieden begabt und unterschiedlich interessiert sind, würde ihnen, wer den Reichtum der Möglichkeiten beschneidet, wichtige Lebenschancen rauben. Andererseits stellt die vorher unbekannte Vielfalt höhere Ansprüche an das sinnsuchende Subjekt. Der gewachsene Sinnreichtum bietet also neue Chancen und neue Gefahren zugleich. So bleibt hier wie andernorts die Kosten-Nutzen-Analyse gültig, die, mit einer Prise Provokation, Friedrich Nietzsche formuliert hat: «der Mensch ist kränker, unsicherer, wechselnder, unfestgestellter als irgendein Tier sonst ... Sicherlich hat er auch mehr gewagt, geneuert, getrotzt, das Schicksal herausgefordert als alle übrigen Tiere zusammen genommen ... wie sollte ein solches mutiges und reiches Tier nicht auch das am meisten gefährdete, das am längsten und tiefsten kranke unter allen kranken Tieren sein?» (*Genealogie der Moral*, 3. Abh., Abschn. 13)

Angesichts der Gefahren des Sinnreichtums braucht es eine neue Dimension der Sinnfähigkeit, eine Zukunftsfähigkeit, die sich für neue Lebensmöglichkeiten offenhält. Sie beginnt als «kleine Offenheit»: Wer von einer Freundschaft enttäuscht ist, verschließe sich nicht der Möglichkeit einer neuen. Die zweite, «mittlere Offenheit» versteht sich auf lebensaltersbedingte Veränderungen: Verliebtsein, beruflicher Erfolg, das Aufziehen von Kindern – all das verhilft zu einem sinnvollen, glücklichen Leben, findet aber nicht in jedem Lebensalter statt. Schließlich braucht es jene «große Offenheit», die weiß, daß sich gewisse Sinnentwürfe verbrauchen und entleeren: für ein Individuum, für eine Gesellschaft, für eine Generation. Dann sieht sich der Mensch gezwungen, neuen Sinn zu suchen.

Kein Mensch, weder der Philosoph noch der Nichtphilosoph, weder der Fromme noch der Nichtgläubige, ist gegen die Gefahr des kleinen und des großen Sinnverlustes immun. Zur Sinn- und Zukunftsfähigkeit des Menschen gehört es deshalb, zu wissen, daß in Sinnkrisen zu stürzen keine «Schande» ist. Viel eher sind sie das Zeichen einer freien, daher auch riskanten Lebensführung. Zu ihr gehört nicht bloß die Bereitschaft, gewisse Sinnrisiken einzugehen, sondern auch die Fähigkeit, mit einer (vorübergehenden) Niedergeschlagenheit zu leben und trotzdem nicht zu verzweifeln. Zusätzlich zur kleinen Gelassenheit braucht man daher eine «große Gelassenheit», die auch mit Sinnkrisen zu leben versteht. Ein kleiner Anteil: «Keine Traurigkeit aufkommen zu lassen. Die schwerste Arbeit der Welt» (Uwe Timm, *Rot*, ²2003, 206). Ein weiterer Ratschlag lautet deshalb: «Entwickele rechtzeitig die Fähigkeit, selbst in der Niedergeschlagenheit noch zu der ‹Hoffnung› genannten Lebenskraft zurückzufinden, und sei es zu jener Hoffnung wider alle Hoffnung für die es religiöse, etwa christliche Vorbilder gibt, aber auch außerreligiöse wie Sisyphos!» Denn: «nur Mut! Hoffnung ist etwas, das sehr gefährlich sein kann, aber ohne sie wäre das Leben schrecklich freudlos, geradezu unmöglich.» (Anthony Doerr, *Winklers Traum vom Wasser*, 2005, 342)

Kommen beide Tugenden, Besonnenheit und Gelassenheit, zusammen, so erhält das Leben einen inneren Glanz. Getragen von einem ruhig-fröhlichen, von allem Trübsinn freien Gestimmtsein, steigert sich die Lebenseinstellung zur Heiterkeit, dem stets fröhlichen Herz. Wer sie im vollen Sinn besitzt, wandelt – wie es bei Epikur heißt – wie ein «Gott unter Menschen» (*Brief an Menoikeus* 135). In der Natur gibt ein Vorbild der von Wolken ungetrübte Sonnenschein. Auch der Gedanke der Heiterkeit ist nicht an kulturelle Grenzen gebunden. In der chinesischen Philosophie, dem vom legendären Lao Zi begründeten Daoismus kommt ihm das Ideal einer wahren, authentischen Person nahe: *zhenren (chenjen)*. Gemeint ist nämlich ein durch Selbstkultivierung erreichter Gemütszustand, in dem man, von Begierde und Nutzenkalkül frei, ein einfaches, ruhiges und sorgenfreies Leben führt (vgl. Shen 2003).

Wie erwirbt man die Tugend der Heiterkeit? Der philosophische Lebenskünstler, Epikur, versuchte es mit rationalen Mitteln: Er erklärte den Menschen, daß ihre Ängste grundlos, ihre Begierden beherrschbar und ihre Schmerzen überwindbar seien. Der Dichter, Schiller, meinte, die «schöne Kunst» bringe sie zustande, der spekulative Philosoph Hegel vertraute dagegen auf sein Metier. Gegen Epikur spricht die Kluft, die zwischen der Kenntnis einer rationalen Erklärung, einem Know that, und dem tatsächlich Danach-leben-Können, einem Know how, besteht. Gegen Schiller ist zu sagen, daß die Theaterbühne nicht das Leben selbst ist. Und die Philosophie begreift zwar Prinzipien, vollzieht aber nicht das entsprechende Leben. So bleibt gültig, was für die Tugend generell gilt: Mögen Dichtkunst, Philosophie oder andere Dinge (Musik, Gottvertrauen ...) hilfreich sein, die Haltung der Heiterkeit gewinnt man nur durch Einüben in jene Lebenssituationen, die man aber weder sich noch anderen wünscht: durch ein Einüben in eine Heiterkeit selbst angesichts von Eintrübungen des Lebens.

10.3 Aus Selbstinteresse selbstvergessen

Die Gelassenheit reicht in die Auseinandersetzung mit der vierten Lebensform hinein. Die hier bescheidene Stufe widersetzt sich der Gefahr, so stark zum Sklaven seines Ehrgeizes zu werden, daß man andere Eigeninteressen vernachlässigt, also dem Sprichwort «mehr Schein als Sein» folgt und selbst vor Rücksichtslosigkeit nicht zurückschreckt. Mag auch diese Gelassenheit nicht allen Menschen leicht fallen, so ist sie doch bekannt, denn ihr eudaimonistischer Wert liegt auf der Hand. Anders verhält es sich mit einer großen Gelassenheit im mitmenschlichen Umgang.

Die Anwendungsbedingung findet sich erneut in vielen Kulturen: daß für das geglückte Leben Freundschaft, Partnerschaft und Liebe eine besondere Bedeutung haben. Der Philosophie ist sie von Platon und Aristoteles über Epikur, Augustinus und Kant bis zu Scheler 1913b, Spaemann (^{3}1993, 141 ff.) und Frankfurt 2004 vertraut: Wem materielle Güter zu oberflächlich und zu profan sind, der sucht den Reichtum zwischenmenschlicher Beziehungen und schließt den Sonderfall nicht aus, das Verliebtsein, das die Dichter zu Recht nicht als nie vergehende Hoch-Stimmung preisen, sondern als ein Ausschreiten und Auskosten menschlicher Emotionalität, mit Goethe: «Freudvoll / und leidvoll, / gedankenvoll sein, / langen / und bangen / in schwebender Pein, / himmelhoch jauchzend, / zum Tode betrübt – / glücklich allein / ist die Seele, die liebt.» (*Egmont,* 3. Aufzug)

Tragfähige Beziehungen leisten für das Glück ein Doppeltes: Sie sind seine Voraussetzung und zugleich eine Form, in der es sich abspielt. Vor allem enge persönliche Beziehungen leben von zwei Eigentümlichkeiten. *Einerseits* sind insbesondere Partnerschaft und Elternschaft auf lange Zeit, sogar auf ein ganzes Leben angelegt. Damit schränken sie die Freiheit ein, allerdings «in Freiheit» und mit einem Freiheitsgewinn: Sofern die Bindungen gelingen, bieten sie nämlich Schutzräume, in denen man weithin unbesorgt um Anfeindungen seinen Interessen nachgehen, auch seine Schwächen haben darf. Insofern kann man in Freiheit leben und darüber hinaus sich neue Freiheitsräume erschließen. Damit die Beziehungen tatsächlich gelingen, muß man sich aber *andererseits* Mitmenschen so zuwenden, wie diese sind, sie also in ihrer Andersheit anerkennen. Spätestens hier braucht es, was sich am treffendsten paradox formulieren läßt: einen Selbstgewinn durch Selbstverlust oder eine Selbstaneignung durch Selbstentäußerung. Die Weisheitsliteratur nennt es «Befreiung aus der Enge des eigenen Herzens» (*Psalm* 18, 20).

Innerhalb des Prinzips Glück erfolgt die Selbstentäußerung nicht aus einem hehren, ohnehin sich häufig selbst täuschenden Altruismus. Ihr Grund liegt in einer ungewöhnlichen Form von aufgeklärtem Selbstinteresse: Aus Selbstinteresse negiert man das Selbstinteresse als letzten Bestimmungsgrund. In Nathaniel Hawthornes Erzählung *Egotism* wohnt in der Brust eines Mannes eine Schlange, die ihn aufzehrt. Erst als er den Rat befolgt: «Forget yourself in the idea of another», besiegt er seine Krankheit. Das eigene, aber nicht eigensüchtige Glück offenbart sich in einer paradoxen Transzendenz: Um sich zu finden, muß der Mensch über sich hinauswachsen, in gewisser Weise sogar sich verlieren. Hier tritt an der Sozialnatur des Menschen eine selten beachtete Seite zutage, die einen weiteren Ratschlag aufdrängt: «Willst Du mehr als gewöhnliches Glück, so verfolge Dein Selbstinteresse in der außergewöhnlichen Form von Selbstvergessenheit!»

Der Ratschlag beinhaltet weit mehr als die etwas triviale, negative Gestalt der Goldenen Regel, die Aufforderung zu einem wechselseitigen Nichtschädigen: «Was Du nicht willst, das man Dir tut, das füg' auch keinem anderen zu!» Selbst die Steigerung zur positiven Forderung genügt nicht: «Behandle andere so, wie Du von ihnen behandelt sein willst!» Es geht sogar um mehr als nur eine vorausschauende Wechselseitigkeit, denn mit deren Maxime: «Gib anderen, damit Dir wiedergegeben wird!» nimmt man lediglich eine strategisch verstandene Investition in die Zukunft vor. Statt dessen ist eine Investition in die Zukunft gemeint, von der man durchaus Gewinn erhofft, ihn vielleicht sogar erwartet und die man trotzdem nicht bloß strategisch vornimmt.

Wer sich auf die zur Selbstvergessenheit gesteigerte Zuwendung einläßt, entwickelt Verhaltensweisen, die die übliche Alternative von Egoismus und Altruismus sprengen. Sie beginnen mit der schon genannten Freigebigkeit, die an den eigenen materiellen Ressourcen nicht klebt. Wahre Freigebigkeit agiert nicht aus strategischen Gründen, etwa um sich Freunde zu machen oder Ansehen zu erwerben. Sie gibt vielmehr schlicht deshalb ab, weil man selber hat, was anderen fehlt. Obwohl also der wahrhaft Freigebige in soziale Vorteile wie Beziehungen und Ansehen nicht, ökonomisch gesprochen, investiert, pflegen sich die positiven Folgen einzustellen.

Freigebigkeit taucht nicht nur im Materiellen auf. Wer seine Begabungen zum Wohl der Öffentlichkeit einsetzt und sich beispielsweise ohne strategische Interessen ehrenamtlich engagiert, übt je nach Aufgabenbereich eine soziale, kulturelle oder wissenschaftliche Freigebigkeit aus.

Einige Philosophen des Prinzips Glück raten, sich vom Sozialen möglichst fernzuhalten. Epikur wird die Maxime zugeschrieben: «Lebe im Verborgenen!» (Usener ²1966, Fr. 551) Weil man sich nämlich gegen die Mißgunst und Intrigen der Mitmenschen am wenigsten schützen könne, solle man weder Ämter noch Würden, weder Ehre noch Ruhm anstreben (vgl. *Kyria doxai* Nr. 14 und *Weisungen* Nr. 58). Epikurs Ratschlag ist nicht unvernünftig, läßt aber die eudaimonistische Offenheit vermissen. Denn je nach Persönlichkeit liebt man es, Gefahren zu vermeiden oder sie als Herausforderung anzusehen, an denen man sich sportlich, sozial, künstlerisch, wissenschaftlich oder politisch bewähren will. Das Ansehen, das man dabei, ohne es anzustreben, trotzdem erwirbt, kann man als glückliche Dreingabe verstehen. Zum Beispiel lebten Schriftsteller wie Franz Kafka und Samuel Beckett auffallend fern von den Medien, allem Beifall abhold, und gelangten trotzdem zu höchster Berühmtheit.

Zur genannten Selbstvergessenheit gehört die Fähigkeit, dem gelegentlichen Wunsch entgegenzutreten, anderen zu schaden, sei es aus Vergeltung für erlittenes Unrecht: «aus Rache», oder um den anderen zu hindern, erfolgreicher zu sein, also aus Eifersucht oder aus (Ressentiment-) Neid. Treffend nannte das Mittelalter die zwei letzten Affekte *vitia poenalia:* Laster, die sich selbst bestrafen; der Volksmund sagt bestätigend «von Neid bzw. Eifersucht zerfressen». Daß man jeden Sadismus fernhalten soll, ist allzu selbstverständlich, auch daß man bei fremdem Mißgeschick keine tiefe Genugtuung empfinde, einen leichten Anflug vielleicht, tiefe Schadenfreude aber auf keinen Fall.

Eine besondere Form von Selbstvergessenheit besteht in jener Freundschaft, die weder um der gemeinsamen Lust noch des gemeinsamen Nutzens, vielmehr um ihrer selbst willen gepflegt wird. In ihr verbindet sich die Nähe mit Distanz, so daß wegen gegenseitiger Achtung jeder trotz enger Zusammengehörigkeit er selber bleibt.

Eine weitere Form gesteigerter Selbstvergessenheit bildet das Mitgefühl in seiner negativen und seiner positiven Seite. Bei Unglück, Mißerfolg und Leid der Mitmenschen begnügt sich das negative Mitgefühl, das Mit*leid*, nicht mit einem ästhetisch-passiven Empfinden. Es versucht vielmehr zu helfen, und sei es mit dem rechten Wort oder der rechten Geste. Echtes Mitleid tritt nicht als versteckte Form von Verachtung auf, es entspringt der Achtung des Anderen. Gegen die neuerliche Privilegierung des negativen Mitgefühls ist an das positive Mitgefühl zu erinnern, an ein Dem-anderen-wohl-Wollen einschließlich der Mit*freude*, die das Glück anderer mitgenießt und es im Mitgenießen verstärkt. Auf das Mitleid trifft das Sprichwort zu: «Geteiltes Leid ist halbes Leid», auf die Mitfreude: «Geteilte Freude ist doppelte Freude»: Während Neid und Mißgunst die Freude beim eigenen Gelingen mindern, erbringt die Mitfreude eine positive Rückkoppelung: Im Fall der Mitfreude der anderen freut man sich um so mehr, und die Mehr-Freude wirkt auf beide, die eigene Freude und die Mitfreude der anderen, zurück. Zu Recht feiert man freudige Ereignisse mit anderen; die gesteigerte Form der Mitfreude, das Mitfeiern, gehört zur Lebenskunst zweifellos hinzu.

Viele Kulturen kennen eine Ek-stase im formalen Sinn: ein Sich-Ausklinken aus allem Gewöhnlichen, eine Erfahrung, bei der die sinnliche Lust und das Materielle, selbst das Ansehen bei den Mitmenschen jede Bedeutung verliert. Für die antike Philosophie, namentlich Aristoteles, besteht diese Ekstase im *bios theôrêtikos,* in einem der Philosophie und den theoretischen Wissenschaften gewidmeten Leben. Das christliche, auch das islamische Mittelalter, wandelt dieses Lebensideal um in eine *vita contemplativa*, ein kontemplatives Leben, das über die theoretische Wissenschaft hinaus sich der religiösen Betrachtung widmet und den Höhepunkt in der Gottesschau findet. Der Buddhismus sucht die ekstatische Selbstvergessenheit in einer Meditation, die, in verschiedenen Gestalten gepflegt, letztlich auf eine von religiösen Gehalten freie Erleuchtung zielt. Nach Auskunft der buddhistischen Meister läßt sich die Erleuchtung nur in Paradoxen beschreiben. Beispielsweise klagt ein Schüler seinem Zen-Meister: «Ich habe nichts», worauf der Meister verlangt: «Dann wirf es weg!» Die Geschichte endet mit dem Hinweis: «Und da fand er die Erleuchtung.»

Die einer philosophischen Lebenskunst gebotene Neutralität, ein ethischer Liberalismus, zieht derartige Angebote nicht ins Lächerliche. Sie hält sich vielmehr für die Angebote offen, ohne eines von ihnen zu privilegieren. Sie nimmt nicht einmal für das Außergewöhnliche Partei. Sie überläßt es den einzelnen zu entscheiden, ob sie das gelungene Leben erst vom Außergewöhnlichen erwarten oder ob sie es im Rahmen des Üblichen suchen, sich also mit der Besonnenheit, der Gelassenheit und der bescheidenen Gestalt von Selbstvergessenheit zufriedengeben.

11. Lebensklugheit statt Kalkulation

11.1 Ein empirisch-rationaler Kalkül

Offensichtlich genügen für ein glückliches Leben die richtigen Ziele nicht, es braucht auch die angemessenen Wege. Die zuständige Kompetenz ist weit mehr als eine simple technische Vernunft im Dienst wohlabgegrenzter Ziele, denn sie ist dem schwierigen Ziel Lebensglück verpflichtet.

Wohlstand beispielsweise läßt sich leicht messen, zumal der Geldanteil, etwas schwieriger die Aktien, Immobilien und Kunstschätze. Über den «existentiellen» Wert aber, die Glückstauglichkeit, ist damit noch wenig gesagt. Manche Menschen schätzen nur ihre Eigenleistung, also den selbst erworbenen Anteil, andere suchen den Wohlstand als Mittel der Anerkennung. Ohnehin steigt der eudaimonistische Wert nicht proportional zur Größe des Wohlstands. Selbst unter Verzicht auf Proportionalität gilt nicht der Grundsatz: Je mehr Wohlstand, desto mehr Glück. Wer aus Habsucht nach Wohlstand strebt, lebt in Sorge, daß er an absolutem Wert verliere. Wo Neid hinzukommt, sinkt selbst bei einem Krösus das Wohlergehen, sobald ihn andere im Wohlstand überrunden. Wer dagegen ohne Habsucht und Neid, überdies bescheiden lebt, fühlt sich schon mit Wenigem sehr wohl.

Auch die Macht ist schwer zu messen. In Zeiten einer einzigen Hegemonialmacht mag man dessen Präsidenten zur mächtigsten Person der Welt erklären. Damit achtet man aber nur auf die machtpolitische «Währung» der Macht, obwohl es auch intellektuelle, moralische und religiöse Macht, nicht zuletzt die Medien-Macht gibt. Eine weitere Schwierigkeit: Für diese unterschiedlichen Währungen existieren keine «Devisenkurse», mit deren Hilfe sich die eine Macht in andere umrechnen ließe: Ist ein Präsident von 270 Millionen Bürgern in jeder Hinsicht mächtiger als der Kirchenführer von einer Milliarde Kirchenmitgliedern? Vor allem läßt sich der eudaimonistische Wert von Macht schwer einschätzen. Und ohne Zweifel wäre es ein Irrtum zu glauben, je mehr Macht jemand besitze, desto glücklicher sei er.

Bei der dritten Option, der Ehre oder dem Ansehen, sind die Währungen noch zahlreicher. Es gibt das soziale, das mediale und das politische Ansehen, die künstlerische, literarische, intellektuelle und wissenschaftliche Reputation, die im Bereich des Sports, die humanitäre und viele weitere. Dazu kommen zahlreiche «Unterwährungen», etwa die U- und die E-Musik, die Poesie und die Unterhaltungsliteratur, die verschiedenen Wissenschafts- und Sport-Disziplinen. Nicht zuletzt wiederholt sich die Nicht-Proportionalität: Mit wachsendem Ansehen nimmt das Lebensglück nicht im gleichen Maß zu; es kann sogar stagnieren.

Weil der eudaimonistische Wert der drei Lebensziele Wohlstand, Macht und Ansehen unklar bleibt, drängt es sich auf, unmittelbar auf das noch fehlende Lebensziel, die Lust, zu achten und sich auf die Lust-Unlust-Bilanz zu konzentrieren. Der Grundgedanke ist alt, auch den Kritikern einer bloßen Lustethik vertraut. Schon Platon skizziert im Dialog *Protagoras* einen Lustkalkül, demzufolge man einerseits das Angenehme, andererseits das Unangenehme zusammenzählen, dabei das Nahe und das Entfernte abschätzen und schließlich die bessere Lust-Unlust-Bilanz wählen soll.

Auch nach einem neuzeitlichen Kritiker jeder Lustethik, Kant, zählt für ein bloßes Genußleben lediglich, «wie stark, wie lange, wie leicht erworben und oft wiederholt» eine Annehmlichkeit sei (*Kritik der praktischen Vernunft*, § 3, Anmerkung I). Zum positiven Programm, zur Ansicht, auf der Grundlage empirischer Kenntnisse die Lust und mit ihr sogar das Glück zu berechnen, wird der Gedanke aber erst beim klassischen Vertreter des Utilitarismus, dem Rechtstheoretiker und Sozialreformer Jeremy Bentham. Weil er das Glück nach Lust und Unlust, also hedonistisch, bestimmt, nennt man sein Glückskalkül den «hedonischen» bzw. «hedonistischen Kalkül». An ihm lassen sich die Möglichkeiten eines Glückskalküls exemplarisch prüfen.

Nach dem maßgeblichen Vorschlag, Benthams *Principles of Morals and Legislation* (Kap. IV), berechnet man den Lust- bzw. Glückswert einer Handlung oder Handlungsregel, indem man ihre Folgen nach sechs Kriterien bewertet, nach (1) der Intensität, (2) der Dauer, (3) dem Grad der Gewißheit, mit der man Lust und Unlust erwartet, und nach (4) der Nähe oder Ferne des Eintreffens sowie (5) der Folgenträchtigkeit und (6) der Reinheit (gemeint ist die Wahrscheinlichkeit, daß auf Lust auch mittelbar Lust und auf Unlust auch mittelbar Unlust folgt). Bei jedem dieser Kriterien behandelt man die Glückswerte wie Geldbeträge. Die positiven Werte der Lust werden addiert, die negativen Werte der Unlust davon subtrahiert, so daß man auf einem mathematisch gleicherweise einfachen wie genauen Weg den hedonistischen Gesamtnutzen berechnet. Im letzten Schritt (7) addiert man die Glückswerte jedes einzelnen Betroffenen. Rational im Sinne des utilitaristischen Prinzips ist nun die Wahl jener Handlung, deren kollektiver Gesamtnutzen größer oder zumindest nicht kleiner ist als der jeder anderen Möglichkeit.

Um überhaupt anwendbar zu sein, macht der Kalkül drei Voraussetzungen. Die erste, hedonistische Annahme, alles Lebenswichtige könne in Begriffen von Lust und Unlust erfaßt werden, sei einmal zugestanden. Denn die Lust hat – wie gezeigt (Kap. 8.1) – einen Endzielcharakter, und den bedenklichen Exklusivanspruch dieses Endziels lassen wir beiseite. Nach der zweiten, empirischen Annahme sind beide Elemente objektive Erfahrungsdaten: sowohl die Handlungsmöglichkeiten, unter denen die Wahl zu treffen ist, als auch die Lust-Unlust-Werte, die jeder Möglichkeit zukommen.

Die dritte, rationalistische Annahme besteht im Anspruch auf Berechenbarkeit, verbunden mit dem Gedanken der Maximierung. Das Glück gilt als steigerbar, und zum menschlichen Glücksverlangen gehöre das Interesse, das nicht mehr Steigerbare, das Maximum, zu erreichen. Diese graduelle Seite ist dem Prinzip Glück nicht fremd, denn man kann den Lebensweg einer Person durchaus als mehr oder weniger glücklich einschätzen. Der Kalkül verlangt aber mehr. Er setzt die Quantifizierung von Lust und Unlust in der anspruchsvollen Form von Kardinalzahlen voraus. Es genügt nicht das Ordinalzahlen-Wissen, also daß die eine Option erst-, eine andere zweit-, eine weitere drittrangig ist. Um eine Lust-Unlust-Bilanz aufzustellen, muß man sogar sagen können, daß eine Option beispielsweise 2,65fach so lustvoll wie eine andere ist.

Einem Zeitalter von Empirie und Rationalität ist ein Kalkül, der beide Elemente verbindet, ein empirisch-rationaler Glückskalkül, hochwillkommen. Denn weder gewinnt man das eudaimonistisch Richtige rein rational, etwa durch Ableitung aus einem höchsten Prinzip oder durch bloße Berechnung; man hält sich vielmehr für empirische Kenntnisse und die einschlägige Forschung offen. Noch gewinnt man das eudaimonistisch Richtige bloß empirisch, denn die Kenntnisse sind «rational» zu verarbeiten. Trotzdem ist zu fragen, ob der Kalkül nicht bloß willkommen, sondern auch auf funktionstüchtige Weise sachgerecht ist. Bei einem bescheideneren Anspruch – weder Glücks-, noch Lust-, sondern Nutzenkalkül – ist der Vorschlag zweifellos sinnvoll. Nicht nur bei ökonomischen Fragen, sondern auch für die Lebensführung sind Nutzen-Kosten-Überlegungen hilfreich, zuweilen sogar unerläßlich. Beispielsweise setze man seine Ressourcen, sowohl seine finanziellen als auch seine Zeit-Ressourcen, möglichst ertragreich ein; überdies lebe man nicht auf Dauer über seine Verhältnisse.

Wie aber verhält es sich beim hochanspruchsvollen Ziel Glück? Benthams Kalkül hat vielerlei Verfeinerung erfahren (z. B. Mill 1861 und Broome ²1995). Sie beheben aber nicht die Grundschwierigkeiten des Kalküls; viele Einwände liegen auf der Hand (vgl. Höffe ²1985, Teil I, bes. Kap. 4). Die erste Schwierigkeit, sogar ein Bündel von Schwierigkeiten, betrifft die Grundlage. Der Kalkül richtet sich nicht direkt auf Lust und Unlust, sondern auf Handlungen, deren hedonistische Bedeutung sowohl herauszufinden als auch herauszuarbeiten ist.

Man kann mit dem Herausfinden beginnen: Obwohl der Kalkül nicht naiv von der Lust/Unlust selbst, sondern von der «zu erwartenden» Lust/Unlust spricht, so klingt es trotzdem nach einem zwar derzeit unbekannten, aber doch objektiven Wert, vergleichbar mit Wetterverhältnissen oder Aktienkursen, die ziemlich unabhängig von meinem Verhalten eintreten. Beim Wetter und den Aktien reagiert man auf die Unsicherheit mit der Verbindung zweier Strategien. Zum einen gibt man sich mit bescheideneren Prognosen zufrieden, was beim Wetter und den Aktienkursen hinzunehmen ist, aber im Fall von Lust/Unlust die Bewertung in Kardinalzahlen fragwürdig macht. Zum anderen entwickelt man komplexere Prognoseinstrumentarien. Beim Wetter bedient man sich der mathematischen Chaostheorie und bei der Entwicklung von Aktienmärkten der Theorie von Ganzheiten, deren Teile dem Grundmuster des Ganzen entsprechen, der fraktalen Geometrie. Im Fall der Lust- und Unlustbilanzen stößt sich aber diese zweite Strategie an dem Umstand, daß die schließlich eintretenden hedonistischen Verhältnisse nicht nur subjektrelativ, nämlich je nach Subjekt verschieden, sondern auch in einem starken Sinn subjektabhängig sind. Sie werden nämlich vom Verhalten, einschließlich Empfindungsverhalten, des Subjektes mitbestimmt. Wichtig ist nicht erst die mathematisch berechenbare Summe von Nutzen oder Nutzenerwartung, sondern schon die Nüchternheit und Redlichkeit, mit der man die Grundlagen der Bewertung gewinnt.

Stelle man sich für die zweite Aufgabe zur Vereinfachung ein Fest vor, das jedem Beteiligten ein gleich großes hedonistisches Potential bietet. Findet das Fest schließlich statt, so kann es trotzdem einigen mehr, anderen weniger Lust, wieder anderen sogar Unlust bereiten. Denn das hedonistische Potential stellt nur eine Globallage von Möglichkeiten dar, die jeder selber sehen, selber ergreifen und selber in persönliches

Wohlergehen umsetzen muß. Eine glücklich begonnene, am Ende aber mißlungene Feier zeigt ebenso augenfällig wie eine über eine längere Zeit mühselige, schließlich aber gelungene Arbeit, daß das Glück aus der aktiven und kreativen Auseinandersetzung mit den teils vorfindlichen, teils selbst zu beeinflussenden Lebensbedingungen erwächst.

Daß nicht die Größe des hedonistischen Potentials, nicht einmal dessen positives oder negatives Vorzeichen subjektunabhängige Vorgaben sind, bestätigt das Phänomen der Vorfreude. Die Vorfreude auf ein Fest oder auf ein Wiedersehen pflegt schon einen gewichtigen Teil der Gesamtfreude auszumachen. Zusätzlich kann die Hauptfreude entschieden größer als die erwartete Freude ausfallen, was die Gesamtfreude einmal mehr steigert. Oder sie fällt beträchtlich geringer als erhofft aus, was in Form von Enttäuschung die Gesamtbilanz verschlechtert. Schließlich gibt es die Erinnerungsfreude, wobei ein «glückliches Naturell» die damalige Freude in stärkerer, ein weniger glückliches Naturell diese in schwächerer Erinnerung hält.

Offensichtlich gibt es Gegenstrategien. Aus Sorge vor einer Enttäuschung kann man eine Art von hedonistischer Diskontierung vornehmen, also die Vorfreude dämpfen, indem man sie der realistischerweise zu erwartenden Hauptfreude anpaßt oder sie sogar vorsorglich geringer ansetzt. Die Vorfreude ist aber schon eine Lust, also ein hedonistisch wichtiger Faktor, den die vorlaufende Diskontierung verringerte. Infolgedessen würde man ein hedonistisches Eigentor schießen, nämlich die Glücksbilanz verschlechtern. Wird allerdings eine Vorfreude zu stark enttäuscht, so empfindet man selbst dann Unlust, wenn das betreffende Ereignis in der Beobachterperspektive als gelungen gelten darf.

Darüber hinaus hängt die schließliche Haupt-Lust von eigenen und fremden Leistungen ab. Weder ein Wiedersehen noch ein Fest sind hinsichtlich ihres hedonistischen Wertes «determinierte» Ereignisse. Ihre Lust-Unlust-Bilanz hängt von den Beteiligten, ihrer hedonistischen Kreativität, ab, die nach der Lebensregel «make the best of it» die jeweilige Lage im Sinne einer möglichst hohen Lustbilanz bewältigt. Ähnlich wie die Vorfreude kann auch die vorlaufende Besorgnis unrealistischerweise hoch oder als Sorglosigkeit unvorsichtig niedrig ausfallen. Und bei welcher Erwartung die Gesamtbilanz von Vor-Besorgnis und Haupt-Lust besser ausfällt, läßt sich schwerlich generell sagen. Nicht einmal für ein und dieselbe Person dürfte es halbwegs sichere Erwartungen geben.

Man könnte dieses *erste* Bündel von Schwierigkeiten als «hedonistische Ungewißheit» ansprechen. Tatsächlich liegt aber kein Wissensmangel, kein kognitives Defizit, sondern eine lebenspraktische Aufgabe vor. Um sie zu lösen, braucht es kein Wissen um Sachverhalte, sondern zwei hedonistische Fertigkeiten. In der Vorphase zählt die richtige Einstellung hinsichtlich Vorfreude und Vor-Besorgnis, in der Hauptphase zählt die Kreativität im gelebten und erlebten Finden von Lust, ebenso im ge- und erlebten Vermeiden von Unlust. Bevor man bei manchen Teil- und Spezialaufgaben kalkuliert braucht es jedenfalls eine lebenspraktische Intelligenz.

Ein *zweites* Bündel von Schwierigkeiten verbirgt sich in der Aufgabe, die relevanten Handlungsoptionen zu bestimmen. Erneut geht es nicht um eine objektive Vorgabe, sondern eine subjektabhängige Aufgabe. Denn die Optionen sind nicht wie ein derzeit fremder, aber schon existierender Kontinent zu entdecken. Wer seine Lustbilanz maximieren will, braucht zusätzlich zur hedonistisch-praktischen Kreativität eine hedonistisch-intellektuelle, genauer: lebenspraktisch-intellektuelle Kreativität. Ihr obliegt es, die besten Optionen herauszufinden, gegebenenfalls neu zu erfinden.

Die *dritte* Schwierigkeit ergibt sich aus dem Gegenstand des Kalküls. Im klassischen Utilitarismus, bei Bentham und Mill, kommt es entweder auf eine Handlung oder aber eine Handlungsregel an. Soll ich zum Beispiel nur die mir jetzt gestellte Frage ehrlich beantworten (Handlungshedonismus), oder soll ich bei Fragen der Ehrlichkeit mich grundsätzlich gegen die Lüge und für die Wahrheit entscheiden (Regelhedonismus)? Nach der Theorie der Lebensziele stehen diese Fragen in einem Zusammenhang, der legitimationstheoretisch vorab zu entscheiden ist: Will ich ein Leben der Lust, des Wohlstands, der Macht oder des Ansehens oder aber ein Leben der Charaktertugenden führen? Je nach Vorentscheidung gibt es für die Lust eine andere Währung, folglich andere Lustwerte und schließlich eine andere Lustbilanz: Wer rechtschaffen sein will, empfindet bei einer Lüge Scham, also Unlust, wer dagegen Macht, Wohlstand oder Genuß sucht, mag die Lüge gelegentlich für instrumentell gut halten und zugleich Lust empfinden. Und manche empfinden beim gelungenen Betrug sogar die Genugtuung, einen anderen hereingelegt zu haben.

Schwierigkeiten bereitet *viertens* der zur Maximierung erforderliche Vergleich von Lust-Unlust-Bilanzen für dieselbe Person, der innerpersönliche Vergleich: Soll jemand allein, in der Familie, mit Berufskollegen oder lieber mit Freunden speisen? Soll er gegebenenfalls mit ihnen zusammen kochen, abwechselnd kochen oder ein Restaurant aufsuchen? Soll er dem Restaurantbesuch einen Theater- oder Konzertbesuch vorziehen? Soll er sich für eine lustversprechende Berufstätigkeit aussprechen, für sie aber viele Jahre einer zum Teil entbehrungsreichen Ausbildung auf sich nehmen? Die Antworten auf derartige Fragen hängen offensichtlich nicht nur von sozialen Randbedingungen, sondern auch von persönlichen Vorlieben ab. Diese sind aber nicht so fixiert vorgegeben, daß die glücksmaximierende Entscheidung sie wie eine unabhängige Tatsache schlicht zur Kenntnis nehmen könnte.

In konkreten Fällen pflegt *fünftens* ein quantitativer Vergleich (fast) undurchführbar zu sein. Denn man hat nicht bloß die Freude am Essen mit der eines Konzertbesuches zu vergleichen. Man muß auch die Annehmlichkeit der Befriedigung wechselnder Bedürfnisse, die Bewegungslust, gegen die Annehmlichkeit einer erfolgreichen Berufsausübung oder einer gelungenen Partnerschaft, also die Zustandslust, quantitativ genau gegeneinander abwägen. Mangels Umrechnungskursen («hedonistischen Devisenkursen») ist der Vergleich selbst bei ein und derselben Person illusorisch; bestenfalls gibt es über den Daumen gepeilte Werte.

Wegen einer *sechsten* Schwierigkeit droht eine Suboptimierung: Angesichts komplexer Entscheidungslagen besteht die Gefahr, jene Aspekte in den Vordergrund zu schieben, die sich am ehesten formalisieren lassen, während man die schwer formalisierbaren Gesichtspunkte in den Hintergrund drängt. Weil etwa sinnliche Lust und materieller Gewinn leichter ins Auge fallen, neigen manche dazu, sich vornehmlich an diesen Kriterien zu orientieren und dem eudaimonistisch so wesentlichen, aber kaum quantifizierbaren Zielen wie einer sozialen Beziehung oder der Selbstachtung ein zu geringes Gewicht einzuräumen. Damit droht eine Maximierung einzelner Aspekte, die den Komplex als Ganzen verschlechtern, eben die Suboptimierung.

Bentham ist sich zwar der Mannigfaltigkeit von Freuden bewußt. In den *Principles of Morals and Legislation* unterscheidet er, rein formal, einfache und komplexe, selbstbezügliche und fremdbezügliche (Kap. V), primäre und sekundäre Freuden (Kap. VI) und entwirft, inhaltlich betrachtet, für die einfachen Freuden eine reiche Palette von vierzehn Arten und weiteren Unterarten. Die Palette beginnt mit Sinnesfreuden, Freuden des Wohlstands und der Kunstfertigkeit und reicht über Freuden der Freundschaft, des guten Rufes und der Macht, der Frömmigkeit, des Wohlwollens, realistischerweise auch der Böswilligkeit, bis zu Freuden der Erinnerung, der Einbildungskraft, der Erwartung, schließlich zu gesellschaftlich fundierten Freuden und zu Freuden der Entspannung. Dieser bunte Strauß von Freuden ist ein Potpourri gängiger Vorstellungen, dem jene phänomenologische Aufarbeitung fehlt, die das «Wesen» der einzelnen Arten klärt. Erst auf deren Grundlage könnte man die für den Kalkül wichtige, bei Bentham aber nicht näher erörterte Vergleichbarkeit und Verrechenbarkeit in den Blick nehmen.

11.2 Die Alternative

Würde der Versuch, das Glück empirisch-rational zu bestimmen, nur zu hoch greifen, so könnte man sich der genannten Doppelstrategie bedienen und sowohl komplexere Instrumente entwickeln als auch einen zu ehrgeizigen Anspruch zurückschrauben. Tatsächlich wird das Ziel aber strukturell verfehlt, sogar in drei ineinandergreifenden Hinsichten: zunächst von der Handlungstheorie her, dann wegen eines kruden Empirismus und schließlich wegen eines ebenso kruden Kognitivismus.

Handlungstheoretisch ist für den Kalkül jede Lustbilanz, sowohl die Bilanz einzelner Lebensphasen als auch die des gesamten Lebens, ein poietisches, also herstellbares Ziel. Das Muster ist der homo faber, der etwas herstellt. Hinzu kommt ein kruder homo oeconomicus, der den Ertrag auf die schlichte Weise maximieren will, daß er die Handlungsmöglichkeiten und deren zu erwartende Lust/Unlust-Werte als objektive Daten ansetzt, auf deren Grundlage er hedonistische Bilanzen aufstellen und die maximale Bilanz wählen könnte. Tatsächlich ist das Leben aber Praxis, also etwas, das nur im kreativen Vollzug existiert und hier seine «Lustbilanz» findet: Wer sein Glück in der Freundschaft sucht, muß freundschaftliche Beziehungen pflegen; wer es von der Wissenschaft oder der Musik erwartet, muß sich persönlich in der Forschung oder in der Musik engagieren und den Vollzug genießen. Im Gegensatz zu einem kruden Empirismus gibt es dafür keine objektiven Daten, die man, so der krude Kognitivismus, per Kalkulation zu einem Maximum verarbeiten könnte.

Nach der Methode der bestimmten Negation zeichnet sich die sachgerechte Alternative in der vorangehenden Kritik ab: Erstens muß man sich den Aktionsspielraum kreativ erarbeiten, teilweise sogar erfinden. Zweitens kommt es auf die vom Subjekt zu leistende hedonistisch-kreative Auseinandersetzung mit Lust-Unlust-Chancen an. Deshalb kann man drittens zwar qualitative, bestenfalls ordinale Einschätzungen vornehmen (A verspricht mehr Glückschancen als B, das wiederum mehr als C), aber nicht die für die Maximierung vorausgesetzten kardinalen Vergleiche anstellen. Unter Voraussetzung der eudaimonistischen Charaktertugenden und zugleich in Ergänzung braucht es dafür eine intellektuelle Fähigkeit eigener Art. Sie macht die andere Seite innerhalb der eudaimonistischen Vernunft aus. Methodisch gesehen läßt sich ein Teil dieser Fähigkeit einer kritischen Hermeneutik zuordnen. Diese begnügt sich hier aber nicht damit, Kulturzeugnisse zu verstehen; sie muß sie vor allem in Beziehung zur eigenen Lebensführung setzen.

Ob Text, Bild oder Musik – große Kunst kann durchaus ein Lebenssimulator sein, den intelligente Interpreten zum Sprechen bringen. Die an Literatur, Theater und Film gewonnenen Erfahrungen haben sogar den Vorteil, daß sie stark bewegen, ohne körperlich oder seelisch schmerzen zu müssen. Im Mitgefühl mit Ödipus, Antigone oder Othello, mit dem jungen Werther, Thomas Buddenbrook oder Effi Briest leidet oder freut man sich erst mit fiktiven Gestalten. Die eigene Existenz hat man dagegen hier und jetzt realiter und konkret zu führen. Darauf bezieht sich die andersartige Hermeneutik. Es geht ihr um ein praktisches, auf das eigene Leben bezogenes Verstehen. Wie die übliche, geisteswissenschaftliche Hermeneutik schließt sie die Fähigkeit zur Selbst- und zur Fremdkritik ein:

Bevor gelegentlich, auch dann nur an nachrangiger Stelle, ein Kalkül gewisse Dienste leistet, braucht er die Fähigkeit zur Selbstbesinnung und Selbstklärung, samt der Fähigkeit, aus guten wie schlechten Erfahrungen zu lernen. Vonnöten ist die Fähigkeit zur nüchternen, weder zu positiven noch zu negativen Selbsteinschätzung, weiterhin die Fähigkeit, mit sich und mit anderen zu Rate zu gehen. Nicht zuletzt hilft die Fähigkeit, gute Ratgeber heranzuziehen, worunter man sich Personen vorzustellen hat, die sowohl lebenserfahren als auch sensibel, vor allem aber urteilsfähig und für die Interessen des Ratsuchenden offen sind. Selbst diese lange Liste anspruchsvoller Kompetenzen benennt erst notwendige Bausteine der entscheidenden Fähigkeit, nämlich all dies auf das Leitziel, das glückliche Leben, zu beziehen. Die Fähigkeit der Bezugnahme heißt generell Urteilsfähigkeit, auf die eigene und gesamte Existenz bezogen aber Lebensklugheit oder auch eudaimonistische Vernunft. In dieser dem Subjekt eigenen Fähigkeit und nicht in einer objektiven Kalkulation liegt die intellektuelle Ergänzung zur Charaktertugend, die kognitive Seite der Lebenskunst.

Die Vieldeutigkeit, die die Klugheit mit anderen philosophischen Grundbegriffen teilt, kann hier außer Betracht bleiben (vgl. den Sammelband Kersting 2005). Mißverständnisse, die sich daraus ergeben, sollen durch die Bezeichnung *Lebens*klugheit abgewehrt werden. Die Fähigkeit, in den Wechselfällen des Lebens eine gelungene Existenz zu führen, nennt man Lebenskunst. Sie besteht im Zusammenspiel von zwei grundverschiedenen Fertigkeiten, einer charakterlichen und einer intellektuellen Fähigkeit. Während für die glückstauglichen Ziele die Charaktertugenden zuständig sind, obliegt es der Lebensklugheit, die zieltauglichen Mittel und Wege zu finden. Nur wer über beide Arten verfügt, über die rechte Lebenseinstellung und über die Fähigkeit, die rechte Lebenseinstellung je neu im einzelnen realitätsgerecht zu konkretisieren, findet sich im Leben insgesamt gut zurecht.

Bei einer intellektuellen Fähigkeit denken Wissenschaftler und Philosophen gern an ihre eigene Kompetenz, also an ein theoretisches Vermögen. In Wahrheit gehört die Fähigkeit zwar in die Welt des Wissens, nicht des Charakters; innerhalb des Wissens benennt sie aber eine lebenspraktische Intelligenz. Die Lebensklugheit ist eine durch entsprechende Lebenserfahrung geschärfte Urteilsfähigkeit. Wer sie besitzt, weiß sich selbst in schwierigen Umständen zu helfen. Er verfolgt durchaus eigene Interessen, aber stets mit dem Interesse zweiter Stufe am langfristigen Wohlergehen, am Lebensglück. Wer lebensklug ist, setzt sich mit der jeweiligen Situation auseinander, hält aber beide Faktoren, die Randbedingungen und vor allem den Handlungsspielraum, nicht für eine abschließend fixierte Vorgabe, sondern für etwas, das er sich erschließen muß.

Wer lebensklug ist, verbindet die erforderliche kognitive Geschicklichkeit mit einem Bewußtsein, worauf es letztlich ankommt. Darin liegt ein unbezahlbarer, weil mit keinem Reichtum aufzuwiegender Gewinn: eine Orientierungs- und Lebenssicherheit, mit der man sich im Leben insgesamt gut zurechtfindet. Sobald diese Sicherheit durch fortgesetztes Einüben zum festen Bestandteil der Lebensführung geworden ist, erreicht die Lebensklugheit die Verläßlichkeit einer Haltung, sie existiert in Form einer (intellektuellen) Tugend.

Wie weit reicht ihr Aufgabenbereich? Tugendethiker betonen gern die Sensibilität für Kontexte und Situationen, tatsächlich ist die Lebensklugheit für weit mehr zuständig. Vor allem in pluralistischen Gesellschaften, in denen der Lebensrahmen und Lebensstil nicht wie in traditionellen Gesellschaften weitgehend festgelegt ist, braucht es sowohl mehr an Lebensklugheit als auch eine höherrangige Art. Ob ausdrücklich oder eher mitlaufend – sie richtet sich zum Beispiel auf die Voraussetzungen eines lebenswerten Lebens und auf die Spielräume, in der emotionale Erlebnisse, soziale Bindungen und gratifizierende Tätigkeiten möglich sind. Sie ist bei so lebenswichtigen Entscheidungen wie der Studien- und der Berufswahl gefragt und bei der Suche nach einem Lebenspartner und nach Freunden. Erst in einer eudaimonistisch nachrangigen Weise überlegt sie, wenn man denn beim Lust-Unlust-Denken bleibt, wie man innerhalb dieser Spielräume und Bindungen ein hedonistisch kreatives Leben führt. Weil es für das Glück weder sichere Mittel und Wege noch verläßliche Rezepte gibt, läßt sich die Lebensklugheit immer wieder auf ein ebenso sensibles wie kreatives Nachdenken ein. Statt sich auf Vorgaben blind zu verlassen, sucht sie realisierbare Handlungsmöglichkeiten auf und wägt deren Vor- und Nachteile im Licht eines gelingenden Lebens ab. (Zur abwägenden, deliberativen Vernunft s. Bormann/Schröer 2004.)

Systematisch gesehen beginnt die Lebensklugheit sogar grundlegender mit der Wahl der Lebensform. Die Lebensklugheit konkreter Menschen setzt zwar selten so radikal an wie etwa Platon in der *Politeia* (347 a–e), Pascal mit der berühmten Wette (*Pensées*, Nr. 233), Kant «mit der [moralischen] Revolution in der Gesinnung im Menschen» (*Religion*, VI 47) und Kierkegaard in seinem gesamten philosophischen Œuvre. Die Argumente dieser Philosophen sind aber nicht so schwach, daß man die von ihnen thematisierte Grundwahl als eine lebensfremde Erfindung beiseite schicken könnte.

Ziehen wir eine Zwischenbilanz: Zur Lebenskunst gehört ein insgesamt hoch anspruchsvolles «Pflichtenheft»: Nach ihrer elementaren Aufgabe sucht sie die angemessene Lebensform. In ihrem Rahmen und bei Vorgabe der Charaktertugenden sucht sie die situationsgerecht optimale Option. Sie weiß aber drittens, daß sie oft nur eine suboptimale findet.

11.3 Zurück zu Aristoteles?

Bis heute gelten Aristoteles' Überlegungen zur lebenspraktischen Urteilskraft als maßgeblich (s. vor allem *Nikomachische Ethik* VI 5 und 8–13). Den zuständigen Ausdruck *phronêsis* übersetzt man am besten mit «Klugheit», da es um das Leben insgesamt geht mit «Lebensklugheit», aber nicht mit «sittliche» oder «moralische Einsicht». Denn im Unterschied zu einer sittlich neutralen, bloß instrumentellen Urteilskraft, dem Scharfsinn (*deinotês*) und der tendenziell gegensittlichen Urteilskraft, der «machiavellistischen» Gerissenheit bzw. Verschlagenheit (*panourgia*) richtet sich die *phronêsis* durchaus auf das im eudaimonistischen Sinn sittlich Gute. Diese Ausrichtung erfolgt aber nicht aus eigener Kraft, sondern aufgrund der Charaktertugenden, an die sich die *phronêsis* bindet. Als Mitte zwischen Gerissenheit und Einfalt bestimmt, ist die Lebensklugheit lediglich für Mittel und Wege zuständig, allerdings nicht im Blick auf beliebige Ziele. Zu ihrem Begriff gehört eine Vorab-Ausrichtung auf jenes Ziel im Singular und mit bestimmtem Artikel, das im gelungenen Leben besteht. Während die Charaktertugenden für diese Ausrichtung auf das Glück verantwortlich sind, sorgt die lebenspraktische Intelligenz, die Klugheit, unter Voraussetzung dieser Ausrichtung für deren situationsgemäße Konkretisierung.

Aristoteles' Lebensklugheit hat insofern einen praktischen, nicht theoretischen Charakter, als sie im Unterschied zur Verständigkeit (*synesis*) und Wohlverständigkeit (*eusynesia*) die Urteile nicht lediglich fällt, sondern auch vollzieht. Indem sie sagt, was man tun und nicht tun soll, hat sie eine handlungsbestimmende Macht. Sie vermag freilich nicht von sich aus jene Kräfte, die den Blick aufs richtige Ziel verdunkeln, die Leidenschaften, in die Schranken zu weisen. Weil dieses den Charaktertugenden obliegt, geht die Lebensklugheit mit ihnen notwendig eine Kooperation ein. Beim Tapferen zum Beispiel sorgt die Tugend dafür, daß er auf Gefahren weder feige noch tollkühn, sondern unerschrocken reagiert, während er mittels Klugheit die Art und Größe der Gefahr bestimmt und das nähere Handeln überlegt. Eine genuin moralische, für die moralischen Ziele zuständige Urteilskraft liegt also nicht vor, eine moralisch indifferente aber auch nicht. *Phronêsis* ist nicht mehr, aber auch nicht weniger als ein moralisch-praktisches Urteilsvermögen. Mit der für die moralischen Einstellungen zuständigen Urteilskraft befaßt sich erst Kant (vgl. Höffe 1990).

Eine andere Grenze dagegen teilt Aristoteles' Tugendlehre mit Kant: Bei den strukturell schwierigen Moralproblemen von heute stellt sich eine Aufgabe, das Abwägen unterschiedlicher moralischer Verbindlichkeiten, das weder Aristoteles noch Kant angemessen berücksichtigt. Beide erörtern nicht die Situation, daß Tugenden in ihren Forderungen miteinander kollidieren und es dann sowohl eine Charaktertugend zweiter Stufe, eine Art von Metatugend, braucht als auch eine für Tugendkonflikte zuständige Urteilskraft. Bei Kant finden sich zwar gewisse theoretische Instrumente, etwa der Vorrang geschuldeter vor verdienstlichen Pflichten oder der Gedanke, daß etwas «an sich zwar Unerlaubtes doch zur Verhütung einer noch größeren Übertretung (gleichsam nachsichtlich) erlaubt sei» (*Metaphysik der Sitten*, VI 426). Weiterhin spricht Kant von einem «Notrecht», nach dem gewisse Handlungen, die die Rechte anderer verletzen, nicht unsträflich, aber unstrafbar sind (235 f.). Nicht zuletzt räumt er im Konfliktfall dem stärkeren Verbindlichkeitsgrund den Vorrang vor der stärkeren Verbindlichkeit ein (224). Weil derartige Instrumente zwar noch der Weiterentwicklung harren, ansatzweise aber nur bei Kant, nicht auch bei Aristoteles zu finden sind, ist in diesem Bereich durch den Rückgriff lediglich auf Aristoteles wenig zu gewinnen.

Eine Theorie der Lebensklugheit kann also bei Aristoteles manches lernen, eine exklusive Rearistotelisierung empfiehlt sich ihr aber nicht.

12. Macht Tugend glücklich?

Die klassische, eudaimonistische Tugendethik wird als attraktiv und unangemessen zugleich eingeschätzt. Als attraktiv gilt sie, weil sie den Menschen nicht mit einem Altruismus überfordert, sondern ihn auf ein gutes Leben «verpflichtet» und das Gute dieses Lebens als das eigene Glück bestimmt. Genau diese Bestimmung sei aber unangemessen; sie verkürze den Gedanken der Moral, widerspreche ihm sogar, indem sie ihr Triebfedern unterlege, die sie untergraben würden. Der scharfe Kritiker, Kant, erklärt bündig: «Alle Eudaimonisten sind daher praktische Egoisten.» (*Anthropologie* VII 130) Beide Einschätzungen halten der näheren Prüfung nicht stand. Beginnt man mit der behaupteten Attraktivität, so erscheint sie als geringer denn erwartet (Kap. 12.1). Hinzu kommt als eine zweite Grenze des eudaimonistischen Werts von Tugenden das Phänomen böser Widerfahrnisse (Kap. 12.2), was eine neuartige Tugend herausfordert: die schöpferische Verarbeitung der Widerfahrnisse (Kap. 12.3).

12.1 Meistens

Bevor man die eudaimonistische Tugendethik für ihre Orientierung am Eigenwohl lobt, muß man sich der Vorfrage stellen, ob die Tugend dieser Tugendethik überhaupt glücklich macht. Obwohl man seit der Antike die Klage hört, oft genug seien nicht die Rechtschaffenen, sondern die Ungerechten glücklich, pflegen heute erstaunlicherweise weder die Kritiker noch die Verteidiger der klassischen Ethik die Vorfrage aufzuwerfen. Mit ihr soll das erhebliche eudaimonistische Potential, das die Tugenden enthalten, nicht etwa zurückgenommen werden. Zu klären bleibt aber, ob das Potential groß genug ist.

Nach dem Wort eines anonymen spanischen Gartenarchitekten werde uns eine glückliche Welt nicht geschenkt, wir müßten sie selbst erschaffen. Seinem Beruf entsprechend dachte er an Blumen und Pflanzen sowie deren schöne Anordnung, die zweifellos zum Glück des Menschen beitragen, aber ohne dessen Eigenleistung nicht in der Form von Gärten und Parks existieren. Ist die eudaimonistische Tugend von dieser Art? Macht sie glücklich?

Legt man das Verb «machen» auf die Goldwaage, so fällt die Antwort negativ aus. Etwas machen, unter Betonung der Kreativität: es erschaffen, heißt, ein Objekt hervorbringen, das am Ende eigenständig existiert. Das von der Tugendethik gemeinte Glück entsteht aber im Vollzug. Eine Gartenanlage kann ebenso nach Ablauf des Lebens bestehen bleiben wie ein wissenschaftliches, künstlerisches oder politisches Lebenswerk, das präsentische Glück dagegen nicht. Rein begrifflich ist es kein herstellbares Produkt, folglich nicht machbar. Ebensowenig sind die beiden Grundbausteine der Tugendethik, die Charaktertugenden und die Lebensklugheit, Fertigkeiten, um Produkte herzustellen. Die Rückfrage, ob Tugend glücklich mache, ist daher nicht wörtlich zu verstehen. Die Tugend wird nicht als Ursache für das Glück und das Glück nicht als deren notwendige Wirkung gedacht. Gefragt ist vielmehr, wie eng Tugend und Glück miteinander verkoppelt sind: Vollzieht, wer aus den Tugenden heraus lebt, ein glückliches Leben?

Der moralische Vorteil einer eventuell positiven Antwort liegt auf der Hand. Er besteht in einem «natürlichen Internalismus». Bei der Frage, warum man tugendhaft sein soll, hat bekanntlich das Warum zwei Bedeutungen (s. Kap. 5.4, auch Kap. 25). Da beide, der rechtfertigende Grund und die motivierende Triebfeder, entweder auseinander- oder aber zusammenfallen, gibt es zwei Antwortmuster. Nach der inneren («internalistischen») Antwort reicht der Rechtfertigungsgrund der Tugend als Triebfeder aus, nach der äußeren («externalistischen») dagegen nicht. Auf eudaimonistisch bestimmte Tugenden trifft nun das erste Antwortmuster zu. Für sie spricht das aufgeklärte Selbstinteresse, so daß die Gründe, die die Tugenden rechtfertigen, zugleich den Rang von Motiven haben, sie zu erwerben und ihnen gemäß zu leben. Praktische Rationalität vorausgesetzt, also zum Beispiel Willensschwäche ausgeschlossen, fallen rechtfertigender Grund und motivierende Triebfeder zusammen.

Bevor man der Tugendethik diesen Vorteil zugute hält, ist freilich zu klären, ob sie den Vorteil überhaupt beansprucht und ihn gegebenenfalls besitzt. Behauptet die Tugendethik, das Glück sei zwar nicht die direkte Wirkung, wohl aber die mit Sicherheit zu erwartende Belohnung der Tugend? Mit der Zusatzerwartung, daß man nach Maßgabe seiner Tugend glücklich werde, so daß allein die Tugend über das Glück entscheide, sogar in Proportion: je tugendhafter, desto glücklicher? Erfreut man sich bei doppelter Tugend eines doppelten Glücks? Vor allem: Ist der nach Tugend beste Mensch, der rundum Rechtschaffene, auch der glücklichste? Mit dem Umkehrschluß: Ist, wer sich eines Maximums an Glück erfreut, auch der maximal Tugendhafte, wer aber kreuzunglücklich ist, ein böser Mensch?

Die positive Antwort auf all diese Fragen wird von einem so überragenden Philosophen wie Platon vertreten. Während der Gerechte nicht bloß den anderen, sondern auch sich selbst nütze, der Ungerechte dagegen sich selbst am meisten schade, erfreue sich der Gerechte sowohl einer Selbstachtung als auch der Achtung derer, an denen ihm liege. Infolgedessen gilt der gerechteste Mensch als der glücklichste (*Gorgias* 468 e–470 e). Allerdings setzt Platon voraus, was man heute eine metaphysische Psychologie nennen und nicht anerkennen würde: daß der Ungerechte in einer inneren Zerrüttung lebt. Auf rücksichtslose Menschen, die trotzdem noch über ein Moralbewußtsein verfügen, trifft es zwar zu; begehen sie Unrecht, so empfinden sie Scham. Wer aber das Moralbewußtsein nie erworben oder es sich vollständig abgewöhnt hat, bleibt von innerem Zwiespalt unbehelligt.

Ein Philosoph wie Spinoza geht noch weiter als Platon; er behauptet sogar eine Identität: «Die Glückseligkeit ist nicht der Lohn der Tugend, sondern die Tugend selbst.» (*Ethik*, Buch IV, Lehrsatz 42) In Beaumarchais' Komödie *Figaros Hochzeit* heißt es: «Wandeln wir stets ohne Arg auf dem Pfad der Tugend. Früher oder später wird die Intrige zum Verderben dessen, der sie anzettelt.» (5. Akt, 17. Szene) Und Heinrich von Kleist schreibt im zitierten Aufsatz *Weg des Glücks*: «einzig allein nur die Tugend ist die Mutter des Glücks, und *der Beste ist der Glücklichste*», denn «ein großes unerbittliches Gesetz» waltet «über die ganze Menschheit, dem der Fürst wie der Bettler unterworfen ist. Der Tugend folgt die Belohnung, dem Laster die Strafe.» (869 ff.) Ob das «Folgen» im Sinne einer Kausalität zu verstehen ist, bleibt in dieser Passage offen; mit dem «unerbittlichen Gesetz» ist aber ein notwendiger Zusammenhang behauptet.

Die Berechtigung derart anspruchsvoller Thesen hängt von beiden, dem Tugend- und dem Glücksbegriff, ab. Der Begriffsklärung brauchen wir aber nicht nachzugehen, da wir beim Paradigma der Strebensethik und deren Tugend- und Glücksbegriffen bleiben. Realistisch und nüchtern zugleich stellt der maßgebliche Vertreter, Aristoteles, im Einleitungskapitel der *Nikomachischen Ethik* fest, daß man durch Tugend zu Schaden, im Fall der Tapferkeit sogar zu Tode kommen könne (I 1, 1094 b 17–19). Daraus folgert er, die Behauptung, Tapferkeit oder eine andere Tugend führe zum Glück, träfe lediglich meistens, aber nicht immer zu. Unausgesprochen räumt er damit ein, auch der gelegentlich aus Tugend resultierende Schaden beeinträchtige das Glück.

Man könnte eine eudaimonistische Güterabwägung vornehmen und auf ihrer Grundlage erklären, wer angesichts einer tödlichen Gefahr den Mut verliere und lieber sein Leben rette; ebenso: wer wegen drohender Nachteile davor zurückschrecke, unerschrocken seine Überzeugungen zu vertreten, der büße bei den Mitmenschen an Achtung ein, während ihm die Tapferkeit bzw. der Bürgermut Ansehen einbringe. Infolgedessen wäre es besser, in Ehren der Tapferkeit zu sterben als in der Schande der Feigheit weiterzuleben. Man könnte den «vorzeitigen» Tod sogar aus bloßer Selbstachtung vorziehen, nach dem Argument: Selbst wenn niemand von der Feigheit erfährt, beispielsweise weil sie unter einer Tarnkappe verborgen bleibt, empfindet man eine Scham, die das eigene Glück empfindlich beeinträchtigt. Wie das Sprichwort sagt und der Eudaimonist Aristoteles anerkennt (*Nikomachische Ethik* I 13, 1102 b 10 f.), ist das ruhige Gewissen jenes sanfte Ruhekissen, mit dem sich besser leben läßt. Der Einwand ist also nicht falsch, er schlägt bei Aristoteles aber nicht durch. Denn als autarkes, inklusives Ziel bestimmt, schließt sein Glücksbegriff das eigene Überleben ein, so daß der achtenswerte, aber vorzeitige Tod nicht für ein «rundes Glück» steht.

Die Tapferkeit mag zwar eine Sonderrolle spielen. Denn als souveräne Haltung gegenüber Gefahren kann sie nicht verhindern, daß man trotzdem Schaden nimmt, was bei anderen Tugenden vom Begriff her als ausgeschlossen erscheint. Bei einer reflektierten Beziehung zu den Empfindungen von Lust und Unlust beispielsweise, also der Besonnenheit, erscheinen Gefahren im Bereich des Affektiven als vom Begriff her überwunden. Denn wer zu viel Lust sucht oder zu viel Unlust erträgt, darf sich nicht besonnen nennen. Ähnlich sieht es bei der Gelassenheit, ähnlich bei der Freigebigkeit und beim Wohlwollen aus: Eine Gefährdung des Glücks durch die Tugend läßt sich hier schwerlich denken.

Die Frage, ob die genannte Einschränkung nur auf die Tapferkeit oder auch auf andere Tugenden zutrifft, kann aber dahingestellt bleiben. Denn mindestens bei einer Tugendart ist lediglich der Meistens-Charakter gegeben, so daß die Ausübung ihrem Leitprinzip, dem Glück, widersprechen kann. Während Aristoteles nur die wissenstheoretische Folge daraus zieht, daß Tugenden meistens, aber nicht immer das Glück befördern, gibt es noch eine ethik- und prinzipientheoretische Konsequenz: Das Glück büßt den Rang ein, das schlechthin höchste und umfassende Prinzip menschlichen Handelns zu sein.

Daß Aristoteles die entsprechenden Phänomene nicht aus Gründen seines «Systems» unterschlägt, zeichnet ihn als undogmatischen, erfahrungsoffenen Denker aus. Daß er die sachlichen Konsequenzen nicht voll überblickt, zeigt freilich eine Grenze. Der Philosoph relativiert zwar das Prinzip Glück, aber nur beiläufig, ohne die volle Tragweise zu bemerken und ihretwegen den Eudaimonismus zu verabschieden, gewissermaßen seinen Kollaps zuzugestehen.

Für den Grund sei eine Vermutung geäußert: Um die eudaimonistische Ethik zu verabschieden, braucht es mehr als den gelegentlichen Widerspruch von Tugend und Glück. Es bedarf eines vielleicht nicht häufigen, aber doch qualitativ gesteigerten Widerspruchs, etwa jene provokative Unglückserfahrung, die das alttestamentliche Buch *Hiob* thematisiert und in anderer Weise Europa beim sogenannten Erdbeben von Lissabon (1755) erlebt: Um gegen das Prinzip Glück in so hohem Maß skeptisch zu werden, daß man seinen Prinzipienrang aufgibt, mußte man die Erfahrung machen, daß selbst der rundum Rechtschaffene (Hiob) oder daß Zehntausende von Unschuldigen (Lissabon) vom Unglück heimgesucht werden. Aristoteles wußte zwar, daß eine so rechtschaffene Person wie Sokrates den Schierlingsbecher trinken mußte. Platons Dialog *Kriton* können wir aber entnehmen, daß Sokrates nach eigener Einschätzung keinem mit Hiob vergleichbaren Unglück zum Opfer fiel. Denn er hielt seinen Tod für ein relativ kleines Übel, bedeutend kleiner als das Unrecht, sich dem Tod durch Flucht zu entziehen.

Das eudaimonistische Meistens hat jedenfalls eine ethik- und prinzipientheoretische Bedeutung, die die neueren Verfechter der Aristotelischen Tugendethik nicht erörtern. Ihre Rehabilitierung dieser Ethik erfolgt also voreilig. Wegen der Lockerung des inneren Zusammenhangs von Tugend und Glück vermag die Tugend ihre Aufgabe, die ihr nach klassischem Verständnis zukommt, den Menschen glücklich zu machen, nicht zu erfüllen. Das Glück im Sinne von Eudaimonie ist eine Aufgabe, die die Tugend allein nicht zu leisten vermag. Auch wenn es in der Hand des Menschen liegt, die Tugend auszubilden und auszuüben, ist zumindest von der Tugend aus gesehen der Mensch für das volle Gelingen seines Lebens nur begrenzt verantwortlich. Allein in der Hand des Menschen liegt die eudaimonistische Vollendung des Lebens nicht.

12.2 Böse und gute Widerfahrnisse

Das eudaimonistische Glück ist aktiv und präsentisch, daher weit weniger als ein passives Glück vom Gang der Welt abhängig. Vollkommen unabhängig ist es aber nicht. Wem der Lebenspartner oder ein Kind stirbt, wen ein Freund verrät, wer unverschuldet eine bleibende Schwerverletzung erleidet, zum Krüppel wird oder wie Hiob sein ganzes Vermögen, zusätzlich seine Söhne und Töchter und Freunde verliert (s. auch Joseph Roths Roman *Hiob*), der kann nicht ernsthaft glücklich genannt werden: «dann geht durch die ganze Schöpfung ein Riß. Keine Sinnkrücke, nichts, Verzweiflung, Empörung» (Uwe Timm, *Rot*, [2]2003, 85).

Der Gefahr großen Unglücks bleibt jeder Mensch ausgesetzt, der Rechtschaffene nicht weniger als der Schurke. Böse Widerfahrnisse tragen weder einen Detektor an sich, der die Redlichen von den Schurken trennt, noch haben sie den Willen und die Macht, die Bösen heimzusuchen und die Guten zu verschonen. Die Tugend ist weder ein Amulett, das vor Kummer und Leid schützt, noch ein Impfstoff, der gegen sie immun macht.

Eine Tugendethik vom Rang der Aristotelischen ist demgegenüber nicht blind. Ausdrücklich erklärt sie, das Glück müsse «ein volles Leben» dauern (*Nikomachische Ethik* I 6, 1098 a 18), denn wer wie der trojanische König Priamos im Alter von Unglück heimgesucht werde, den nenne man nicht glücklich (I 10, 1100 a 5–8). Aber auch hier gehen weder Aristoteles noch dessen neuere Rehabilitierung den ethiktheoretischen Konsequenzen nach. Es fällt schon auf, daß Aristoteles in seiner *Poetik* der für die griechische Kultur so bedeutsamen Tragödie große Beachtung schenkt, er jedoch weder in der Handlungs- noch in der Tugendtheorie tragische Konstellationen erörtert. Weil nach Aristoteles zur Tragödie ein Moment von Verschulden (*hamartia*) gehört, könnte man zwar sagen, daß der wahrhaft Tugendhafte keine Tragödien im strengen Sinn erlebe. Vor der umgangssprachlichen Bedeutung von Tragödie, der Gefahr eines überwältigenden Unglücks, schützt die Tugend aber nicht. Die deshalb unverzichtbare Frage, wie eine Ethik auf böse Widerfahrnisse reagieren soll, werfen weder Aristoteles noch heutige Tugendethiker auf.

Die Frage ist übrigens vom eudaimonistischen Tugendbegriff unabhängig. Ob im Blick aufs Glück oder von vornherein als moralischer Selbstzweck definiert, Tugenden haben keine Macht über die Zumutungen des Lebens. Vollkommen hilflos gegen böse Widerfahrnisse ist der Tugendhafte zwar nicht. So hilft ihm die Lebensklugheit, das Leben in

Kontexte zu stellen, in denen Widerfahrnisse etwas weniger drohen. Außerdem vermag er Enttäuschungen und böse Überraschungen ins Positive zu wenden. Böse Widerfahrnisse im engen und strengen Verständnis sind jedoch Unannehmlichkeiten, die der angedeuteten mittelbaren Verfügung, der Verhinderung einschlägiger Kontexte und, falls sie nicht im Zwergen-, sondern wie bei Hiob im Riesenformat auftreten, der Wendung ins Positive enthoben sind.

Günstiger sieht es bei einer außergewöhnlichen Tugend aus, genauer einer Art von Tugend, da sie im Unterschied zu den üblichen Tugenden im wesentlichen nur eine negative Leistung erbringt. Die fragliche Quasi-Tugend kann das Unglück weder vorab abwehren; sie versteht sich nicht auf Prävention. Noch kann sie es nachträglich ungeschehen machen; sie versteht sich nicht auf Negation. Wohl kann sie sich mit dem Unglück so auseinandersetzen, daß man sich mit der «Reihe von Momenten der Trennung», die das Leben bringt, eines Tages abfindet (Anthony Doerr, *Winklers Traum vom Wasser*, 2005, 52). Die zuständige Tugend hilft, daß man von den Widerfahrnissen keine tiefen und unheilbar schwelenden Wunden davonträgt.

Die gemeinte Quasi-Tugend hat zwei Stufen. Die Minimalstufe besteht in der *tolerantia*, auf Griechisch *karteria* (z. B. Aristoteles, *Nikomachische Ethik* VII 8, 1150a 13–15 und a 32–36), die ursprünglich eine Haltung nicht gegen andere, sondern gegen sich meint: Sie bedeutet das Dulden nicht von jemandem, sondern von etwas. Noch heute nennt man auch den tapfer, der nicht etwa eine Gefahr aktiv bewältigt, sondern schweres Leid auf eine Weise trägt, daß er nicht zusammenbricht. In diesem Sinn besteht die ursprüngliche Toleranz in einer Art von passiver Tapferkeit, nämlich einer Standhaftigkeit, die angesichts schlimmer Widerfahrnisse in eine Leidensfähigkeit übergeht. Mit der Besonnenheit verwandt, bezeichnet sie die Fähigkeit, Schmerzen und andere Unannehmlichkeiten auszuhalten. In diesem Sinn ist tolerant, wer Entbehrungen und Not, vor allem aber Schmerzen, Schicksalsschläge, im gegebenen Fall sogar Folter geduldig zu ertragen versteht.

Selbst wenn das Ertragen sich zu einer heroischen (Seelen-) Stärke steigert, die selbst bei allerschwerstem Leid weder jammert noch gar zusammenbricht, bleibt es als Nichtzusammenbrechen eine im wesentlichen negative Leistung. Um positiv zu werden, muß das passive Ertragen in eine den klassischen Tugendkatalogen unbekannte, insofern neuartige Tugend übergehen: in eine aktive und kreative Auseinandersetzung, in ein schöpferisches Verarbeiten böser Widerfahrnisse.

Die Kreativität beginnt mit der Fähigkeit, eine Schwierigkeit als Chance, sich zu bewähren, wahrzunehmen. In Joseph Conrads Erzählung *Jugend* (1902) hat der Protagonist Marlowe auf einem altersschwachen Kahn erstmals als zweiter Offizier angeheuert. Nach einem tagelangen Sturm wird das Schiff leck, und man muß «ums liebe Leben pumpen ... als wären wir alle gestorben und in eine Hölle für Seeleute verdammt worden». Aber «irgendwo in mir lebt der Gedanke: Bei Gott, das ist ein verteufeltes Abenteuer ... Für mich war das Schiff kein alter Klapperkasten, der eine Ladung Kohle durch die Welt schleppte. Für mich verkörperte sich darin alles, was im Leben des höchsten Einsatzes wert sein könnte.»

Wie aber sähe es aus, wenn man das Abenteuer am Ende nicht heil, sondern verkrüppelt übersteht? Hilfreich sind günstige Bewältigungsmuster. Wer über sie auf die hier entscheidende Weise verfügt, wer sie also nicht bloß kennt, sondern aus ihnen heraus zu leben versteht, der vermag selbst außergewöhnliche Schwierigkeiten wie Arbeitslosigkeit und Scheidung, wie dem Tod eines Angehörigen oder schwere Krankheit so zu bewältigen, daß er nach einiger Zeit seine Handlungsfreiheit wiedergewinnt. Später findet er vielleicht sogar zu einem erfüllten und zufriedenstellenden Leben zurück.

Wer ein Unglück, in das er gestürzt ist, für mitverschuldet hält, empfindet außer Niedergeschlagenheit noch Scham. Sobald er aber merkt, daß er das Unglück zu bewältigen beginnt, kehrt seine Selbstachtung zurück; sein Selbstwertgefühl steigt. Das Bewältigen ist freilich eine so anstrengende Mühe, daß man hier von Ver-arbeiten, beispielsweise beim Tod des Partners oder eines Kindes von Trauerarbeit, spricht. Auch wenn man nicht erwarten darf, daß alle Verletzungen, selbst Mißbrauch und andere Traumata der Kindheit oder Jugendzeit, geheilt werden, ist die Resignation weder die einzige noch eine kreative Alternative.

Manche suchen den erneuten Lebenssinn in der Kunst. Vielleicht glauben sie sogar, nur Musik oder bloß Malerei, Tanz oder Literatur seien noch wichtig. Wegen der Vielfalt menschlicher Begabungen geht aber jeder Exklusivanspruch fehl. Andere Menschen mögen ihr Leid in wissenschaftlicher Forschung, wieder andere durch Meditation oder soziale Tätigkeit zu bewältigen suchen. Zweifellos liegt auch darin ein gelingendes Leben, mithin Glück. Wer entsprechend zu leben gelernt, also die skizzierte Fähigkeit erworben hat, verfügt über eine Tugend, die noch keine eigene Bezeichnung kennt. Der Grund könnte darin liegen, daß die Aufgabe zwar in der Psychotherapie und Psychiatrie, aber noch nicht in der für Tugenden zuständigen Disziplin, der Ethik, erkannt wurde.

Die antike Ethik – hier so verschiedene Denker wie Epikur, die Stoiker und die Skeptiker – kennt eine Haltung, die der angesprochenen Standhaftigkeit, einer «Widerfahrnisbewältigungskompetenz», nahekommt. Sie heißt teils Gleichmut, teils Seelenruhe und Unerschütterlichkeit (griechisch: *galênê apatheia*, *ataraxia*, lateinisch: *aequanimitas, tranquilitas animi*). Als Gleichmut gegen die Schicksalsschläge benennt sie ein Ergebnis, das man schon mit dem Ertragen von Widerfahrnissen erreicht. In der Popularform eines Opernschlusses: «Glücklich preis ich, wer erfaßt / Alles von der rechten Seite, der bei Stürmen nie erblasset, / Wählt Vernunft als Führerin. / ... Drohn auf dieser Welt Gefahren, / Wahrt er seinen heitren Sinn.» (Mozart, *Così fan tutte*, Schluß)

Zu den «Techniken» des Ertragens gehört beispielsweise die Überwindung einer vierfachen Furcht mittels Einsichten. Nach Epikur braucht man Gott nicht zu fürchten, da er in den Lauf der Welt nicht eingreift, und unerfüllbare Wünsche nicht, da man zum glücklichen Leben wenig benötigt. (Zu Recht sagt Nietzsche in *Menschliches, Allzumenschliches*, Bd. 2, Nr. 192: «Ein Gärtchen, Feigen, kleiner Käse und dazu drei oder vier Freunde – das war die Üppigkeit Epikurs.») Ferner seien keine übergroßen Schmerzen zu fürchten, da sie nicht lange andauerten, sich überdies kompensieren ließen. Und selbst der Tod sei nicht zu fürchten, da jedes Übel in einer Empfindung, der Tod aber im Verlust jeglicher Empfindung bestehe. Mit diesen Techniken läßt sich manches bewältigen, gewiß. Schon weil sie zu stark aufs Kognitive abheben, gibt es aber klare Grenzen; vor allem kommt jene affektive Arbeit zu kurz, ohne die böse Widerfahrnisse schwerlich bewältigt werden. Wer über die positive Tugend verfügt, die kreative Kompetenz, Widerfahrnisse zu bewältigen, ist gegen Unglück zwar nicht gefeit. Er vermag aber selbst bei viel Kummer und Leid ein fast wieder glückliches Leben zu führen.

Der Blick in den Lauf der Welt wäre unzureichend, in gewissem Sinn unfair, wenn er nicht auch die andere Seite wahrnähme: Es gibt nicht nur böse Widerfahrnisse. Das Gute, das einem ohne Eigenleistung zuteil wird, das also widerfährt, angefangen mit dem Lächeln eines Kindes und dem liebevollen Blick des Partners über eine unerhofft glückliche Begegnung bis zum sprichwörtlichen Geschenk vom Himmel, das man weder erstrebt hat noch das sonstwie in der eigenen Verfügung steht – all das hat ein Recht auf ethische Würdigung. Wer zu Recht nicht alles, was gut verläuft, für eine eigene Leistung hält, sich statt dessen glückliche Widerfahrnisse eingesteht, empfindet daher eine Verbindung von Einsicht, daß vieles unverfügbar bleibt, und Dankbarkeit gegenüber einem anonymen Adressaten, dem Unverfügbaren, der es auch einmal gut mit einem meint. Die Verbindung hat keinen rechten Namen; nur unbeholfen mag sie «Demut» heißen. Sie zeigt jedenfalls eine weitere Grenze des Strebensglücks an.

12.3 Eudaimonistische Gelassenheit

Keine Tugendethik darf so lebensfern sein, daß sie die Möglichkeit böser Widerfahrnisse und deren eudaimonistische Konsequenz leugnet: Wer Unglück und Leid zum Opfer fällt, tut sich auch als rundum tugendhafter Mensch schwer. Infolgedessen verschafft die Verbindung von Charaktertugend mit lebenspraktischer Intelligenz keine uneingeschränkte Glücksfähigkeit. Dem entsprechenden Wagnischarakter der menschlichen Existenz kann auch der Rechtschaffene nicht entkommen.

Die Tugend bleibt zwar eine notwendige Bedingung für ein gelungenes Leben und vermag es trotzdem aus zwei Gründen nicht zu garantieren. Einerseits zeigt das Beispiel Tapferkeit, tugendhaftes Handeln kann glücksschädliche Folgen haben, andererseits entzieht es niemanden der Möglichkeit von Schicksalsschlägen. Die kleineren Schicksalsschläge versteht sie zwar zu kompensieren, und bei großem Unglück hilft sie, von ihnen nicht erdrückt zu werden. Daß das Glück eingetrübt, bei manchen Menschen sogar zerrieben wird, kann die Tugend aber nicht verhindern.

Wer das Gegenteil erwartet, daß die Tugend vor allen Gefahren und Unsicherheiten des Lebens schützt, das Glück daher für eine pure Eigenleistung hält, erliegt, recht besehen, einer Allmachtsphantasie. Er glaubt, jede auch noch so große Schwierigkeit mit einer so souveränen Leichtigkeit zu bezwingen, daß man es «triumphieren» nennen darf. Man triumphiert über die Welt: das Schicksal und all seine Widrigkeiten; man triumphiert über sich: seine Sorgen, Ängste und Schwächen; nicht zuletzt triumphiert man über die Mitmenschen, sofern sie durch Mißgunst und Eifersucht das Leben erschweren. Der Philosoph der Eudaimonie, Aristoteles, teilt diesen Größenwahn nicht.

Daß auch das Strebensglück ein zerbrechliches Gut bleibt, klingt schon im griechischen Ausdruck, *eu-daimonia*, an. Er bedeutet, von einer Gottheit (*daimon*) gut (*eu*) geleitet zu sein. Auch im deutschen Ausdruck «glücklich leben» schwingt mit, was die Lebenserfahrung bestätigt: Ob so wichtige Dinge wie ein Studium, eine Freundschaft oder eine Partnerschaft gelingen, hängt bei aller eigenen Anstrengung auch von einem Quentchen glücklicher Umstände ab. Für das Leben als Ganzes sieht es nicht anders aus. Das volle, runde Glück liegt nicht allein in des Menschen Hand. Selbst eine höchste Askese und Kunst der Versenkung können diese Erfahrung nur vorübergehend, für die Augenblicke der Ekstase, aber nicht generell relativieren: Um rundum glücklich zu sein, bedarf es nicht bloß der Eigenleistung. Auch wenn die erste Quelle des Glücks im Menschen, seiner Tugend, liegt, braucht es zusätzlich ein glückliches Geschick, mithin ein Geschenk von außen.

Von den äußeren Gütern, die die launische Göttin Fortuna dem einen schenkt, dem anderen nimmt und die sie den meisten im Laufe des Lebens gelegentlich raubt, dann wieder schenkt, kann sich der Mensch mehr oder weniger frei machen. Selbst hier ist aber einzuschränken: Im Gegensatz zum Ideal des stoischen Weisen gelingt dies lebenspraktisch gesehen nur weitgehend. Denn von Hinfälligkeit und Gebrechlichkeit oder starkem körperlichen Schmerz bleibt kaum jemand unbeeindruckt. Und selbst wenn man das Ideal für realisierbar hält, bleiben die nichtäußeren Güter, etwa die Erschütterungen durch den anderen oder das andere: durch Liebe, durch Mitleid, durch große Kunst. Hier ist Gleichgültigkeit schwerlich möglich. Denn man kann nicht zum Beispiel einen Partner *fürs Leben* finden, mit ihm eine erfüllte Existenz führen und seinem Tod gegenüber gleichgültig sein. Denn entweder ist jemandem der Tod gleichgültig, dann war der Partner auch für sein Glück entbehrlich. Oder er war für das Glück wesentlich, dann läßt sein Verlust das Glück nicht unbeeinträchtigt.

Die eudaimonistische Folge liegt nahe; für die Theorie der Lebenskunst lautet sie: Die Tugend ist das beste, was der Mensch für das Gelingen seines Lebens in der Hand hat, sie reicht aber für das runde Gelingen nicht aus. Die lebenspraktische Folge: Die Gelassenheit erhält eine neue, noch grundlegendere Aufgabe. Ohne die Anforderungen der Tugend zu ermäßigen, erwartet sie von ihnen nicht das gesamte Glück. Die Tugend bleibt für das Glück belangvoll, ohne daß das Glück in Identität oder in Kausalität mit der Tugend verbunden wäre. Weder *ist* die Tugend das Glück, noch *bringt* die Tugend das Glück *hervor*.

Die eine Seite, die Charaktertugend ist nicht einmal eine notwendige Bedingung. Daß kein Übeltäter jemals glücklich sei, diese kühne Behauptung wagt nur ein in dieser Hinsicht lebensferner Moralist wie

Kleist aufzustellen. Denn es läßt sich nicht a priori ausschließen, daß es einem Schurken, sofern er von Strafen und Gewissensbissen ungetrübt lebt, wohl ergeht. Vielleicht genießt er sogar seine Übeltaten und freut sich an dreierlei: an seinem Ausnahmerang, amoralisch zu sein, an den Übeln, die er seinen Opfern antut, und an seiner intellektuellen Fähigkeit, der Gerissenheit, ungestraft davonzukommen.

Dieser zweite, intellektuelle Faktor, beim glücklichen Leben aber nicht die Gerissenheit, sondern die Lebensklugheit, ist so gut wie unverzichtbar. Denn gewissermaßen schlafwandlerisch, ohne jede Überlegung der situationsgerechten Mittel und Wege, wird so gut wie kein Mensch glücklich. Wer über Lebensklugheit verfügt, erwartet aber vernünftigerweise vom Überlegen keine das Glück garantierenden Ergebnisse. Statt dessen läßt er in die Lebensklugheit eine Einsicht in den Wagnischarakter der menschlichen Existenz eingehen.

Infolgedessen wohnt dem tugendhaften Leben eine Souveränität inne, die das Leben als ganzes im wörtlichen Sinn zu «meistern» vermag. Statt wie ein Knecht oder Sklave sich schicksalsergeben dem Lauf seines Lebens zu beugen, erweist man sich großenteils als dessen Herr. Auch wenn man weit davon entfernt ist, alle Faktoren zu kontrollieren oder auch nur zu kennen, versteht man es doch, das einem geglückten Leben gerechte Tun und Lassen herauszufinden und auf den Weg zu bringen.

Diese Bilanz, daß die Tugend den Sinn des tugendhaften Lebens, das Glück, nicht garantieren kann, verwirft die zu optimistische Hoffnung der Stoa, das Vor- und Urbild des Rechtschaffenen, der Weise, könne selbst dann glücklich sein, wenn er unter Armut und Krankheit leide, überdies gefoltert werde. Trotz aller Anstrengung, die der Mensch für ein gelingendes Leben auf sich nehmen muß, bleibt das Gelingen, das Glück, ein zerbrechliches Gut. Die gegenüber der Stoa abgeschwächte Erwartung dürfte dagegen von der Lebenserfahrung gestützt werden: Während der tugendlose Weg leicht in den Abgrund des Scheiterns führt, schützt die Tugend zwar nicht vor jedem Ungemach, mit ihrer Hilfe wird aber das geglückte Leben hochwahrscheinlich.

13. Euthanasie der Moral?

Verbindet man das Strebensmodell des Handelns mit dem formalsten Begriff der Moral, dem uneingeschränkt Guten, so ergibt sich der Begriff eines schlechthin höchsten und zugleich umfassenden Zieles, das Glück im Sinne von Eudaimonie. Welches Potential an Moral steckt in diesem Begriff? Auf den ersten Blick gibt es zwei widerstreitende Erwartungen: eine These und eine Antithese. Nach der *These* liegt im Streben ein Grundmodell menschlichen Handelns, so daß man erwarten muß, die Moral in diesem Modell denken zu können. Nun besteht innerhalb dieses Modells das Handlungsprinzip in der Eudaimonie, so daß mit einem hohen, strebenstheoretisch sogar umfassenden Potential an Moral zu rechnen ist. Allerdings pflegt man nur an das eigene Glück zu denken, an das Eigenwohl, mithin an das gerade Gegenteil von Moral, die sich, sei es vornehmlich oder sogar exklusiv, auf die Interessen anderer richte. Daraus ergibt sich die entgegengesetzte Einschätzung, die *Antithese*: Der Eudaimonismus ist eine untaugliche Theorie von Moral, er beläuft sich sogar auf deren Euthanasie, den sanften Tod (Kant, *Tugendlehre*, Vorrede, VI 378).

Beide Einschätzungen haben eine große Tragweite. Enthält die Eudaimonie ein umfassendes Moralpotential, so gibt die einschlägige, antike Ethik das sachgerechte Muster ab und deren Rehabilitierung im Neoaristotelismus hätte Recht. In der heutigen Ethik sagt man, das Gute habe den Vorrang vor dem Richtigen. Überzeugt dagegen die konträre Einschätzung, so wäre nicht bloß die antike Ethik zurückzuweisen und der neuzeitlichen Ethik mit ihrem Höhepunkt bei Kant recht zu geben. Da dessen Eudaimonismus von der Antike bis über das Mittelalter bis in die Neuzeit vorherrscht, hätte die westliche Philosophie entweder von der in ihrer Kultur gegenwärtigen, positiven Moral eine grundfalsche Theorie, oder die Theorie wäre richtig, aber ihr Gegenstand, die positive Moral, widerspräche dem Anspruch der kritischen Moral; sie wäre eine unmoralische Moral. Beide Positionen kommen zwar einem gewissen Selbstbewußtsein der Moderne entgegen, dem Anspruch, es grundlegend neu und es zum ersten Mal richtig zu machen. Wer aber zur Distanz fähig bleibt, ist skeptisch.

Wir setzen bei der Antithese an, die gegen den Eudaimonismus drei

Einwände erhebt. Für den bis heute maßgeblichen Vertreter, Aristoteles, kommt ein vierter Einwand hinzu. Im Zuge der Entkräftung der Einwände seitens der Antithese zeigt die Anti-Antithese, also die These, ihr Recht: Als unzutreffend erweist sich erstens, die Eudaimonie belaufe sich auf das genaue Gegenteil von Moral, auf einen Egoismus statt eines Altruismus (Kap. 13.1); zweitens, das tugendhafte, mithin moralische Handeln sei nicht schlechthin, sondern nur nach Maßgabe des Eigenwohls, also prudentiell geboten (Kap. 13.2); drittens, Aristoteles' Eudaimonismus gipfele in einer Lebensform, der Theoria, deren Hochschätzung dem seit langem vorherrschenden Moralverständnis widerspreche (Kap. 13.3); viertens, billige der Eudaimonismus unzulässigerweise dem Guten einen Vorrang vor dem Rechten zu (Kap. 13.4).

13.1 Jenseits der Alternative Eigen- oder Fremdwohl

Gegen den ersten Einwand, den des Egoismus, spricht der Umstand, daß die vom Eudaimonismus vertretenen Tugenden überwiegend sozialer Natur sind. Analog zu der etwa von Kant vertretenen Unterscheidung von Pflichten gegen sich und Pflichten gegen andere gibt es zwei Klassen, die selbstbezogenen und fremdbezogenen Tugenden.

Bei der in sachlicher Hinsicht ersten Tugend liegt der Fremdbezug oder soziale Charakter auf der Hand: Die Gerechtigkeit regelt das Verhältnis der Menschen zueinander, sowohl ihre Kooperation, beispielsweise die verschiedenen Arten von Tausch, als auch die Verteilung, nicht zuletzt Konflikte. Andere Tugenden sind zwar unmittelbar selbstbezogen, mittelbar aber auf die Mitmenschen gerichtet: Freigebig ist, wer sich bei Geld, hochherzig, wer sich bei sehr viel Geld vor Verschwendung und Geiz hütet. Und ein Ehrgefühl hat, wer bei Anerkennung und Reputation ebenfalls weder «nach oben» noch «nach unten» übertreibt. Trotzdem haben diese Tugenden wesentlich einen sozialen Charakter. Freigebig oder hochherzig heißt nicht, wer sich selber viel gönnt, sondern wer seinen Wohlstand anderen zugute kommen läßt. Und das Ansehen besteht in nichts anderem als der Wertschätzung, die man von Mitmenschen erfährt.

Ein klares Sozialphänomen, die Freundschaft, ist im klassischen Eudaimonismus eine Quasi-Tugend mit überragendem Gewicht: Weil der Mensch Freunde und Partner teils benötigt, teils aus freien Stücken aufsucht, trägt deren Wohl zum eigenen Wohl bei. Zu einer aufgeklärten Glückssuche gehört daher ein Wohlwollen, das das Gute für die Mitmenschen ohne weitere Nützlichkeitserwägungen, bloß um des Guten willen, anstrebt. Sinnvollerweise richtet es sich nicht nur auf die Freunde und Verwandten, sondern auf alle, mit denen man einen engeren Umgang pflegt. Selbst wer sein Glück im kleinen Bereich sucht, braucht mindestens die Ungestörtheit äußeren Friedens. Weil sein Leben vom Wohlergehen der umgreifenden Gesellschaft abhängt, etwa von deren materieller, sozialer und kultureller Infrastruktur, erweitere man die Quasi-Tugend, jetzt besser Solidarität genannt, auf diesen größeren Lebensraum. Im Zeitalter der Globalisierung erhält sie sogar eine globale Dimension; sie wird zur kosmopolitischen Solidarität.

Zwei weitere Tugenden, die Besonnenheit und die Tapferkeit, erscheinen nur auf den ersten Blick als lediglich selbstbezogen. Das reflektierte Verhältnis zu den höchsteigenen Gefühlen von Lust und Unlust bewahrt nicht nur vor den selbstschädigenden Haltungen der Zuchtlosigkeit und des Stumpfsinns, sondern beispielsweise auch vor (unmäßigem) Zorn. Und wer etwa bei gemeinschaftlichen Unternehmungen vor aller Gefahr zurückschreckt oder stets «blind vorprescht», schadet nicht bloß sich, sondern auch den Mitbeteiligten.

An dieser Stelle kann man die Durchmusterung der Tugenden abbrechen, denn das entscheidende Gegenargument gegen den Egoismusvorwurf ist offensichtlich geworden: Die eudaimonistischen Tugenden sind entweder – wie die Gerechtigkeit und die Freundschaft – unmittelbar fremdbezogen oder – wie die Freigebigkeit und das Ehrgefühl – zwar nur mittelbar, aber doch wesentlich. Und eine dritte Gruppe von Tugenden, Besonnenheit und Tapferkeit, sind nicht notwendig, jedoch zu einem erheblichen Anteil sozial relevant.

Auf die Frage, warum man beim Prinzip Glück tugendhaft werden soll, lautet also die Antwort: sowohl aus Eigeninteresse als auch in Achtung der Mitmenschen. Wer ein langfristiges und tiefes Glück sucht, geht über die Rechtschaffenheit und den Verzicht auf Übelwollen hinaus. Er weitet beispielsweise die Freigebigkeit auf nichtfinanzielle Bereiche aus und pflegt eine generelle Großzügigkeit. Gegen die Gefahr, mit diesen Gedanken einer kulturellen Einseitigkeit aufzusitzen, werfe man einen Blick auf andere Kulturen – und findet eine Bestätigung. Im Chinesischen beispielsweise bedeutet der Ausdruck für Tugend, *de* (*te*), in erster Linie eine mit Dankbarkeit verbundene Großzügigkeit (Nivison 2003, 234).

Gespeist aus Mitleid und aus Mitfreude, sorgt der im eudaimonistischen Sinn Rechtschaffene auch für das Wohlergehen anderer. Dabei pflegt er gemäß seinen Verantwortlichkeiten eine gestufte Sorge, wobei die Stufung eine kulturabhängige Komponente haben, also im Westen anders als in asiatischen Kulturen ausfallen kann. Eine mögliche Stufung: Vorrangig ist man für seinen Lebenspartner und die eigenen Kinder verantwortlich, dann für Eltern und Geschwister, ferner für Freunde und für die Menschen, die einem anvertraut sind, also (Hochschul-) Lehrer für ihre Schüler oder Studenten. Man bezieht aber auch das eigene Gemeinwesen ein, nicht zuletzt berücksichtigt man, zumal in einer globalen Welt, auch die Menschheit und ihre soziale und natürliche Umwelt.

Weil viele Moralphilosophen es für schwierig halten, den Gegensatz von Eigen- und Fremdinteresse zu überwinden, suchen sie gern den simplen Ausweg, schließen das Eigeninteresse aus und beschränken die Moral auf die Verantwortung für andere. Bei näherer Betrachtung entpuppt sich der entsprechende Altruismus schon deshalb als oberflächlicher Moralbegriff, weil ein bedeutender Teil moralischer Verbindlichkeiten einem aufgeklärten Selbstinteresse entspringt. So sehr eine sinnerfüllte Existenz auch den Mitmenschen hilft und so angenehm es ist, mit Menschen Umgang zu pflegen, die ein gelingendes Leben führen – sinnerfüllt zu leben heißt zunächst, sich selbst zu helfen, was beim Sozialwesen Mensch aber notwendigerweise auch sozial geschieht.

Als Legitimationskriterium ist das aufgeklärte Selbstinteresse vor allem aus der Ökonomie bekannt. Die Frage nach dem sinnerfüllten Leben zeigt, daß das Kriterium weiter reicht und zur Einschätzung des menschlichen Lebens als Ganzem dienen kann. Zugleich wird eine zu enge, lediglich ökonomische Definition des Selbstinteresses aufgegeben. Im übrigen kennt auch die Religion den Zusammenhang von Moral und Selbstinteresse. Das Gebot «Ehre deinen Vater und deine Mutter» enthält einen Zusatz, den viele in der Regel unterschlagen: «damit verlängert werden deine Tage auf dem Boden, den der Herr, dein Gott, dir gibt!» (*Deuteronomium* 5, 16; vgl. *Exodus* 20, 12) Mindestens beim vierten der Zehn Gebote stützt sich also das *Alte Testament* nicht auf bloßen Altruismus.

Das aufgeklärte Eigenwohl jedenfalls «gebietet» sukzessive, mit steigendem Anspruch: zunächst Rechtstreue, sodann Rücksichtnahme, des weiteren Kooperationsbereitschaft, Wohlwollen und als Vollendung sogar Liebe.

Es gibt nicht nur ein Glück, das *mit* dem Leid der anderen existiert, etwa das Glück des Wohlhabenden, während sich die Armen plagen. Es gibt auch ein Glück, das *vom* Leid der anderen lebt: Wer lediglich besser als bisher sein will, hat einen sozial neutralen Ehrgeiz; solange er nur mit sich selbst konkurriert, ruft er weder Neid noch Eifersucht hervor. Will jemand aber besser als die anderen sein, so ist er unvermeidbar deren Konkurrent. Wie zivilisiert auch immer die Konkurrenz ausgetragen wird, im Blick aufs Glück taucht der bekannte Naturzustand, ein Krieg aller gegen alle, auf. Die kollektive Bilanz der Konkurrenz könnte zwar positiv ausfallen, denn der Wettstreit dürfte die Kreativität und das Engagement steigern und ihretwegen den teils wirtschaftlichen, teils wissenschaftlichen oder künstlerischen, auch sportlichen Ertrag in die Höhe treiben. Zusätzlich könnte der höhere Gesamtertrag allen, insbesondere auch den Schlechtestgestellten zugute kommen. Trotzdem gibt es Sieger und Verlierer, und das Sieger-Glück lebt unvermeidlich *vom* Verlierer-Unglück.

Einige Sozialutopien wollen dieser Sachlage radikal und umfassend entkommen. Mit der Zivilisierung der Konkurrenz nicht zufrieden, suchen sie ein Glück, das nicht mit dem Leid, sondern mit dem Glück der anderen zusammenbesteht, sogar *vom* Glück der anderen lebt. Zu diesem Zweck verlangen sie andere Gesellschaftsverhältnisse; vor allem sollen sie ohne jede wirtschaftliche Unterdrückung und Ausbeutung, vielleicht sogar ohne jede Herrschaft von Menschen über Menschen auskommen. Dieser großen, nach bisheriger Erfahrung wirklichkeitsfremden Utopie stellt die eudaimonistische Tugendethik eine Alternative entgegen. Ohne zu bestreiten, daß sich die Gesellschaftsverhältnisse ändern sollten, setzt sie zunächst nicht bei anderen, den Mitmenschen, und beim anderen, den Gesellschaftsverhältnissen, sondern bei sich selbst an: Eine Tugendethik betont die Verantwortung jedes einzelnen.

Damit gibt sie sich aber nicht zufrieden. Insofern die eudaimonistischen Tugenden großenteils aus sich heraus fremdbezogen sind, belaufen sie sich auf das Gegenteil von sozialer Konkurrenz. Statt dessen tragen sie zur angedeuteten Sozialutopie bei, zu einem Glück, das von dem Glück der anderen lebt, ohne vorab die Gesellschaft umkrempeln zu müssen. Ihr teils unmittelbarer, teils mittelbarer Dienst am anderen widerspricht aber nicht dem Eigenwohl. Der Alternative enthoben, tragen eudaimonistische Tugenden zu beiden Seiten, dem Eigenwohl und dem Fremdwohl, bei. Und in der Freundschaft befördern sie, indem sie zum Wohl der anderen beitragen, unmittelbar das eigene Wohl. Hier dient, wer dem anderen dient, zugleich sich selbst.

13.2 Mehr als nur prudentiell

Argumente, die sich auf das Selbstinteresse berufen, nennt man prudentiell. Der Ausdruck soll aus einer begriffsgeschichtlichen Verlegenheit helfen: Während der tugendethische Begriff der Klugheit einem Großteil dessen dient, was die Moral ausmacht, koppelt sich in der Neuzeit die Klugheit von allen moralischen Vorgaben ab. Sie verkommt zu einer Klugheit der Schlange oder Schlauheit des Fuchses, die sich für nichts als selbstsüchtige Ziele einsetzt. «Prudentiell» heißen nun jene Argumente, die das Selbstinteresse nicht zu eng und kurzsichtig, sondern weit und nachhaltig verstehen, ihm gleichwohl keine eigenständig moralischen Elemente zuordnen. Prudentiell agiert das zwar aufgeklärte, aber moralisch indifferente Selbstinteresse; Kant spricht bei den zuständigen Grundsätzen von pragmatischen Imperativen.

Wer sich zugunsten der Tugenden auf das Selbstinteresse beruft, argumentiert üblicherweise legitimierend: Das Selbstinteresse spricht sich für diese Tugenden aus. Wer das Argument genauer anschaut, sieht aber nicht nur eine legitimierende, sondern zugleich eine limitierende Kraft. Insoweit können die eudaimonistischen Tugenden in einem doppelten Sinn prudentiell geboten sein, prudentiell hinsichtlich der Rechtfertigung, aber auch hinsichtlich der Begrenzung:

Insofern die Tugend jenen Lohn verspricht, um dessentwillen der Mensch letztlich lebt, das Glück, ist es «klug», diese Tugenden zu erwerben und auszuüben. Die Kehrseite: Solange sich die Tugend nur vom Glück her rechtfertigt, gibt das Glück, sofern es wie bei Spinoza mit der Tugend zusammenfällt, das Maß für die Tugend ab. Dieses zweite prudentielle Argument kann die Reichweite einschränken und die Tugend nur so weit gebieten, wie sie dem Glück tatsächlich dient. Dann aber steht die prudentiell legitimierte Tugend unter prudentiellem Vorbehalt. Selbst dort, wo die eudaimonistische Legitimation gelingt, beinhaltet sie eine Limitation. Trifft dieser Vorbehalt auf den strebensethischen Tugendbegriff zu?

Wer das zuweilen wenig glückliche Los der Rechtschaffenen beklagt, versteht in der Regel unter Glück das äußere Wohlergehen, sichtbar in objektiven Gegebenheiten, die beim Rechtschaffenen tatsächlich fehlen können wie Gesundheit, Wohlstand, Macht und Ansehen. Im alternativen Verständnis wird das Glück verinnerlicht und zugleich privatisiert; statt «objektiv, aber äußerlich» ist es jetzt «innerlich, jedoch subjektiv». Danach besteht das Glück in einem inneren Zustand, etwa einem überragenden Wohlempfinden oder Hochgefühl. Und für sie gilt jeder als sein eigener Richter, mit dem Stoiker Seneca, der einen Komödiendichter zitiert: «Nicht ist glücklich, der meint, er sei es nicht.» (*Brief an Lucilius* 9, 21)

Das Muster der eudaimonistischen Ethik bei Aristoteles entzieht sich dieser Alternative. Indem er das Glück nicht exklusiv, aber vornehmlich an Tugenden bindet, relativiert er sowohl das äußere Wohlergehen als auch das innere Wohlgefühl. Statt dessen betont er zwar etwas Inneres, aber nicht ein Empfinden, sondern eine Haltung, die sich in entsprechenden Handlungen, also objektiv manifestiert. Diese objektiv-subjektiven Tugenden (s. Kap. 9.4) haben zwar nicht notwendig, aber doch meistens einen beachtlichen eudaimonistischen Wert.

Nach diesem Rahmen sind die Tugenden zwar kein reines Endziel, sondern bloß ein Mittel. Sie sind jedoch kein beliebiges Mittel, sondern eines, das dem glücklichen Leben dient. Weiterhin sind sie zwar ein Endziel, nehmen diesen Rang aber nicht exklusiv ein. Sie stehen zunächst auf derselben Stufe, also «neben» drei weiteren Endzielen: dem Ansehen, der Lust und der für Prinzipien zuständigen Vernunft, dem Geist (*Nikomachische Ethik* I 5, 1097 b 2). Da sie nicht anders als die alternativen Endziele dem Glück verpflichtet bleiben, müßte man dort, wo mit dem Glück nicht zu rechnen ist, vor allem dort, wo etwa die Tapferkeit das Glück gefährdet, von ihnen Abstand nehmen.

Diese prudentielle Einschränkung nimmt Aristoteles nicht vor. Wie im Abschnitt 9.3 über die Moralität erläutert, werden die Tugenden auch um ihrer selbst willen erstrebt. Obwohl sie «nur» ein Endziel erster Stufe, ein *teleion*, sind, das sich vor dem Superlativ, dem *teleiotaton*, der Eudaimonie, noch zu rechtfertigen hat, haben sie einen Eigenwert. Im Gegensatz zu einer verbreiteten Frontstellung tauchen also nicht erst in der sogenannten deontologischen, sondern schon in der eudaimonistischen Ethik Verbindlichkeiten auf, die sich nicht auf das Selbstinteresse berufen, sondern als in sich (intrinsisch) gut gelten.

Seit Kant nennt man Verbindlichkeiten kategorisch, die schlechthin gültig sind, ohne den Vorbehalt des eigenen Wohlergehens. Insofern Aristoteles auf die prudentielle, also vom Eigenwohl her erfolgende Einschränkung verzichtet, klingt – vorsichtig gesagt – schon bei ihm der kategorische Charakter an. Nicht erst im Christentum oder der säkularen Ethik eines Kant, sondern schon beim «antiken Heiden» Aristoteles findet sich in Form einer in sich wertvollen Tugend eine Art moralische Aristokratie.

Für den Selbstzweckcharakter und den ansatzweise kategorischen Anspruch der Tugenden sprechen bei Aristoteles und generell in einer klassischen, eudaimonistischen Ethik drei Argumente. *Erstes* Argument: Der Meist-Charakter schränkt deren Verbindlichkeit in keiner Weise ein. Das Meistens ist eine wissenstheoretische (epistemische), keine moralische Qualifikation. Betroffen ist nicht die Reichweite der Tugendverpflichtung, sondern deren Beitrag zum Glück, ihr eudaimonistischer Wert. Es heißt gerade nicht, meistens solle man tapfer sein, wenn das Leben aber bedroht werde, dürfe man oder solle man sich sogar davonschleichen. Obwohl die Tugenden letztlich eudaimonistisch gerechtfertigt werden, taucht eine Abschwächung der Verbindlichkeit, tugendhaft zu handeln, beim Muster einer klassischen Tugendethik, bei Aristoteles, nicht auf.

Diese Beobachtung hat erneut eine erhebliche prinzipientheoretische Bedeutung: Im Rahmen des Prinzips Glück erwartet man nur prudentielle Verbindlichkeiten; auf diese begrenzte Gültigkeit läßt sich Aristoteles jedoch nicht ein. Wenn er den «im herrschenden Sinn (*kyriôs*) tapfer» nennt, der «unerschrocken vor einem edlen Tod ist» (*Nikomachische Ethik* II 9, 1115 a 32 f.), dann hält er die Tapferkeit für einen Selbstzweck und ihre Forderung für höherrangig als das Lebensinteresse. Die Frage aber, wie sich diese beiden Funktionen zueinander verhalten, der eudaimonistische Dienst und der Selbstzweck, wirft er nicht auf. Die Möglichkeit einer Spannung, vielleicht sogar eines Widerspruchs, zieht er nicht in Erwägung.

Gegen einen prudentiellen Vorbehalt sprechen *zweitens* beide Begriffselemente der Tugend. Der Gattungsbegriff, die Lebenshaltung, bezeichnet ein Persönlichkeitsmerkmal, das um des Glücks willen erworben sein mag. Als eine selbst in schwieriger Lage nicht wankende Einstellung, als eine zweite Natur, besteht die Haltung in einer Verläßlichkeit und Selbständigkeit, durch die sie der eudaimonistischen Verfügung, der prudentiellen «Manipulation», enthoben ist. Der Artbegriff, die Mitte, profiliert die Haltung, es geschieht aber ebenfalls ohne eine eudaimonistische Aufsicht, die das Recht hätte, Vorbehalte zu äußern. Wer jeder Lage in Unerschrockenheit begegnet, hat eo ipso, vom Begriff der Unerschrockenheit her, auf eine Relativierung im Namen des (den Tod vermeidenden) Glücks verzichtet. Zur Haltung geworden, hat die Tugend der Tapferkeit ebenso wie jede andere Tugend einen Eigenwert, also einen Wert, der sich auf den Dienst am Glück nicht verkürzen läßt.

Man kann sich zwar fragen, ob die Haltung realer Menschen so unerschütterlich ist, daß sie sie in schlechthin jeder Lage bewahren: Gibt es eine nicht nur weithin, sondern schlechthin unerschütterliche Festigkeit? Selbst wenn die Antwort negativ ausfällt, weil man bei keinem Menschen mit einer wahrhaft vollkommenen Tugend rechnet, wäre die Abweichung aber das Zeichen einer moralischen Schwäche, auch wenn sie menschlich verständlich, vielleicht sogar verzeihlich wäre. Die entsprechende Person verfügte nicht über die vollkommen verläßliche Haltung. Die Haltung selber schließt aber vom Begriff her die Alternative aus: in glücksförderlichen Fällen eine Haltung zu bewahren, die man in glücksschädlichen Fällen gezielt aufgibt.

Das *dritte* Argument für den Selbstzweckcharakter liegt im Begriff der für den Menschen eigentümlichen Leistung (*ergon*). Mit ihm will Aristoteles dem Begriff des Glücks mehr Gehalt geben (*Nikomachische Ethik* I 6). Nun erklärt er zur eigentümlichen Leistung eine Tätigkeit der Vernunft, sieht diese in zweierlei Gestalt auftreten, in einer herrschenden und in einer gehorchenden Weise, und ordnet jeder der beiden Gestalten eine besondere Tugendart zu: Die Lebensklugheit gehört zusammen mit weiteren intellektuellen Fähigkeiten zur ersten, «herrschenden», die Charaktertugend zur zweiten, «gehorchenden» Art. Nun ist im Begriff der für den Menschen eigentümlichen Leistung der Selbstzweckcharakter enthalten: Die Vernunft dient nicht etwas Anderem und Höherem; sie steht für das Wesen des Menschen und in dieser Hinsicht zugleich für sich selbst. Einmal ins Recht gesetzt, folgt sie ihren eigenen Gesetzen; die Vernunft führt ein Eigenleben, das erneut der eudaimonistischen «Manipulation» entzogen ist.

13.3 Provokation Theoria

Der Höhepunkt, den das Glücksstreben bei Aristoteles hat, ist für das neuzeitliche Moralverständnis befremdlich, sogar provokativ: Als vollendete Form geglückten Lebens gilt die wissenschaftlich-philosophische Existenz, das theoretische Leben. Befremdlich ist schon die Parteinahme für eine sehr kleine Gruppe von Menschen, zudem für die eigene Zunft, die Philosophie. Darüber hinaus bricht die Theoria aus der Konkordanz von Eigenwohl und Fremdwohl aus. Denn weil sie sich von allem Nutzen abkoppelt, nimmt sie nicht einmal mittelbar das Wohl der anderen in den Blick.

Eine Seite im Plädoyer für nutzenfreies Wissen ist durchaus willkommen: Im Gegensatz zu einer Utilitarisierung des menschlichen Lebens zeigt es exemplarisch, daß der Mensch letztlich nicht anderen, sondern sich dient. Noch ein *zweites* mag willkommen sein: Da die Theoria als solche sowohl von äußeren Gütern als auch von Mitmenschen unabhängig ist, gibt sie ein Muster von Glück ab, das tatsächlich in des Menschen Hand liegt und in seiner Unabhängigkeit von allem Äußeren etwas Göttliches an sich hat.

Gegen die weiterreichende Ansicht aber, die Theoria sei nicht bloß ein Exempel des Selbstzwecks, sondern auch dessen vorzügliche Gestalt, meldet sich ein vielstimmiger Einspruch: Erstens sind die Wissenschaftler und Philosophen keine reinen Intelligenzien. Auch sie haben Bedürfnisse und Interessen und pflegen Umgang sowohl mit Kollegen als auch «normalen Bürgern», so daß auch sie die «gewöhnliche» Form glücklichen Lebens brauchen. Ferner fragt sich, warum ein Denker oder Forscher, der im sprichwörtlichen Elfenbeinturm agiert, menschlich mehr wert sein soll als beispielsweise der barmherzige Samariter. Nicht nur das Christentum, sondern auch andere Religionen und nicht zuletzt ein Großteil der außerreligiösen Weisheitsliteratur erheben Bedenken. Und eine fulminante Attacke gegen die Selbstüberschätzung der Wissenschaften und Künste reitet im Zeitalter der Aufklärung dessen häretischer Denker, Jean-Jacques Rousseau.

Für die Beurteilung des Eudaimonismus zählt allerdings nicht die provokative Wertschätzung des theoretischen Lebens selbst, sondern lediglich die Frage, ob sie für den Eudaimonismus wesentlich ist. Die Antwort fällt nicht leicht. Folgt man dem Argumentationsgang des maßgeblichen Textes, der *Nikomachischen Ethik*, so zeichnet sich der Vorrang der Theoria weder beim strebenstheoretischen Begriff des Handelns noch beim Begriff des schlechthin höchsten Zieles ab. Weder das spontane Zulaufen auf ein positiv geschätztes Ziel scheint das Privileg zu begründen, noch der Gedanke eines nicht mehr überbietbaren Zieles. Nicht einmal bei der Zusatzthese, die für den Menschen charakteristische Leistung sei die Vernunft, tritt das Theoria-Privileg in den Blick. Dies geschieht erst beim näheren Vernunftbegriff, genauer: bei der Unterscheidung zweier Stufen von Vernunft und der Gleichsetzung der höheren, «eigentlichen» Stufe mit der für Erkenntnis zuständigen Vernunft (*Nikomachische Ethik* I 13, 1103 a 2 f.). Diese Gleichsetzung übergeht aber die Vorfrage, ob es nicht beim Handeln ebenfalls eine eigentliche Vernunft geben könne. Erst weil diese Möglichkeit nicht in Erwägung gezogen wird, folgt der Vorrang des Erkennens, dann freilich zwangsläufig. Mit dieser Möglichkeit dürfte aber eine Strebensethik grundsätzlich Schwierigkeiten haben (vgl. Kap. 14), womit das Theoria-Privileg denn doch nicht als unwesentlich erscheint.

Zumindest als Option liegt jedenfalls die Alternative auf der Hand: Man entwickele auch für den Bereich des Handelns den Gedanken einer reinen Vernunft, unterscheide deshalb zwei Anwendungsbereiche, eine reine theoretische und eine reine praktische Vernunft, womit man für den gelungenen Lebensvollzug zwei Grundformen erhält. Dann tritt als Konkurrenz zur Theoria die reine praktische Vernunft in den Blick. In einem weiteren Argumentationsschritt könnte man deren Überlegenheit über die reine theoretische Vernunft behaupten, was das Theoria-Privileg endgültig aufhebt: Der Vorrang liegt nicht länger im nutzenfreien Erkennen, sondern in einer Moral, die jeden darüber hinausgehenden Zweck ablehnt. Etwas, das sich in dem nicht nur prudentiellen Charakter der eudaimonistischen Tugend abzeichnet, wird dann zum Prinzip: Das dem Menschen eigentümliche Wesen, das durchaus «Vernunft» heißen mag, gipfelt weder in der wissenschaftlich-philosophischen Forschung noch im bloßen Glück, wohl aber in der um keines (weiteren) Nutzens willen praktizierten Moral.

13.4 Vorrang des Guten vor dem Richtigen?

Ein Teil der zeitgenössischen Ethik-Debatte spitzt sich auf die Frage zu, wem der begriffliche Vorrang gebühre, dem, was für jemanden gut, oder dem, was moralisch richtig ist. Nach dem lange im englischen Sprachraum vorherrschenden Utilitarismus liegt der Vorrang beim subjektiv Guten. Man fragt, was die einzelnen im Licht ihrer Bedürfnisse und Interessen, ihrer Einstellungen und Neigungen für sich als gut halten, sodann, was sich daraus als für alle Betroffenen gut ergibt, und schließlich erklärt man dieses Ergebnis, das maximale Kollektivwohl, zum Maß für das moralisch Richtige. Seit dem Utilitarismus-Kritiker Rawls folgt ein Großteil auch der anglophonen Ethik der von Kant inspirierten Ansicht, das moralisch Richtige sei dem subjektiv Guten vorgeordnet: «Ein gerechtes soziales System bestimmt den Bereich, in dem sich die Ziele der einzelnen» – also ihre Bedürfnisse und Interessen, ihre Einstellungen und Neigungen – «halten müssen» (Rawls 1971, § 6).

Weil der Eudaimonismus das letzte Ziel im schlechthin höchsten Guten, dem Strebensglück sieht, scheint er die Gegenposition zu Kant und Rawls zu vertreten, den Vorrang des Guten vor dem Rechten, im Griechischen: den Vorrang des *agathon* vor dem *deon*. Einen ersten Zweifel an dieser beliebten Lesart weckt das Gewicht der Gerechtigkeit in der eudaimonistischen Ethik. Aristoteles erklärt zum Kriterium der Gerechtigkeit nicht wie bei den anderen Tugenden die vom jeweiligen Subjekt abhängige, «subjektiv-objektive Mitte für uns», sondern die bloß objektive «sachliche Mitte» (*meson pragmatos*: *Nikomachische Ethik* V 6, 1131 a 14 ff.). Und diese ist von dem, was für die einzelnen gut ist, unabhängig; nur im Rahmen des Gerechten darf man seine persönlichen Interessen verfolgen. Mag auch die Tugend der Gerechtigkeit letztlich zum subjektiv, besser: persönlich Guten eines ganzen Lebens verhelfen – ihre objektiven Anforderungen, das Gerechte, ergeben sich unabhängig davon und sind ohne einen unmittelbaren Blick auf die Eudaimonie zu erfüllen. Auch die anderen Tugenden haben keinerlei Lizenz, die Gerechtigkeitsforderungen zu ermäßigen. Selbst das einzige Korrektiv der Gerechtigkeit, die Billigkeit, erlaubt keine Abschwächung. Als eine «höhere Gerechtigkeit» soll sie vielmehr auch in außergewöhnlichen Sonderfällen dem Geist der Gerechtigkeit zur Wirklichkeit verhelfen.

Der Vorrang des Rechten vor dem Guten gilt für die anderen Tugenden ebenso. Die reflektierte Beziehung zu den Affekten steht zwar im Dienst des Glücks, folglich des Guten eines Subjektes. Blickt man aber auf die Geltungsweite und Geltungstiefe, so haben die Tugenden, weit davon entfernt, nur im Maße des Eigenwohls zu gelten, den Rang eines Selbstzwecks. Ein prudentieller, von Lebensklugheit diktierter Verzicht auf eine tugendhafte Handlung ist ausgeschlossen. Was die Tugend gebietet, also das moralisch Richtige, genießt den uneingeschränkten Vorrang.

Ein weiteres Argument spricht für diesen Vorrang, zugleich gegen die Einschätzung des Eudaimonismus als einer vor-, sogar unmoralischen Theorie. Weil das moralisch richtige Handeln um seiner selbst willen erfolgt, entspricht es in neuzeitlichen Begriffen nicht bloß der Legalität. Mit dem Verzicht auf Klugheitseinschränkungen steigert sich schon die eudaimonistische Tugend zur Moralität.

14. Von der Strebens- zur Willensethik

Gegen die Strebensethik und ihr Prinzip Glück sprechen weder der behauptete egoistische Grundzug noch eine angeblich nur prudentielle Tugend. Weil auch kein Vorrang des Guten vor dem Richtigen vertreten wird, findet die befürchtete Euthanasie der Moral nicht statt. Die Kritik setzt bei dem nicht hinreichend legitimierten Vorrang der theoretischen vor der praktischen Vernunft an und stößt auf eine weitere, noch grundsätzlichere Grenze: Wird die Vernunft als eine praktische gedacht, so bedeutet sie eine Antriebskraft, die im Fall *reiner* praktischer Vernunft von allem, was nicht Vernunftcharakter besitzt, insbesondere von aller praktischen Sinnlichkeit, frei ist. Behauptet wird damit nicht, das Handeln insgesamt, sondern lediglich ein einziges Moment, die letzte Antriebskraft, habe diese Freiheit, und auch sie bestehe nur im Fall der reinen praktischen Vernunft.

Diesem Gedanken liegt ein vom Streben verschiedenes Handlungsmodell, das des Wollens im engen und strengen Sinn, zugrunde. In der Umgangssprache bedeutet Wollen nichts anderes als ein Streben. Wer sagt: «Ich will x», meint: «Ich habe ein Verlangen nach x und bewege mich darauf zu.» Das Wollen in einem engeren Sinn bedeutet eine Distanz im Verlangen. Der Wille steht vor der Frage: «Soll ich x, oder soll ich es nicht?» Während das Streben nach einem Ziel auslangt, mithin auf das Wohin blickt, kommt es beim strengen Begriff des Wollens auf das Woher, den Ursprung der Bewegung im Bewegenden, auf den Willen, an. Das neue Modell läßt das normative Prinzip nicht unberührt. Beim Streben besteht der höchste normative Gesichtspunkt, der Superlativ des uneingeschränkt Guten, in einem schlechthin höchsten Wohin, dem Glück als Eudaimonie, beim Wollen dagegen in einem schlechthin ersten Woher. An die Stelle des superlativischen Zieles tritt der superlativische Anfang, und dieser ist dort gegeben, wo der Anfang des Handelns nicht von außen, sondern aus dem Antrieb selbst kommt.

Wie dieses Prinzip des näheren zu denken, dabei gegen eine Fülle von Einwänden, auch Mißverständnissen zu verteidigen ist, wird im nächsten Teil zu erörtern sein. Hier nur so viel: Der Wille, der sich selbst bestimmt, verdankt seinen Bestimmungsgrund, sein «Gesetz» (*nomos*), sich selbst (*auto-*); er ist auto-nom. In dieser, allerdings auch nur dieser

Hinsicht von Elementen, die keinen Willenscharakter haben, freigesetzt, ist er ein reiner und insoweit auch freier Wille. Und gemäß dem Vernunftcharakter des Antriebs ist er gleichbedeutend mit reiner praktischer Vernunft. Infolgedessen steht eine vom handlungstheoretischen Ansatz her grundlegend andere Ethik zur Untersuchung: nach der Strebensethik mit dem Prinzip der Eudaimonie nun die Willensethik mit dem Prinzip der Autonomie.

Schon jetzt läßt sich festhalten, daß die zeitgenössische Tugendethik, obwohl es ihr auf einen Kontrapunkt zur Moderne ankommt, auf den Grund der Unterscheidung von Antike und Moderne nicht eingeht. Nimmt man Aristoteles als Protagonisten der Eudaimonie- und Tugendethik, Kant dagegen als Hauptvertreter der Willens- und Autonomieethik, so leistet, wer sie aufeinander bezieht, weit mehr als einen Beitrag zur Geschichte der Moralphilosophie. Er tritt in mindestens vier Sachdebatten ein: zur Epochendifferenz zwischen Antike und Moderne, zur Grundausrichtung der Ethik, zu deren Entlastung vom eudaimonistischen Gelingen, nicht zuletzt zum Moralbewußtsein von heute.

Lange Zeit galten Aristoteles und Kant nicht bloß als wichtige, sondern auch als alternative Moralphilosophen. Entweder war man Aristoteliker oder Kantianer, aber nicht beides zugleich. Selbst ein Wechselgespräch zwischen beiden Positionen gab es kaum. Wer sich von den unterschiedlichen Denkrahmen nicht beirren läßt, entdeckt jedoch gewichtige Gemeinsamkeiten. Sie beginnen mit einem für alle moralische Praxis grundlegenden, allerdings höchst formalen Begriff. Letztlich besteht das normative Prinzip des Handelns bei Kant nicht in der Autonomie oder dem guten Willen und bei Aristoteles nicht in der Eudaimonie, dem Glück. Beide – so zeigt schon ein kurzer Blick auf die einschlägigen Passagen – gehen vielmehr vom selben Superlativ, der Idee des schlechthin Guten, aus:

Der berühmte Einleitungssatz von Kants *Grundlegung* – «ohne Einschränkung gut ist allein ein guter Wille» – gibt der Ethik ein semantisches Kriterium vor: «moralisch gut» bedeutet «uneingeschränkt» bzw. «unbedingt gut». Zusätzlich erhebt er einen Exklusivitätsanspruch: Allein der gute Wille erfüllt das genannte Kriterium. Ähnliches behauptet Aristoteles zu Beginn seiner *Nikomachischen Ethik* vom Glück. Als das Ziel, das man um seiner selbst willen anstrebt und alles andere um seinetwillen; als das oberste aller praktischen und praktikablen Güter; als etwas, das autark ist und für sich allein wünschenswert, ohne daß etwas anderes hinzuaddiert werden könnte; und vor allem als das Ziel, das am meisten Zielcharakter hat, als das schlechthin vollkommene Ziel, zeichnet sich das Glück durch den Charakter des superlativisch Guten aus.

Erst vor dem Hintergrund dieser Gemeinsamkeit, der Idee des schlechthin Guten, tritt die Differenz zutage. Bei Aristoteles hat der Superlativ einen teleologischen, bei Kant einen im wörtlichen Sinn «archäologischen» Charakter: Wer Praxis bewertet, wirft eine Frage auf, die sich im Fall des Strebens erst in der Idee eines schlechthin oder unüberbietbar höchsten Zieles (*telos*), beim Wollen dagegen in einem unüberbietbar letzten Woher (*archê*: Anfang, Ursprung) abschließend beantworten läßt. Der Unterschied zwischen der eudaimonie-geprägten Antike und der autonomie-geprägten Neuzeit gründet nicht in der Idee des unüberbietbar Guten, wohl aber im Begriff des Handelns, auf den die Idee bezogen wird. Die entscheidende Weichenstellung erfolgt also nicht von der genuin normativen Seite, sondern von der Handlungstheorie her. Hier verändert Kant gegenüber Aristoteles den Blick radikal. Nicht länger kommt es auf das Ziel des Handelns, vielmehr auf den Anfang an. Der dazugehörige Superlativ liegt in Gesetzen bzw. Prinzipien, deren Ursprung nicht außerhalb des Willens, sondern in diesem selbst liegt.

Da das normative Moment, der Superlativ, gemeinsam, der Handlungsbegriff aber verschieden ist, setzen Rückfragen an beide Autoren beim Handlungsbegriff an. Nicht die Anerkennung oder aber Ablehnung des Tugendbegriffs unterscheiden antike und moderne Ethik, sondern der strebenstheoretische und der willenstheoretische Rahmen. Die übliche Unterscheidung «Ethik des guten Lebens» (Aristoteles) und «Pflichtenethik bzw. Deontologie» (Kant) hat dagegen sekundäre Bedeutung; sie trifft überdies nur begrenzt zu. Denn mit dem Selbstzweckcharakter der Tugenden enthält auch der Eudaimonismus deontologische Elemente; und nach der Pflichtenethik führt, wer dem Prinzip Autonomie folgt, ein gutes Leben.

Das letzte Wohin, das Glück, liegt, wie wir gesehen haben, nicht in der Hand der Menschen allein. Beim ersten Woher, dem freien Willen, könnte es anders aussehen. Für den Wechsel vom Streben zum Wollen spräche dann das Interesse an einer Verschärfung der Verantwortung: Für das Glück ist man nur großenteils, für ein aufgrund von Autonomie rechtschaffenes Handeln eventuell voll verantwortlich.

Andererseits bleibt der Mensch an einem gelungenen Leben interessiert. Daß die Strebensethik, weil durch die Willensethik vollständig ersetzt, jedes Recht verliere, erscheint daher als unplausibel. Der Mensch will vermutlich beides: die Rechtschaffenheit bzw. Moral und das Glück, so daß sich die Frage nach dem Zusammenhang, vielleicht sogar der Einheit stellt. Bei der Strebensethik wurde die Frage, wie ein (moralisch) richtiges im (eudaimonistisch) guten Leben möglich ist, in zwei Schritten beantwortet. Zum einen macht das tugendhafte, also moralisch richtige Leben nur meistens, aber nicht immer glücklich. Zum anderen beläuft sich das Prinzip Glück nicht auf die befürchtete Euthanasie der Moral. Von der Willensethik aus wird es um die Frage gehen, wie ein gutes Leben im moralisch richtigen Leben möglich ist: Ist es begrifflich denkbar, darüber hinaus lebenspraktisch möglich, daß ein moralisches Leben auch glücklich macht?

Keines der folgenden vier Dinge ist auf eine bestimmte Epoche oder Kultur hin eingeschränkt: weder der Gedanke eines uneingeschränkt Guten noch die zwei Grundmodelle, das Strebens- und das Willensmodell des Handelns, weder die Ausrichtung einer Strebensethik am (eudaimonistischen) Glück und die einer Willensethik am autonomen Willen noch schließlich die Rückfragen an diese zwei Grundformen von Moralphilosophie. Nur ein einziger Beleg: Sowohl das Glück als das überbietbare höchste Ziel als auch die Autonomie als der schlechthin erste Anfang sind wegen ihrer Formalität gegen unterschiedliche Lebensentwürfe so offen, daß sie sich schwerlich an eine Kultur binden und wegen dieser Bindung als nur kulturrelativ gültig behaupten lassen. Sie sprengen nicht bloß jede Bindung an eine Kultur; sie sind nicht einmal an die biologische Gattung Mensch gebunden. Jedes Wesen, das nach Zielen strebt, verlangt nämlich nach dem Erreichen des Zieles, letztlich nach der Erfüllung seiner Zielorientierung, also dem Glück. Dasselbe gilt für die Autonomie. Sie ist ein so formales Prinzip der Moral, daß es nicht nur alle Menschen aller Kulturen, sondern sogar nichtmenschliche Wesen betrifft, *sofern* sie sowohl Sinnen- als auch Vernunftwesen sind.

Dritter Teil

Prinzip Freiheit: Autonomie

Die Freiheit ist ein Schlüsselbegriff der europäischen Neuzeit. Zugleich hilft sie, die Besonderheit des Menschen überhaupt zu verstehen. Und in der philosophischen Ethik ist sie ein Prinzipienbegriff, der die Willensethik vor der Strebensethik auszeichnet. Mitverantwortlich für diese Fähigkeit, so unterschiedliche Aufgaben zu übernehmen, nämlich ein Epochenbegriff, ein anthropologischer Begriff und ein moralisches Prinzip zu sein, ist eine Vieldeutigkeit. Der dritte Teil dieser Studie beginnt mit der sogar mehrfachen Vieldeutigkeit. In ihrem Rahmen wird die für die Willensethik entscheidende Gestalt, die moralische Freiheit, zunächst verortet (*Kapitel 15*), sodann schrittweise aufgebaut, bis schließlich die höchste Stufe, die Willensfreiheit, erreicht ist.

Bei der moralischen Freiheit geht es weder um die politische Freiheit noch eine andere Form sozialer Freiheit, sondern um die Freiheit einer einzelnen, aber nicht vereinzelten Person, um die personale Freiheit. Diese zeigt sich in zwei Stufen: in der schon der Strebensethik vertrauten Handlungsfreiheit und in der für die Willensethik eigentümlichen Willensfreiheit. Schon die Elementarstufe, die Handlungsfreiheit, besteht nicht in Willkür, sondern in der Fähigkeit, nach eigenen Gründen zu handeln, die auch praktische Vernunft heißt. Der im ersten Teil eingeführte Begriff von praktischen Gründen und praktischer Vernunft ist daher näher zu erläutern (*Kapitel 16*). Gemäß den drei Bewertungsstufen der konstruktiven Semantik lassen sich drei Stufen von Gründen unterscheiden, denen ebenso viele Stufen von Freiheit entsprechen: die technische, die pragmatische und die moralische Freiheit. Auf der dritten und höchsten Stufe wird der Gedanke einer praktischen Vernunft gewissermaßen zu Ende gedacht. Dazu gehören drei ebenso schwierige wie strittige Begriffe: die Willensfreiheit im strengen Sinn, die Autonomie des Willens und die reine praktische Vernunft (*Kapitel 17*).

Die politische Freiheit hat etwas Verstörendes, das ein Genfer Bürger, französischer Intellektueller und europäischer Philosoph in die ebenso provokative wie paradoxe Behauptung gebracht hat: «Der Mensch ist frei geboren, und überall liegt er in Ketten». Diese These von Jean-Jacques Rousseau paßt ebenso auf die moralische Freiheit. Außer politischen und sozialen Ketten gibt es nämlich auch innere Ketten. Ihretwegen – behauptet der Determinismus – ist schon die Handlungsfreiheit, spätestens aber die Willensfreiheit eine Illusion (*Kapitel 18*). Neuerdings stimmen dem einige Hirnforscher mit missionarischem Eifer zu (*Kapitel 19*).

Erst wenn die Gegenargumente im Ansatz entkräftet sind, kann man das Kriterium der moralischen Freiheit, die Universalisierung von Lebensgrundsätzen (Maximen), entwickeln und mit zwei beliebten Alternativen, der Folgenethik und der Diskursethik, konfrontieren (*Kapitel 20*). Im Anschluß an die Erörterung von zwei Beispielen universalisierbarer Lebensgrundsätze (*Kapitel 21*) stellt sich die Frage, ob es die höchste Stufe moralischer Freiheit, die Willensfreiheit, überhaupt gibt: Auf die Vorfrage, welche Bedingungen zu erfüllen sind, folgt die Hauptfrage, ob diese Bedingungen vom Menschen erfüllbar sind (*Kapitel 22*). Anschließend ist ein Begriff zumindest ansatzweise zu erörtern, der so große Schwierigkeiten aufwirft, daß viele Moralphilosophen ihn lieber übergehen: das moralisch Böse (*Kapitel 23*).

Fragen der Lebenskunst ordnet man üblicherweise ausschließlich den Theorien des guten und glücklichen Lebens, also der eudaimonistischen Ethik zu. Eine Philosophie der Willensfreiheit, eine Ethik der (moralischen) Autonomie, setzt hinter diese Üblichkeit ein Fragezeichen. Denn wie die eudaimonistische Lebenskunst in den Bereich der strengen Moral hineinreicht, so könnte umgekehrt die moralische Autonomie für die Lebenskunst bedeutsam sein und selbst die Höchstform der autonomen Moral, die Moralität, sich ins menschliche Glücksverlangen integrieren (*Kapitel 24*). Zum Schluß stellt sich auch für die autonome Moral, ihre Vollendung in der Moralität, die Frage: Macht sie glücklich? (*Kapitel 25*)

15. Die moralische Freiheit verorten

Wie fast alle Grundbegriffe des menschlichen Denkens und Lebens, so hat auch die Freiheit zahlreiche Bedeutungen. Deren erster Grund liegt nicht in Ungenauigkeiten der Sprache, sondern in den Verwicklungen der natürlichen und sozialen Welt. Im Fall der Freiheit gibt es allerdings eine zweipolige Kernbedeutung. Freiheit meint negativ verstanden Unabhängigkeit. Dieses auch «Freiheit wovon» genannte Freisein von Fremdbestimmung hat als Prozeß verstanden, als Freiwerden von Bindungen, emanzipatorischen Charakter. Und die positive Freiheit besteht in der Selbstbestimmung oder «Freiheit wozu»: daß man seinem Tun und Lassen selber den Antrieb und den bestimmten Inhalt gibt.

Nach dem negativen und emanzipatorischen Begriff ist man um so freier, je weniger Vorgaben und Bindungen existieren. Es gibt also ein Mehr-oder-weniger; diese Freiheit ist ein komparativer Begriff, und man kann von unterschiedlichen Freiheitsgraden sprechen. Dazu kommt ein enormes Verwendungsspektrum: Ein Volkslied nennt die Gedanken frei und meint, daß sie nicht zensiert sind. Eine Forschung (ebenso die Kunst) heißt frei, die keinen politischen, eine andere, die keinen wirtschaftlichen Auflagen unterworfen ist, und eine dritte, die sich an keinerlei Nützlichkeit bindet.

Bei freien Rhythmen, freiem Markt und Freihandel, auch bei Freikirchen, freiem Jazz oder schuldenfrei bedeutet «frei», daß man sich von andernorts oder bislang herrschenden Regeln und Lasten löst, daß man Grenzen gespürt und sie überwunden hat. In diesem Sinn heißt auch frei, wer sich weder den inneren Begierden noch den äußeren «Eitelkeiten der Welt» wie Macht, Wohlstand oder Prominenz unterwirft. Nach einem Landstreicher von Berufung ist allerdings nur der wirklich frei, der von allen menschlichen Bedürfnissen außer Essen und Trinken, Schlafen und Wandern frei ist. Und endlich fühlt sich frei, wer beengenden Verhältnissen, insbesondere, wer einem Gefängnis oder Lager entkommt.

Wenn auch der Narr als frei gilt, weil er sagen darf, was er will, so zahlt er dafür den Preis, daß man ihn wenig ernst nimmt. Hier deutet die negative Freiheit eine Ambivalenz an, die sich auch dort bemerkbar macht, wo man von Aufgaben oder Verantwortlichkeiten unabhängig wird. In Silvio Blatters *Zwölf Sekunden Stille* (2004, 273) stellt der ehemalige Kulturchef beim Besuch einer Ausstellung fest: «Er mußte die Kunst nicht mehr für eine Leserschaft zurechtbiegen. Das war eine Entlastung, eine nie gekannte Freiheit. Aber sie zeigte ihm auch, daß er ohne Auftrag hier war. Ohne Aufgabe. Ohne Verantwortung.» Spätestens in der Zuspitzung zum Freiwerden von *allen* Bindungen, verliert die emanzipatorische Freiheit ihren positiven Klang: Wer schon alles verloren hat, besitzt, weil er nichts mehr zu verlieren hat, zweifellos keine beneidenswerte Freiheit.

Wegen der Ambivalenz negativer Freiheit taucht die Frage auf, ob schon der frei ist, der wie eine andere Figur in Blatters Roman zwar auf Eigentum verzichtet, den Verzicht aber nicht als Askese versteht, sondern als künstlerische Performance zelebriert. Immerhin unterwirft er sich dem Zwang, etwas Auffallendes zu vollbringen. Oder ist der in einem besonderen Maß frei, der wie der «Held» in Pascal Merciers Roman *Nachtzug nach Lissabon* zwar aus einem gesicherten Lebenslauf ausbricht, aber seine erklecklichen Ersparnisse behält? Ist nicht eher derjenige wirklich frei, der außer allen sozialen auch die finanziellen Brücken hinter sich abreißt? Oder ist im Gegenteil der im hohen Maß frei, der rechtzeitig eine Lebensform einschlägt, sich von vornherein vom Diktat jener Mächte freimacht wie der Konvention, dem Applaus oder dem Geld, von dem andere nur durch den Ausbruch aus ihrem bisherigen Leben freiwerden? Ist also eher frei, wer dank umsichtiger Lebensplanung ein Gutteil spektakulärer Emanzipation gar nicht braucht?

Für derartige Fragen sind nicht nur Philosophen, sondern auch andere zuständig: schon der überlegte Alltagsverstand, selbstverständlich zahlreiche Einzelwissenschaften, nicht zuletzt große Schriftsteller: Romanciers und Theaterautoren. Im Gegensatz zur Ansicht manch provokationsverliebter Philosophen ist aber weder eine einzige der außerphilosophischen Kompetenzen noch deren Verbindung allein zuständig. Angefangen mit der Begriffsklärung über provokative Querschüsse bis zur konstruktiven Gedankenarbeit kommt eine Theorie der moralischen Freiheit ohne die Philosophie schwerlich aus.

Wer sich nicht damit begnügt, bislang herrschende (gesellschaftliche, wissenschaftliche oder künstlerische) Regeln aufzuheben, braucht neue Inhalte und Maßstäbe und zu deren Zweck Kreativität und Originalität. Ihretwegen gibt es die zur Emanzipation gegenläufige, konstruktive Freiheit; sie ist erneut ein komparativer Begriff: Ein Mensch ist einerseits um so freier, je mehr Ziele er sich zu setzen und zu erreichen versteht, andererseits hat er um so mehr Freiheit, je unkonventioneller und je anspruchsvoller seine Ziele sind. Offensichtlich hängt das «einerseits» von den eigenen körperlichen, geistigen und gefühlsmäßigen Fähigkeiten, aber auch von wirtschaftlichen, politischen und kulturellen Rahmenbedingungen ab, das «andererseits» dagegen von Selbst- und Weltvertrauen und von Courage.

Die Begriffsgeschichte (vgl. Conze u. a. 1975, zur Antike Raaflaub 1985) erinnert an eine weitere Bedeutung, an die Freiheit als einen Rechtsbegriff. Dabei ist zunächst ein Vor-Recht gemeint, ein Privileg, das die «Freien» im Unterschied zu den Hörigen, Erbuntertänigen, Leibeigenen und Sklaven auszeichnet. Als vollwertige Mitglieder einer Rechtsgemeinschaft leben sie um ihrer selbst willen. Weil der Schutz, den die Rechtsgemeinschaft der Freien ihren Mitgliedern bietet, auf Gegenseitigkeit beruht, sitzen die Freien «im selben Boot» – mit der Folge, daß Freiheit mit Solidarität verwandt ist. Und da die Freien sich kennen, auch miteinander arbeiten, können sie untereinander in Freundschaft verbunden sein.

Die Vieldeutigkeit, die in den Beispielen anklingt, läßt sich weder auf einer einzelnen Skala anordnen noch einer einzigen Bedeutungsfamilie zuordnen. Es gibt vielmehr verschiedene Gesichtspunkte, um die Bedeutungen zu gruppieren. Sechs dieser Gesichtspunkte seien hier genannt; dabei herrscht in den meisten Fällen eine Zweiteilung vor.

Die erste Zweiteilung betrifft das Vorzeichen oder die Blickrichtung. Hier steht der vor allem emanzipatorische Begriff, die Unabhängigkeit oder «Freiheit wovon», dem vornehmlich konstruktiven Begriff der Selbstbestimmung, der «Freiheit wozu», gegenüber.

Bei der zweiten, thematischen Mehrdeutigkeit qualifiziert die Freiheit zwar so unterschiedliche Gegenstände wie Musikformen und den Markt, wie zivil- und öffentlich-rechtliche Verhältnisse und natürliche Personen. Besonders wichtig ist aber eine Zweiteilung in die soziale Freiheit (mit der rechtlichen und der politischen Freiheit als bedeutsamen Unterarten) und in die personale Freiheit eines natürlichen Subjekts.

Die Freiheit tritt drittens in zwei Modalitäten auf, entweder als eine erfahrbare Wirklichkeit oder als eine Forderung. Bei der empirischen Bedeutung, daß es zum Beispiel in einem Gemeinwesen die Gruppe der Freien gibt, meint sie ein Sein, bei der präskriptiven und normativen Bedeutung dagegen ein Sollen, etwa den Anspruch auf Rechtsschutz.

Bei natürlichen Personen besteht die Freiheit elementarerweise in der Fähigkeit, aus eigenen Stücken, also frei-willig, zu agieren. Dieser handlungstheoretische Begriff ist offensichtlich nicht an den Rechtsstatus des Freien gebunden und birgt aus genau diesem Grund eine revolutionäre Sprengkraft. Er enthält das Potential zu einer Universalisierung, die das Privileg gewisser Gruppen bricht und die Freiheit zum Merkmal jedes Menschen werden läßt. Als Vorrecht jetzt aller Menschen verliert es seine diskriminatorische Kraft: Mit der Abschaffung der Sklaverei wird jeder Mensch zu einem freien Rechtssubjekt. (Und mit der Überwindung von Kolonialisierung und Satellitenstaaten erlangen auch alle Gemeinwesen der Erde ihre politische, freilich oft nur außenpolitische Freiheit.)

In diesem Prozeß der Befreiung tritt eine vierte Mehrdeutigkeit zutage, die Reichweite der thematischen Freiheit. Dabei ragen zwei Stufen heraus: Entweder verfügen über die Freiheit einige Vertreter der betreffenden Gegenstandsklasse oder aber alle; dort ist die Freiheit ein partikularer, hier ein universaler Begriff. Die entsprechende Entwicklung – daß zunächst einer, später einige wenige, wieder später viele und am Ende alle frei sind – könnte gradlinig erfolgen; die tatsächliche Geschichte zeigt eher Brüche, Rückschritte und wieder sprunghafte Fortschritte.

Innerhalb der personalen und positiven Freiheit gibt es unterschiedliche Stufen, wobei – fünfte Mehrdeutigkeit – wieder eine Zweiteilung im Vordergrund steht: die Selbstbestimmung des Handelns, die Handlungsfreiheit, und die Selbstbestimmung des Wollens, die Willensfreiheit.

Zu den fünf Mehrdeutigkeiten kommt sechstens noch eine Gradualität hinzu. So sind dem Kind engere Grenzen als dem Erwachsenen gesetzt, dem Kranken, Armen oder Schwachen in entsprechender Hinsicht engere Grenzen als dem Gesunden, Reichen oder Mächtigen. Ferner hat jemand desto mehr Freiheit, je mehr er aufgrund von Intelligenz und Erfahrung Handlungsmöglichkeiten sieht und je mehr er aufgrund von Temperament und Charakter die Möglichkeiten auch zu ergreifen vermag. Weiterhin ist man um so freier, je weniger Zwänge die Gesellschaft und der Staat ausüben. Nicht zuletzt kann man sagen, volle Freiheit besitze, wer nicht vorher sagen müsse, was er plane, halbe Freiheit dagegen, wer es eine gute Weile vorher ankündigen müsse (Sten Nadolny, *Die Entdeckung der Langsamkeit*, 1987, 43).

In Form einer Anmerkung sei eine weitere Bedeutung erwähnt, die für die Ethik als Lebenskunst wichtige Freigebigkeit: Frei ist auch, wer mit seinen finanziellen und weiteren Ressourcen weder geizig noch verschwenderisch, vielmehr souverän und großzügig umgeht.

Wo in diesem unübersichtlich weiten Begriffsfeld hat der Gegenstand der Ethik, die moralische Freiheit und deren Vollendung in der Willensfreiheit, ihren Ort? Im Alltag, in den Sozialwissenschaften, selbst der Philosophie hält man die Moral gern für ein ausschließlich, zumindest vornehmlich soziales Phänomen. Im Rahmen der zweiten, thematischen Mehrdeutigkeit könnte man daher in der sozialen Freiheit den vorrangigen Gegenstand sehen. Der Fundamentalethik geht es aber um Subjekte, die für ihr Tun und Lassen verantwortlich sind und die nicht nur von den Mitmenschen, sondern auch von sich selbst zur Verantwortung gezogen werden können. Den primären Gegenstand der Ethik bildet die Freiheit verantwortlicher Subjekte, die personale Freiheit. Und sie läßt offen, ob die Moral ausschließlich oder vor allem eine soziale Angelegenheit ist. Für die personale Freiheit spielen nun beide Vorzeichen eine Rolle, sowohl die Unabhängigkeit von Fremdbestimmung als auch die Selbstbestimmung.

Bei der dritten, modalen Mehrdeutigkeit scheint auf den ersten Blick nur das Sollen gefragt zu sein, denn für eine empirische Ethik ist schon aus methodischen Gründen weniger die Philosophie als das weite Spektrum der Sozialwissenschaften zuständig. Mitzuständig für die Frage nach der Wirklichkeit von Freiheit ist die Philosophie aber doch. Denn sie hilft zu klären, ob es die personale Freiheit tatsächlich gibt, gegebenenfalls nur in der ersten Stufe, der Handlungsfreiheit, oder auch in der zweiten Stufe, der Willensfreiheit.

Bei der Frage der Reichweite neigt die Philosophie zur anspruchsvolleren, universalen Option. Denn sie arbeitet mit einer allgemeinmenschlichen Fähigkeit, der Vernunft, sieht die personale Freiheit – zunächst nur irgendwie – mit der Vernunft verbunden und erwartet für beide, die Freiheit und die Vernunft, eine allgemeinmenschliche, universale Bedeutung. Sie von vornherein anzunehmen, ist der Philosophie freilich verwehrt; die universale Reichweite ist ihr keine Prämisse, sondern eine These, die noch gegen Alternativen zu verteidigen ist.

Der letzte Gesichtspunkt, die unterschiedlichen Grade von Freiheit, sind für die Fundamentalethik nicht so wichtig wie die zwei Stufen. Für die Moral ist die Höchststufe zu erwarten, die Steigerung der Handlungsfreiheit zur Willensfreiheit. Solange die Frage aber offen ist, ob es die zweite Stufe überhaupt gibt, spreche man – gegen den Unterschied der Handlungs- und der Willensfreiheit neutral – von moralischer Freiheit. Sie bildet innerhalb der personalen Freiheit den primären Gegenstand der Ethik, während die Willensfreiheit schon eine umstrittene These darstellt.

16. Praktische Vernunft: Handlungsfreiheit

Einer Willensethik ist bewußt, daß ihr Zielbegriff, die Willensfreiheit als reine praktische Vernunft, ungewöhnlich, daher sowohl erläuterungs- als auch begründungsbedürftig ist. Zum Zweck der Erläuterung setzt sie bei einem unstrittigen Begriff, der schlichten Urheberschaft, an. Von dort entwickelt sie schrittweise zuerst den Begriff der freien Urheberschaft, sodann über den Begriff praktischer Gründe zwei immer noch wenig strittige, zudem schon der Strebensethik vertraute Begriffe: die Handlungsfreiheit und die nicht reine, sondern erst schlichte praktische Vernunft.

16.1 Freier Urheber

Man stelle sich vor, jemand falle einen Berghang herab, versuche, im Fallen reflexhaft sich festzuhalten, und reiße dabei jemanden mit, der sich verletzt. Ein zweiter fällt auf eine Vase, die er beschädigt, ein Dritter auf einen Schalter, der einen Alarm auslöst. Alle drei Geschehnisse sind mit einem Einerseits-Andererseits zu beschreiben.

Einerseits sind die Betreffenden die Urheber. Obwohl das, was sie anstellen, ohne Absicht erfolgt, geht es unmittelbar auf sie zurück. Der erste ist für das Verletzen, der zweite für das Beschädigen und der dritte für den Alarm die nächste Ursache. Andererseits – so die Annahme – ist ihr Fallen weder vorgetäuscht noch «inszeniert». Was die Personen anstellen, liegt nicht in ihrer Hand; für das, was sie verursachen, «können sie nichts». Sie sind zwar Urheber, aber kein Autor in dem anspruchsvolleren Sinn, der das Geschehen beabsichtigt, es zumindest in Kauf nimmt. Weil der Betreffende weder gewollt hat, was *mit* ihm geschieht: daß er fällt, noch was *durch* ihn geschieht: daß er eine Verletzung, eine Beschädigung oder einen Alarm hervorruft, weil er beides nicht einmal gewußt hat, im Gegenteil davon überrascht ist, kann man es ihm nicht vorwerfen. Man darf ihm die Wirkung zwar zuordnen, aber nicht zurechnen.

Nicht anders verhält es sich bei glücklicheren Folgen. Wer durch sein Fallen eine gefährliche Stelle blockiert und dadurch andere vor einer Gefahr bewahrt, hat die positive Folge zwar verursacht. Man kann sie ihm aber nicht zugute halten. Er ist lediglich ein schlichter Urheber, den man sinnvollerweise weder lobt noch tadelt; er trägt hier keine Verantwortung.

Offensichtlich gibt es die schlichte Urheberschaft nicht bloß bei Menschen. Der Stich einer Biene verursacht einen Juckreiz; ein Virus oder ein Bakterium lösen eine Krankheit oder genetische Schäden aus; und eine Kletterpflanze kann den Außenputz eines Hauses beschädigen. Zum schlichten Urheber braucht es keinen Jemand, keine Person. In Frage kommen auch Tiere und Pflanzen, sofern sie sich mit den eigenen Kräften innerhalb der eigenen Möglichkeiten bewegen. So wachsen Pflanzen frei, die weder beschnitten noch geschnitten werden. Und Tiere leben frei, wenn sie sich in ihrer angestammten Umwelt bewegen und nach den Gesetzen ihrer Art und Selbsterhaltung entfalten. Auch der dazugehörende Lebensraum heißt zu Recht frei; die entsprechenden Tiere leben «in freier Wildbahn». Man spricht sogar von einem freien Fall und meint, daß ein Körper ohne jede – andere – Fremdeinwirkung sich ausschließlich nach dem Gesetz der Schwerkraft bewegt. Weil aber schon die Schwerkraft eine Fremdeinwirkung darstellt, liegt keine eigentliche Freiheit, nicht einmal eine schlichte Urheberschaft vor.

Mehr als ein schlichter Urheber ist, wer den Berghang zwar unabsichtlich herabfällt, im Fallen aber Alternativen in den Blick nimmt. Wenn er sich überlegt, auch wenn es blitzschnell geschieht, ob er an einem Felsvorsprung, einem Strauch oder einer Person Halt suchen soll, und dann, weil er sich für die Person entscheidet, diese verletzt, so mag die Folge unbeabsichtigt sein. Trotzdem trägt der Urheber, da er mit Wissen und Willen agiert, Verantwortung, denn er erfüllt die für die Handlungsfreiheit charakteristische Bedingung: Er sieht einen Spielraum alternativer Möglichkeiten, ergreift eine davon und schiebt zugleich die anderen Möglichkeiten beiseite.

Eine erste Bilanz hält zweierlei fest. Zum einen ist die Grundstufe der personalen Freiheit, die Handlungsfreiheit, mit Urheberschaft verbunden, ohne daß zu jeder Urheberschaft die Handlungsfreiheit gehörte. Denn bei allem, was aus jemandem heraus geschieht, darf in einem bescheidenen Sinn der Betreffende als Urheber seines Tuns gelten. Der anspruchsvollere Begriff wird erst dort erfüllt, wo sich die schlichte Urheberschaft zu einer willentlichen steigert, der Handelnde zum freien Urheber wird und man ihm Handlungsfreiheit samt Verantwortung zuschreiben kann. Zum anderen zeichnen sich vier Bedeutungen von Freiheit ab, die aufeinander aufbauen, daher Stufen zunehmender Freiheit bedeuten. Ihnen entspricht eine je eigentümliche, zunehmend komplexere Art von Aktivität. Die ersten drei Stufen sind für den Menschen nicht charakteristisch, sie sollen daher Vorstufen heißen. Da sie sich beim Menschen aber auch finden, ist die so viel erörterte anthropologische Frage «Natur oder Sonderstellung» erneut mit einem Sowohl-als-auch zu beantworten: Der Mensch steht im Kontinuum der Natur und ragt zugleich aus ihr heraus; gegen die Natur, in der er doch verhaftet bleibt, setzt er sich deutlich ab.

Im bescheidensten Sinn heißt eine Bewegung frei, die wie der freie Fall nicht von außen gehemmt ist. Auf dieser ersten Vorstufe ist die Freiheit lediglich negativ, eine Unabhängigkeit von äußerer Hemmung. Die zugehörende Aktivität, die sich schon bei leblosen Objekten findet, ist nicht einmal ein Verhalten, sondern eine bloße Bewegung. Für eine etwaige Wirkung ist sie lediglich eine Ursache, nicht einmal ein schlichter Urheber.

Gesteigert wird die Freiheit, wenn sie durch ein Moment von Selbstbestimmung zum ersten Mal positiv wird. Nach der zweiten Vorstufe ist ein Bewegungsablauf frei, im wörtlichen Sinn spontan, wenn er aus dem Bewegenden selbst heraus erfolgt. Die zugehörende Aktivität hat einen reflexiven, aber noch keinen bewußten Charakter. Sie ist ein *Sich*-Bewegen, das wie die zugehörige Freiheit schon einfachen Organismen, aber nicht Mineralien zukommt. Von der für den Menschen eigentümlichen Freiheit ist sie noch «meilenweit» entfernt. Bei Tier und Mensch findet sich diese Freiheit, die organische Selbstbestimmung, in rein vegetativen Prozessen wie der Verdauung.

Auf der dritten Vorstufe kommt ein praktisches Bewußtsein hinzu. Hier, etwa bei Hunger und Durst, wird das reflexive Moment, das Sich, zu einem praktischen, allerdings erst sinnlichen Selbstbewußtsein, zu Gefühlen der Lust und Unlust, gesteigert. Die sinnlich-bewußte Spontaneität eröffnet einen neuartigen Spielraum des Verhaltens. Hunger und Durst kann man als Warnsignale an das Gehirn verstehen, nämlich als Gefühle eines Mangels an Nahrung und Flüssigkeit, verbunden mit dem Drang, den Mangel zu überwinden. Die Gefühle sind aber erst ein Drang und noch nicht jenes Dem-Drang-Nachgeben, das den Hunger oder Durst stillt. Schon bei Tieren und keineswegs erst bei so hochentwickelten Vertretern wie den Primaten vorhanden, ist dieses elementare praktische Bewußtsein zwar immer noch eine Vorstufe. Da sie in den personalen Bereich hineinreicht, bildet sie aber schon eine Übergangsstufe zur Hauptstufe, dem Handeln und der Handlungsfreiheit.

Die Hauptstufe wird sich noch als dreigestuft erweisen, so daß es genauer drei Hauptstufen gibt. Deren Gemeinsamkeit besteht in der Fähigkeit, dank Denk- und Sprachbegabung Vorstellungen vom eigenen Tun und Lassen zu entwickeln und den Vorstellungen gemäß, also nach eigenen, nicht fremden Gründen zu agieren. Im Fall von Hunger und Durst richten sie sich auf die Frage, wann und wie man diese Bedürfnisse stille, ferner wie man mit den anderen Lust- und Unlustgefühlen umgehe, nicht zuletzt auf die Frage, wie man ihnen nachgeben solle: kurzsichtig und insular oder lieber nachhaltig und vernetzt oder sogar, um anspruchsvoller Ziele willen, in langfristigen Verzichten. Dieses erneut strukturell komplexere Verhalten, die auch gedanklich selbstbewußte, zugleich sich kontrollierende und steuernde Spontaneität, heißt Handeln in der engeren, für den Menschen charakteristischen Bedeutung. Es umfaßt sowohl das Machen oder Herstellen, die Poiesis, als auch das Handeln im Sinne von Praxis (s. Kap. 6.1).

Zur Anschlußfrage nach der «Ontologie» des Handelns herrschen zwei Ansichten vor: die Eigenschafts- (Attributs- oder Akzidenz-) Theorie und die Ereignistheorie. Beide haben neben klaren Vorteilen auch offensichtliche Nachteile. Die damit befaßten, bald hochverfeinerten Debatten (vgl. Pfeifer 1989) sind jedoch für die moralische Freiheit nicht wesentlich und bleiben daher außer Betracht.

Als Fähigkeit, (selbst-) bewußt («mit Vorstellungen») und freiwillig («spontan») zu agieren, erlaubt die Handlungsfreiheit, das Tun und Lassen zuzurechnen und den Urheber für ein zurechnungsfähiges Subjekt, eine verantwortungsfähige Person, zu halten. Zurechnungsfähigkeit und Personsein gehören also zusammen, freilich nicht so eng, daß man Menschen ohne Zurechnungsfähigkeit, etwa Säuglingen, geistig Schwerstbehinderten und den an schwerer Dementia senilis Erkrankten das Personsein absprechen dürfte. Wer dagegen nur unbesonnen und leichtfertig agiert, ist eine Person, der man genau dieses, die Unbesonnenheit und Leichtfertigkeit, zurechnen und vorwerfen kann.

Von der anderen, nicht mehr personalen, sondern sozialen Bedeutung, dem Handlungsspielraum, den die soziale und politische Umwelt bieten, ist nur der folgende Punkt wichtig: Selbst bei einem Höchstmaß an sozialer Handlungsfreiheit ist das eigene Tun und Lassen durch körperliche, geistige und gefühlsmäßige Vorgaben, auch durch existentielle Erfahrungen vielfach bedingt. Ob diese facettenreiche Determination gegen jede Handlungsfreiheit spricht, ist noch zu prüfen (Kap. 18). Schon hier läßt sich aber festhalten, daß der Begriff der Handlungsfreiheit keine reine Ungebundenheit beinhaltet. Die Handlungsfreiheit steht nicht im Gegensatz zur Determination, sondern zu Zwang und Fremdbestimmung. Im Handeln frei ist, wer die schlichte Urheberschaft zu einer im praktischen Verständnis reflektierten, einer bewußten und freiwilligen Autorschaft steigert.

Echte Freiheit, sagt ein existentialistisches Freiheitspathos, zeigt sich erst in dramatischen Veränderungen des bisherigen Lebens, im abrupten Ausbruch aus familiärer und beruflicher Verantwortung, auch in einer religiösen oder politischen Konversion. Nach der Existenzphilosophie eines Jean-Paul Sartre (1946/1960, 11) ist der Mensch dazu verurteilt, frei zu sein, denn er sei nichts anderes als das, wozu er sich mache, mit der Folge, daß er die totale Verantwortung für seine Existenz trage. Was der Mensch aus sich mache, entspringe zwar nicht einem bewußten Willen, sondern einem ursprünglichen Entwurf. Gleichwohl sei man für ihn verantwortlich; überdies trage man auch für alle anderen Menschen Verantwortung.

Dieser hochanspruchsvolle Gedanke braucht hier nicht geprüft zu werden. Denn weit bescheidener und weniger pathetisch verlangt der Begriff der Handlungsfreiheit nicht, seine mannigfachen Bedingungen abzustreifen und aus dem Nichts radikal neu anzufangen. Ebensowenig soll man aus allen Konventionen ausbrechen und ein möglichst exzentrisches Leben führen. «Handlungsfreiheit» heißt lediglich das Vermögen, aus einem Wissen und Zustimmen heraus zu handeln. Bedingungen bleiben durchaus gegeben, sie haben aber nicht das Gewicht von unabänderlichen Fakten. Der Mensch kann nämlich in einen bewußten und willentlichen Bezug zu ihnen treten. Und dieser Bezug, das praktische Selbstverhältnis, wird als Aktivität «wollen», als Fähigkeit oder Vermögen aber «Wille» genannt.

Das Wollen bedeutet hier ein Wählen oder Beabsichtigen, auch ein Wünschen, vorausgesetzt, daß es handlungswirksam wird. Ein bloßes Wünschen genügt nicht. Daß man unsterblich sei, mit einem pünktlichen Zug fahre oder morgen Sonnenschein erlebe, kann man zwar wünschen, aber nicht wollen. Denn die Unsterblichkeit ist unerreichbar, die Pünktlichkeit liegt nicht in der eigenen Macht, und über das Wetter von morgen besitzt kein Mensch die Verfügung. Ebenfalls hat einen bloßen Wunsch, wer einen Ertrinkenden gern gerettet sähe, zu seiner Rettung aber nichts unternimmt. Schon zum bescheidenen, mit dem Strebensmodell verträglichen Begriff von Wollen gehört, daß man unter Einsatz seiner Kräfte auf die Welt einwirkt, zumindest den Versuch macht. Und der Wille bedeutet die zugrundeliegende Fähigkeit, ohne daß man sie, wie voreilige Kritiker unterstellen, zu einer realen Substanz, einer quasiempirischen, gleichwohl der Erfahrung entzogenen Geistsubstanz verdinglichen müßte.

Wo beginnt, wo endet die Freiheit? Ist jemand in seinem Handeln frei, der mit der Pistole an der Schläfe dem Räuber seine Brieftasche herausrückt? Ist es der Kapitän, der bei einem Unwetter, um Besatzung und Schiff zu retten, einen Teil der Ladung über Bord wirft? Ist es der Patient, dem der Arzt nach einem schweren Unfall eröffnet: «Wir müssen Ihr Bein amputieren; wir haben keine andere Wahl?» Oder derjenige, der in echter Notwehr jemanden erschießt? Die spontane Antwort lautet vermutlich jedes Mal «Nein», bei näherer Überlegung ist sie aber zu korrigieren:

Ohne Zweifel sind die Personen nicht schlichte Urheber, denn es steht ihnen frei, das Herausrücken der Brieftasche, das Überbordwerfen von Ladung oder die Operation zu verweigern. Wenn der Gewalttäter nicht die Brieftasche, sondern fremdes Leben einfordert, erscheint ein Verweigern sogar als geboten (s. Kap. 22.1). Wer sich weigert, die Brieftasche herauszugeben, setzt freilich aufs Spiel, woran ihm üblicherweise mehr liegt. Und nur unter dieser unausgesprochenen Voraussetzung kann er (ähnlich der Kapitän und der Arzt) behaupten, er habe keine andere Wahl. Gleichwohl handelt er wissentlich: er sieht eine alternative Reaktion, und willentlich: auch wenn er, von der Angst ums nackte Leben getrieben, «wie von selbst» reagiert, geschieht es doch aufgrund einer Zustimmung. Anders verhält es sich nur dort, wo jemand von der plötzlichen Bedrohung psychisch so stark getroffen ist, daß er von einer Panikattacke überfallen wird und reflexartig handelt oder aber wie gelähmt dasteht. (Vom Kapitän ist freilich ein «kühler Kopf» zu erwarten.)

Um einzusehen, daß man in den genannten Beispielen den Handlungsspielraum nicht entweder ganz besitzt oder ganz entbehrt, braucht es kein Sonderwissen, weder die Belehrung durch die Einzelwissenschaften noch durch die Philosophie. Schon der Alltagsverstand erkennt eine Gradualität: Je nach Situation, aber auch Person verfügt man über einen mehr oder weniger großen Spielraum.

Zunächst treten die Extrema in den Blick, das reine Nein und das pure Ja. Der Handlungsfreiheit entzogen sind Verdauungsprozesse und Bewegungen im Schlaf, das Zucken eines Augenlides und Bewegungen bei einem epileptischen Anfall. Ein Mathematik- oder Schachproblem dagegen löst man nicht ohne Wissen und Willen. Statt dessen finden sich all die Momente ausdrücklich, die in vielen Fällen nur mitlaufend gegeben sind: Man sieht verschiedene Handlungsmöglichkeiten; oft muß man sie sogar entdecken oder erfinden; man wägt die Möglichkeiten gegeneinander ab; man hebt eine als die (relativ) beste heraus; und man ergreift sie.

Zwischen beiden Extrema gibt es zahllose Zwischenstufen. So kann das Moment des Willentlichen in einem starken, aber auch schwachen Sinn gegeben sein, was seinerseits vom Moment des Wissens abhängen kann: beginnend mit dem Wecker, den man im halbwachen Zustand ausstellt, über unaufmerksam gegebene Antworten und gedankenlose Routinehandlungen bis zu gründlich überlegten Entscheidungen. Auch gibt es die Möglichkeit, daß sich jemand zum Zweck, nicht mehr Herr seiner Sinne zu sein, betrinkt oder einschlägige Arzneimittel nimmt. Dann begibt er sich auf zurechenbare Weise in den Zustand der Nichtzurechenbarkeit. Wer sich zurechenbar nichtzurechenbar macht, begeht eine «actio libera in causa», setzt nämlich handlungsfrei («libera») eine Ursache («causa»), die einen unfreien Zustand zur Folge hat, so daß man zwar bei der Tat (actio) schuldunfähig ist, für das Sich-schuldunfähig-Machen aber verantwortlich bleibt (zum Strafrecht s. Lackner/Kühl ^{25}2004, § 20 [25] und Gläser 2005; zum Begriff der Verantwortung s. Höffe ^{4}2000, Kap. 2).

Andernorts taucht ebenfalls eine Strukturkomplikation auf. So kann man sich gehen lassen, aber sich auch wieder aufraffen. Man kann die Initiative aus der Hand geben oder sie an sich reißen («das Heft wieder in seine Hand nehmen»), weshalb die Frage, wie weit etwas in jemandes Hand liegt, selbst ein wenig in dessen Hand liegt. Hier sind zwei Stufen zu unterscheiden: Die Willentlichkeit erster Stufe betrifft gewöhnliches Handeln, die der zweiten Stufe die Verantwortung für das Maß an erststufiger Willentlichkeit.

Daß jemand stolpert oder etwas vergißt, gehört in der Regel zu dem, was einem Menschen zustößt; bei Aufmerksamkeit und Umsicht geschieht es allerdings seltener. Anderes ist bloß zum Teil frei, etwa weil man nur gewisse Anteile des Geschehens übersieht: Jemand ißt absichtlich einen Pilz, aber unabsichtlich einen giftigen; Ödipus erschlägt willentlich einen Mann, aber unwissentlich seinen Vater. Generell hängt das menschliche Handeln von Faktoren ab, die, angefangen mit den Naturgesetzen, nicht in der Macht des Handelnden liegen, ihm nicht einmal bewußt sind (s. Kap. 18–19). Außerdem gibt es nachträgliche, überdies in sich widersprüchliche Rationalisierungen.

Zu entscheiden, wie weit im Einzelfall die Handlungsfreiheit reicht, ist nicht Sache der Philosophie. Zuständig sind die Handelnden und die von ihnen Betroffenen, in gravierenden Fällen dort das Gewissen und hier das Strafrecht. Beide können sich allerdings von einer angewandten Ethik helfen lassen. Eine Fundamentalethik begnügt sich mit den genannten Strukturhinweisen: Auf Wissen oder Meinen und auf Wollen gestützt, geht die Handlungsfreiheit über eine schlichte Urheberschaft deutlich hinaus. Ihr Hinausgehen kann unterschiedlich stark gegeben sein: von einem Minimum an Wissen und Willentlichkeit über ein gehöriges Maß auf der einen oder anderen Seite bis zu einem Maximum von beidem. Daß erstens jeder Mensch zweitens in jeder Situation über drittens ein volles Wissen (sowohl der gegebenen Lage als auch der Folgen einer etwaigen Handlung) und viertens eine volle Willentlichkeit (ohne jeden Rest eines inneren oder äußeren Zwangs) verfüge – diese Extrembehauptung ist einer überlegten philosophischen Freiheitstheorie fremd.

16.2 Nach Gründen handeln

Nach einer verbreiteten Ansicht besteht die Freiheit in einer wilden Freiheit, die ebenso ungestüm wie unbedacht und mutwillig agiere, sich sogar in schrankenloser Willkür gefalle. Da in Wahrheit für die Handlungsfreiheit ein praktisches Wissen konstitutiv ist, schließt zumindest sie die pure Regellosigkeit aus, jene Anarchie, die das Handeln unvorhersehbar macht und die Mitmenschen, vielleicht sogar den Urheber selbst überrascht.

Beim praktischen Wissen ist das für den bloßen Begriff unerläßliche Minimum von fakultativen Zusätzen zu unterscheiden. Fakultativ sind genuin normative Anteile, jene Einsichten in Normen, Werte und Grundsätze, die das normativ-praktische Wissen ausmachen. Deren Wissensrang (kognitives Niveau) reicht vom gewöhnlichen Moralbewußtsein über dessen wohlüberlegte Gestalt bis zu philosophischem Prinzipienwissen. Ebenfalls fakultativ sind die zwar handlungsrelevanten, aber theoretischen Anteile, die sich auf die Situationsbeschreibung und auf Zweck-Mittel-Beziehungen richten. Im Unterschied zu einem nicht handlungs-, sondern rein erkenntnisrelevanten Wissen ist es ein normativ-praktisches Wissen. Beide, das normativ-praktische und das theoretisch-praktische Wissen steigern die freie Urheberschaft, sie gehören aber nicht zu ihrer Grundstufe. Nicht mehr fakultativ ist lediglich eine dritte Art, ein praktisches Wissen um das, was man tut oder läßt, das «reflexiv-praktische Wissen». Wo es fehlt, weil man nicht weiß, was durch einen geschieht, sei es schlechthin wie im Schlaf und bei Reflexen oder in gewisser Hinsicht wie bei Ödipus und dem genannten Pilzesser, dort fehlt auch die Handlungsfreiheit.

In allen drei Arten braucht das Wissensmoment nicht objektiv gültig und zweifelsfrei richtig zu sein. Ein vermutliches, selbst ein nur vermeintliches Wissen, eine Meinung des Urhebers, ein praktischer Glaube (belief) genügen. Entscheidend ist, daß das Wissensmoment das Handeln des betreffenden Urhebers beeinflußt und ihm als beeinflussend bewußt ist. Beides darf nicht irgendwie oder irgendwann geschehen, sondern muß in das aktuelle Tun und Lassen eingehen. Als ein (eventuell nur vermeintliches) Wissen, aus dem heraus das Handeln erfolgt, hat es einen praktischen, zugleich subjektiven Charakter.

Das Wissen kann sich auf das bloße Daß des Handelns beschränken. Beispielsweise will jemand seine Lethargie aufgeben und endlich etwas tun, ohne die Art und Weise des Tuns zu bestimmen. Weil das Wissen dann nur die Antriebskraft, nicht auch deren näheres Ziel und den Weg beeinflußt, ist die zugehörige Handlungsfreiheit gering. Sie begnügt sich mit einer Ausübungsfreiheit (libertas exerciti), der Freiheit zu handeln oder nicht zu handeln, und schließt die Gestaltungsfreiheit (libertas specificationis), so oder aber anders zu handeln, nicht ein.

Fragt man bei einer schlichten Urheberschaft nach der Ursache, so geschieht es selbst dort unpersönlich, wo man die Frage nicht an ein subhumanes Wesen richtet («Warum hat die Biene gestochen?»), sondern an einen Menschen, sogar an sich selbst: «Warum habe ich beim Fallen reflexhaft nach dem Felsvorsprung gegriffen?» Das Selbst wird hier nämlich zu einem Dritten, *über* den man, und nicht *mit* oder *zu* dem man redet. Folgerichtig besteht die Antwort in einer vom praktischen Wissen des Urhebers unabhängigen, apersonalen Ursache. Bei der Biene mag die Antwort lauten: «Sie war nervös geworden.» Ob bei einem Fremden oder bei sich selbst, so sagt man ähnlich von der betreffenden Person: «Sie kam ins Fallen, geriet in Panik und versuchte, sich beim nächstmöglichen Halt festzukrallen.»

Wie gesagt, sieht es anders aus, wenn der Fallende überlegt, ob er sich beim Nachbarn, den er gefährden könnte, oder lieber bei einem Felsvorsprung festhalten soll oder noch lieber bei der als sicher greifbaren Wurzel statt dem als glitschig erscheinenden Fels. Erst hier hat man mehrere Möglichkeiten vor Augen, wägt sie gegeneinander ab und trifft die Entscheidung. Selbst bei einem nur rudimentären Grad erlaubt diese freie Urheberschaft eine Frage, die bei der Biene, die aus Nervosität sticht, und überhaupt bei Pflanzen und Tieren, zumindest den allermeisten Tierarten als sachwidrig erscheint. Es ist die Rechenschaftsfrage: «Mit welchem Recht gab es die Ursache?»

Die Rechenschaftsfrage kann von allen drei grammatisch möglichen Personen aufgeworfen werden und bezieht sich letztlich immer auf dieselbe Person, den Urheber der Handlung. Ob Singular oder Plural: In der ersten Person fragt der Urheber sich selbst: «Warum habe ich nach einer Person statt nach der Wurzel gegriffen?» Im Fall der zweiten Person wird der Urheber von einem Betroffenen gefragt, häufig mit dem Unterton eines Vorwurfes: «Warum hast Du nach mir gegriffen und mich dadurch in Gefahr gebracht?» Schließlich kann ein nicht betroffener Dritter, beispielsweise ein Gericht, den Urheber fragen, warum er sich so verhalten habe.

In allen drei Fällen besteht die Antwort in einem reflexiv-praktischen Wissen, in praktischen Gründen, und zwar in den Gründen selbst, nicht im theoretischen Wissen über praktische Gründe, schon gar nicht in den gegen praktisches Wissen indifferenten Ursachen. Man kann den Gründen, wie gesagt, den Charakter von Ursachen zusprechen, da sie mentale Ereignisse sind, die die in der gemeinsamen Welt sichtbaren Ereignisse, die Handlungen, hervorrufen (Davidson 1980/1985, z. B. Kap. 3). Die «ontologische» Frage nach der Seinsart von Gründen stellt sich aber zunächst nicht. Denn selbst wer Gründe für Ursachen hält, bezweifelt kaum, daß die hier wesentlichen Gründe, die Argumente für und wider ein Handeln, den Charakter praktischen Wissens haben, das sich von den gewöhnlichen, wissensunabhängigen Ursachen unterscheidet. Die gewöhnlichen Ursachen sind der Zurechnungsfähigkeit einer Person äußerlich, es sind zurechnungsexterne Ursachen; praktische Gründe sind dagegen zurechnungsintern. Im Unterschied zu den zurechnungsexternen Ursachen sind Gründe-Ursachen der Alternative von Zustimmung oder Ablehnung ausgesetzt. Zurechnungsexterne Ursachen verändern die Welt tatsächlich; Gründe-Ursachen haben lediglich das Potential dazu. Ob sie die Welt tatsächlich verändern, hängt vom Subjekt ab, das die Gründe – stillschweigend oder ausdrücklich – für sich anerkennt oder aber ablehnt.

Praktische Gründe enthalten einen Aufforderungscharakter, deretwegen man auch von Imperativen spricht. Gemeint ist dann nicht der willkürliche Befehl einer überlegenen Macht. Die Aufforderungen, ein Fenster zu schließen oder nicht mehr zu rauchen, haben nur dann den Rang von Imperativen im moralischen Sinn, wenn im Hintergrund ein Argument steht, etwa die eigene oder fremde Gesundheit, das die Aufforderungen rechtfertigt. Wer sein Leben in technischer, pragmatischer oder moralischer Hinsicht gut führen will, hat sich den entsprechenden Imperativen zu unterwerfen. Ob er es tatsächlich tut, ist eine andere Frage.

16.3 Gründe und Scheingründe

Gründe können in Beziehung zu anderen Gründen treten und ein Netz, am Ende sogar eine Welt von Gründen bilden. Diese Welt kann nur für einzelne Personen gelten, aber auch für mehr oder weniger große Gruppen, schließlich für die ganze Menschheit. Weiterhin läßt sich in diese Welt auf unterschiedliche Weise Ordnung bringen. Nicht zuletzt stößt man dabei auf Verträglichkeiten, aber auch auf Unverträglichkeiten, sogar Widersprüche.

Hinsichtlich der Wirksamkeit gibt es die drei bekannten Modalitäten. Die praktischen Gründe gelten entweder möglicherweise oder tatsächlich oder sogar notwendig. Im ersten Fall können sie wirksam werden (problematisch-praktisch), im zweiten tun sie es (assertorisch-praktisch), im dritten geschieht es unvermeidlich (apodiktisch-praktisch). Diese drei Stufen der Wirksamkeit bzw. Geltung sind allerdings von den drei Stufen der Gültigkeit zu unterscheiden, auch wenn man dieselben lateinischen Fachwörter verwendet (Kap. 2.2): Modaliter technische Gründe sind problematisch, pragmatische Gründe assertorisch und echte moralische Gründe apodiktisch gültig.

Jede dieser Modalitäten tritt im Rahmen der Rechenschaft in mindestens drei Funktionen auf. (Hinzu kommt ein rechenschaftsunabhängiges Erklären.) Entweder sollen die Gründe das Handeln als gut und richtig, zumindest als «durchaus vertretbar» rechtfertigen. Oder die Gründe sollen ein Handeln, obwohl es nicht gut ist, entschuldigen. Schließlich können sie es als schlecht entlarven. Von der Funktion her gibt es also rechtfertigende, entschuldigende und entlarvende, bloßstellende Gründe.

Den wichtigeren Entscheidungen geht oft ein teils hastiges, teils reifliches Überlegen von Gründen und deren nachlässiges oder sorgfältiges Abwägen voraus. Man kann diese kreativere Aufgabe mit der Konstruktion einer geometrischen Figur vergleichen. Denn zu einem vorgegebenen Ziel wird in Gedanken eine Handlung konstruiert, die man für zielführend und darüber hinaus für realisierbar hält. Da sich in vielen Fällen das Ziel nicht im direkten Zugriff, sondern nur über längere Handlungsketten erreichen läßt, verfolgt die Überlegung derartige Handlungsketten vom Ziel aus gesehen rückwärts, bis sie – auch das entspricht einer geometrischen Konstruktion – zum Ursprung, dem Handelnden, gelangt. Im Unterschied zu einer geometrischen Konstruktion hat jedoch die praktische Überlegung oft den Charakter eines inneren Gezerres. Häufig ist sie nämlich von Zwiespältigkeiten, Zweideutigkeiten und Unklarheiten durchsetzt, von Unschlüssigkeit beschwert und mit einer Unsicherheit verbunden, die nach der Entscheidung noch anhalten kann. Eine penibel geordnete Welt der Gründe braucht jedenfalls das im Subjekt handlungswirksame Wissen nicht zu sein.

Beide Anteile im praktischen Wissen, das wissentliche und das willentliche Moment, und alle drei Modalitäten, nicht zuletzt die drei Funktionen können der doppelten Täuschung ausgesetzt sein. Zum Zweck, Vorwürfen oder gar Strafen zu entgehen oder ein unverdientes Lob einzuholen, kann man andere täuschen. Und um seine Selbsteinschätzung und Selbstbewertung, sein zur «moralischen Integrität» gern geschöntes Selbstbild, zu retten, täuscht man gern sich selbst.

Die große Welt der Täuschung hat eine zweite Hemisphäre, außer der absichtlichen die unabsichtliche Täuschung. Sie besteht ebenfalls aus den zwei Teilen, der Fremd- und der Selbsttäuschung. Zur unabsichtlichen Selbsttäuschung gehört, daß ein Handelnder in der Regel nur einiges klar vor Augen hat, anderes ihm nachträglich, manches sogar erst nach vielen Jahren klar wird und einiges ihm selbst auf Dauer verschlossen bleibt. Nicht zuletzt kann man einer Tiefentäuschung, einer grundlegenden Illusion oder einer Ideologie, erliegen.

Daß es diese große Welt der Täuschung gibt, mag ärgerlich sein; überraschend ist es nicht. Subjektiv-praktische Gründe sind viel zu gewichtig, zu folgenreich und folgenschwer, oft sogar existentiell entscheidend, als daß man sie stets für bare Münze nehmen dürfte. Wie die noch minderjährige Briony in einem Roman von Ian McEwan ist manch einer durch «eine skrupellose, jugendliche Unbeschwertheit, ein eigensinniges Vergessen bis weit in die Pubertät hinein» geschützt (*Atonement/Abbitte*, Kap. 1).

Die Fähigkeit, wider besseres Wissen andere absichtsvoll in die Irre zu führen, also zu lügen, zusätzlich die Fähigkeit, sich selbst zu belügen oder sich etwas vorzumachen, scheint für den Menschen spezifisch zu sein. Das einzige Wesen, das zu mehr als rudimentärer Moral fähig ist, der Mensch, ist ebenso zu mehr als nur einer ansatzweisen Widermoral fähig. Wer tatsächlich nie lügt, ist ein hochmoralischer Mensch; wer es dagegen gar nicht könnte, ist nicht etwa noch moralischer, sondern überhaupt kein Mensch.

Beide Hemisphären, die der Täuschung und die der Nichttäuschung, bilden zusammen die eine «Welt der Gründe und Scheingründe».

16.4 Stufen praktischer Vernunft

Subjektiv-praktische Gründe haben einen vierfach individualisierenden Index. Eine Person P_I führt in der Situation S_I aus dem Grund G_I die Handlung H_I aus: Um ihr derzeitiges Fallen zu stoppen, greift P_I nach dem in ihrer Griffnähe befindlichen Felsvorsprung. Wegen des individualisierenden Index gibt es zu jeder konkreten Handlung einen je eigenen Grund; individuelle Handlungen haben individuelle Gründe. Schon wegen ihres sprachlichen Charakters haben Gründe aber auch eine mehr als bloß individuelle Gültigkeit; sie sind eine mögliche Regel: Wer immer (P_i) sich in einem ähnlichen Fallen (Situationsanteil $S_{a,i}$) befindet und mit Hilfe eines griffnahen Felsvorsprungs (Situationsanteil $S_{b,i}$) sein Fallen zu stoppen sucht (Situationsanteil $S_{c,i}$), hat einen guten Grund (G_i), nach dem Felsvorsprung zu greifen (H_i).

Was allerdings heißt hier «gut»? Der Ausdruck besagt, daß der Grund seiner Aufgabe, der Rechtfertigung, tatsächlich nachkommt. Wer in der angegebenen Situation sein Fallen zu stoppen sucht, tut gut daran, nach dem Felsvorsprung zu greifen. Dabei bleibt eine Sache bewußt, eine andere eventuell unbewußt offen. Bewußt offen bleibt die Frage, ob der Griff nach dem Felsvorsprung die in der Situation einzig mögliche und ob er im Fall mehrerer Möglichkeiten die bestmögliche Handlung war. Diese Offenheit beläuft sich auf eine Bescheidenheit im Rechtfertigungsanspruch; nicht selten verbindet sie sich mit dem stillschweigenden Zusatz, ein höherer Anspruch wäre lebensweltlich gesehen nicht sinnvoll. (Bei Wettbewerben oder im Kampf auf Leben und Tod genügt freilich «bloß gut» nicht.) Die andere, oft unbewußte Offenheit betrifft die Art der Rechtfertigung: Nach welcher Art von Gutsein ist der Grund gut? In der Antwort spielen wieder die drei Stufen des technisch, pragmatisch und moralisch bzw. kategorisch Guten die entscheidende Rolle.

Ist die Urheberschaft durch praktische Gründe bestimmt, so erhält sie den Rang des Vernünftigen. Erneut geht es nicht um eine das Erkennen, sondern eine das Handeln leitende Vernunft. Es gibt zwar nur die eine Vernunft, die Fähigkeit, nach Gründen zu agieren. Sie bezieht sich aber entweder auf das Erkennen oder aber das Handeln und heißt dort die theoretische, hier die praktische Vernunft. Deren Gründe sind nicht notwendigerweise moralisch. Es gibt auch technische oder pragmatische Gründe, so daß es zunächst nur um die bescheidene praktische Vernunft, nicht um die anspruchsvolle reine praktische bzw. moralisch-praktische Vernunft geht.

Ob schlicht oder rein – praktische Vernunft besitzt nicht schon derjenige, der sein Handeln nach Gesichtspunkten des (technisch, pragmatisch, moralisch) Guten zu beurteilen, sondern erst, wer danach zu leben versteht. Dieses «zu leben verstehen» tritt in drei Stufen, als negative Teilmacht, als positive Teilmacht und als volle, souveräne Macht, auf.

Über die praktische Vernunft der schwächeren Stufen verfügt, wer die Gesichtspunkte des Guten nicht als neutraler Beobachter betrachtet. Dieser besitzt nur eine theoretische Vernunft, auch wenn sie sich auf den Gegenstand «Praxis» richtet. Praktisch wird die Vernunft erst dort, wo man die Ansprüche als selber davon Betroffener wahrnimmt, sie also auf sich bezieht und sich selbst dann den Ansprüchen unterworfen «fühlt», wenn man ihnen nicht immer gerecht wird (Stichwort: Willensschwäche). Im Fall der praktischen Vernunft ist das Gute ein vom Betreffenden selbst anerkanntes Sollen, zugleich aber, wegen der tatsächlichen Anerkennung des Sollens, ein Sein. Diese paradoxe Existenzweise, das Sein eines Sollens, wird dort deutlich, wo jemand bei Nichtbefolgen des Gesollten subjektinterne Sanktionen wie Gefühle von Bedauern, Reue oder im Fall der Moral sogar Scham empfindet. Schon auf dieser ersten Stufe, der negativen Teilmacht, ist das Gute kein pures Sollen, sondern zugleich ein Sein; es erhält einen deskriptiv-präskriptiven Doppelcharakter (s. Kap. 22.2): In Form von negativen praktischen Gefühlen hat es eine ebenso erlebte wie gelebte Gegenwart.

Eine positive und doch nur teilweise Macht erhält die praktische Vernunft, wenn sie im tatsächlichen Handeln Anerkennung findet, dieses aber nur gelegentlich, nicht zuverlässig. Schon auf dieser zweiten Stufe erhält die praktische Vernunft eine volle Gegenwart und Macht, aber nur vorübergehend. Bei der positiven Teilmacht verbindet sich die Anerkennung des Sollens zwar mit dem Befolgen, dem positive praktische Gefühle entsprechen, etwa die Genugtuung, daß man, ohne (willens-) schwach geworden zu sein, den Anspruch des Guten erfüllt hat. Es geschieht allerdings erst zuweilen.

Zur dritten Stufe – der vollen, souveränen Macht – gelangt die Vernunft, wenn ihre Anerkennung wieder und wieder praktiziert wird, man sie ständig erneuert und schließlich zum festen Bestandteil der eigenen Person, zum Charaktermerkmal, macht.

Ob negativ oder positiv – im Fall der Teilmacht ist die praktische Vernunft erst «im Prinzip» anerkannt. Wie ein Baum, der nicht hinreichend verwurzelt ist, hält die Anerkennung dem Sturm von Zorn, Begierde oder Lust nicht stand. Die Teilmacht ist praktische Vernunft in (gelegentlicher oder häufiger) Willensschwäche, die bei der vollen Macht überwunden ist. Offensichtlich stellen aber Teilmacht und volle Macht kein Entweder–Oder dar. Die Gegenwart der praktischen Vernunft tritt vielmehr in zahllosen Abstufungen auf, vergleichbar dem kontinuierlichen Spektrum von Windstärken. Heben wir nur vier Abstufungen hervor: den extrem Willensschwachen, dessen praktische Vernunft schon bei leichtem Wind seinen Halt verliert, den gewöhnlichen Willensschwachen, dann den ziemlich Willensstarken, schließlich den extrem Willensstarken, der selbst einem Orkan von Versuchung und Verführung Paroli bietet.

Regiert die praktische Vernunft, so haben die rechtfertigenden Gründe zugleich motivierende Kraft. Die sogenannten Internalisten sprechen den rechtfertigenden Gründen diese motivierende Kraft zu, die Externalisten sprechen sie ihnen ab. Dieser Streit – so zeigt sich jetzt – ist nicht theoretisch, sondern praktisch zu lösen. Nach der Theorie des Handelns und ihrer Gründe sind beide Möglichkeiten gegeben. Welche von ihnen tatsächlich zutrifft, entscheidet sich an einer Eigentümlichkeit des handelnden Subjekts, an der Macht oder Ohnmacht seiner praktischen Vernunft.

Seit der Antike befassen sich große Handlungs- und Moralphilosophen mit diesem Thema. Es geschieht vor allem unter dem Stichwort «Willensschwäche» (griech. *akrasia*, lat. incontinentia; maßgeblich Aristoteles, *Nikomachische Ethik* VII 1–11; dazu Höffe [3]2006, Kap. 13.3). Diese besteht generell in einer zu geringen Macht der praktischen Vernunft. Im Fall der moralischen Schwäche erkennt sie im Unterschied zur Bosheit die Moral als Leitinstanz an und bietet dem Sturm konkurrierender Antriebe einen Widerstand, der jedoch zu gering ist. Anders als beim Lasterhaften ist beim Willensschwachen die Vernunft nur gelegentlich, aber nicht gewohnheitsmäßig ohnmächtig. (Hier ist Dante zu widersprechen, der in der *Göttlichen Komödie* der Willensschwäche Sünden wie die Völlerei, die Habgier und den Zorn, also einem regelmäßigen Fehlverhalten, zuordnet; z. B. Hölle, 5. Gesang, Vers 55 f.: «Der Wollust wurde sie so untertan, / Daß ihr Gesetz gestattet das Begehren».) Im Rahmen einer differenzierten Phänomenologie moralischer Schwäche ist aber nicht der willensschwach zu nennen, der moralisch schlechten Gewohnheiten folgt, sondern, wer sich von guten Gewohnheiten durch Zorn, Begierde oder Lust nicht stets, aber immer wieder abbringen läßt.

Wie angedeutet, versteht man die Willensschwäche sinnvollerweise als einen Mangel an praktischer Vernunft, ohne dem Willensschwachen ein zu geringes Wissen zu unterstellen. Er weiß sehr wohl, was gut wäre, nur ist dieses Wissen – vorübergehend – wie ein toter Besitz, genauer: wie eine Kompetenz, die sich nicht mächtig genug durchsetzt. Wer gewohnheitsmäßig und ohne Reue das dem Guten Widersprechende tut, «leidet» an einer chronischen und schwer heilbaren Schlechtigkeit, der Zügellosigkeit, etwa der bei Dante erwähnten Wollust. Wer hingegen noch zur Reue fähig ist und tatsächlich bereut, erkennt das Gute an, aber nur «im Prinzip», nicht beim aktualen Handeln. Er leidet «nur» an einer vorübergehenden und oft heilbaren Schlechtigkeit, eben der Willensschwäche.

17. Autonome Vernunft: Willensfreiheit

17.1 Drei Stufen von Freiheit und Reue

Negativ gesehen besteht die praktische Vernunft in der Fähigkeit, sein Begehren letztlich weder von sinnlichen Gefühlen des Angenehmen oder Unangenehmen noch von anderen Begierden und Neigungen oder von Autoritäten (einschließlich der Tradition) leiten zu lassen. Positiv bedeutet sie die Fähigkeit, Gründen zu folgen und an diesen Gründen, einem vorgestellten Guten, auch gegen sinnliche Anfechtungen und soziale Ablenkungen festzuhalten. Die praktische Vernunft setzt sich gegen bloße Autorität und schlichte Sinnlichkeit ab.

Konzentrieren wir uns exemplarisch auf den Bereich der sinnlichen Antriebe. Hier weist die praktische Vernunft die jeweils vorherrschenden Bedürfnisse und Begierden, auch Verführungen durch Werbung und Mitmenschen als leitende Antriebsinstanz zurück. Trotzdem fordert sie zum Handeln auf. Genau damit, eine Antriebsinstanz zu sein, die sich dem Joch der momentanen Lust und Unlust aber nicht beugt, zeigt die praktische Vernunft ihre doppelte, sowohl negative als auch positive Freiheit. Sie besteht nicht bloß negativ im Sich-Freimachen von Lust und Unlust als letzter Entscheidungsinstanz. Sie ist auch positiv eine Antriebskraft, die sich den Anforderungen der Gründe unterwirft.

Lust-Unlust-Antriebe wie Hunger, Durst, Schlaflosigkeit und Sexualität, kurz: Antriebe der Sinnlichkeit, dürfen durchaus eine Macht haben. Es wäre auch unsinnig, wenn das menschliche Leben, dieses oft genug von starken Leidenschaften geprägte Drama, seine Dramatik und zugleich produktive Spannung verlieren müßte. «Praktische Vernunft» heißt lediglich, den sinnlichen Antrieben und Leidenschaften keine Übermacht zu erlauben. Sie müssen die Anforderungen der Gründe integrieren, also die pure Unmittelbarkeit zugunsten einer vom Guten geprägten Antriebskraft überwinden. Wo dies geschieht, hat man die Vorstufen der Freiheit verlassen und bewegt sich auf der dreigliedrigen Hauptstufe mit der ebenso dreistufigen praktischen Vernunft.

Je nach Reichweite der in den Gründen enthaltenen Forderung und nicht dem Maß ihrer Durchsetzung, also nicht nach Macht oder Ohnmacht praktischer Vernunft, gibt es drei Stufen von Freiheit; sie entsprechen wieder den drei Stufen des Guten. Auf der ersten Stufe, dem technisch bzw. funktional Guten, richten sich die Gründe auf eine Mittel-Zweck-Beziehung. Wer deren Sachgesetzlichkeiten befolgt, hat in dieser, aber auch nur dieser Hinsicht einen Willen; er verfügt über eine technische bzw. funktionale Freiheit. Erinnern wir uns des Beispiels vom Wohlstand, bei dem man fähig und willens sein muß, für weit mehr Einnahmen als Ausgaben zu sorgen. Hier verfügt nicht schon derjenige über die technische Freiheit, der die einschlägigen Sachgesetzlichkeiten (der Wirtschaft, Börse ...) kennt, auch nicht, wer zwar den Wunsch hat, deren Regeln zu folgen, den Wunsch aber nicht handlungsmächtig werden läßt. Frei ist nur, wer weder einer Kaufsucht erliegt noch sich vor den Mühen, die Einnahmen zu steigern, drückt. Er vermag vielmehr, seine Lebensführung dem Imperativ «mehr Einnahmen als Ausgaben» zu unterwerfen.

Auf der zweiten Stufe, den pragmatisch-praktischen Gründen, bedeutet «gut» so viel wie «für das Wohl(ergehen) von jemandem gut». Die zugehörige Freiheit erstreckt sich schon auf die Fähigkeit, einen Zweck, allerdings einen vormoralischen Zweck, das natürliche Leitziel eines Leib- und Sinneswesens, sowohl gegen innere als auch äußere Widerstände zu verfolgen. Im Fall des Wohlstands, wenn er denn zum Wohlergehen beiträgt, gehört zur pragmatischen Freiheit die Fähigkeit, der relativierenden Einsicht zu folgen, daß Wohlstand allein nicht glücklich macht. Wer im pragmatischen Sinn frei ist, strebt daher nicht nach immer mehr Wohlstand.

Ähnliches gilt für ein zweites Beispiel, die berufliche Entwicklung. Bei ihr ist im technischen Sinn frei, wer sich das nötige Wissen und Können erarbeitet und diese wirksam einsetzt. Und zur pragmatischen Freiheit gehört die Fähigkeit, seinen Beruf, samt dessen Erfolg, also seine Karriere, in Erwartung eines langfristigen Wohlergehens einzuschlagen, sie mit diesem Blick fortzusetzen oder aber im Fall zu geringer Erfolgschancen, etwa mangels Begabung oder wegen übermächtiger Konkurrenz, rechtzeitig abzubrechen. Auch die pragmatische Freiheit schließt die Fähigkeit ein, nicht bloß zu wissen, sondern auch nach dem Wissen zu leben, daß selbst eine gelungene Karriere allein nicht glücklich macht.

Offensichtlich gibt es zur pragmatischen Freiheit noch eine Steigerung. Auf der dritten, moralischen Stufe schieben praktische Gründe alle Rücksicht auf das eigene Wohl beiseite, drängen also die zugrundeliegenden unmittelbar agierenden Antriebskräfte (Sinnlichkeit) radikal zurück. Auf der Antriebsebene zum Alleinherrscher geworden, ist der Wille nicht nur in gewisser Hinsicht, sondern als solcher frei. Erst auf dieser dritten, moralischen Stufe kommt die Willensfreiheit ins Spiel. Sie definiert sich von einer besonderen Art praktischer Gründe, ihrer in normativer Hinsicht höchsten Stufe.

Ob das radikale Zurückweisen der sinnlichen und sozialen «Anfechtungen» eine weltfremde Vorstellung oder im Gegenteil ein wesentlicher Teil der Welt, sogar der Kern des gewöhnlichen Moralbewußtseins ist, bleibt noch zu prüfen. Zusätzlich stellt sich die Frage, ob innerhalb der moralischen Gründe und der zugehörigen Willensfreiheit noch eine Zweiteilung sich aufdrängt: Eine erste Teilstufe, die *Rechts*moral, könnte die Gründe umfassen, deren Anerkennung die Menschen einander schulden; in unserem Beispiel gehört dazu das Verbot, den Reichtum und das Karrierestreben auf Betrug zu gründen. Die zweite Teilstufe, die verdienstliche Moral, würde über das Geschuldete hinaus Wohlwollen und Wohltätigkeit verlangen.

Die drei Freiheitsstufen lassen sich am Beispiel eines Menschen erläutern, der mit dem Sprung von einer Brücke seinem Leben ein Ende setzen will. Wir nehmen also an, daß die Person von der Brücke tatsächlich springt, statt von ihr aus Versehen zu fallen oder von einer anderen Person heruntergestoßen zu sein. Beginnen wir mit den Vorstufen: Die Person ist im Sinn der ersten Vorstufe frei, wenn sie beim Fallen sich im (ziemlich) freien Fall nach unten bewegt und nicht etwa von einem extremen Windstoß wieder über das Brückengeländer zurückgeworfen wird. Sie ist frei im Sinn der zweiten Vorstufe, wenn das Fallen als Sich-Bewegen stattfindet, also aus dem Fallenden heraus und nicht aufgrund eines Gestoßenseins erfolgt. Schließlich ist die Person im Sinn der dritten Vorstufe frei, wenn sie nicht etwa so stark unter Drogen stand, daß sie ohne ein auch halbwegs klares Wissen und Wollen, gewissermaßen in Umnachtung sprang.

Sofern die Selbsttötung wissentlich-willentlich erfolgt, kann sich das Wollen in den drei Hauptstufen der Freiheit zeigen: technisch hinsichtlich der Wirksamkeit des gewählten Mittels, pragmatisch in bezug auf die Einschätzung seiner Lebenssituation und moralisch hinsichtlich der Verantwortung sowohl gegen sich als auch gegen andere. In jeder der drei Hinsichten könnte der Selbstmörder während des Fallens unsicher werden und über den Sprung von der Brücke in drei Stufen wachsender Reichweite Bedauern oder Reue empfinden:

Die im weiteren Sinn technische Reue überkommt die Person, wenn sie sich beim Fallen unsicher wird, ob sie beim Aufprall den gesuchten raschen Tod erwarten darf. Vielleicht – überlegt sie sich – ist die Brücke nicht hoch genug, oder der Boden, auf dem sie aufschlagen wird, nicht hart genug, so daß sie eine Querschnittslähmung oder einen langsamen, bei zu später Entdeckung überdies qualvollen Tod befürchten muß. Bei der bloß technischen Reue denkt man sich: «Hätte ich doch ein sichereres Mittel gewählt.»

Der Selbstmörder empfindet zweitens eine pragmatische Reue, wenn ihm beim Fallen plötzlich ein Ausweg aus seinem Schlamassel einfällt. Angesichts einer neuen Lebens-, sogar Glückschance, die ihm in den Sinn kommt, denkt er: «Hätte ich doch länger nachgedacht oder Rat gesucht.»

Schließlich kann er eine moralische Reue empfinden, wenn er einen bislang unterschätzten, vielleicht sogar verdrängten Gesichtspunkt in seiner tatsächlichen Bedeutung erkennt. Beispielsweise gesteht er sich ein, mit dem Freitod so hochrangige Verantwortlichkeiten wie die Sorge für seinen Lebenspartner, für seine Kinder oder für seine Eltern zu verletzen. Die moralische Reue besagt etwa: «Wie konnte ich nur mein Eigenwohl über alle Verantwortlichkeiten stellen?»

17.2 Autonomie als reine praktische Vernunft

Das Beispiel des Selbstmörders mit seinen Stufen von Freiheit und etwaiger Reue zeigt noch einmal, wie nüchtern der Moralbegriff ist, den eine Philosophie der Willensfreiheit bildet. Ohne jeden moralisierenden Unterton wird die Moral mit jener Höchststufe von praktischen Gründen gleichgesetzt, die der Höchstform von Wertschätzung, dem uneingeschränkten Guten, entspricht. Erst mit ihr wird das Potential an Freiheit, das in der Fähigkeit, nach praktischen Gründen zu handeln, steckt, voll ausgeschöpft. Nach ihrem philosophischen Begriff besteht die Willensfreiheit im strengen Sinn nicht in einem von praktischen Gründen abgekoppelten, insofern indeterminierten, sowohl grundlosen als auch vernunftlosen Willen. Sie meint die Fähigkeit, praktischen Gründen zu folgen und diese «Wille» genannte Fähigkeit in deren dritter und höchster Stufe zu verwirklichen.

Man kann freilich auch einen erweiterten Begriff von Willensfreiheit vertreten und dann von einer bescheidenen ersten, einer anspruchsvolleren zweiten und einer maximalen dritten Stufe von Willensfreiheit sprechen. Die bescheidene Willensfreiheit besteht dann in der Fähigkeit, sein Wollen im Licht irgendeines Nutzens und Schadens zu beeinflussen (technische Freiheit). Die anspruchsvollere Willensfreiheit liegt in der Fähigkeit, sein Wollen im Blick aufs eigene Wohl (pragmatische Freiheit), die maximale bzw. radikale Willensfreiheit aber in der Fähigkeit, sein Wollen auch unter Einschränkung des Eigenwohls zu beeinflussen (moralische Freiheit).

Die drei Stufen von Freiheit und praktischer Vernunft sind nicht notwendig miteinander verkoppelt. In der aufsteigenden Richtung liegt es auf der Hand und hat sich in den Beispielen von Reichtum oder Karrierestreben angedeutet: Technische Gründe sind auch bei strengem Einhalten nicht «automatisch» auf ein gelungenes, glückliches Leben und schon gar nicht auf Moral ausgerichtet. Diese Ausrichtung ist sogar begrifflich, vom bloß funktionalen Gutsein, ausgeschlossen. Auch pragmatische Gründe enthalten als solche keine Bindung an die Moral.

In absteigender Linie gibt es dagegen einen Zusammenhang, aber keine enge Verkoppelung: Ein Reichtums- oder Karrierestreben, das penibel jeden Betrug vermeidet, bewahrt zwar vor Gewissensbissen, räumt also einige Hindernisse für das eigene Wohl beiseite, es sichert aber kein gelungenes Leben. Zwischen moralischen und technischen Gründen gibt es dagegen so gut wie keinen positiven Zusammenhang. Wer jeden Betrug und jeden anderen moralischen Fehltritt unterläßt, vermeidet zwar gewisse Gefährdungen von Wohlstand und Karriere, leistet für sie aber noch keinen konstruktiven Beitrag.

Zwischen pragmatischen und technischen Gründen gibt es dagegen einen engen Zusammenhang. Wer glücklich leben will, muß glücksförderliche Gesichtspunkte wie Gesundheit, Freundschaft und Berufserfolg in seine Lebensgestaltung integrieren und zielführende Wege einschlagen, also technisch-pragmatischen Gründen folgen.

Vor allem die moralische Freiheit schließt die technische und die pragmatische Freiheit nicht ein. Wie die schlichte Lebenserfahrung bestätigt, ist die höchste Stufe der Willensfreiheit nicht gleichbedeutend mit der vollen personalen Freiheit: Eine moralisch rundum integre Person kann durchaus ein chaotisches, von der moralischen Integrität abgesehen wenig gelungenes Leben führen. Dort, wo praktische Gründe nicht einen eng umgrenzten Situationstyp, sondern einen größeren Lebensbereich betreffen, spricht man von praktischen Grundsätzen, auch von Maximen (s. Kap. 20.3). Grundsätze, beispielsweise der moralische Grundsatz, Notleidenden zu helfen, ähneln Gesetzen, zeichnen sich aber gegenüber deren Muster, den Naturgesetzen, durch zwei Besonderheiten aus: Ihr Gegenstand sind nicht Begebenheiten der Natur, sondern das Handeln; und nach ihrer Gegebenheitsweise haben sie nicht ausschließlich, aber vornehmlich einen Sollenscharakter.

Woher kommen die praktischen Gründe oder Grundsätze; woher stammen sie? Diese Frage ist hier nicht empirisch zu verstehen. Es geht nicht um die geschichtliche Herkunft, weder um die biographische Frage, warum in einer einzelnen Person, noch um die sozial- oder ideengeschichtliche Frage, warum in einer Gruppe oder Kultur gewisse Gründe eine handlungsleitende Macht entfalten. Gefragt ist nach der legitimatorischen Herkunft: Woher nehmen die Gründe ihre Rechtfertigung?

Im Blick auf die Moral sind zwei Möglichkeiten entscheidend, die ein strenges Entweder-Oder ausmachen. Nennt man die Gründe wegen ihres Regelcharakters Gesetze und schaut auf das zweite Muster von Gesetzen, die Rechtsgesetze, so liegt entweder Autonomie oder aber Heteronomie vor. Der Gegensatz zu autonom heißt hier also nicht autoritär, sondern heteronom. In der Begrifflichkeit dieser Studie gehört der nichtautoritäre Charakter nämlich zu allen Stufen praktischer Gründe. Er ist eine (selbstverständliche) Vorgabe und kein Unterscheidungsmerkmal; auch die im legitimatorischen Sinn heteronomen Gesetze sind nichtautoritär. Im Recht bedeutet Auto-nomie die Selbst-Gesetzgebung: Ein öffentliches Rechtssubjekt, zum Beispiel ein Staat, oder ein privates Rechtssubjekt, etwa eine natürliche Person, läßt sich die Gesetze (*nomoi*) nicht von außen, einer fremden (*hetero*-) Instanz vorgeben, sondern gibt sie sich selber (*auto*-).

Woher nun nehmen die praktischen Gründe ihre Verbindlichkeit? Technische und funktionale Gründe sind nichts anderes als Anforderungen eines Sachbereiches. Es sind Sachgesetzlichkeiten, die allerdings ziemlich komplex ausfallen können und bei der «Anwendung» ein gerütteltes Maß an Urteilskraft verlangen. Wer die Sachgesetzlichkeiten befolgt, fügt sich den ihnen vorgeschalteten Zwecken oder Interessen. Wer beispielsweise nach Regeln lebt, die zu weit mehr Einnahmen als Ausgaben führen, unterwirft sich dem Interesse an Wohlstand. Während aber die Sachgesetzlichkeit der hier zuständigen praktischen Vernunft entspricht, liegt das ihr vorgeordnete Interesse außerhalb. Der technische Grundsatz legitimiert sich nicht aus sich selbst, er entnimmt seine Verbindlichkeit von außen. In diesem Sinn, als ein gegenüber der praktischen Vernunft fremdes Gesetz, hat der technische Grundsatz einen heteronomen Charakter.

Pragmatische Gründe kann man ebenfalls als Sachgesetzlichkeiten ansprechen. Der zuständigen Sache, dem eigenen Wohl, fehlt zwar die für eine Sachgesetzlichkeit typische Begrenzung, denn sie begnügt sich nicht mit einem mehr oder weniger abgegrenzten Sachbereich, sondern betrifft ein ganzes Leben. Davon abgesehen teilen aber die pragmatischen Gründe die Herkunft der technischen: Da sie der praktischen Vernunft eine Vorgabe machen («Orientiere Dich am Eigenwohl!»), kommt die Verbindlichkeit letztlich von außerhalb. Erneut liegt eine fremde Gesetzlichkeit vor. Die letzte Autorität liegt nicht beim Willen (im Sinn praktischer Vernunft), sondern bei dem ihm vorgelagerten Zweck, dem eigenen Wohl.

Die Alternative heißt Autonomie, Selbst-Gesetzlichkeit, mit dem entscheidenden Zusatz: bezogen auf die praktische Vernunft bzw. den Willen. Die Autonomie ist hier nicht im weiten Sinn irgendeiner Selbstbindung gemeint, etwa daß man eine (innere oder äußere) Vorgabe sich zu eigen gemacht hat. In der Umgangssprache kann zwar schon diese Selbstbindung Autonomie heißen. Sie besteht aber erst in einem schwachen, wenn auch verbreiteten Verständnis. Die für die Willensethik entscheidende Autonomie ist jedenfalls anspruchsvoller. Innerhalb der Fähigkeit, überhaupt nach Gründen und Grundsätzen zu handeln, innerhalb des Willens im engeren Sinn, lautet die Entscheidungsfrage: willensexterne Vorgabe oder aber willensinterne Verbindlichkeit?

Was kann man sich unter der zweiten Option, der willensinternen Gesetzlichkeit vorstellen? Die Antwort fällt so schwer, daß manche Philosophen lieber resignieren. Einige gehen sogar zur Vorwärtsverteidigung über, halten den Begriff der Autonomie für abwegig und erklären den Versuch, die Moral in der Autonomie des Willens zu begründen, für sehr dunkel, vielleicht sogar für abstrus. Mit Recht resigniert erst derjenige, der dafür gute Gründe hat. Bevor wir in den nächsten zwei Kapiteln Einwände erörtern, läßt sich ein Einwand schon hier, vom Begriff der Willensfreiheit her, entkräften. Nach einem beliebten Gegenargument beruhe die Willensfreiheit auf einer zu starken Voraussetzung. Sie setze nämlich alle «gewöhnlichen» Anteile wie sinnliche Begierden, soziale Konventionen und geltendes Recht beiseite. Schopenhauer hatte als Grund angenommen, der Gedanke einer reinen praktischen Vernunft versuche die Vorstellung eines religiös fundierten moralischen Gebotes zu säkularisieren (*Preisschrift über die Grundlage der Moral*, § 4); Tugendhat stimmt dem zu (2006, 15).

In Wahrheit ist nicht der in seinem Willen frei, der «will, was er will», ohne jede Vorgabe. Die Willensfreiheit besteht auch nicht in irgendeinem Wünschen zweiter Stufe, sondern in einer besonderen Art von Reflexivität. Über die Willensfreiheit im bescheideneren Verständnis verfügt schon, wer sich Grundsätzen praktischer Vernunft unterwirft. Aber erst dort, wo die Grundsätze einen willensinternen Ursprung haben, ist die Willensfreiheit im anspruchsvolleren Sinn der Autonomie erreicht. Nicht wer sich in letzter Instanz von der Macht der Triebe und Leidenschaften, der Gefühle von Sympathie und Antipathie oder den herrschenden Gewohnheiten bestimmen läßt, auch nicht wer zu vorgegebenen Zielen stets die besten Mittel wählt, nicht einmal, wer sein eigenes Wohl sucht, handelt radikal vernünftig, sondern erst, wer sein Leben nach Gesetzen vom Rang der Autonomie führt.

Der Anspruch der Moral richtet sich allerdings an ein Wesen, das weder seine sinnliche Natur noch seine geschichtlich-gesellschaftliche Herkunft ablegen kann. Genau deshalb, weil der Mensch ein Bedürfnis-, Geschichts- und Gesellschaftswesen bleibt, erhält die Moral den Sollenscharakter. Sie besteht in der Aufforderung, sich seine Bedürfnisse und gesellschaftlichen Abhängigkeiten einzugestehen, sie, solange sie der Moral nicht widersprechen, sogar zu bejahen, sie aber nicht als letzten Bestimmungsgrund zuzulassen. Autonomie in diesem Sinn bedeutet, mehr als ein bloßes Bedürfnis- und Gesellschaftswesen zu sein und in dem Mehr zu sich zu finden.

Das Mehr schließt nicht ein Abstreifen des Weniger ein. Ohnehin ist der Mensch außerstande, die mannigfaltigen Bedingungen persönlicher, gesellschaftlicher, wirtschaftlicher und politischer Natur schlicht beiseite zu legen. Aus dem Nichts neu anzufangen ist ihm verwehrt. Weder besteht die Willensfreiheit im Verzicht auf Vitalität, Sensibilität und soziale Orientierungen, noch schlägt sich eine «lautere» Moral grundsätzlich auf die Seite von Lebensflucht, Traditions- und Geschichtslosigkeit und Kritik gewachsener Lebensformen. Wie schon die Handlungsfreiheit, so besteht auch die Willensfreiheit nicht in Ungebundenheit, sondern in einer qualifizierten Bindung, hier im Selbergeben der Gesetze, aus denen das Wollen letztlich erfolgt. Der in diesem, moralisch entscheidenden Sinn autonome Wille ist selbst Ursprung seines So-und-nicht-anders-Wollens.

So wiederholt sich auf der Ebene der Willensfreiheit, was bei der Handlungsfreiheit gesagt wurde: Bedingungen dürfen durchaus vorhanden sein, sie sind sogar unvermeidlich, dürfen aber nicht das Gewicht von unabänderlichen Fakten beanspruchen. Dieses Nicht-Dürfen ist auch nicht so lebensfremd, wie manche Kritiker behaupten. Der Mensch vermag nämlich, sich in ein Verhältnis zu den Bedingungen zu setzen. Er kann sie benennen, beurteilen und anerkennen, sei es in Form eines kreativen Sich-zu-eigen-machens oder aber jenes Verwerfens, das auf dem Weg von erzieherischen, selbsterzieherischen, gegebenenfalls auch therapeutischen Prozessen ihre Veränderung anstrebt.

18. Einspruch 1: Determinismus

Gründliche Philosophie setzt sich mit der einschlägigen Skepsis auseinander. Auch eine Theorie moralischer Freiheit hält in ihrem konstruktiven Argumentationsgang inne und stellt sich einer Ansicht, die als radikale Herausforderung gilt, dem Determinismus. Dessen Grundthese kann weithin überzeugen, daß er die Freiheit in Frage stellt, eher nicht.

Zu den Dingen, für die man Ursachen angibt, zählt auch das Handeln. Nun erklären Ursachen, warum etwas sich so und nicht anders verhält, so daß bei zureichenden Ursachen die betreffende Sache als notwendig erscheint. Zureichende Ursachen behaupten zwar keine absolute, nur eine relative Notwendigkeit. Die Sache hätte durchaus anders ausfallen können, aber nur unter Voraussetzung einer anderen Konstellation von Ursachen. Läuft jemand bei Regen im Freien ohne Schirm oder Regenumhang, so wird er notwendig naß. Wäre er aber mit Schirm oder Umhang gelaufen oder hätte er sich untergestellt, so wäre er trokken geblieben. Die Wirkung ist also nicht notwendig, sie wird jedoch nur bei Veränderung im Netz der Ursachen vermieden.

Selbst ein zureichendes Netz von Ursachen stellt die Freiheit nicht in Frage. Denn diese besteht in der Unabhängigkeit nicht von Ursachen, sondern von Zwang. Unfrei wäre die skizzierte Person erst, wenn sie zur genannten Bedingung, bei Regen im Freien ohne Schirm und Regenumhang herumlaufen, gezwungen würde. Sie wäre in sozialer Hinsicht unfrei, wenn der Zwang aus dem sozialen Umfeld käme, in der für die Ethik entscheidenden personalen Hinsicht dagegen, wenn sie von ihrem Inneren gezwungen würde.

Um die Freiheit bestreiten zu können, braucht es mindestens ein weiteres Argument, eines, das von «verursacht» auf «gezwungen» zu schließen erlaubt. Der freiheitsskeptische Determinismus sieht die Erlaubnis dann gegeben, wenn er die gewöhnlichen, äußeren Ursachen um die inneren Ursachen des Handelns erweitert. Nimmt man die Erweiterung vor, so erscheint bei einem hinreichenden Netz von Ursachen auch das Handeln als eine unausweichliche, mithin (relativ) notwendige Wirkung: Es ist nicht nur teilweise, sondern vollständig determiniert. Daraus ergibt sich aber noch nicht die fatale Folge, daß sich der angebliche Vorzug des Menschen, die Freiheit, als eine Illusion erweist. Es wird zwar häufig gesagt, wer die Freiheit «retten» wolle, müsse die Verursachung, die Determination, des Handelns bestreiten und deren Nichtverursachung, die Indeterminiertheit, oder zumindest die teilweise Nichtverursachung, eine partielle Indeterminiertheit, behaupten. In Wahrheit folgt aus «von innen verursacht» nicht «erzwungen». Wer es trotzdem annimmt, erliegt einem Fehlschluß.

Eine Freiheitsdebatte, die dem Fehlschluß erliegt, wird unter dem Titel «Determinismus kontra Indeterminismus» geführt. Man sagt auch, Freiheit und Kausalität seien miteinander unvereinbar: inkompatibel. Wer dagegen zwischen Ursache und Zwang begrifflich unterscheidet und den Grund in der praktischen Reflexivität sieht, gesteigert zur praktischen Vernunft, der vertritt eine Vereinbarkeit, einen Kompatibilismus, der keines Indeterminismus bedarf. Nicht das Handeln ohne Determination hält er für frei, wohl aber das ohne Zwang. Trotzdem empfiehlt sich eine nähere Erläuterung des Determinismus.

18.1 Methodischer oder dogmatischer Determinismus

Schon der Alltagsverstand weiß um die vielfache Bedingtheit des menschlichen Handelns. Einige Gesichtspunkte sind längst trivial und durch die Wissenschaft zu präziser empirischer Erkenntnis geworden: Als Körper unterliegt der Mensch den Gesetzen der Physik und der Chemie, als lebendiger Leib den Gesetzen der Biologie und der Physiologie. Seine Antriebskräfte, die Motive und Leidenschaften, hängen von Bedürfnissen und Interessen, auch dem Temperament ab, ferner von Triebkonstellationen und Charaktereigenschaften, die ihrerseits von genetischen Faktoren, (früh)kindlichen Prägungen und Umweltfaktoren, einschließlich der Erziehung, mitbestimmt sind. Wem man begegnet, was man hört oder liest und was einem widerfährt, kann ein Leben sogar grundlegend verändern.

Der Alltagsverstand kennt freilich auch etwas, das die Wissenschaften zwar näher bestimmen, aber schwerlich abstreiten können, die praktische Reflexivität. Ihretwegen sind vor allem die Antriebskräfte und die Mittel und Wege, auf denen sie sich entfalten, der Beurteilung des Handelnden und seiner Zustimmung oder aber Ablehnung ausgesetzt. In beiden Reaktionen, bei der Zustimmung und der Ablehnung, ist das Verhalten nicht erzwungen. Bei einer Ablehnung kann man sogar auf eine Veränderung hinarbeiten; freilich kann es kaum jeder und in jedem Einzelfall – ohnehin nicht in jeder Richtung und vollständig. Es mag sogar Personen geben, die ihre Lebensgeschichten als pures Schicksal erleben, sich dann allerdings «wie ein Tier» ansehen: «Allzu deutlich empfinde ich das Abgeschlossene, Notwendige und Unvermeidliche jeder Handlung ... Festgelegt durch eine Reihe unwiderruflicher Entscheidungen, hatte ich, wie ein Tier, nie Zeit gefunden, mir selber problematisch zu werden.» (Margueritte Yourcenar, *Der Fangschuß*, 2004, 21)

Manche können zwar nicht anders als zu stehlen, andere wie Don Juan nichts anderes als Frauen zu verführen, und zweifellos gibt es noch gravierendere Fixierungen. «Im Prinzip» verbinden sich aber die Antriebskräfte und deren Wege mit einer praktischen Reflexion, also einem Selbstwissen, das mit einer auf Selbst-Veränderung hin offenen Selbsteinschätzung einhergeht. Diese findet in einem weiten Spektrum statt. In ihm besteht das eine Extrem in der vollen Zustimmung nicht bloß zu einzelnen Handlungen, sondern auch zum eigenen Charakter. Bei dieser runden Selbstachtung droht freilich die Gefahr einer voreiligen Selbstzufriedenheit. Das andere Extrem bildet die uneingeschränkte Ablehnung der ganzen Person, mithin eine volle Selbsterniedrigung, vielleicht sogar Selbstverachtung. Und zwischen den zwei Extrema findet sich die ganze Palette des Mehr-oder-Weniger an Zustimmung und Ablehnung. Außerdem kann die Selbsteinschätzung nach vielen Gesichtspunkten erfolgen.

Kein ernsthafter Philosoph streitet die Bedingtheiten ab. Im Gegenteil öffnet er sich der Lebenserfahrung und macht sich zusätzlich bei den Einzelwissenschaften kundig. Strittig ist nur die Reichweite. Erst dort, wo man eine ebenso umfassende wie tiefgreifende Bedingtheit behauptet, wird aus der weder strittigen noch überraschenden Determination der umstrittene Determinismus. Dieser tritt in vielerlei Gestalt auf. Eine erste Spielart liegt aller Forschung zugrunde. Ob Natur- oder Sozialwissenschaften, die empirische Forschung unterstellt, daß alle Sachverhalte der natürlichen und sozialen Welt aus Ursachen erklärbar oder aus Motiven verstehbar sind und daß diese aus Gesetzen oder Gesetzmäßigkeiten einsichtig werden. Die zuständigen Gesetze müssen nicht der Gestalt klassischer Physik genügen. Es gibt auch statistische Gesetzmäßigkeiten, ferner Quasi-Gesetze oder wie im subatomaren Bereich Unbestimmtheitsbeziehungen.

Es versteht sich, daß die Forschung nicht annimmt, schon heute, wohl aber im Prinzip alles erklären und verstehen zu können. Andernfalls höbe sich die Suche nach Neuem, eben die Forschung, auf. Selbstverständlich fällt unter die einschlägigen Gegenstände der Bereich menschlichen Handelns. Selbst wenn dessen Ursachen erst unvollständig erkannt und deren Verflechtungen noch unzureichend aufgehellt sind – die Neugierde von Natur- und Sozialwissenschaften ist erst dann endgültig gestillt, wenn es keinerlei weiße Flecken mehr gibt.

Methodisch gesehen ist die prinzipielle Erklär- und Verstehbarkeit aller Sachverhalte eine regulative Idee jeder Forschung. Denn diese bedeutet zunächst nichts anderes als eine nie endgültig gestillte Wißbegier. Sie besteht im Interesse, Sachverhalte jeder Art sowohl in ihrer Gegebenheit als auch ihrer Herkunft, nicht zuletzt in ihrer Verflechtung mit anderen Sachverhalten zu erkennen. Der Determinismus als regulative Idee der Forschung kann methodischer oder forschungsregulativer Determinismus heißen. Er besagt: Was auch immer in der Welt der Fall ist, läßt sich als Wirkung verstehen, zu der Ursachen (einschließlich von Motiven und Gründen) gesucht werden können. Als Aufforderung, immer weiter zu forschen, hat er einen präskriptiven Charakter. Dort, wo man keine Ursachen kennt, glaubt man nicht an ein Wunder im wissenschaftlichen Sinn, an jene grundsätzliche Ursachenlosigkeit, die die Philosophie seit Platon bestreitet (*Timaios* 28 a). Man nimmt vielmehr ein Noch-nicht-Wissen an: statt eines ewigen Nie-wissen-Könnens eine prinzipiell überwindbare Ignoranz. Ein Mangel an Ursachen oder Gründen wird nicht dem Gegenstand, sondern dem Subjekt, seinem derzeitigen Wissen um den Gegenstand, zugeordnet. Statt mit ursachenlosen Sachverhalten zu rechnen, unterstellt man zweierlei: daß es Ursachen gibt, die sich bei einer gründlichen und zugleich kreativen Forschung auch entdecken lassen.

Die nie gestillte Wißbegier, der methodische Determinismus, rechtfertigt allerdings nicht die Neigung insbesondere junger Wissenschaften, sich absolut zu setzen und alles nach dem eigenen Muster zu erklären oder zu verstehen. Werden beispielsweise für menschliches Verhalten ausschließlich physikalische oder ausschließlich biologische, neurologische, psychologische, ökonomische oder soziologische Ursachen zugelassen, so verkehrt sich der methodische Determinismus in einen epistemischen Imperialismus, der sich für allein- oder allzuständig, oder einen Hegemonieanspruch, der sich für primär zuständig erklärt. Solange die entsprechenden Einstellungen noch bescheiden auftreten, als Versuch, die Reichweite der eigenen Erklärungsweise auszuloten, sind sie kaum bedenklich. Ein bescheidener, bloß methodischer Physikalismus, ebenso ein methodischer Biologismus oder Neurologismus wenden nur den allgemeinen, für die Gesamtheit aller Forschungszweige geltenden methodischen Determinismus auf den eigenen Teilbereich an. Diese Anwendung kann durchaus eine die kreative Forschung beflügelnde Strategie sein. Warum soll man nicht beispielsweise biologische Phänomene möglichst weit chemisch und chemische Phänomene möglichst weit physikalisch zu erklären versuchen? Ebenso: Warum sollte es bedenklich sein, nicht nur Güter-, Finanz- und Dienstleistungsmärkte nach ökonomischer Rationalität zu erklären, sondern auch das Verhalten von Parteien, Regierungen und Organisationen, nicht zuletzt den teils politischen, teils kulturellen Aufstieg oder aber Niedergang von Staaten oder Regionen?

Solange derartige Versuche bloß von Wißbegier und nicht von einem epistemischen Machtwillen motiviert sind, lassen sie anderen dasselbe Recht, so daß entsteht, was sich in der Politik schwerlich findet: ein koexistenzfähiger Imperialismus. Obwohl sich ihre Einflußsphären überschneiden, ist etwa ein bescheidener Physikalismus mit einem Biologismus oder Ökonomismus, wenn sie ebenfalls bescheiden sind, verträglich. Sie und weitere Ismen können in epistemischer Konkurrenz und zugleich Toleranz friedlich mit- und nebeneinander leben. Bedenklich ist erst, wenn man die eigene Denkweise für exklusiv gültig und unfehlbar richtig hält. Aus einem offenen, epistemischen wird dann ein geschlossener, zugleich intoleranter Determinismus. Unter Verlust der Koexistenzfähigkeit verwandelt sich eine von Neugier inspirierte Forschungsstrategie in eine die Neugier einschränkende, dogmatische Prämisse.

Um Mißverständnisse zu vermeiden: Der hier angesprochene geschlossene Determinismus entspricht nicht jener These einer kausalen Geschlossenheit der physikalischen Natur, die in Verbindung mit einer zweiten These, der mentalen Verursachung, den Gedanken der personalen Freiheit in erhebliche Schwierigkeiten bringt. Der geschlossene Determinismus ist nämlich eine wissenschaftstheoretische Position, die wissenschaftstheoretisch zu prüfen und wegen der epistemischen Intoleranz wohl zu verwerfen ist. Die These der kausalen Geschlossenheit beläuft sich dagegen auf einen handlungs- und moraltheoretischen Determinismus.

Folgenlos für den Freiheitsgedanken ist der methodische Determinismus nicht. Mit seiner stillschweigenden Aufforderung, fehlende Ursachen nie dem Gegenstand, sondern stets dem erkennenden Subjekt, seinem derzeitigen Wissensstand, zuzuschreiben, erklärt er alle Ursachenlosigkeit für lediglich subjektabhängig. Eine objektabhängige Ursachenlosigkeit zieht er nicht in Betracht. Bei hinreichendem Wissen sei alles Handeln erklärbar, so daß einem allwissenden Wesen, etwa Gott, alles Tun und Lassen als determiniert erscheine. Noch Wittgenstein definiert die Freiheit, allerdings die Willensfreiheit, über ein Wissensdefizit: «Die Willensfreiheit besteht darin, daß zukünftige Handlungen jetzt nicht gewußt werden»: *Tractatus logico-philosophicus* 5.1362. Die Freiheit ist aber, wie gesagt, grundsätzlich nicht als strenge Anarchie, als die Willkür einer Ursachenlosigkeit, zu verstehen.

Eine bis heute einflußreiche Position, der Indeterminismus, auch Libertarismus genannt, vertritt freilich genau diese Ansicht: Frei ist, wer sich auch hätte anders entscheiden können, unfrei, wer keine alternative Möglichkeit, wer keinen Ausweg hat. Nach dem Indeterminismus gehört zum Begriff der Freiheit ein Defizit an hinreichender Verursachung. Im *Duden-Rechtschreibung* (^{24}2006, 527) heißt es sogar lapidar: «Indeterminismus ... (*Philos.* Lehre von der Willensfreiheit)».

Gegen den Begriff der Freiheit als partieller Ursachenlosigkeit spricht als erstes eine freiheitsbedrohende Merkwürdigkeit: Wegen des methodischen Determinismus wäre eine Person samt ihrem Handeln und zugrundeliegendem Willen nur «in bezug auf den derzeitigen Wissensstand», streng genommen wäre sie sogar bloß «in bezug auf den derzeitigen Wissensstand des die Freiheit behauptenden Subjekts» frei. Die schwerlich überzeugende Folge: Der Mangel an einschlägiger Fachkenntnis, die Ignoranz, wird zum Maßstab der Freiheit. Je ignoranter jemand ist, desto häufiger erklärt er sich und andere für frei. Umgekehrt: Je reicher das Ursachenwissen von jemandem ist, desto weniger kann er das Vorhandensein von Freiheit behaupten. Für den allwissenden Geist gibt es sogar keinerlei Freiheit, weder für sich noch für ein anderes Wesen, denn für beide sieht er deren Tun und Lassen voraus.

Ein grundsätzlicheres Gegenargument stellt eine Kategorien- bzw. Perspektivenverwechslung fest, die Verwechslung einer objektiven mit einer subjektiven Eigenschaft. Die Freiheit ist nämlich ihrem Gehalt nach eine Eigenschaft von Gegenständen, der handlungsfähigen Wesen. Gemäß dem methodischen Determinismus geht die Ursachenlosigkeit aber auf eine Eigenschaft des erkennenden Subjekts, auf einen (vorläufigen) Wissensmangel zurück. Wer ein Handeln oder ein Wollen aus dem Grund als frei erklärt, daß sie ursachen- und grundlos, kurz: indeterminiert seien, der behauptet daher nur eine Grenze der menschlichen Erkenntnis. Im Extremfall, bei der Behauptung einer prinzipiellen Ursachenlosigkeit bzw. Nichterklärbarkeit, nimmt er sogar eine unübersteigbare Grenze an, ohne damit die menschliche Freiheit als gegeben auszuweisen.

Weiterhin spricht gegen den Indeterminismus ein Argument, das in der Moralphilosophie als «Buridans Esel» bekannt ist: Fehlt es an einer Ursache, aktiv zu werden oder passiv zu bleiben, und im Falle der Aktivität an einer Ursache, um auf diese oder jene Weise zu agieren, so findet man sich als ein Esel wieder, der verhungert, weil er keine Ursache hat, sich einem von zwei gleichgroßen und gleichweit entfernten Heuhaufen zuzuwenden. Entsprechend ist, wer streng indeterminiert bleibt, zu keinem Agieren, selbst nicht zur Alternative Tun oder Lassen, imstande. Er hat nämlich weder für die eine noch die andere Seite eine (hinreichende) Ursache. Falls er gleichwohl agiert, so geschieht es rein zufällig, es ist deshalb schwerlich einer Freiheit zuzuordnen, die doch in den Umkreis der (moralischen) Verantwortung gehört.

Wer am «Sprachspiel» der Verantwortung festhält, für den ist also der Libertarismus unannehmbar. Denn wie soll man können, was Verantworten bedeutet: anderen oder sich selbst Rede und Antwort stehen und rechtfertigende oder entschuldigende Gründe vortragen? Ohnehin überzeugt der Libertarismus nicht, weil er den Unterschied von Ursache und Zwang und die gegen den Zwang sprechende praktische Reflexivität übergeht. Der nur methodische Determinismus hält dagegen das zufällige Handeln für bloß scheinbar zufällig: Auch wenn man die Ursachen bzw. Gründe noch nicht kennt, so werden doch alle Ereignisse in der Welt als Wirkungen verstanden, zu denen es Ursachen gibt. Für das Verhungern von Buridans Esel läge die Ursache in der Unfähigkeit, trotz drohenden Hungers sich einem der zwei Heuhaufen zuzuwenden, eine Unfähigkeit, die ihrerseits gewisse Ursachen hat.

18.2 Nur Handlungsfreiheit?

Erstaunlicherweise findet sich der Determinismus seit der Antike, ohne daß er sich in der Regel mit einer Ablehnung von Moral, Verantwortung und entsprechender Freiheit verbände. Um kein Phantom zu erörtern, prüfen wir den Determinismus anhand von zwei klassischen Vertretern. Denn in der Feindebatte dürfte es heute Fortschritte geben; die Grundmuster sind aber länger bekannt.

Auf die anspruchsvollere Willensfreiheit bezogen, führt schon Augustinus im Dialog *Über den freien Willen* eine gründliche Debatte durch (vgl. Brachtendorf 2006). Weil sie theologisch durchtränkt ist, greifen wir aber auf zwei Autoren zurück, die das Problem theologiefrei erörtern. Wir wählen je einen Vertreter der beiden bis in die Gegenwart einflußreichen Richtungen: für den Rationalismus nicht den heute viel zitierten, aber vor allem als Gegner behandelten Descartes, vielmehr den ersten großen Descartes-Kritiker, Baruch de Spinoza. Und für den heute weithin vorherrschenden Empirismus erörtern wir dessen entscheidenden Klassiker David Hume. Nach heutigen Begriffen ist Hume Kompatibilist, allerdings nur in bezug auf die Handlungs-, nicht die Willensfreiheit, Spinoza ist dagegen beides: im Ansatz strenger Inkompatibilist, in der Durchführung Kompatibilist, erneut aber nur partiell, da er ebenfalls den Gedanken der Willensfreiheit ablehnt. In der Sache kommt er aber dem Gedanken sehr nahe, so daß man ihn in bezug auf die Willensfreiheit einen Kompatibilisten wider Willen nennen darf.

Baruch de Spinoza setzt zwar bei einem universellen Determinismus an, hält aber trotzdem den Menschen für freiheitsfähig. Sein fast enzyklopädisches Hauptwerk beginnt, blickt man auf den Titel «Ethik», erstaunlicherweise mit einer Ontologie. Da ihr zufolge alle Glieder der Welt einen inneren, zugleich notwendigen Bezug zum einzig wirklich Seienden, zu Gott, haben, hängen sie von Gott ab und sind insofern determiniert. In dieser wesentlichen Hinsicht gleicht der Mensch den Tieren und Pflanzen, selbst der leblosen Natur: Er ist «notwendig oder vielmehr gezwungen». Allein Gott ist frei, denn nur er erfüllt die beiden Bedingungen, die nach Spinozas anspruchsvollem Begriff zur Freiheit gehören: die ausschließliche Selbstverursachung und die ausschließliche Selbstbestimmung, eine reine Selbstdetermination: «*Frei* heißt ein Ding, das lediglich aus der Notwendigkeit seiner eigenen Natur existiert und bloß durch sich selbst zum Handeln bestimmt wird.» (*Ethik*, I, Definition 7) Mit den zwei Qualifikationen «lediglich» und «bloß» wird die Freiheit in einer auch unter Philosophen seltenen Vollständigkeit, Radikalität und Totalität gedacht.

Man muß sich fragen, warum Spinoza mit einem derart anspruchsvollen Freiheitsbegriff beginnt, mit einer sich selbst verursachenden und selbst bestimmenden Spontaneität, da sie doch nur auf Gott zutrifft und von dem Begriff, für den sich der Autor letztlich interessiert, von der menschlichen Freiheit, durch einen Abgrund getrennt ist. Eine Antwort liegt in einer These, die der Komposition der *Ethik* unausgesprochen zugrunde liegt: Die dem Menschen mögliche, deshalb von einer «vernünftigen» Theorie allein gesuchte Freiheit ist notwendigerweise weit bescheidener.

Spinozas letztlich praktisches Interesse gipfelt in der Koinzidenz von Freiheit und glücklichem Leben, also in einer harmonischen Einheit der beiden Hauptprinzipien abendländischer Moralphilosophie. Um die zwei oft als Konkurrenten auftretenden Prinzipien von Glück und Freiheit philosophisch glaubhaft zu versöhnen, entfaltet er in der *Ethik* ein intellektuelles Drama in fünf Akten. Es beginnt mit einer für den Menschen deterministischen Ontologie, um in einem großen Bogen bei einer in Begriffen von Glück definierten Freiheit zu enden: Von der ersten menschlichen Unfreiheit, der ontologischen Abhängigkeit von Gott (Teil I), über eine Theorie der geistigen («mentalen»: Teil II) und eine Theorie der affektiven Fähigkeiten (Teil III) gelangt Spinoza zu einer zweiten menschlichen Unfreiheit, der Unterwerfung unter die Affekte (Teil IV), um schließlich mit der Alternative, einer Theorie der affektkonformen Macht des Geistes (Teil V) zu enden.

Wie weit es Spinoza gelingt, die affektkonforme Geistesmacht zu denken, kann hier dahingestellt bleiben. (Zur Interpretation der *Ethik* generell s. Hampe/Schnepf 2006.) Der Grundgedanke ist jedenfalls plausibel: daß die menschliche Freiheit weder in einer Emanzipation von den Affekten noch in einer absoluten Herrschaft über sie, sondern in deren Einschränkung und Mäßigung liegt. Die darin liegende Handlungsfreiheit widerspricht nicht etwa der einleitenden Freiheitsdefinition. Sie streicht «nur» den auf Gott allein zutreffenden ersten Teil, daß etwas «lediglich» aus der Notwendigkeit seiner eigenen Natur existiert. Auch der Mensch vermag zwar aus der Notwendigkeit seiner eigenen Natur zu existieren; er existiert aber nicht ausschließlich daraus. Statt dessen begnügt er sich mit dem zweiten Anteil der einleitenden Freiheitsdefinition – «bloß durch sich selbst zum Handeln bestimmt werden» –, der dem gewöhnlichen Freiheitsverständnis nahekommt. Selbst diese Handlungsfreiheit versteht Spinoza aber so anspruchsvoll, daß sie nicht zur Ausstattung jedes Menschen zählt. Sie ist für ihn kein übermenschliches Ideal, wohl aber eine Vollkommenheit, die wenige erreichen.

Obwohl Spinoza die Willensfreiheit ablehnt, nähert er sich ihr der Sache nach an. Er spricht nämlich nur dort von einem Handeln im strengen Sinn, wo der Mensch sich mit Hilfe seines Geistes von den Zwängen befreit, denen er als Körper unterworfen ist, sowohl den äußeren als auch den inneren Zwängen, der Übermacht von Affekten. Dank dieser Befreiung wird er zu einem selbstbestimmten Wesen, das sich nicht nur am eigenen Wohl, sondern auch an moralischer Vernunft orientiert. Spinoza verwendet diese Ausdrücke zwar nicht. Er lehnt sogar die Trennung der beiden Vernunftarten ab, besonders deutlich in der allerletzten These, dem berühmten Lehrsatz 42 von Buch V: «Die Glückseligkeit ist nicht der Lohn der Tugend, sondern die Tugend selbst.» Ein nach seiner Ansicht freier Mensch sinnt aber einerseits «pragmatisch» nicht über den Tod, sondern das Leben nach (*Ethik* IV, Lehrsatz 67). Er lebt in Heiterkeit (z. B. IV, Lehrsatz 44, Anm.), erquickt sich beispielsweise an schmackhaftem Essen und Trinken und erfreut sich an der schönen Pflanzenwelt, an Schmuck, Musik und Theater (IV, Lehrsatz 45, Anm.). Nicht zuletzt versteht er Gefahren sowohl zu vermeiden (Klugheit und Vorsorge) als auch zu überwinden (Tapferkeit: IV, Lehrsatz 69). Andererseits lebt er «moralisch», da er niemals arglistig, sondern stets aufrichtig handelt (IV, Lehrsatz 72). Überdies zeichnet er sich durch Selbstvertrauen bzw. Seelenstärke und Großmut aus (Lehrsatz 73, Anm.; schon III, Lehrsatz 59, Anm.). Der Mensch strebt also nach beidem, dem pragmatisch und dem moralisch guten Handeln; zugleich besitzt er beide Arten, sowohl selbstbezügliche (Seelenstärke) als auch fremdbezügliche Tugenden (Großmut).

Als geistige Grundlage für die Selbstbestimmung gelten Erkenntnis und Selbsterkenntnis. Verzichtet man nun auf den von Spinoza abgelehnten Willensbegriff als eines eigenständigen Vermögens und bildet statt dessen einen auf Gründen festgelegten Begriff, so schmilzt im Fall einer moralischen Tugend wie der Großmut der Unterschied von Handlungs- und Willensfreiheit dahin. Damit erscheint Spinoza weniger als ein Gegner der Willensfreiheit denn als ihr subtiler Verfechter. Er greift sogar dem Kriterium der Willensfreiheit, der strengen Verallgemeinerbarkeit (Kap. 20.2), vor, da er von den Affekten sagt, daß sie die Menschen trennen, während die Vernunft sie verbinde (IV, Lehrsatz 32–35).

Allerdings bestimmt Spinoza die Vernunft stark vom Erkennen her, was sich auf eine Überschätzung der theoretischen Seite, zugespitzt auf einen kognitivistischen Fehlschluß beläuft: Der Versuch, die Vernunft im Bereich des Praktischen von der theoretischen Tätigkeit des Geistes her zu denken, widerspricht einer genuin praktischen Vernunft. Etwas vorsichtiger kann man von einer dem Theorieprogramm der *Ethik* internen Spannung sprechen. Einerseits tritt Spinoza den Affekten in einer rein theoretischen Einstellung entgegen: Ohne jedes normative Moment gilt als gut, was faktisch begehrt wird (III, Lehrsatz 9, Anmerkung). Andererseits sollen die Affekte auch auf «wahre» Bedeutsamkeit, auf das nicht bloß scheinbar, sondern wahrhaft Gute hin eingeschätzt werden. In diesem Fall tritt die Vernunft gegenüber dem Begehren als ein Gebot auf (III, Lehrsatz 59, Anm.). Sie ist nicht mehr deskriptiv, sondern normativ: «gut» ist, von dem wir sicher wissen, daß es uns nützt (IV, Definition 1; dabei hat der Nutzen sowohl eine pragmatische als auch eine moralische Bedeutung).

Als Bilanz läßt sich festhalten, daß eine der radikalsten Theorien von Determinismus gleichwohl Raum für moralische Freiheit bietet. Frei ist nach Spinoza, wer *in* den Bedingungen und *mit* den Bedingungen nach Maßgabe der Vernunft agiert. Wegen des Vernunftmomentes unterliegt er nicht länger fremdem Zwang, insbesondere nicht der Knechtschaft unter den Affekten. Letztlich ist er vielmehr niemandem als sich selbst zu Willen.

David Hume glaubt, das Problem leicht auflösen zu können. Denn die Ansicht – so heißt es in Abschnitt VIII seiner *Untersuchung über den menschlichen Verstand* –, Determination, Notwendigkeit genannt, und menschliche Freiheit schlössen sich aus, beruht auf der begrifflichen Verwechslung zweier Freiheitsbegriffe, der einem Indeterminismus entsprechenden Freiheit der Indifferenz, der die kausale Determination bestreite, und der für das moralische Urteilen und Handeln allein wichtigen Freiheit der Spontaneität. Sie, die «hypothetische Freiheit», bedeute nichts weiter als eine Freiheit von äußerem Zwang, die lediglich zwei Bedingungen unterliege: Weder stehe der Ausführung des Gewollten etwas Äußeres im Wege, noch werde die Handlung von anderen erzwungen. Während Spinoza mit der Unabhängigkeit auch von innerem Zwang der Willensfreiheit nahekommt, begnügt sich Hume mit einer elementaren Handlungsfreiheit: Der Akteur ist im Handeln frei, im Wollen dagegen bestimmt.

Das davon abweichende Verständnis, die Indetermination, hält Hume für eine «Scheinerfahrung», für die Illusion, der Wille sei niemandem untertan. In Wahrheit könne ein Betrachter, sobald er «gänzlich mit jeder Einzelheit unserer Lage, unseres Temperaments und den verborgensten Triebfedern unserer Natur und Veranlagung vertraut wäre», alle Taten ableiten, und darin liege «das wahre Wesen der Notwendigkeit» (Abschn. VIII, Teil 1, Fußnote 1). Der beliebten Ansicht, menschliches Handeln sei so kapriziös wie das Wetter, also unbeständig und unberechenbar, hält Hume entgegen, auch das Wetter werde von festen, allerdings von der Forschung nicht leicht zu entdeckenden Prinzipien regiert.

Hume rechnet mit dem Einwand, für das Verständnis moralischer

Verantwortung brauche es über die Freiheit der Spontaneität hinaus noch die dem Indeterminismus entsprechende Freiheit der Indifferenz. Tatsächlich würde sie – so Humes Gegeneinwand – die moralische Verantwortung aufheben: Wo Handlungen nicht aus irgendeiner Ursache in Charakter und Anlage der handelnden Person erfolgen, können sie ihr weder zur Ehre, sofern sie gut sind, noch, wenn sie schlecht sind, zur Schande gereichen. Selbst für verwerfliche Handlungen nicht verantwortlich, wäre der Betreffende nur ein Quasi-Handelnder, nämlich ein schlichter Urheber, mit der absurden Folge, daß «ein Mensch, nachdem er das scheußlichste Verbrechen begangen hat, ebenso rein und makellos wie im ersten Augenblick seiner Geburt» ist (*Untersuchung*, Abschn. VIII, Teil 2).

Offensichtlich braucht es mehr als lediglich die Unabhängigkeit von äußerem Zwang. Schwerlich kann als voll verantwortlich gelten, wer nicht bloß inneren Antrieben, sondern inneren Zwängen im engen Sinn, etwa schweren Phobien oder Neurosen, unterworfen ist. Die moralische und die rechtliche Beurteilung erkennen hier Milderungs-, sogar Entschuldigungsgründe an. Die Anerkennung ist aber nur deshalb sinnvoll, weil sie bei nicht streng zwanghaftem Handeln an Recht verliert oder sogar gegenstandslos wird.

Wegen dieses Umstandes könnte man Humes Überlegungen zur Handlungsfreiheit auf eine zweite Stufe der Freiheit, eine zumindest bescheidene Willensfreiheit, ausweiten wollen. Erstreckt sich die Freiheit der Spontaneität auch auf die Motive und Neigungen, so besteht sie in der Fähigkeit, sein Wollen an pragmatischen und moralischen Verbindlichkeiten auszurichten. Eine derartige innere Freiheit kann durchaus Willensfreiheit heißen. Sie gründet aber in der von Hume nicht erörterten Besonderheit von inneren Ursachen, der praktischen Reflexivität. Sie widerspricht sogar Humes nachdrücklicher Behauptung, die Vernunft sei nur die Sklavin der Leidenschaften und zu keiner anderen Aufgabe bestellt, als den Leidenschaften zu dienen (*Traktat*, 2. Buch, 3. Teil, 3. Abschn.). Daher läßt sich die Willensfreiheit im moralischen Verständnis denn doch nicht, wie manche Hume-Freunde glauben, so leicht in das (hier extrem empiristische) Denken integrieren. Einer praktischen Vernunft, die lediglich den Leidenschaften zu dienen vermag, ist die für die moralische Freiheit charakteristische Art von Handlungsgründen verwehrt.

Humes Lebenspraxis scheint freilich seiner Theorie nicht zu entsprechen. In einer autobiographischen Skizze erwähnt der Autor einen Lebensplan, den er in jungen Jahren entworfen habe und an den er sich ständig und mit Erfolg gehalten habe (Hume 1776). Ein Lebensplan verlangt nun weit mehr als eine den Leidenschaften unterworfene Vernunft. Den Anfang des Lebensplans mag man noch rein instrumentell interpretieren: Hume wollte durch strenge Sparsamkeit ausgleichen, was ihm an Vermögen abging. Die Fortsetzung zeigt aber mehr als eine den Leidenschaften dienende, nämlich eine aufs langfristige Wohl ausgerichtete Vernunft. Die finanzielle und geistige Unabhängigkeit, die sich Hume uneingeschränkt erhalten wollte, ist zwar von Leidenschaften nicht abgesondert, sie besteht jedoch in einer souveränen und nicht dienenden Beziehung zu ihnen.

18.3 Verschärfter Determinismus

Spinozas und Humes Versuche, die Freiheit trotz Determinismus zu retten, finden keine allseitige Zustimmung. Ein bedeutender Mitarbeiter der französischen *Encyclopédie*, der «atheistisch-materialistische Aufklärer» Paul-Henri Thiry d'Holbach, erklärt im *System der Natur* den Menschen für so vollständig determiniert, daß jede Art von Freiheit zur Illusion wird. In Verschärfung des Determinismus vertritt er einen kompromißlosen Inkompatibilismus. Da Holbach heute wenig bekannt ist, seien aus dem Hauptwerk einige Passagen zitiert. Gleich im ersten Kapitel lesen wir: «Der Mensch ist das Werk der Natur, er existiert in der Natur, er ist ihren Gesetzen unterworfen, er kann sich nicht von ihr freimachen, er kann nicht einmal durch das Denken von ihr loskommen.» (1978, 17) Wenig später heißt es: «Der Mensch ist ein rein physisches Wesen; der moralische Mensch ist nichts anderes als dieses physische Wesen, betrachtet unter einem bestimmten Gesichtspunkt.» (ebd.) Das der «Lehre von der menschlichen Freiheit» gewidmete Kapitel 11 (1. Teil) erklärt ebenso kompromißlos klar: «Wir sind gut oder schlecht, glücklich oder unglücklich, klug oder unklug, vernünftig oder unvernünftig, ohne daß unser Wille mit diesen verschiedenen Zuständen etwas zu tun hätte.» (157) Selbst das Muster von Tugend, Sokrates, sei nicht frei gewesen. Seine Weigerung, aus dem Gefängnis zu fliehen, lag keineswegs in seiner Macht, denn er konnte sich nicht dazu entschließen, «einen Augenblick den Grundsätzen zuwiderzuhandeln, an die sich sein Geist gewöhnt hat» (172).

Überraschenderweise bringt diesen ebenso radikalen wie universalen Determinismus der große Philosoph der Freiheit, Immanuel Kant, auf den Begriff. Und er verbindet ihn der Sache nach mit einer Spitze gegen den als oberflächlich eingeschätzten Kompatibilismus Humeschen Typs. Zugleich relativiert er die heute in der Freiheitsdebatte üblichen «Lager». In der zweiten Vorrede zur *Kritik der reinen Vernunft* erklärt Kant, der menschliche Wille sei in allen «sichtbaren Handlungen ... dem Naturgesetze gemäß und so fern nicht *frei*» (B xxviii). Wenn er wenige Seiten später von Materialismus, Fatalismus und Atheismus spricht (B xxxiv), so scheint er geradezu gegen Holbach geschrieben zu haben, auch wenn dessen Name nicht fällt. Holbachs Hauptwerk beginnt nämlich mit einer streng materialistischen Auffassung der gesamten Welt, läßt daraus eine alle Freiheit leugnende Auffassung vom Menschen folgen («Fatalismus») und erklärt drittens auch Gott zur Illusion («Atheismus»).

Hume hat aber schon für Kant, ebenso heute ein weit größeres Gewicht. Dessen Versuch, den Widerstreit von Notwendigkeit und Freiheit aufzulösen, fällt unter das Vorhaben, das Kant dem Empirismus zuschreibt (*Kritik der praktischen Vernunft,* V 94 ff.), nämlich «die Handlungen der Menschen, ob sie gleich durch ihre Bestimmungsgründe ... notwendig sind, dennoch frei [zu] nennen, weil es doch innere durch unsere eigene Kräfte hervorgebrachte Vorstellungen» sind. Kant erklärt dieses Vorhaben zu einem «elenden Behelf», denn man dürfe nicht glauben, «jenes schwere Problem mit einer kleinen Wortklauberei aufgelöset zu haben, an dessen Auflösung Jahrtausende vergeblich gearbeitet haben».

Kant verwirft sowohl die materialistische, «mechanische Kausalität» vom Typ Holbachs (er spricht von einem «automaton materiale») als auch Leibniz' auf Vorstellungen beruhende geistige, «mentale Kausalität» («automaton spirituale»). Denn wo Ereignisse in der Ursache-Wirkungs-Kette stehen, sind sie notwendig, so daß man vom «Mechanismus der Natur» sprechen darf, ohne daß die ihm unterworfenen Dinge «wirklich materielle Maschinen sein müßten». Auch geistige Maschinen bleiben Automaten, nämlich aus sich heraus funktionierende Maschinen, deren Freiheit «im Grund nichts besser, als die Freiheit eines Bratenwenders» ist, «der auch, wenn er einmal aufgezogen worden, von selbst seine Bewegungen verrichtet» (ebd., V 97).

Kant geht noch einen Schritt weiter. Er spricht nicht bloß von psychologischer Kausalität, sondern auch von «psychologische[r] Freiheit», womit er paradoxerweise beide üblicherweise gegenläufigen Ausdrücke, Kausalität und Freiheit, für äquivalent erklärt. Diese Erklärung verkennt nicht etwa die gegensätzlichen Bedeutungen. Sie kritisiert aber jene Ansicht als voreilig, die die Freiheit schon dort gegeben sieht, wo man sich lediglich auf Vorstellungen der Seele und deren innere Verkettung beruft.

Der Hintergrund: In seiner Freiheitsphilosophie geht Kant nicht anders als bei seinen anderen Themen vor; zunächst verschärft er die Provokation. Die Vertreter des Determinismus dürfen ihn sogar zu den ihren zählen, da er deren Position zu einer sonst nie erreichten Klarheit, Stringenz und vor allem Begründung führt. Trotzdem nimmt ein Großteil der neueren Freiheitsdebatte, von Ryle über Bieri bis Roth, den Königsberger Philosophen nicht hinreichend ernst. Man könnte Kant zwar vorwerfen, der Vergleich der vorstellungsbestimmten Freiheit mit einer automatischen Küchenmaschine sei eine Übertreibung. In Wahrheit deutet sie beiden Seiten die große Beweislast an, die sie sich auferlegen: Der Freiheitsgegner muß die psychologische, aus Bewußtsein und Urteilskraft resultierende Freiheit als eine Variante von Determination erweisen. Der Freiheitsverteidiger muß dagegen wissen, daß jene «Freiheit, die allen moralischen Gesetzen ... zum Grunde gelegt werden muß» (ebd., V 96), mit dem Phänomen der psychologischen Freiheit noch nicht gerettet ist.

Die zu Hume alternative Lösung baut Kant argumentativ sehr gründlich auf. Als erstes entwickelt er eine neue Theorie der Kausalität, die letztlich dem Freiheitsgegner entgegenkommt. In der *Kritik der reinen Vernunft* weist die Zweite Analogie Humes bescheidenen, empirischen Kausalitätsbegriff, den der Gewohnheit und der Regelmäßigkeit, zugunsten eines transzendentalen Kausalitätsgesetzes zurück: Ein beobachtbares Ereignis läßt sich nicht als objektives Geschehen erkennen, es sei denn man setzt vier grundsätzlich nicht beobachtbare Dinge voraus: (1) das Ereignis, daß beim Regnen eine Straße naß wird, als eine zeitliche Abfolge: «zuvor Regen, danach nasse Straße»; (2) die Nichtumkehrbarkeit der Abfolge: nicht zuerst die nasse Straße, dann der Regen; (3) zum Zweck der Nichtumkehrbarkeit ein Deswegen, beispielsweise: «die Straße ist naß, *weil* es regnet bzw. geregnet hat»; schließlich (4) eine (nicht immer schon bekannte) Verknüpfungsregel, die die zeitliche Abfolge als notwendig, freilich hypothetisch, nicht kategorisch notwendig, behauptet: «*wenn* es auf eine Straße regnet, *dann* wird sie notwendig naß» (zur Kant-Interpretation vgl. Höffe [4]2004, Kap. 14.2, 18.4 und 21.2). Diese transzendentale, weil auf Möglichkeitsbedingungen gerichtete Kausalitätstheorie stellt den methodischen Determinismus auf eine neue, erkenntnistheoretische Grundlage.

Im zweiten Argumentationsschritt erweitert Kant den erkenntnistheoretischen Determinismus über gewöhnliche Naturereignisse auf genuin praktische Phänomene, auf freiwilliges Handeln. Skizzieren wir ein Beispiel für den neuen, auch handlungstheoretischen Determinismus: Wer das Ereignis, daß jemand einen Raum verläßt, zu einem wissentlich-willentlichen Geschehen erklärt, behauptet erstens eine zeitliche Abfolge: zuerst das innere, geistige bzw. mentale Ereignis, das Verlangen, den Raum zu verlassen; danach das äußere, körperliche Ereignis, das eventuelle Öffnen, jedenfalls Durchschreiten der Tür. Zweitens erklärt er deren Nichtumkehrbarkeit: Selbst gelegentlich gibt es nicht zuvor das Öffnen und Durchschreiten der Tür und danach das Verlangen, den Raum zu verlassen. Zum Zweck der Nichtumkehrbarkeit braucht man drittens ein Deswegen: «Jemand durchschreitet eine Tür, *weil* er den Raum verlassen will.» Das Weil folgt aber nicht schon aus dem Zuvor, es setzt vielmehr eine Verknüpfungsregel voraus, die das (innere, mentale) Zuvor-Ereignis zu dem im zeitlichen Ablauf notwendigen Zuvor des äußeren Danach-Ereignisses erklärt: Wer einen Raum wissentlich-willentlich verläßt, muß zuvor den Raum verlassen wollen.

Nur in Klammern: Weil das mentale Ereignis, als Deswegen interpretiert, den Rang eines Grundes hat, liest sich Davidsons vielzitierte These «Gründe sind Ursachen» als Kommentar zu Kants erweitertem, sowohl natur- als auch handlungstheoretischen Determinismus. Daher ist die These weder so grundlegend neu noch so provokativ, wie man oft glaubt. Daß «Kausalität der Mörtel des Universums ist», diese Ansicht Davidsons (1985, 7) vertritt Kant nicht bloß, er gibt ihr sogar eine philosophische Begründung.

Kants nächster Argumentationsschritt, die Dritte Antinomie, unterscheidet zwei Kausalitäten, die weit grundlegender verschieden sind als die äußere und die innere Kausalität. Diese beiden sind nämlich zwei Unterarten der üblichen Kausalität, der Gesetzmäßigkeit der Natur. Ihr stellt Kant die Kausalität durch Freiheit gegenüber. Dieser auf den ersten Blick merkwürdige Ausdruck meint eine Kausalität, bei der die Vernunft den Bestimmungsgrund abgibt (vgl. *Kritik der praktischen Vernunft*, V 89).

Im vierten Schritt stellt Kant – noch innerhalb der Dritten Antinomie – den frontalen Gegensatz beider Kausalitäten fest. Nicht in einer Indetermination besteht die Kausalität der Freiheit, wie erstaunlicherweise auch der Kant-Kenner Schopenhauer annimmt (*Preisschrift über die Freiheit des Willens*, I.1), sondern in der Fähigkeit der praktischen Reflexivität, Gründen ein praktisches Gewicht einzuräumen. Trotzdem spricht Kant von einem unbedingt freien Willen. Damit verfällt er nicht dem «Ungedanken» eines Willens, der unabhängig von unserem Körper und Charakter, vom Denken, Empfinden, Erinnern, auch Wünschen agiert. Er bezieht sich vielmehr auf eine ausgezeichnete Art von Gründen: Unbedingt ist nicht der indeterminierte, sondern der im oben genannten autonomen Sinn freie Wille.

Im fünften Schritt wird der frontale Gegensatz zugunsten der Freiheit und zugleich zugunsten eines methodischen Determinismus aufgelöst: Der Freiheitskritiker hat insofern Recht, als alle Ereignisse, die Handlungen eingeschlossen, sich auf äußere oder innere Ursachen hin erforschen lassen, womit sie potentiell determiniert sind.

In der Begründung – sechster Schritt – tritt die Provokation des Determinismus in aller Schärfe zutage: Nicht nur die Ereignisse in der äußeren Welt bewegen sich in der Zeitreihe, sind daher in ihrem Ablauf unumkehrbar. Dasselbe gilt für das Verhältnis von inneren zu äußeren Ereignissen und vor allem auch für die Vorstellungen im Inneren: Die gegenwärtigen Vorstellungen sind die Wirkung der vorangegangenen Vorstellungen, die aber als *voran*gegangene auch *ver*gangen sind. Die freiheitstheoretische Folge: Als vergangene Vorstellungen befinden sie sich «nicht mehr in der Gewalt des betreffenden Subjekts». Nun sind die vergangenen Vorstellungen ihrerseits von vorvergangenen verursacht, also genausowenig in der Gewalt des Handelnden. Weil sich diese Lage weiter und weiter in die Vergangenheit fortsetzt, erscheint sie dem Handelnden als vollständig determiniert und er als ebenso vollständig unfrei. In Kants Beispiel ist ein Diebstahl «nach dem Naturgesetze der Kausalität aus den Bestimmungsgründen der vorhergehenden Zeit» zu erklären, so daß er «ein notwendiger Erfolg» war und die Tat «unmöglich ... hat unterbleiben können» (V 95).

Erst der nächste, siebente Schritt entlarvt den Anschein voller Unfreiheit als bloßen Schein. Aus dem methodischen Determinismus folgt nämlich kein dogmatischer. Wer wegen der potentiellen Determiniertheit jeder menschlichen Handlung die Freiheit für unmöglich erklärt, unterschlägt eine Einschränkung, die spätestens im sechsten Argumentationsschritt offensichtlich ist: Die Handlungen sind nur so weit determiniert, wie man sich in Zeitverhältnissen, folglich im Bereich des Empirischen und der Natur bewegt. Denn die Zeit ist für das menschliche Erkennen nur deshalb unverzichtbar, weil das Erkennen auf eine (äußere oder innere) Anschauung angewiesen ist. Dort, wo es keine Anschauung braucht, im Bereich des reinen Denkens, wird auch die Anschauungsform, eben die Zeit entbehrlich. Infolgedessen sind die Handlungen umfassend und doch nicht vollständig determiniert: innerhalb der zeitverhafteten Naturerfahrung umfassend, insgesamt aber nicht vollständig, da nur relativ zu Zeitlichkeit, Empirie und Natur.

Die zwei noch fehlenden Argumentationsschritte werden erst später ausgeführt, seien aber schon hier genannt. Aus der Negation der zeitgebundenen, bloß empirischen Determination ergibt sich Kants achter Schritt: Um die moralische Freiheit auch nur zu denken – die Wirklichkeit ergibt sich erst im weiteren, neunten Schritt –, muß sie als «Unabhängigkeit von allem Empirischen und also von der Natur überhaupt gedacht werden». Es braucht also nichts weniger als eine Freiheit, die jede Bindung an die Empirie aufgibt. Es ist eine für den Menschen sonst unbekannte, im strengen Sinn absolute Freiheit. Sie tritt aber nicht an die Stelle von Handlungs- oder von Willensfreiheit. Sie besteht auch nicht in einer weiteren, dritten Art. Als Bedingung der Möglichkeit, die (Willens-) Freiheit zu denken, heißt sie «transzendentale» Freiheit.

19. Einspruch 2: Hirnforschung

Früher waren es Physiker oder Psychologen, neuerdings sind es unter den Wissenschaftlern einige Hirnforscher und weitere Neurowissenschaftler, die mit einem Kardinalbegriff der Moderne, der Aufklärung, dem anderen Kardinalbegriff, der Willensfreiheit, zu Leibe rücken. Da die Erfahrung, von innerem Zwang frei zu sein, eine Täuschung sei, erkennen sie von der Freiheit vornehmlich den faktitiven Rest an, die Freiheit als Frei-machen, hier als Emanzipation von der Illusion selbst einer bescheidenen Willensfreiheit: «Verschaltungen legen uns fest: Wir sollten aufhören, von Freiheit zu sprechen.» (Singer 2004) Allenfalls sei es noch den Hirnforschern und einigen sie sekundierenden Neurophilosophen wie Metzinger [3]2004 erlaubt. Denn sie haben zweierlei zu erklären: einerseits wie im Gehirn die Begleiterscheinung (Epiphänomen) neuronaler Prozesse, die Illusion der Freiheit, entsteht, andererseits warum das Gehirn so hartnäckig an der Illusion der Freiheit festhält.

Als exemplarischer Beleg gelten Versuche von Benjamin Libet aus dem Jahr 1985. Ursprünglich wollte der Neurophysiologe die Willensfreiheit experimentell belegen. Zu diesem Zweck untersuchte er das willkürliche, «freie» Auslösen einer minimalen Bewegung, des Hebens der rechten Hand. Von der «autonomen» Macht des Geistes überzeugt, erwartete er, daß dem Beginn entsprechender Gehirnprozesse, dem Aufbau eines elektrischen Bereitschaftspotentials, eine selbstgesteuerte Willenshandlung, ein Willensakt, zeitlich vorausgehe. Tatsächlich stellt sich das Nichterwartete heraus: Das Bereitschaftspotential baute sich weder nach dem Willensakt noch zeitgleich auf, vielmehr ging es ihm mit einem Zeitunterschied voraus, die Libet 2004/2005 «mind time», Geist-Zeit, nennt und die etwa 350 Millisekunden beträgt.

Manche Forscher berufen sich lieber auf andere Befunde. Diese passen sich aber nahtlos in eine Fülle weiterer neurologischer Erkenntnisse ein, die den Schluß aufdrängen, daß unbewußte Gehirnprozesse unser Bewußtsein steuern und nicht umgekehrt das Bewußtsein «Herr im Hause» ist. Die Menschen dünken sich zwar selbständig und frei. In Wahrheit führen sie nur aus, was das Netz ihrer grauen Zellen vorab festlegt: «Wir tun nicht, was wir wollen, sondern wir wollen, was wir tun.» (Prinz 1996, 87)

Falls der Mensch, weil das Gehirn sein Verhalten steuere, tatsächlich keine Willensfreiheit hat, zöge es erhebliche Folgen nach sich. Beispielsweise verlöre der für das Strafrecht wesentliche Begriff der Schuldfähigkeit sein Recht. Vielleicht darf ein Gemeinwesen gegen Delinquenten noch Sanktionen verhängen. Weil aber die Täter für die Delikte keine Schuld tragen, dürfen die Sanktionen keine Strafe sein, nur noch eine Quasi-Strafe, eine erzwungene Therapie. (Zur weitläufigen Debatte s. Geyer ^{4}2005 und Köchy/Stederoth 2006 c; die Überlegungen von Kap. 19 greifen auf Höffe 2006 b zurück.)

19.1 Tragweite der Provokation

Wie reagiert eine erfahrungsoffene Philosophie der Freiheit? Als erstes nimmt sie die neuen Forschungen zur Kenntnis, angefangen mit der Beschreibung des Gehirns als eines so komplexen Organs, daß es mit seinem Netz von etwa hundert Milliarden (10^{11}) Nervenzellen (Neuronen) und tausendmal so vielen Verbindungsstellen (Synapsen: 10^{14}) noch jeden Großrechner weit übertrifft. Und mit «neidlosem Neid» blickt sie auf die sowohl in technischer als auch in optischer Hinsicht faszinierenden Verfahren funktioneller Bildgebung. Denn mit Hilfe der neueren Tomographen, der Elektronen- (EBT), Magnetresonanz- (MRT), vor allem Protonen-Emissions-Tomographen (PET) und der funktionellen Kernspintomographie (fMRI), kann man das Netz aktiver Hirnstrukturen vor allem *räumlich* sichtbar machen. In Verbindung mit den älteren elektrophysiologischen Verfahren, den Elektro- (EEG) und Magnetenzephalogrammen (MEG), lassen sich zusätzlich die *zeitlichen* Abläufe besser darstellen. Nicht zuletzt kann man dank enormer Datenverarbeitungskapazitäten dem Gehirn beim «Wahrnehmen», «Denken» und «Fühlen» zusehen.

Allerdings muß man hier eine Einschränkung, sogar doppelte Einschränkung, machen. Denn es ist nicht das Gehirn, das wahrnimmt, denkt und fühlt, sondern der entsprechende Mensch. Und vor allem kann man nur gewissermaßen zusehen. Gesehen wird nämlich nur die objektive räumlich-zeitliche Architektur des Gehirns, nicht die subjektive «Begleiterscheinung», das Wahrnehmen, Denken und Fühlen. Man beobachtet zwar nicht bloß die Hirnprozesse im engeren Sinn, die neurophysiologischen und neurochemischen Vorgänge, sondern auch deren funktionellen Zusammenhang mit Verhaltensreaktionen und inneren Vorgängen. (Die genannten Geräte genügen dafür freilich nicht; es braucht andere Verfahren und andere Hilfsmittel.) Trotzdem kann man die Bedeutungsebene, daß der funktionelle Zusammenhang ein Wahrnehmen, Denken oder beispielsweise ein Sich-Ängstigen bedeutet, nicht sehen. Der Forscher muß nämlich das, was er im Gehirn sieht – den funktionellen Zusammenhang von Verhaltensreaktionen und inneren Vorgängen – «als» Wahrnehmung, Denken usw. ansprechen. Darin liegt eine Zusatzleistung, eine Interpretation, die ihrerseits eine Kenntnis der Interpretationsmuster, ein Wissen um die Besonderheit von Wahrnehmen, Denken und Fühlen, voraussetzt. Die Frage nach der Willensfreiheit entscheidet sich daher nicht im Labor, sondern im Seminar: nicht im Experiment, sondern erst in dessen Interpretation, die wiederum, wo sie für die Willensfreiheit erheblich wird, hochumstritten ist.

Diese Sachlage ist folgenreich: Würde sich die Frage im Labor entscheiden, wäre es um den Frieden der Neuroforschung mit der Lebenswelt, deren Bewußtsein von Freiheit, schlecht bestellt. Da sich die Frage aber im Seminar entscheidet, sieht es besser aus. Denn während Labor und Lebenswelt methodisch durch eine Kluft getrennt sind, ist das Seminar eine Instanz mit der Kraft zur Vermittlung.

Noch ein weiteres Moment kann der Forscher nicht sehen, sondern bringt er als Vorgabe mit, und dieses Mitbringsel steigert die Suggestivkraft der neurowissenschaftlichen Bildgebung: Die Unterschiede der Aktivität werden nicht durch die präzisen, insofern wissenschaftlicheren Zahlwerte angezeigt. Die Hirnforscher passen sich vielmehr dem Zeitalter der Medien an und dramatisieren die Unterschiede. Die hochaktiven Gehirnareale werden rot, die minimal und gar nicht aktiven blau markiert.

Die Philosophie ist nicht bloß von der immer feineren Konstruktion der funktionellen Gehirnarchitektur beeindruckt. Aus eigener Kompetenz, nämlich ihrer Theorie des Lebendigen, teilt sie auch die neurowissenschaftliche Grundansicht, die Dynamik im Gehirn lasse sich am ehesten als Selbstorganisationsprozeß und kaum in linearen Verlaufsmodellen erläutern. Noch mehr als die Forscher bewundert sie freilich die Natur, die im Verlauf der Evolution dieses morphologische und physiologische Wunder, eben das menschliche Gehirn, hervorgebracht hat. Daß es immer mehr entschlüsselt wird, überrascht die Philosophie dagegen nicht wirklich. Schon einer ihrer Kirchenväter, Aristoteles, erklärt zu Beginn eines Grundtextes abendländischen Denkens, der *Metaphysik*, daß der Mensch von Natur aus wißbegierig sei und seine Wißbegier erst im Wissen um Ursachen und letzte Ursachen (einschließlich Gründen) zur Ruhe komme. Und der Autor, ein für Jahrhunderte überragender Biologe und Psychologe, legt den Ursachenbegriff nicht auf lineare Kausalität fest; bei entsprechenden Gegenständen gehören dynamische Strukturen und Selbstorganisationsprozesse hinzu.

Gemäß dem Sprichwort «Philosoph, bleib bei deinen Leisten!» hält sich die Philosophie mit Stellungnahmen zu den experimentellen Anordnungen und zu den Forschungsergebnissen zurück. Sie setzt sich jedoch mit der Interpretation der Befunde, insbesondere mit deren «missionarisch-aufklärerischer» Deutung auseinander. Zu diesem Zweck stellt sie Hintergrundüberlegungen an, die über Voraussetzungen der angedeuteten Aufklärung aufklären, also jene reflexive Aufklärung suchen, um die sich die Philosophie seit jeher bemüht: Ist die Willensfreiheit tatsächlich eine Illusion, oder liegt im Gegenteil bei der Illusion der Willensfreiheit die wirkliche Illusion?

Bevor sie der Frage nachgeht, erweitert sie die Provokation. In einer sozialen Welt ohne Willensfreiheit geht weit mehr verloren als nur das bisherige Schuldstrafrecht, obwohl schon dieser Verlust erheblich ist. Das alternative, auf Besserung verpflichtete Strafrecht läßt nämlich ein in beide Richtungen extrem ungerechtes Strafen zu, das im übrigen treffender «Quasi-Strafen» hieße: Einerseits könnten relativ harmlose Delinquenten, wenn zur «Heilung» erforderlich, extrem hoch quasi-bestraft werden. Andererseits kann das Quasi-Strafen selbst bei einem Schwerstdelikt wegfallen, *sofern* man wie bei manchem Nazi- oder Archipel Gulag-Schergen keinen Rückfall zu erwarten hat.

Darüber hinaus wird in Frage gestellt, was die Grundlage sowohl der politischen als auch der personalen Moral bildet: die Selbstbestimmung. Weiterhin steht eine Voraussetzung von Erziehung, Selbsterziehung und Selbstachtung zur Disposition: Um in der Gesellschaft, auch vor sich selbst, überleben zu können, müssen die Individuen sich in einer bestimmten Weise programmieren («verschalten»). Sie müssen beispielsweise hoch exzentrische, aber noch erlaubte Verhaltensweisen von strafbewehrten Delikten unterscheiden und gemäß der Unterscheidung ihre Persönlichkeit entwickeln, was ohne Willensfreiheit schwerlich denkbar ist. Die genannte Aufgabe stellt sich übrigens beiden, sowohl dem Rechtschaffenen, der die Delikte vermeiden, als auch dem « genialen Verbrecher», der sie unentdeckbar begehen will.

Die Evolutionsbiologie ergänzt: Ob Konstrukt oder Realität – für die Evolution der Hominiden war der Gedanke der Verantwortlichkeit samt einer zumindest bescheidenen Willensfreiheit unerläßlich. Infolgedessen drängt sich dieses Zwischenergebnis auf: Der Verlust der Willensfreiheit gefährdet einen Großteil der in der Menschheitsgeschichte entwickelten und mittlerweile zu einem Höhepunkt gelangten Individual-, Sozial- und Rechtskultur.

Droht die Gefahr, daß der Philosoph die Provokation überschärft? Nach Gerhard Roth ist der Mensch dank einer Selbstbewertung seines Handelns und einer daraus folgenden erfahrungsgeleiteten Selbststeuerung zu einer «Verantwortung ohne persönliche Schuld» fähig ([2]2003, 544). Diese Fähigkeit wird sogar «Autonomie» genannt. Da sie aber nichts mehr beinhaltet als etwas, das «wohl auch die meisten Tiere» besitzen (531), ist sie zu schwach konzipiert. Beispielsweise bleibt eine Grundlage des Privatrechts gefährdet: jene Fähigkeit und zugleich Berechtigung, Verträge abzuschließen, die Privatautonomie, die kaum dem Primaten und gewiß nicht «den meisten Tieren» zukommt.

Eine Auffälligkeit nur in Klammern: Einige Hirnforscher neigen dazu, beim Vergleich von Mensch und Tier deren Unterschied zu verringern. Beim Vergleich ihrer neuen Erkenntnisse mit den Einsichten der (ihrer Ansicht nach zurückgebliebenen) Geisteswissenschaftler und Philosophen ziehen sie es jedoch vor, die bestehenden Unterschiede zu vergrößern. Dagegen drängen sich eine Frage und eine Vermutung auf.

Die Frage: Kann man die skizzierte Neigung oder auch nur den Verdacht auf die Neigung, gewisse Differenzen zu unter-, andere zu überschätzen, auch bei Tieren feststellen, oder ist sie an einen qualitativen Unterschied, also doch an eine Besonderheit des Menschen, gebunden? Die (wahrscheinlich) positive Antwort spräche für einen doch erheblichen Unterschied.

Die Vermutung: Man argumentiert mit einer zu einfachen Alternative. Daß der Mensch sowohl körperlich als auch geistig-psychisch ein Teil der belebten Natur ist, wird ebenso von niemandem bestritten wie die Einsicht, daß es unsinnig ist, eine scharfe Trennung zwischen Natur auf der einen Seite und Geist, Kultur und Gesellschaft auf der anderen Seite zu machen. Gefragt ist die strukturell kompliziertere Fähigkeit, beides zu sehen: den Zusammenhang mit der subhumanen Natur *und* die Sonderstellung des Menschen. Ebenso sollte man beides können: Natur und Kultur sowohl in ihrer Verbindung als auch in ihrer relativen Trennung zu würdigen.

Auf die Erweiterung der Provokation folgt eine Erweiterung der phänomenalen Basis: Die Philosophie erinnert an die Fülle von Zwischen- und Übergangsphänomenen und zugleich daran, daß der Mensch nicht stets in Willensfreiheit, nicht einmal in schlichter Freiheit agiert (s. Kap. 16). So kann er stolpern, sich verrechnen oder etwas vergessen. Er unterliegt inneren Widerfahrnissen: daß seine Triebe, Bedürfnisse und Leidenschaften eine Übermacht gewinnen; außerdem äußeren Widerfahrnissen: daß er zum Opfer böser, freilich auch glücklicher Schicksalsschläge wird. Nicht zuletzt gibt es zahllose physische, psychische und soziale Ursachen, die manches Verhalten, andere wie Psychosen, Demenz und schwere Wahnvorstellungen, die – fast – alles Verhalten von entsprechender Verantwortung und Freiheit entlasten: Daß jeder Mensch zu jeder Zeit vollkommen frei und rundum verantwortlich sei, ist eine Illusion, der wohl niemand anhängt.

Angeblich soll die Einsicht, daß der Mensch kein unumschränkter Herr über sein Leben und seine Geschichte ist, erschrecken; in Wahrheit erschreckt sie nicht. Die beliebte Diagnose von den großen Kränkungen, die die Menschheit im Verlauf der Neuzeit erleide, darf man getrost für eine Überdramatisierung halten:

Schon der Alltagsmensch weiß, daß der Mensch nicht Herr seiner Geschichte ist. Seit der griechischen Tragödie und Philosophie kennt die westliche Kultur gute Gründe. Manche Religion und viele Weisheitstexte anderer Kulturen sind noch skeptischer, allerdings nicht immer mit wissenschaftlich-philosophischen Argumenten. Weil man mit Darwin, Freud und der neueren Hirnforschung vieles genauer weiß, ist die Philosophie auf Einsichten der Evolutionstheorie, Psychologie und Neurowissenschaft neugierig und nimmt beispielsweise die von Neurologen wie Antonio Damasio 1999 vorgetragenen Argumente zu Grenzen der Willensfreiheit ernst. Grundstürzende Überraschungen erwartet aber nur, wer zuvor wohlbekannte Zeugnisse der Kultur ausblendet, zusätzlich eigene Alltagserfahrungen verdrängt. Nur dann kann man der pathetischen Inszenierung angeblich radikal neuer Einsichten aufsitzen.

Zweifelsohne kommen voreilige Urteile vor. Beispielsweise täuscht man sich darüber, daß man noch sein eigener Herr ist. Oder man rechnet einer Person eine moralisch verwerfliche Tat zu, obwohl man später in jenen Strukturen des Frontalhirns einen Tumor entdeckt, die man zum zurechenbaren Handeln, Hirnforscher sagen: zum Abrufen erlernter sozialer Regeln, benötigt. Oder: Vermutlich ist bei einem harten Kern jugendlicher Gewalttäter ihr Hirnstoffwechsel empfindlich gestört. Und der Cineast erinnert sich an Fritz Langs Film «M – Eine Stadt sucht einen Mörder» (1931), in dem am Ende der erschreckende Triebtäter, ein vielfacher Kindermörder, verzweifelt ruft: «Ich will nicht, ich muß; ich will nicht, ich muß; ich will nicht, ich muß.» Derartige Umstände legen nicht den illusionären Charakter der Willensfreiheit, wohl aber zwei andere Dinge nahe: Erstens sei man mit moralischen Verurteilungen vorsichtig. Diese Mahnung ist freilich seit langem anerkannt, zumal im Strafprozeß, für den das Prinzip der Unschuldsvermutung wirklich nicht neu ist. Zweitens ist es nur deshalb sinnvoll, jemanden unter Hinweis auf einen speziellen Tumor (oder auf Störungen im Hirnstoffwechsel) zu entschuldigen, weil andere Tumore keine Entschuldigungskraft haben und viele Menschen – so darf man hoffen – auch nicht unter einer anderen die Schuldfähigkeit mindernden Krankheit leiden. Die angedeuteten Phänomene fehlender oder verminderter Handlungsfreiheit sind jedenfalls unstrittig.

Zweites Zwischenergebnis: Beides, die grundsätzlichen Grenzen von Willensfreiheit und Fehlurteilen über ihr konkretes Vorliegen, ist unbestritten. Zu klären bleibt nur, ob es *keinerlei* Willensfreiheit gibt, «keine Freiheit nirgends»: Ist jeder, der sich bestechen läßt, der Steuern hinterzieht oder als Pfleger einen Patienten tötet, notwendigerweise schuldunfähig? Die Alternative: Während ein krankes Gehirn je nach Krankheit unfrei macht, ist das gesunde Gehirn nicht die einzige, aber eine wichtige organische Voraussetzung von Freiheit und Verantwortung.

19.2 Ein exemplarisches Experiment

Eine dritte Überlegung richtet sich auf die Tragweite des oft als exemplarisch angesehenen Libet-Experiments. Dabei ist die Debatte um Kausalität und Willensfreiheit fortzusetzen. Kant bleibt hier schon deshalb der maßgebliche Denker, weil er sich mit beiden auseinandersetzt: mit dem Lieblingsgegner vieler Hirnforscher, René Descartes, und mit dem für einen Großteil der heutigen Philosophie des Geistes paradigmatischen David Hume. So bleibt das erste Argument zur Kausalitätsfrage gültig, das Kant dem Empiristen Hume entgegenhält (s. Abschn. 18.3): Eine beobachtbare Veränderung ist nur unter Voraussetzung von vier nicht beobachtbaren Dingen objektiv erkennbar. Wer am Beispiel des Libet-Experiments das Ereignis, daß jemand seine Hand hebt, zu einem nicht reflexhaften, sondern wissentlich-willentlichen Verhalten erklärt, behauptet erstens einen zeitlichen Sachverhalt: «erst Aufbau des Bereitschaftspotentials, danach Willensruck». Zweitens erklärt er deren Nichtumkehrbarkeit: Auch gelegentlich findet nicht zuerst der Willensruck, danach der Aufbau des Bereitschaftspotentials statt. Zum Zweck der Nichtumkehrbarkeit setzt er drittens ein Deswegen, mithin Kausalität, voraus: Der Willensruck findet nur statt, *weil* zuvor ein Bereitschaftspotential aufgebaut wurde. Das Weil folgt aber nicht schon aus dem Zuvor, vielmehr braucht es viertens eine (nicht notwendig schon bekannte) Verknüpfungsregel. Sie erklärt den Aufbau des Potentials zu einem gegenüber dem Willensruck nicht zufälligen, sondern der Verlaufsrichtung nach notwendigen Davor.

Eine aufgeklärte Freiheitsphilosophie ist daher – drittes Zwischenergebnis – über den Libet-Versuch nicht sonderlich überrascht: Um den Willensruck als ein objektives Ereignis zu erkennen, muß man ein vorangehendes Ereignis annehmen und als das in der Verlaufsrichtung notwendige Davor behaupten. (Auch für die nichtlinearen Modelle findet sich bei Kant ein transzendentales Naturgesetz, die Dritte Analogie, der Grundsatz der Wechselwirkung: *Kritik der reinen Vernunft*, B 256 ff.)

Weitere Argumentationsschritte runden die Aufklärung über Aufklärung ab. Sie zeigen, daß das, was als eine empirische Widerlegung der Willensfreiheit auftritt, in Wahrheit einer obsoleten, alle Kausalität auf die Naturkausalität verkürzenden Metaphysik aufsitzt. Die Gegenannahme einer Kausalität durch Freiheit setzt, wie schon gesagt, keinen Indeterminismus voraus, der das Wollen für «letztinstanzlich und unverursacht» hält. Ebensowenig nimmt sie von der betreffenden Person an, sie hätte unter identischen inneren und äußeren Bedingungen auch anders handeln können.

Weil die Willensfreiheit nicht in Indetermination besteht, braucht man nicht zu befürchten, bei einer wirklichen Willensfreiheit würden sich Menschen noch häufiger unkalkulierbar verhalten. Im Gegenteil findet sich ein Argument mehr, warum eine aufgeklärte Freiheitsphilosophie auch Hirnforscher sollte überzeugen können: Verantwortliche Urheberschaft besteht in der Bindung des Willens an Gründe und die moralische Urheberschaft in der Bindung an eine ausgezeichnete Art von Gründen. Schlagen sich diese Gründe in Charaktergrundsätzen nieder, so können willensfreie Menschen in der relevanten Hinsicht nicht anders handeln, sind insofern vorhersehbar: Ein Achill ist stets tapfer; ein Sokrates betrügt nie; der Freund in Schillers «Bürgschaft» kann nicht anders, als Damon die Treue zu halten; und Mutter Teresa wollte nichts anderes tun, als den Notleidenden in Kalkutta zu helfen. Aus Vorhersehbarkeit folgt aber nicht Unfreiheit.

Schon von ihrem Thema, der Raum-Zeit-Architektur des Gehirns, befaßt sich die Hirnforschung nicht mit dem für die Willensfreiheit entscheidenden Gegenstand, den praktischen Gründen. Daraus folgt ein viertes Zwischenergebnis: Weil derjenige, der sich auf den Umkreis möglicher Naturerfahrung beschränkt, die Willensfreiheit schon im Ansatz ausblendet, darf er sich nicht wundern, daß er sie im Fortgang seiner Arbeit nicht entdeckt. Auch den Hirnforschern empfiehlt sich, bei ihren Leisten zu bleiben, also ihre Beobachtungen beobachtungsgerecht zu deuten, statt Deutungen vorzunehmen, die durch (weithin) unstrittige Beobachtungen nicht unstrittig gedeckt sind. Wer aus naturalen Gegebenheiten auf die Nichtexistenz der Freiheit schließt, erliegt einem naturalistischen Fehlschluß. Der Wille ist nicht deshalb frei, weil er die Naturkausalität außer Kraft setzt. Er ist vielmehr frei, weil oder, vorsichtiger, sofern er trotz einer Naturkausalität erstens über die Fähigkeit verfügt, nach anerkannten und angeeigneten Gründen, also in praktischer Reflexivität, statt bloß nach äußeren oder inneren Zwängen zu handeln (bescheidene Willensfreiheit), und weil oder sofern er zweitens diese Fähigkeit auf moralische Gründe auszuweiten vermag (volle Willensfreiheit).

Geradezu offensichtlich findet man die Freiheit gegeben, wenn man sich einer Frage stellt, die die Hirnforscher bei ihren Deutungsansprüchen auszublenden pflegen: Inwieweit sind Versuchsleiter und Versuchsperson frei? Überwindet man den üblichen «blinden Blick», so findet man von den Stufen der Urheberschaft und der praktischen Gründe erstaunlich viele wieder.

Beginne man mit den Versuchspersonen. Diese nehmen erstens in der Regel freiwillig teil, sind insofern freie Urheber. Zweitens sind sie fähig, gemäß der Erläuterung des Versuchsplanes zu handeln. Vielleicht versprechen sie sich drittens etwas für ihr Wohl; beispielsweise fühlen sie sich geehrt oder brauchen als Psychologiestudenten den Versuch für ihr Studium, eventuell werden sie auch bezahlt. Nicht zuletzt wird auf ihre Ehrlichkeit vertraut, auch wenn man glaubt, eine gelegentliche Unehrlichkeit methodisch eliminieren zu können.

Der Versuchsleiter wiederum ist erstens im Sinne der Vorstufen frei, sogar in auffallendem Maß: Er ist der bewußte Urheber der Handlung, der (a) sich alternative Möglichkeiten überlegt, (b) unter ihnen auswählt und (c) die für die Planung ordnungsgemäße Durchführung kontrolliert. (d) Zu einem professionellen Versuch empirischer Forschung gehört, daß er die übliche Forderung nach Wiederholbarkeit erfüllt, daher beide Seiten, Versuchsperson und Versuchsleiter, in beidem: nach Versuchsplan und der Durchführung, als streng ersetzbar behandelt.

Spätestens die Kollegen, die den Versuch überprüfen, machen den Versuchsleiter zweitens für alle drei Hauptstufen von Freiheit verantwortlich: (a) Im technischen Sinn prüfen sie die in Aussicht genommenen Alternativen und die schließliche Auswahl, nicht zuletzt die Deutung des Versuchs; dabei können sie auf professionelle Kunstfehler stoßen. (b) Im pragmatischen Sinn bewerten sie die Versuche nach Gesichtspunkten wie Originalität und Erklärungskraft und verleihen nach deren Maßgabe wissenschaftliches Prestige. (c) Im moralischen Sinn fragen sie, ob die Daten gefälscht sind oder geistiger Diebstahl (Plagiat) vorliegt, nicht zuletzt, wie es schon bei gutachterlichen Stellungnahmen für Stiftungen der Wissenschaft heißt: ob es mögliche Konflikte mit rechtsverbindlichen Grundsätzen der Wissenschaftsethik gibt.

Werden technische, pragmatische oder moralische Anforderungen verletzt, so mag sich mancher zwar lieber für nicht schuldfähig erklären. Die positive Leistung dagegen – das ist «mein Experiment» bzw. «meine Veröffentlichung» – schreibt man sich lieber selber zugute. Man beansprucht eine Leistung, vielleicht sogar Glanzleistung, für die man dann Prestige und wissenschaftliche Preise als verdient zunächst erwartet und schließlich entgegennimmt.

19.3 Weitere Einwände

Seit ihrer Frühzeit, besonders nachdrücklich in Kants transzendentaler Erkenntnistheorie, lehrt die Philosophie, daß sich schon die optischen, akustischen, haptischen und anderen Alltagswahrnehmungen dem Zusammenspiel zweier Faktoren verdanken: der Aufnahme von Sinnesreizen und deren Verarbeitung durch den Verstand. Erst aus diesem Zusammenspiel entsteht etwas *als* etwas, beispielsweise das im Garten lärmende Wollknäuel *als* ein Hund, der bellt. Selbst für das bloße Wollknäuel und das pure Lärmen werden gewisse Sinnesreize «als» etwas, hier als Wollknäuel und als Bellen, gedeutet. Auch der Hirnforscher «sieht» nicht Zellen oder Schaltstellen. Noch weniger ist das in der Schädelkappe gelegene Nervensystem, das Gehirn, dazu imstande. Es vermag nicht, was der Buchtitel eines Hirnforschers nahelegt: *Aus Sicht des Gehirns* (Roth 2003), über Wahrnehmen, Erinnern, Denken und Gefühle gewisse Ansichten zu haben. Nicht das Gehirn hat eine gewisse Sicht, sondern lediglich der Hirnforscher. Und dieser interpretiert ständig und mit zunehmendem Abstand von dem, was er beobachtet. Angefangen mit der Deutung gewisser Sinnesreize als Zellen oder Schaltstellen, steigt er über viele Zwischenstufen auf zu einer physiologischen Theorie des Gehirns, die die gesamten menschlichen Aktivitäten, einschließlich Denken und Freiheitserfahrungen, neuronal zu verstehen sucht. Wegen dieser vielstufigen Interpretation braucht es die genannte Einschränkung, daß man dem Gehirn «nur gewissermaßen» beim Denken oder Fühlen zusieht.

Daran schließt sich ein Einwand an, der in Aristoteles' Hinweis steckt, «nicht die Seele ist zornig oder bedrückt oder denkt, sowenig wie sie webt oder ein Haus baut, sondern besser ist es zu sagen, der Mensch tue dies kraft seiner Seele» (*De anima* I 4, 408 b 13 ff.). Hier wird die Seele weder als ein geheimnisvolles Etwas noch als Gegenüber des Leibes, sondern als Inbegriff von dessen Antriebskräften gedacht. In der Tat tut der Mensch, was er tut, *kraft* seines Gehirns. Aus dem Umstand, daß alle Bewegungen des Leibes lückenlos hirngesteuert und daß alle bewußten, geistigen Aktivitäten an neuronale Aktivitäten des Gehirns gebunden sind, folgt aber nicht, die Aktivitäten seien *nichts anderes* als ein Bündel neuronaler Erregungszustände, so daß das Gehirn denke, fühle, entscheide und handle. In Wahrheit denkt der Mensch zwar «mit» seinem Zentralorgan, er agiert «mit» dem Gehirn, aber nicht denkt oder agiert das Gehirn statt des Menschen.

Noch wichtiger ist, daß der Gegenstand der Experimente schwerlich als einschlägig gelten darf. Der Libet-Versuch ist ein klassischer Reiz-Reaktionsversuch. Auf einen inneren Reiz, den Drang, eine Hand zu bewegen, wurde der Versuchsperson freigestellt, den «gefühlten» Drang auch nicht auszuführen. Dabei geht es nicht um eine echte freie oder unfreie Entscheidung, sondern um eine als Instruktion vorgegebene Minimalreaktion, um eine atomare Handlung, die für die Frage der Willensfreiheit unzureichend, streng genommen sogar unerheblich ist. Eine schlichte Urheberschaft läßt sich mit atomaren Handlungen belegen; um die anspruchsvolle Urheberschaft der Willensfreiheit entweder zu belegen oder aber zu widerlegen, genügen sie nicht. Entsprechendes gilt für Singers Wahrnehmungsexperimente. Die moralisch belangvollen Hirnprozesse, die etwa zu einem Lügen, Betrügen oder Stehlen, die zu einem Besonnensein, Helfen oder Verzeihen, selbst die zu einem Drohen oder Beschwichtigen gehörenden neuronalen Abläufe, sind zeitlich gesehen keine Kurzstrecken, sondern Mittelstrecken, oft sogar Langstrekken, genauer sogar Lang*zeiträume*.

Dank ihrer Intelligenz so gut wie nie an den «Pflock des Augenblicks» angebunden (Nietzsche, *Vom Nutzen und Nachteil der Historie für das Leben*, 1.), leben die Menschen gleichermaßen und oft zugleich aus der Vergangenheit, der Gegenwart und der Zukunft. Ihr Handeln besteht aus einer komplexen Verkettung von kurz- und mittel-, gelegentlich auch langfristigen Zielen, die im Licht von Leitgesichtspunkten wie Glück und Moral gegeneinander abgewogen werden und zu denen sie die geeigneten Mittel im Blick auf Gelegenheiten und Ressourcen, aber auch auf Hindernisse und Widerstände überlegen. Und um ganz im Augenblick aufzugehen, bedarf es meist einer außergewöhnlichen Leistung, einer höchsten Konzentration.

Die für Freiheit und Moral entscheidenden Handlungen sind nicht bloß neuronal betrachtet Langzeiträume. Sie müssen auch noch in einer (moral-) erheblichen Hinsicht interpretiert werden. Uninterpretiert liegt nur eine moralisch indifferente Grundhandlung vor, beispielsweise nimmt jemand eine Sache an sich. Die moralerhebliche Handlung entscheidet sich erst an der Frage, wem die Sache gehört und ob der Eigentümer dem An-sich-Nehmen zustimmt. Wenn er nicht zustimmt, findet ein Stehlen, wenn doch, findet etwas anderes statt.

Zurück zum Überlegen: Den dafür erforderlichen Komplex von Fähigkeiten und Fertigkeiten muß man lernen. Es geschieht aber weniger auf die Art, wie man Musik- oder Kunstgeschichte als wie man ein Musikinstrument oder das Malen lernt: durch Vor- und Nachmachen, durch Einüben, Einarbeiten und Verfeinern, bis man schließlich wohlabgewogen und umsichtig zu handeln vermag. Indem atomare Handlungen von all dem absehen – sowohl vom zeitlich gestreckten und sachlich komplexen Handlungsraum als auch von den Gründen, die den Handlungsraum zu ordnen und zu gestalten helfen, nicht zuletzt vom zugehörigen Können – nehmen sie die im erheblichen Sinn freie Handlung gar nicht in den Blick.

Diese Einwände wollen die Leistungen der Hirnforschung nicht verkleinern, schon gar nicht leugnen. Zusätzlich zu ihren Erkenntnissen verspricht die Forschung einen humanitären Wert: einen Beitrag zur Diagnose und indirekt zur Therapie von Krankheiten. Beispielsweise hilft sie, die Ursachen für krankhafte Fehlwahrnehmungen oder für Halluzinationen zu erkennen; und dank der Zuordnung zu wohlbestimmten Gehirnarealen bzw. Nervenpopulationen ermöglicht sie (minimal)invasive Eingriffe. Die für die moralische Freiheit wesentlichen Persönlichkeitsmerkmale, die nichtpathologischen Haltungen wie Ehrlichkeit oder Unehrlichkeit, Courage oder Feigheit, Rechtschaffenheit und Großzügigkeit, sind aber Gegenstände, die sich in längeren Zeiträumen entwickeln, die Ordnung in ein ganzes Leben bringen und weder in den Libet- noch in den Singer-Experimenten noch in anderen bislang bekannten Versuchen auch nur am Horizont auftauchen.

Nach Roth ist es durchaus nützlich, «bei wichtigen Dingen Verstand und Vernunft walten zu lassen. Beide entscheiden jedoch nichts; sie fungieren für das emotionale handlungssteuernde System als *Ratgeber*» ([2]2003, 553). Der Autor der exemplarischen Versuche, Libet (2005, 177 ff.), räumt dagegen dem Bewußtsein eine Veto-Möglichkeit ein. Der freie Wille vermöge eine Willenshandlung zwar nicht einzuleiten, wohl aber sie zu kontrollieren, beispielsweise das Fortschreiten des Willensprozesses zur schließlichen Bewegung aufzuhalten, sogar zu verhindern. Der Freiheit obliege also nicht die Initiative, wohl aber die Möglichkeit der Auswahl, der Steuerung und des Vetos. Daß beide, Libet und Roth, die einschlägigen Experimente kennen dürften, trotzdem deren Tragweite unterschiedlich einschätzen, bekräftigt den Grundvorbehalt: Die Hirnforscher können nur weniges direkt zeigen; weit mehr verdanken sie der Interpretation, und diese fällt gravierend unterschiedlich aus.

Wie begegnet man der Situation konkurrierender Deutungen? Zwei Strategien liegen auf der Hand. Entweder man überprüft die Interpretationen, oder man läßt sich auf eine Interpretation zweiter Stufe ein. Bei der ersten Strategie ist dem Nicht-Hirnforscher, dem schlichten Philosophen, Vor- und Umsicht geboten. Eine seiner Kompetenzen, die Begriffsklärung, erlaubt aber, hinter Roths Deutung ein Fragezeichen zu setzen, denn sie enthält zwei widersprüchliche Teilthesen: Entweder ist der Wille, wie behauptet, ein Ratgeber, dann ist er kein neutraler Dritter, sondern eine engagierte Instanz, die die Entscheidung zwar nicht tragen, jedoch einen wesentlichen Teil, die vorangehende Überlegung, beeinflussen kann. Oder ihm fehlt jede Einflußmöglichkeit, dann ist er kein Ratgeber, nur ein neutraler Beobachter, der entscheidungsirrelevante Kommentare abgibt.

Die zweite, metainterpretierende Strategie schlägt Libet ein. Er ist zwar keine philosophische Autorität – seine Bindung an eine bestimmte Wissenschaftstheorie, Karl Poppers Falsifikationismus, ist sogar bedenklich. Gleichwohl beeindruckt seine Mahnung zu Vorsicht und Umsicht (2005, 198): «Bei einer Frage, die für unser Selbstverständnis von so grundlegender Bedeutung ist, sollte die Behauptung der illusorischen Natur von Willensfreiheit auf recht direkte Belege gegründet werden. ... Es ist töricht, auf der Grundlage einer unbewiesenen Theorie des Determinismus unser Selbstverständnis aufzugeben, daß wir eine gewisse Handlungsfreiheit haben.» Ebenso klug ist der bescheidene, nur epistemische, nicht auch ontologische Dualismus. Libet unterscheidet streng zwischen subjektivem Erleben und objektiver Erfahrung, also zwischen mentaler und physikalischer Welt, und merkt dann bescheiden an (229): «Die Emergenz [Auftauchen] von bewußter subjektiver Erfahrung aus der Aktivität von Nervenzellen ist immer noch ein Geheimnis.»

Die Grundannahme der neueren Hirnforschung, daß man bei der Willensbildung und Entscheidungsfindung das Gehirn braucht, ist weder neu noch spektakulär; auch das freie Handeln hat einen neurophysiologischen Hintergrund. Ebensowenig spektakulär ist die Einsicht, daß das Gehirn, weil polyzentrisch vernetzt, ohne ein oberstes kognitives Zentrum, einen Dirigenten oder Kapitän, arbeitet, statt dessen sich selbst organisiert. Ebensowenig erstaunt die Philosophie, daß Geist und Bewußtsein nicht vom Himmel gefallen sind, sondern in der Evolution der Nervensysteme sich allmählich herausgebildet haben. Gegen die nicht seltene Neigung zu einem neurologischen Reduktionismus, gegen die Ansicht, daß zuletzt alles auf eine sich selbst organisierende Synapsentätigkeit hinter dem Rücken des Subjekts hinauslaufe, erinnert sie allerdings an die Bedeutung der kulturellen Evolution und des sozialen Lernens (die sich folglich in Synapsen niederschlägt). Sozialwissenschaftlich gesagt: Die Naturgeschichte der menschlichen Person ist von Beginn an eine Interaktion mit anderen; sie bleibt auch eine Geschichte der Wechselwirkung mit einer kulturell durchsetzten, koevolutiven Umwelt; und ab einer gewissen Entwicklungsstufe tritt die Auseinandersetzung der Person mit sich selbst ein und erhält zunehmendes Gewicht.

Es überrascht auch nicht, daß sich das Ich «zusammensetzt» aus einem Bündel von genetischen Faktoren, von vorgeburtlichen und von frühkindlichen Erfahrungen sowie von Erfahrungen, die man als Jugendlicher, schließlich als Erwachsener macht. Die hirnphysiologische Erkenntnis, daß den bewußten neuronalen Prozessen unbewußte vorausgehen, gewissermaßen hirninterne Abwägungsprozesse, von denen erst das Ergebnis ins Bewußtsein tritt, so daß man nur vermeintlich alle erheblichen Entscheidungsvariablen bewußt, folglich frei abwägen könne, verlangt lediglich, die Freiheit anders, eben nicht als Indetermination, zu denken. Dieses Anders-Denken war aber längst vorher klar, in dem Augenblick nämlich, da man die Freiheit als Gegensatz nicht zu Determination, sondern zu Zwang begriff. Aus dem Umstand, nicht nur Herr im eigenen Haus zu sein, folgt nicht, man sei lediglich eine unfreie Marionette, ein Sklave.

Aus den tatsächlichen Einsichten der Hirnforschung ergibt sich jedenfalls kein dogmatischer Neurobiologismus, demzufolge Geist und Bewußtsein *lediglich* als naturhafte Ereignisse sich darstellen und auch die gesellschaftliche Natur des Menschen sich ausschließlich aus seiner biologischen Natur ergibt. Zweifel weckt schon die Kritik, die ein methodisch so überlegter Naturforscher wie Max Planck (1936/[5]1949, 309 f.) gegen analoge Neigungen zum Physikalismus richtete. Einem Physikalismus erliegt der Versuch, das Bewußtsein der Willensfreiheit mit Hilfe von Heisenbergs Unschärferelation zu erklären. Denn wie solle sich – fragt Planck – «die Annahme eines blinden Zufalls mit dem Gefühl der sittlichen Verantwortung zusammenreimen»? In der Tat ist ein weit vorbewußtes Ereignis, der zeitlich nicht genau vorhersehbare Quantensprung eines Elektrons, keine sachgerechte Grundlage für die an Bewußtsein gebundene Freiheit.

Die Alternative zum Physikalismus, eine methodische Zurückhaltung, pflegt beispielsweise ein Elementarteilchenphysiker, der die Eigenschaften chemischer Verbindungen, etwa von Alkoholen, nicht ausschließlich aus den physikalischen Eigenschaften der Elementarteilchen zu erklären versucht. Zumindest als Hypothese ist die Annahme plausibel, daß die Makrophysik eine unbestrittene mikrophysikalische Grundlage, ebenso die Chemie eine makrophysikalische, die Biologie eine chemische und die Psychologie eine biologische Grundlage hat. Durch sie ist aber die jeweils komplexere, «höhere» Ebene unterbestimmt, so daß sie nicht ohne Rest auf die niedere zurückgeführt werden kann.

Der schlichte Dualismus dagegen, die naive Annahme, die geistige Welt des Menschen sei von der dinglichen Welt vollkommen unabhängig und ontologisch rundum verschieden, wird nirgendwo ernsthaft vertreten. Selbst der «Erzdualist» Descartes erliegt ihr nicht. Dieser vielgescholtene Philosoph hält Geist und Körper zwar für unterschiedene Substanzen, die aber in zwei Hinsichten in funktionaler Einheit wirken. Einerseits nimmt Descartes eine Korrelation von Körper und Geist an, die aber von Fall zu Fall empirisch zu bestimmen ist, womit sie für die entsprechende Forschung, auch die neue Hirnforschung, grundsätzlich offen ist. Andererseits sieht er den Geist «als ganzen im ganzen Körper», sogar «in jedem beliebigen Teil des Körpers» gegenwärtig (Descartes 1642/1994, 382 f.).

So wie makrophysikalische Vorgänge mikrophysikalisch und psychologische Vorgänge biologisch unterbestimmt sind, darf man von der neurophysiologischen Erklärung atomarer Handlungen rein methodisch nicht erwarten, die für komplexe Handlungen zuständige Willensfreiheit eliminieren zu können. Zu Recht geben sich im *Manifest* (Elger u. a. 2004) elf führende deutsche Neurowissenschaftler weit zurückhaltender. Einschließlich Roth und Singer erklären sie, «daß neuronale Netzwerke als hochdynamische, nicht-lineare Systeme» zwar «einfachen Naturgesetzen gehorchen, aufgrund ihrer Komplexität» aber «völlig neue Eigenschaften» hervorbringen.

Von ihren drei Gegenstandsebenen «versteht» die Hirnforschung immer genauer sowohl die obere Ebene, die Funktion der größeren Hirnareale, als auch die Vorgänge auf der unteren Ebene, dem Niveau einzelner Zellen. Dank der Computerentwicklung und den bildgebenden Verfahren vermag sie auch, ihre Meßdaten mediengerecht darzustellen. Das Geschehen auf der mittleren Ebene ist ihr dagegen weithin verschlossen. Die bescheidene Einschätzung des *Manifestes* darf daher als weiteres Zwischenergebnis gelten: «Nach welchen Regeln das Gehirn arbeitet; wie es die Welt so abbildet, daß unmittelbare Wahrnehmung und frühere Erfahrung miteinander verschmelzen; wie das Gehirn das innere Tun als ‹seine› Tätigkeit erlebt und wie es zukünftige Aktionen plant, all das verstehen wir nicht einmal in Ansätzen. Mehr noch: Es ist überhaupt nicht klar, wie man dies mit den heutigen Mitteln erforschen könnte. In dieser Hinsicht befinden wir uns gewissermaßen noch auf dem Stand von Jägern und Sammlern.» (33)

Die Philosophie setzt noch eins drauf und stellt eine ebenso grundlegende wie unübersteigbare ontologische Heterogenität fest: Schon bei der bescheidenen Willensfreiheit geht es um Gründe, bei der vollen Willensfreiheit sogar um Gründe einer besonderen Art. In beiden Fällen sind sie ihrer Seinsart nach Vorstellungen im Bewußtsein und gehören in die Sprache einer Philosophie des Geistes, nicht der Hirnforschung. Für diese mögen sie zwar die Funktion von inneren Ursachen haben, die, um handlungswirksam zu werden, neuromotorische Ursachen bewirken. Für die Freiheit sind aber nicht etwaige neuronale Korrelate entscheidend, sondern die Gründe selbst. Diese sind ontologisch gesehen aber nicht neuronale Zustände, sondern intellektuelle Argumente. In Handlungszusammenhängen sind sie zum Beispiel mögliche Antworten auf Fragen, die – teils vorab, teils begleitend, teils nachträglich gestellt, bald vor sich, bald vor anderen – Rechenschaft fordern. Wer den Unterschied übersieht und Begriffe, die wie «Gründe» aus der Sprache des Geistes stammen, in die Rede über das Gehirn einschmuggelt, der begeht einen Kategorienfehler, wer den Unterschied bewußt unterschlägt, einen intellektuellen Betrug.

20. Das Kriterium

20.1 Zwischenbilanz

Die für die Moral ausschlaggebende Freiheit, die personale Freiheit, ist die Freiheit einer Person in bezug auf ihr Wollen, Überlegen und Handeln. Sie gibt sich weder mit einer schlichten Urheberschaft zufrieden, noch besteht sie im Indeterminismus, in der Willkür oder in grundlosem Verhalten. Sie bedeutet vielmehr eine freie Urheberschaft, die aus Gründen, die man sich zu eigen gemacht hat, handelt.

Schon «nach Gründen handeln» ist eine anspruchsvolle Bedingung. Sie besagt erstens, daß das Tun oder Lassen nicht von außen erzwungen ist. Von Anfang an bildet den Gegenbegriff zur Freiheit nicht der Determinismus, sondern der Zwang, genauer: der Fremdzwang, denn ein Selbstzwang ist mit Freiheit verträglich. Im Unterschied zu jemandem, der hinfällt, weil man ihn gestoßen hat, muß man selber der Urheber, das Geschehen somit freiwillig sein.

Die freie, weil nicht erzwungene Urheberschaft genügt allerdings nicht. Daß man einem anderen hilft oder Schaden zufügt, kann Zufall sein. Moralisch relevant ist das Geschehen erst, wenn es zweitens beabsichtigt (intentional) ist. Die Absicht, hier des Helfens oder Schädigens, darf drittens nicht willkürlich sein; sie muß aus dem «Inneren» des Handelns, aus Gründen, erfolgen.

Man kann die Gründe als Ursachen ansehen. Den Ausschlag gibt jedoch etwas anderes: daß der Handelnde viertens die Gründe sich zu eigen gemacht hat: Wo auch immer sie herstammen, sie müssen die eigenen geworden sein. Die philosophische Tradition sagt auch: Man macht sich die Sache zum Zweck. Jedenfalls kommt es nicht auf die Herkunft an, sondern auf den Selbstbesitz, und beim Selbstbesitz nicht auf den schlichten Besitz (jemand *hat* den Grund), sondern auf den selber anerkannten Besitz. Man mag hier von einem (handlungswirksamen) Wollen («volition») zweiter Stufe sprechen (Frankfurt 1971). Wichtiger als die hierarchische Beziehung ist jedoch die (bei Frankfurt nicht ganz fehlende) reflexive Anerkennung: Man distanziert sich vom schlichten Besitz, nimmt aus der Distanz eine Stellungnahme vor, die manchem zustimmt, anderes ablehnt. Man nimmt also keine pauschale, sondern eine selektive Zustimmung vor.

Ob Einverständnis oder Ablehnung, die Stellungnahme braucht nicht ausdrücklich zu erfolgen. Es geht nicht um eine Art von notarieller Beglaubigung, daß man vor anderen oder vor sich eine (feierliche) Erklärung abgibt. Entscheidend ist auch nicht, ob die Gründe reiflich überlegt oder intuitiv befolgt werden oder aber eine Zwischenlage einnehmen. Was zählt, ist eine Zustimmung oder Ablehnung «durch die Tat», eine handlungswirksame Stellungnahme. Diese tritt auf vielfache Weise zutage, zum Beispiel durch die Art der Absichten, die man hegt, oder der handlungsorientierten Überlegungen, die man anstellt, auch der Handlungen, die man vollzieht, oder der sie begleitenden und ihnen nachfolgenden Gefühle wie Selbstachtung oder Scham.

Offensichtlich hängen die Weisen der Stellungnahme, also die Absichten, Überlegungen, Handlungen und Gefühle, miteinander zusammen. Sie unterscheiden sich zwar in der Form und Intensität von Zustimmung und Aneignung. Gemeinsam ist jedoch, daß durch die gelebte Zustimmung die schlichten, dem Akteur eventuell äußeren Bedingungen in eigene, selbstanerkannte, in praktisch-reflexive Gründe umgewandelt werden. Dies beläuft sich auf einen Akt der Befreiung, allerdings auf eine personale, nicht soziale Emanzipation: Man befreit sich von dem ansonsten allmächtigen Naturdeterminismus, handelt im Einklang mit angeeigneten, «sich einverleibten» Gründen und wird genau dadurch in der für die Moral grundlegenden, personalen Hinsicht frei.

Die Umstände der inneren Welt, sowohl die Physiologie des Gehirns als auch die Psychologie etwa von Lust und Unlust, nicht zuletzt die Umstände der äußeren, natürlichen und sozialen Welt, spielen bei der personalen Freiheit durchaus eine Rolle. Aber nicht sie bestimmen in letzter Instanz, daß und wie die Person handelt, sondern die sich zu eigen gemachten Gründe. Und genau deshalb, weil es praktisch-reflexive Gründe sind, darf man sie dem Betreffenden zurechnen: Sein Handeln erfolgt aus dem eigenen Willen. Erst die über die schlichte Handlungsfreiheit hinausreichende Freiheit heißt Willensfreiheit im bescheidenen Sinn.

Gegen voreilige Kritiker ist zu wiederholen, daß mit diesem Verständnis der Wille nicht zu einer quasi-empirischen, gleichwohl der Erfahrung entzogenen Geistsubstanz verdinglicht wird. Er hängt vielmehr mit der jeweiligen Person zusammen, mit ihren Erlebnissen und Erfahrungen, mit ihren Begabungen, Interessen und dem Charakter, schließlich ihrer Lebensgeschichte. Er ist mit «Leib und Seele» so innig verknüpft, daß man, wie es im Sprichwort heißt, «nicht aus seiner Haut» heraus kann.

Ebensowenig wird ein Anlassermodell vertreten. Der Wille ist zwar insoweit dem Anlasser eines Motors vergleichbar, als er erst eine Bedingung für das Ingangsetzen und nicht schon der inganggesetzte Motor ist. Im Unterschied zu einem Anlasser ist er aber nicht eine eigene Substanz, ein dem Handeln vorausgehendes und ihm externes Antriebsaggregat, ein Vormotor, der den Hauptmotor, den Handlungsprozeß, in Gang setzt. Der Ausdruck «Wille» bezeichnet vielmehr eine strukturelle Komplikation, jene praktische Reflexivität im menschlichen Handeln, die die Linearität – erst das Wollen, dann dessen Verwirklichung – sprengt.

Die entsprechende Person ist allerdings noch nicht moralisch frei, sondern nur so weit, wie ihre praktisch-reflexiven Gründe reichen. Beschränken sie sich auf die Mittel zu beliebigen Zwecken, so ist man bloß im technisch-personalen Sinn frei. Erstrecken sich die Gründe auch auf Zwecke, die dem Leitzweck, dem eigenen Wohl, dienen, so ist man schon im pragmatisch-personalen Sinn frei. Die Willensfreiheit im vollen Sinn, die echte moralische Freiheit, erreicht man aber erst mit der Bereitschaft, im Konfliktfall das eigene Wohl zugunsten der Moral zurückzustellen.

Philosophen wie Kant sprechen hier von Unbedingtheit. Eine oberflächliche Kritik hält einen unbedingt freien Willen für ein Unding. Denn er wäre vom Körper und Charakter der Person, von seinen Gedanken, Empfindungen, Wünschen und Erinnerungen unabhängig. Ein Wille ohne Zusammenhang mit dem, was die Person ausmacht, wäre der betroffenen Person vollkommen fremd, daher tatsächlich denkbar ungeeignet, um die personale, näherhin die moralische Freiheit zu begreifen.

Sinnvollerweise bedeutet «unbedingt» etwas anderes. Gründe, die sich auf Mittel zu beliebigen Zwecken oder aber zum Leitzweck, dem eigenen Wohl, beschränken, verdanken ihren Rang, ein Grund zu sein, einer ihnen äußeren Bedingung, eben dem beliebigen Zweck oder dem natürlichen Leitzweck. Wegen dieser Vorbedingung dürfen die Gründe «bedingt» heißen. Folgerichtig heißen jene Gründe «unbedingt», die sich von jeder Vorbedingung lösen. Daß es Gründe sind, die zur betroffenen Person gehören, versteht sich; der Vorwurf, unabhängig vom Körper und Charakter der Person zu sein, kommt übereilt. Offen und in der Tat noch zu klären ist lediglich, ob dort noch eine Bestimmtheit möglich bleibt, wo weder beliebige Zwecke noch der Leitzweck noch andere Vorgaben gemacht werden. Auf einen ersten Blick mag dies als unplausibel erscheinen. Ein zweiter Blick, der sieht, daß man zugunsten der Moral dem Eigenwohl zuwider handeln kann, stellt die Unplausibilität in Frage.

Diese Rekonstruktion der personalen und moralischen Freiheit sprengt die übliche Alternative, entweder Verträglichkeit (Kompatibilismus) oder aber Unverträglichkeit (Inkompatibilismus) von Determination und Freiheit. Oberflächlich gesehen wird ein Kompatibilismus vertreten, da sich die Handlungs-, sogar Willensfreiheit mit der Determination verträgt. Sie schließt aber die genannte Umwandlung ein, die Transformation «deterministischer», nämlich dem Subjekt äußerer, fremder Bedingungen in die von ihm angeeigneten, praktisch-reflexiven Gründe. Paradox formuliert, wird aus der deterministischen eine nichtdeterministische und trotzdem nicht indeterministische Determination. Weil die personale Freiheit aus einer Transformation und Emanzipation hervorgeht, besteht auch kein Perspektiven-Dualismus, weder dessen Kantische Form: der Dualismus von erfahrbarer (phänomenaler) und bloß gedachter (noumenaler) Welt, noch die neuere Variante von Habermas 2004, daß man die Welt des Handelns auf zweierlei Weise, deterministisch oder aber freiheitlich, betrachten könne. Sobald die «determinierenden» Gründe einen praktisch-reflexiven Charakter erhalten, sind sie nämlich ein Bestandteil der erfahrbaren Welt und zugleich im Sinne der personalen Freiheit von freiheitlicher Natur.

20.2 Begriff, Kriterium, Imperativ

Welches Kriterium entscheidet, ob die eigenen Gründe moralischen Charakter haben; was ist der zuverlässige Maßstab für Moral? Während die Antwort hochumstritten ist, drängt sich für die Suche nach der Antwort das Vorgehen wie von selbst auf: Soll das Maß überzeugen, so muß es sich aus der Sache ergeben; der Begriff der Moral ist ein notwendiges, wenn auch vielleicht kein zureichendes Kriterium für das Kriterium. Infolgedessen ist das normativ-ethische Prinzip, der Maßstab der Moral, aus einer Aufgabe zu gewinnen, die man der Metaethik zuordnen darf: aus der Klärung des Begriffs.

Aus diesem Grund, daß sich methodisch gesehen die normative Ethik aus der entsprechenden Metaethik ergibt, kann man von substantiellen moralischen Verpflichtungen ausgehen, muß dann allerdings die verschiedenen, teilweise strittigen Inhalte einklammern. Sieht man beispielsweise beim Lüge- und beim Tötungsverbot vom besonderen Inhalt ab, so stößt man auf eine formale Gemeinsamkeit: Die Verbote sind nicht bloß in jenen glücklichen Situationen gültig, in denen kein Anlaß zu Verstößen besteht. Beispielsweise bewegt man sich im Kreis der Menschen, denen man zugetan ist, etwa der Familie, den Freunden und Bekannten, vielleicht auch hilfsbereiten Nachbarn; überdies findet man sich in keiner für sich bedrohlichen Lage. Zu einer moralischen Leistung kommt es erst dort, wo man sich in einer weniger glücklichen Situation vorfindet, so daß man gern einmal unehrlich oder gewalttätig sein möchte. Ähnlich verhält es sich mit positiven Verbindlichkeiten, moralischen Geboten. Nicht nur in jenen glücklichen Stunden, in denen man aufgrund altruistischer Stimmung seinen Mitmenschen gern Gutes tut, gilt das Hilfsgebot, sondern grundsätzlich. Schließlich sind beide, Verbote und Gebote, nicht nur als Mittel gültig, um etwas anderes zu erreichen: geschäftlichen Erfolg, gesellschaftliches Ansehen oder auch nur Ruhe vor den staatlichen Gewalten, die einen Vertragsbruch oder eine Gewalttätigkeit oder unterlassene Hilfeleistung strafrechtlich verfolgen.

Die moralischen Verbindlichkeiten sind also unabhängig von persönlichen Stimmungen, glücklichen mitmenschlichen Beziehungen und weiterreichenden Zielen und Absichten gültig. Schon vom Begriff der Moral her handelt es sich um Verbindlichkeiten, die für sich selbst und als solche Geltung beanspruchen. Sie sind auf schlechthin höchste und unbedingt gültige Weise verbindlich; als Fremdwort: es sind kategorische Imperative.

Schon in Kants Ethik ist der kategorische Imperativ weit mehr als nur ein höchstes Moralkriterium. Grundlegender als ein bloßer Maßstab, definiert er als erstes die Moral, «angewandt» auf Wesen, die die Moral nicht immer und von allein anerkennen. Erst in zweiter Hinsicht stellt er ein Kriterium dar. Dort, in seiner metaethischen oder semantischen Bedeutung, ist der kategorische Imperativ nichts anderes als der Begriff der Moral: der Begriff von Verbindlichkeiten, die vielleicht, im Fall einer Kollision, gegeneinander abgewogen, die aber nie zugunsten einer anderen, angeblich höheren Verbindlichkeit relativiert werden dürfen.

Eine problemgerechte Ethik kann sich dieser Argumentationsfolge kaum entziehen: daß sie mit einem Begriff der Moral beginnt, um sodann aus dem Begriff ein Moralkriterium zu gewinnen. Dieses – so wird sich zeigen – setzt sich aus drei Momenten zusammen: (1) Im Sinne von

Verbindlichkeiten handelt es sich um einen Imperativ; (2) deren Gegenstand bilden Lebensgrundsätze bzw. Maximen; und (3) deren Moralkriterium liegt in der Verallgemeinerbarkeit.

Das erste Moment ist trivial und wird doch oft unterschlagen: Das Moralkriterium ist kein Maßstab, der gegen seine Anerkennung indifferent ist, vergleichbar einem Thermometer, das die Wärme eines Raumes mißt, ohne eine Raumtemperatur vorzuschreiben. Das Moralkriterium ist kein Moralometer, das die Moral nur anzeigt, dem Handelnden aber überläßt, ob er geruht, sich der Anzeige gemäß zu verhalten. Wie jede Verbindlichkeit, so fordert auch die moralische zum entsprechenden Handeln auf. Sie ist ein Imperativ, so daß die Kurzform der moralischen Verbindlichkeit lautet: «Handle moralisch!» Da es auf den zurechenbaren Anteil, das Wollen, ankommt, heißt es genauer: «Handle aus einem moralischen Willen!»

Da endliche, bedürftige Vernunftwesen von der Art des Menschen nicht von allein und notwendigerweise moralisch handeln, nimmt für sie die Moral den Charakter eines Sollens, nicht eines Seins an. Unbeschadet der Möglichkeit, sich sekundär zu Charakterhaltungen und einer normativen Lebenswelt, etwa zu einer in Grundzügen gerechten Lebensordnung, zu befestigen, hat die Moral hier primär einen vorschreibenden (präskriptiven), einen Imperativ-Charakter. Das läßt sich an den angeblichen Alternativen zu einer Kantischen Imperativethik, an Aristoteles und Hegel, zeigen:

Aristoteles vermeidet nicht die imperativische Sprache, da er zum Beispiel den Ausdruck *deon*, das Nötige und Vernunftnotwendige, verwendet (z. B. *Nikomachische Ethik* III 10, 1115 b 12 und 1116 a 6 f. sowie III 15, 1196 b 16–18). Selbst Hegel, der die Vermeidungsstrategie vorzieht, kann die Tatsache schwerlich leugnen, daß nicht jede institutionelle Lebenswelt, auch nicht jeder Charakter unbesehen moralisch ist. Im übrigen ist der Imperativ-Charakter nicht an eine ausdrückliche Imperativen-Sprache, an Gebote und Verbote, gebunden. Er kann sich, wie beispielsweise in den biblischen Gleichnissen, verstecken, wo er allenfalls im Zusatz erscheint: «Geh hin und tu' desgleichen!» Auch moralische Beispiele oder Vorbilder, die man ohne jeden moralischen Zeigefinger vorträgt, sind Lebens- oder Verhaltensformen, die als die eigentlich oder wahrhaft menschlichen Formen gelten, ohne daß sie jeder anerkennen und befolgen würde. Sie haben also den Charakter einer Aufforderung, eben den Imperativ-Charakter.

Noch immer kann man die Ansicht hören, der moralische Imperativ stehe für das gerade Gegenteil von Freiheit, für jene autoritäre Gesetzesherrschaft, die den Menschen wie in Franz Kafkas Erzählung *Vor dem Gesetz* ohnmächtig einer fremden und zugleich nicht durchschaubaren Übermacht aussetzt. In Wahrheit enthält der moralische Imperativ eine Aufforderung, die nicht von außen, sondern aus dem Inneren, der praktischen Reflexivität, kommt. Ein Imperativ schreibt zwar vor, aber nur, was ein praktisches Vernunftwesen sich selber abverlangt. Diese Vorschrift taucht in den drei Stufen von technischer, pragmatischer und moralischer Vernunft auf. Im Fall der dritten Stufe, des kategorischen Imperativs, bringt er die Selbstreflexion des moralischen Subjekts auf den Punkt.

20.3 Maximen und Maximenethik

Ob technische, pragmatische oder moralische Gründe, dort, wo ihre Anerkennung zum festen Bestandteil einer Person, zu ihrem Charaktermerkmal, wird, erhält sie die volle Wirklichkeit eines praktizierten Lebensgrundsatzes, einer gelebten Maxime. Wo man nach Maximen lebt, entspringt das Handeln einem Wollen im emphatischen Sinn: Man wünscht etwas, setzt seine Kräfte für das Gewünschte ein und läßt sich nicht durch andere Wünsche oder Neigungen beirren. Das Gewünschte ist auch kein Einzelwunsch, hier und jetzt jemandem zu helfen. Maximen stehen für Lebenseinstellungen angesichts größerer Handlungsbereiche, etwa für die Bereitschaft, Notleidenden zu helfen. Sie sind Grund-Sätze im doppelten Sinn: sowohl die letzte Antriebskraft als auch eine normative Gemeinsamkeit verschiedener Handlungen.

Die Maxime, das nach dem Imperativ zweite Moment im Moralkriterium, wird noch häufiger unterschätzt oder sogar unterschlagen. Selbst Moralphilosophen vom Fach übersehen oft, daß das Moralkriterium einer strengen Willensethik sich nicht auf irgendwelche Gründe oder Regeln richtet, sondern auf Gründe bzw. Regeln höherer Stufe, auf Grundsätze. Bekannt sind derartige Maximen aus der Moralkritik der frühen Neuzeit, beispielsweise von La Rochefoucauld, dessen Reflexionen über den Menschen unter genau diesem Titel *(Maximes)* stehen. Der Ausdruck ist aber weit älter; er taucht schon in Boethius' lateinischem Kommentar zu Aristoteles' Logik auf. Dort gesteht er im Rahmen von Beweisketten jenen schlechthin höchsten und obersten Sätzen, die sowohl universal als auch derart offenkundig gültig sind, zu, daß sie keines Beweises bedürfen. Statt dessen vermögen sie, andere Sätze zu beweisen. Es sind also jene veritablen Prinzipien, von Kant als «Anfangsgründe» verdeutscht; sie bestehen weniger in Sätzen, *aus* denen man, als in Sätzen, *mit* denen man beweist.

Später wird der Ausdruck auf nichtlogische Grundsätze übertragen, bei denen sich wieder später die moralisch-praktische Bedeutung in den Vordergrund drängt. Schon mehr als eine Generation vor La Rochefoucauld nennt beispielsweise Descartes im *Discours* (Teil III) die Grundsätze seiner provisorischen Moral «Maximen». Unter demselben Titel erscheinen andernorts Umgangs- und Verhaltensregeln, um dann Ratschläge zu bezeichnen: aus der Erfahrung gewonnene Lebensweisheiten der Klugheit. Gegen den rasch anschwellenden Strom einer affirmativen, oft nur über Schicklichkeit belehrenden Literatur wenden sich La Rochefoucauld und die ihm folgenden französischen Moralisten, die mit ihrer Moralkritik die herrschenden Verhaltensregeln und Selbsteinschätzungen als wenig moralisch, oft sogar unmoralisch demaskieren. Mit scharfem Witz und aphoristischer Kürze gefallen sich diese Moralisten in einem gelegentlich fast zynischen Gestus des Aufklärers.

Im Rahmen einer Willensethik bezeichnen Maximen die schlechthin höchsten und ersten Sätze einer normativen Beweiskette. Damit heben sie die normative Qualität des Willens, seine moralische oder aber nichtmoralische, vielleicht sogar unmoralische Beschaffenheit hervor. Sie sind erstens etwas Subjektives; Maximen werden von jemandem befolgt; sie gelten für diesen Jemand nicht kognitiv, sondern praktisch. Genauer sind Maximen Willensbestimmungen, also nicht Ordnungsschemata, die ein objektiver Beobachter dem Handelnden unterstellt, sondern Bestimmungen, die der Akteur selbst als die eigenen anerkennt und zu praktizieren pflegt.

Zweitens sind es praktische Regeln, aber nicht gewöhnliche, relativ konkrete, sondern ziemlich allgemeine Regeln. Praktische Grundsätze können einerseits ein ganzes Leben leiten und betreffen andererseits größere Handlungsfelder oder Lebensbereiche. Innerhalb von ihnen, etwa der Hilfsbedürftigkeit, gibt es erhebliche Unterschiede. Beispielsweise braucht jemand finanzielle, ein anderer seelische, ein Dritter chirurgische Hilfe, und ein Vierter droht zu ertrinken. Je nach Situationstyp stellen sich andere Handlungsanforderungen, denen themenspezifischere, zugleich weniger allgemeine Handlungsregeln entsprechen. Eine Maxime sieht von allen deskriptiven Unterschieden ab und konzentriert sich auf den normativ entscheidenden Gesichtspunkt, hier die Hilfsbereitschaft oder aber, wo man sie grundsätzlich verweigert, die Hartherzigkeit. In den themenspezifischen Handlungsregeln (über die finanzielle, psychologische, chirurgische ... Hilfe) wird das normative Handlungsprinzip, die Hilfsbereitschaft oder aber Hartherzigkeit, mit regelmäßig wiederkehrenden Situationsarten vermittelt. Die daraus hervorgehenden Regeln haben es mit den wechselnden Bedingungen des Lebens zu tun, dabei nicht bloß mit verschiedenen Situationstypen, sondern auch mit unterschiedlichen Fähigkeiten der Handelnden. Trotz identischer Maxime fallen daher die praktischen Regeln verschieden aus. So hilft der Nichtschwimmer einem Ertrinkenden anders als der geübte Rettungsschwimmer.

Die normative Gemeinsamkeit betrifft drittens das Moment am Handeln, das in der eigenen Verfügung steht. Da es überdies den letzten Handlungsgrund beinhaltet, ist sie für die moralische Beurteilung oder Verurteilung ausschlaggebend. Fachlich («technisch») gut ist, wer dem Verletzten die richtige Hilfe bringt, pragmatisch gut, wer sich die Hilfe finanziell oder sonstwie belohnen läßt. Moralisch gut ist dagegen, wer selbst dort zu helfen versucht, wo weder eine Strafe (wegen unterlassener Hilfeleistung) noch irgendein Lohn winken.

Aus dem komplexen Netz von Faktoren, die im konkreten Handeln zusammenkommen, hebt die Maxime den normativ entscheidenden, letzten Bestimmungsgrund hervor, jene Antriebskraft, aus der heraus allfällige Überlegungen und schließlich die Handlung auf den Weg gebracht werden. Als nicht bloß momentan leitender, sondern zum Charaktermerkmal gewordener Vorsatz beinhaltet sie eine auf Dauer gestellte Willensausrichtung. Vom Inneren der Person, seinem Willen, her heißt sie «Gesinnung», vom beobachtbaren Tun und Lassen her «Einstellung» oder «Haltung».

Nicht jede Maxime ist moralerheblich. Wer zum Beispiel sein Fahrrad und seine Haustür sorgfältig abzuschließen pflegt, folgt der nur pragmatischen Maxime, seine Habe zu schützen. Hier wie dort entscheiden Maximen über das Gutsein, den Wert oder Unwert, der gewöhnlichen, relativ konkreten Regeln. Es geht ihnen nicht um die sprichwörtliche, abfällig gemeinte Prinzipienreiterei, das sture Festhalten an einmal beschlossenen Regeln. Entscheidend ist die Ausrichtung an Gesichtspunkten zweiter Stufe, die die gewöhnlichen Regeln, Gesichtspunkte erster Stufe, als rational erscheinen lassen und eine insgesamt wohlüberlegte, eine pragmatisch oder moralisch sinnvolle Lebensführung ermöglichen. Auf diese Weise erhöhen sie das Interesse an praktischer Rationalität. Die gewöhnlichen Gründe beschränken sich auf einen eng umgrenzten Situationstyp; Maximen heben diese Beschränkung auf.

Eine Ethik, deren Kriterium sich weder auf die Einzelhandlung noch auf gewöhnliche Handlungsregeln, sondern auf Lebensgrundsätze bzw. Maximen richtet, ist zwar ungewohnt, bietet aber zahlreiche Vorteile. Indem die Maximen von den wechselnden Lebensumständen absehen, halten sie sich *erstens* für deren Mannigfaltigkeit offen. Wer in normativer Hinsicht lieber Maximen als Handlungsregeln folgt, wehrt ein unflexibel pedantisches Leben ab. Mit einem *esprit de finesse* geht er mit den wechselnden Herausforderungen kreativ um und nimmt die in der jeweiligen Lage sachgerechte Kontextualisierung vor.

Da sich Maximen auf den normativ entscheidenden Punkt, die zugrundeliegende Willensbestimmung, konzentrieren, helfen sie *zweitens* zu verstehen, wieso menschliches Handeln verschieden ausfallen und trotzdem eine gemeinsame, entweder moralische oder aber auch unmoralische Qualität besitzen kann: Der geübte Rettungsschwimmer vermag einen Ertrinkenden selber zu retten; auf daß nicht zwei Menschen ertrinken, holt der Nichtschwimmer dagegen besser fremde Hilfe. Die auf Maximen basierte Ethik tritt daher zwei gegenläufigen Mißverständnissen von Moral entgegen: sowohl einem starren Regeldogmatismus als auch jenem ethischen Relativismus, der aus den zum Teil beträchtlichen Unterschieden in der positiv geltenden Moral verschiedener Kulturen auf Unterschiede der moralischen Grundsätze schließt. Die (moralerhebliche) Maxime ist nämlich genau jenes identische Moment, die entweder moralische oder aber nichtmoralische Gemeinsamkeit, die gegen den genannten Relativismus spricht. Und die Notwendigkeit, im konkreten Handeln die allgemeine Maxime mit den Besonderheiten von Situation und Person zu vermitteln, verlangt im Widerspruch zum Regeldogmatismus nach einer situationsgerechten Kontextualisierung. Für sie wiederum sind empirische Kenntnisse und eine praktische Urteilskraft vonnöten.

Im Vorübergehen läßt sich die Befürchtung entkräften, eine Willensethik führe zu einer Übermoralisierung, nach der jeder Handgriff je neu auf seine Moral hin zu befragen sei. Darin liegt gerade der Sinn einer auf die Bestimmungsgründe konzentrierten Moralphilosophie, einer Maximenethik, daß sie das Moralprinzip nicht direkt auf Einzelhandlungen, nicht einmal auf Handlungsregeln bezieht, sondern auf Maximen. Indem diese ein Leben nach sehr formalen Grundsätzen ordnen, lassen sie beiden, sowohl gewachsenen und bewährten Handlungsweisen als auch einer situationssensiblen Urteilskraft, den nötigen Spielraum.

Maximen, die moralisch sind, heißen Pflichten. Eine Maximenethik beläuft sich daher auf eine Pflichtenethik (deontologische Ethik), die aber – *dritter* Vorteil – den oft behaupteten Gegensatz zu einer Tugendethik unterläuft. Der Ausdruck «Tugendethik» ist zwar mehrdeutig, da es unterschiedliche Tugenden gibt, namentlich Charaktertugenden und intellektuelle Tugenden einerseits, andererseits im Rahmen der Charaktertugenden die in normativer Hinsicht primären, moralischen, die sekundären, pragmatischen und die tertiären, technischen bzw. funktionalen Tugenden. Einer moralphilosophischen Grundlagendebatte kommt es aber vornehmlich auf die Charaktertugenden und hier die moralischen Tugenden an. Für sie gilt nun, daß die moralischen Grundsätze der Willensbestimmung das einschlägige Begriffsmoment der Tugend, die zur Haltung gewordene Anerkennung der Moral, erfüllen. Für Maximen ist nicht entscheidend, daß sie dem Handelnden als ein sprachlicher Satz vor Augen stehen. Sie sind vielmehr Verbindlichkeiten in dem lebenspraktischen Sinn, daß sie das Tun und Lassen tatsächlich bestimmen (sollen). Darüber hinaus bestehen diese Verbindlichkeiten, die Pflichten, nicht in Einzelhandlungen, nicht einmal in den zugrundeliegenden Regeln, sondern in tatsächlich gelebten Grundsätzen.

Angeblich ist Kant der Hauptvertreter einer Nicht-Tugendethik. In Wahrheit steht der zweite Teil seiner systematischen Moralphilosophie genau unter dem Titel «Tugendlehre». Darüber hinaus führt er eine Unterscheidung ein, mit der er den Tugendbegriff sogar in normativer Hinsicht verschärfen dürfte (*Tugendlehre,* Einleitung XIV, Anm., VI 407). Das Muster der Tugendethik bei Aristoteles gibt sich auf seiten der gelebten Anerkennung zwar nicht mit jener schlichten Fertigkeit (*habitus*) zufrieden, die bei Kant «Angewohnheit» heißt. Denn er hält die Tugenden für freiwillig und mit Wahl bzw. Entscheidung verbunden (*Nikomachische Ethik* III 7, 1114 b 22–III 8, 1115 a 3). Sie entstehen nach Aristoteles also kaum, wie Kant die Angewohnheit erläutert, lediglich «durch öfters wiederholte Handlung». Um Kants normativ höheren Begriff zu erfüllen, müßte aber ein «zugleich allgemein-gesetzgebendes Begehrungsvermögen» vorliegen, das sich, wie Kant fortsetzt, «durch die Vorstellung des [moralischen] Gesetzes im Handeln» bestimmt und dann «eine Beschaffenheit nicht der Willkür, sondern des Willens» darstellt. Die Religionsschrift (1. Stück, VI 47) bündelt die Verschärfung in einem Zusatz, den man gern überliest. Die empirische Tugend, die Tugend in der Erscheinungswelt, gilt als der «zur Fertigkeit gewordene *feste Vorsatz* in Befolgung seiner Pflicht» (Hervorhebung durch den Verf.). Für den willensethischen Tugendbegriff sind jedenfalls Elemente erforderlich, die Aristoteles' Strebensethik noch fremd sind. Da Kant die moralische Tugend durch die genannten anspruchsvolleren Elemente definiert, vertritt er in der Tat einen in moralischer Hinsicht verschärften Tugendbegriff.

Die Grandes Dames der neueren Tugendethik, Anscombe und Foot, mögen zwar als Aristoteliker den Meister aus Stagira vorziehen und sich zusätzlich auf den großen Aristoteliker des Mittelalters, Thomas von Aquin, berufen. In der Sache besteht aber nicht die schlichte Front: Aristotelische Tugend- gegen Kantische Pflichtenethik, vielmehr die subtilere Alternative: Aristoteles' strebensethische und eudaimonistische gegen Kants autonome Tugendethik. Und letztere verschärft sogar den Tugendbegriff.

Hinzu kommt, daß sich die Tugendlisten der beiden Protagonisten nicht überschneiden. Die Tugenden, die zu den vier Beispielen aus Kants *Grundlegung* gehören, könnte man Kants Quartett von Kardinaltugenden nennen. Es besteht aus einer Art von Treue zu seinem Leben (Selbstmordverbot), aus Ehrlichkeit (Lügeverbot), Hilfsbereitschaft (Hilfsgebot) und der Bereitschaft, sich zu entfalten (Entfaltungsgebot). Keine dieser Tugenden erscheint in Aristoteles' Tugendliste (*Nikomachische Ethik* II 7). Statt dessen umfaßt sie Tugenden wie Tapferkeit, Besonnenheit, Freigebigkeit und Gerechtigkeit, die wiederum in Kants Quartett fehlen. Aristoteles' Tugend der Wahrheit bzw. Wahrhaftigkeit (*alêtheia*) entspricht nämlich nicht Kants Ehrlichkeit, da sie nicht das Lügen, sondern das Prahlen verbietet. Geht man freilich von Kants Vorbereitungsschrift, der *Grundlegung*, zur systematischen «Tugendlehre» über, entdeckt man doch zahlreiche Überschneidungen. Kant erwähnt die Tapferkeit schon in der «Einleitung I.»; in der Pflicht zur Wohltätigkeit klingen Freigebigkeit und Hochherzigkeit an, in den «Umgangstugenden» Gewandtheit und Freundlichkeit. Und der erste Teil seiner systematischen Moralphilosophie, die «Rechtslehre», ist ein Traktat über jene objektiven Anforderungen der Gerechtigkeit, die, von einer tugendhaften Person frei anerkannt, zur Tugend der Gerechtigkeit werden.

Viertens tritt eine Maximenethik dem Vorurteil entgegen, als (angebliche) Alternative zu einer Tugendethik nach Aristotelischem Vorbild lasse sie für die Urteilskraft keinen Raum. Tatsächlich ist diese auch in der Maximenethik gefragt, tritt hier sogar in drei Arten auf und übernimmt dabei drei Rollen (vgl. Höffe 2001, Kap. 3): Erstens sucht eine empirisch-hermeneutische Urteilskraft für die verschiedenen Handlungsfelder und Lebensbereiche die zuständigen, zunächst alternativen Maximen auf, beispielsweise für Notlagen die Maxime der Hilfsbereitschaft oder im Gegenteil die der Hartherzigkeit. Zweitens sind unter den für denselben Handlungsbereich alternativen Maximen die moralischen gegen die nichtmoralischen abzusetzen, was im Gedankenexperiment der rein rationalen Verallgemeinerung geschieht (s. nächster Abschnitt). Schließlich ist eine gegebene Lage, eine konkrete Not, nach Maßgabe der moralisch ausgezeichneten Maxime, hier der Hilfsbereitschaft, zu erschließen. Dabei geht es nicht, wie der beliebte Ausdruck «Anwenden» nahelegt, um eine logische Ableitung oder um eine mechanische Subsumption. Vielmehr ist erneut eine hermeneutische Aufgabe zu leisten, die man als ein Deuten der gegebenen Lage im Licht der Maxime oder auch als Vermittlung empirischer Faktoren mit dem normativen Faktor, der Maxime, beschreiben kann. Dabei sind die funktionalen Tugenden von Urteilskraft: situative Geschmeidigkeit, Flexibilität und Kreativität, gefragt.

Fünfter Vorteil: Die wirklich letzten Willensgrundsätze pflegen sich auf so allgemeine Handlungsfelder und Lebensbereiche zu richten, die wie Sein-Wort-Geben («Versprechen»), wie Notlagen, wie die Gefahr, daß Leib und Leben, die eigene Habe und ein guter Name («Ehre») verletzt werden, nicht nur in einigen Kulturen vorkommen, sondern so gut wie allerorten und zu aller Zeit. Man muß es zwar im einzelnen noch nachweisen, der Blick in andere Kulturen legt es aber nahe, zumindest einem beträchtlichen Teil der Handlungsfelder einen anthropologischen Rang zuzuweisen. Die Maximenethik richtet sich auf kultur- und epochenübergreifend geltende Alternativen wie Ehrlichkeit oder Unehrlichkeit, wie Hilfsbereitschaft in Not oder Gleichgültigkeit. Es überrascht daher nicht, daß verallgemeinerbare Maximen wie die Ehrlichkeit und die Hilfsbereitschaft in so gut wie allen Kulturen als moralisch geschätzt werden. Die Maximenethik hilft also der Menschheit, viele Unterschiede zu Feinunterschieden zu relativieren, denen eine wesentliche Gemeinsamkeit zugrunde liegt. Trotz kultureller Unterschiede herrschen sowohl bei den Herausforderungen der Moral als auch bei den moralischen Antworten Gemeinsamkeiten vor, die erlauben, in Anlehnung an das von der UNESCO geschützte kulturelle Welterbe von einem gemeinsamen moralischen Welterbe zu sprechen (vgl. *Lesebuch*).

Der heute dringende interkulturelle Ethikdiskurs findet also in der Maximenethik eine wichtige Stütze.

Bedeutungsvoll ist die Maximenethik nicht bloß für die moralische Identität der Gattung, der Menschheit, sondern auch *sechstens* für die Identität des einzelnen. Allgemeine Grundsätze, die situationsgerecht zu kontextualisieren sind, verhindern, daß sich das Leben eines Individuums in eine unübersehbare Mannigfaltigkeit von Regeln oder gar unendlich viele Einzelhandlungen aufsplittert. Statt dessen werden die Teile der Biographie zu einheitlichen Zusammenhängen verbunden, zu Lebens- und Sinnzusammenhängen, bei denen der Verallgemeinerungstest prüft, ob sie moralisch gültig sind. Infolgedessen kommt der moralerhebliche, moralische oder aber unmoralische Charakter eines Menschen in dessen Maximen zum Ausdruck. Nicht die konkreten Handlungsregeln, sondern erst die Maximen erlauben, jemanden als rachsüchtig oder aber großmütig, als rücksichtslos oder aber rücksichtsvoll, als eigensüchtig oder aber als rechtschaffen, ehrlich und couragiert, eben als moralisch oder aber unmoralisch zu qualifizieren.

Der *siebente* Vorteil schließt sich daran an. Die Maximenethik ist nicht nur für die Beurteilung von Menschen, sondern auch für die Erziehung wichtig. Das Einimpfen von Regeln rückt die Erziehung in die Nähe einer Dressur. Für persönliche Unterschiede in Temperament, Fähigkeit und vorgefundener Situation offen, lassen Maximen jenen Freiraum, der für personale Freiheit und moralische Selbstbestimmung unerläßlich ist. Kant bringt es in einer seiner *Reflexionen* auf den Punkt: «Der Charakter erfordert zuerst, daß man sich Maximen mache und dann Regeln. Aber Regeln, die nicht durch Maximen eingeschränkt sind, sind pedantisch, wenn sie ihn selbst einschränken, und störrisch, ungesellig, wenn sie andere einschränken. Sie sind der Gängelwagen der Unmündigen.» (Nr. 1164, XV 514 f.)

Noch ein weiteres, mittlerweile *achtes* Argument spricht für die Maximenethik: Die Gründe, die eine Person angibt, müssen nicht ihre wahren Gründe sein. Sie können auch nur mittlere Gründe sein, hinter denen andere, höherrangige Gründe stehen, die wiederum von anderen, noch höherrangigeren Gründen abhängen. Zur Einschätzung der moralischen Qualität einer Handlung muß man daher auf die jeweils letzten Gründe achten, auf jene Grund-Sätze, die die gewöhnlichen Gründe ihrerseits begründen.

Das praktische Selbstbewußtsein schließt allerdings nicht aus, was vom theoretischen bekannt ist: Da Maximen nicht notwendig an der

Oberfläche des Bewußtseins liegen, kann man sowohl andere als auch sich selbst täuschen. Ohnehin sind nicht ausdrücklich oder stillschweigend behauptete Gründe entscheidend, sondern diejenigen, aus denen das Tun oder Lassen tatsächlich erfolgt, mit der bei Maximen verschärften Bedingung: letztlich erfolgt.

Da die handlungswirksamen Letzt-Gründe nicht immer offen zutage liegen, ist weder der Handelnde selbst noch der Betroffene und auch kein neutraler Beobachter eine irrtumsfreie Instanz. Die Gefahr der Selbst- und der Fremdtäuschung sowie die der irrtümlichen Zuschreibung werden aber erheblich vermindert, wenn man die Gründe der Art einer Person entnimmt, ihren Einstellungen, Grundhaltungen und Charaktereigenschaften, kurz: ihrer Persönlichkeit. Dann entsprechen die Gründe nicht den behaupteten oder den vermeinten, sondern den tatsächlich praktizierten Grundsätzen. Ihretwegen hat das Handeln eine gewisse Determination: Wer «von Grund auf» ehrlich ist, kann nicht anders, als nicht zu betrügen, wer einen hartherzigen Charakter hat, kann nicht anders, als gegen fremde Not gleichgültig sein. Allerdings liegt keine absolute Determination vor: Der Hartherzige kann sich erweichen lassen, bei wiederholtem Nachgeben sogar seinen Charakter ändern. Umgekehrt kann jemand, der bislang hilfsbereit war, hartherzig werden.

20.4 Universalisierung

Wegen ihres subjektiven Charakters sind Maximen als solche gegen den Gegensatz von Moral und Unmoral indifferent. Ein weiterer Schritt, das dritte Moment im Moralkriterium, benennt das fehlende Unterscheidungsmerkmal. Erneut zeigt sich jene Aufklärung zweiter Stufe, die reflexiv und zugleich selbstkritisch ist. Während Moralisten wie La Rochefoucauld mit dem Motto: «Unsere Tugenden sind meist nur bemäntelte Laster» gegen wahre Tugenden skeptisch sind, heben Moralphilosophen die demaskierende Moralkritik in eine Moralkritik zweiter Stufe auf. Im Wissen, daß es durchaus bemäntelte Laster, aber auch das Gegenteil, wahre Tugenden, gibt, suchen sie ein Kriterium, um die beiden verläßlich gegeneinander abzusetzen. Somit vermögen sie, wozu die schlichte Moralkritik außerstande ist, sie können im bunten Strauß von Maximen die moralischen von den unmoralischen Grundsätzen unterscheiden. Das Kriterium fungiert als ein Prüfungstest, den Maximen, um sich als moralisch auszuweisen, bestehen müssen, oder als ein Filter, der die moralischen Maximen durchläßt und die unmoralischen abfängt. Man kann das Kriterium auch mit dem Lackmustest vergleichen, der in der Chemie zuverlässig anzeigt, was eine Säure, was eine Base ist.

Das Kriterium ergibt sich aus dem Begriff der uneingeschränkten Verbindlichkeit. Weil dieser Begriff alle Einschränkung von Verbindlichkeit auf Besonderheiten eines Subjekts ablehnt, sind moralische Grundsätze, positiv gesagt, im strengen Sinn über-subjektiv und in diesem Sinn streng allgemein, nicht bloß generell, sondern sogar universal gültig. Das dritte und letzte Moment des Moralprinzips besteht in der strengen Verallgemeinerbarkeit der leitenden Handlungsgründe, in der Universalisierbarkeit der Maximen. Da das Muster für strenge Allgemeinheit im Gesetz, insbesondere dem Naturgesetz, besteht, kann man von einem allgemeinen (Natur-) Gesetz oder einer allgemeinen Gesetzgebung sprechen. Maximen, die den Test der Universalisierung bestehen, sind als moralisch, jene die beim Test durchfallen, als unmoralisch ausgewiesen.

Selbst vor- und außermoralische Maximen, etwa die Grundsätze mit allen Mitteln reich, berühmt oder mächtig zu werden, sind Regeln, nach denen man in recht unterschiedlichen Situationen agiert. Sie zeichnen sich also schon durch eine Allgemeinheit, in normativer Hinsicht aber erst relative Allgemeinheit aus. Der qualifizierte Zusatz «allgemein» im Kriterium «allgemeines Gesetz» besagt, daß die relative Allgemeinheit nicht genügt. Gefordert ist eine Steigerung zum Superlativ, zu jener engen und strengen Allgemeinheit, der Universalisierung, deren Muster das Naturgesetz abgibt. Der Test prüft also, ob sich die subjektive und relative Allgemeinheit einer Maxime als die strenge Allgemeinheit eines Naturgesetzes vorstellen lasse.

Die strenge Allgemeinheit kann man in drei Stufen prüfen. Sie beginnen jenseits der bloß momentanen und subjektiven Gültigkeit (Nullstufe) und führen von einer zwar noch subjektiven, aber übermomentanen, sogar gesamtbiographischen Gültigkeit (Stufe 1) über eine übersubjektive, gesamtsoziale (Stufe 2) zu einer schlechthinnigen Gültigkeit (Stufe 3). Erst dann erweist sich die zunächst bloß subjektive Maxime als ein objektives Gesetz, das für die Willensbestimmung jedes zu praktischer Reflexivität fähigen Wesens taugt:

Gemäß der ersten Stufe überlegt ein Subjekt, ob sein momentan geltender Grund sich zu einem Grundsatz eignet, aus dem heraus es nicht bloß hin und wieder handeln, sondern in einem großen Handlungsbereich sein ganzes Leben führen kann: Taugt der Grund zum Lebensgrundsatz, zur Maxime? Als zweites prüft man, ob sich die persönliche, subjektive Maxime zur Maxime vieler Menschen, insbesondere auch als Grundsatz für deren Zusammenleben eignet. Kann beispielsweise nicht bloß der «Täter» eines unehrlichen Versprechens, sondern auch sein Opfer «ein Recht auf Unehrlichkeit» anerkennen? Auf der dritten Stufe fragt man, ob der mittlerweile sozialfähige Lebensgrundsatz für die Menschen jedweder Kultur und Epoche gültig ist, selbst für Mitglieder anderer biologischer Gattungen, also für jene denkbaren «außerirdischen» Wesen, die ebenfalls die Fähigkeit zu praktischer Reflexivität besitzen.

Nach einem häufigen Mißverständnis fordere die Universalisierung, jede individuelle Persönlichkeit aufzugeben. Eine derartige Forderung sieht nach einem Plädoyer für den Zen-Buddhismus aus, der nach Auffassung einiger seiner Meister den Menschen auffordert, all seine Begierden zu überwinden; letztlich soll man sein Ich aufgeben. Zweifellos enthält das dahin führende Leben, «der heilige, achtfache Pfad», moralische Grundhaltungen wie das rechte Reden und rechte Handeln; er stellt also eine moralische Option dar. Allerdings bleibt zu klären, ob jemand, der auf dem achtfachen Pfad zur Rechtschaffenheit gelangt, tatsächlich sein Ich aufgibt. Der Test der Universalisierung verlangt es jedenfalls nicht. Er fordert lediglich, die eigene Persönlichkeit ausschließlich im Rahmen universalisierbarer, folglich moralischer Maximen zu entfalten.

Ebenso läßt sich die Befürchtung entkräften, die strenge Verallgemeinerung verlange, alle Momente von Tradition und Geschichte aufzugeben. Das Moralkriterium verlangt keine traditionsverachtende «Kulturrevolution», bietet aber ein Kriterium, um moralunverträgliche gegen moralverträgliche Traditionen abzugrenzen.

20.5 Folgenethik oder Diskursethik als Alternativen?

Zur hier entwickelten Willensethik sind zwei Alternativen beliebt: die Folgenethik und die Diskursethik. Die Folgenethik wird schon in einer Kant-nahen Form vertreten. Im Anschluß an Kants kategorischen Imperativ sehen nämlich Moralphilosophen wie Marcus Singer 1961 und Richard M. Hare 1963 das Moralkriterium in einer Verallgemeinerung von Handlungen: «Man sollte keine Handlung ausführen, deren allgemeine Ausführung schlechte Folgen hat.» Dieses Prinzip ähnelt aber nur auf den ersten Blick Kants Kriterium und dem hier entwickelten Moralprinzip. Der genauere Blick sieht zwei Unterschiede. Singer und Hare lassen eine folgenorientierte Verallgemeinerung vornehmen; sie vertreten daher eine Folgenethik (als Fremdwort: konsequentialistische bzw. teleologische Ethik), die die hier entwickelte rein rationale Universalisierung ablehnt. Außerdem beziehen sie sich weder auf den Willen noch auf die Maxime, vielmehr auf gewöhnliche Handlungen.

Vor allem der erste Unterschied gilt zwar in der Regel als Vorteil, während man der Pflichtenethik gern vorwirft, ihr seien die Folgen von Handlungen, folglich das Wohlergehen konkreter Menschen gleichgültig. Diesen Vorwurf kann die hier vertretene Pflichtenethik mit zwei einander ergänzenden Argumenten entkräften. Als erstes läßt sie Folgenüberlegungen durchaus zu, allerdings nur in einer bestimmten, handlungs*internen* Hinsicht. Für die Frage, wer und was die erforderliche Hilfe zu leisten verspricht, sind die Folgenüberlegungen nicht bloß zulässig, sondern sogar unverzichtbar. Unzulässig sind sie dagegen für das letzte Warum, für die entscheidende Antriebskraft. Ausgeschlossen sind handlungs*externe* Überlegungen der Art: «Was bringt mir die Hilfe ein?» Wer nur hilft, wo ein guter Ruf oder eine finanzielle Belohnung winken, ist von der Hoffnung auf Ehre und Lohn motiviert. Letztlich handelt er nicht hilfsbereit, sondern gewinnorientiert, vielleicht sogar ehrsüchtig oder geldgierig. Pflichtenethiken sind also folgenorientiert, aber nur in bezug auf handlungsinterne, nicht handlungsexterne Folgen.

Das moralische Bewußtsein stimmt damit überein. Hilfsbereit nennt es nicht jemanden, der fremde Not nur dann lindert, wenn es sich für ihn lohnt, sondern wenn er den Lohn bloß im Helfen sucht. Hier drängt sich die Unterscheidung von moralisch richtig und moralisch gut auf (s. Kap. 22.3): Wer einem Notleidenden aus irgendeinem Grund hilft, handelt moralisch richtig. Wer ohne ein anderes Interesse hilft, also *mit* Sympathie, aber nicht *aus* Sympathie, der handelt moralisch gut.

Nun könnte man die handlungsinterne Folgenüberlegung für trivial halten, und zwar genau deshalb, weil sie sich aus dem Begriff zweckgerichteten Handelns ergebe. Darauf kontert die Pflichtenethik mit dem zweiten Argument: Ihre Folgenüberlegung findet im Rahmen einer Maxime statt, der es nicht um einen beliebigen Zweck, sondern um genau den Zweck geht, der im angeblich vernachlässigten Wohlergehen konkreter Menschen besteht. Denn mit Hilfe des Universalisierungstestes erweist die Pflichtenethik eine Maxime als nicht universalisierbar, folglich unmoralisch, die gegen das Notleiden gleichgültig ist. Zugleich zeichnet sie den Gegensatz zur Gleichgültigkeit, die Hilfsbereitschaft, als moralisch aus. Der maßgebliche Philosoph der Pflichtenethik, Kant, erklärt in seiner systematischen Moralphilosophie, der *Tugendlehre*, in den Paragraphen 26–27, die Maxime des tätigen Wohlwollens, die praktische Menschenliebe, zur Pflicht aller Menschen gegeneinander. Und schon in der «Einleitung» (Abschn. IV und V. B) gilt das letzte Ziel des Wohlwollens, die Glückseligkeit anderer Menschen, als ein Zweck, der zugleich Pflicht ist.

Noch ein weiteres Argument spricht gegen den gewöhnlichen Gegensatz von Folgenethik und Pflichtenethik: Die einflußreichste Gestalt der Folgenethik, der Utilitarismus, enthält *à contre coeur* ein Pflichtmoment. Dieses tritt nicht etwa an nachgeordneter Stelle, sondern am moralphilosophisch entscheidenden Punkt, beim utilitaristischen Prinzip selbst, auf. Dessen Forderung, dem Wohlergehen aller Betroffenen zu dienen, beansprucht nämlich, in sich richtig oder sogar gut, jedenfalls schlechthin verbindlich zu sein. So wird sie zu einer moralischen Pflicht, also einem *deon* erklärt, das umfassend und zugleich grundsätzlich verbindlich und beides unabhängig von Folgenüberlegungen gültig sei. Die utilitaristische Pflicht gilt nicht nur dann, wenn der Handelnde sich zufällig in einer karitativen Hochstimmung sieht und für alle Betroffenen Liebe, Freundschaft oder Mitleid empfindet, er darüber hinaus einen Überfluß von Zeit und Geld hat. Im Gegenteil wird sie als von solchen Motiven und Situationsbedingungen unabhängig, mithin als unbedingt verbindlich, folglich als ein kategorischer Imperativ betrachtet. Stillschweigend nimmt man sogar an, die utilitaristische Pflicht sei erstens für eine gesamte Biographie, zweitens im Zusammenleben und drittens auch für nichtmenschliche, gleichwohl moralfähige Wesen gültig. Man hält also die Pflicht für im strengen Sinn universalisierbar.

Aus dieser Sachlage folgt, daß teleologische und deontologische Ethiken sich nicht ausschließen müssen. Die Frage, ob der höchste moralische Grundsatz im Singular (so im Utilitarismus) oder im Plural auftritt (die übliche Pflichtenethik), ist hier von sekundärer Bedeutung. Wichtiger ist, daß die Ethik sinnvoller-, sogar notwendigerweise in der Begründung deontologisch ist, teleologisch dagegen in bezug auf die «Anwendung» der Grundsätze auf bestimmte Lebensbereiche und konkrete Situationen. Dabei läßt eine primär deontologische Ethik nur handlungsinterne, eine weitgehend teleologische Ethik auch handlungsexterne Folgenüberlegungen zu – dann allerdings zum Preis, daß sie nur das moralisch richtige, nicht das moralisch gute Handeln trifft.

Die andere Alternative der hier entwickelten Willensethik, die Diskurs- oder Konsensethik, ist vor allem im deutschen Sprachraum beliebt.

Außerhalb der professionellen Moralphilosophie, bei Sozial- und Rechtswissenschaftlern, auch in der gebildeten Öffentlichkeit hat sie geradezu den Rang der Haupt- und Standardtheorie erreicht, den ihr nur «unverbesserliche Utilitaristen» abstreiten. Nach der Diskursethik läßt sich das Moralische ohne den Anspruch auf interpersonale Begründbarkeit nicht dingfest machen. Als moralisch gilt lediglich ein Handeln, das beansprucht, von anderen als richtig und gut gebilligt werden zu können.

Schaut man sich die Diskursethik näher an, so fallen idealtypisch gesehen zwei unterscheidbare Formen auf. Entweder gilt das historisch-faktische Miteinanderreden und -überlegen, die reale Kommunikation, als höchstes normatives Kriterium. Oder man sieht es in einem Diskurs unter besonderen Bedingungen, im idealen bzw. idealisierten Diskurs. Die moralphilosophisch ernstzunehmenden Theorien gehören allesamt zur zweiten Gruppe. Da sie sich einer ausdrücklichen oder stillschweigenden Kritik an Theorien des realen Diskurses verdanken, gehen wir von diesen aus. Eines ist freilich beiden Theoriegruppen gemeinsam. Unter dem «Diskurs» verstehen sie nicht gewöhnliche Debatten, sondern Begründungsdebatten, hier über moralische Prinzipien.

Gegen den realen Diskurs als höchstes Kriterium spricht die Erfahrung, daß nicht jedes Miteinanderreden und -überlegen zu einer Übereinstimmung, einem Konsens, führt. Selbst wenn bei allen der Wille vorherrscht, einen Streit über Normen diskursiv zu lösen, können die vertretenen Grundsätze so radikal verschieden und zugleich in ihrer Verschiedenheit so tief verwurzelt sein, daß eine Einigung faktisch unmöglich wird. Außerdem steht das Handeln oft unter einem Entscheidungszwang, der keine Zeit läßt, so lange miteinander zu diskutieren, bis sich alle ausnahmslos auf gemeinsame Grundsätze geeinigt haben.

Ferner gilt die Einigung zunächst nur für die Beteiligten. Selbst dort, wo jedermann zum Diskurs eingeladen ist wie bei einigen afrikanischen Stämmen oder in den schweizerischen Landsgemeinden, ist nicht jeder Betroffene auch beteiligt. Solange es Geisteskranke, Pflegefälle, vor allem auch Neugeborene und Kleinkinder gibt, existieren Personengruppen, die ihre eigenen Interessen und Vorstellungen nicht unmittelbar angemessen zu Gehör bringen.

Die Kritik geht noch weiter: Der reale Diskurs taugt selbst dann nicht zum höchsten Moralprinzip, wenn es erstens zu einer Einigung kommt, sie zweitens rechtzeitig gefunden wird und drittens alle Betroffenen beteiligt sind. Denn in bezug auf Informationsstand, Auffassungsgabe und intellektuelle Lernfähigkeit, in bezug auf Konzentrationsfähigkeit, Beharrlichkeit sowie argumentativ-rhetorische Fähigkeit gibt es zu große Unterschiede, als daß die tatsächliche Einigung in dem Minimalsinn als vernünftig gelten kann, daß im erzielten Ergebnis alle Beteiligten gleicherweise berücksichtigt sind. Auch in einer diskursiven Beratung entscheidet nicht immer das bessere Argument.

Weiterhin ist der reale Diskurs sowohl durch Oberflächenverzerrungen, durch Selbsttäuschung über eigene Interessen, Irrtümer über Tatbestände, voreiliges Urteilen und emotionale Barrieren, als auch durch Tiefenverzerrungen, durch strukturelle Vorurteile, ideologische Befangenheit oder psychische Erkrankungen, bedroht. Man mag zwar einwenden, auch das Handeln nach moralischen Maximen sei diesen Gefahren ausgesetzt. Der Diskurs soll aber das Moralkriterium sein; er will also primär nicht die Maxime, sondern den Universalisierungstest ersetzen, der aber als ein rein rationales Verfahren den genannten Gefahren im Prinzip enthoben ist.

Schließlich kann der reale Diskurs durch bewußte Täuschungen, durch Lüge und Betrug, und durch Gewalt oder Gewaltandrohung bestimmt sein, durch Elemente also, die der Aufgabe einer Moralbegründung offensichtlich widersprechen.

Wegen dieser und weiterer Schwierigkeiten gehen umsichtige Diskursethiker nicht von einem realen, sondern dem idealen Diskurs aus. Nicht jede naturwüchsig erzielte Übereinstimmung zählt, sondern nur die unter idealen Bedingungen zustandekommende. Die Bedingungen werden freilich unterschiedlich bestimmt. In John Rawls' Vertragstheorie wird die Übereinkunft hinter einem Schleier der Unwissenheit bezüglich persönlicher und gesellschaftlicher Randbedingungen gesucht. Jürgen Habermas geht von einer idealen Sprechsituation, der herrschaftsfreien Kommunikation mit einer mehrfachen Chancensymmetrie, aus. Karl-Otto Apels kommunikative Ethik mit ihrem Apriori der unbegrenzten Kommunikationsgemeinschaft erklärt zur ethischen Basisnorm die Anerkennung aller Ansprüche, die andere erheben, sofern sie die Ansprüche argumentativ rechtfertigen können. Und die konstruktivistische Ethik der «Erlanger Schule» unterstellt, daß alle Betroffenen auch Teilnehmer der Beratung sind und sich von einem kommunikativen Interesse, dem Interesse an Konfliktbewältigung, leiten lassen.

Mit derartigen Bedingungen wird der Diskurs Vorbedingungen oder Strukturmerkmalen unterworfen. Legitimationstheoretisch gesehen haben sie die Bedeutung von normativen Grundprinzipien, die der Diskurs, um als Moralkriterium zu taugen, vorab zu erfüllen hat. Die Vorbedingungen heben aus der Fülle möglicher Diskurse die «wahren» von den «falschen» ab und erklären nur die wahren Diskurse, jene, die die genannten Vorbedingungen erfüllen, zum Moralkriterium. Eine Kritik braucht daher die Vorbedingungen nicht im einzelnen zu überprüfen, denn unabhängig davon befinden sich die Theorien in einem Zirkel: Für die selbstgestellte Aufgabe, ein Moralkriterium, das alle Grundsätze auf ihre moralische Gültigkeit oder Nichtgültigkeit prüfen soll, setzen sie einen Teil der doch erst zu prüfenden Grundsätze als schon gültig voraus. Moralische Elemente, für die allererst ein Maßstab gesucht wird, gehen in die Definition eben dieses Maßstabes als Vorbedingungen und Strukturmerkmale bereits ein.

Mehr noch: Die Theorien beruhen nicht nur auf einem Zirkel. Die den idealen Diskurs definierenden Elemente stellen sogar jene fundamentalen *Grund*sätze dar, die den sachlich ersten Gegenstand einer philosophischen Moralbegründung bilden. Ausdrücklich oder unausdrücklich bedeuten sie nämlich, daß Leib und Leben der Diskursteilnehmer als unverletzlich gelten; daß man bewußt und freiwillig, also ohne gegenseitigen Zwang, die Übereinstimmung sucht; daß man sich dabei nicht gegenseitig belügt und betrügt usw. Nicht beim Diskurs unter idealen Vorbedingungen liegt die erste Aufgabe, sondern beim Maßstab zur Begründung eben dieser Vorbedingungen.

Weil der Diskurs nur unter bestimmten Bedingungen zum Moralkriterium taugt, die Bedingungen aber nicht mehr den Gegenstand, sondern die Voraussetzung des Diskurses, seine Präjudizien, bilden, hat die Moralbegründung radikaler anzusetzen. Sie muß mit einer Begriffsanalyse des Moralischen, des schlechthin höchsten Guten, beginnen und von dort aus den Maßstab aller Moral gewinnen. Sodann muß sie mit Hilfe dieses Maßstabes Grundsätze bestimmen, die für einen idealen Diskurs taugen. Weil der Schutz von Leib und Leben im Gegensatz zur Gewalttätigkeit oder die Ehrlichkeit im Gegensatz zu Lüge und Betrug verallgemeinerungsfähige Grundsätze darstellen, gehen sie zu Recht als Vor-Entscheidungen, als Präjudizien, in den idealen Diskurs ein. Allerdings ist dann nicht mehr der ideale Diskurs selbst das höchste Moralprinzip, sondern der Maßstab seiner Idealität, die Universalisierbarkeit der Maximen.

Das zum Diskurs alternative Prinzip beinhaltet keinen Einigungsprozeß geschichtlich handelnder und verhandelnder Personen, weder einen Einigungsprozeß unter realen noch einen unter idealen Bedingungen. Es fordert vielmehr zu einem Gedankenexperiment auf, in dem die Bedingungen eines idealen Diskurses zuallererst legitimiert werden: Nicht im realen oder idealen Diskurs liegt der höchste Maßstab, sondern in diesem Gedankenexperiment, das übrigens jeder für sich selbst durchzuführen vermag. Und über dieses Vermögen verfügt der Mensch nicht so nebenbei. Es zeichnet ihn als moralisches Subjekt aus, das trotz intersubjektiver Vernetzung wesentlich selbst und allein verantwortlich ist. Die schulmäßige Präsentation der Universalisierung obliegt zwar dem Moralphilosophen, nicht dem moralischen Subjekt. Dieses beherrscht aber die Grundaufgabe, Maximen zu folgen, die für jedermann im betreffenden Lebensbereich gültig sein können.

Wegen der Gültigkeit für jedermann lassen sich die Maximen interpersonal begründen. Wo liegt dann noch ein Unterschied? Er ist dreifacher Natur: (1) Legitimationstheoretisch liegt der Vorrang bei der Universalisierbarkeit; sie schließt die interpersonale Begründbarkeit als eine (logische) Folge ein. (2) Die Ethik universalisierbarer Maximen legt Wert auf zwei Stufen, auf die Steigerung des moralisch Richtigen zum moralisch Guten (s. Kap. 22.3). (3) Die Universalisierbarkeit von Willensgrundsätzen, den Maximen, läßt zu, was Diskursethiken in der Regel bestreiten: Pflichten des Menschen gegen sich. (Zur Kritik der Diskurstheorien s. schon Höffe ^{2}1985, Kap. 9; ^{3}1995, Kap. 12–13; ^{5}2000, Kap. 8–9.)

21. Der Universalisierungstest: zwei Beispiele

Erläutern läßt sich der Universalisierungstest an zwei miteinander verwandten, seit Kant viel erörterten Beispielen, dem falschen, das heißt unehrlich abgegebenen Versprechen und dem Leugnen eines Depositums.

Zunächst eine Vorbemerkung. Kant unterscheidet im Universalisierungstest zwei Stufen, das Nichtdenkenkönnen und das Nichtwollenkönnen. Auf beiden Stufen wird der Universalisierungstest aus dem Gegenteil heraus (e contrario) und zugleich rein rational, ohne Blick auf Folgen und auf Erfahrung, vorgenommen. Im Rahmen der Pflichten gegen andere entspricht das strengere Nichtdenkenkönnen dem Moralanteil, dessen Anerkennung die Menschen einander schulden. Es ist die Rechtsmoral oder Gerechtigkeit, die beispielsweise Töten, Stehlen und Betrügen verbietet, denn sie lassen sich nicht als allgemeine Naturgesetze widerspruchsfrei denken. Die moralphilosophische Tradition spricht auch von vollkommenen Pflichten und meint damit zweierlei: der Verpflichtungsart (Modalität) nach das Geschuldetsein und der Reichweite nach eine ausnahmslose Gültigkeit. Infolgedessen treten die Pflichten als Verbote auf: Sonderfälle wie Notwehr ausgenommen, sind Töten, Stehlen und Betrügen nicht bloß meistens, sondern immer unzulässig.

Auf der anderen, bescheideneren Stufe, dem Nichtwollenkönnen, steht die Tugendmoral mit ihrer verdienstlichen Mehrleistung. Sie gebietet etwa Hilfsbereitschaft und Wohltätigkeit. Man kann sich nämlich eine Natur vorstellen, in der endliche, daher auch hilfsbedürftige Vernunftwesen sich in Notlagen nie gegenseitig helfen. Im Wissen, selber in Not geraten zu können, kann ein Vernunftwesen aber eine derartige Natur nicht wollen. Die zugehörigen Pflichten heißen unvollkommen, erneut in beiden Hinsichten: Der Modalität nach gehören sie nicht zur geschuldeten Moral, sondern zum verdienstlichen Mehr; und in der Reichweite treten sie als Gebote auf, die den Menschen auf eine Grundhaltung wie die Hilfsbereitschaft verpflichten, ohne zu verlangen, in jedem Einzelfall von Not, diese lindern zu müssen.

Die Frage, ob diese Unterscheidungen von vollkommener und unvollkommener Pflicht, von Rechtspflicht und verdienstlicher Mehrleistung, sinnvoll sind, kann hier dahingestellt bleiben. Beide Beispiele, die im folgenden erörtert werden, fallen unter das strengere Kriterium, das Nichtdenkenkönnen.

21.1 Versprechen

So wiederholt Kant das falsche Versprechen als nicht universalisierbar behauptet, so sparsam ist er in der Begründung. In der *Grundlegung* wird der Nachweis nur in einem Halbsatz angedeutet: «indem niemand glauben würde, daß ihm was versprochen sei, sondern über alle solche Äußerungen als eitles Vorgeben lachen würde» (IV 422; «eitles Vorgeben» heißt hier soviel wie «vergebliches Vortäuschen»). Weil Kant das Argument nicht genauer ausführt, hat er vielen Mißverständnissen Vorschub geleistet. (Ausführlicher in Höffe ³2000.)

Kann ein falsches Versprechen nicht als universalisierbar gedacht werden, so muß es, zum allgemeinen (Natur-) Gesetz gemacht, sich selbst widersprechen. Der Widerspruch beim Universalisierungsversuch ist also im falschen Versprechen selbst, in der Verbindung von «Versprechen» mit «falsch» (im Sinne von «unehrlich»), nicht erst in zusätzlichen handlungsexternen Folgen zu suchen. Wo kann der Widerspruch liegen? Wer ein Versprechen abgibt, geht eine Selbstverpflichtung ein. Im Fall des falschen Versprechens geht er sie aber in der Absicht ein, sie nicht zu halten. Infolgedessen behauptet er eine Selbstverpflichtung, die zugleich keine Selbstverpflichtung ist.

In der *Grundlegung* untersucht Kant die Teilmenge falschen Versprechens, bei der man nicht etwa gegen sich unehrlich ist, sondern einen anderen belügt; es geht um die Verletzung einer Pflicht gegen andere. Abgegeben wird die Lüge in einer finanziellen Notlage mit dem Zweck, sich aus der Not mittels fremden Eigentums zu befreien. Es handelt sich um eine Vermögensschädigung durch Täuschung und in Absicht der Bereicherung, also um einen Bereicherungs- und zugleich Schädigungsbetrug. (Falls die Vermögensschädigung gering, zusätzlich die Not ausnehmend groß ist, mag ein Notbetrug vorliegen.) Am Beispiel des falschen Versprechens erörtert Kant nicht bloß, ob es ein moralisches *Recht* zu lügen gibt. Denn sollte ein falsches Versprechen widerspruchsfrei als universalisierbar gedacht werden können, so wäre es moralisch erlaubt, was sich auf ein moralisches Recht beliefe, das wohl schwerlich zu verteidigen ist, auf ein Recht auf Unehrlichkeit. Kant fragt mitlaufend auch, ob jemand seine Not mit allen Mitteln, selbst mit Betrug, überwinden darf.

Der Nachweis, daß nicht alle Mittel moralisch zulässig sind, setzt ein Argument voraus, einen semantischen Vorschritt, der die Glaubwürdigkeit als Definitionselement des Versprechens ausweist. Dabei dürfen empirische Elemente vorkommen, ohne daß der dem Universalisierungstest eigentümliche rein rationale Charakter beeinträchtigt würde. Im Gegenteil tritt das charakteristische Zusammenspiel von (eventuell) erfahrungsbestimmten Anwendungsbedingungen und erfahrungsunabhängiger Moral zutage: Daß der Mensch sein Wort geben, also etwas versprechen kann und daß er dabei ehrlich oder unehrlich zu sein vermag, hat eine Fülle von Voraussetzungen, die man großenteils aus der Erfahrung kennt. Dasselbe trifft auf den Vorteil zu, daß das Versprechen eine soziale Institution ist, die durch die Koordination des eigenen Handelns mit dem anderer die Chance zu einem allseits vorteilhaften Miteinanderleben bietet. Daß aber angesichts der Alternative «ehrliches oder betrügerisches» Versprechen die zweite Option unmoralisch ist, läßt sich letztlich allein erfahrungsunabhängig, also rein rational bestimmen. Die Erfahrungsunabhängigkeit trifft primär für den Verpflichtungsgrund der Ehrlichkeit zu; sie gilt sekundär für das vorphilosophische Moralbewußtsein, das natürliche Pflichtbewußtsein; und dafür bietet tertiär die philosophische Ethik mit dem Universalisierungstest eine nachträgliche Vergewisserung an.

Der *semantische Vorschritt* berücksichtigt den Umstand, daß zwei alternative Rechtfertigungsstrategien denkbar sind. Die erwähnte, etwa von Singer und Hare vertretene empirisch-pragmatische Universalisierung ist sich mit der anderen, streng rationalen Rechtfertigung darin einig, daß zu einem Versprechen die Glaubwürdigkeit hinzugehört. Der Unterschied beginnt bei der Art der Zugehörigkeit. Nach der rein rationalen Universalisierung gehört die Glaubwürdigkeit zum «Begriff derjenigen Handlung an sich selbst» (*Grundlegung*, IV 402), mit der der Notleidende seine Geldnot zu überwinden sucht; sie ist ein Definitionselement der Institution «Versprechen». Nach ihrem empirisch-pragmatischen Kontrahenten spielt die Glaubwürdigkeit erst bei der Zusatzfrage eine Rolle, warum man sich auf die Institution einlassen solle. Die Folge dieses Unterschieds: In der ersten Strategie ist die Aufhebung des Versprechens eine dem falschen Versprechen handlungsinterne, in der zweiten eine handlungsexterne Folge.

Noch wichtiger ist eine weitere Differenz: In der empirisch-pragmatischen Legitimation geht es um die Glaubwürdigkeit *tout court*, in der rein rationalen Legitimation lediglich um deren subjektiven bzw. personalen Aspekt, die Ehrlichkeit. Die Kontroverse beginnt jedenfalls nicht erst bei der Art der Universalisierung – empirisch-pragmatisch oder rein rational –, sondern schon beim Versprechensbegriff:

Wer mittels Versprechen seine finanzielle Not zu beheben sucht, will rein begrifflich kein Geschenk, sondern ein Darlehen. Zu diesem gehört die Bereitschaft, das Geld später zurückzuzahlen, rein begrifflich hinzu. Das Geldleihen ist ein Geschäft auf Wechselseitigkeit, ein Tausch, also ein beiderseitiges Nehmen und Geben, das nur dann stattfindet, wenn Gläubiger und Schuldner je auf ihre Weise objektiv gesehen zahlungsfähig und subjektiv betrachtet zahlungsbereit sind.

Nun gibt es verschiedene Arten, sich Geld zu leihen. Nach einem zweiten, jetzt «spezifischen» Begriffselement handelt es sich beim Entleihen auf Versprechen im Unterschied zu einem Entleihen auf Pfand um den Sonderfall eines Tausches, bei dem die Wechselseitigkeit in Zeitverschiebung, allerdings nicht ausschließlich in Zeitverschiebung geschieht. Selbst beim pfandlosen Darlehen gibt es eine simultane Wechselseitigkeit, die aber auf verschiedenen Ebenen stattfindet. Beim pfandlosen Darlehen, dem bloßen Versprechen, hinterlegt man keine materielle Sicherheit, vielmehr verpfändet man sein Wort. Am Ende soll der Tausch freilich auf derselben, finanziellen Ebene erfolgen. Denn zur Aufnahme des Darlehens gehört eine Bereitschaft, die im Versprechen förmlich erklärt wird: die Bereitschaft zur Rückzahlung.

In der charakteristischen Situation, daß zunächst nur die eine Seite gibt und die andere Seite nimmt, bezweckt das bloße Wort («ich verspreche, daß p») eine zweifache Glaubwürdigkeit. Die erste, «propositionale Glaubwürdigkeit» (« ... daß p») erstreckt sich auf den Inhalt des Versprechens und bedeutet eine doppelte Kreditwürdigkeit: objektiv, nach der zu erwartenden Zahlungsfähigkeit und subjektiv nach der am Zahlungstermin zu erwartenden Zahlungsbereitschaft. Über die Glaubwürdigkeit entscheidet aber nicht allein die Kreditwürdigkeit, sondern auch die zweite, die «sprachpragmatische Glaubwürdigkeit», daß die Äußerung «ich verspreche, daß...» ehrlich gemeint ist, also tatsächlich für den Vorsatz steht, das Versprechen einzuhalten.

Von beiden Seiten der Glaubwürdigkeit, der propositionalen Kreditwürdigkeit und der sprachpragmatischen Ehrlichkeit, beschränkt sich die rationale Universalisierung auf die zweite Seite, was von der empirisch-pragmatischen Perspektive aus nicht gesehen wird. Um mittels Versprechen sein Handeln mit dem anderer koordinieren zu können, braucht es nämlich beide Glaubwürdigkeiten, womit in der empirisch-pragmatischen Strategie der genaue Grund für den Glaubwürdigkeitsverlust unerheblich wird. Die Frage, ob die Menschen mangels prospektiver Intelligenz künftige Schwierigkeiten generell unterschätzen und sie deshalb trotz bester Absicht viele Versprechen nicht einhalten, ist diesem Legitimationstyp genauso wichtig wie die andere Frage, ob es schon an guter Absicht, eben an Ehrlichkeit, fehlt. Zwar könnte man die sprachpragmatische Glaubwürdigkeit des Bittstellers für in höherem Maß objektiv grundlegend ansehen und ihr in der empirisch-pragmatischen Legitimation den Vorrang einräumen wollen. Dort nämlich, wo das Versprechen nicht ehrlich gemeint sei, entfalle die Rückzahlung trotz gegebener Kreditwürdigkeit. In manchen Fällen, etwa bei Kindern, ist aber die andere Seite, die Kreditwürdigkeit, wichtiger.

Streng genommen kommt es der Moral auf die Ehrlichkeit sogar nicht nur vorrangig, sondern ausschließlich an. Denn ihr geht es um das Handeln, wofür der Mensch verantwortlich sein kann. Das ist nicht ein künftiges Ereignis – dieses steht nur teilweise in unserer Macht –, sondern etwas, das im Heute über das Morgen mitentscheidet: der jetzige Vorsatz. Genau diese Seite wird am Versprechen hervorgehoben, wenn man die propositionale Glaubwürdigkeit beiseite läßt und sich allein mit der sprachpragmatischen Glaubwürdigkeit befaßt. Wer weder untersucht, ob das Versprechen erfüllbar oder unerfüllbar ist, noch, ob es von einer verläßlichen oder aber «vergeßlichen» Person herkommt, wer lediglich fragt, ob das Versprechen ehrlich oder aber unehrlich abgegeben wird, thematisiert im Versprechensbegriff das willensethisch entscheidende, sogar allein relevante Element.

Nachdem die Ehrlichkeit als das moralisch relevante Element bestimmt ist, kann man zum *rationalen Hauptschritt* übergehen und endlich den Widerspruch rekonstruieren. Das Motiv für die Unehrlichkeit liegt auf der Hand: Im Wissen, nicht zurückzahlen zu können, will der Notleidende trotzdem Geld erhalten. Dagegen spricht, so ein *erster*, noch ohne die Universalisierung operierender Rekonstruktionsversuch: Auf diese Weise wird das Geldentleihen zu einem Geldgeschenk umfunktioniert, wozu aber der Geldverleiher per definitionem des Verleihens statt Schenkens nicht bereit ist. Das «Umfunktionieren» geschieht gegen seinen Willen, bringt ihn außerdem um sein Eigentum; das unehrliche Versprechen läuft auf einen Diebstahl hinaus. Nach diesem Rekonstruktionsversuch erscheint das falsche Versprechen zwar als eine Pflichtverletzung. Das entsprechende Argument kommt jedoch ohne den Begriff der Ehrlichkeit aus; es trifft nicht den moralischen Kern.

Der *zweite* Rekonstruktionsversuch hält zunächst fest, daß in der Welt, in der wir leben, beide Optionen, sowohl das ehrliche als auch das unehrliche Versprechen, real möglich sind und tatsächlich vorkommen. Weil der Gläubiger nicht «ins Herz» des Schuldners blicken und dessen wirklichen Vorsatz feststellen kann, bleibt im Einzelfall ungewiß, welche der beiden Möglichkeiten zutrifft. Wer daher das Risiko scheut, verschließt sich einem bloßen Wort und verleiht sein Geld nie ohne ein ausreichendes Pfand. Wer dagegen zum Risiko bereit ist, läßt sich durch entsprechende Zinsen honorieren, hofft ansonsten auf die Ehrlichkeit und geht auf ein pfandloses Darlehen ein. In der realen Welt sind jedenfalls Versprechen nicht rundum unglaubwürdig; das Vertrauen aufs bloße Wort ist eine «rationale» und keine in sich widersprüchliche Option.

Anders sieht es dort aus, wo für das Versprechen – jetzt mit Universalisierungstest – ein Naturgesetz der Unehrlichkeit gilt. In dieser gedanklich vorgestellten, hypothetischen Welt meint jeder, der etwas verspricht, gar nicht, was er verspricht. Die vom Versprechen begriffsintern bezweckte sprachpragmatische Glaubwürdigkeit wird durch das Gesetz der Unehrlichkeit zurückgenommen, und zwar nicht bloß gelegentlich, sondern grundsätzlich. Genau darin liegt der beim Universalisierungsversuch auftauchende Widerspruch: Der begriffsinterne Zweck der pragmatischen Glaubwürdigkeit wird durch die zum Gesetz gewordene Unehrlichkeit prinzipiell unmöglich, was auf eine sprachpragmatische Unmöglichkeit oder einen sprachpragmatischen Widerspruch hinausläuft. In Kants pointierter Zusammenfassung: «es kann nicht mit der Allgemeinheit eines Naturgesetzes bestehen, Aussagen für beweisend und dennoch als vorsätzlich unwahr gelten zu lassen» (*Kritik der praktischen Vernunft*, V 44).

Im Sinne einer Teilmenge, die unter das Gesetz fällt, kann der Bittsteller seinen speziellen Zweck, die Befreiung aus finanzieller Not mittels Versprechen, nicht erreichen. In der vom Gesetz der Unehrlichkeit regierten Welt *weiß* der Gläubiger, daß die Äußerung «ich verspreche, daß...» nicht meint, was sie sagt. Die Hoffnung, auf einen «ehrlichen Schelm» zu treffen, ist zerstört, so daß tatsächlich eintritt, was Kant in der *Grundlegung* behauptet: daß «niemand glauben würde, daß ihm was versprochen sei, sondern über alle solche Äußerungen als eitles Vorgeben», nämlich vergebliches Vortäuschen, «lachen würde» (IV 422). In einer Naturordnung, die das Abgeben, den Sprechakt des Versprechens, mit dessen Unehrlichkeit verbindet, ist selbst für den risikobereiten Gläubiger das Vertrauen auf ein Versprechen keine rationale Option. Allein aus diesem Grund und nicht erst wegen zusätzlicher empirisch-pragmatischer Überlegungen wird der generelle Zweck, einen Geldgeber zu finden, unmöglich. A fortiori verschwindet der spezielle Zweck, die Befreiung aus der finanziellen Not.

Die Frage, ob die Unmöglichkeit eines pfandlosen Geldleihens wichtige Chancen zu einer allseits vorteilhaften Kooperation vernichtet, sie deshalb dem gemeinsamen Wohl schadet, entscheidet sich in einer handlungsexternen, deshalb relativ zum Versprechensbegriff empirisch-pragmatischen, genauer sozialpragmatischen (utilitaristischen) Überlegung. Die strenge Verallgemeinerung kann auf sie verzichten, da sie ihr Beweisziel vorher erreicht; das Versprechen ist als eine Pflichtverletzung schon ausgewiesen.

Wer sich die Sache genau anschaut, sieht sogar, daß die empirisch-pragmatischen Überlegungen für die Frage nach der moralischen Erlaubnis falscher Versprechen nicht nur unnötig sind; sie führen sie auch auf keinen Widerspruch. Denn eine Welt, in der man aufgrund enttäuschter Erwartungen keinem Versprechen traut, mag höchst unbequem sein; logisch unmöglich ist sie nicht. Selbst wenn man den Extremfall annimmt, daß die Menschen, weil sie zu häufig Unehrlichkeit erfahren, nicht mehr miteinander reden, sie ohne Rede aber gar nicht existieren können, wenn also eine Welt enttäuschter Erwartungen schließlich zu einer Welt ohne Menschen würde, fände sich nichts Denkunmögliches. Eine Gesellschaft, die die Institution des Versprechens nicht anerkennt, ist nur töricht; wer ein falsches Versprechen abgibt, dagegen unmoralisch.

Man könnte den Widerspruch auch als Anti-Trittbrettfahrerargument formulieren: Der unehrlich Versprechende erwartet vom anderen die Ehrlichkeit, die er selbst nicht zu geben bereit ist. Der Bittsteller wird nämlich nur dann aus seiner Not befreit, wenn er vom Gebetenen ehrlich behandelt wird und weder eine Zusage erhält, die gar nicht ernst gemeint ist, noch eine Zusage, die die Übergabe gefälschten, folglich wertlosen Geldes beinhaltet.

Wird das Fehlen der anderen, propositionalen Seite in der Glaubwürdigkeit zum Gesetz verallgemeinert, ergibt sich, so scheint es, dieselbe Konsequenz: Das pfandlose Geldverleihen entfällt als eine rationale Option. In der Tat wird in einer hypothetischen Welt, in der der Gläubiger weiß, daß ein Versprechen zwar ehrlich gemeint ist, aber wegen Zahlungsunfähigkeit oder Zahlungsvergeßlichkeit nie eingehalten wird, die Hoffnung aufs Zurückzahlen zunichte. Die entsprechende Erwartung entfällt aber nicht deshalb, weil eine zum Gesetz erhobene Maxime widersprüchlich ist.

Werfen wir am Ende dieses Rekonstruktionsvorschlages einen Blick auf die Reichweite der e contrario legitimierten Pflicht: Die im Beispiel begründete Pflicht beschränkt sich nicht auf diesen Spezialfall, auf die Ehrlichkeit beim Geldleihen, sie erstreckt sich auf die Ehrlichkeit insgesamt. Außerdem ist das Ehrlichkeitsgebot für alle Wesen gültig, die ihr Wort geben können und dabei der Alternative «ehrlich oder aber unehrlich» ausgesetzt sind. In Übereinstimmung mit unseren moralischen Intuitionen sagt Kant, «daß das Gebot: du sollst nicht lügen, nicht etwa bloß für Menschen gelte, andere vernünftige Wesen sich aber nicht daran zu kehren hätten» (*Grundlegung*, IV 389).

In der Diskussion um die Erlaubtheit falschen Versprechens gibt es zwei Kontrahenten. Mit dem Primärgegner streitet man sich auf der Objektebene, der Moral, mit dem «Sekundärgegner» auf der Metaebene, der Theorie der Moral. Gegen den Primärgegner, der sich aus Selbstinteresse Ausnahmen anmaßt, wird gezeigt, daß die Ausnahme, die Unehrlichkeit in Notsituationen, moralisch unzulässig ist, da sich die Unehrlichkeit nicht als ein Naturgesetz denken läßt. Mit seinen Sekundärgegnern, die eine empirisch-pragmatische Verallgemeinerung verteidigen, kann man sich auf den Begriff des Versprechens einigen: «Versprechen» heißt, «sein Wort verpfänden», auch darauf, daß der allgemeine Zweck des Versprechens von der Glaubwürdigkeit abhängt und die Unehrlichkeit ihr zuwiderläuft. Uneinig ist man sich jedoch über die Art des Wissens, durch das man den Widerspruch erkennt. Nach der regelutilitaristischen Frage: «Was bedeutet es für das Allgemeinwohl, wenn jeder so handelte?» liegt ein empirisches, überdies (sozial-) pragmatisches, nach der strengen Verallgemeinerung jedoch ein vorempirisches Wissen vor.

Wer wissen will, wie er sich bei einem Geldverleiher ein unverdientes Vertrauen erschleicht, braucht «Scharfsinn» und «Erfahrung im Weltlauf». Ebenso braucht er Erfahrung, um zu wissen, ob er sich aus der Notlage mit Geld oder aber anders befreien kann. Dagegen braucht es die Erfahrung nicht mehr, um zu wissen, daß ein falsches Versprechen zwei begriffsinterne, aber unverträgliche Zwecksetzungen beinhaltet. Deshalb mag, wer ein unehrliches Versprechen als illegitim ausweisen will, den Umweg über empirisch-pragmatische Überlegungen nehmen. Dieser Umweg ist jedoch überflüssig; mehr noch: er verfehlt den eigentlichen Punkt, daß die Maxime, als ein Naturgesetz gedacht, *in sich* widersprüchlich ist. Infolgedessen geht der ethische Grundlagenstreit zwischen empirisch-pragmatischen, insbesondere (regel-)utilitaristischen und streng rationalen Ethiken zugunsten der rationalen aus.

21.2 Depositum

Das zweite Beispiel für den Universalisierungstest ist der Philosophie seit Platon bekannt (*Politeia* 333 b–d). Auch Kant nimmt es sich vor (*Kritik der praktischen Vernunft*, § 4 Anm.). Er wird aber von Hegel in einer Weise kritisiert (z. B. *Phänomenologie*, Abschnitt «Die gesetzgebende Vernunft»), die Generationen von Hegelianern ermächtigt, Kants Moralphilosophie zurückzuweisen. Erneut ist die Verallgemeinerung e contrario zu prüfen. Man zeige, daß die der Moral widersprechende Maxime, beim Depositum: die einer Habsucht, die sich mit allen sicheren Mitteln zu bereichern sucht, nicht verallgemeinerungsfähig ist.

Beginnen wir mit dem *semantischen Vorschritt*: Seit dem Römischen Recht bedeutet das Depositum eine bewegliche Sache, die jemandem zur Aufbewahrung übergeben ist. Der Rechtsakt der Übergabe heißt «pactum depositi» oder Verwahrungsvertrag und ist von der zur Verwahrung gegebenen Sache, dem Depositum, verschieden. Da eine Verwahrung ohne Beleg selten vorkommt, kann man sich als Alternative die Unterschlagung eines ungünstigen Testaments vorstellen.

Als nächstes ist zu sehen, daß Kant nicht irgendeine Unterschlagung eines Depositums, sondern lediglich jene erörtert, die die Habsucht mit Klugheit verbindet. Dort, wo der «Eigentümer», wie es bei Kant heißt, «verstorben ist und keine Handschrift darüber zurückgelassen hat», gibt die Unterschlagung ein «sicheres Mittel» für die illegitime Bereicherung ab. Erörtert wird also der Sonderfall einer ohne schriftlichen Beleg, insofern lediglich auf Treu und Glauben erfolgten, daher mit dem falschen Versprechen verwandten Hinterlegung, die überdies, wegen des Todesfalls, vom Verwahrungsgeber selbst nicht reklamiert werden kann.

Hegel sieht das Depositum zu Recht als einen Fall von Eigentum, wirft Kant aber zweierlei zu Unrecht vor. Einerseits erbringe das Gedankenexperiment der Verallgemeinerung nur ein tautologisches Ergebnis: «wenn Eigentum ist, muß Eigentum sein». Andererseits lasse sich Kant auf die entscheidende Aufgabe nicht ein, «zu erweisen, daß Eigentum sein müsse»; statt dessen setze er dieses Rechtsinstitut als schon gegeben voraus. Dem zweiten Vorwurf ist entgegenzuhalten, daß Kants Argument das Depositum, selbst wenn es in so gut wie allen entwickelteren Kulturen vorkommen sollte, nicht als in der Wirklichkeit schon gegeben voraussetzt. Für seine Argumentation reicht die Denkbarkeit aus. Es genügt sogar, daß irgendein Mittel denkbar ist, das die Bedingung «sicheres Mittel, um mein Vermögen zu vergrößern» erfüllt, der Moral aber widersprechen könnte. Vorausgesetzt ist lediglich, daß es für die Vermögensbildung sowohl moralverträgliche als auch moralunverträgliche Mittel gibt. Im übrigen rechtfertigt Kant durchaus das Eigentum, es geschieht aber andernorts, in der *Rechtslehre*, dessen «Privatrecht» sich auf eine der bis heute reflektiertesten Eigentumstheorien beläuft.

Im Vorübergehen entkräftet Kant auch Hegels ersten Einwand. Der Universalisierungstest beläuft sich nicht auf die banale Aussage: «Wenn Eigentum ist, muß Eigentum sein». Er zeichnet vielmehr gewisse Formen der Eigentumsbildung als unmoralisch aus. Im übrigen ist die Nichtverallgemeinerbarkeit eines risikolosen Betrugs nur ein Zwischenargument. Letztlich greift Kant die Ansicht an, die Begierde zur Glückseligkeit tauge zum allgemeinen praktischen Gesetz, und diese Ansicht weist er am Beispiel einer Leidenschaft, der Habsucht, zurück.

In einer bemerkenswerten erfahrungsgesättigten Schrift, der *Anthropologie in pragmatischer* Hinsicht, dort in den Paragraphen 80 bis 88, nimmt Kant eine generelle Kritik der Leidenschaften vor. Er definiert sie als Neigungen, die die Herrschaft über sich nicht bloß vorübergehend, sondern auf Dauer außer Kraft setzen, womit sie die Vernunft hindern, die verschiedenen Neigungen miteinander zu vergleichen. In Leidenschaften, «Krebsschäden für die reine praktische Vernunft», trete insofern eine extreme «Torheit» zutage, als man einen Teil des entsprechenden Zwecks zum Ganzen mache, sich damit weiteren Neigungen versperre und aus beiden Gründen verspiele, worauf es dem vormoralischen Menschen doch ankomme: das Glück. Dieses erlangt man nämlich nicht durch die Erfüllung einer einzelnen, sich imperialistisch gebärdenden Neigung, sondern erst aus der Berücksichtigung der verschiedenen, daher je für sich nur eingeschränkt zu verfolgenden Neigungen.

Anhand des abgeleugneten Depositums kritisiert Kant die Habsucht aber nicht pragmatisch, als Torheit. Im Gegenteil greift er eine wohlüberlegte, also nicht törichte, sondern durchaus kluge Handlung heraus, das Leugnen eines nicht nachweisbaren Depositums. Auch verwirft er die Habsucht nicht insgesamt, da er sie für eine zwar «ganz geistlose», aber doch «nicht immer moralisch verwerfliche» Leidenschaft hält. Kritisiert wird sie nur, sofern sie sich eines unmoralischen Mittels, des (wohlkalkulierten) Betruges, bedient, näherhin einer Unterschlagung, die einen anderen schädigt, sich selbst aber bereichert.

Der *rationale Hauptschritt* zeigt nun, daß die Verleugnung eines nicht nachweisbaren Depositums beim Universalisierungstest deshalb durchfällt, weil sie, zum Gesetz gemacht, «sich selbst vernichten» würde. Die Selbstvernichtung entspricht dem strengeren Kriterium der Verallgemeinerung, dem Nichtdenkenkönnen. Weil es in der *Kritik der praktischen Vernunft* auch heißt, bei einer Verallgemeinerung des Betruges gäbe es «gar kein Depositum», könnte man das Argument für folgenorientiert und sozialpragmatisch, überdies empirisch halten: Das Hinterlegen eines Depositums sei eine sozial verbindliche Handlungsregel, eine Institution, die sich sowohl durch Vorteile als auch Verpflichtungen definiere. Zugleich schaffe sie Erwartungen und ermögliche die Abstimmung des eigenen Handelns mit dem anderer, folglich ein geregeltes Zusammenleben; zumindest werde es erleichtert. Das Verleugnen eines Depositums untergrabe nun die Glaubwürdigkeit der Institution, und im Fall, daß jeder so handelte, gäbe es keinen, der sich auf ein Depositum einließe. Nach dieser Interpretation stirbt bei einer Verallgemeinerung die Institution des Depositums und mit ihr eine Möglichkeit zum vernünftigen Miteinanderleben dahin.

Diese Folgenüberlegung ist richtig, trifft aber weder Kant noch das genaue Sachproblem. Denn konsequentialistisch betrachtet ist es wieder gleichgültig, woher der allgemeine Vertrauensschwund kommt: ob aus fehlender Ehrlichkeit oder daher, daß man gelegentlich, etwa aufgrund unvorhergesehener Schwierigkeiten, ein Depositum trotz bester Absicht nicht zurückgeben kann. Während der zweite Grund moralisch unbedenklich ist, interessiert sich Kant allein für den moralischen Gesichtspunkt, für die zugrundeliegende Willensbestimmung.

Gegen das Recht, ein Depositum zu verleugnen, spricht, daß es dann «gar kein Depositum gäbe», was als ein «sich selbst vernichtendes» Ergebnis zu verstehen ist. Wer einen Gegenstand zur Aufbewahrung hinterlegt, macht kein Geschenk, sondern behält sein Eigentum; er gibt es lediglich vorübergehend in fremde Hand. Für sie, den Depositär (Treuhänder), ist der Gegenstand eine fremde Sache. Dort, wo man ein Depositum ableugnet, nimmt man ihm das für den Begriff entscheidende Moment der «fremden» Sache. Es wird in seinem «Wesen», «fremdes» Eigentum zu sein, zerstört, also, wie man bei dem Universalisierungsversuch feststellt, seinem Begriff nach vernichtet.

Für eine Willensethik zeigt sich das eigentlich Moralische generell nicht in Handlungen, sondern in den Bestimmungsgründen. In diesem Sinn geht es beim Depositum nicht um die Frage, ob man es tatsächlich zurückgibt; die hinterlegte Sache könnte ja auch durch einen Brand zerstört werden oder durch einen Diebstahl abhanden kommen. Entscheidend ist das etwaige Leugnen, also der Betrug, und als deren willentlicher Hintergrund, die Habsucht.

In der empirisch-pragmatischen Interpretation taucht das Sich-selbst-Vernichten nicht auf. Eine Welt, in der man aufgrund enttäuschter Erwartungen keine Sache mehr hinterlegt und alle Wertgegenstände lieber unter der Matratze versteckt oder im Garten vergräbt, mag unangenehm sein, undenkbar ist sie nicht. Auf den logischen und nicht, wie Korsgaard (1996, 92) annimmt, praktischen Widerspruch, auf das Nichtdenkenkönnen, stößt erst, wer die Frage nach den entweder widrigen oder aber wünschenswerten Folgen beiseite schiebt, wer also bloß auf die Maxime selbst achtet, sein Vermögen durch alle sicheren Mittel zu vergrößern. In dieser Maxime sind Betrug und Diebstahl, sogar Raub, also offensichtliche Pflichtverstöße, als Mittel der Bereicherung zugelassen. Vorausgesetzt ist lediglich, daß sich im Einzelfall bzw. Falltyp die Pflichtverstöße als sichere Mittel erweisen, also der Gefahr, erwischt und bestraft zu werden, enthoben sind.

Warum ist diese dem eigenen Glück dienende Maxime nicht universalisierbar? Die Maxime läßt zu, daß fremdes Eigentum das entscheidende Definitionselement, die Fremdheit, verliert, sich folglich als Fremdeigentum aufhebt. Da das Verwahren fremden Eigentums das Fremdbleiben des Eigentums rein begrifflich einschließt, versucht ein Leugnen des Verwahrten zwei gegenläufige Handlungen zu verbinden, was im Fall des Universalisierungsversuchs als widersprüchlich erscheint: Einerseits sieht man den Gegenstand als fremd an, denn er soll verwahrt werden und wird nicht verschenkt; andererseits, in Form des Leugnens, behandelt man den Gegenstand doch nicht als eine fremde, sondern als die eigene Sache. Wer ein Depositum in der Absicht, es zu behalten, annimmt, gibt ein falsches, betrügerisches Versprechen ab. Dem wiederum liegt die «in sich widersprüchliche» Maxime zugrunde, sein Wort zu geben («ich verwahre die fremde Sache») und es doch nicht zu geben («ich verwahre die fremde Sache nicht, sondern nehme sie in *mein* Vermögen auf»). Diesen Widerspruch hebt das Gedankenexperiment der Verallgemeinerung ans Licht; man kann sich zwar einen einzelnen Betrug vorstellen, es gibt ihn auch oft genug. Man kann sich aber kein Gesetz denken, bei dem das Geben eines Wortes zugleich sein Nicht-Geben bedeutet.

Im Rahmen des allgemeineren Themas, des falschen Versprechens, hebt das Depositum-Beispiel auf den Sonderfall eines Vertragsbruches ab, der nicht schon beim Eingehen des Vertrages stattfindet. Der Depositär kann das Depositum durchaus ehrlich, nämlich im Willen, es zurückzugeben, entgegennehmen und erst später, bei der günstigen Gelegenheit, daß der Besitzer ohne einen Beleg stirbt, zum Dieb werden. Das Depositum-Beispiel behandelt auch die Frage, ob angesichts eines Depositums ein Diebstahl moralisch erlaubt ist. Der vermeintlichen moralischen Erlaubtheit liegt die «in sich widersprüchliche Maxime» zugrunde, etwas als fremde Sache anzuerkennen und zugleich sein Fremdsein zu leugnen.

22. Die Wirklichkeit

22.1 Zwei Gedankenexperimente

Gründliche Moralphilosophie gibt sich mit dem Moralkriterium und dessen exemplarischer Anwendung nicht zufrieden. Je anspruchsvoller die vertretene Moral ist, desto dringender stellt sich diese Frage, ob das moralisch Geforderte sich überhaupt erfüllen lasse und tatsächlich erfüllt werde. Nun ist eine Philosophie der Willensfreiheit als Autonomie höchst anspruchsvoll, weshalb sie sich die Frage gefallen lassen muß, ob das von ihr Verlangte, nach universalisierbaren Maximen zu leben, überhaupt vorkommen kann. Erst wenn sich die bald alltäglichen, bald einzelwissenschaftlichen, sogar philosophisch-prinzipiellen Zweifel ausräumen lassen, verliert eine Philosophie der Autonomie den Charakter einer vielleicht scharfsinnigen, gegenüber der Grundsituation des Menschen aber weltfremden Konstruktion.

Nach einem ehrwürdigen Rechtsgrundsatz, den das Abendland mit anderen Kulturen teilt (z. B. *Koran*, Sure 7, Vers 42), ist niemand zu mehr verpflichtet, als er vermag (ultra posse, nemo obligatur). Falls die Ansprüche der autonomen Moral den Menschen grundsätzlich überfordern, ist er vom Moralgesetz entschuldigt. Von ihm befreit ist er freilich nicht; als praktisches Vernunftwesen bleibt er aufgefordert, die Möglichkeiten praktischer Vernunft voll, das heißt bis zur Stufe der Moral auszuschreiten. Der Mensch befände sich allerdings in einer unmenschlichen, sogar tragischen Situation. Er wäre nämlich zwei konkurrierenden Anforderungen unterworfen, einerseits der Moral universalisierbarer Maximen, andererseits einer menschlichen Natur, die die einschlägigen Anforderungen zwar zu erkennen, jedoch nicht zu befolgen vermag.

Zu untersuchen ist hier nicht die Anwendungsfrage, ob es Menschen gibt, die generell oder in ihrer besonderen Lage von den Zumutungen der autonomen Moral überfordert werden. An dieser Möglichkeit besteht kein ernsthafter Zweifel. Sie im Einzelfall oder für Typen von Fällen zu prüfen, sprengt aber die Aufgabe einer Fundamentalethik. Als Willensethik übernimmt sie nur eine Vor-Aufgabe. Sie widersetzt sich der Neigung rein erfolgsorientierter Ethiken, den Menschen teils zu unterfordern, teils zu überfordern. Denn zählt nur der Erfolg, so wird ein guter Ausgang auch dann dem Betreffenden zugute gehalten, wenn weniger er selbst als glückliche Umstände den Erfolg herbeigeführt haben. Und ein etwaiger Mißerfolg wird selbst dem zu Lasten gelegt, der im wörtlichen Sinn alles Menschenmögliche versucht hat.

Zur Erörterung steht auch nicht die schon grundsätzlichere Frage, ob eine gewisse Moral, etwa ein strenger Altruismus, den Menschen überfordert. Ohnehin verlangt die Moral keinen strengen Altruismus. Sie fordert zwar zu Mitleid, Hilfsbereitschaft und Wohlwollen auf, aber nicht zu jenem weitergehenden Altruismus, der sich selbst ganz zu vergessen verlangt. Ausschlaggebend für eine Fundamentalethik ist die noch grundsätzlichere Frage, ob die autonome Moral für Vernunftwesen von der Art des Menschen eine ihrer Lebenswirklichkeit fremde, vielleicht sogar widersprechende Forderung darstellt: Sind Vernunftwesen, die von sinnlichen Antrieben mitgeprägt sind, zur Willensfreiheit überhaupt fähig, oder ist die Fähigkeit eine bloße Fiktion?

Um eine Radikalskepsis zu entkräften, führen wir ein (von Kant inspiriertes) Gedankenexperiment durch. Es stellt sich zunächst auf die Seite des Skeptikers, nimmt das Gegenteil, die grundsätzliche Überforderung, an und zeigt dann, daß diese Annahme schwerlich überzeugt. Vorsichtigerweise beginnen wir mit der bescheidenen, noch vormoralischen Freiheit. In Fortsetzung von Kapitel 19 erörtern wir sie in bezug auf einen Naturforscher, der selbst die pragmatische Freiheit bezweifelt: Man stelle sich einen Hirnforscher vor – man kann aber auch einen Journalisten, Unternehmer oder Politiker nehmen –, der seine Karrierelust für so zwingend hält, daß er zu betrügen bereit ist. Diesem unbändig Ehrgeizigen halte man die Frage entgegen, wie er denn handelte, wenn er wüßte, daß er sogleich nach dem Betrug seine Stelle verlieren und auch andernorts nie mehr als Forscher oder als Journalist, Unternehmer, Politiker Fuß fassen würde.

Setzt man klinische Fälle, etwa geniale Psychopathen, beiseite, so liegt die Antwort auf der Hand: Eine naturwissenschaftliche Karriere zielt mitlaufend auf Ansehen bei den Kollegen, darüber hinaus auf Ansehen im persönlichen Lebenskreis, sogar in der Öffentlichkeit. Abgesehen von der Forscherneugier wird sie von der Hoffnung auf wissenschaftliche Preise und ein gutes Einkommen getragen, vielleicht auch von der Achtung vor sich selbst. Wer all dies, mithin die sprichwörtlich «glänzende Zukunft» klarerweise bedroht sieht, wird selbst einen unbändigen Ehrgeiz schon zu bändigen vermögen. Denn nur ein Narr nimmt an, die Fachwelt lasse sich nicht nur vorübergehend, sondern auf

Dauer zum Narren halten. Daher darf man hier, von schweren Krankheitsfällen abgesehen, mit der pragmatischen Freiheit als einer Tatsache rechnen.

Man kann das Leitziel, die glänzende Zukunft oder allgemeiner das Eigenwohl, sogar außer acht lassen, sich mit der wissenschaftlichen Karrierelust begnügen und in ihr einen Widerspruch, freilich keinen logischen, sondern einen empirisch-pragmatischen Widerspruch entdekken: Weil die Naturforschung vom überprüfbaren Experiment und von Wettbewerb lebt, kann man nicht mit dem «Glücksfall» des Depositums ohne Beleg, also mit einem sicheren Mittel zum Betrug, rechnen. Infolgedessen ist das Verweigern von Betrug nicht erst von der Lebensklugheit her geboten, sondern schon von einer elementaren Kenntnis des Metiers, in dem man Karriere machen will: Wer seine wissenschaftliche Karriere mit betrügerischen Mitteln aufbaut, vereitelt mit genau diesen Mitteln sein Ziel. Er begeht einen gravierenden technischen Fehler; er verletzt die Technik der Forscher-Karriere.

Auf beide, sowohl die technische als auch die pragmatische Freiheit spielt ein Satz an, der als Motto für die Auseinandersetzung mit der Freiheitsskepsis der Hirnforscher taugt: «Gerade Verzicht auf jeden Eigensinn war das oberste Gebot, das ich mir auferlegt hatte; ich, freier Affe, fügte mich diesem Joch.» Wie es sich für eine Auseinandersetzung mit Naturforschern gebührt, stammt der Satz aus einem fiktiven »Bericht für eine [naturwissenschaftliche] Akademie», verfaßt von einem sprachbegabten, freilich nicht professionellen Naturforscher, Franz Kafka (1919/1952).

Man erinnert sich: Der Autor und zugleich Held des Berichts ist ein Affe, den eine Jagdexpedition der Firma Hagenbeck an der Goldküste gefangen nimmt und in einem Käfig nach Hamburg transportiert. Dieser Affe berichtet knapp fünf Jahre später, wie er als erstes soziale Üblichkeiten lernt, nämlich den Handschlag zu geben, zu spucken – er reist unter Seeleuten –, Pfeife zu rauchen und eine Schnapsflasche schulgerecht zu entkorken. Recht bald kommen Ansätze von Sprache hinzu, ruft er doch: «Hallo!» Und wieder später erreicht er »die Durchschnittsbildung eines Europäers».

Wichtiger als diese Dinge ist ihm aber eine Eigenleistung, die als «Joch» qualifizierte, also höchst mühevolle Selbsterziehung, durch die er zu einem «freien Affen» wird. Bei der Ankunft in Hamburg vor die Alternative gestellt: zoologischer Garten oder Varieté, entscheidet er sich gegen den Zoo, setzt «alle Kraft an, um ins Varieté zu kommen» und nimmt zu diesem Zweck einen radikalen «Verzicht auf jeden Eigensinn» vor. Der wegen einer Schußnarbe «Rotpeter» Genannte wird nun zum freien Affen durch zwei technische Imperative. Da sich beide am relativen Wohlergehen orientieren, belaufen sie sich zusammen auf einen pragmatischen Imperativ.

Hochelegant, nämlich im Vorübergehen und ohne jeden moralischen Zeigefinger, sagt Kafka, wer es nur soweit bringt, also lediglich sein Eigenwohl sucht, ist nicht mehr als ein freier Affe. Auch wenn er zur Spezies homo sapiens sapiens gehört, ist er noch lange kein Mensch im vollen Sinn. Rotpeter selbst scheint das zu wissen, denn er spricht den «Herren von der Akademie» ein «Affentum» zu, das sie eventuell – der Affe läßt es liebenswürdigerweise mit einem «sofern» offen – noch nicht «hinter sich haben».

Der erste technische Imperativ nimmt die einzig realistische Alternative in den Blick: «Wenn du dem Kistendasein chancenreich entkommen willst, so mußt du dich, da die Alternativen als chancenlos erscheinen, fürs Varieté qualifizieren.» Der zweite technische Imperativ nennt die Voraussetzung: «Wenn du Varieté-Künstler werden willst, mußt du dich dem Varieté-Dasein unterwerfen, das heißt auf jeden Eigensinn verzichten.» Da es an der Goldküste an Fluchtmöglichkeiten fehlte, in Hamburg der Alternative Zoo aber «nur ein neuer Gitterkäfig» ist, sieht der Affe im genannten Ausweg sein noch mögliches Wohlergehen und folgt dem pragmatischen Imperativ: «Wenn du dein relativ größtes Wohlergehen erreichen willst, mußt du dich dem durchaus drückenden Verzicht (‹Joch›) auf jeden Eigensinn unterwerfen.» Schon auf ihrer pragmatischen Stufe verlangt also die Freiheit einen Verzicht. Nur durch Anstrengung, durch Erziehung, vor allem die eigene Unterwerfung unter den pragmatisch gebotenen Verzicht, also durch Selbsterziehung, wird die Freiheit zum realen Besitz.

Das Gedankenexperiment folgt nicht unmittelbar einer in Freiheitsdebatten weit verbreiteten Strategie, die sich aber in kaum lösbare Schwierigkeiten, in Aporien, verstrickt. Sie versucht nicht direkt zu zeigen, daß man auch hätte anders handeln können. Sie beruft sich auf eine dreifache Fähigkeit: daß man sich alternative Handlungen überlegen, sie im Blick auf die Zukunft als nützlich oder schädlich einschätzen und mit dieser Einschätzung widerstreitenden Neigungen entgegentreten kann. Nur in Klammern: Kafka geht es nicht um die gewöhnliche Erziehung eines Menschen, sondern um die elementare Erziehung *zu* einem Menschen, hier zu einem freien Affen.

Ein zweites Gedankenexperiment, jetzt für die Wirklichkeit der vollen, moralischen Willensfreiheit, führt über den freien Affen zum freien Menschen. Man stelle sich erneut einen Forscher vor, der unter Androhung desselben Berufsverlustes aufgefordert wird, über einen zwar ungeliebten, aber rechtschaffenen Kollegen eine Lüge zu verbreiten, die dessen Berufskarriere zerstören würde. Fragt man den Forscher, ob er, so groß auch seine Freude an Beruf und Karriere sei, es für möglich halte, diese zu überwinden, so dürfte die überzeugende Antwort lauten: Ob er die Lüge tatsächlich verweigern würde, wird niemand, der selbstkritisch-ehrlich ist, zu versichern wagen. Er wird aber zweifellos einräumen, daß es ihm moralisch geboten und realiter auch möglich sei. Folglich hält er die volle moralische Freiheit für nicht bloß denkbar, sondern für tatsächlich realisierbar, eben für realiter möglich.

Dies trifft zumindest für eine erste, bescheidene Stufe zu, für die Anerkennung der Möglichkeit, eine Lüge, auch wenn sie die eigene Zukunft rettet, zu verweigern. Und wo sich der Mensch, dieses erziehbare Wesen, durch Erziehung und Selbsterziehung die Ehrlichkeit als Haltung erwirbt, sich diese Haltung gewissermaßen ins zentrale Nervensystem einprogrammiert, deshalb selbst in schwieriger Lage ehrlich bleibt und ebenso in schwieriger Lage hilfsbereit und couragiert handelt, dort erreicht die moralische Freiheit ihre anspruchsvolle Stufe: Die autonome Moral zeigt ihre volle Realität.

Der Hirnforscher muß sich nun fragen, ob er für diese Freiheit, die volle Willensfreiheit, einen entscheidenden (Gegen-) Versuch, ein *experimentum crucis*, formulieren kann. Der Philosoph weiß es nicht. Mit der dem Menschen angeborenen Wißbegier bleibt er neugierig, freilich auch skeptisch. Denn wie will man die Welt des Sollens mit Einsichten aus der Welt des Seins aus den Angeln heben? Die bloße Annahme, die (volle) Willensfreiheit eventuell empirisch zu widerlegen, erscheint schon argumentationslogisch als aussichtslos. Solange das *experimentum crucis* fehlt, verhält sich die Hirnforschung jedenfalls wie ein Bergsteiger, der den versprochenen Gipfelblick schon dann für eine Fabel hält, wenn er sich erst auf einem Vorgipfel befindet und die Mühe, den Hauptgipfel zu besteigen, scheut.

Zumindest vorläufig darf man Hirnforscher korrigieren: Solange sie sich raffinierte Experimente zuschreiben, deren Überlegung, Ausführung und mediengerechte Vorstellung, beanspruchen sie die unterste Stufe der Willensfreiheit im weiten Sinn, die technische Freiheit. Solange sie mit diesen Experimenten ihr Wohl, eine wissenschaftliche Karriere nebst Ehren und Preisen, verfolgen, nehmen sie die mittlere, pragmatische Freiheit in Anspruch. Und dasselbe gilt für die höchste Stufe, die moralische Freiheit: solange Forscher grundsätzlich ehrlich bleiben, also selbst dort, wo eine Unehrlichkeit wie unter einer Tarnkappe auf ewig verborgen bliebe. Erst wenn Hirnforscher auf diese Selbstzuschreibungen verzichten, und zwar nicht bloß in Debatten, sondern lebensecht, erst wenn sie sich nicht mehr dafür verantwortlich machen: weder für die Raffinesse ihrer Experimente noch für die Forschungsprofessur oder den wissenschaftlichen Preis, den sie verdient haben, und auch nicht dafür, daß sie ihr Institut in Fairneß leiten, müssen Nicht-Neuroforscher fürchten – wogegen Kafkas «Bericht» aber resistent macht –, daß die Neuroforscher die Freiheit weggeforscht haben.

In der Zwischenzeit darf man sagen: Verschaltungen legen uns fest, gewiß, aber nicht so, daß wir aufhören müßten, von Erziehung, Verantwortung und Freiheit zu reden. Weder hat der Mensch eine volle Verfügung über das Gehirn (allenfalls tun es psychologische, pharmakologische oder chirurgische Eingriffe), noch verfügt das Gehirn über das Gehirn, vielmehr verfügt der mit einem Gehirn ausgestattete Mensch über sein Leben. Diese Verfügung hält sich zwar in Grenzen. Weil die moralische Vernunft aber nicht so eng an die technische und pragmatische Vernunft gebunden ist, dürften im Fall der Moral diese Grenzen nicht allzu eng ausfallen.

Vergleicht man nämlich die im zweiten Gedankenexperiment auftauchende Realität mit der des ersten Gedankenexperiments, so entdeckt man einen großen Vorteil. Zur Beantwortung der ersten Frage braucht es relativ viel: beträchtliche Weltkenntnis, Kreativität und eine ziemlich hohe Urteilsfähigkeit. So entscheidet sich der Affe gegen den Fluchtversuch durch einen Sprung ins Wasser erst nach einer genauen Situationsanalyse: Wie groß ist die Entfernung zum Ufer; mit welcher Wasserströmung muß er rechnen; wie hoch ist die Chance, unbemerkt über Bord springen zu können? Ferner muß er sich Handlungsmöglichkeiten, auch schwierige Umwege oder Auswege überlegen. Er muß ziemlich weit in die Zukunft schauen und eine umsichtig bilanzierende Beurteilung vornehmen. Ähnlich sieht es für den betrugsbereiten Forscher aus: Welche Argumente mit welchen angeblichen Daten machen die in der Regel hyperkritische Kollegenschaft bereit, die falschen Behauptungen doch zu glauben? Und daß er vom Betrug nur aus Eigennutz zurückschreckt, setzt eine intime Kenntnis der «Mechanismen» von Forschung und Forscherkonkurrenz voraus.

Der im zweiten Gedankenexperiment angesprochenen Ehrlichkeit kann man dagegen so gut wie ohne Weltkenntnis und empirisch-pragmatische Urteilsfähigkeit folgen. Man braucht nur zweierlei zu wissen: daß Lüge Lüge ist und daß kein rechtschaffener Mensch seine Zukunft auf einer den Mitmenschen zerstörenden Lüge aufbaut. Man darf verallgemeinern: Die zur autonomen Moral erforderlichen kognitiven Leistungen sind ziemlich gering. Die Moralfähigkeit entscheidet sich nicht am hohen Intelligenzquotienten; weder Intellektuelle noch Wissenschaftler oder Philosophen sind dem einfachen Menschen überlegen. Die erfreuliche Folge: Kognitiv ist es leichter, moralisch zu sein, als glücklich zu werden. Sieht man von (Klein-) Kindern, intellektuell Schwerstbehinderten und Psychopathen ab, so ist die moralische Freiheit keine Illusion, sondern etwas, zu dem jeder Mensch fähig ist.

22.2 Ein präskriptives Faktum

Welche Art von Realität belegen die Gedankenexperimente? Gesucht war eine die Radikalskepsis gegen Moral entkräftende Tatsache, also ein Faktum. Gefunden wurde, was man eine reale Möglichkeit nennen kann, nämlich den Umstand, daß man die Lüge sowohl verweigern soll als auch zu vermeiden vermag. Diese reale Möglichkeit ist kein gewöhnliches Faktum. Behauptet wird nicht, daß gewisse Menschen die betreffende Lüge tatsächlich verweigern, wohl aber daß man so zu urteilen vermag, sogar so zu urteilen pflegt: Angesichts der Alternative «Karriere zum Preis der Ehrlichkeit» oder aber »Ehrlichkeit zum Preis der Karriere» sagen keineswegs nur Ausnahmemenschen klipp und klar: Selbst wenn mir die erste Option lieber ist, halte ich sie nicht für richtig. Ich fordere sogar sowohl von mir als auch von anderen, die erste Option zu verweigern. Sollte ich selber die Karriere vorziehen, so mag es Entschuldigungsgründe geben, mit denen ich mich gern entlastete, trotzdem würde ich mich schämen. Sollten aber Menschen, die ich schätze, zuwiderhandeln, so würde ich mich für sie schämen. Auch wer von der ersten Option fürchtet, ihr zu erliegen, wird sie uneingeschränkt verurteilen, und dies nicht bloß, wenn er sich vorstellt, selber das Opfer zu sein: Eine Karriere, die auf der Verleumdung eines (ungeliebten) Kollegen aufbaut, darf nicht sein.

Die sich hier zeigende Freiheit behält die zur Moral gehörende Existenzweise, das Sollen, bei. Sie ist aber kein bloßes Sollen, das in der Welt des Seins folgenlos bleibt. Sie tritt vielmehr in einem Urteilen und

Verurteilen samt Schamgefühlen, also in der gelebten Wirklichkeit, zutage. Angesichts der Alternative von Karrierelust um jeden Preis, auch um den Preis der Unehrlichkeit, oder aber Ehrlichkeit um jeden Preis, selbst den Preis des Karriereopfers, wird die uneingeschränkte Karrierelust zu einer etwaigen Neigung, die uneingeschränkte Ehrlichkeit dagegen zur moralischen Pflicht erklärt. Zugleich wird gegen die Neigung und für die Pflicht plädiert. Und vor allem gibt man sich nicht mit einem bloßen Plädoyer zufrieden. Wer das genannte Urteil fällt, erwartet bei der ersten Option Gewissensbisse und jene Scham, auf die der Kommentar zu einem betrügerischen Versicherungsagenten zutrifft: «Eine Tragödie veredelt einen, und die Trauer erhöht einen, aber die Schande verzehrt und erniedrigt dich, sie ißt von deinem Blick, sie trinkt von deinem Blut und krümmt deinen Rücken.» (Lars Saabye Christensen, *Der Halbbruder*, 2003, 565) Die zweite Option läßt dagegen Achtung, sogar Hochachtung erwarten. Allerdings verbindet sie sich mit dem Zusatz: Die schlichte Achtung verdient jeder, die Hochachtung aber nur, wer für die zweite Option gerade nicht wegen der Erwartung von Achtung, also einem Gewinn an Ansehen, plädiert.

Nach dieser Rekonstruktion wird man sich der Wirklichkeit moralischer Freiheit durchaus unmittelbar, in einem spontanen Urteilen und Verurteilen, bewußt. Im Fall des Verurteilens kommt eine Scham hinzu, die wiederum im Rot-Werden «beschämend öffentlich» werden kann. Manche vermögen zwar diese Sichtbarkeit zu unterdrücken oder zu verhindern. In deren Gehirn könnten aber reale Aktivitäten stattfinden, die mit einem moralischen Unwohlsein verbunden sind. Lediglich der sprichwörtlich Abgebrühte ist gegen jede Regung von Scham gefeit.

Man darf allerdings nicht übersehen, daß das spontane Urteilen samt etwaiger Scham von der (hier skizzierten) philosophischen Rekonstruktion verschieden ist. Das vom Philosophen vorgeschlagene Gedankenexperiment betrifft nicht das moralische Bewußtsein selbst, sondern das Bewußtmachen des Bewußtseins. Es macht den Skeptiker entweder auf ein Phänomen aufmerksam, das er nicht gesehen oder nicht beachtet hat. Oder es erklärt ihm, daß das (unmittelbare) moralische Bewußtsein eine Tragweite hat, die ihm so noch nicht klar war.

Die Scham, noch mehr das Rot-Werden und die angedeuteten Gehirnaktivitäten legen nahe, die moralische Freiheit für eine gewöhnliche Tatsache zu halten: für ein Faktum, das sich nach dem Muster der Naturforschung empirisch, wenn auch erst mittels entsprechender Deutungen nachweisen läßt. Die skizzierte Art zu urteilen existiert aber nicht wie gewöhnliche Naturereignisse, denn sie hängt von einer vorab zu leistenden Anerkennung ab. Diese Vorableistung findet weder mit Notwendigkeit noch so gut wie immer statt. Sie ist vielmehr ihrerseits gesollt. Hinter dem gewöhnlichen moralischen Sollen tut sich daher eine zweite, in systematischer Hinsicht sogar vorrangige Stufe moralischen Sollens auf.

Das gewöhnliche moralische Sollen besteht in der Aufforderung zu einem Handeln, das sich aus der genannten Art moralischen Urteilens ergibt. Das neue, ungewöhnliche moralische Sollen zeigt sich in einem weiteren Gedankenexperiment. Es mag zwar sein, daß niemand für immer seinem Gewissen davonlaufen kann. Das trifft aber nur dort zu, wo man überhaupt ein Gewissen hat.

Nun stelle man sich einen Menschen vor, der moralisch abgebrüht werden will. Dieser versucht, sich die Gewissensbisse so gründlich abzugewöhnen, daß sie gar nicht mehr aufkommen. Sollte es ihm gelingen, wäre er ein Amoralist im strengen Sinn geworden. Als ein Mensch, der gegen die Moral unzugänglich geworden ist, wäre er in emotionaler Hinsicht moralisch gefühllos und in kognitiver Hinsicht bar jeder moralischen Überzeugung. Gegen moralische Vorhaltungen unempfänglich, zeichnete er sich durch moralische Taubheit und moralische Blindheit aus, die im Fall einer weiten Verbreitung zur moralischen Barbarei anwächst. Gegen diese zweifache Art von moralischem Stumpfsinn, nämlich von vollständigem Mangel sowohl an moralischem Gefühl als auch an moralischen Überzeugungen, erhebt die Moral ihr Veto. Es geschieht in Form eines moralischen Sollens zweiter Stufe, das da sagt: Moralischer Stumpfsinn darf nicht, moralische Empfänglichkeit dagegen soll sein; jenes ist moralisch verboten, dieses moralisch geboten.

Die Moral wird also nur unter Anerkennung eines basalen moralischen Sollens zur Tatsache. Wer dagegen der Option der moralischen Gefühllosigkeit und Überzeugungslosigkeit folgt, dem bleibt die Welt der Moral verschlossen. Erst wer der Option widerspricht und sich für moralische Gebote und Verbote öffnet, tritt in die Welt der Moral ein und findet sich dem gewöhnlichen moralischen Sollen ausgesetzt: einer Verbindlichkeit, die man befolgen soll und bei deren Nichtbefolgung man Gewissensbisse und Scham empfindet.

Dem Eintritt in die Welt der Moral liegt also, strukturell gesehen, eine Eigenleistung zugrunde, die unter dem moralischen Gebot steht, sie zu vollbringen. Infolgedessen ist die Moral letztlich ein Faktum im ursprünglichen Sinn des Wortes. Sie ist nicht schlicht gegeben, bloß vorhanden (das wäre ein «Datum» im ursprünglichen Wortsinn), sondern etwas, das gemacht wird. (Dabei ist das Machen nicht notwendig ein Herstellen im Gegensatz zum Handeln.) Man kann auch von einer Tat-Sache sprechen, nämlich einer Sache, die durch Tat entsteht. Zusätzlich liegt ein (moralisch) gebotenes Faktum vor, so daß man es paradox formulieren muß: Die Welt der Moral ist eine moralisch gebotene Tatsache. Sie besteht in dem ontologisch speziellen Gegenstand eines präskriptiven Faktums. Das Faktum der Moral ist nichts anderes als die moralische Selbsterfahrung eines moralischen Wesens, dem das «ein moralisches Wesen sein» moralisch geboten ist.

Man könnte gegen diese Argumentation einwenden, sie bewege sich im Kreis, habe also einen unzulässigen Zirkelcharakter. In der Tat gibt es die Moral nur, wenn man sich schon einem basalen moralischen Gebot, der Verpflichtung zur Empfänglichkeit für Moral, unterwirft. Dieser Zirkelcharakter schlägt auf die Frage, ob es denn die moralische Freiheit gibt, durch, denn die Antwort lautet: Es gibt die moralische Freiheit lediglich dann, wenn beide Seiten, Individuen und Gesellschaften, auf die Entwicklung der grundlegenden moralischen Empfänglichkeit hinarbeiten. Warum aber sollen sie es, statt zu deren Abbau und schließlicher Abschaffung beizutragen?

Diese Frage dürfte noch grundsätzlicher als die beliebte Frage sein: «Warum soll man moralisch sein?» Denn sie richtet sich nicht nur auf die Ontogenese, die Entwicklung eines einzelnen, sondern zusätzlich und vorab auf die Phylogenese, die Entwicklung der Menschheit: «Warum soll die Menschheit die Fähigkeit zur Moral ausbilden?» Die Anschlußfrage lautet: «Warum soll die einmal ausgebildete Moralfähigkeit aufrechterhalten werden?» Diese Sachlage, daß die doppelte Frage nach dem moralischen Sollen ihrerseits ein Gegenstand moralischen Sollens ist, besteht aber zu Recht, und damit entkräftet sie den Zirkeleinwand: Für die Moral kann durchaus ein kollektiver Vorteil, also ein sozialpragmatisches Argument, sprechen. Letztlich kann man aber für oder gegen die Moral nicht mit einem vormoralischen Argument, sondern nur auf dem Niveau der Moral selbst argumentieren. Auf die Frage, warum soll es eine Freiheit auf der dritten und höchsten, der echt moralischen Stufe geben, kann die Antwort nur lauten: Der Mensch darf in die Entfaltungsmöglichkeiten der praktischen Vernunft keine Bremse einbauen; er darf sich nicht als Freiheits- und Vernunftwesen verkleinern.

Prinzipiell ausschließen kann man das Verkleinern freilich nicht. Die Menschheit kann die skizzierte Art zu urteilen zwar nicht so leicht vergessen. Man kann sich sogar schwer vorstellen, wie sie das Fragen nach praktischen Grundsätzen so wirksam abzubremsen vermag, daß es nicht nur häufig, vielleicht sogar in der Regel, sondern ohne Ausnahme vor der höchsten Beurteilungsstufe abbricht. Gleichwohl ist es nicht undenkbar, was den methodischen Status des Faktums der Moral präzisiert: Die Moral kommt in der Welt nicht so vor, wie es in ihr Mineralien, Pflanzen und Tiere gibt. Sie wird vielmehr vom Menschen selbst gemacht und muß von ihm immer wieder neu gemacht werden. Die volle Willensfreiheit bleibt, was allein ein Sollen in ein Sein umzuwandeln erlaubt: eine Tatsache, die gesollt ist.

Mit dieser Existenzweise werden andere Ansichten zurückgewiesen. Abgelehnt wird der Gedanke, die Moral existiere in Gestalt moralischer Werte, die als objektive und ewige Wahrheiten in einem Reich des Geistes für sich selbst, unabhängig vom moralischen Subjekt, dem Menschen, vorkommen. Die Objektivität der Moral bleibt zwar gegeben, sie wird sogar nachdrücklich behauptet. Insofern wird eine zweite Position abgewehrt, jener plane Gegenspieler gegen die Wertethik, der die Moral zur bloßen Konvention herabstuft, sie deshalb für nur geschichts- und kulturrelativ gültig hält. Im Gegensatz zu einem strengen ethischen Relativismus ist die Moral überzeitlich, transkulturell, selbst gattungsunabhängig, kurz: schlechthin universal gültig. Im Gegensatz zur Wertethik kommt die Moral aber nur kraft einer basalen Anerkennung, genauer: Selbstanerkennung, der moralfähigen Subjekte zur Existenz. Eine etwaige Wertschau ist demgegenüber sekundär.

Gegen die Notwendigkeit einer basalen Anerkennung spricht auch die Ansicht, die Moral existiere nur, weil (ein) Gott unumstößliche moralische Verbindlichkeiten wolle. Eine anerkennungsgebundene Moral ist kein voluntaristisches Produkt des göttlichen Willens. Nicht zuletzt wird ein psychologischer Altruismus abgelehnt, der das moralische Handeln aus einem *Gefühl* des Wohlwollens gegen andere begründet. Das Wohlwollen ist zwar ein selbstverständlicher Bestandteil der Moral, aber nicht aufgrund einer bloß emotionalen Rechtfertigung.

22.3 Moralität als Steigerung

Drei Möglichkeiten gibt es, um das moralisch Gebotene zu erfüllen. Entweder befolgt man es letztlich aus Selbstinteresse wie Geschäftsleute, die aus Angst, Kunden zu verlieren oder des Betrugs überführt zu werden, auch unerfahrene Käufer ehrlich bedienen. Unter diese Möglichkeit fällt, wer der Moral aus Angst vor Strafen oder in Erwartung einer Belohnung folgt. Man kann zweitens aus einer unmittelbaren Neigung handeln. Beispielsweise hilft man aus Sympathie, sei es aus persönlicher Zuneigung zu einem Freund oder Verwandten, sei es wie in der britischen Gefühlsethik aus einem generellen Mitleid und Wohlwollen. Schließlich kann man das moralisch Gebotene rein als solches, unabhängig von Selbstinteresse oder Neigung, befolgen.

Offensichtlich ist der Wille nicht schon dort wahrhaft moralisch, wo er das moralisch Gebotene aus irgendwelchen Bestimmungsgründen erfüllt. Zur Moral der Person selbst genügt nicht die schlichte Übereinstimmung, jene bloße Pflichtgemäßheit, die auch «Legalität» heißt. Dabei ist eine moralische, nicht eine positivrechtliche (juridische) Legalität gemeint. Die bloße Pflichtgemäßheit einer Handlung, ihre moralische Richtigkeit, sieht von den Bestimmungsgründen ab, ist daher noch nicht uneingeschränkt gut. Das metaethische Kriterium der Moral, das uneingeschränkte Gutsein, wird erst dort erfüllt, wo man das moralisch Richtige nur aus dem Grund erfüllt, weil es moralisch richtig ist. Hier, wo es selbst gewollt ist und als solches erfüllt wird, steigert sich die (moralische) Legalität zur Moralität. Erst wer aus dieser Steigerung heraus handelt, erreicht die Höchststufe der Moral, die Moralität. Wer die Steigerung zur Grundeinstellung seines Lebens macht, verfügt über eine moralische Gesinnung.

Daß die Moralität sich mit der bloßen Pflichtgemäßheit nicht begnügt, ist folgenreich, bedeutet es doch, daß sie nicht auf der Ebene des beobachtbaren Verhaltens oder ihrer Regeln angesiedelt ist. Im Unterschied zur (moralischen) Legalität kann man sie nicht an der Handlung selbst, sondern erst an ihrem Bestimmungsgrund, dem Wollen, feststellen. Daher besteht das unüberbietbar Gute in einer Universalisierbarkeit nicht schon der tatsächlich befolgten, sondern erst der vom Subjekt sich zu eigen gemachten und letztentscheidenden Handlungsregeln, der oben genannten Maximen. Trotzdem versuchen viele, die Moral lediglich in Begriffen von Normen, Werten oder von Verfahrensvorschriften zu begreifen. Dies trifft etwa auf die Wertethik, den Utilitarismus und die empirisch-pragmatische Variante der Verallgemeinerung sowie die Diskursethiken zu. Sie alle erreichen nicht das Niveau der Moral im strengsten Sinn. Bestenfalls treffen sie das moralisch Richtige, aber nicht das moralisch Gute, das Gute eines handelnden Subjekts.

Zur Kritik der Gegenposition und indirekten Rechtfertigung der eigenen Position wirft man zwar einer Ethik der Moralität gern vor, sie verzerre die Moral zur Subjektivität der guten Gesinnung. Im Vorwurf bloßer Gesinnungsethik verbergen sich aber zwei verschiedene Einwände, die sich beide entkräften lassen. Wo nur die gute Gesinnung zähle, werde einerseits eine Welt tatenloser Innerlichkeit begünstigt, die gegen jede Verwirklichung, den Erfolg in der realen Welt, gleichgültig sei. Nach Marx und Engels entspreche sie sogar «vollständig der Ohnmacht, Gedrücktheit und Misère der deutschen Bürger», die wegen ihrer kleinlichen Interessen «fortwährend von den Bourgeois aller andern Nationen exploitiert wurden» (*Die Deutsche Ideologie* Teil III, I, 6, A). Andererseits könne allzu leicht jedes Tun und Lassen als gut und richtig gelten. Im Sinne des oft fehlgedeuteten Augustinus-Wortes «dilige et quod vis fac» (liebe und tu', was du willst: *In epistulam Ioannis ad Parthos tractatus decem*, VII 8) berufe sich die Gesinnung nur auf das gute Gewissen und entbehre jedes objektiven Maßstabes.

So beliebt der doppelte Einwand sein mag – ihm liegen Mißverständnisse zugrunde. Denn die Gesinnung besteht in einem zur Haltung gewordenen Wollen, das wiederum keinen bloßen Wunsch meint, sondern die Aufbietung aller verfügbaren Mittel einschließt. Weder der moralische Wille noch die zur Lebenshaltung gewordene Gesinnung sind gegen ihre Äußerung in der gesellschaftlichen und politischen Welt gleichgültig. Kein Jenseits zur Wirklichkeit, sind sie vielmehr deren letzter Bestimmungsgrund, freilich mit der Einschränkung: soweit der Grund im Subjekt selbst liegt. Die schließliche Handlung kann nämlich wegen körperlicher, geistiger, wirtschaftlicher und anderer Mängel hinter dem Gewollten zurückbleiben. Eine Hilfeleistung kann, wie gesagt, unverschuldet zu spät, zu schwach oder sogar falsch kommen.

Dieser Gefahr kann kein Mensch je entkommen. Denn alles Tun und Lassen spielt sich in einem Kräftefeld ab, das, von natürlichen und gesellschaftlichen Bedingungen abhängig, nicht durch den Willen des Handelnden allein bestimmt, von ihm nicht einmal voll überschaut wird. Nun bezieht sich die personale Moral nur auf den Verantwortungsraum des Subjekts, auf das ihm Mögliche. Folglich kann das nackte Resultat, der objektiv beobachtbare Erfolg, kein Gradmesser der Moral einer Person, ihrer Moralität, sein. Nicht schon an der Äußerung, der sichtbaren Handlung, läßt sich die personale Moral ausmachen, sondern erst am zugrundeliegenden Willen. Die Alternative zur «bloßen Gesinnungsethik», eine reine Erfolgsethik, betrachtet den Menschen für etwas, den tatsächlichen Erfolg, als voll verantwortlich, das er gar nicht voll verantworten kann. Da sie die Grundsituation des Menschen verkennt, ist sie, konsequent angewandt, in einem fundamentalen Sinn inhuman.

Weiterhin übersieht die genannte Kritik, daß die Legalität keine Alternative zur Moralität, sondern deren notwendige Bedingung bildet. John Steinbeck beschreibt in seinem humorvollen Roman *Tortilla Flat* (1935, Kap. 13), wie liebenswürdige Halunken einer von Hungersnot bedrohten Familie helfen. Sie «plünderten den Gemüsegarten des Hotels Monte» und genossen «ein herrliches Spiel Diebstahl, der vom Brandmal des Stehlens befreit war, Vergehen, die», sagt Steinbeck augenzwinkernd, «aus Selbstlosigkeit begangen waren. Was kann tiefere Befriedigung gewähren.» Eine derart genußvoll praktizierte Illegalität kann aber keine Moralität beanspruchen, denn die moralisch legale, auf eigener Leistung aufbauende Hilfe war den Halunken zwar lästig, aber nicht unmöglich.

Kann es sie also gar nicht geben, Menschen, die sich als edle Ritter um des moralisch Guten willen moralisch verwerflicher Mittel bedienen? Sitzt die Literatur von Robin Hood bis She Te in Bert Brechts Theaterstück *Der gute Mensch von Sezuan* einer moralischen Sentimentalität auf? Der Moralphilosoph ist kein Moralist, der jede Abweichung von moralischen Grundsätzen als von vornherein unmoralisch verurteilt. Bei erheblicher Unterdrückung und Ausbeutung besteht kaum ein moralisches Gebot, sie widerstandslos hinzunehmen. Und wenn alle anderen Versuche scheitern, könnte (!) als wahrhaft letztes Mittel ein in üblichen Fällen unmoralisches Vorgehen moralisch erlaubt, zumindest entschuldbar sein. Dann geht es aber weniger um Illegalität trotz Moralität als um die (moralische) Legalität selbst: Abweichungen von moralischen Grundsätzen sind nur dann moralisch vertretbar, wenn sie Grundsätzen höherer Stufe folgen, die ihrerseits dem Universalisierungstest genügen.

Ein anderer Einwand sagt, es gebe doch unabsichtliche Illegalität. Diese Möglichkeit ist in der Tat gegeben, beläuft sich aber nicht auf einen Einwand. Denn eine Willensethik macht die Einschränkung: soweit die Legalität in der Macht des Handelnden liegt. Sie leugnet nicht, daß man jemanden weder beabsichtigt noch in Kauf genommen verletzen kann und sich dabei auch nicht etwa eine Unaufmerksamkeit, eine Gedanken- und Sorglosigkeit oder andere verantwortbare Fehler zuschulden kommen läßt. Das Ergebnis kommt also unabsichtlich und auch nicht indirekt verschuldet zustande. Beispielsweise bringt man beim Versuch, sein Fallen abzumildern, einen anderen sowohl unabsichtlich als auch im genannten Sinn unverschuldet zu Fall, der sich prompt einen Knochen bricht. Man kann beim Versuch, jemandem zu helfen, mithin bei einer moralisch verdienstlichen Handlung, ihm tatsächlich schaden. In beiden Fällen verstößt man zwar gegen eine moralische Verbindlichkeit, letztlich sogar gegen dieselbe, das Verbot zu schädigen. Man verhält sich also pflichtwidrig. Zum moralisch relevanten Begriff des Handelns gehört aber die unmittelbare oder mittelbare Absicht, zumindest aber die Verantwortung für Unaufmerksamkeit und andere Fehler hinzu.

Das unabsichtliche, überdies unverschuldete Verletzen ebenso wie das unabsichtliche und unverschuldete Schädigen sind kein Handeln im strengen Sinn. Für das Beabsichtigte, dort für den Versuch, sein Fallen abzumildern, hier für den Versuch zu helfen, ist man zwar der freie Urheber. Für die dabei stattfindende Pflichtwidrigkeit ist man aber kein freier, sondern bloß ein schlichter Urheber, so daß man besser von einer Quasi-Pflichtwidrigkeit spricht. Das zustandegekommene Ergebnis widerspricht zwar der Pflicht; weder beabsichtigt noch in Kauf genommen, ist es aber dem Urheber nicht zurechenbar. Nur bei einem beabsichtigten, zumindest in Kauf genommenen Anteil kann von Legalität und Moralität die Rede sein, bei dem voll unabsichtlichen Anteil dagegen nicht.

Ein Gesamtgeschehen kann also der Moralität genügen und trotzdem pflichtwidrig sein; Moralität und Legalität betreffen dann aber unterschiedliche Anteile im Gesamtgeschehen. Erfolgt das Helfen aus moralischer Gesinnung, so erfüllt es als Helfen die Bedingung der Legalität, die als Gesinnung zur Moralität gesteigert wird. Das unbeabsichtigte und auch nicht indirekt verschuldete Verletzen hat dagegen keinen Handlungscharakter, ist daher den Begriffen der Legalität und der Moralität entzogen. Kurz: von Moralität bei gleichzeitiger Illegalität kann schwerlich die Rede sein.

Im Gegensatz zu Max Schelers Trennung von Gesinnungs- und Erfolgsethik (1916/^{6}1980, Teil I, Kap. III) und Max Webers Untersuchung von Gesinnungs- und Verantwortungsethik (*Politik als Beruf*: 1919/^{4}1980, 551–559) geht es bei Legalität und Moralität auch nicht um zwei sich teilweise oder gar vollständig ausschließende Grundeinstellungen. Die Moralität im Handeln steht in keiner Konkurrenz zur Legalität, verschärft vielmehr deren Anforderungen. Ihr genügt nicht, die moralische Pflicht zu erfüllen; man muß sich darüber hinaus die Pflichterfüllung zum Bestimmungsgrund machen. Die Moralität fällt nicht hinter die Legalität zurück, bedeutet vielmehr deren Steigerung und Überbietung: Das vollendet moralische Handeln verlangt erstens, das moralisch Gebotene zu tun, und zweitens nur aus dem einen Grund, weil es moralisch geboten ist. Nicht zuletzt gibt es für das moralisch Gebotene ein objektives Kriterium, die strenge Universalisierung, was den Vorwurf einer maßstabslosen Innerlichkeit als unberechtigt zurückweist.

22.4 Ein moralisches Gefühl: Achtung

Die Willensethik hat mit vielen ihrer Konkurrenten gemeinsam, einen objektiven Maßstab zu vertreten. Die Alternative besteht in einem subjektiven bzw. personalen Kriterium, in der Regel sittliches oder auch moralisches Gefühl genannt (sensus moralis, moral sense bzw. moral sentiment). In der klassischen Gestalt, bei den britischen Moralphilosophen Shaftesbury, Hutcheson und Hume, meint man ein für die Moral zuständiges Organ, das zwei Leistungen zugleich erbringt. Es erkennt das moralisch Gute, so die kriteriologische bzw. judikative Leistung, und es treibt an, entsprechend zu handeln, so die motivationale bzw. affektive Leistung. Beide Leistungen, so nimmt man an, werden unmittelbar erbracht. Als natürliche Grundlage beider gelten eine uneigennützige Neigung, das Mitleid mit anderen, die Sym-pathie, und das davon inspirierte Wohlwollen. Als eine unmittelbare Einsicht steht das moralische Gefühl in der Nähe einer vorempirischen, bloß rationalen Intuition, einer reinen, das moralisch Gute billigenden Anschauung. Mehr als in deren Nähe rückt es aber nicht. Die in einem Gefühl erfolgende Billigung hängt nämlich von der Besonderheit der betreffenden Person ab. Sie kann sich daher jener strengen Allgemeinheit nicht sicher sein, die nach dem Universalisierungstest für die Moral charakteristisch ist.

Naiv darf man sich die Gefühlsethik nicht vorstellen. Wie schon bei Shaftesbury 1711 so besteht auch bei Hutcheson 1725 das sittliche Gefühl in einem Gefühl zweiter Stufe, das auf Gefühle erster Stufe mit Billigung oder Mißbilligung reagiert, je nachdem, ob die erststufigen Gefühle zu wohlwollenden und allgemein nützlichen Handlungen motivieren oder nicht.

Bei der vielleicht raffiniertesten Gefühlsethik, der von Adam Smith 1759, werden die zwei Komponenten der Sympathie, die affektive und die kriteriologische, um zwei weitere Komponenten ergänzt. Da man keine unmittelbare Erfahrung von den Gefühlen anderer besitze, kann die Sympathie nicht ein Gefühl sein, das beim Anblick der Gemütsbewegung eines anderen wie ein Infekt durch emotionale Ansteckung zustande kommt. Es braucht zusätzlich eine teilnehmende Einbildungskraft, mit der man sich in die Gefühle der anderen versetzt. Diese dritte Komponente erinnert an die produktive Phantasie von Schriftstellern, die wie Jules Verne zum Mond reisen können, ohne je Frankreich zu verlassen. Die sympathetische Einbildungskraft soll allerdings nicht Personen und Geschichten erfinden, sondern sich in konkrete Menschen und deren reale Verhältnisse so einfühlen, daß man die eigene Gefühlswelt handlungswirksam verändert. Man empfindet nicht bloß anders, auch-sozial statt nur-egoistisch, sondern handelt anders, wobei das Anderssein «in Leib und Seele» eingeht: Man wird ein anderer Mensch.

Ein handlungswirksames Sozialgefühl allein, eine Empathie, läuft allerdings Gefahr, bloß parteilich aktiv zu sein und das Leid nahestehender Personen zu hoch, das fernstehender zu gering zu achten. Dem tritt Adam Smith mit einer vierten Komponente, dem Gedanken des unparteiischen Zuschauers, entgegen. Er erlaubt das eigene Wohlbefinden und das der Freunde nur so weit zu befördern, wie es mit den Bedürfnissen und Interessen aller anderen verträglich ist.

Mit der allseitigen Verträglichkeit kommt die Gefühlsethik dem Universalisierungstest nahe. Es bleiben aber drei Unterschiede, die allesamt gegen die Gefühlsethik sprechen. Der erste Unterschied läßt sich als alternative Deutung formulieren: Entweder kommt es auf das tatsächliche Sympathiegefühl eines Menschen an, dann kann man sich auf eine allseitige Verträglichkeit nicht verlassen. Die Gefühle sind bloß subjektiv, zudem beim selben Individuum veränderlich («labil»), was sich auf einen mit der Moral schwer verträglichen Relativismus beläuft. Oder das entscheidende Moment liegt bei der Allgemeinverträglichkeit; dann zählt letztlich nicht das tatsächliche Sympathiegefühl, sondern die allseitige Verträglichkeit. Die Sympathie hat also ähnlich wie der ideale Diskurs eine normative Vorgabe, die die Last des Kriteriums schultert, folglich ein Präjudiz, eine normative Vorentscheidung, ist.

Zweiter Unterschied: Die Frage, welche Bedürfnisse und Interessen allgemein verträglich sind, kann man nur aus Erfahrung beantworten, die es für den Universalisierungstest nicht braucht. Weil die Sympathie, um als Moralprinzip zu taugen, eine normative Vorgabe enthält, sind die beiden Leistungen, die judikative und die affektive, zu trennen. Die hier vertretene Moralphilosophie setzt daher an die Stelle des sittlichen Gefühls eine innere Haltung des Subjekts, die sittliche bzw. moralische Gesinnung, die das von der Moral Verlangte als solches will. Die Frage, worin das Verlangte besteht, beantwortet aber nicht ein faktisch gegebenes Gefühl, weder das Mitleid und Wohlwollen noch die moralische Gesinnung; zuständig ist lediglich der Universalisierungstest.

Ein dritter Unterschied: Die Unparteilichkeit entsteht in der Sympathie nicht von allein. Sie bedarf einer Anstrengung, an die die Selbstliebe die Frage richtet, warum man die Selbstliebe in ein streng unparteiisches Mitgefühl umwandeln soll. Das Interesse am Mitgefühl der anderen rechtfertigt nur ein begrenztes, überdies strategisch einsetzbares Mitgefühl. Man braucht es nämlich nur so weit zu entwickeln, wie es für das reziproke Mitgefühl der anderen erforderlich ist, also nur so weit, wie man ein Gegen-Mitgefühl erwartet. Und weil nicht das tatsächliche, sondern das den anderen erscheinende Mitgefühl zählt, genügt ein geschicktes Vortäuschen. Auf die Frage, warum man den moralischen Standpunkt der Unparteilichkeit einnehmen soll, gibt also die Gefühlsethik keine zureichende Antwort.

Diese Einwände verlangen nicht, den Gedanken eines moralischen Gefühls vollständig aufzugeben, wohl aber, ihn neu zu denken. Wie das Kriterium der Moral, so darf auch das Gefühl nur von der moralischen Vernunft bestimmt sein. Diese Bedingung wird dort erfüllt, wo man sich von nichts anderem als dem moralischen Gesetz motivieren läßt, daher im Fall eines Konfliktes das Eigenwohl als Bestimmungsgrund zurückweist. Im Unterschied zu dem zwar höherstufigen, aber empirisch durchsetzten Gefühl der britischen Gefühlsethik reagiert es nicht auf empirisch bestimmte Empfindungen, sondern auf einen empiriefreien Gegenstand, das Moralgesetz. Damit schließt es alle vom Selbstinteresse und dessen Empirie bestimmten Gefühle aus. Und weil es für das Moralgesetz einen unabhängigen Maßstab gibt, ist es von der Aufgabe, das moralisch Richtige zu bestimmen, entlastet. Übrig bleibt die Bereitschaft, das als moralisch Eingesehene zu befolgen, also jene Motivationskraft, die die Legalität zur Moralität steigert.

Um das wahrhaft moralische Gefühl gegen das der britischen Gefühlsethik schon in der Bezeichnung abzusetzen, soll es Achtung heißen, freilich nicht im Sinne von Aufmerksamkeit oder Warnung, sondern von Wertschätzung und respektvoller Anerkennung. Und die nicht mehr überbietbare moralische Wertschätzung heiße präzisierend die moralische Achtung. Gemeint ist die aus dem Inneren der Person erfolgende freie und vorbehaltlose Zustimmung, die die nur im Inneren mögliche Selbstverpflichtung auf die Moral begleitet. Als Begleitgefühl schlägt es die Brücke von der rein vernünftigen, moralischen

Bestimmung zum Handeln in der Erfahrungswelt. Wegen dieser Brükkenfunktion ist es moralisch, mithin rein vernünftig und doch erfahrbar. Es ist die sinnlich erlebbare Empfindung der im Leben praktizierten Anerkennung von Moral.

Bei dieser Anerkennung ist nur ein moralischer Internalismus (s. Kap. 5.4) vertretbar: Wer im strengen Sinne eines Willens, nämlich auf handlungsmächtige Weise von einer gewissen Handlung, Regel oder Maxime überzeugt ist, sie sei moralisch, der handelt eo ipso dieser Überzeugung gemäß. Wer es nicht tut, und sei es aus Willensschwäche, dem fehlt es an der vollen Anerkennung, der handlungsmächtigen Überzeugung: dem moralischen Willen und der moralischen Achtung.

Überschätzen darf man die Motivationskraft, über die die moralische Achtung verfügt, freilich nicht. Denn der sachliche Vorrang verbleibt bei der freien Anerkennung der moralischen Grundsätze und bei deren Inbegriff, dem Moralgesetz. Die moralische Achtung kann dem Moralgesetz zwar den Eingang in das menschliche Wollen erleichtern, aber nur im Sinne einer Rückkoppelung, einer Selbstverstärkung. Weil der sachliche Vorrang der autonomen Anerkennung gebührt, kann die Achtung weder der Grund der Anerkennung noch deren Ursache sein. Sie ist lediglich ein Begleitgefühl, das die Anerkennung nicht originär hervorruft, den Einfluß des Moralgesetzes aber verstärkt. Dem, was auf objektiver Seite das moralische Gesetz ist, entspricht auf seiten des handelnden Subjekts die moralische Achtung. Sie ist das Moralgesetz selber, aber jetzt nicht als Maßstab, sondern als letzte Antriebskraft betrachtet.

Die von nichts anderem als dem Moralgesetz motivierte moralische Motivation hat phänomenologisch betrachtet zwei Seiten. Negativ gesehen unterwirft sie das natürliche Verlangen nach Wohlergehen einer Demütigung; Neigung und Selbstliebe (Egoismus) verlieren das Recht, die letzte Antriebskraft zu sein. Positiv erhebt sich das zum Handeln nach angeeigneten Gründen fähige Wesen, das praktische Vernunftwesen, zur reinen praktischen Vernunft. Insofern enthält die moralische Achtung ein reflexives Moment: die Selbstachtung des moralischen Wesens in seiner Moralität. Im Gefühl der Achtung erfährt sich und schätzt sich der Handelnde als Träger einer rein moralischen Vernunft, als rundum moralisches Subjekt. Zugleich erfährt er sich als mit allen anderen moralfähigen Wesen wesentlich gleich. Paradox formuliert: Es ist subjektiv und übersubjektiv in einem. Während beim Verlangen nach Wohlergehen beträchtliche Unterschiede bestehen, ist die Person, sofern sie in der Selbstverpflichtung auf das Moralgesetz Achtung fühlt, mit allen anderen Personen dieses Gefühls gleich.

Es gibt auch das Gegengefühl. Wer sich gegen die Moral verfehlt, hat Schuldgefühle, und zwar nicht autoritär erzwungene, sondern moralisch begründete: Er macht sich Vorwürfe. Und wo der Verstoß klar und kraß ausfällt, steigert sich der Vorwurf zum konträren Gegensatz der Selbstachtung, zur Selbstverachtung. Wer aber die moralische Achtung lebt, sie sogar zu einer Haltung ausbildet, verfügt über die moralische Gesinnung. Die moralische Gesinnung ist das zur Lebenseinstellung gewordene Achtungsgefühl.

Welche Wirklichkeit der Moral tritt in der moralischen Gesinnung zutage? Die Antwort beginnt mit einer Unterscheidung verschiedener Wirklichkeitsstufen. Auf der *Nullstufe* befindet sich der moralische Analphabet, der die Moral weder theoretisch kennt noch praktisch anerkennt. Die Sache der Moral ist ihm in beiden Hinsichten vollkommen fremd. Er allein ist im wörtlichen und zugleich umfassenden Sinn a-moralisch. Denn er lehnt nicht wie der Antimoralist Ansprüche der Moral ab, vielmehr steht ihm mangels jeder Kenntnis die Alternative Ablehnen oder Anerkennen nicht offen. Nicht einmal vage weiß er, was die Moral ist, noch hat er auch nur Anzeichen eines moralischen Verhaltens.

Auf einer *ersten* und schwächsten Stufe hat die Moral ausschließlich eine theoretische, keine praktische Existenz. In der entscheidenden praktischen Hinsicht stellt sie sogar nur eine Vorstufe dar, im Verhältnis zum moralischen Analphabeten eine erste Stufe denn doch. Der Betreffende weiß zwar, daß es ein moralisches Sollen gibt, ordnet es aber einer dem eigenen Leben fremden Welt zu; für sich selbst und in seinem eigenen Leben ist er auf extreme Weise «moralisch unmusikalisch». Im Unterschied zum moralischen Analphabeten verfügt er über ein Wissen von Moral; er ist nur in praktischer, nicht auch theoretischer Hinsicht amoralisch; als erkennendem Subjekt ist ihm die Moral vertraut, als handelnder Person dagegen fremd. Wie jemand, der selber keiner Religion anhängt, trotzdem mit den Ansichten und Anforderungen einer Religion vertraut sein kann, freilich ohne sie im geringsten zu teilen, so kennt der Betreffende die moralische Art von Verbindlichkeit, fühlt sich aber selbst von ihr in keiner Weise angesprochen. Es ist der Unterschied von Sich-Auskennen und Anerkennen. Die Welt des moralischen Sollens ist für ihn wie eine exotische Kultur: eine rein gewußte, für die eigene Lebenspraxis jedoch folgenlose Wirklichkeit.

Auf der insgesamt *zweiten*, in praktischer Hinsicht ersten Stufe reicht die Wirklichkeit in die eigene Praxis hinein. Wie der laxe Anhänger einer Religion kennt man nicht bloß die moralische Art des Sollens, sondern fühlt sich ihr auch unterworfen, aber nicht besonders streng. An die Stelle eines bloßen Sich-Auskennens tritt ein erstes, noch schwaches Anerkennen. Dort, wo die Moral in das Selbstinteresse stark eingreift, findet man rasch Gründe, sich von ihren Anforderungen freizusprechen. Man kennt die Moral als eine höchststufige Verbindlichkeit, nimmt aber die Höchststufigkeit nicht ganz ernst.

Auf der *dritten*, schon ziemlich starken Stufe von Wirklichkeit wird die Moral weitgehend anerkannt. Verstößt man gegen die Moral, so hat man das Bewußtsein, man hätte ihr genügen sollen. Man bekommt ein schlechtes Gewissen. Vielleicht empfindet man sogar Reue, leistet Buße und versucht sich zu bessern.

Auf der *vierten*, noch stärkeren Wirklichkeitsstufe wird das moralgemäße Handeln zur festen Gewohnheit, zu einem «Tugend» genannten Persönlichkeitsmerkmal. Diese Wirklichkeitsstufe kann durch entgegenkommende Institutionen unterstützt und erleichtert werden, ohne daß man deshalb den Institutionen einen «logischen» Vorrang einräumen müßte.

Auf der noch höheren *fünften* Stufe erkennt man die moralischen Verbindlichkeiten lediglich aus dem einen Grund an, daß sie die moralischen Verbindlichkeiten sind. Hier handelt man aus bloßer Achtung vor der Moral.

Verliert die Moral auf ihrer höchsten Wirklichkeitsstufe jeden Sollenscharakter; geht sie vollkommen in ein Sein über? Aus mindestens zwei Gründen und in zwei Hinsichten ist es nicht der Fall. Auf der einen Seite kommt die Achtung vor dem Moralgesetz nicht naturhaft vor, sondern ist die Frucht eines basalen Sollens. Zum anderen sieht der nüchterne, realitätsoffene Blick ein, daß unter den Bedingungen des Menschseins, nämlich der steten Gegenwart konkurrierender Antriebskräfte, die Achtung vor der Moral schwerlich je den Status schlechthin ungefährdeter Wirklichkeit erlangt. In beider Hinsicht behält die Moral ihren Sollenscharakter stets bei. Schließlich könnte drittens der Tugendhafte sich irren. Wer die Moral ernst nimmt, verlangt, daß ihr Sollen gegen die Wirklichkeit nicht ohnmächtig bleiben darf. Gegen den Versuch, das Sollen rundum, ohne Rest und Differenz, in Wirklichkeit aufzulösen, bleibt er jedoch skeptisch.

22.5 Moralische Anmut

In einem weiteren Gedankenexperiment treten alle drei Gesichtspunkte zutage, sowohl die präskriptive Tatsache als auch die Steigerung der Legalität zur Moralität, nicht zuletzt das Gefühl der Achtung. Zum Zweck begrifflicher Klärung nehme man die dramatische Situation an, daß sich die zwei Gesetze widersprechen: das Moralgesetz und das des eigenen Wohlergehens. In genau diesem Widerspruch besteht der viel erörterte Konflikt von Pflicht und Neigung.

Unter der Pflicht ist keine beliebige, eventuell moralunverträgliche, vielleicht sogar kraß unmoralische Aufgabe zu verstehen. Im Gegensatz zu einem funktionalen oder sogar autoritären Begriff ist ausschließlich die moralische Pflicht gemeint. Der andere Begriff, die Neigung, bezeichnet die in einer Person tatsächlich vorherrschende Richtungsvorgabe für ihr Handeln. Als bloße Richtungsvorgabe ist sie gegen die Frage der Moral indifferent. Schon deshalb verbietet die Moral den Genuß nicht grundsätzlich, weder das geistige noch das seelische, noch das körperliche Genießen samt Wohlbefinden. Der gern als rigoristisch gescholtene Kant spricht sogar von einer gewissen Pflicht zur eigenen Glückseligkeit (*Tugendlehre*, Einleitung, Abschn. V.B, VI 388). Und ein teils natürlicher, teils durch Erziehung erworbener «Vorrat» an positiven Neigungen wie Hilfsbereitschaft und Mitleid ist nicht etwa beiseitezuschieben, sondern im Gegenteil zu pflegen.

Ein Konflikt mit der Pflicht taucht erst bei der Frage nach der Reichweite auf. Gelten die Neigungen als die entscheidende Autorität, liegt also die Lizenz zur Richtungsvorgabe ausschließlich bei ihnen, so findet die Übereinstimmung mit der Moral nur gelegentlich und zufällig statt. Die ausnahmslose Übereinstimmung mit dem Moralgesetz ist nur dort möglich, wo der Neigung die Lizenz zur ausschließlichen Richtungsvorgabe entzogen und für Konfliktfälle der Moral übergeben wird. Daß der Vorrang tatsächlich bei der Pflicht liegt, zeigt sich dort, wo die Pflicht der Neigung widerspricht und sie zugleich übertrumpft.

Mit dem gedanklich angenommenen Konflikt von Pflicht und Neigung wird nicht mit falschem Pathos behauptet, der Mensch stehe ständig vor der dramatischen Entscheidung, gegen seine Neigung und für die Pflicht votieren zu müssen. Gesagt wird lediglich dieses: Um einerseits den vollen Anspruch der Moral zu verstehen und andererseits Menschen als nicht bloß legaliter richtig, sondern auch als moraliter gut beurteilen zu können, stelle man sich eine derartige Konfliktsituation vor. Erst in ihr kommt eine existentielle Härte zur Klarheit, die in den moralischen Imperativen enthalten ist, nämlich die Forderung, die Moral vorbehaltlos, auch unter Inkaufnahme einer «Demütigung» der Neigung anzuerkennen.

Das Alltagsbewußtsein der Moral stimmt damit überein: Etwas aus Lust zu tun ist eines, etwas zu tun, weil es moralisch geboten ist, ein anderes. Mit dem Lebensgenuß, der aus der Erfüllung der Neigungen folgt, hat die Pflicht wenig, recht eigentlich nichts zu schaffen. Sie hat ihr eigenes Gesetz, das Moralgesetz, während das Gesetz der Neigungen, wenn es denn ein Gesetz gibt, das des eigenen Wohles ist. Die Pflicht nur dann erfüllen, wenn sie süß ist, widerspricht deren Begriff; daraus folgt allerdings nicht, die Pflicht müsse stets eine bittere Pille sein. Trotzdem hat die Annahme eines Gegensatzes von Pflicht und Neigung Kritik auf sich gezogen, auf prägnante und zugleich wirkungsmächtige Weise in der Doppelstrophe: «Gerne dien' ich den Freunden, doch tue ich es leider mit Neigung / Und so wurmt es mir oft, daß ich nicht tugendhaft bin.» Der Autor, Friedrich Schiller, versucht, den Gegensatz mit dem Gedanken der schönen Seele zu überwinden. Dieser Versuch mißlingt solange, wie man ihn als Gegenprogramm zum Gedanken der Moralität versteht, dagegen gelingt er, sobald er ein Moment betont, das dem Gedanken nicht fremd ist, aber oft übersehen wird (die nähere Untersuchung in Höffe 2006 a).

Die schöne Seele steigert weder die moralische Legalität noch die Moralität; in dieser Hinsicht findet kein Wettbewerb um moralische Exzellenz statt. Auch treten nicht andere Kompetenzen hinzu, etwa Lebensklugheit. Bei der schönen Seele wird vielmehr die Moral im Unterschied zu einer «Moral mit umwölkter Stirn» nicht mehr inneren Widerständen abgerungen. Diese Steigerung zu einer Moralität im Einklang mit der Sinnlichkeit findet in der Tat unser Wohlgefallen, weshalb man sie «schön» oder auch «moralische Anmut» nennen kann. Wer aus ihr, einer moralisch gewordenen Sinnlichkeit bzw. einer sinnlich gewordenen Moral, sein Leben führt, darf sich einer freien und souveränen Moralität rühmen. Er ist zu einem Maestro, einem Meister des Menschseins, geworden.

Nur wer beim Gegensatz von Pflicht und Neigung annimmt, letztlich werde die Pflicht aus einem inneren Widerstreben erfüllt, der verdient Schillers Vorwurf, der Gedanke der Pflicht sei mit einer Härte vorgebracht, die alle Grazien zurückschrecke. Gegen Kant ist der Vorwurf aber ebenso unberechtigt wie gegen jede andere konsequente Pflichtenethik. Denn aus moralischer Achtung handelt nur, wer sich die Achtung zur freien Haltung macht, daher das moralisch Gebotene «fröhlichen Gemüts» befolgt. Am Ende seiner Vorlesung *Anthropologie in pragmatischer Hinsicht* sagt Kant selber: «Der Purism des Zynikers und die Fleischestötung des Anachoreten, ohne gesellschaftliches Wohlleben, sind verzerrte Gestalten der Tugend und für diese nicht einladend»; sondern – man staune – «von den Grazien verlassen, können sie auf Humanität nicht Anspruch erheben» (VII 282).

Schiller und einer seiner philosophischen Mentoren, Kant, sind sich also im Lob auf die Grazien einig, so daß man über die Grenzen unterschiedlicher Ausdrücke hinweg eine volle, «schöne Harmonie» annehmen könnte. Die Frage, ob sie tatsächlich zutrifft, entscheidet sich an Gehalt und Existenzweise der moralischen Anmut. Die Antwort besteht in einem «teils ja, teils nein». Ein erstes Ja verdient die Frage, weil sich in der Moralität die bloße Pflichterfüllung zur freien, inneren Zustimmung steigert, ein zweites Ja, weil diese Pflichterfüllung des «fröhlichen Gemüts» um die Gesetze der verfeinerten Menschlichkeit zu erweitern ist. Kurz vor der zitierten Passage sagt Kant: «Alles, was Geselligkeit befördert, [ist] ein die Tugend vorteilhaft kleidendes Gewand.» Andererseits ist ein doppeltes «nein» geboten. Denn inhaltlich gesehen steigert die verfeinerte Menschlichkeit das entscheidende Humanum, die Moral, nicht. Und methodisch läßt Schillers moralisches Gefühl ein empirisches Moment emotionaler Billigung zu, das die reine Achtung vor dem Moralgesetz ausschließt.

Nicht zuletzt erscheint bei Schiller die schöne Seele als eine reale Möglichkeit, was Kant bezweifelt. Seine Gegengründe sind nicht etwa aus Pessimismus oder gar Misanthropie geboren. Sie folgen aus einer Anwendungsbedingung des Pflichtbegriffs: Weil der Mensch als Leib- und Bedürfniswesen Antriebskräfte hat, die der Moral widerstreiten können, ist ihm das Moralgesetz kein Naturgesetz, das er notwendig befolgt, sondern ein Imperativ, der zur Befolgung auffordert, ohne daß man sich der Anerkennung je vollkommen sicher sein könnte. Der Gegenbegriff zur moralischen Gesinnung «im Kampfe» ist nicht die moralische Gesinnung «in Leichtigkeit», sondern der Besitz einer *völligen* Reinheit der Gesinnungen. Diese liegt aber nur bei jener Heiligkeit im «ontologischen» Sinn vor, für die nicht einmal das vorbildliche Verhalten ausreicht, das der barmherzige Samariter, Franziskus von Assisi oder Mutter Teresa vorgelebt haben. Es braucht die reine Intelligenz von einem Engel oder von einer Gottheit, also von Wesen, die sich vom

Menschen grundlegend unterscheiden und die Schiller kaum vor Augen hat. Folglich kann man nicht ausschließen, was der Ausdruck «im Kampfe» bedeutet: Reste vormoralischer Neigungen, die den Menschen in Versuchung führen. Der Möglichkeit, versuchbar und darüber hinaus verführbar zu sein, kann kein Mensch entkommen.

22.6 Freiheit in Institutionen: Sittlichkeit

Eine andere Teilalternative zum Gedanken der Moralität und moralischen Achtung vertritt Hegel unter dem Stichwort «Sittlichkeit». Wie in Schillers Begriff der schönen Seele, so erwarten wir auch hier kein glattes Gegenprogramm zu Kant, wohl aber eine Ergänzung. Vielleicht erhält auch ein Gedanke, der Kant nicht fremd ist, nur mehr Gewicht.

Hegel entwickelt den Gedanken der Sittlichkeit in der für ihn charakteristischen Dialektik. Sie läßt einen mit Kant geteilten Grundbegriff, den freien Willen, zu immer gehaltvolleren Gestalten gelangen. Dabei tritt der Grundkonflikt Pflicht kontra Neigung zugunsten des zunehmenden Gehaltes, eines immer freiheitsreicheren Willens, in den Hintergrund. Die erste Stufe im dialektischen Dreischritt ist das (abstrakte) Recht. Es läßt sich in dem Gebot zusammenfassen, selber eine Person zu sein und die anderen als Personen anzuerkennen. In den Institutionen, der ersten, objektiven Stufe, im Eigentum, Vertrag und Strafrecht, sei der Wille nur äußerlich frei. Auf der nächsten, subjektiven Stufe, der Moralität, sei er bloß innerlich frei. Die Verbindung beider Eigenschaften, besser: Leistungen, die Einheit der äußeren mit der inneren Freiheit, werde erst auf der dritten Stufe, der Sittlichkeit, vollzogen. Deren Institutionen – erneuter Dreischritt – sind die Familie, die Wirtschafts- und Arbeitswelt, «bürgerliche Gesellschaft» genannt, und ein konkreter Staat.

Eine Philosophie der moralischen Freiheit sucht keinen generellen Vergleich von Kant und Hegel. Statt dessen erinnert sie an etwas, das manche von Hegel inspirierte Polemik gegen Kant übersieht: Bei der Frage nach der Existenz moralischer Freiheit und der Vorfrage, wie sie denn zu denken sei, steht nicht die soziale Freiheit zur Debatte. Auch wenn die Entwicklung moralischer Freiheit durch gewisse Institutionen erleichtert wird, begründet dieser Umstand nur das Recht auf eine Komplementär-, nicht auf eine Alternativtheorie. Ohnehin beginnt Kants systematische Ethik, die *Metaphysik der Sitten*, mit einer Rechtsethik, die alle drei Institutionen der Hegelschen Sittlichkeit behandelt. Die Familie spielt bei Hegel zwar eine systematisch größere, die Wirtschafts- und Arbeitswelt sogar eine weit größere Rolle. Kants Staatstheorie dagegen hat eine völkerrechtliche und eine weltbürgerliche Dimension, die Hegel zu rasch beiseite schiebt.

Hegel, oder vorsichtiger gesagt: eine vorherrschende Hegel-Deutung, gesteht nun dem Kantischen Begriff der Moralität zu, daß er das Individuum als freie, zur moralischen Gesetzgebung und deren Anerkennung fähige Person verstehe. Die entsprechende Person sei jedoch nur in abstrakter Weise frei: rigoros zwar, aber erstens inhaltlich leer, zweitens gegen alle Folgen desinteressiert, drittens zur Ohnmacht in der Gestaltung der sozialen Welt verurteilt; viertens neige sie zu einem Terror der reinen Gesinnung.

Der Sache nach sind diese Vorwürfe schon zurückgewiesen; daher genügt eine kurze Erinnerung. Gegen die angebliche inhaltliche Leere spricht, daß das Universalisierungsprinzip sich auf Maximen bezieht, also auf gehaltvolle Grundsätze, für deren inhaltliche Bestimmung eine Fundamentalethik nicht zuständig ist. Denn statt normativer Überlegungen braucht es deskriptive, teils anthropologische, teils geschichtlich-kulturelle Erfahrungen, für die sich eine Maximenethik ausdrücklich offenhält. Der Universalisierungstest nimmt «nur» eine moralische Selektion und Dignifikation vor.

Den Doppel-Vorwurf einer tatenlosen Innerlichkeit, dem angeblichen Desinteresse an Folgen und der daraus resultierenden Gestaltungsohnmacht, ist der Begriff des Willens entgegenzuhalten: Ein bloßer Wunsch gibt sich mit einem positiven Gefühl zugunsten eines Zustandes zufrieden; um den Zustand zu erhalten oder herbeizuführen, unternimmt er nichts; er bleibt in dieser Hinsicht teilnahmslos. Der Wille ist dagegen notwendig engagiert; er zeigt sich im Einsetzen der eigenen Kräfte und Mittel, was im Fall der moralischen Gesinnung zur gelebten Grundhaltung wird. Keineswegs ist die Moral, wie es zuweilen karikaturhaft heißt, in die Innerlichkeit eingesperrt. Sie tritt in Handlungen zutage, die als solche in die soziale und die natürliche Welt eingreifen, sie folglich auch gestalten. (Hegels viel zitierter und oft mißverstandener Satz aus der Vorrede der *Rechtsphilosophie*: «Was vernünftig ist, das ist wirklich; / und was wirklich ist, das ist vernünftig» dürfte weit mehr gegen die Romantik als gegen Kant gerechtfertigt sein; zu Hegels eigenem Verständnis des Satzes s. *Enzyklopädie*, § 6.) Gegebenenfalls lehnt sich ein moralischer Wille gegen eine Unrechtsordnung auf und gibt sich mit bloß verbalem Protest nicht zufrieden, sondern arbeitet auf eine Umgestaltung hin. Die Quelle, aus der die Umgestaltung den Antrieb und die Kraft bezieht, ist aber der aus moralischen Grundsätzen handelnde Wille.

Dem angeblichen Gesinnungsterror schließlich widerspricht die Bindung der Moralität an moralische Legalität, für die es wiederum ein pointiertes Kriterium gibt.

22.7 Metaphysikfrei metaphysisch

Zwei der für eine Willensethik wesentlichen Begriffe, die Autonomie des Willens und die reine praktische Vernunft, stehen in einem Verdacht, der philosophiepolitisch tödlich ist: Sie sollen metaphysisch sein. Heute pflegt man nämlich mit dem Ausdruck «Metaphysik» Gedanken zu etikettieren, die wegen ihres Alters als ehrwürdig, wegen fehlender Überzeugungskraft aber als längst überholt gelten.

Klug wäre es daher, auf die belasteten Begriffe, notfalls sogar auf die Willensethik zu verzichten. Dagegen spricht, daß der Ausdruck «Metaphysik» mehrdeutig ist und eine gründliche Ethik auf zwei der Bedeutungen nicht verzichten kann. Sie unternimmt für ihren Gegenstand eine so grundlegende Untersuchung, daß sie in intentionaler Hinsicht eine Fundamentalphilosophie ist. Und ihr Gegenstand hat metaphysischen Charakter, da er als schlechthin Gutes den Bereich der Natur (*physis*) übersteigt, insofern *jenseits* (*meta*) von ihm beheimatet ist (s. Kap. 3.5).

Bekanntlich beginnt die Geschichte der Metaphysik als Metaphysik-Kritik. Denn Aristoteles' Sammlung philosophischer Abhandlungen, die erstmals den Titel «Metaphysik» tragen, setzt das Vor- und Urbild von Metaphysik, Platons Ideenlehre, einer Kritik aus. Aristoteles' Alternative, die Substanzontologie, hat zwar ihrerseits metaphysischen Charakter, sie spielt aber in Aristoteles' Ethik keine tragende Rolle. Das, was für das historische Muster einer eudaimonistischen Strebensethik weithin zutrifft, gilt für die im zweiten Teil dieser Studie systematisch entwickelte Theorie vollends. Themen wie das Seiende als Seiendes und das schlechthin höchste Seiende, die Gottheit, tauchen nicht auf.

Für eine Strebensethik ist zwar die Teleologie unverzichtbar, aber nicht die oft kritisierte Naturteleologie, sondern eine Handlungsteleologie. Trotzdem erfüllt eine Strebensethik die Bedingung, die man den formalen Kern einer Metaphysik nennen kann. Bezogen auf die Welt des Praktischen ist sie eine Theorie der letzten Grundlagen, eine Theorie sowohl vom höchsten Gegenstand, der Eudaimonia, als auch vom Ganzen, da alle strebenstheoretische Praxis letztlich von der Eudaimonie zusammengehalten und umfaßt wird. Im formalen und bis heute kaum obsoleten Sinn einer Fundamentalphilosophie der Praxis hat eine gründliche Strebensethik den Rang einer praktischen Metaphysik. Das führt zur paradoxen Situation, daß die eudaimonistische Ethik auf eine metaphysikfreie Weise metaphysisch ist. Sie verzichtet auf jede theoretische und jede andere ihrem Gegenstand fremde Metaphysik. Ihren Gegenstand, die menschliche Zielorientierung, behandelt sie aber so grundlegend, nämlich bis zu einem Ziel, über das hinaus kein anderes gedacht werden kann, daß man von einem metaphysischen Charakter sprechen kann. Der metaphysische Anteil ist aber quantitativ gesehen höchst gering. Er beschränkt sich in dieser Studie auf einen Teil von Kapitel 6, vor allem auf Abschnitt 6.2. Der Grund liegt im letztlich praktischen Interesse; die Ethik ist kein Selbstzweck. Weil sie letztlich dem Handeln dient, untersucht sie ihren «metaphysischen» Gegenstand, die Eudaimonie, so facettenreich und lebensnah, daß sie eine Fülle anderer, nicht mehr metaphysischer, auch nicht quasi-metaphysischer Gegenstände erörtert, namentlich die charakterlichen Tugenden und die intellektuelle Tugend der Lebensklugheit.

Bei der Willensethik sieht es nicht anders aus. Reserviert man den Ausdruck «Metaphysik» für deren überlieferte Gestalten, so ist die maßgebliche, Kantische Gestalt, nichtmetaphysisch, denn sie hebt die gesamte vorherige Metaphysik auf. Trotzdem bleibt die wörtliche Bedeutung der Meta-Physik, der Überschritt über die (Natur-) Erfahrung, insofern notwendig erhalten, als über Grundfragen mindestens zum Teil auf eine nichtempirische Weise nachgedacht wird. Dieses trifft übrigens auch auf andere Grundlegungsversuche zu. Habermas' Theorie von kommunikativer Vernunft zum Beispiel besteht im Versuch einer nichtempirischen Theorie verständigungsorientierten Handelns. Ein derartiger Versuch gehört angesichts der Alternative empirische oder aber vorempirische, folglich metaphysische Theorie auf die zweite Seite. Ähnliches gilt für den dritten Teil dieser Studie. Seine Grundbegriffe Wille, Pflicht, kategorischer Imperativ und Achtung vor dem Moralgesetz, auch Legalität, Moralität und moralische Anmut gehören zu einer Fundamentalphilosophie, aber nicht theoretischer, sondern praktischer Natur.

Warum soll man aber überhaupt von Metaphysik sprechen? Der Hauptgrund liegt im Wesen des Gegenstandes. Als Unabhängigkeit von sinnlichen Antrieben übersteigt die Moral schon von ihrem Begriff her die hier entscheidende Natur, die nicht theoretische, sondern praktische Sinnlichkeit. Denn in erster Linie ist nicht die philosophische Disziplin, die Ethik, sondern ihr Gegenstand, die Moral, metaphysisch. Diese Besonderheit beginnt bei dem für die Strebens- und die Willensethik gemeinsamen Gedanken des uneingeschränkt Guten. Der Unterschied zwischen einer Ethik der Eudaimonie und einer Ethik der Autonomie ist nicht etwa metaphysischer, auch nicht genuin ethischer, sondern handlungstheoretischer Natur. Vom Strebensbegriff her zählt ein nicht mehr übersteigbares Ziel, eben die Eudaimonie, vom Willensbegriff her ein nicht weiter hinterfragbarer Anfang, die Autonomie.

Trotz des Gegensatzes von Eudaimonie und Autonomie verhalten sich also beide Ethiken zur Metaphysik ähnlich. Beide sind nämlich auf eine metaphysikfreie Weise metaphysisch. Einerseits bestehen sie in einer von der theoretischen Fundamentalphilosophie weitgehend unabhängigen, genuin praktischen Fundamentalphilosophie. Andererseits hat deren Grundbegriff, dort die Eudaimonie, hier die Autonomie, einen deutlich nichtempirischen, insofern metaphysischen Charakter.

Heute zieht man zwar die einfachere, auf schlichte Weise antimetaphysische Ethik vor. Eine gründliche und zugleich vorurteilsfreie Überlegung stößt aber auf eine kompliziertere Sachlage. Ob strebenstheoretische Glücksethik oder willenstheoretische Freiheitsethik – beide brauchen eine so fundamentale Begründung, daß sie in zweierlei Hinsicht einen metaphysischen Charakter haben: intentional als Fundamentalphilosophie und thematisch wegen eines nichtempirischen Grundbegriffs. Für beide ist aber weder die theoretische Philosophie noch ein theologisches Element wesentlich, so daß sie im üblichen Verständnis metaphysikfrei, insgesamt aber metaphysikfrei metaphysisch sind.

23. Moralisch böse

Eine Moralphilosophie bleibt unvollständig, die sich nicht mindestens ansatzweise dem konträren Gegenbegriff des moralisch Guten, dem Bösen, zuwendet. Über Jahrhunderte verstand sich die Zuwendung wie von selbst, denn die Grundbegriffe von Moral und Ethik traten als Zwillinge auf, als Gut und Böse. Man könnte zwar fürchten, das Böse sei ein religiöser oder theologischer Begriff, daher einem säkularen Denken notwendig fremd. Tatsächlich taucht aber der Begriff nicht etwa nur im christlichen Mittelalter auf, sondern auch in der vorchristlichen Antike und in der säkularen Neuzeit. Nicht der Begriff des Bösen, wohl aber seine Personifizierung im Teufel könnte man genuin religiös nennen, was aber nicht zutrifft. So wie eine säkulare Philosophie die vollendet gute Person als eine personifizierte Idee, als ein Ideal, zu denken versucht, so könnte sie die vollendete schlechte Person als eine personifizierte Gegen-Idee, als ein Anti-Ideal, eben als Teufel, denken.

Innerhalb der Neuzeit – so könnte man noch einwenden – sei der Begriff des Bösen an philosophische Richtungen gebunden, die von problematisch gewordenen Vormeinungen, eventuell theologischen Restbeständen, ausgehen. Mit dem Begriff des Bösen befaßt sich aber nicht etwa nur die philosophische Bewegung, der man gelegentlich theologische Restbestände vorwirft, der Deutsche Idealismus von Kant über Fichte bis Hegel und Schelling. Es geschieht ebenso, wenn auch modifiziert, bei Thomas Hobbes in seinem ethischen Naturalismus. Und gegen den Verdacht, das Böse sei ein metaphysischer Begriff, darf man daran erinnern, daß er sich, nehmen wir zum Beispiel die Zeit zwischen Hobbes und dem Deutschen Idealismus, sowohl in Leibniz' Metaphysik als auch in Rousseaus wesentlich metaphysikfreiem Denken findet. Selbst Nietzsche erkennt die Antithese an, auch wenn er gegenüber dem Begriffspaar Gut und Böse das von Gut und Schlecht vorzieht.

Gegen den etwaigen Einwand, der Begriff sei an das westliche Denken gebunden, sei exemplarisch die Einschätzung eines klassischen buddhistischen Sanskrit-Dichters erwähnt. Bhartrhari zufolge gibt es vier Arten von Menschen (vgl. Liebich 1905, 271): Die Besten helfen, selbst wenn ihr eigenes Glück einen Schaden davon hat. Die Minderen helfen, wenn sie es ohne Schaden für sich können. Wer anderen schadet, um sich einen Vorteil zu verschaffen, ist dämonisch. Schließlich gibt es Menschen, die anderen schaden, ohne selbst den geringsten Vorteil davon zu haben; Bhartrhari nennt sie die Namenlosen. Wenn das genannte Schädigen absichtsvoll als Selbstzweck erfolgt, kommt es dem, was die Einschätzung als böse verdient, zumindest nahe.

Obwohl sich also der Begriff in vielen Kulturen und Epochen findet, tut sich seit mehr als zwei Generationen die Moralphilosophie mit ihm schwer. In so wirkungsmächtigen Gestalten wie der analytischen Ethik von R. M. Hare und der Diskursethik von Jürgen Habermas taucht der Begriff des Bösen entweder überhaupt nicht auf oder so nebensächlich, daß man ihn zu Recht überliest. Das 20. Jahrhundert ist also an der Höchstform menschlich verantworteter Schlechtigkeit, dem Bösen, überreich, an philosophischer Reflexion darüber «bettelarm». Obwohl es einige bedeutende Beiträge gibt, namentlich von Paul Ricoeur 1960, fehlen die «Insignien» einer größeren philosophischen Debatte: die Klärung des Begriffs, das Aufstellen von Thesen und Gegenthesen, der Entwurf einer «Theorie» und die Skepsis dagegen, schließlich die Aufmerksamkeit von Einzelwissenschaften und der hier zuständigen Öffentlichkeit. Insoweit hat die Philosophie das Böse als Thema verloren.

Will man das harte Phänomen nicht mehr wahrhaben? Oder braucht eine zeitgemäße Moralphilosophie den Ausdruck nicht mehr, da sie das Gute ohne dessen Gegenbegriff, das Böse, denken kann, als säkulare Ethik vielleicht sogar denken muß, da das Böse nur ein religiöses Phänomen sei, das sich zudem nur theologisch diskutieren lasse? Nicht bloß eine so nachdrücklich religionsfreie Moralphilosophie, wie die von Hobbes, die gleichwohl das mehr als bloß Schlechte, das Böse, kennt, weckt Zweifel. Vor allem gibt es in vielen Kulturen Phänomene, die wie ein zurechnungsfähiger Sadismus auch von streng säkularen Philosophen anerkannt werden und die schwerlich ohne den Begriff des Bösen denkbar sind. So wie die absichtsvolle Übereinstimmung aus einem moralisch guten Willen erfolgt, so entspringt der absichtsvolle Widerspruch aus jenem moralisch schlechten Willen, der böse heißt. Die Umgangssprache hat daher einen guten Grund, den Ausdruck beizubehalten. Auch wenn sie es im Bewußtsein der schweren Anschuldigung selten behauptet – sie erklärt durchaus eine Handlung, eine Einstellung oder einen Menschen für im strengen Wortsinn böse und versteht darunter eine abgrundtiefe Schlechtigkeit und Verwerflichkeit. Als schlecht gilt beispielsweise, wer das eigene Wohl auf Kosten des berechtigten Glücks eines anderen verfolgt. Als böse gilt dagegen, wer mit vollem Bewußtsein anderen Leid um seiner selbst willen zufügt, also der zurechnungsfähige Sadist.

Eine gründliche Untersuchung des Bösen bedarf zwar einer eigenen Studie. Daß man sie sich derzeit kaum vornimmt, rechtfertigt aber nicht, das Thema ganz zu übergehen. (Zur Begriffsanalyse s. McGinn 1997, zum Bösen als ästhetischer Kategorie s. Bohrer 2004, für einen ersten Blick in die Literatur und zu dem bis heute bedeutendsten Theoretiker s. Höffe 1995.)

23.1 Zum Begriff

Manche Autoren halten das Böse für nicht präzise zu begreifen. Das Vokabular zur Beschreibung von Übel und Böse sei zwar schier unerschöpflich, die damit angesprochenen Phänomene aber zu verschieden. Überdies meide das Böse die Eindeutigkeit, um unerkannt und unbemerkt sein Geschäft der Verkehrung des Guten desto besser betreiben zu können.

Um etwas als etwas, in der Ethik eine Handlung, sogar eine Person als böse, anzusprechen, braucht es aber einen Vorbegriff. Er beginnt mit der Ausgrenzung eines moralischen Begriffs von jedem anderen Bösen. Das Begriffsfeld ist nämlich weit, kann es doch Übel und Leid, Schlechtes, Schreckliches und so gut wie alle Arten von widrig, krank und fatal bis zu Schuld, Laster und Sünde bezeichnen. Die Moralphilosophie legt vor allem Wert auf die Abgrenzung zum «physischen» Begriff. Wem «böse mitgespielt» wird, der ist nicht das Opfer von Bosheit, wohl aber von Übel oder Leid. Das «physisch Böse», das Übel, das vom alltäglichen Ungemach über böse Schicksalsschläge bis zur Sterblichkeit jedes Menschen reicht, meint eine Unannehmlichkeit, unabhängig von der Frage, woher sie kommt. Das Böse im moralischen Sinn bezieht sich dagegen auf eine verantwortliche Person; zum moralisch Begriff sind Zurechenbarkeit und klare Absicht notwendige, aber nicht zureichende Bedingungen. Wer wie Neiman (2001/2004, 381 f.) den so wesentlichen Unterschied wieder aufheben will, setzt sich daher einer unplausiblen Alternative aus: Entweder wird die Natur moralisiert, ihr nämlich Verantwortung zugeschrieben, oder die Welt der Verantwortung naturalisiert, indem man das Böse mit einem natürlichen Übel gleichsetzt. Beides ist moralisch verheerend.

Auch in der Soziobiologie, einer Verbindung von Verhaltensforschung mit Evolutionstheorie, spricht man vom Bösen. Einer der prominentesten Verhaltensforscher, Konrad Lorenz 1963, versteht unter dem Bösen eine artinterne Aggression: daß Mitglieder derselben biologischen Art sich gegenseitig bekämpfen. Er deutet diese Aggression als einen Instinkt und spricht diesem für die Lebens- und Arterhaltung eine positive Bedeutung zu. Hier wird das Böse nicht nur den Menschen, nicht einmal zusätzlich bloß ihren Verwandten, den Primaten, zugesprochen. Zahllose andere Arten, selbst evolutionär betrachtet ziemlich einfache Arten, sollen böse sein können. Ist es aber sinnvoll, selbst einfache Insekten böse zu nennen? Umsichtigerweise schränkt Lorenz den Begriff auf ein «sogenanntes Böses» ein und räumt damit eine abweichende Begriffsverwendung ein. Die in der Natur weit verbreitete Aggression gilt als böse, weil sie zerstörerisch, lebensvernichtend wird. Weil oder sofern sie damit dem Leben dient, teils dem eigenen, teils dem kollektiven Überleben, erhält sie aber den abschwächenden Zusatz «sogenannt». (Eine neuere soziobiologische Theorie bei Watson 1996.)

Der Moralphilosoph verstärkt die Abschwächung: Ein Tier, das seine Nebenbuhler gewalttätig vertreibt, oder eine Wespe, die sticht, sind im strengen, moralischen Wortsinn überhaupt nicht böse. Nach neuerer Primatenforschung scheint selbst den nahen Verwandten des Menschen schon die Grundstufe von Boshaftigkeit fremd zu sein: Vor die Wahl gestellt, zum Futter, das sie selbst nicht erreichen konnten, einem Artgenossen zu verhelfen oder es ihm «in bösartiger Absicht» zu entziehen, verhielten sich Schimpansen bemerkenswert gleichgültig. Die Hälfte unternahm gar nichts, und die andere Hälfte verhielt sich zu gleichen Teilen hilfsbereit oder mißgünstig (Jensen/Hare/Call/Tomasello 2006). Böse ist dagegen ein Mensch, der einem anderen «mit Fleiß» schadet: bewußt und freiwillig, überdies oft ohne hemmende Gegenkraft. In geringfügigen Fällen klingt der Ausdruck zwar zu pathetisch, in schwerwiegenden Fällen dagegen nicht.

Wie auf der positiven Seite freier Urheberschaft, so sind auf der negativen Seite drei Stufen zu unterscheiden: Es gibt das im technischen Sinn Schlechte und das im pragmatischen Sinn Schlechte, das man auch töricht nennt. Erst auf der dritten Stufe, dem im moralischen Sinn Schlechten, hat das Böse seinen Ort.

Der Skepsis gegen die Möglichkeit eines Begriffs liegt nicht selten die Sorge zugrunde, der Begriff würde das Böse verharmlosen. Auf die in der philosophischen Tradition verbreitete Bestimmung des Bösen als eines Mangels mag das zutreffen. Danach verhalte sich das Böse zum Guten wie die reine Dunkelheit zum Licht; wie die reine Dunkelheit im vollständigen Fehlen von Licht, so bestehe das Böse im vollständigen Mangel an Gutem. Die begriffliche Voraussetzung des Bösen, die freie Urheberschaft, spricht aber gegen diese Bestimmung und leitet einen nicht verharmlosenden Begriff ein. Und das nach der freien Urheberschaft zweite Begriffselement besteht in der Negation des moralisch Guten, die über die bloße Abwesenheit hinaus in einer Verkehrung, einer Perversion, liegt. Auch mit diesen zwei Begriffselementen ist das Böse aber nicht annähernd sachgerecht bestimmt. Denn wer dem moralisch Richtigen in freier Urheberschaft zuwiderhandelt, agiert moralisch schlecht, nicht notwendigerweise böse.

Wie bei der Übereinstimmung, so gibt es auch beim Widerspruch offensichtlich zwei Hauptstufen: Man kann dem Moralgesetz schlicht zuwiderhandeln oder die Zuwiderhandlung ausdrücklich wollen. Spiegelbildlich zur Steigerung der moralischen Legalität zur Moralität beginnt die negative Seite mit der Grundstufe, der schlichten Unmoral, der bloßen Gesetzeswidrigkeit oder Kontra-Legalität. Diese läßt sich durchaus strebensethisch denken, sogar in zahlreichen Arten, wie Aristoteles exemplarisch belegt (zu den einzelnen Begriffen s. die Artikel in Höffe 2005): In Stufen gesteigerter Unmoral beginnt bei ihm das moralische Fehlverhalten mit der Weichlichkeit (*malakia*) und reicht über die Willensschwäche (*akrasia*) und die Zügellosigkeit (*akolasia*) bis zur Schlechtigkeit oder Lasterhaftigkeit (*kakia*). Darüber hinaus spricht Aristoteles noch von tierischer Roheit (*thêriotês*). Bei ihr wird aber dem Guten nicht absichtsvoll widersprochen, vielmehr ist es gar nie vorhanden.

Wer nun willenlos, zügellos oder gar lasterhaft handelt, tut zwar durchaus freiwillig unrecht. Es fehlt aber die Absicht zweiter Stufe, die da sagt: Ich weiß, was (moralisch) richtig ist; ich bin auch fähig, das Richtige zu tun; ich will es aber nicht; im Gegenteil will ich nichts anderes, als moralisch schlecht handeln. Deshalb kann man innerhalb der Strebensethik zwar die Grundstufe des Bösen, eine moralische Gesetzeswidrigkeit, aber kaum das Böse im vollen Sinn, der absichtsvolle Widerspruch zum moralisch Guten, denken:

Beide Elemente, der Strebensbegriff des Handelns und das Prinzip der Eudaimonie, werfen Schwierigkeiten auf. Nach dem Strebensbegriff greift jedes absichtliche Handeln nach einem Guten aus, das im Horizont der Erfüllung von allem Guten, der Eudaimonie, steht. Wer als Willensschwacher oder Lasterhafter freiwillig schlecht handelt, bleibt daher jemand, der nach einem Guten, freilich nur vermeintlich Guten, aber nicht nach dem Schlechten als solchem verlangt. Objektiv gesehen widerspricht er zwar dem Leitziel, der Eudaimonie. Er handelt aber nicht in absichtlichem Widerspruch, sondern erliegt einer besonderen Art von Täuschung. Er verfolgt nur ein vermeintliches, nicht das wahre Glück. Eine volle Auflehnung gegen das in strebenstheoretischer Hinsicht moralisch Gute, eben die genannte Absicht zweiter Stufe findet nicht statt.

Bezeichnenderweise führt Aristoteles in einer zusammenfassenden Passage als Beispiele für schlechtes Handeln zwar Geiz, Ehrgeiz und Jähzorn, auch Grausamkeit an, jedoch nicht deren für das Böse eigentümliche Art, die ungereizte, sadistische Grausamkeit, sondern die aus Vergeltung (*Rhetorik* I 10, 1368 12–24). Auch Neoaristoteliker wie Anscombe 1981 und Foot [2]2002 sprechen über moralisches Fehlverhalten, namentlich Laster, aber nicht über das Böse. Da die Steigerung der schlichten Unmoral, der bloßen Kontra-Legalität, zur vollen Bosheit als bewußter und freier Widerspruch zum moralisch Guten an die genannte Absicht zweiter Stufe gebunden ist, hat das gesteigerte moralische Kontra, die Kontra-Moralität, nur in der Willensethik einen Ort.

Innerhalb des schlichten Zuwiderhandelns gibt es noch unterschiedliche Grade. Bei einem relativ geringfügigen Moralverstoß spricht man nicht von «böse», sondern von «unrecht» oder von «(moralisch) schlecht», erst bei einem besonders krassen, grausamen Verstoß von «böse». Diese Steigerung innerhalb der Grundstufe, der «objektiven» Unmoral, ist von der Steigerung zur zweiten Hauptstufe, der Unmoral auf seiten des Subjekts, streng verschieden. Dort geht es um zunehmend schlimmere Handlungen, hier wird dagegen das schlimme Handeln nicht nur bewußt begangen, sondern sogar als solches gewollt. Man macht sich die Verletzung der Moral ausdrücklich zum Zweck, womit das konträre Gegenteil des moralisch guten Willens, der böse Wille samt böser Gesinnung, die Immoralität im strengsten Sinn von Antimoralität, vorliegt.

Das vollkommen moralisch Gute besteht in einer nicht mehr überbietbaren Positivität, der handlungswirksamen Achtung vor den moralischen Gesetzen, das vollkommen Böse dagegen in einer nicht mehr steigerbaren Negativität. In ihr nimmt man die Mißachtung der moralischen Gesetze nicht etwa nur in Kauf, sondern beabsichtigt sie. Bei dieser Verachtung der Moral wird nicht etwa bloß der Blick auf das moralisch Gute getrübt. Auch findet mehr statt als die Steigerung der Blicktrübung zur Blindheit gegenüber dem Guten. Denn man kennt das moralisch Gute und handelt ihm trotzdem zuwider.

Der Widerspruch kann sowohl auf einzelne Handlungen, auf moralische Verbrechen, zutreffen als auch auf die Grundsätze (Maximen), aus denen heraus man sie begeht. Beim «Einzelfall-Bösen» ist man nur in einem konkreten Handeln, also vorübergehend böse, beim «Regelfall-» oder besser «Grundsatz-Bösen» ist das Wollen des Bösen zur Grundhaltung, zu einem (moralischen) Laster, der Steigerung der Bosheit zur Bösartigkeit, geworden. Nicht nur dieses oder jenes Tun und Lassen, sondern die Person selber ist böse: Der Betreffende hat einen zutiefst bösen Charakter.

Die Bösartigkeit einer Person kann man als eine dritte, zugleich höchste Stufe moralischer Verderbtheit verstehen. Auf einer ersten Stufe, der moralischen Willensschwäche bzw. Gebrechlichkeit, weiß man, was die Moral verlangt. Man hat auch eine gewisse Bereitschaft, das Verlangte zu erfüllen, die Bereitschaft ist aber nicht stark genug, um sich gegen widerstreitende Neigungen durchzusetzen: Man handelt wider besseres Wissen, indem man Versuchungen erliegt. Auf der zweiten Stufe, der moralischen Unlauterkeit, mischt man gute und schlechte Maximen, so daß selbst dort, wo man moralisch handelt, dies allzu oft aus unmoralischen Motiven geschieht: Man ist nur so weit zum moralischen Handeln bereit, wie es dem langfristigen Selbstinteresse, dem aufgeklärten Eigenwohl, dient.

Erst auf der dritten Stufe, der Bösartigkeit, wird die Anerkennung der Moral ausdrücklich verweigert; man agiert bewußt aus moralwidrigen Maximen. Man tut das Böse um des Bösen willen; man hat – so scheint es – einen teuflischen Willen. (Zur neueren Diskussion darüber s. Ehni 2006, 231–241.) Auch dann brauchen nicht alle Einzelhandlungen die Moral zu verletzen. Selbst wenn sie der Moral entsprechen, geschieht es aber aus Zufällen des Weltlaufs und nicht aus einer vorübergehenden Doch-Anerkennung der Moral. Diese Bösartigkeit, das vollendet Böse, kann sich auf einige Lebensbereiche eines Menschen beschränken oder sich auf alle erstrecken.

Ziehen wir eine klassifikatorische Zwischenbilanz: Läßt man die Unterstufen beiseite, so gibt es zwei Grundklassen moralischer Bewertung mit je zwei Stufen, was zusammen mit der Möglichkeit von moralischer Indifferenz insgesamt fünf Hauptstufen ergibt. Die beiden Grundklassen von moralisch Gut und Böse qualifizieren sowohl Handlungen (Legalität) als auch die zugrundeliegenden Einstellungen bzw. Gesinnungen (Moralität). Ohne irgendwelche Inhalte zu bennen, sind sie bloße Ordnungsbegriffe für moralische oder aber unmoralische Inhalte. «Gut» ist, was man tun (Legalität) und wollen soll (Moralität), «böse», was man nicht tun (Kontra-Legalität) und nicht wollen darf (Kontra-Moralität).

Worin also bestehen die fünf Hauptstufen moralischer Bewertung? Vom Positiven zum Negativen fortschreitend, beginnt es mit (1) der Moralität. Hier wird das moralisch Gebotene nicht bloß erfüllt, sondern nur aus dem einen Grund, weil es moralisch geboten ist. Es folgt (2) die (moralische) Legalität: die Übereinstimmung mit der Moral aus irgendwelchen Gründen. (3) Eine moralische Indifferenz liegt dort vor, wo keine moralischen Verbindlichkeiten angesprochen sind; die Frage, ob es das gibt, bleibt dahingestellt. (4) Bei der moralischen Illegalität, dem «objektiv» Bösen, der Bosheit des Handelns, wird der Moral absichtlich widersprochen. (5) Bei der Immoralität im strengen Sinn von Antimoralität, der höchsten Stufe des Unmoralischen, der Bosheit sogar der Person, erfolgt der Widerspruch zur Moral aus einer grundsätzlichen, zur Lebensmaxime gemachten Mißachtung, sogar aus einer Verachtung der Moral.

23.2 Zur Wirklichkeit

Die Semantik allein vermag den Begriff nicht zu rehabilitieren. Sie trifft zwar Unterscheidungen, insbesondere setzt sie das im physischen Sinn Schlechte, böse Widerfahrnisse und Leid, gegen das vom Menschen verantwortbarte Schlechte ab. Und in dessen Rahmen unterscheidet sie wie beim Guten drei Stufen, jetzt des negativen Bewertens: das im technischen, das im pragmatischen und jene höchste, moralische Stufe des Schlechten, die im Fall des absichtsvollen Widerspruchs gegen die Moral böse im moralischen Sinn heißt.

Diese Unterscheidungen lassen aber die Frage offen, ob es die entsprechende Sache tatsächlich gibt. Für die Grundstufe des Bösen läßt sich die Existenzfrage leicht beantworten. Schon die Alltagserfahrung kennt krasse Verstöße gegen die Moral. Bei der zweiten Hauptstufe tauchen dagegen methodische Schwierigkeiten auf. Bei der gesteigerten Moral, der Moralität, kommt es auf die letzte Antriebskraft an. Diese kann man sich zwar über deren «Äußerungen» in der Welt, das Handeln, erschließen. Die Antriebskraft bleibt aber etwas Inneres, das beim Erschließen keine letzte Sicherheit erlaubt. Dasselbe trifft auf die gesteigerte Unmoral, die Bösartigkeit, zu:

Ob jemand die Moralwidrigkeit als solche will, kann man zwar aus dessen Tun und Lassen entnehmen, zu einer letzten Sicherheit gelangt man aber nicht. Man kann jedoch Handlungsgrundsätze, Maximen, benennen und sie mit Vorsicht konkreten Personen zusprechen. Böse ist zum Beispiel, wer in Tücke, Verschlagenheit und Hinterlist lebt, wer Leid und Zerstörung hervorbringt, besonders augenfällig, wer ein Kind quält, weiterhin wer foltert oder einen Mord gezielt grausam durchführt und an all dem noch Vergnügen findet. Bei einem derart «freien Sadismus», einer ungereizten Grausamkeit, darf man auf Bosheit schließen. Ein anderes Beispiel ist die perfideste Form von Lüge und Betrug: Man gibt sich als Freund aus, sucht aber dem «Freund» zu schaden – erneut mit dem Zusatz: und man genießt sein falsches Spiel.

Eine Phänomenologie des Bösen zeigt verschiedene Gestalten, zumindest folgende drei auf: Besonders spektakulär ist das affektive, «heiße» Böse, die «sinnlose» Grausamkeit einer stürmischen, zugleich nicht vorsätzlichen Gewalt, die im Amoklauf oder Massaker stattfindet. Ob in Einzahl oder Mehrzahl, den Täter erfaßt ein Blutrausch, der bis zum Überschreiten aller gewohnten Grenzen reichen kann. Den Gegenpol dazu bildet das kalkulierte, «kalte» Böse, etwa jene Folter, die ihre Grausamkeit wohlüberlegt einsetzt, sich an der Angst des Opfers weidet und sich an seinem Leiden erfreut. An die Stelle der ungezügelten Ausschreitung tritt die gezielte und mit steigender Dosierung eingesetzte Quälerei. Eine dritte Gestalt hat Hannah Arendt 1963 das banale Böse genannt: Grausamkeiten sogenannter Schreibtischtäter, die zwar wissen, was sie tun, mangels einer von Empathie inspirierten Imagination aber nicht empfinden, was sie anrichten.

In Dostojewskis Roman *Der Jüngling* (1970, 68 f.) heißt es von einem Sechzehnjährigen, «daß er, sobald er mit seiner Mündigkeit sein Erbe erhalte, als größtes Vergnügen sich die Wonne leisten werde, Hunde mit Brot und Fleisch zu füttern, wenn die Kinder der Armen Hungers sterben; und wenn sie nichts hätten, womit sie ihre Öfen heizen könnten, werde er einen ganzen Holzhof kaufen, das Holz auf freiem Felde aufstapeln und das Feld heizen, den Armen werde er auch nicht einen Scheit geben.» Wer sich höhnisch gegen die Moral wendet, muß, falls es nicht nur in großsprecherischen Worten, sondern im tatsächlichen Leben geschieht, böse genannt werden.

Über Jahrhunderte, von der römischen Antike bis zu Leibniz, galten die römischen Kaiser Nero und Caligula als Muster des Bösen. Andere Beispiele finden sich in den grausamen Bürgerkriegen der frühen Neuzeit, weitere in der «Kolonisation» Nord- und Südamerikas. Auf den Westen beschränkt sich die Bosheit aber nicht. Dostojewski beschreibt im Roman *Die Brüder Karamassow* grausame Verbrechen, die die Türken in Bulgarien begingen. So sollen sie Säuglinge in die Luft geworfen, sie dann auf Bajonetten aufgespießt haben, und als «das Beste» galt, dies vor den Augen der Mütter zu tun. Auch die Geschichte von China und Japan ist von möglichst perfekter Grausamkeit nicht frei.

Das 20. Jahrhundert steigert die Grausamkeiten ins Gigantische, insbesondere seitens politisch Verantwortlicher. Das millionenfache Morden, das Hitler, Stalin und Mao Tse-tung sowie die Drahtzieher vieler Genozide verantworten, ist aber auch nach deren Ende nicht abgeebbt. Die großen und kleinen Tyrannen, die Kriegsführer («warlords») und die Urheber zahlloser Terroranschläge setzen den krassen Widerspruch gegen eine unstrittige, interkulturell anerkannte Moral munter fort. Und weil der Widerspruch allzuoft absichtlich und im großen Stil geschieht, bleibt das Böse im öffentlichen Leben gegenwärtig. Und daß es im persönlichen Zusammenleben erheblich abgenommen habe, wird niemand zu behaupten wagen.

Nicht selten leitet man aus der bleibenden Gegenwart des Bösen Zweifel an der Vernunft ab. Von einer defätistischen Kulturkritik ist man derartige Zweifel gewohnt, erstaunlicherweise werden sie selbst von einer akademischen Philosophin geäußert: «Welchen Sinn hat es überhaupt, auf die Vernunft zu setzen, angesichts des Bösen, das aller Vernunft trotzt?» (Neiman 2004, 12) Die allzu globale Frage ist rhetorisch gemeint. Sie soll die negative Antwort nahelegen, aber ohne sich der Mühe zu unterziehen, den Begriff der Vernunft zu differenzieren, die praktische von der theoretischen zu unterscheiden, innerhalb der praktischen Vernunft die technische und die pragmatische beiseite zu setzen, nur die moralische Vernunft übrig zu behalten und schließlich innerhalb der moralischen Vernunft die Rechtsvernunft gegen die Tugendvernunft abzugrenzen. Für die letzten beiden gibt es aber, sowohl nach der hier vertretenen Position als seitens der von Neiman erwähnten Aufklärungsphilosophen, hinreichend klare Kriterien.

Daß Organisatoren offensichtlicher Großverbrechen, etwa der für zahllose Judendeportationen verantwortliche Adolf Eichmann, nicht wie von manchen erwartet ein sadistisches Monstrum war, daß er vielmehr wie Hannah Arendt beschreibt, angeblich ein vorbildlicher Familienvater, überdies tierlieb, pflichtbewußt und immer anständig war, mag für das Persönlichkeitsbild nicht unwichtig sein und Arendts Wort von der «Banalität des Bösen» rechtfertigen. Die für eine Rechtsmoral entscheidende Frage richtet sich aber auf zwei andere Dinge. Erstens:

Hat die Person gegen klare rechtsmoralische Gebote verstoßen, hier gegen das Tötungsverbot, ohne sich auf persönliche Notwehr oder eine Kriegssituation berufen zu können? Zweitens: Ist die Person für den Verstoß nicht nur der schlichte, sondern der freie Urheber, ohne sich damit entschuldigen zu können, unter Zwang, etwa aus Angst ums eigene Leben, gehandelt zu haben? Fällt die Antwort beide Male positiv aus, so liegt klarerweise eine moralische Illegalität, also eine «objektive» Bosheit vor.

Wie sieht es auf der subjektiven Seite aus? Findet der Moralverstoß wieder und wieder, zudem über mehrere Jahre und in großem Maßstab statt, so kann schwerlich bloß von moralischer Willensschwäche, also von der schwächsten Stufe personaler Bosheit, die Rede sein. Bei wiederholtem und bereitwillig erfolgtem Vollzug scheint auch die zweite Stufe, die moralische Unlauterkeit, ein noch zu geringer Vorwurf zu sein, so daß es zum Vorwurf der dritten Stufe nicht weit ist. Vielleicht war der Betreffende ein willfähriger Vollstrecker, dann allerdings «in selbstverschuldeter Unmündigkeit».

Eine Fundamentalethik beurteilt nicht einzelne Personen. Sie setzt sich statt dessen mit dem in der globalen Frage angelegten Vernunftzweifel auseinander: Durch entsprechendes Einüben kann die moralische Vernunft zwar in Personen und durch institutionelle Vorkehrungen in Rechtsordnungen eine erhebliche Festigkeit erlangen. Eine gegen alle Versuchungen gefeite Festigkeit ist ihr aber versperrt. Sie behält ihren Sollenscharakter bei, und dieser schließt den ebenso extremen wie krassen Moralverstoß, eben das Böse, nicht aus. Die an dieser Stelle beliebte Frage, ob wir in der besten aller möglichen Welten leben, kann dahingestellt bleiben. In der uns bekannten Welt mit Wesen, die nach moralischen Grundsätzen zu handeln vermögen, aber nicht naturnotwendig so handeln, darf man moralisches Handeln, sogar Glanzleistungen erwarten. Auf der anderen Seite kann man Rückfälle in moralische Barbarei nie ausschließen.

23.3 Den Begriff des Bösen aufheben?

An die semantische Vorfrage, wie das Böse begrifflich zu bestimmen ist, schloß sich die Frage an, ob es das Phänomen, das moralisch Böse, überhaupt gebe. Da das Thema des Bösen – fast – verlorengegangen ist, stellt sich noch eine dritte Frage, in der vielleicht sogar die moralphilosophische Hauptfrage liegt: Ist es richtig, den Begriff des Bösen aufzugeben; ist eine Ethik menschenfreundlicher, humaner, die auf eine (maßlos?) übertriebene Verurteilungsart verzichtet? Oder blendet sie eventuell aus Angst vor einer kompromißlos harten Verurteilung eine wichtige Erfahrung aus, womit sie ihrem Gegenstand, der Praxis im Blick auf die höchststufige Bewertung, nicht gerecht wird? Der Grund für das Ausblenden könnte in einem Mangel an jener evaluativen Courage liegen, die die Verantwortung des Menschen in aller Schärfe denkt, deshalb neben dem Höchstmaß des Guten, der Moral, auch ein Höchstmaß des Schlechten, der Unmoral und Amoral, für denkbar, oft genug auch für real hält. Gehört das Böse nicht sogar zum «Drama der menschlichen Freiheit», so daß eine Nichtbehandlung sich nicht allein auf ein moralphilosophisches, sondern auch ein anthropologisches Defizit beläuft? Kurz: Was gewinnt, wer das Phänomen des Bösen anerkennt, was verliert, wer es leugnet?

Die Leugnung kann in zweierlei Form erfolgen. Entweder bestreitet man die Existenz des Bösen, oder man räumt die Existenz ein, sieht sie aber nicht mit der Natur des Menschen verbunden. Falls die skizzierten Hinweise zum Erfahrungsbezug überzeugen, liegt im ersten Fall eine partielle Blindheit, ein zu optimistischer Blick auf die Welt, vor. Wer «ungereizter Grausamkeit» zum Opfer fällt, dem erscheint überdies die Blindheit als Zynismus. Die zweite Form tangiert das Selbstverständnis des Menschen. Falls der Mensch von Natur aus gut ist, tragen für eine «ungereizte Grausamkeit» nicht die Betreffenden die Verantwortung, sondern andere: die Eltern und die Lehrer, das Milieu oder die Gesellschaft. Selbst der extrem Unmoralische ist jedenfalls entlastet.

Eher überzeugt folgende Doppelstrategie: Bei der konkreten Frage, ob eine bestimmte Person böse sei, gebe man erstens die positive Antwort nur nach reiflicher Überlegung. Im Gegensatz zur Tendenz, grundsätzlich alles verwerfliche Tun dem verharmlosenden, weil die Unterschiede einebnenden Begriff des Fehlverhaltens zuzuordnen, erkenne man zweitens qualitative Unterschiede an. Insbesondere beachte man zwei Steigerungen: von der Tat her die Steigerung von einfachem über gravierendes zu extrem starkem Fehlverhalten und von der Motivation her die Steigerung von fahrlässigem über vorsätzliches Fehlverhalten bis zu einem Fehlverhalten, das man als solches will.

Ein weiteres Argument: Wer den Begriff des Bösen aufgibt, unterstützt stillschweigend die Gefahr einer Selbstüberschätzung, eines Hochmuts der Menschheit. Wer glaubt, das Böse lasse sich einmal für immer ausrotten, müßte sich, mit Kant gesprochen, Schwärmerei vorwerfen lassen. Vielleicht klingt sie sogar dort an, wo man das Böse lediglich als «unbewältigte Unmenschlichkeit» bestimmt und damit andeutet, es lasse sich in Zukunft ganz bewältigen. Gegen diese Erwartung oder auch nur Hoffnung spricht die in der Freiheit als solcher liegende Möglichkeit, daß man das moralisch Gebotene erkennt und ihm gleichwohl mit Absicht zuwiderhandelt. Der Mensch kann zwar moralisches Handeln zu einem Charaktermerkmal, der Tugend, ausbilden. Er gelangt aber nie zu einer Heiligkeit im ontologischen Sinn, zu einer unverführbar moralischen Persönlichkeit.

Eine Menschheit hingegen, die sich ihres natürlichen Hanges zum Bösen bewußt ist, rechnet mit der Möglichkeit, daß der Hang zum Ausbruch kommt, und trifft dagegen Vorkehrungen. Aus diesem Grund ist der zunächst bloß moralphilosophische Diskurs über das Böse sowohl zu einem pädagogischen als auch einem rechtlich-politischen Diskurs zu erweitern. Und bei der zweiten Dimension nehme man sowohl eine innerstaatliche als auch eine zwischenstaatliche Seite in den Blick.

24. Autonome Moral und Lebenskunst

24.1 Ein Gegensatz?

Theorien von Lebenskunst und autonomer Moral gelten oft als Gegensatz, wobei erstaunlicherweise beide Seiten glauben, der anderen überlegen zu sein. Die Theorie der Lebenskunst sagt, was kann es besseres als ein gutes Leben geben, worauf die Theorie der autonomen Moral antwortet, was ein gutes Leben sei, könne allein sie bestimmen. Innerhalb dieser Gegensatzthese lassen sich noch zwei Ansichten unterscheiden; ihnen stehen zwei Thesen möglicher Übereinstimmung gegenüber, so daß insgesamt vier Positionen denkbar sind.

(1) In der stärkeren Gegensatzthese, der Kontradiktionsthese, herrscht zwischen Lebenskunst und Moral ein Gegensatz reiner Unvereinbarkeit, ein vollständiger Konflikt. Denn sie sind schon in ihrem Begriff, sodann in ihren Leitprinzipien, dort dem Glück, hier der Autonomie, grundverschieden. Die doppelte, sowohl begriffliche als auch prinzipielle Heterogenität schlägt auf das konkrete Handeln voll durch. Politisch gesprochen sind Glück und Moral einander feind. Es ist eines, sein Wohlergehen zu suchen, was unmoralische Mittel zuläßt, ein anderes, moralisch zu sein, was diese Mittel verbietet. Der Gegensatz ist also unüberwindbar: Wer ein glückliches Leben führen will, muß sich auf eine starke Prise Unmoral einlassen, und wer dies ablehnt, dem ist das Glück versperrt.

(2) Nach der schwächeren Gegensatzthese, der These einer konsonanzfähigen Dissonanz, fallen zwar gelungenes Leben und Moral sowohl nach ihrem Begriff als auch ihren Prinzipien auseinander. Die doppelte Heterogenität bleibt also erhalten; deren Folgen bzw. deren Anwendung im gelebten Leben können aber gering sein. Weil zum Beispiel ein auf unmoralische Weise erworbener Vorteil sich langfristig als schädlich zu erweisen pflegt, scheint der zwischen Glück und Moral bestehende Konflikt mehr moraltheoretischer als moralpraktischer Natur zu sein. Zwischen beiden herrscht im gelebten Leben keine unversöhnliche Feindschaft, sondern eine begrenzte und vor allem koexistenzfähige Gegnerschaft.

(3) Nach der bescheideneren Vereinbarkeitsthese, der These der Überlappung, können Lebenskunst und Moral sich schon von ihren Be-

griffen und Prinzipien her überschneiden, und im wirklichen Leben treffe dies auch weitgehend zu.

(4) Die anspruchsvollere Konvergenzthese behauptet schließlich nicht bloß eine weitgehende Übereinstimmung, sondern sogar eine innere Einheit. Sofern man beide Seiten richtig versteht, fallen Lebenskunst und Moral zusammen: Keine Lebenskunst ohne Moral und keine Moral ohne Lebenskunst.

Welche dieser Thesen zutrifft, hängt nicht bloß von den Begriffen und den Prinzipien, sondern auch vom offenen und zugleich nüchternen Blick auf die Lebenswirklichkeit ab. Unabhängig von Begriff, Prinzip und Lebenserfahrung läßt sich zu den vier Thesen keine Entscheidung fällen. Nach den Begriffen dieser Studie liegt für die Lebenskunst das gute Leben im Eigenwohl, das freilich ein gerütteltes Maß von Interesse am Wohl anderer einschließt. Denn wer sich die Sympathie vieler Mitmenschen verscherzt, stößt bei der Verfolgung des Eigenwohls auf deren Widerstand. Noch wichtiger ist, daß zu unverzichtbaren Bausteinen der Lebenskunst wie der Freundschaft, der Liebe und der Achtung durch andere das Interesse am wechselseitigen Wohlergehen gehört. Ein überlegtes Eigeninteresse verfolgt also nicht bloß das eigene Interesse, und der Tugendhafte wird zwar nicht immer, aber doch zumeist glücklich (s. Kap. 12.1).

Auch wenn Lebenskunst und Moral in hohem Maß übereinstimmen, bleibt ein wesentlicher Unterschied bestehen. Schon die Elementarstufe der autonomen Moral, die Legalität, verlangt, auch dort der Moral zu genügen, wo sie dem wohlüberlegten Eigeninteresse zuwiderläuft. Wie die Antithese von Pflicht und Neigung zeigt, gibt es Konfliktfälle, auf die die Kontradiktionsthese zutrifft: entweder Moral, aber unter Beeinträchtigung des Eigenwohls, oder das Eigenwohl, aber zum Preis der Moral (s. Kap. 22.4). Die Optimalstufe der Moralität fordert sogar, die Moral stets und von vornherein um ihrer selbst willen, ohne jeden Blick auf das Eigenwohl anzuerkennen.

Trotzdem lassen sich Lebenskunst und autonome Moral miteinander versöhnen. Man kann nämlich dem Theoretiker der Lebenskunst recht geben, daß es etwas Besseres als ein gutes Leben nicht gibt – vorausgesetzt, er erkennt zwei Dinge an. Erstens beachte er die Mehrdeutigkeit im Begriff des Guten, deretwegen es ein im technischen, ein im pragmatischen und ein im mehr als pragmatischen, im wahrhaft moralischen Sinn gutes Leben gebe. Dabei – so das zweite – darf er nur jenes Leben gut ohne Zusatz und Einschränkung, also schlechthin gut nennen, das der höchsten, moralischen Bedeutung von «gut» genügt. Sobald man diese Stufe nicht bloß erkennt, sondern auch als leitend anerkennt, hebt sich der Gegensatz von Lebenskunst und Moral auf. Gemäß der These 4, der anspruchsvolleren Konvergenzthese, der nicht bloß weitgehenden, sondern vollständigen Übereinstimmung, erweist sich der Gegensatz von Lebenskunst und Moral als nur scheinbar: Wo man die Theorie der Lebenskunst zu Ende denkt, geht sie in die Theorie eines moralischen Lebens über.

Dieser Lösungsvorschlag ist nicht falsch, er unterschlägt aber eine Differenzierung im Begriff der Eudaimonie. Der strebenstheoretische Superlativ des Guten hatte sich in zwei Bedeutungen aufgespalten, die im Leben zwar ineinander übergehen können, es aber nicht immer und vollständig tun: Die Eudaimonie ist sowohl das oberste, dominante, als auch das vollendete, inklusive bzw. integrative, Gut. Von diesen zwei Begriffen erfüllt das moralische Leben nur den ersten Begriff, den zweiten allenfalls unter glücklichen Umständen. Folglich ist das moralisch gute Leben keine zureichende Bedingung für das insgesamt gute Leben, womit die These der nicht bloß weitgehenden, sondern vollständigen Übereinstimmung, die These 4, dann doch hinfällig wird. Das moralisch gute Leben ist aber eine notwendige Bedingung, denn der zweite, inklusive Begriff der Eudaimonie, schließt den ersten, dominanten ein: Ohne das oberste Gut gibt es kein vollendetes Gut, so daß das moralisch gute Leben zum insgesamt guten Leben unverzichtbar ist. Daraus ergibt sich folgende vorläufige Bilanz:

Zwischen Lebenskunst und Moral besteht keine Unvereinbarkeit, nicht einmal eine innere Spannung, so daß die beiden Gegensatzthesen, die der puren und die der begrenzten Dissonanz, unzutreffend sind. Damit scheiden These 1 und These 2 aus. Statt dessen findet sich eine erhebliche Überschneidung, so daß zumindest die These 3, die bescheidene Vereinbarkeitsthese, zutrifft. Weil aber das moralisch gute Leben für das insgesamt gute Leben nur eine notwendige, keine zureichende Bedingung darstellt, trifft auch nicht mehr als die bescheidene Vereinbarkeit zu. Somit scheidet auch die These 4 aus und nur die These 3 bleibt übrig: Zwischen Moral und Lebenskunst besteht weitgehende, aber keine vollständige Übereinstimmung.

Im Bereich der Nichtübereinstimmung verdient die Moral zwar den Vorrang, aber nicht so exklusiv, daß sie der Lebenskunst jedes Recht nähme. Kann sich nämlich die Moral nur auf Kosten der Lebenskunst durchsetzen, so bleibt ein Defizit, ein Unvermögen. Das menschliche

Leben findet nur dort seine volle und runde Wertschätzung, wo Moral und Glück sich in Harmonie verbinden. Infolgedessen gibt sich eine philosophische Ethik nicht mit einer Philosophie der Moral zufrieden. Als ein eigenständiges, freilich nachgeordnetes Prinzip erkennt sie auch das Glück an. Denn wer nicht an ein Jenseits glaubt, hat nur ein einziges, das diesseitige Leben. In ihm sorgt er sich um beides, um moralische Rechtschaffenheit und um ein glückliches Gelingen, und er hofft, beides gleicherweise zu erlangen. Wer an ein Jenseits glaubt, kann freilich gelassener sein.

Entgegen einem ersten Anschein kann man eher der autonomen Moral eher voll genügen als dem Prinzip Glück. Selbst eine hochentwickelte Lebenskunst vermag nämlich das volle und runde Glück nicht zu garantieren. Nicht Herr über den Lauf der Welt, kann sie weder natürliche noch soziale Widerfahrnisse verhindern, auch wenn sie fähig ist, einige von ihnen zu verhüten und andere in ihrer Gewalt abzuschwächen.

Für diese Fähigkeit interessiert sich das moralisch gute Leben nur am Rande, im Rahmen einer indirekten Pflicht für das eigene Glück. Diese Pflicht läßt sich etwa so begründen: Der Mensch weiß, daß er in moralische Versuchung geraten kann und dann nie sicher ist, der Versuchung stets zu widerstehen. Daher hat er eine Pflicht, die Versuchungen, so weit es in seiner Hand liegt, erst gar nicht aufkommen zu lassen. Nun enthalten Situationen von Schmerz und Leid, von Erfolglosigkeit und Demütigung, ferner Notsituationen und vielerlei Widerwärtigkeiten ein Potential an moralischen Versuchungen. Hingegen dürften Faktoren wie Gesundheit und materielles Auskommen, ein erfolgreiches Berufsleben, Ansehen bei den Mitmenschen und ein erfülltes Sozialleben das Potential an Versuchung verringern, so daß die Sorge für sie einen moralischen Rang hat. Sie sind aber kein Selbstzweck; vor allem erlauben sie keine unmoralischen Mittel. Sie im Rahmen des moralisch Erlaubten zu verfolgen ist aber nicht bloß moralisch erlaubt, sondern in der skizzierten Weise, also indirekt geboten.

Bei der Lebenskunst sieht es anders aus. Bei ihr machen die genannten Faktoren einen wesentlichen Bestandteil aus. Sie sind nicht bloß indirekt, sondern direkt geboten, womit hier die Ansprüche der Lebenskunst über die der Moral hinausgehen. Diese kann ihrerseits Elemente der Lebenskunst wie die Tugend der Gelassenheit übernehmen und dabei sogar noch vertiefen: Im Bewußtsein, daß es auch dem guten Leben letztlich auf die moralische Selbstachtung ankommt, verlieren submoralische Widerfahrnisse an glücksbedrohender Kraft.

24.2 Besonnenheit, Wohlwollen, innere Freiheit

Bevor man die beiden Gegensatzthesen, These 1 und These 2, ganz verabschiedet, empfiehlt sich die Rückfrage, ob der Gegensatz von Lebenskunst und Moral nicht an anderer Stelle auftaucht. Wir behandeln die Rückfrage indirekt, prüfen nämlich, ob typische Bausteine der eudaimonistischen Lebenskunst von der autonomen Moral anerkannt, allerdings vielleicht auch verändert werden. Wir begnügen uns mit drei Beispielen eudaimonistischer Charaktertugenden, mit der mehr selbstbezogenen Besonnenheit, dem vornehmlich fremdbezogenen Wohlwollen und einer umfassenden Gelassenheit, der inneren Freiheit.

Das erste Beispiel, die eudaimonistische Besonnenheit, widersetzt sich der natürlichen Neigung, sich den spontanen Gefühlen von Lust und Unlust zu unterwerfen und sich in letzter Instanz von Affekt und Leidenschaft antreiben zu lassen. Dazu braucht es eine doppelte, eine negative und eine positive Leistung. Die vornehmlich negative Seite, daß man seine spontanen Gefühle der Lust und Unlust von der Gefahr des einseitigen Wucherns befreien muß, kann durchaus A-pathie, also Leidenschaftslosigkeit, heißen. Gemeint ist eine *moralische* Gemütsruhe und nicht eine seelische Gefühllosigkeit, ein emotionaler Stumpfsinn. Auf der positiven Seite vermag Besonnenheit die in unterschiedliche Richtungen drängenden Neigungen so zu koordinieren, daß ein langfristig gelungenes, nachhaltig gutes Leben hochwahrscheinlich wird.

Die der autonomen Moral verpflichtete Lebenskunst verlangt beide, die negative und die positive Seite. Auch sie fordert, die Lust-Unlust-Gefühle zu entmachten, ohne sie zu unterdrücken oder zu verdrängen. Wie es der Konflikt zwischen Pflicht und Neigung zuspitzt, kommt es «nur» darauf an, den Lust-Unlust-Gefühlen das Recht auf die Letzt-Entscheidung zu entziehen, dieses Recht der (moralischen) Pflicht zu überantworten und sie heiteren Gemütes zu erfüllen. Besonnen im Sinne der autonomen Moral ist, wer seine Neigungen nicht schlicht unterdrückt, wohl aber sie nach Maßgabe der Pflicht umgestaltet, um schließlich über moralisch gebildete Neigungen zu verfügen. Der autonom und vollendet Besonnene führt sein Leben mit der moralischen Anmut einer schönen Seele.

Zweites Beispiel: Innerhalb der eudaimonistischen Lebenskunst besteht laut einem Hauptvertreter, Aristoteles, das Wohlwollen in einer Wohlgesinntheit (*eunoia*), die auch ohne Gegenseitigkeit oder sonstige Vorteile sogar Unbekannten Gutes wünscht. Weil dabei der Übergang vom Wunsch zur Tat fehlt, ist aber nur eine freundliche Gesinnung und Zuneigung, eine Wohl-Gesinntheit gemeint. Die häufige Übersetzung mit «Wohlwollen» ist dagegen irreführend, denn dazu gehört, im Rahmen der eigenen Möglichkeiten auch tätig zu werden. Die Steigerung, die den Wunsch auch zur Tat werden läßt, gehört zur Freundschaft. Als eine Gabe auch ohne Gegengabe scheint die Aristotelische Wohlgesinntheit – für das Prinzip Strebensglück erstaunlich – in die Dimension des verdienstlichen Mehr hineinzureichen. Die Mehrleistung, eben die Gabe auch ohne Gegengabe, wird aber nicht stark betont. Überdies bleibt sie eine insofern partikulare Tugend, als man sie nicht ausschließlich, aber vornehmlich gegen diejenigen ausübt, die man persönlich mag. Der Gedanke, alle Menschen zu mögen, eine allgemeine Philanthropie, ist Aristoteles fremd. Für die eudaimonistische Wohlgesinntheit genügt zu sagen: Wer ganz ohne sie lebt, der Griesgrämige, verschenkt Chancen eines glücklichen Lebens, schadet also sich selbst, während der Wohlgesinnte seine Lebenschancen erweitert.

Das christliche Gebot der Nächstenliebe bietet die Möglichkeit, die Wohlgesinntheit zu einer sowohl vertieften als auch auf alle Menschen erweiterten, insofern universalen Tugend auszudehnen. Im Denken des (christlichen) Mittelalters geschieht es aber nur ansatzweise. Erst in der auf Sympathie gegründeten Gefühlsethik wird die Wohlgesinntheit ausdrücklich zur universalen, überdies auch handlungswirksamen Tugend, zu einem Wohlwollen gegen alle vernünftigen Wesen. Zusätzlich wird sie vom religiösen Hintergrund abgekoppelt. Indem zum Beispiel Hutcheson eine Übereinstimmung des universalen Wohlwollens mit der Selbstliebe annimmt (*An Inquiry into the Original of Our Ideas of … Virtue*, I 8), hebt er jeden Gegensatz von eudaimonistischer Lebenskunst und strenger Moral auf. So sehr man sich diese Übereinstimmung wünschen mag – die Erfahrung erhebt Einspruch. Sie zweifelt nicht an einer häufigen, wohl an einer ausnahmslosen Übereinstimmung. Denn der betrügerische Depositär kann sein Vermögen mit moralisch unerlaubten, pragmatisch aber sicheren Mitteln erweitern (s. Kap. 21.2). Ihm gebietet das Eigenwohl einen Betrug, den die Moral verbietet.

Eine erfahrungsgestützte, aber streng moralische Ethik zählt das Wohlwollen unter die Pflichten aller Menschen gegeneinander. Um das Gerechtigkeitsprinzip der Gleichheit zu erfüllen, erstreckt sie diese Pflicht auf die Gesamtheit der Menschen, folglich auch auf die eigene Person: Man darf, man soll sogar sich selber wohl wollen und wohl tun.

Das auf sich bezogene, reflexive Wohlwollen ist aber nur unter der Bedingung zulässig, daß man auch jedem anderen wohl will.

In einer moralgeprägten Lebenskunst steigert sich also die eudaimonistische Wohlgesinntheit zu einem universalen Wohlwollen und schließt im Gegensatz zu einem selbstvergessenen Altruismus die eigene Person ein. Im Unterschied zum Optimismus einer natürlichen Übereinstimmung von Selbst- und Fremdliebe sieht sie allerdings, daß die Übereinstimmung nicht stets zutrifft, deshalb oft gesucht werden muß. Und dafür stellt sie ein Kriterium auf, das der universalisierbaren Maxime: Schließe in den Kreis der Personen, deren Wohl du suchst, sowohl dich selbst als auch alle anderen Personen ein.

Auch das dritte Beispiel findet sich schon in der eudaimonistischen Lebenskunst und behält in der autonomen Moral ihr Recht: Die innere Freiheit beginnt etwa mit der Fähigkeit, weit verbreitete Lebensziele wie subjektives Wohlbefinden, beruflichen Erfolg, Wohlstand und Ansehen weder zu verachten noch für glücksentscheidend zu halten. Sie setzt sich in der Fähigkeit fort, für neue Erfahrungen offen zu bleiben. Und statt sich sehr früh und zu eng im Leben festzulegen, hält sie sich bereit, immer wieder einmal etwas Neues zu versuchen. Eine Rolle spielen zahlreiche weitere Fähigkeiten: eine Einsamkeit nicht (nur) als Verlassenheit zu verstehen; sich weder von Angst und Sorge auffressen noch eine berechtigte Trauer über Verluste (etwa eines Partners oder eines Kindes) in Schwermut abgleiten zu lassen; die Schönheiten des Lebens zu sehen und auch zu genießen; sich von dem, was einem angetan worden ist, zu lösen; insbesondere an einem Groll nicht festzuhalten oder ihn gar zu Haß auswachsen zu lassen. Zu Recht spricht Nietzsche von einer Kraft der Vergeßlichkeit, ergänzt sie allerdings um die Gegenkraft, für eine Zukunft einzustehen (*Zur Genealogie der Moral* II.1).

Innerlich frei ist, wer unbefangen zu handeln und eine eventuell verlorene Unbefangenheit wiederzugewinnen vermag; generell: wer ein unverkrampftes, von unnötigen Sorgen gelöstes, sogar heiteres Leben führt. Der Lohn für all diese Fähigkeiten: Man folgt nicht der resignativen Lebensmaxime des grüblerischen Wortklaubers Karl Valentin: «Ich bin froh, daß es so ist, denn wenn ich nicht froh wäre, wäre es trotzdem so.» Denn man vermag sich mit der natürlichen, der sozialen und der eigenen, «inneren» Welt schöpferisch auseinanderzusetzen; man findet und entwickelt einen Spielraum für zufriedenstellende Tätigkeiten; und man füllt diesen Spielraum kräftig aus.

Die autonome Moral verweigert diesen eudaimonistischen Fähigkeiten nicht ihre Anerkennung. Im Rahmen einer Pflicht, sich zu entfalten, und einer weiteren, wenn auch indirekten Pflicht, das eigene Wohl zu befördern, hält sie sie sogar für wünschenswert. Trotzdem fallen hier Lebenskunst und Moral nicht vollständig zusammen. Der moralische Standpunkt nimmt nämlich eine Auswahl und Gewichtung vor und räumt dem klugheitsgebotenen Anteil nur einen vormoralischen Rang ein; in den Adelsstand der Moral wird er nicht erhoben. Der wahrhaft moralische Anteil bleibt dagegen lediglich indirekt geboten; und im Konfliktfall läßt er den direkten Pflichten den Vorrang.

24.3 Moralerziehung

Zu den Themendefiziten vieler Moralphilosophen gehört die Erziehung zur Moral. Dieses Defizit ist erstaunlich, da schon die zwei Paradigmata abendländischer Moralphilosophie, Aristoteles' *Nikomachische Ethik* und Kants *Kritik der praktischen Vernunft*, das Thema behandeln. Bei Aristoteles geschieht es durch den wiederholten Hinweis auf das fortgesetzte Einüben; so werde man besonnen durch besonnenes und gerecht durch gerechtes Handeln. Und Kant widmet in der zweiten *Kritik* der Moralerziehung sogar einen von insgesamt nur zwei Teilen. Auf die «Elementarlehre der reinen praktischen Vernunft» folgt deren «Methodenlehre», die nicht etwa erörtert, wie man über Moral philosophiert, sondern wie man zur Moral erzieht. In Kants systematischer Ethik, der *Tugendlehre*, sieht es nicht anders aus: auf «I. Ethische Elementarlehre» folgt «II. Ethische Methodenlehre». Die zweiten Teile fallen allerdings jeweils weit kürzer aus. Damit deutet die Philosophie an, daß sie, hier bloß teilzuständig, nur einige Grundgedanken anführt. Sie richten sich aber auf beide Seiten, auf die theoretische Übung, die Didaktik, und ihr praktisches Gegenstück, die Asketik (wobei «Askese» hier im wörtlichen Sinn von Einübung, nicht von bloßer Entsagung zu verstehen ist).

Die Moral im weiteren Verständnis umfaßt sowohl die eudaimonistische Lebenskunst als auch die Moral verallgemeinerbarer Maximen. Für beide bringt der Mensch die einschlägigen Fähigkeiten weder von Geburt an mit noch entwickelt er sie so spontan, wie er biologisch heranwächst. Beim Mensch, diesem extremen Nesthocker, der mit einem weithin unreifen Gehirn auf die Welt kommt, findet auch die für die Moral entscheidende Entwicklung im wesentlichen nachgeburtlich statt.

Vieles, was der Mensch dann lernt, beginnt mit Vormachen und Nachahmen. Später kommen gezielte Lernprozesse hinzu, die man durch Vorbilder aus der Geschichte und durch literarische Erzählungen befördern kann, sofern man nicht «romantisch» überhöhte, unerreichbare Vorbilder hinstellt. Manches, was zu lernen ist, etwa der aufrechte Gang und das Sprechen, ist lebenswichtig und wird von so gut wie jedem gelernt. Mit anderem, etwa dem Erlernen eines Musikinstruments, einer Fremdsprache oder dem mathematischen und dem philosophischen Denken erweitert man seine Lebens- und Humanitätschancen. Beide, die Erziehung zur Lebenskunst und die zur autonomen Moral, gehören ihrer Bedeutung nach zum ziemlich Lebenswichtigen; Adressat ist jedermann.

Ob gezielt oder mitlaufend – wegen der Tiefenwirkung frühkindlicher Prägungen beginnt die Moralerziehung ziemlich früh. Hier ist einer der wirkungsmächtigen Texte der «philosophischen» Pädagogik zu korrigieren, Rousseaus *Émile*. Nach diesem Text, einer Mischung aus Abhandlung und Roman, beginnt die Moralerziehung erst im Alter von 15 bis 20 Jahren. Auch wenn die relative Vollendung, die Erziehung zur freien Achtung der Moral, in diese Zeit fallen mag, kann man ein Leitmotiv «von der Eigenliebe zur Nächstenliebe» weit früher anerziehen, als Rousseau vorschlägt. Und für starke Prägungen sollte man es auch. Im übrigen dürfte Kant recht haben: «selbst Kinder sind fähig, auch die kleinste Beimischung unechter Triebfedern aufzufinden: da denn die Handlung bei ihnen augenblicklich allen moralischen Wert verliert» (*Religion* VI 48).

Auf die Frage, wie man ein gelungenes Leben zu führen lernt, sind wir schon früher eingegangen (s. Kap. 9.2). Wie aber lernt man die autonome Moral? Vieles von der Erziehung zur Lebenskunst bleibt für die Erziehung zur autonomen Moral gültig; erneut darf man deren Unterschied nicht überschärfen. Gültig bleibt, daß es auf eine weder schicht- noch geschlechts- noch kulturspezifische, vielmehr eine allgemeinmenschliche Erziehung ankommt: daß letztlich nicht einzelne Handlungen, sondern der zugrundeliegende Charakter zählt; daß der Charakter eine Einheit bildet, man daher besser nicht (nur) gegen einzelne Schwächen, sondern gegen deren gemeinsame Wurzel ankämpft; daß man besser mit Lob und Tadel als mit Strafen erzieht; daß man, um zu ermuntern, Lob durchaus vor anderen spendet, aber, um nicht bloßzustellen, nur unter vier Augen tadelt; daß es die Fähigkeit zu vorübergehendem Verzicht und zu Selbstbeherrschung braucht; daß man an natürliche Empfindungen wie ein Gerechtigkeitsempfinden und das Mitgefühl anknüpfen kann. Nach neueren Forschungen verfügen Kinder im Alter von 18 Monaten über eine rein natürliche Hilfsbereitschaft: In Experimenten ließ man einen kleinen Gegenstand scheinbar unabsichtlich fallen, so daß er außerhalb der eigenen Reichweite landete. Bei erfolglosem Versuch, den Gegenstand zu erreichen, halfen die Kinder in 84 Prozent aller Fälle binnen zehn Sekunden, und zwar ohne daß ein hilfesuchender Blick in die Richtung des Kindes oder gar ein Ausruf um Hilfe erforderlich war.

Gegenüber der Lebenskunst neu ist die Fähigkeit zu lernen, im Konfliktfall von Pflicht und Neigung die Neigung zurückzustellen. Nun kann man sich über seine Beweggründe täuschen. Ob man tatsächlich bereit ist, seine Neigung zurückzustellen, kann man jedoch mit einem Gedankenexperiment prüfen, das dem zur Wirklichkeit moralischer Freiheit entspricht: Bleibt man zum Beispiel auch dann ehrlich, wenn es etwas kostet, sogar so viel kostet wie einen lang ersehnten beruflichen Erfolg? Im Fall der positiven Antwort darf man sagen, daß man die Pflicht um ihrer selbst willen, also ohne jeden (finanziellen, sozialen …) Gewinn befolgt. Erlaubt bleibt ein einziger Gewinn, der wegen seiner Besonderheit aber besser Quasi-Gewinn heißt: der Gewinn an moralischer Selbstachtung. Dieser Gewinn bekräftigt, daß der Inbegriff moralischer Verbindlichkeiten, das Moralgesetz, seine eigene Motivation bildet. Im Fall der autonomen Moral zielt die moralische Erziehung auf moralische Selbstachtung und autonome Freiheit.

Erfahrungswissenschaften wie die Pädagogik und die empirische Psychologie untersuchen Bedingungen, die die moralische Entwicklung beeinflussen. Wegweisend sind die Studien von Kohlberg (neuerdings 1995; vgl. auch Garz/Oser/Althof 1999; zum Ethikunterricht in pluralistischer Gesellschaft Höffe [5]2000, Kap. 16). Nicht empirisch gewonnen, aber wohlüberlegt und durchaus erfahrungsgesättigt sind drei moralpsychologische Prinzipien, die Rawls aufstellt (1971, § 75). Ohnehin gründet das entscheidende Moment, die Moral, nicht in der Erfahrung, so daß auch der entscheidende Grundsatz nicht der Erfahrung entstammen kann. Es ist die Moral, die ihn vorgibt, und die Moralphilosophie, denen die Erfahrungswissenschaften ihn entnimmt. Allerdings sind weder die Moral noch deren Philosophie ein Privileg professioneller Philosophen. Auch Erfahrungswissenschaftler sind kompetent, dann freilich nicht *als* Erfahrungswissenschaftler, sondern weil sie über die allgemeinmenschliche praktische Vernunft und über die ebenso allgemeinmenschliche Fähigkeit zu philosophieren verfügen.

Eine Fundamentalethik überläßt die Frage nach Institutionen, die die Moralerziehung erleichtern, sogar befördern, einer politischen Ethik. Sie selbst überlegt sich, wie eine Moral in einer Person verankert werden kann. Idealtypisch gesehen gibt es drei Modelle, die man auch als drei Stufen einsetzen kann: ein autoritäres, ein adaptives Verankern und schließlich eine autonome Selbstbindung. Bei der dritten Stufe wird sich noch eine bislang übersehene (Unter-) Stufung finden.

Das erste, autoritäre Modell kennt man von Sigmund Freud. Nach seiner Ansicht hat das Schuldgefühl, einschließlich Scham und Gewissensbissen, zwei Ursprünge, die sich im Laufe der Entwicklung ergänzen. Einerseits zwingt die Angst des kleinen Kindes vor der äußeren Autorität des Vaters oder der Eltern zum Verzicht auf Triebbefriedigung. Wird die Autorität durch die Aufrichtung eines Über-Ichs verinnerlicht, so wird man zusätzlich zur Selbstbestrafung gedrängt; selbst wo der Triebverzicht erfolgt, entsteht ein Schuldgefühl. Der zweite Ursprung: Die Kultur schaltet die ihr entgegenstehenden Aggressionen durch Verinnerlichung aus, so daß sich die Aggression gegen das eigene Ich wendet. Sie wird nämlich von einem Anteil des Ichs übernommen, das sich als Über-Ich dem übrigbleibenden Ich – nennen wir es das personale Ich – entgegenstellt. Als «Gewissen» übt es gegen das personale Ich dieselbe strenge Aggressionsbereitschaft aus, die das Ich gern an anderen, fremden Individuen befriedigt hätte.

Daß Freuds Modell neben Einsichten auch Verkürzungen enthält, ist unstrittig. Vom Standpunkt der Moral ist beispielsweise die lineare Hierarchie bedenklich, die doppelte Herrschaft des Über-Ich und des Es über das Ich, ohne die Möglichkeit einer korrigierenden Rückwirkung. Damit hängt ein zweites Bedenken zusammen. Es richtet sich gegen die Annahme, zwischen dem kulturell geprägten Über-Ich und dem Inbegriff von Triebansprüchen, dem Es, bestehe nicht bloß eine Spannung, sondern notwendigerweise eine Feindschaft. In Wahrheit kann man bei Trieben und Bedürfnissen wie dem Hunger, dem Durst und der für Freud überaus wichtigen Sexualität begrifflich zwei Momente unterscheiden. Das formale Moment liegt im Drang nach unmittelbarer Befriedigung, das inhaltliche Moment in dem, was nach Befriedigung drängt. Der Kultur feindlich ist nur das formale, nicht notwendig auch das inhaltliche Moment. Und im Fall einer gelungenen Kultur steht gegen die stets momentane Befriedigung nicht erst diese Kultur, verstanden als eine dem Individuum fremde, gegen dessen Interessen feindlich eingestellte Instanz. Wie die Überlegungen zur hedonistischen Vernunft gezeigt haben, braucht es schon für das langfristige Eigenwohl eine Korrekturinstanz (Kap. 11.2).

Freuds Hauptschwäche besteht in einer fehlenden Unterscheidung: daß es bei Schuld, Scham und Gewissen auf die genaue Art ankommt. Sie treten nämlich sowohl in einer autoritären als auch einer adaptiven, schließlich einer autonomen Gestalt auf. Allerdings vertritt Freud das autoritäre Modell nicht exklusiv. Mit den Therapiemaximen «Wo Es war, soll Ich werden»; und das Ich sei «vom Über-Ich unabhängiger zu machen» nähert er sich dem dritten Modell an (*Einführung in die Psychoanalyse*, 1974, 516).

Das zweite, adaptive Modell wird etwa vom Soziologen Talcott Parsons 1964 und dem Psychoanalytiker und Sozialphilosophen Erich Fromm 1956 vertreten. Parsons legt auf die Wechselseitigkeit von Über-Ich und personalem Ich wert. Überdies sei schon das dritte Ich, das von Freud «Es» genannte Trieb-Ich, gesellschaftlich mitkonstituiert. Deshalb stehen sich Trieb-Ich und Über-Ich nicht in unauflöslicher Feindschaft gegenüber, vielmehr durchdringen sie sich gegenseitig und schaffen dadurch eine stabile, zur Bewältigung innerer Konflikte fähige Person. Was im autoritären Modell als von außen vorgegeben und dem Individuum aufgezwungen erscheint, wird im adaptiven Modell zu einer zwanglosen Übereinstimmung. Das Ich agiert nicht als Mittler zwischen den beiden Kriegsparteien Trieb-Ich und Über-Ich. Im Übernehmen sozialer Rollen, die der Entfaltung der persönlichen Bedürfnisse dienen, bringt es vielmehr die angeblichen Feinde zu einer produktiven Zusammenarbeit.

Noch Ich-näher, noch stärker von Personalität bestimmt ist das dritte Modell, das der freien Selbstbindung. Daß es so etwas gibt, entspringt nicht etwa einem Wunschdenken, sondern scheint sich auf empirische Studien stützen zu können, zum Beispiel auf LOGIK, eine Längsschnittanalyse von etwa 200 repräsentativ ausgewählten Kindern und Jugendlichen von vier bis 17 Jahren (Nunner-Winkler 1998). Andere Rückfragen an die moraltheoretische Deutung der Befunde seien hier zurückgestellt, so die bedenkliche Deutung von Schuld- und Schamgefühlen als Ausdruck einer autoritären Motivationsstruktur. Die Fehldeutung ist aber zu erwähnen, daß *der* Philosoph autonomer Moral, Kant, nicht in einen autoritären Selbstzwang zurückfällt. Er steigert vielmehr die Erfordernis der freien Selbstbindung zu deren voller Stufe. Der innere Richter, den der Mensch als Gewissen in sich findet, ist bei Kant nicht ein rigides Über-Ich, sondern die Stimme des moralischen Ich, das sich mahnend und warnend gegen das unmoralische Ich wendet. Und mit den drei aufeinander aufbauenden Entwicklungsprozessen, dem Kultivieren, Zivilisieren und Moralisieren, führt er noch eine wichtige Unterscheidung ein (z. B. *Idee*, 7. Satz).

Kehren wir zur LOGIK-Studie zurück. Danach sind bereits mit vier Jahren so gut wie alle Kinder (98 %) davon überzeugt, daß man nicht stehlen darf. Spätestens mit sechs bis acht Jahren glauben die meisten (85–95 %), daß man teilen und helfen soll. Diese Befunde zeigen dreierlei: einmal wie früh in der kindlichen Entwicklung ein moralisches Bewußtsein entsteht, ferner wie weit es unter den Kindern, nämlich fast generell, verbreitet ist, schließlich, wie gehaltssicher dieses Bewußtsein ist: Die inhaltlichen Überzeugungen entwickeln sich nicht über Phasen von Versuch und Irrtum, sondern befinden sich sehr bald «in der Wahrheit». Allerdings fallen sie nicht vom Himmel, sondern werden, so scheint es, mit dem kollektiv geteilten Sprachspiel, der «Muttersprache», erworben.

Für die Anerkennung der Moral im strengen Sinn haben wir drei Stufen unterschieden (s. Kap. 22.4): die Anerkennung eines neutralen Beurteilers, die im reflexiven Beurteilen (man fordert die Anerkennung für sich selbst und schämt sich fehlender Anerkennung) und die im Leben sich zeigende volle Anerkennung. Auf allen drei Stufen handelt es sich nicht um eine bloß geforderte, sondern um eine auch praktizierte Autonomie. Nennen wir die erste Stufe eine bloß judikative (urteilende) Autonomie, die zweite Stufe die schon reflexive (auf sich bezogene) Autonomie, die dritte Stufe aber die volle, genuin moralische bzw. biographische Autonomie.

Hinsichtlich dieser drei Stufen findet die Moralpsychologie eine klare Entwicklung: Bei eigenem Unrecht nennen jüngere, weniger als sechsjährige Kinder als häufigstes Gefühlswort «traurig». Dieser für moralische Zusammenhänge ungewohnte Ausdruck könnte bedeuten, daß man den Sachverhalt – das eigene Unrecht, das man eigentlich nicht will – zwar bedauert, sich aber noch nicht moralisch schlecht fühlt. Die Anerkennung zweiter Stufe: daß man «sich schämt», taucht erst im Alter von sechs bis sieben Jahren auf; daß man «ein schlechtes Gewissen hat» sogar erst ab acht bis neun Jahren, und beides nur sporadisch, bei weniger als 10 % der Befragten. Das Wissen um moralische Verbindlichkeiten – so zeigen diese Befunde – erwerben Kinder sehr früh, in einem ersten Schritt. Den Wunsch, die Verbindlichkeiten auch tatsächlich zu befolgen, entwickeln sie erst später, in einem zweiten Lernschritt.

Die empirische Moralpsychologie pflegt zu übersehen, daß selbst damit die dritte Stufe, die volle moralische Anerkennung, die um der Moral selbst willen, noch nicht erreicht ist. Der Grund für das Übersehen dürfte schon methodischer Natur sein. Mit den in der Moralpsychologie üblichen Verfahren, dem Befragen der Versuchspersonen oder dem Vorlegen von schwierig zu beurteilenden Einzelfällen, kann man den für die volle Autonomie entscheidenden Punkt gar nicht bestimmen. Weil eine Disziplin aber ungern zugibt, gegenüber ihrem Gegenstand auf eine grundsätzliche Erkenntnisgrenze zu stoßen, vermißt man auf der Seite der Moralpsychologen die Einsicht, die volle Autonomie gar nicht erfassen zu können.

Die volle Autonomie verlangt, daß eine Person ihr Leben tatsächlich nach Maßgabe verallgemeinerbarer Maximen führt, sich überdies dieser Lebensführung so sicher ist, daß sie selbst dort, wo der natürlichen Neigung Opfer abverlangt werden, die Opfer um der moralischen Pflicht willen tatsächlich erbringt. Im Sinne der moralischen Anmut einer schönen Seele genügt es nicht einmal, das Opfer mit finsterem und mürrischem Gemüt zu erbringen. Erst wenn es ohne jede Opfermiene, in innerer Heiterkeit geschieht, das Opfer vielleicht nicht einmal mehr als Opfer empfunden wird, befolgt man die Moral um ihrer selbst willen und erkennt sie als inneren Wert an. So etwas zeigt sich weder in Urteilen von Kindern noch in spontanem Handeln wie etwa dem selbstverständlichen Trösten oder Helfen. Um die Mehrleistung zu erbringen, dürften jene größeren Gefährdungen nötig sein, die erst ab der Pubertät und vielleicht sogar zusätzlich erst im Leben außerhalb des relativen Schutzraumes von Familie und Schule auftreten.

Die zur autonomen Moral gehörende freie Anerkennung kann man letztlich nicht durch Vor- und Nachmachen lernen, weder durch hilfreiche und abschreckende Vorbilder noch durch Lob und Tadel oder andere Sanktionen. All diese Lernarten mögen eine Vorstufe bilden, auf der Hauptstufe verlieren sie ihr Recht. Für die Achtung des Moralgesetzes genügt keine Nachahmung; eine Selbstbindung aus moralischer Einsicht schöpft nicht aus fremden, sondern aus eigenen Quellen. Muß man daher einer seit der Antike vertretenen Ansicht widersprechen, gerecht werde man durch gerechtes, besonnen durch besonnenes Handeln, und generell erwerbe man eine Tugend durch fortgesetztes Einüben? Leicht machen sollte man sich den Widerspruch nicht. Von der Erfahrung vielfach bestätigt, etwa von der Psychologie mit dem Satz bekräftigt, die beste Vorbeugung (Prävention) bestehe in Habitualisierung, also der Ausbildung einer Gewohnheit und Haltung, könnte die Ansicht den Rang einer bewährten Einsicht verdienen.

In der Tat ist kein Widerspruch angesagt. Denn die anvisierte Selbstbindung aus moralischer Einsicht ist erst dann voll erreicht, wenn sie zu einer freien Haltung geworden ist. Über sie verfügt aber nur, wer die entsprechende Ausrichtung seiner Antriebe durch Einüben stabilisiert; Ziel und Art des Einübens sind allerdings zu präzisieren. Wer nur von Einüben spricht, gibt auf die für die Moral entscheidende Frage keine hinreichend klare Antwort.

Offensichtlich genügen für die Moral die einfachsten Arten des Einübens nicht, weder das Konditionieren quasi-reflexhafter Reaktionen noch das quasi-mechanische Nachahmen von Vorbildern noch das mit Strafen erzwungene Tun und Lassen. In all diesen Fällen lernt man bestenfalls moralisch richtig, aber nicht aus innerer Zustimmung, also moralisch gut zu handeln. Beim bloß richtigen, pflichtgemäßen Handeln, der (moralischen) Legalität, besteht ein moralisches Defizit, das erst bei der Moralität behoben wird. Nun handelt man im Fall der entsprechenden Tugend aus dem Inneren der Person, so daß man nicht aus irgendwelchen Gründen gerecht agiert, sondern um der Gerechtigkeit willen.

Eine Moralerziehung, der es auf die volle Wirklichkeit, die Moralität, ankommt, widerspricht nicht der antiken Ansicht. Sie nimmt jedoch eine Präzisierung vor, die sich auf eine verschärfte Anforderung beläuft: Einzuüben ist nicht irgendeine, sondern eine freie Haltung. Legalität läßt sich einüben; zur Moralität gehört mehr. Wer zum Beispiel das Betrügen lediglich dort unterläßt, wo er mit Sanktionen rechnet, dagegen die Gelegenheit eines nicht entdeckbaren Betruges wahrnimmt, übt gar nicht ein, was nach einiger Zeit zur Tugend des Nichtbetrügens und allgemeiner der Gerechtigkeit führt. Wer dagegen aus bloßer Achtung vor dem Betrugsverbot nicht betrügt, der übt bei fortgesetztem Nichtbetrügen eine Ehrlichkeit von wahrhaft moralischem Rang ein; er habitualisiert eine freie Ehrlichkeit.

Dies läßt sich verallgemeinern: Nur wer selbst dort ehrlich, rechtschaffen, hilfsbereit und couragiert handelt, wo er weder einen Nachteil zu befürchten noch einen Vorteil zu erhoffen hat, erwirbt durch wiederholtes Handeln dieser Art jene Tugend, die dem strengen Begriff der Moral genügt. Einerseits, so das Moment der Haltung, befolgt er das moralisch Gebotene und Verbotene wie von selbst. Andererseits geschieht es, so das Moment der «freien» Haltung, heiteren Gemüts: aus der moralischen Anmut einer schönen Seele heraus. Zu einem derartig moralischen Wesen macht man wohl letztlich nur sich selbst; die Moralerziehung vollendet sich erst in einer Selbsterziehung.

Gibt es eine Erziehung, die das Böse verhindert? Die Antwort lautet: Ja und Nein. Bei Personen, deren Erziehung zum moralisch Guten rechtzeitig beginnt und die das Tun des Guten durch fortgesetztes Einüben zum Charaktermerkmal werden lassen, hat das Böse so gut wie keine Chance. Allerdings ist der vorsichtige Zusatz «so gut wie» unverzichtbar, gestützt durch eine Überlegung zum Gedanken der schönen Seele: Aus der Verschärfung der Aufgabe, aus der Erziehung zur Moralität, folgt eine Abschwächung der Erreichbarkeit, deretwegen keine Erziehung das Böse ausnahmslos verhindern kann. Erstens beginnt nicht jede Erziehung zum moralisch Guten rechtzeitig; zweitens führt sie selbst bei rechtzeitigem Beginn nicht immer zum Erfolg. Und vor allem kann drittens das moralische Handeln nie die Sicherheit einer nicht verführbaren Einstellung erlangen. Weil der Mensch kein reines Vernunftwesen werden kann, ist ihm die Unmöglichkeit, verführt zu werden, verwehrt. In moralischer Hinsicht ist der Mensch nie so vollkommen, daß er nicht verbesserungswürdig wäre. Er ist stets perfektibel, aber nie perfekt.

25. Macht Moralität glücklich?

Eine umfassende Moralphilosophie stellt sich der irritierenden Frage, warum man moralisch sein soll. Die Frage ist irritierend, weil sich die Antwort von selbst verstehen sollte und doch schwer zu geben ist. Zu den Gründen gehört, daß man bei der Art der Verbindlichkeit und der Art ihrer Anerkennung gern Mehrdeutigkeiten unterschlägt.

Als erstes sind zwei Gruppen moralischer Pflichten zu unterscheiden. Bei der bescheideneren Gruppe, der Rechtsmoral, auch Gerechtigkeit genannt, ist die Anerkennung einander geschuldet. Hier lautet die Antwort auf die Warum-Frage: Man soll moralisch sein, weil man es einander schuldet. Die Menschen haben ein Recht darauf, von ihresgleichen weder getötet, noch bestohlen, noch betrogen zu werden. Und weil jedermann dieses Recht hat, ist für die Anerkennung dieser Moral die Rechtsordnung gefragt, die sich dabei der Sanktionen bedient. Aus ihnen folgt eine zweite Antwort: Man soll moralisch sein, um Sanktionen zu vermeiden. Deren härtere Form liegt im Strafrecht. Es gibt aber auch andere Rechtssanktionen, insbesondere die zivilrechtliche Haftung. Und außerhalb des Rechts kommen informelle soziale Sanktionen hinzu. Sie reichen von der stillschweigenden über die ausdrückliche Kritik bis zur Mißachtung, der Verachtung und der sozialen Ächtung.

Die über die Rechtsmoral hinausgehenden Pflichten, etwa das Wohlwollen, schuldet man seinen Mitmenschen nicht. Ihrem Begriff nach gehören sie zum verdienstlichen Mehr, weshalb die ersten zwei Antworten versagen. Man könnte auf einen kollektiven Vorteil hinweisen: Dort, wo mehr als bloß die Rechtsmoral befolgt werde, gehe es allen Beteiligten besser. Diese Antwort drängt freilich die Rückfrage auf, warum man denn dem kollektiven Wohlergehen dienen solle. Darauf kann man *entweder* mit Rechtssanktionen antworten. Dadurch würde die Tugendmoral aber zu einer geschuldeten Moral, zu einer Rechtsmoral, mindestens Quasi-Moral, verlöre jedenfalls ihre nichtgeschuldete Verbindlichkeit. *Oder* man erklärt den Dienst am Gemeinwohl zu einer Tugendpflicht, womit sich die Frage wiederholt, warum man sie denn erfüllen und eine tugendmoralische Person sein solle.

Die personale Steigerung zur Moralität ist sogar in beiden Bereichen, nicht nur in der Tugend-, sondern auch in der Rechtsmoral gefragt. Weder auf die Steigerung der objektiven Gerechtigkeit zur persönlichen Haltung, der Tugend Gerechtigkeit, hat man gegen seine Mitmenschen einen moralisch begründeten Anspruch, noch auf die Steigerung der objektiven Wohl*tätigkeit* zu einem personalen Wohl*wollen*. Warum soll man sich trotzdem darauf einlassen? Vormoralische Gründe wie der kollektive Vorteil rechtfertigen allenfalls das verdienstliche Mehr, nicht dessen Steigerung zur Moralität, denn für den kollektiven Vorteil reicht die moralische Legalität aus. Daß man sie um ihrer selbst willen sucht, steigert den kollektiven Vorteil nicht. Ohnehin schließt das Um-seiner-selbst-willen jede Vorteilsüberlegung rein begrifflich aus. Wo der kollektive Vorteil entfällt, bleibt der persönliche Vorteil übrig. Weil aber die Moral um ihrer selbst anzuerkennen ist, darf der persönliche Vorteil nicht außerhalb dieser Anerkennung liegen. Gesucht ist also ein außergewöhnlicher Vorteil, ein vorteilsloser Vorteil, der in nichts anderem als einer Anerkennung um ihrer selbst willen liegt. Ein derartiger Vorteil findet sich in der Achtung des Moralgesetzes als solchem; hier achtet sich das betreffende Subjekt als rundum moralische Person.

Auf die Frage, warum man im Sinne von Moralität moralisch sein soll, kann die Antwort nur lauten: aus einer Achtung seiner selbst als eines radikal, das heißt bis zu den Wurzeln moralischen Wesens. Letztlich geht es um nichts weniger, aber auch um nichts anderes als eine moralische Selbstachtung. Gemeint ist also nicht jene komparative und gelegentlich übertriebene Selbstachtung, wie sie der liebenswerte Snob Mr. Warburton in seiner Dschungelresidenz pflegt (William Somerset Maugham, *The Outstation*). Nur einer solchen Person kann man vorwerfen, «du machst eine Affäre der Selbstachtung daraus», wie die Freundin dem luxusgewohnten Schriftsteller Gabriel Corte sagt, als er nach der Flucht aus Paris sich gegen ein stickiges Mansardenzimmer auflehnt (Irene Némirovsky, *Suite française*, 2005, Kap. 9). Statt dessen geht es um die grundlegendere, moralische Selbstachtung, und diese ist nicht etwa anderen, sondern zuallererst sich selbst geschuldet.

Das «soll» in der Frage, warum man moralisch sein soll, ist letztlich ein moralisches Sollen, eine moralische Pflicht, aber nicht wie üblich eine Pflicht gegen andere, sondern eine Pflicht gegen sich. Die neuere Moralphilosophie pflegt zwar gegen diesen Gedanken eine grundlegende Skepsis. Schließt man die Pflichten gegen sich nicht schon über den Moralbegriff aus, sondern bildet zunächst als Höchststufe von Gutsein einen neutralen Begriff, so ist der Gedanke aber nicht abwegig. Gegen manche Behauptungen derartiger Pflichten, etwa einer Pflicht, seine Begabungen rundum zu entfalten, gegen ein umfassendes Perfektionsgebot, mag allerdings Skepsis angebracht sein.

Anders verhält es sich mit der Pflicht, die Moral zur Moralität zu steigern. Denn nur, wer sich als moralisches Wesen konstituiert und die Moral nicht nur aus autoritären und aus pragmatischen Gründen befolgt, wer also diese besondere Vollkommenheitspflicht, die Pflicht zur moralischen Selbstschätzung, zur Moralität, erfüllt, wird der mit der Moralfähigkeit gegebenen Würde gerecht; er erbringt eine basale Eigenleistung. Wer dagegen die Pflicht verletzt, entwürdigt sich selbst.

Denkt man die Moral radikal zu Ende, so kommt man also um zumindest eine Pflicht gegen sich schwerlich herum. Und hat man sich für diese Dimension geöffnet, fällt es leichter, noch andere Pflichten gegen sich anzuerkennen. Hier genügen wenige Überlegungen zu einer Pflicht zur Selbstschätzung: Es ist nicht abwegig, die Achtung seiner selbst als Rechtsperson, die rechtliche Selbstachtung, für moralisch geboten zu halten, also eine Pflicht anzunehmen, sich im Verhältnis zu seinesgleichen als Rechtsperson sowohl zu etablieren als auch zu behaupten. Das Erste, das Etablieren, gebietet, auf die Errichtung eines Rechtsverhältnisses zu dringen und durch sie überhaupt zu einer Rechtsperson zu werden. Das Zweite, das Behaupten des Etablierten, fordert, seinen Rechtsstatus zu verteidigen und sich beispielsweise einer drohenden Sklaverei zu widersetzen oder sich gegen eine fortgesetzte Beleidigung zu wehren (vgl. Höffe [2]2002, Kap. 3.5, und 2001, Kap. 7.1).

Die Interessen- und Motivationsfrage «Warum eine moralische Person sein?» erhält also eine gestufte Antwort. Das Minimalinteresse sagt: um mit seinesgleichen erfolgreich zu überleben; ein mittleres Interesse: um im Zusammensein seine Chance auf ein glücklich-gelungenes, gutes Leben zu erhöhen. Das noch einmal gesteigerte Interesse beruft sich auf eine wechselseitige Anerkennung als gleicher und gleichberechtigter Person. Das Optimalinteresse verlangt sogar eine weitere Steigerung, denn es erklärt: weil man nur so seine Möglichkeiten, ein guter Mensch zu sein, strukturell ausschreiten und eine genuin moralische Person sein kann.

Die erste Antwortstufe ist minimal-pragmatisch, die zweite Stufe optimal-pragmatisch. Auf der dritten Stufe wird die Aufgabe, eine moralische Person zu sein, zu einer rechtsmoralischen Pflicht, zu einer wechselseitigen Pflicht gegen andere. Auf einer vierten, höchsten Stufe ist sie aber nur noch eine Pflicht gegen sich. Hier kann man die Moralität nicht mehr von anderen, man muß sie von sich selbst einfordern. Für gering darf man das Interesse an moralischer Selbstachtung nicht halten, und darin liegt ein Grund mehr dafür, daß die Lebenskunst auf ein moralisches Leben nicht verzichten kann. Denn nur dann darf man ohne Selbstüberschätzung behaupten, was doch jeder gern tut: «ich bin einer der wenigen anständigen Menschen, die mir im Leben begegnet sind» (Francis Scott Fitzgerald, *Der große Gatsby*, Kap. III, letzter Absatz).

Endliche Vernunftwesen haben zweierlei Grundinteressen. Als Vernunftwesen wollen sie moralisch, als endliche, das heißt bedürftige und sowohl physisch als auch emotional verletzbare Wesen wollen sie glücklich sein. Nun bleiben sie auch als bedürftige und verletzbare Wesen vernünftig, so daß sie schwerlich auf unmoralische Weise glücklich sein können. Die Moral und deren Steigerung zur Moralität gewähren dagegen das moralische Gefühl der Selbstachtung. Dieses wiederum stiftet im Wechsel aller Aktivitäten und Widerfahrnisse jene Einheit und zugleich Sinnhaftigkeit, ohne die der Mensch kein nachhaltiges Glück findet. Die Selbstachtung verschafft dem Menschen eine Selbstzufriedenheit, sogar ein Wohl*gefallen* an seinem Dasein, was unabhängig von Widerfahrnissen aller Art zum erlebten Glück, dem Wohl*befinden*, erheblich beiträgt. Wie schon ein Gründungsvater abendländischer Moralphilosophie, Sokrates, sagt, bilden hier Gutsein und Wohlergehen eine Einheit.

Das vollkommene Glück allerdings ist damit nicht erreicht. Wer in seinen Lebensplänen erfolglos bleibt oder von bösen Widerfahrnissen heimgesucht wird, verliert weder seine moralische Selbstachtung noch das daraus fließende Wohlbefinden; trotzdem sieht er sich in seinem Gesamtbefinden schwer beeinträchtigt. Diese Lebens- und Empfindungslage – trotz moralischer Selbstachtung nur ein geringes Glück – läßt sich weder existentiell ausschließen noch philosophisch wegdisputieren. Die Moralität wirkt zwar in die natürliche und soziale Welt hinein und befördert das reale Glück. Die Welt ist aber nicht so eingerichtet, daß stets ein zur Moralität proportionales Glück herauskommt. Die Moralität kann weder für die einzelnen moralischen Personen noch für deren Gemeinschaft oder Gesellschaft die das Glück mitkonstituierenden Elemente garantieren: die Lebenserhaltung und die Lebenssteigerung, die Lebensfreude und der Lebensgenuß. Die Moralität allein schafft lediglich ein gewisses Maß, aber kein volles Glück.

Einen Ausweg bietet der Glaube, sei es ein religiöser Glaube, sei es ein moralischer Vernunftglaube. Er setzt einen allmächtigen, allwissenden und allgerechten Gott an, der für einen Ausgleich sorgt, freilich nicht in dieser, sondern einer nächsten Welt. Zusätzlich setzt er eine unsterbliche Seele an, die den Ausgleich in der anderen Welt zu erleben erlaubt. Was aber bleibt dem, der den Glauben, nach Kant eine rational begründete Hoffnung, nicht teilt, der also weder einen richtenden Gott noch eine dem Gericht Gottes unterworfene unsterbliche Seele annimmt? Was geschieht, wenn nicht nur bei wenigen, sondern in weiten Teilen der Welt ein Atheismus gelebt wird, der Gott zumindest stillschweigend für tot erklärt?
Im indischen Nationalepos *Mahabharata*, in der «Adhyâa», heißt es «das Resultat der Pflicht ist beide Male Glück, sowohl hienieden als auch im Jenseits» (*Lesebuch*, Nr. 27). Nicht wenige Anhänger des religiösen und des säkularen, vernünftigen Glaubens vertreten zwar die Ansicht, ohne die hoffnunggebende Verheißung der Existenz Gottes und der unsterblichen Seele müsse man die Welt für heillos halten und die Moralität zu einer Riesentorheit erklären. Die Ansicht ist nicht zwingend; sie liegt nicht einmal nahe. Daß in einer Welt, in der, selbst wenn sie von Gott geschaffen ist, nicht Gott, sondern die Gesamtheit der Natur- und Sozialgesetze regiert, daß in dieser diesseitigen Welt es dem Rechtschaffenen schlecht, dem Schurken dagegen gut ergehe, dafür gibt es kein Argument. Gewiß, selbst dem Vorbild des vom Schicksal extrem Gebeutelten, Hiob, wendet sich am Ende, aber schon im Diesseits das Unglück in Glück. Sowohl der alttestamentarische Text als auch Joseph Roths Roman *Hiob* gipfeln in einem gesteigerten Glück, dem Gesegnetsein. Außerhalb eines religiösen Zusammenhangs besteht aber wenig Anlaß, sich an der Hiob-Geschichte auszurichten. Sie kann zweifellos vorkommen, verdient daher eine Darstellung, sie bildet aber nicht die Regel: weder der erste Teil, daß der Rechtschaffene zum Opfer der größten nur denkbaren Unglücksfälle werden muß, noch der zweite Teil, daß ihm am Ende das Wunder eines noch größeren Glücks gewährt wird. Ebensowenig ist es die Regel, daß jemand, der wie bei Roth Frau und Kinder verliert, durch das Auftauchen eines für tot gehaltenen Sohnes seines Lebens wieder rundum froh wird.

Die beliebte Drohung eines angeblich definitiven Glücksverlusts: daß der Rechtschaffene unglücklich, der Lasterhafte dagegen glücklich werde, ist einer gottfreien Weltordnung nicht eingeschrieben. Wer die Hoffnung nicht teilt, daß der Rechtschaffene am Ende aller Tage, im

Jenseits, definitiv glücklich werde, braucht keinen sicheren Glücksverlust zu befürchten. Das negative Motiv, das als Furcht vor definitivem Glücksverlust gegen die moralische Achtung sprechen könnte, entfällt. Im Gegenteil sprechen individualpragmatische und sozialpragmatische Argumente zugunsten der Moral, so daß sich diese denn doch in der Welt nach und nach zunehmend durchsetzen kann. Vorausgesetzt ist freilich, daß ziemlich viele den pragmatischen Argumenten gemäß leben. Vom Rechtschaffenen wird diese Durchsetzung noch befördert; als ein Vorbild für andere macht er sogar die Höchstform der Moral, die Moralität, nachahmenswert.

Sowohl im Interesse am persönlichen als auch im Interesse am kollektiven Glück finden sich gute Argumente für einen Großteil der Moral. In manchen Einzelfällen mag sich zwar das Glück gegen die Moralität aussprechen, es erhebt aber kein absolutes Veto. Und der Umstand, daß die aus Moralität folgende Selbstachtung zum erlebten Glück beiträgt, spricht zugunsten der Moralität. Das Glück votiert nicht einmal für eine «epikureische» Ermäßigung der Moral, für eine Anpassung der Moral an den Lebensgenuß. Denn entgegen mancher Fehldeutung ist die Moral weder dem Leben noch der Lust feindlich gesonnen. Sie relativiert sie nur, indem sie ihnen die Lizenz zur letzten Antriebskraft entzieht. Zudem fehlt der ermäßigten Moral das aus der Moralität folgende Wohlgefallen samt Wohlbefinden, so daß das volle Glück ohnehin nicht zustande käme.

Trotzdem bleibt dies bestehen: Letztlich spricht für die Moralität nicht das Glücksverlangen des Menschen, sondern sein Interesse, als Moralwesen mit sich im reinen zu sein. Wer die Frage, warum soll man moralisch sein, im strengen Sinn versteht, wer sich also nicht damit begnügt zu erfahren, warum man häufig, sondern warum man stets und um der Moral willen moralisch sein soll, dem kann man nur mit dem Interesse an moralischer Selbstachtung und der Sorge antworten, sie aus eigener Schuld zu verlieren. Für vieles mag man andere und anderes, Mitmenschen und Umstände, verantwortlich machen, die Verantwortung für die Selbstachtung trägt man ausschließlich allein.

Daraus folgt diese Bilanz: Auch wenn die moralische Vernunft ohne Einstimmung des Schicksals kein gelungen-erfülltes Leben, kein rundes Glück, beschert, setzt sie dieses Glück nicht aufs Spiel. Ohne die moralische Vernunft ist dieses Glück nicht einmal zu erwarten. Unabhängig von dieser Sachlage aber schuldet der Mensch die Aufgabe, wahrhaft moralisch zu sein, nichts und niemandem als sich selbst. Hier, aber auf andere Weise als es der Autor meinte, trifft Adornos Wort zu, es gibt kein richtiges Leben im falschen (*Minima moralia*, I 18): Wer aus einem vormoralischen Grund als eine moralische Person lebt, wird moralisch richtig leben; weil er das moralisch Richtige aus vormoralischen Gründen tut, ist er aber keine wahrhaft moralische Person.

Anhang

Literatur

Verzeichnet werden nur die wissenschaftlichen und philosophischen, nicht auch die literarischen Werke; im Text verwendete Kurztitel erscheinen *kursiv*.

ADORNO, TH. W. 1951: Minima Moralia. Reflexionen aus dem beschädigten Leben, Berlin.

ANNAS, J. 1993: The Morality of Happiness, New York/Oxford.

ANSCOMBE, G. E. M. ²1963: Intention, Ithaca/NY; dt. Absicht, hrsg. von J. M. Connolly u. Th. Keutner, Freiburg/München 1986.

– 1958: Modern Moral Philosophy, in: Philosophy 33, 1–9; dt. Moderne Moralphilosophie, in: G. Grewendorf/G. Meggle (Hrsg.): Seminar: Sprache und Ethik, Frankfurt/M. 1974, 217–243.

– 1981: The Collected Philosophical Papers. Vol. 3, Ethics, Religion and Politics, Minneapolis/MN.

ARENDT, H. 1963: Eichmann in Jerusalem. A Report on the Banality of Evil, New York; dt. Eichmann in Jerusalem. Ein Bericht von der Banalität des Bösen, München 1964.

ARISTOTELES: De anima, hrsg. v. W. D. Ross, Oxford 1956; Über die Seele (De anima), griech. u. dt., hrsg. v. H. Seidl, Hamburg 1995.

– : Ars Rhetorica, hrsg. v. W. D. Ross, Oxford 1959; dt. Rhetorik, hrsg. v. Chr. Rapp, 2 Bde., Berlin 2002.

– : Metaphysika, hrsg. v. W. Jaeger, Oxford 1963; dt. Metaphysik, übers. v. H. Bonitz, neu hrsg. v. U. Wolf, Reinbek 1994.

– : Ethica Nicomachea, hrsg. v. I. Bywater, Oxford 1963; dt. Nikomachische Ethik, hrsg. v. O. Gigon, München ³1978.

– : De Arte Poetica Liber, hrsg. V. R. Kassel, Oxford 1965; dt. Poetik, hrsg. v. M. Fuhrmann, Stutgart 1982.

AUGUSTINUS: De libero arbitrio. Der freie Wille, in: Opera. Werke, Bd. 9, hrsg. v. J. Brachtendorf, Paderborn 2006.

– : In epistolam Ioannis ad Parthos Tractatus x, in: Migne, J. P. (Hrsg.): Patrologia Latina, Bd. 35, Aurelius Augustinus III, 2, Paris 1902, Sp. 1977–2062.

BELLEBAUM, A. (Hrsg.) 1994: Vom Guten Leben. Glücksvorstellungen in Hochkulturen, Berlin.

BENTHAM, J. 1789: An Introduction into the *Principles of Morals and Legislation*, London, hrsg. v. J. H. Burns u. H. L. A. Hart, London 1970; Teilübersetzung in: O. Höffe (Hrsg.): Einführung in die utilitaristische Ethik, Tübingen/Basel, ³2003, 55–83.

BITTNER, R. 2001: Doing Things for Reasons, Oxford; dt. Aus Gründen handeln, übers. v. R. Bittner, Berlin 2005.

BOHRER, K. H. 2004: Imagination des Bösen. Zur Begründung einer ästhetischen Kategorie, München/Wien.

BOLLNOW, O. F. 1958: Wesen und Wandel der Tugenden, Frankfurt/M.

BORMANN, F.-J./SCHRÖER, CHR. (Hrsg.) 2004: Abwägende Vernunft. Praktische Rationalität in historischer, systematischer und religionsphilosophischer Perspektive, Berlin.

BRACHTENDORF, J. 2006: Einleitung, in: Augustinus: Opera. Werke, Bd. 9, hrsg. v. J. Brachtendorf, Paderborn, 7–72.

BRINK, D. O. 1989: Moral Realism and the Foundation of Ethics, Cambridge/MA.

BROOME, J. [2]1995: Weighing Goods. Equality, Uncertainty, and Time, Oxford.

CAMUS, A. 1942: Le mythe de Sisyphe, Paris; dt. Der Mythos von Sisyphos. Ein Versuch über das Absurde, hrsg. von H. G. Brenner u. W. Rasch, Hamburg 1959, 98–101.

CLAUSSEN, J. H. 2005: Glück und Gegenglück. Philosophische und theologische Variationen über einen alltäglichen Begriff, Tübingen.

CONZE, W. u. a. 1975: Artikel «Freiheit», in: O. Brunner/W. Conze/R. Koselleck (Hrsg.): Geschichtliche Grundbegriffe. Historisches Lexikon zur politisch-sozialen Sprache in Deutschland, Bd. 2, Stuttgart, 495–542.

CRISP, R./SLOTE, M. (Hrsg.) 1997: Virtue Ethics, Oxford.

DAMASIO, A. R. 1999: The Feeling of What Happens. Body and Emotion in the making of Consciousness; dt. Ich fühle, also bin ich. Die Entschlüsselung des Bewußtseins, übers. von H. Kober, München, 2000.

DAVIDSON, D. 1980: Essays on Actions and Events, Oxford; dt. Handlung und Ereignis, übers. v. J. Schulte, Frankfurt/M. 1985.

DESCARTES, R. 1637: *Discours* de la methode, Leiden; dt. Bericht über die Methode, hrsg. v. H. Ostwald, Stuttgart 2001.

– 1642: Meditationes de prima philosophia, Amsterdam; dt. Meditationen über die Grundlagen der Philosophie mit sämtlichen Einwänden und Erwiderungen, hrsg. v. A. Buchenau, Reinbek 1994.

DIAMOND, J. M. 1992: The Third Chimpanzee. The Evolution and Future of the Human Animal, New York; dt. Der dritte Schimpanse. Evolution und Zukunft des Menschen, übers. v. V. Englich, Frankfurt/M. [3]2006.

DIENER, E./KAHNEMAN, D./SCHWARZ, N. (Hrsg.) 1999: Well-being. The Foundation of Hedonic Psychology, New York NY.

DIENER, E./SUH, E. M. (Hrsg.) 2000: Culture and subjective well-being. Well-being and quality of life, Cambridge/MA.

EHNI, H.-J. 2006: Das moralisch Böse. Überlegungen nach Kant und Ricœur, Freiburg/München.

EIBL-EIBESFELDT, I. [3]2004: Die Biologie des menschlichen Verhaltens. Grundriß der Humanethologie, München.

ELGER, CHR. E. u. a. 2004: Das Manifest. Elf führende Neurowissenschaftler über Gegenwart und Zukunft der Hirnforschung, in: Gehirn & Geist 6, 30–37.

Epikur: Philosophie der Freude. Eine Auswahl aus seinen Schriften, hrsg. v. J. Mewaldt, Stuttgart 1960.
–: Briefe, Sprüche, Werkfragmente, gr.-dt., hrsg. v. H.-W. Krautz, Stuttgart 1980.

Foot, P. 2001: Natural Goodness, Oxford; dt. Die Natur des Guten, übers. v. M. Reuter, Frankfurt/M. 2004.
– [2]2002: Virtues and Vices and Other Essays in Moral Philospophy, Oxford.
Foucault, M. 1971: Nietzsche, la généalogie, l'histoire, in: S. Bachelard (Hrsg.): Hommage à Jean Hyppolite, Paris, 145–172 ; dt. Nietzsche, die Genealogie, die Historie, in: Von der Subversion des Wissens, hrsg. v. W. Seitter, München 1974, 83–109.
– 1984: Histoire de la sexualité, vol. 2. L' usage des plaisirs, Paris; dt. Sexualität und Wahrheit. Bd. 2, Der Gebrauch der Lüste, übers. v. U. Raulff u. W. Seitter Frankfurt/M. 1986.
Frankfurt, H. G. 1971: Freedom of the will and the concept of a person, in: Journal of Philosophie 68, 5–20; dt. Willensfreiheit und der Begriff der Person, in: M. Betzler (Hrsg.): Freiheit und Selbstbestimmung. Ausgewählte Texte von Harry G. Frankfurt, Berlin 2001, 65–83.
– 2004: The Reasons of Love, Princeton; dt. Gründe der Liebe, übers. v. M. Hartmann, Frankfurt/M. 2005.
French, P./Uehling, Th. E./Wettstein, H. K. (Hrsg.) 1988: Midwest Studies in Philosophy Vol. XIII. Ethical Theory: Character and Virtue, Notre Dame/ IN.
Freud, S. 1933: Neue Folge der Vorlesungen zur *Einführung in die Psychoanalyse*, Wien, in: Studienausgabe, Bd. 1, hrsg. v. A. Mitscherlich, A. Richards u. J. Strachey, Frankfurt/M. 1974, 447–608.
– 1920: Jenseits des Lustprinzips, Leipzig u. a., in: Studienausgabe, Bd. 3, Frankfurt/M. 1974, 213–272.
– 1930: Das Unbehagen in der Kultur, Wien, in: Studienausgabe, Bd. 9, Frankfurt/M. 1974, 191–270.
Fromm, E. 1956: The Sane Society, London; dt. Wege aus einer kranken Gesellschaft. Eine sozialpsychologische Untersuchung, übers. v. L. u. E. Mickel, München [3]2003.

Garz, D./Oser, A./Althof, W. (Hrsg.) 1999: Moralisches Urteil und Handeln, Frankfurt/M.
Geyer, Chr. (Hrsg.) [4]2005: Hirnforschung und Willensfreiheit. Zur Deutung der neuesten Experimente, Frankfurt/M.
Gläser, P. 2005: Zurechnung bei Thomas von Aquin. Eine historisch-synthetische Untersuchung mit Bezug auf das aktuelle deutsche Strafrecht, Freiburg/ München.
Guardini, R. 1963: Tugenden. Meditationen über Gestalten sittlichen Lebens, in: Werke, Bd. V, hrsg. v. F. Henrich, Paderborn u. a. [4]1992.

Habermas, J. 2004: Freiheit und Determinismus, in: Deutsche Zeitschrift für Philosophie 52, 871–890.
Hampe, H./Schnepf, R. (Hrsg.) 2006: Baruch de Spinoza. Ethik in geometrischer Ordnung dargestellt (=Klassiker Auslegen Bd. 31), Berlin.

HARE, R. M. 1963: Freedom and Reason, London; dt. Freiheit und Vernunft, übers. v. G. Meggle, Düsseldorf 1973.

HARTMANN, N. 1926: Ethik, Berlin.

HEGEL, G. W. F. 1807: Phänomenologie des Geistes, Bamberg/Würzburg, in: Werke, Bd. 3, hrsg. v. E. Moldenhauer u. K. M. Michel, Frankfurt/M. 1970.

– 1821: Grundlinien der Philosophie des Rechts, Berlin, in: Werke, Bd. 7, Frankfurt/M. 1970.

– 1827: *Enzyklopädie* der philosophischen Wissenschaften im Grundrisse. Zum Gebrauche seiner Vorlesungen, Heidelberg, in: Werke, Bd. 8, Frankfurt/M. 1970.

HERODOT: Historien. Bücher I–IX, gr.-dt., hrsg. v. J. Feix, 2 Bde., Düsseldorf 2001.

HERSKOVITS, M. J. 1972: Cultural Relativism. Perspectives in Cultural Pluralism, New York.

HILDEBRAND, D. v. 1933: Sittliche Grundhaltungen, Mainz.

HOBBES, TH. 1651: Leviathan or the Matter, Forme and Power of a Commonwealth Ecclesiastical and Civil, London; dt. Leviathan, hrsg. v. H. Klenner u. J. Schlösser, Darmstadt 1996.

HÖFFE, O. (Hrsg.) ^{4}2006: *Lesebuch* zur Ethik. Philosophische Texte von der Antike bis zur Gegenwart, München.

HOLBACH, P. H. TH. D' 1770: Système de la nature, ou, des Loix du monde physique et du monde morale, London; dt. *System der Natur* oder Von den Gesetzen der physischen und der moralischen Welt, übers. v. F.-G. Voigt, Frankfurt/M. 1978.

HORN, CHR. 1998: Antike Lebenskunst. Glück und Moral von Sokrates bis zu den Neuplatonikern, München.

HUME, D.: 1739/1740: A Treatise of Human Nature, London; dt. *Traktat* über die menschliche Natur, hrsg. v. Th. Lipps, Reinbek 1989.

– 1748: An Inquiry concerning Human Understanding, London; dt. Eine Untersuchung über den menschlichen Verstand, hrsg. v. R. Richter u. J. Kulenkampff, Hamburg ^{11}1984.

– 1776: My own life; dt. Mein Leben, übers. v. J. Kulenkampff, in: D. Hume: Eine Untersuchung über den menschlichen Verstand, Hamburg ^{11}1984, li-lxi.

HUTCHESON, F. 1725: An Inquiry into the Original of Our Ideas of Beauty and Virtue, London; dt. Eine Untersuchung über den Ursprung unserer Ideen von Schönheit und Tugend. Über moralisch Gutes und Schlechtes, hrsg. v. W. Leidhold, Hamburg 1986.

ILLIES, CHR. 2006: Philosophische Anthropologie im biologischen Zeitalter. Zur Konvergenz von Moral und Natur, Frankfurt/M.

JANKÉLÉVITCH, V. 1968: Traité de vertus, Paris.

JENSEN, K./HARE, B./CALL, J./TOMASELLO, M. 2006: What's in it for me? Self-regard precludes altruism and spite in chimpanzees, Proceedings of the Royal Society of London, Series B – Biological Sciences, Online-Veröffentlichung.

KAFKA, F. 1919: Ein Bericht für eine Akademie, in: Das Urteil und andere Erzählungen, Frankfurt/M./Hamburg 1952, 88–97.

KANT, I.: Gesammelte Schriften. Begonnen v. der Königlich Preußischen Akademie der Wissenschaften, Berlin 1900ff.

KERSTING, W. (Hrsg.) 2005: Klugheit, Weilerswist.

KIERKEGAARD, S. 1843: Enten-eller. Et Livs-Fragment, Kopenhagen; dt. Entweder-Oder, in: Gesammelte Werke. 1. u. 2. Abteilung, 2 Bde., übers. v. E. Hirsch, Düsseldorf 1956 u. 1957.

– 1846: Afsluttende unvidenskabelig Efterskrift til de Philosophiske Smuler, Kopenhagen; dt. *Abschließende unwissenschaftliche Nachschrift* zu den Philosophischen Brocken, in: Gesammelte Werke. 16. Abteilung, 2 Bde., übers. v. H. M. Junghans, Düsseldorf 1957 u. 1958.

KLEIST, H. v. 1799: Aufsatz, den sichren *Weg des Glücks* zu finden und ungestört – auch unter den größten Drangsälen des Lebens – ihn zu genießen!, in: Sämtliche Werke, hrsg. v. C. Grützmacher, 867–879.

KÖCHY, K./STEDEROTH, D. (Hrsg.) 2006: Willensfreiheit als interdisziplinäres Problem, Freiburg/München.

KOHLBERG. L. 1995: Die Psychologie der Moralentwicklung, hrsg. v. W. Althof, Frankfurt/M.

KORSGAARD, CHRISTINE M. 1996: Kant's Formula of Universal Law, in: Creating the Kingdom of Ends, Cambridge/MA, 77–105.

LACKNER, K./KÜHL, K. [25]2004: Strafgesetzbuch. Mit Erläuterungen, München.

LADD, J. [2]1985: Ethical Relativism, Lanham.

LA ROCHEFOUCAULD, F. DE 1664: Réflexions ou Sentences et maximes morales, Paris; dt. in: Die französischen Moralisten. La Rochefoucauld, Vauvenargues, Montesquieu, Chamfort, hrsg. v. F. Schalk, 5 Bde., Leipzig [2]1980.

LAYARD, R. 2005: Happiness. Lessons from a New Science, London; dt. Die glückliche Gesellschaft. Kurswechsel für Politik und Wirtschaft, übers. v. J. Neubauer, Frankfurt/M. 2005.

LIBET, B. 2004: Mind Time. The Temporal Factor in Consciousness, Cambridge/MA; dt. Mind Time. Wie das Gehirn Bewußtsein produziert, übers. v. J. Schröder, Frankfurt/M. 2005.

LIEBICH, B. 1905: Sanskrit-Lesebuch, Leipzig.

LORENZ, K. 1963: Das sogenannte Böse. Zur Naturgeschichte der Aggression, Wien.

LUHMANN, N. 1988: Paradigm Lost. Die ethische Reflexion der Moral, Festvortrag anläßlich der Verleihung des Hegel-Preises der Landeshauptstadt Stuttgart am 23. November 1988 im Neuen Schloß Stuttgart, Stuttgart.

MACINTYRE, A. C. 1981: After Virtue. A Study in Moral Theory, Notre Dame; dt. Der Verlust der Tugend. Zur moralischen Krise der Gegenwart, übers. v. W. Riehl, Frankfurt/M. 1987.

MAISTRE, J. M. DE 1814: *Considérations* sur la France, in: Œuvres complètes. Nouvelle Edition, Bd. 1/2, hrsg. v. R. de Maistre, Lyon 1884, 1–184.

MARCUSE, H. 1938: Zur Kritik des Hedonismus, in: Kultur und Gesellschaft I, Frankfurt/M. 1965, 128–168 u. 177–178.

MARKOWITSCH, H. J./WELZER, H. 2005: Das autobiographische Gedächtnis. Hirnorganische Grundlagen und biosoziale Entwicklung, Stuttgart.

MARQUARD, O. 1986: Zur Diätik der Sinnerwartungen. Philosopische Bemerkungen, in: Apologie des Zufälligen. Philosophische Studien, Stuttgart 33–53.

MARX, K./ENGELS, F. 1845/1846: Die deutsche Ideologie. Kritik der neuesten deutschen Philosophie ... und des deutschen Sozialismus ... in: Werke, Bd. 3, Berlin 1968, 9–530.

MCGINN, C. 1997: Ethics, Evil, and Fiction, Oxford 1997; dt. Das Gute, das Böse und das Schöne. Über moderne Ethik, übers. v. J. Schulte, Stuttgart 2001.

METZINGER, TH. 32004: Subjekt und Selbstmodell. Die Perspektivität phänomenalen Bewußtseins vor dem Hintergrund einer naturalistischen Theorie mentaler Repräsentation, Paderborn u. a.

MEUTER, N. 2006: Anthropologie des Ausdrucks. Die Expressivität des Menschen zwischen Natur und Kultur, München.

MILL, J. ST. 1861: Utilitarianism, London; dt. John Stuart Mill. Der Utilitarismus, hrsg. v. D. Birnbacher, Stuttgart 1976.

MONTAIGNE, M. DE 1588: Essais, 3 Bde., Paris; dt. Essais, Erste moderne Gesamtübersetzung, hrsg. v. H. Stilett, Frankfurt/M. 1998.

MOORE, G. E. 1903: Principia Ethica, Cambridge; dt. Principia Ethica, hrsg. v. B. Wisser, Stuttgart 1970.

MORUS, THOMAS 1516: De optime reipublicae statu, deque nova insula utopia, Leuven; dt. Utopia, hrsg. v. G. Ritter u. H. Oncken, Darmstadt 1990.

NEIMAN, S. 2002: Evil in Modern Thought. An Alternative History of Philosophy, Princeton; dt. Das Böse denken. Eine andere Geschichte der Philosophie, übers. v. Chr. Goldmann, Frankfurt/M. 2004.

NIETZSCHE, F.: Kritische Studienausgabe, hrsg. v. G. Colli u. M. Montinari, 15 Bde., Berlin/New York/München, 1967–1977.

NIVISON, D. S. 2003: Art De (Te): Virtue or Power, in: A. S. Cua (Hrsg.): Encyclopedia of Chinese Philosophie, New York, 234–237.

NUNNER-WINKLER, G. 1998: Zum Verständnis von Moral-Entwicklungen in der Kindheit, in: F. E. Weinert (Hrsg.): Entwicklung im Kindesalter, Weinheim, 133–152.

PARSONS, T. 1964: Social Structure and Personality, London; dt. Sozialstruktur und Persönlichkeit, übers. v. M. Clemenz, Frankfurt 1968.

PASCAL, B. 1669: Pensées de M. Pascal sur la religion et sur quelque autres sujets oint esté trouvées après sa mort parmy ses papiers, Paris; dt. Über die Religion und über einige andere Gegenstände *(Pensées)*, hrsg. v. E. Wasmuth, Heidelberg 1963.

PAUL, A. 1998: Von Affen und Menschen. Verhaltensbiologie der Primaten, Darmstadt.

PERLER, D./WILD, M. (Hrsg.) 2005: Der Geist der Tiere. Philosophische Texte zu einer aktuellen Diskussion, Frankfurt/M.

PFEIFER, K. 1989: Actions and other events. The unifier-multiplier controversy, Frankfurt/M.

PIEPER, A. 22003: Glückssache. Die Kunst, gut zu leben, Hamburg.

PLANCK, M. 1934: Vom Wesen der Willensfreiheit, in: Wege zur physikalischen

Erkenntnis. Reden und Vorträge, Leipzig; 5. Aufl. u. d. Titel: Vorträge und Erinnerungen. Wege zur physikalischen Erkenntnis, Stuttgart 1949.

PLATON: Werke in 8 Bänden, gr. u. dt., hrsg. v. G. Eigler, Darmstadt ²1990.

PRINZ, W. 1996: Freiheit oder Wissenschaft?, in: M. von Cranach/K. Foppa (Hrsg.): Freiheit des Entscheidens und Handelns, Heidelberg, 87–103.

RAAFLAUB, K. 1985: Die Entdeckung der Freiheit. Zur historischen Semantik und Gesellschaftsgeschichte eines politischen Grundbegriffes der Griechen, München.

RAWLS, J. 1971: A Theory of Justice, Cambridge/MA; dt. Eine Theorie der Gerechtigkeit, übers. v. H. Vetter, Frankfurt/M. 1975.

RICOEUR, P. 1960: Finitude et culpabilité. Bd. 1 L'homme faillible , Bd. 2, La symbolique du mal, Paris; dt. Die Phänomenologie der Schuld, Bd. 1, Die Fehlbarkeit des Menschen, übers. v. M. Otto, Bd. 2, Symbolik des Bösen, übers. v. M. Otto, Freiburg/München 1971.

RIPPE, K. P. 1993: Ethischer Relativismus. Seine Grenzen – seine Geltung, Paderborn.

–/SCHABER, P. (Hrsg.) 1998: Tugendethik, Stuttgart.

ROTH, G. ²2003: Fühlen, Denken, Handeln. Wie das Gehirn unser Verhalten steuert, Neue, vollständig überarbeitete Ausgabe, Frankfurt/M.

– 2003: Aus Sicht des Gehirns, Frankfurt/M.

ROUSSEAU, J.-J. 1762: *Émile* ou de l'education, Den Haag; dt. Emile oder über die Erziehung, hrsg. v. M. Rang, Stuttgart 1963.

RYLE, G. 1949: The Concept of Mind, London; dt. Der Begriff des Geistes, übers. v. K. Baier, Stuttgart 1969.

SARTRE J.-P. 1946: L'existentialisme est-il un humanisme? Paris; dt. Ist der Existentialismus ein Humanismus?, in: Drei Essays, übers. v. W. Schmiele, Frankfurt/M. 1960, 7–51.

SCARANO, N. 2001: Moralische Überzeugungen. Grundlinien einer antirealistischen Theorie der Moral, Paderborn.

SCHABER, P. 1997: Moralischer Realismus, Freiburg/München.

SCHICK, K. 2005: Otto Dix. Hommage à Martha, Ostfildern.

SCHELER, M. 1913a: Zur Rehabilitierung der Tugend, in: Gesammelte Werke. Bd. 3, Vom Umsturz der Werte, Abhandlungen und Aufsätze, hrsg. v. M. Scheler, Bern ⁵1972, 1–31.

– 1913b: Zur Phänomenologie der Sympathiegefühle von Liebe und Haß, in: Gesammelte Werke. Bd. 7, Wesen und Formen der Sympathie, Die deutsche Philosophie der Gegenwart, hrsg. v. M. S. Frings, Bern/München 1973, 1–258.

– 1916: Der Formalismus in der Ethik und die materiale Wertethik, in: Gesammelte Werke. Bd. 2, hrsg. v. M. Scheler, Bern ⁶1980.

SCHÖNBURG, A. v. 2005: Die Kunst des stilvollen Verarmens. Wie man ohne sein Geld reich wird, Berlin.

SCHOPENHAUER, A. 1839: Preisschrift über die Freiheit des Willens, in: Sämtliche Werke, Bd. 3, hrsg. v. W. v. Löhneysen, Frankfurt/M. 1986, 521–631.

– 1840: Preisschrift über die Grundlage der Moral, in: Sämtliche Werke, Bd. 3, Frankfurt/M. 1986, 632–816.

Searle, John R. 1969: Speech Acts, Cambridge; dt. Sprechakte. Ein philosophischer Essay, übers. v. R. u. R. Wiggershaus, Frankfurt/M. 1971.

Seel, M. ^{2}1999: Versuch über die Form des Glücks. Studien zur Ethik, Frankfurt/M.

Seneca, L. A.: Philosophische Schriften, lat. u. dt., hrsg. v. M. Rosenbach, 5 Bde., Darmstadt 1971.

Shaftesbury, A. A. C. 1711: An Inquiry concerning virtue, or merit, London; dt. Untersuchung über die Tugend, hrsg. v. P. Ziertmann, Hamburg 1904.

Shen, V. 2003: Zhenren (Chen-jen). The true authentic person, in: A. S. Cua (Hrsg.): Encyclopedia of Chinese Philosophie, New York, 872–874.

Singer, G. M. 1961: Generalization in Ethics, New York.

Singer, W. 2004: Keiner kann anders, als er ist. Verschaltungen legen uns fest: Wir sollten aufhören, von Freiheit zu reden, in: Chr. Geyer (Hrsg.): Hirnforschung und Willensfreiheit. Zur Deutung der neuesten Experimente, Frankfurt/M., 30–65.

Solomon, R. C. (Hrsg.) 2004: Thinking about feeling. Contemporary Philosophers on Emotion, Oxford.

Spaemann, R. ^{3}1993: Glück und Wohlwollen. Versuch über Ethik, Stuttgart.

Spinoza, B. de 1677: Ethica ordine geometrico demonstrata, Amsterdam; dt. Die Ethik mit geometrischer Methode begründet, in: Opera. Werke, lat. u. dt., Bd. 2, hrsg. von K. Blumenstock, Darmstadt 1978.

Smith, A. 1759: The Theory of Moral Sentiments, London; dt. Theorie der moralischen Gefühle, hrsg. v. W. Eckstein, Hamburg ^{2}1977.

Staudinger, U. M./Smith, J./Baltes, P. B. (Hrsg.) 1994: Handbuch zur Erfassung von weisheitsbezogenem Wissen, Berlin.

Stevenson, Ch. L. 1944: Ethics and Language, New Haven.

Sumner, L. W. 1996: Welfare, Happiness, and Ethics, Oxford.

Thomä, D. 2003: Vom Glück in der Moderne, Frankfurt/M.

Tomasello, M. 1999: The Cultural Origins of Human Cognition, Cambridge/MA; dt. Die Kulturelle Entwicklung des menschlichen Denkens, Frankfurt/M. ^{3}2006.

Tugendhat, E. 2006: Das Problem einer autonomen Moral, in: N. Scarano/M. Suárez (Hrsg.): Ernst Tugendhats Ethik. Einwände und Erwiderungen, München, 13–30.

Usener, H. 1887: Epicurea, Stuttgart ^{2}1966.

Waal, F. de 2005: Our inner ape. A leading primatologist explains why we are who we are, New York NY; dt. Der Affe in uns. Warum wir sind, wie wir sind, übers. v. H. Schickert, München 2006.

Wassmann, C. 2002: Die Macht der Emotionen. Wie Gefühle unser Denken und Handeln beeinflussen, Darmstadt.

Watson, L. 1996: Dark Nature. A Natural History of Evil, New York; dt. Die Nachtseite des Lebens. Eine Naturgeschichte des Bösen, übers. v. K. Neff, Frankfurt/M. 1997.

Weber, M. 1919: Politik als Beruf, in: Gesammelte politische Schriften, hrsg. v. J. Winckelmann, Tübingen ^{4}1980, 505–560.

Williams, B. 1985: Ethics and the Limits of Philosophy, London; dt. Ethik und die Grenzen der Philosophie, Hamburg 1999.
Wittgenstein, L. 1922: Tractatus logico-philosophicus, London; in: Werkausgabe, Bd. 1, Frankfurt/M. 1984, 7–85.
– 1914/1916: Tagebücher 1914–1916: in: Werkausgabe, Bd. 1, 87–223.
– 1953: Philosophical Investigations, Oxford; dt. Philosophische Untersuchungen in: Werkausgabe, Bd. 1, 225–580.

Vorarbeiten des Verfassers

– [2]1985: Strategien der Humanität. Zur Ethik öffentlicher Entscheidungsprozesse, Frankfurt/M.
– 1988: Naturrecht ohne naturalistischen Fehlschluß: ein rechtsethisches Programm, in: ders. Den Staat braucht selbst ein Volk von Teufeln. Philosophische Versuche zur Rechts- und Staatsethik, Stuttgart, 24–55.
– 1990: Universalistische Ethik und Urteilskraft: ein aristotelischer Blick auf Kant, in: Zeitschrift für philosophische Forschung 44, 537–563.
– [3]1995: Kategorische Rechtsprinzipien. Ein Kontrapunkt der Moderne, Frankfurt/M.
– 1995: Ein Thema wiedergewinnen: Kant über das Böse, in: ders. u. A. Pieper (Hrsg.): F. W. J. Schelling, Über das Wesen der menschlichen Freiheit (=Klassiker Auslegen Bd. 3), Berlin, 11–34, überarbeitet in: 2001, Kap. 4.
– [2]1996: Praktische Philosophie. Das Modell des Aristoteles, Berlin.
– zus. mit Chr. Rapp 1997: Artikel «Tugend» (Neuzeit), in: Historisches Wörterbuch der Philosophie, hrsg. v. G. Ritter u. K. Gründer, Basel, Bd. 10, Sp. 1554–1570.
– [3]2000: Kants nichtempirische Verallgemeinerung: zum Rechtsbeispiel des Versprechens, in: ders. (Hrsg.): Grundlegung zur Metaphysik der Sitten. Ein kooperativer Kommentar, Frankfurt/M., 206–233.
– [4]2000: Moral als Preis der Moderne. Ein Versuch über Wissenschaft, Technik und Umwelt, Frankfurt/M.
– [5]2000: Ethik und Politik. Grundmodelle und -probleme der praktischen Philosophie.
– 2001: «Königliche Völker». Zu Kants kosmopolitischer Rechts- und Friedenstheorie, Frankfurt/M.
– [2]2002: Demokratie im Zeitalter der Globalisierung. Überarbeitete und aktualisierte Neuausgabe, München.
– [4]2004: Kants Kritik der reinen Vernunft. Die Grundlegung der modernen Philosophie, München.
– (Hrsg.) 2005: Aristoteles-Lexikon, Stuttgart.
– [3]2006: Aristoteles, München.
– [2]2006 a: Ethik als praktische Philosophie. Methodische Überlegungen (I 1, 1094 a 22–1095 a 13), in: ders. (Hrsg.): Aristoteles. Nikomachische Ethik (=Klassiker Auslegen Bd. 2), Berlin, 13–38.
– 2006 b: «Gerne dien ich den Freunden, doch tue ich es leider mit Neigung / Und so wurmt es mir oft, daß ich nicht tugendhaft bin». Überwindet Schillers Gedanke der schönen Seele Kants Gegegensatz von Pflicht und Neigung?, in: Zeitschrift für philosophische Forschung 60, 1–20.

– 2006c: Freiheit und kategorischer Imperativ. Kants Moralphilosophie auf dem Prüfstand der Hirnforschung, in: B. Recki, S. Meyer u. I. Ahl (Hrsg.): Kant lebt. Sieben Reden und ein Kolloquium zum 200. Todestag des Aufklärers, Paderborn, 79–101.
– 2007: Praktische Philosophie oder Lebenskunst. Das Beispiel des Aristoteles, in: S. Ebbersmeyer/E. Keßler (Hrsg.): Ethik – Wissenschaft oder Lebenskunst? Modelle der Normenbegründung von der Antike bis zur Frühen Neuzeit. – Ethics – Science or Art of Living? Models of Moral Philosophy from Antiquity to the Early Modern Era, Münster, 1–23.

Namenregister

Autoren belletristischer Literatur und Personen des künstlerischen Lebens sowie fiktive Figuren sind *kursiv* gesetzt.

Achill 253
Adorno, Th. W. 93, 362
Alceste 109
Althof, W. 349
Annas, J. 95
Anscombe, G. E. M. 66, 129, 273
Antigone 161
Apel, K.-O. 282
Arendt, H. 335 f.
Aristoteles 11, 18, 21, 28, 35 f., 44 f., 69, 77 f., 83, 87, 89, 95, 100, 102, 105, 107, 110, 130, 132, 135, 139, 149, 152, 163-165, 168-172, 175, 179, 184-186, 189, 191 f., 217, 248, 256, 267 f., 272 f., 324, 31 f., 344 f., 347
Augustinus, A. 149, 234 f., 310

Baltes, P. B. 93
Barnes, J. 25
Beaumarchais, P. A. C. de 168
Beckett, S. 151
Bellebaum, A. 82
Benn, G. 106
Bentham, J. 11, 154, 156, 158-160
Bhartrhari 326 f.
Bieri, P. 242
Bittner, R. 67 f.
Blatter, S. 198 f.
Boëthius 268
Bohrer, K.-H. 329
Bollnow, O. F. 129
Bormann, F.-J. 163
Briest, E. 161
Brink, D. O. 59
Briony 214
Broome, J. 156
Buddenbrook, Th. 161
Buddha 87, 105

Caligula 335
Call, J. 330
Camus, A. 41, 97
Christensen, L. S. 305
Claussen, J. H. 95
Conrad, J. 173
Conze, W. 200
Corte, G. 357
Crisp, R. 129

Damasio, A. R. 251
Damon 253
Dante Alighieri 217 f.
Darwin, Ch. 251
Davidson, D. 66 f., 212, 243
Descartes, R. 235, 252, 260, 269
Diamond, J. M. 46
Diener, E. 96, 107
Dix, O. 115
Doerr, A. 148, 172
Don Juan 106, 230
Dostojewski, F. 32, 335 f.
Dürrenmatt, F. 133

Eibl-Eibesfeldt, I. 46
Eichmann, A. 336
Elger, Chr. E. 261
Engels, F. 310
Epikur 106 f., 148 f., 151, 174

Fichte, J. G. 123, 327
Ficino, M. 105
Fitzgerald, F. S. 359
Foot, Ph. 50 f, 273, 332

Foucault, M. 38 f., 41, 139
Frankfurt, H. G. 149, 262
French, P. 129
Freud, S. 41 f., 86, 107, 251, 350 f.
Frisch, M. 128
Fromm, E. 351

García Márquez, G. 82
Garz, D. 349
Gehlen, A. 47
Geyer, Chr. 247
Goethe, J. W. 93, 146, 149
Grube, Th. 112
Guardini, R. 129

Habermas, J. 265, 282, 325, 328
Hamlet 58
Hare, B. 330
Hare, R. M. 278 f., 287, 328
Hartmann, N. 129
Hawthorne, N. 150
Hegel, G. W. F. 36 f., 123, 129, 148, 267, 293 f., 322-324, 327
Heidegger, M. 41
Heinrich VIII. 140
Heisenberg, W. 260
Hektor 31
Herodot 30
Herskovits, M. J. 29
Hildebrand, D. v. 129
Hiob 170-172
Hitler, A. 336
Hobbes, Th. 42, 119, 122 f., 327 f.
Holbach, P. H. Th. d' 52, 240 f.
Homer 31
Horn, Chr. 95
Hume, D. 35 f., 63, 235, 238-242, 252, 313
Hutcheson, F. 313, 345

Jankélévitch, V. 129
Jensen, K. 330

Illies, Chr. 46

Kafka, F. 151, 268, 300-303
Kallikles 42
Kant, I. 11, 21 f., 35 f., 45, 47, 75, 85, 89, 95, 110, 129, 149, 154, 163-166, 178 f., 183 f., 188 f., 191 f., 240-245, 252 f., 255, 264-267, 268, 272 f., 275, 278-280, 285-297, 299, 319-323, 325, 327, 338 f., 347 f., 351 f., 360
Karl V. 119
Kersting, W. 162
Kierkegaard, S. 105, 163
Kleist, H. v. 74, 115, 118, 168, 176 f.
Kleobulos 105
Köchy, K. 247
Kohlberg, L. 349
Korsgaard, C. M. 296

Ladd, J. 29
Lang, F. 251
Lao Zi 148
La Rochefoucauld, F. de 42, 93, 268 f., 276
Lansch, E. S. 112
Layard, R. 96, 118
Leibniz, G.W. 95, 241, 327, 335
Libet, B. 246, 258 f.
Lichtenberg, G. Chr. 93
Liebich, B. 327
Lorenz, K. 329 f.
Luhmann, N. 32-34

MacIntyre, A. C. 97, 139
Maistre, J. M. de 46
Mao, T. 336
Márai, S. 116
Marcuse, H. 107
Markowitsch, H. J. 53
Marlowe 173
Marquard, O. 97, 103
Marx, K. 42, 310
Maugham, W. S. 116, 357
McEwan, I. 214
McGinn, C. 329
Mercier, P. 199
Metzinger, Th. 246
Meuter, N. 54
Mill, J. St. 11, 156
Milton, J. 32, 34
Molière 109
Montaigne, M. de 94

Moore, G. E. 22 f., 28
Morrison, T. 117
Morus, Th. 94, 140
Mozart, W. A. 174

Nadolny, St. 201
Neiman, S. 329, 336
Némirovsky, I. 357
Nero 335
Nietzsche, F. 11, 32, 38 f., 41-43, 89-91, 93 f., 97, 147, 174, 256 f., 327, 346
Nivison, D. 180
Nunner-Winkler, G. 351

Ödipus 58, 161, 209, 211
Oser, A. 349
Othello 161
Ott, K.-H. 145

Parsons, T. 351
Pascal, B. 144, 163
Patroklos 31
Paul, A. 46
Paul, J. 106, 118
Periander 104
Petkanow, St. 25
Pfeifer, K. 206
Phädra 112
Pieper, A. 82
Planck, M. 260
Platon 11, 36 f., 42, 63, 83 f., 94 f., 105, 107, 139, 149, 154, 163, 168, 170, 231, 293, 324
Plessner, H. 47
Polonius 58
Popper, K. 258
Priamos 171
Prinz, W. 246

Raaflaub, K. 200
Racine, J. 112
Rapp, Chr. 129
Rawls, J. 11, 39-41, 44 f., 188 f., 282, 349
Rattle, S. 112
Ricoeur, P. 328
Rippe, K.-P. 29, 129
Robin Hood 311
Roth, G. 242, 250, 255, 258, 261
Roth, J. 171, 360
Rotpeter 300 f.
Rousseau, J.-J. 187, 196, 327, 348
Ryle, G. 61, 242

Sade, D. A. F. de 112
Scarano, N. 59
Schaber, P. 59, 129
Scheler, M. 47, 129, 149, 312 f.
Schelling, F. W. 327
Schick, K. 115
Schiller, F. 108, 111, 148 f., 253, 320-322
Schönburg, A. v. 116
Schopenhauer, A. 225, 243
Schröer, Chr. 163
Searle, J. R.
Seel, M. 95
Seneca 143, 184
Shaftesbury, A. A. C. 313
Shakespeare, W. 110
Shen, V. 148
She Te 311
Singer, G. M. 278 f., 287
Singer, W. 246, 261
Sisyphos 97, 148
Slote, M. 129
Smith, A. 313 f.
Smith, J. 93
Sokrates 142, 170, 240, 253, 359
Solomon, R. C. 53
Spaemann, R. 95, 149
Spinoza, B. de 95, 141, 168, 183, 235-238, 240
Stalin, I. W. 336
Staudinger, U. M. 93
Stederoth, D. 247
Steinbeck, J. 311
Stevenson, Ch. L. 23
Suh, E. M. 96

Thales 104 f.
Teresa, Mutter 7, 321
Thomas v. Aquin 273
Thrasymachos 42
Timm, U. 148, 171

Tizian 119
Tomasello, M. 52, 330
Tugendhat, E. 225
Uehling, Th. E. 129
Usener, H. 151

Valentin, K. 346
Verne, J. 314
Voltaire 116

de Waal, F. 46, 52
Warburton 357 f.
Wassmann, C. 54
Watson, L. 330
Weber, M. 312 f.
Welzer, H. 53
Werther 101
Wettstein, H. K. 129
Williams, B. 27 f.
Wittgenstein, L. 57, 82, 87, 233
Wolf, Chr. 84
Wolsey, Th. 140
Wutz, M. 106

Yang Zhu 105
Yourcenar, M. 230

Zweig, St. 112, 116

Sachregister

Absicht (Intention) s. auch praktischer Syllogismus *55-58*, 61, 63, 66 f., 69-71, 76, 130, 203 f., 207, 209, 214, 262 f., 286, 289, 295 f., 311 f., *328-332*, 334, 336, 339
- ~ zweiter Stufe 331 f.
Achtung (moralisches Gefühl) s. auch moralische Anmut, Selbstachtung *313-318*, 321 f., 325, 332, 353 f.
actio libera in causa 209
Aggression 330
Affekt s. auch Leidenschaft *110*, 134-136, 141, 151, 169, 189, 236-238, 313 f., 335, 344
Aktivität 69, 71, 76 f., 204-207
Allgemeinheit 39, 277 *f.*, 313
Alltagsbewußtsein, ~erfahrung, ~verstand 9, 84, 199, 208, 229, 251, 320, 334
Alt-Ägypten 27, 94, 104
Altruismus 50, 113, 150 f., 166, *179-182*, 266, 299, 308, 346
Amoral, ~ismus s. auch ethischer Nihilismus 29, 177, *306*, 317, 338
anders handeln können s. alternative Möglichkeiten
Anerkennung 30, 53, 65, 85, 117, 121, *123 f.*, 130, 151, 153 f., 168 f., 180, 305, 341
animal morale, ~ morabile s. Moralanthropologie
Anmut, moralische (schöne Seele) *319-322*, 325, 344, 353, 355
Ansehen, Ehre (Leben des Ehrgeizes) 30, 83, 104 f., 113, *122-125*, 137, 149-154, 158, 169, 179 f., 182 f., 266, 274, 279, 299, 305, 332, 343, 346
Antimoralität s. auch böse 317, 332, 334
Antinaturalismus s. Naturalismus
Anthropologie (Conditio humana) s. auch Moralanthropologie 38, 57, 69, 71, 81, 93, 102, 108 f., 133 f., 138, 144, 146, 196, 205, 274, 298, 323, 338
Antrieb(skräfte), s. auch Leidenschaft, Motiv 51 f., 54 f., 57, 63 f., 66, 69, 76, 82, 110, 114, 126 f., 129 f., 135 f., 142, 144 f., 190 f., 198, 211, 217, *219-221*, 229 f., 239, 256, 268, 270, 279, 299, 316, 318, 321, 324-326, 334, 354, 361
Anwenden 30 f., *38*, 99, 126, 149, 224, 274, 280, 287, 298, 341
Aporie (Schwierigkeit) 10, 18, 55 f., 66, 74 f., 82 f., 95-98, 110-114, 123, 153, 156-159, 188, 197, 232, 281 f., 301, 331, 334
Argumentationslogik 14, 32, *35-45*, 46, 140, 302
Argument der offenen Frage 22 f.
Atheismus 240 f., 360
Aufklärung, reflexive ~ 249-254, 276
Aussagen
- normative s. Sollen
- deskriptive s. Sein
Authentizität s. Eigentlichkeit
Autonomie (Selbstgesetzgebung) 10 f., 14, 71, 95, 97, 192 f., 196 f., 222-227, 250, 324, 326, 352 f.
Autorität 12, 20, 130 f., 219, 224 f., 268, 317, 319, 350-352, 358

Bedingtheit s. auch Determination 70, 108, 136, 145, 147, 206 f., 226 f., 229 f.
Bedürfnis s. auch Interesse, Neigung 54, 70 f., 82 f., 85 f., 101 f., 106-108, 110-112, 115 f., 119 f., 122,

125, 159, 187 f., 198, 206, 219, 226, 229, 251, 314, 321, 350 f.
Begriffsanalyse 100, 283
Begründbarkeit, interpersonale s. auch Diskursethik 281, 284
Beobachterperspektive 60 f., 157, 216, 258, 269, 276, 314
Bereitschaftspotential 246, 252 f.
Besonnenheit 10, 25, 30, 75, 83, *140-144*, 148, 152, 169, 172, 180, 206, 273, *344*
Betrug s. auch Lüge 26, 30, 53, 57, 112, 158, 221, 223, 253, 256, 276, 282 f., 285-287, 294-297, 299 f., 303, 305, 308, 335, 345, 354
Bewertung s. auch gut 20 f., *23-28*, 43 f., 55, 59 f., 67 f., 70, 76, 80, 128, 154, 156, 192, 196, 255, 308, 331-334, 338
bewußt s. auch absichtlich, willentlich, wissentlich 53, *55-58*, 61, 69, 72, 81, 116 f., 205-209, 211, 254, 283, 330, 332 f.
Bewußtsein, Selbst~ 77 f., 242, 246, 248, 256, 258-261, 276, 305
- moralisches ~ *39-41*, 168, 191, 210, 221, 279, 287, 305, 318, 320, 343
- praktisches ~ 205, 275 f.
Beziehungen, soziale s. auch Freundschaft, Liebe 51, 102, 119, 144, *149 f.*, 159, 266
böse, das Böse s. auch Antimoralität 15, 20, 59 f., 159, 168, 171, 197, 217, *327-339*, 355
- physisch ~ (Übel) 329, 334
- sogenanntes ~ 329 f.
- Stufen des moralisch ~ *331-334*, 336 f., 338
Buddhismus 94, 152, 278, 327 f.
Buridans Esel 234

Charakter s. auch Persönlichkeit 19, 27, 100, 129 f., 162, 217, 229 f., 239, 244, 253, 263 f., 267 f., 270, 275 f., 333, 339, 348, 355
Charaktertugend s. auch Besonnenheit, Freigebigkeit, Gelassenheit, Heiterkeit, Selbstvergessenheit, Tapferkeit, Widerfahrnisbewältigungskompetenz, Wohlwollen 10, 75, *126-129*, 133, 136, 138, 140, 158, 161-164, 167, 175-177, 186, 272, 325, 344-346
Christentum 27, 43 f., 83, 90, 148, 152, 184, 187, 327, 345
Conditio humana s. Anthropologie
Courage s. Tapferkeit

Dankbarkeit 27, 175, 180
Daoismus 94, 105, 148
Demut 174 f.
Deontologie s. Pflichtenethik
Depositum s. auch Eigentum *293-297*, 300, 345
Determination s. auch Bedingtheit 206 f., 229 f., 238, 242, 245, 259, 265, 276
Determinismus s. auch Indeterminismus 12, 15, 196, *228-246*, 258, 262 f., 265
- dogmatischer ~ *229-234*, 244
- methodischer ~ *229-234*, 244
Diebstahl 244, 255, 289, 296 f.
Diskontierung, hedonistische 109, *157*
Diskurs *18-22*, 31, 339
- ethischer ~ *21 f.*, 275, 339
- interkultureller ~ s. auch interkulturelle Gemeinsamkeit 9, 30, 40, 98, 117, 123, 133, 180 f., 274 f.
- metaethischer ~ 21 f.
- moralischer ~ 21 f.
- realer, idealer ~ s. auch Diskursethik *281-284*, 314
Diskursethik (Konsensethik) 15, 196, *280-284*, 309, 328
Dissonanzthese *340-342*, 344
Dualismus 38, 64, *258-261*, 265
- ~ von Pflicht und Neigung 305, *319-321*, 341, 344, 349

Egoismus (Selbstliebe) s. auch Eigenwohl 42, 113, 150, 179 f., 190, 315 f., 345

Ehre s. Ansehen
Ehrlichkeit s. auch Versprechen 42, 128 f., 133, 158, 254, 257, 273-276, 278, 283, *287-289*, 295, 297, 302-305, 308 f., 349
Eifersucht 53, 84 f., 110, 151, 175, 182
Eigeninteresse s. auch Egoismus, Eigenwohl 32, 42, 75, *149-152*, 167, 180 f., 183 f., 292, 308 f., 315, 318, 333, 341
Eigentlichkeit (Authentizität) 128 f., 148
Eigentum s. auch Depositum 30, 199, 257, 286, 289, 322
Eigenwohl s. auch Egoismus, Fremdwohl, Wohl 9, 26, 81, 96, 113, 121, 166, *179-182*, 183 f., 186, 189, 222 f., 265, 300 f., 315, 333, 341, 345, 351
Einbildungskraft, teilnehmende s. auch Empathie 313 f.
Einstellung s. auch Tugend 23, 119, *126*, 135, 140 f., 158, 164, 185, 188, 237, *270*, 276, 328, 333, 355
- Grund~ 99 f., 309, 312
- Lebens~92, 148, 162, 268, 317
Einüben s. auch moralische Erziehung, Know how 70, 92, *129-131*, 137, 142 f., 149, 162, 249, 257, 300-303, 337, 347 f., *353-355*
Ekstase 152, 176
Emotion s. auch Empathie, Gefühl, Reue, Scham, Sympathie 53, 105, 115 f., 121, 131, 141-143, 149, 163, 258, 282, 306, 308, 313 f., 321, 344, 359
Emotivismus 23 f.
Empathie (Mitgefühl) s. auch Gefühlsethik, Sympathie 27, 30, 53, *151 f.*, 161, *314 f.*, 335, 348 f.
Empirie (Erfahrung, Erfahrungswissenschaft) 10, 19, 33, 37-39, 44 f., 46 f., 53, 75, 77, 96, 100, 103, 107 f., 114, 122, 129, 143, 155, 182, 200 f., 207 f., 224, 229-232, *242-245*, 252-254, 259 f., 263 f., 269, 271, 274, 285, 287, 292, 294, 300, 302, 305, 309, 313-316, 321, 325 f., 338, 345, 349-351, 353 f.
Empirismus 63, 66, 160, 235, 239, 241, 252
Endziel 69, 79-81, 86-89, 91, 98, 106, 108, 115 f., 125, 137, 140, 155, 184
- ~ erster Stufe s. Ansehen, Genußleben, Macht, Wohlstand
- ~ zweiter Stufe s. auch Eudaimonie *79-81*, 87, 89, 137
Entscheidung 56, 62, 66, 159, 209, 211-214, 256, 258 f., 272, 319, 344
Erbe der Menschheit s. auch interkulturelle Gemeinsamkeit 20, *29-32*, 274
Ereignis s. auch Kausalität 58, 60 f., 206, 212, 234, *241-245*, 252 f., 260, 289, 305 f.
Erfahrung, ~swissenschaft s. Empirie
Erfolgsethik s. Folgenethik
Erkennen, Erkenntnis 24, 59 f., *66*, 187 f., 215 f., 237, 298, 317
Erste Philosophie s. Fundamentalphilosophie
Erziehung, moralische s. auch Einüben 275, 302 f., 319, *347-355*
- Stufen der ~ 350-353
Es s. Ich
Ethik (Theorie der Moral) s. auch Diskursethik, Eudaimonismus, Folgenethik, Gefühlsethik, Gesinnungsethik, Glücksethik, Hedonismus, Maximenethik, Pflichtenethik, Strebensethik, Tugendethik, Utilitarismus, Verantwortungsethik, Wertethik, Willensethik *9-15*, *18-22*, 23-25, 27 f., 32, 35, 37, 40, 43-46, 55, 61, 69, 76, 79, 89, 91, 100, 123, 128 f., 136, 138, 165, 169 f., 171, 174, 184, 191, 196, 201 f., 210, 228, 265 f., 271, 275, 280, 287, 292, 324-329, 338, 343
- antike ~ s. auch Stoa 11 f., 18, 21, 42, 45, 47, 65, 77 f., 89, 94 f.,

98, 128, 134, 152, 166, 174, 178, 184, 191 f., 217, 234, 327, 353 f.
- mittelalterliche 95, 151 f., 178, 273, 327, 345
- moderne ~, neuzeitliche ~ 11, 21, 42, 45, 74, 89, 94 f., 105, 123, 129, 154, 178, 183, 186, 189, 191 f., 196, 268, 327
- zeitgenössische ~ 11, 35, 47, 178, 188 f., 191, 273, 280 f., 328, 357, 359
Ethos s. auch Lebensform *18-21*, 27
Eudaimonie s. auch Prinzip Glück 10 f., 14, 20, *69-72*, 81, 95, 137, 170 f., *175 f.*, 178 f., 184, 190 f., 324-326, 331 f., 342
Eudaimonismus s. auch Strebensethik, Tugendethik 11, 13 f., 25, 40 f., 45, 75, *89-91*, 95, 100, 132, 145, 170 f., *178-197*, 325 f.
Evolution 22, 46 f., 248-251, 259, 329 f.
Existenz, ökonomische s. Wohlstand
Externalismus s. auch Internalismus *65 f.*, 167, 217

Faktum, präskriptives ~ 36, *304-308*
Fatalismus 241
Fehlschluß 229
- genealogischer ~ s. auch Genealogie 41-43
- kognitivistischer ~ *56*, 237
- metaphysizistischer ~ 22
- moralistischer (Moralismus) ~ *37-39*, 60
- naturalistischer ~ 18, *22 f.*, 35, 49, 254
- Sein-Sollens~ (Humesches Gesetz) *35-37*, 44, 46, 49,
Folgenethik (Erfolgsethik, Teleologie, Zweckethik) s. auch Utilitarismus 10 f., 15, 40 f., 196 f., *278-280*, 298 f., 310-312
Folgenüberlegung (Handlungsfolge) 31, 108, 114, 140, 150, *154 f.*, 175, 202 f., 210, 278-280, 283, 286 f., 295
- handlungsexterne ~, handlungsinterne, ~ *279 f.*, 286 f., 291
Folter 172, 177, 335
Forschung s. auch Empirie 20, 33, 198, 230, 303
Freigebigkeit 10, 117, 135, 138-140, 144 f., 150 f., 169, 179 f., 201, 273
Freiheit s. auch Autonomie, Handlungs~, Willens~ 196, *198-202*
- emanzipatorische (negative) ~ *198-200*, 202, 205, 219, 236, 238
- ~ der Spontaneität 238 f.
- ~ der Indifferenz 238 f.
- innere ~ s. Gelassenheit
- konstruktive (positive) ~ *198-202*, 205, 219,
- moralische ~ 69, 190, 196, *198-202*, 206, *220 f.*, 223, 238 f., 245, 255, 257, 264 f., *301-304*, 307, 322
- personale ~ 196, *200-202*, 204 f., 223, 228, 232, *262-265*, 275
- pragmatische ~ 196, 220 f., 223, 255, 264, *299-304*
- psychologische ~ 241 f.
- soziale ~ s. auch ethischer Liberalismus 100, 196, 200-202, 206 f., 322 f.
- Stufen der ~ 196, 202, *204-206*, *219-221*, 223 f., 254 f.
- technische ~ 196, *299-304*, *220-223*, 255, 264, 300, 302
- transzendentale ~ 245
- wilde ~ 210
Freiwilligkeit s. auch Willentlichkeit, Wissentlichkeit *55-58*, 61, 69, 72, 81, 200, 206 f., 243, 254, 262, 272, 283, 330 f.
Fremdbestimmung (Heteronomie) 198, 202, 207, *224*
Fremdwohl s. auch Altruismus, Eigenwohl, Wohl, Utilitarismus *179-182*, 186
Freude s. auch Lust 84, 101, *106-114*, 117, 140, 157, 159 f., 302, 359
- Mit~ *152*, 180 f.

- Nach~, Vor~ 107, 113 f., 118, 142, 157 f.
Freundschaft 82, 85, 101, 147, 149, 151, 159 f., 176, 179 f., 182, 200, 223, 280, 341, 345
Fundamentalethik 9, *43-45*, 95, 202, 210, 298 f., 323, 337, 350
Fundamentalphilosophie (Erste Philosophie, Metaphysik) *43-45*, 89, 253, *324-326*

Gebot 10, 20, 38, 71, 133, 181, 238, 267, 300, 345
- moralisches ~ s. auch Pflicht 225, 266, *285*, 292, 306 f., 322, 337
Gefühl 24, 141, *216*, 226, 255, 260, 263, 304-306, 308 f., *313-315*, 323
- ~ von Lust und Unlust s. auch Besonnenheit 180, *205 f.*, 219, 344
- moralisches ~ s. Achtung
Gefühlsethik s. auch Empathie, Sympathie 309, 313-315
Gefühllosigkeit 141, *306*, 344
Gehirn s. auch Hirnforschung 48, 52, 205, 263, 303, 305 f., 347
Geist 48, 52, 67 f., 184, 236, 246, 259 f., 308
- ~substanz *61*, 64, *207 f.*, 260, 263 f.
Gegenseitigkeit s. Wechselseitigkeit
Gelassenheit (innere Freiheit) 75, 79, 139, *144-149*, 152, 169, *175-177*, 343 f., *346 f.*
Geld s. auch Wohlstand *115 f.*, 124, 144 f., 179, 280, 288-293
Gemeinsamkeit, interkulturelle s. auch Erbe der Menschheit 9 f., 12, 19 f., 30 f., 40, 46, 74 f., 81, 83, 94, 104 f., 110, 123, 137, 149, 152, 180 f., 193, 274 f., 278, 294, 298, 328, 336
Gemeinwohl 292, 356
Genealogie s. genealogischer Fehlschluß
Genußleben 75, 90, *105-114*, 137, 146, 154
Gerechtigkeit 42, 71, 188 f., 249, 273, 345, 354, 356
- ~ als individuelle Tugend 10, 25, 83, 129 f., 132, 139, 166, 168, 179 f., 189, 273, 356 f.
- politische ~ s. Rechtsmoral
Gesellschaft 33, 118 f., 123, 162 f., 180, 182, 201, 226, 249 f., 307, 322, 328, 351, 359
- moderne ~ *32-34*, 85, 137, 143, 146
- pluralistische ~ s. auch Relativismus 162, 349
Gesetz s. auch Moralgesetz 168, 192, 204, 223-226, 277, 294-297
- Freiheits~ s. auch Autonomie, Sollen 35, 186, 192
- Natur~ 35, 204, 209, 223 f., 229 f., 240 f., 243 f., 261, 277, 285 f., 290, 292 f., 321, 360
Gesinnung 270, 309, 314 f., 317 f., 321, 323, 332 f.
Gesinnungsethik 310, 312
Gewissen s. auch Scham 42, 65, 85, 113, 169, 177, 210, 223, *305 f.*, 310, 318, *350-353*
Gewohnheit 19, 56, 218, 226, 318, 354
Glaube 96 f., *360*
Glaubwürdigkeit *287-293*, 295
Gleichgültigkeit 32, 176, 274, 276, *279 f.*, 330
Gleichheit 124, 345
Globalisierung 180
Glück(seligkeit) 14, 25, 70-72, 75 f., 80, 168, 171, 193, 237, 280, 294, 319
- Begriff des ~ s. auch Eudaimonia 74 f., 80, 83, *86-89*, 91, 102, 168 f., 187, 325
- ~sethik 11, 87, 90, 326
- ~sforschung 96, 103, 118
- ~skalkül s. auch Utilitarismus 153-160
- ~sverlangen 12, 24, 74 f., 81-83, 130, 155, 197, 361
- hedonistisches ~ 81, *90 f.*, 154
- höchstes ~ 88 f.
- Lotto~, Zufalls~ s. auch Sehnsuchtsglück 69, 74, 80

- oberstes ~ 86, 88 f., 191
- Sehnsuchts~ *82-89*, 94, 101f., 104
- Strebens~ s. auch Eudaimonia 74, *82-89*, 100 f., 114, 124 f., 137, 175 f., 188, 191, 345

Goldene Regel 150

Gott, göttlich 51, 58, 86, 88, 95 f., 102, 152, 174, 181, 187, 233, 235 f., 241, 308, 321 f., 324, 360 f.

Grausamkeit s. Sadismus

Griechen s. abendländische Kultur

Großmut 32, 144, 237, 275

Großzügigkeit 30, 117, 180, 257

Grund s. auch Motiv, Vernunft 20, 59, 61, 63, 71, 80, 131, 196, *213-216*, 219, 224, 231, 233, 254, 257, *261*, 275 f.
- moralischer ~ 28, 50, 71, 213, 220 f., 223, 239, 244, 253 f., 261, 264 f., 268
- nach einem ~ handeln 61, 196, 206, *210-213*, 215, 219, 222, 225, 254, 262 f., 276, 279, 309 f., 313, 316, 318, 334, 354
- pragmatischer ~ 213, 216, 220, 223, 225, 264 f., 268, 358
- praktischer ~ 59, 61, 66, 196, 203, *212-216*, 222-224, 231, 234, 243 f., 248, 253 f., 261, 263 f., 265, 268, 277 f.
- rechtfertigender ~ 64-68, 167, 213, 217, 234
- technischer ~ 23 f., 213, 216, 220, 223 f., 225, 264, 268

Grundriß-Wissen *98-100*, 139

Grundsatz s. auch Maxime 21, 27, 30-32, 37, 75, 92, 136, 183, 210, 223-227, 268 f., 271 f., *275-278*, 280 f., 283, 308, 311, 316, 323 f., 333, 337

Gut, das Gute s. auch Bewertung 14, 20, *22-28*, 33, 35, 50, 59 f., 63, 76, 107, 128, 196, 215, 219-221, 237 f., 281, 333 f., 341 f.
- Definition von ~ s. auch naturalistischer Fehlschluß 28
- deskriptiv-präskriptiver Doppelcharakter von ~ 304-308
- höchstes ~ 44 f., 55, 70 f., 76, 188, 283, 342
- moralisch ~ 23, 25 f., *28*, 213, 215, 270, 279, 319 f., 342 f., 354
- moralisch ~ vs. moralisch richtig s. auch Moralität 188, 270, *279 f.*, 284, *308-313*, 331, 333, 354, 362
- oberstes (dominantes) ~ 26, *88 f.*, 191, 342
- pragmatisch ~ *24 f.*, 141, 188 f., 213, 215, 220, 270
- technisch ~~ *23 f.*, 158, 213, 215, 220, 270
- uneingeschränkt, schlechthin ~ 26 f., 28, 54 f., 69, 71, 184, 191 f., 222, 309, 324-326, 341 f.
- vollendetes (inklusives) ~ *88 f.*, 169, 342

Gutleben (eu zen) s. auch gelungenes Leben 50 f., *81*

Güter 85, 116 f., 120 f., 144, 149, 169, 176, 187, 191, 232

Habsucht s. auch Depositum 51, 117, 144, 153

Handlung s. auch Streben, Wollen 14, 24, *55-72*, 156, 184, 206, *210-213*, 224, 239, 241, 244 f., 254, 256 f., 260 f., 264, 270, 272, 275, 278 f., 312

Handlungsfeld (Situationstyp), s. auch Maxime, Tugend 128, 134, 138, 223, 268-271, 274, 277 f.,

Handlungsfolge s. Folgenüberlegung

Handlungsfreiheit 173, 196, 201 f., *203-218*, 226 f., *234-240*, 250-252, 258, 263

Handlungsregel s. auch Maxime 154, 158, *269-272*, 275, 295, 309

Handlungsspielraum s. auch Handlungsfreiheit 155, 160, 162 f., 201, *206-210*, 257, 303

Handlungstheorie s. auch Handlung 14, 55, 60 f., 65, 67, 71 f., 160, 171, *190-193*, 200 f., 217, 326

Hang zum Bösen 339
Hedonismus (Lustethik) 22, *89-91*, *107-114*, 154, 158
Heiterkeit s. auch Seelenruhe 139 f., *148 f.*, 237, 346, 353
Hermeneutik *39-41*, 46, 160 f., 274
Herstellen (Machen) s. auch Vollzugshandeln 63, 69, *76-79*, 80, 87, 106, 160, 166, 206, 306 f.
Heteronomie s. Fremdbestimmung
Hilfsbereitschaft 30, 63, 79, 126-129, 137 f., 269 f., 273 f., 276, 279 f., 285, 299, 302, 319, 330, 349
Hinduismus 94
Hirnforschung 15, 196, *246-261*, 302 f.
Humanität 51, 109, 128, 134, 321, 348
Humesches Gesetz s. Sein-Sollensfehler

Ich 93 f., 259, 278, *350-352*
Ideal 133, 148, 176, 327
Illegalität, moralische s. auch böse *311 f.*, 334, 337
Illusion 100 f., 146, 214, 228 f., 238, 240 f., 246, 249-252, 304
Indeterminismus (Libertarismus) s. auch Determinismus 222, 229, *233 f.*, 238 f., 243 f., 253, 259, 262, 265
Immer-mehr (Pleonexie) 51, 86, 101 f., 110 f., 117, 143
Immoralität s. auch böse 332, 334
Imperativ s. auch Pflicht, Sollen 20, 35, 47 f., 212 f., *265-268*, 321
- eudaimonistischer ~ s. eudaimonistischer Ratschlag
- hypothetischer ~ 26
- kategorischer (moralischer) ~ *26 f.*, 37, 41, 212 f., *265-268*, 278, 280, 319 f., 325
- pragmatischer ~ *24 f.*, 37, 183, 212 f., 301,
- technischer ~ *23 f.*, 37, 212 f., 220, 301,
Inkompatibilismus s. Kompatibilismus
Institution 13, 19, 27, 33, 37, 39, 287, 291, 295, 318, *322-324*, 350
Intelligenz s. auch Geist 48, 51 f., 54-56, 187, 201, 256 f., 321 f.
- lebenspraktische ~ s. auch Klugheit 158, 162, 164, 175
Intentionalismus 61, 66 f.
Intention s. Absicht
Interesse s. auch Bedürfnis 20, 70 f., 82 f., 85 f., 89 f., 108, 110 f., 115 f., 119-122, 125, 130 f., 141 f., 149, 155, 161 f., 178, 187-189, 224, 229, 263, 279, 281 f., 314 f., 341, 351, 358 f., 361
- - ~ zweiter Stufe 68, 116, 161
Intuition 22, 313
Internalismus s. auch Externalismus *65 f.*, 167 f., 217, 316
Islam 27, 83, 117, 152, 298

Jenseits 310, 324, 343, 360 f.
Judentum 43 f., 83

Kardinaltugenden s. auch Charaktertugend 128, *139 f.*, 273
Kategorienfehler 261
Kausalität s. auch Ereignis, Determinismus 60 f., 64-68, 167 f., 176, 213, 228-232, *241-244*, 246, 249, 252-254, 260
Kausalismus *60 f.*, 66 f.
Klugheit s. auch Lebensklugheit, lebenspraktische Intelligenz 83, 121, 139, *161-164*, *183*, 237, 269, 293
Know-how s. auch Einüben *60*, 92, 126, 148, 158, 173
Kognitivismus s. auch kognitivistischer Fehlschluß 24, *58-60*, 160, 174, 269
Kohärenz s. Überlegungsgleichgewicht
Kommunitarismus 104
Kompatibilismus, Inkompatibilismus 229, 235, 240 f, 265
Konfuzianismus 27, 94
Konsensethik s. Diskursethik

Kontradiktionsthese *340-342*, 344
Kontra-Legalität s. auch böse *331 f.*, 334
Kontra-Moralität s. auch böse *332*, 334
Konvergenzthese 340-342
Krankheit 85, 90, 97, 144, 173, 177
Kreativität 114, 116, 118, 120, 143, 146, *157 f.*, 167, 173, 182, 199, 274, 303
Kultur s. auch Relativismus, interkultureller Diskurs, interkulturelle Gemeinsamkeit 12, 18 f., 27, 30, 32, 39 f., 40, *46 f.*, 49 f., 52, 54, 57, 74 f., 82, 99, 104, 133, 137-139, 143 f., 161, 178, 193, 224, 249-251, 271, 350 f.
- abendländische ~ 11, 18, 42, 74, 81 f., 86, 93, 102, 104 f., 236, 248 f., 298, 335, 347, 359

Laster, ~haftigkeit 126 f., 134, 140, 151, 168, 217, 276, 329, 331-333, 360
Leben
- gelungenes ~10, 69 f., 79, 83, 87, 91, 95, 104, 108, 115, 118, 127, 141, 152, 162, 164, 175, 188, 192 f., 223, 340, 344, 348, 358, 361
- ~ der Lust s. Genußleben
- ~ des Ehrgeizes s. Ansehen
- politisches ~ s. Macht
- wissenschaftlich-theoretisches ~ s. Theoria
Lebensform s. auch Ansehen, Genußleben, Macht, Wohlstand, Theoria 19, 98, 101, 104, 136, 139, 144-147, 149, 154, 158, 163, 179, 199, 226, 346
Lebensklugheit s. auch eudaimonistische Vernunft 14, 75, *126-129*, 137, 139, *160-165*, 167, 171 f., 177, 186, 189, 300, 320, 325
Lebenskunst s. auch praktische Philosophie 9, 12-15, 45, 72, 74 f., *92-103*, 104, 114, 118, 127, 139, 142, 152, 160, 162 f., 176, 196 f., 201, *340-349*, 359
Lebensweisheit 9 f., *93*, 97, 269
Legalität (Pflichtgemäßheit) s. auch Moralität 131 f., 189, 308-313, 315, 319 f., 324 f., 331, 333 f., 341, 354, 357
Leid 42, 84, 90, 97, 105, 114, 142, 151 f., *171-175*, 181 f., 314, 328 f., 334 f., 343
Leidenschaft s. auch Affekt 63, 70, 100, *110*, 134, 138, 164, 219, 226, 229, 239 f., 251, 294 f., 344
Liberalismus, ethischer 100, 152
Libertarismus s. Indeterminismus
Libet-Experiment 246, *252 f.*, 256-258
Liebe 82, 84, 149, 176, 181, 280, 341
Lob, Tadel 19, 58, *130 f.*, 133, 204, 214, 348, 353
LOGIK-Studie 351 f.
Lüge s. auch Versprechen 10, 30, 40, *53*, 158, 214 f., 256, 265 f., 273, 282 f., 302-304, 335
Lust s. auch Besonnenheit, Freude, Genußleben 14, 22, 80, 88 f., 90 f., 131-133, 136, 140-142, 151, 163, 169, 180, 217-219, 263, 320, 344, 361
- Bewegungs~, episodische ~ *106 f.*, 159
- geistige ~ 105-107, 111, 132, 142
- ~ als Endziel 80, *105-114*, 122, 125, 137, 184
- ~ethik s. Hedonismus
- ~kalkül (hedonistischer Kalkül) 75, *153-160*
- ~prinzip 106 f., 114 f., 125, 147
- sinnliche ~ 104-111, 140, 142, 152, 159, 205
- Zustands~ *107*, 159

Macht (politisches Leben) s. auch Gelassenheit 19, 75, 82, 90 f., 104 f., 114, *118-122*, 124-126, 137, 139, 144-146, 152-154, 158 f., 183, 198
- ~ der Vernunft 216-220, 246

Materialismus 240 f.
Maxime s. auch Grundsatz 15, 67, 129, 196 f., 223, 267-272, 274-280, 282-284, 292 f., 295-298, 309, 316, 323, 332 f., 335, 346 f., 353
Maximenethik *271-276*, 284, 323
Mensch s. auch Anthropologie, Humanität, Vernunftwesen 12, 19 f., *47-54*, 56, 58 f., 67, 69 f., 72, 74-78, 81 f., 84, 86, 89-91, 95, 102, 104, 107-110, 113, 115, 122 f., 127-130, 133, 136 f., 139, 141-143, 147, 150, 170, 176 f., 179, 181, 186-188, 192 f., 196 f., 201, 204-207, 210, 214 f., 226 f., 228 f., 235-237, 240, 245-248, 250 f., 256, 260, 267, 284, 298 f., 301-303, 307, 310, 312, 318-322, 329 f., 338 f., 343, 347 f., 355
Metaethik *21 f.*, 25, 28, 59, 265 f., 309
Metaphysik s. Fundamentalphilosophie
Methode s. Aporie, Argumentationslogik, bestimmte Negation, Genealogie, Hermeneutik, konstruktive Semantik, methodischer Determinismus, Überlegungsgleichgewicht
Mitgefühl s. Empathie
Mitleid s. Sympathie
Mittel 37, 277, 286 f., 293-296, 300, 311, 340, 343, 345
Mittel-Ziel-Modell s. auch praktischer Syllogismus *23-25*, 56 f., *63 f.*, 68 f., 78 f., 116, 119, 122, 127, 133, 153, 162-164, 184, 210, 220 f., 257, 264, 266, 270, 300
Mittel zweiter Stufe 116, 119, 125
Möglichkeiten, alternative (anders handeln können) 204, 208 f., 215, 233, *253 f.*, 301
Moral (Gegenstand der Ethik) s. auch Rechtsmoral, Tugendmoral
- autonome ~ 10, 13-15, 40 f., 197, 298 f., 302, 304, *340-355*
- Begriff der ~ 10, 26, 33, 69, 178, 181, 222, *265-268*, 354
- kritische ~ *20 f.*, 26, 40, 49, 50, 54, 178
- ~anthropologie 14, *46-54*, 74 f., 86
- ~begründung s. auch interpersonale Begründbarkeit 21, 28, 38, 42-44, 49 f., 96, 203, 225, *280-284*, 325 f.
- ~gesetz 242, 272, 298, *315-322*, 325, 331 f., 349, 353, 357
- ~kriterium s. Imperativ, Maxime, Universalisierung 15, 49, 72, 189, 191, 237, *265-268*, 271, *276-278*, 281-283, 285 f., 295, 298, 309, 313-315, 324, 346
- ~kritik s. auch Determinismus, Genealogie, Nihilismus, Relativismus 11 f., 20, 75, *89-91*, 100, 268 f., 276, 304
- ~philosophie s. auch Ethik *11-13*, *18-22*, 25, 29-31, 35, 37 f., 40, 45, 74 f., 89, 92, 95 f., 99, 101 f., 129 f., 191, 193, 234, 236, 271, 280 f., 285, 314 f., 327-329, 337-339, 347, 349, 356 f., 359
- positive (geltende) ~ *19*, 21, 40, 49 f., 54, 178
- Standpunkt der ~ 27, 34, 38, 100, 315, 347, 350
Moralismus s. moralistischer Fehlschluß
Moralistik, europäische 93 f., 269, 276
Moralität 21, *131-133*, 184, 189, 197, *308-313*, 315 f., 319-325, 331, 333 f., 341, 354 f., *356-362*
Motiv (Triebfeder) s. auch Achtung 57, *64-68*, 80, 107, 127, 133, 144 f., 166 f., 217, 229-231, 238 f., 279 f., 289, 333, 338, 348 f., 351, 358

Nächstenliebe 27, 43, 345, 348
Naturalismus, Anti~ *49 f.*, 327, 329
Naturgesetz s. Gesetz
Naturzustand 123, 182
Negation, bestimmte 35, 125, 140, 160, 245
Neid 42, 53, 84 f., 110, 117, 122, 151-153, 182

Neigung s. auch Dualismus von Pflicht und ~ 135, 188, 219, 239, 268, 294, 301, 305, 309, 313, 316, *319 f.*, 322, 333, 344, 349, 353
Neoaristotelismus s. Rearistotelisierung
Nichtdenkenkönnen, Nichtwollenkönnen s. auch Universalisierung *285 f.*, 295 f.
Nihilismus, ethischer s. auch Amoralismus 29, *32-34*, 43, 96 f., 100
Norm 29-32, 36, 96, 210, 281, 309
Normativismus s. moralistischer Fehlschluß
Not(lage) s. auch Versprechen 27, 37, 40, 126, 136-138, 172, 274, 276, 279, 285, 343
Notwendigkeit 62, 71, 167 f., 228, 235 f., 238, *241-243*, 253, 306, 308, 337
Nutzenkalkül s. auch Utilitarismus 63, 148, 155 f.

Objektivität, objektiv 24 f., 58-60, 65, 67 f., 77, 95 f., 98, 100, 102, 105, 108, 127, *133-138*, 155 f., 158, 160 f., 183 f., 189, 211, 233, 242, 247, 252 f., 259, 269, 273, 277, 288 f., 308, 310, 313, 316, 322, 331 f., 334, 337, 357
Ontologie s. auch präskriptives Faktum, Sein, Sollen 37 f., 59, 79, 88, 133, 136, 206, 212, 235 f., 258, 261, 307, 321, 324, 339, 355
Optimierung, Sub~ 49 f., 122, 159

Pädagogik s. auch moralische Erziehung 111 f., 339, 348 f.
Partikularismus s. auch Universalismus 137 f.
Personsein, 123, *206*
Personalismus 61
Persönlichkeit s. auch Charakter 82, 114, 130 f., 133, 151, 185, 216 f., 257, 276, 278, 318, 339
Perversion 87, 115, 331
Pflicht s. auch Tugendpflicht 10 f., 95, 272, 280, 312, *319 f.*, 325, 349
- direkte ~ 347
- indirekte ~ *343*, 347
- moralische ~ 280, 305, 312, 319, 344, 353, 357
- ~ gegen andere 179, 280, 286, 345 f., *357 f.*
- ~ gegen sich selbst 28, 179, 284, 319, 343, 345-37, *357-359*, 361 f.
- rechtsmoralische ~ s. Rechtspflicht
- tugendmoralische ~ s. Tugendpflicht
- unvollkommene ~ 285 f.
- utilitaristische ~ 280
- vollkommene ~ 285 f.
Pflichtenethik (deontologische Ethik) 10 f., 13, 20, 40 f., 95, 97, 131-133, 184, 192, 267, 272, 279 f., 320 f.
Pflichtgemäßheit s. Legalität
Philosophie s. auch Ethik, Moralphilosophie, Theoria *9-15*, 20, 33, 41, 51, 63, 65, 70, 82, 93, 95 f., 105, 148 f., 186, 199, 201 f., 231, *248-252*, 259, 261, 327 f.
- antike ~ 11, 59, 152
- moderne ~, neuzeitliche ~ 41, 52, 77, 92, 94, 187, 240, 246, 253, 336
- praktische ~ s. auch Lebenskunst *12-14*, 32, 37, *94 f.*, 98-100
- theoretische ~ 13, 59, 94, 255, 261, 326
- zeitgenössische ~ 11, 35, 43, 47, 178
Physikalismus *231 f.*, 260
Pleonexie s. Immer-mehr
Praxis s. Vollzugshandeln
Primaten 46, *51-54*, 205, 250, 330
Prinzip Freiheit s. auch Autonomie 9-15, 20, 28, 45, *69-72*, 75, 95, *190-193*, 196, 236, 271, 277, 340 f.
Prinzip Glück s. auch Eudaimonie 9-15, 20, 28, 45, *69-72*, 74 f., 81, 83, 86, 89-91, *95-98*, 118 f., 126, 137 f., 150 f., 155, 169 f., 178, 180, 185, *190-193*, 236, 331, 340 f., 343, 345

Rationalität s. Vernunft
Ratschlag, eudaimonistischer 102 f., 117 f., 122, 124, 127, 132, 142, 145, 148, 150
Rationalismus s. auch Vernunft *60*, 63, 155, 235
Realismus, ethischer 59-61
Rearistotelisierung (Neoaristotelismus) 129, *163-165*, 170, 178, 273
Rechtschaffenheit 128, 180, 192 f., 257 f., 278, 343
Rechtsmoral (politische Gerechtigkeit) 27, 44, 221, 249, *285*, 336 f., 350, *356-358*
Rechtspflicht s. auch Rechtsmoral 27, 285
Reduktionismus s. auch Hirnforschung 259 f.
Reflexivität, praktische (praktisches Selbstverhältnis) s. auch praktische Vernunft *55-57*, 64, 77 f., 126, 135 f., 138, 140-142, 145, 207, 226, 229 f., 234, 239, 243 f., 254, 264, 268, 277 f.
Regeldogmatismus 98 f., 271
Regelhedonismus 158
Regelutilitarismus 292 f.
Relativismus 12, 18, 20, *29-32*, 40, 59 f., 98 f., 100, 271, 308, 314
Religion 44, 89, 181, 187, 317 f., 251, 360
Ressentiment 42 f., 151
Reue s. auch Scham 53, 216, *219-222*, 318
Rigorismus 319
Römer s. abendländische Kultur

Sachverhalt s. auch ethischer Realismus 60 f., 92, 158, 230 f.
Sadismus (Grausamkeit) s. auch böse 22, 51, 112, 121, 151, 328 f., 332, 335 f., 338
Sanktion s. auch Reue, Scham, Strafe *65*, *216*, 247, 353 f., 356
Scham s. auch Reue 53, 65, 85, 113, 158, 168, 173, 216, 263, *304-306*, 350-353
Schlechtigkeit s. auch böse 330 f.
Schuld s. auch Verantwortung 65, 247, 250, 252, 317, 350 f., 361
Schwierigkeit s. Aporie
Seele 256, 360
- schöne ~ s. moralische Anmut
Seelenruhe (Unerschütterlichkeit) s. auch Heiterkeit 174, 237
Sein (Wirklichkeit) s. auch Sollen 36-39, 41, 49, 54, 64 f., 133, 200, 202, *216*, 245, 268, *298-308*, 310, 317 f., *334-337*, 349, 354
Selbstachtung s. auch Achtung 28, 85, 124, 133, 141 f., 159, 168 f., 173, 230, 249, 263, 316 f., 343, 349, *356-362*
Selbstbestimmung s. auch subjektive Zustimmung 95, 198, *200-202*, 205, 235, 237, 249, 275
Selbstbewußtsein s. auch Bewußtsein *77 f.*, 205, 275
Selbsteinschätzung s. auch Urteilskraft 100 f., 161, 214, 230
Selbstentfaltung s. auch Pflicht gegen sich selbst 80, 88 f., *273*
Selbstgesetzgebung s. Autonomie
Selbstliebe s. Egoismus
Selbstmord 273
Selbstvergessenheit 138, *149-152*, 346
Selbstverhältnis, praktisches s. praktische Reflexivität
Selbstzweck 79, 101, 118, 122, 133, 171, *184-189*, 192, 266, 270, 325, 328, 343
Semantik, konstruktive *23*, 41, 71 f., 80, 196, 334
Sinn *146-148*, 173 f., 181
Sinnlichkeit 64, 95, 126, 139-141, 190, 205, *219-221*, 226, 299, 316, 320, 325 f.
Sitte, Sittlichkeit 19, 21, 29, 39, 163 f., *322-324*
Situationstyp s. Handlungsfeld
Solidarität *180*, 200
Sollen (Forderung) s. auch Argumentationslogik, Imperativ, Sein 20, 36-39, 41 f., 46 f., 48, 54, 64 f.,

95, 108, 200, 202, 216, 224, 267, *304-308*, 317 f., 337, 357
Souveränität 32, 89 f., 134, 144, 169, 175, 177, 201, 201, 216 f., 240, 320
Spontaneität 69-71, *76-78*, 126, 187, *205 f.*, 235
Stoa 93, 143, 174, *176 f.*, 184
Strafe s. auch Sanktion 65, 177, 214, 249, 308 f., 348, 354
- ~recht 209, 247, 249, 322, 356
Streben s. auch Handlung 14, 63 f., 69-72, 74 f., *76-79*, 81, 83, 86 f., 89, 100, 125, 178, 187, *190-193*, 207 f., 326, 331 f.
Strebensethik s. auch Eudaimonismus, Tugendethik 72, 75, 81, 108, 131 f., 168 f., 190-193, 196, 203, 273, 324 f., 331
Subjekt, subjektiv 10, 19, 24, 58-61, 65, 67 f., 77, 81, 96, 98, 106, 108 f., *133-138*, 156-158, 160 f., 183 f., 188 f., 200-202, 206, 211 f., 214-217, 231-233, 244, 247 f., 258 f., 265, 268 f., 276-278, 284, 287 f., 308-310, 313-317, 322, 332, 337, 346, 357
Syllogismus, praktischer s. auch Mittel-Ziel-Modell *61-64*, 66, 68
Sympathie (Mitleid) s. auch Empathie, Gefühlsethik 27, 42 f., 151 f., 176, 180, 226, 279 f., 299, 309, *313-315*, 319, 345

Tapferkeit (Courage) 30, 83, 130, *134-140*, 164, 168 f., 172, 175, 180, 184 f., 200, 237, 253, 256 f., 273
Täuschung 52 f., 68, 131, 203, *213-215*, 246, 251 f, 275 f., 282, 286, 290, 315, 349
Teleologie s. Folgenethik
Teufel 327
Theologie 234 f., 326-328
Theoria (wissenschaftlich-philosophisches Leben) 102, 152, 179, *186-188*
Tier s. auch Primaten 18 f., 48, *50-54*, 76 f., 127, 204 f., 211 f., 235, 250, 330
Tod 83, 97, 168-170, 173 f., 176, 185, 237
Toleranz 49, 172
Tradition 137, 162 f., 218, 226, 278
transzendental s. auch transzendentale Freiheit *89*, 242, 253, 255
Triebfeder s. Motiv
Trittbrettfahrer 291
Töten s. auch Selbstmord 26, 265 f., 285, 336 f., 356
Tugend s. auch Charaktertugend, Kardinaltugenden 10, 50, 67, 92, 136, 142 f. 148 f., 164, 272 f., 276, 318, 321, 339, 345
- Begriff der ~ 75, *126-129*, *134 f.*, 137 f., 168 f., 171 f., 183-185, 272 f.
- eudaimonistische ~ 14, 20, 25, 75, 83, *126-138*, *166-189*
- fremdbezogene ~ *179-182*, 237
- intellektuelle ~ s. auch Lebensklugheit 75, *127*, 137, 139, 161 f., 177, 186, 272, 325
- moralische ~ 128 f., 132 f., 184 f., 237, 272 f., 354
- motivationale ~ s. Charaktertugend
- Primär~ 129, 133, 272
- Sekundär~ 128 f., 272
- selbstbezogene ~ *179 f.*, 237, 344
- Selbstzweckcharakter der ~ *183-186*, 189, 192
Tugendethik s. auch Eudaimonismus, Rearistotelisierung, Strebensethik 10, 20, 129, *131-133*, 136, 139, 162 f., *166-177*, 182, 185, 191, 272-274
Tugendmoral (verdienstliches Mehr) 27, 221, *285*, 356 f.
Tugendpflicht 27, 285, 356

Übel s. auch physisch böse 170, 174, 177, *329*
Über-Ich s. Ich
Überlappungsthese 340-342
Überlegungsgleichgewicht (Kohärenz) 39-41

Unbedingtheit s. auch kategorischer Imperativ 26, 89, 191, 243 f., *264-266*, 280
Unbeherrschtheit s. Willensschwäche
Unerschütterlichkeit s. Seelenruhe
Universalismus s. auch Objektivität 40, *136-138*, 193, 201 f., 277, 308, 345 f.
Universalisierung (Verallgemeinerung) 15, 23, 129, 196, 237, 267, 274 f., *276-279*, 283 f., *287-289*, *291-297*, 309, 313, 323, 347, 353
Universalisierungstest s. auch Depositum, Versprechen 279 f., 282, *285-297*, 311, 313-315, 323
Urheber s. auch Verantwortung, Zurechenbarkeit
- freier ~ *203-212*, 254, 262, 312, 330 f., 337
- moralischer ~ 253, 256
- schlichter ~ *203-205*, 207 f., 210 f., 239, 256, 262, 312
- verantwortlicher ~ 58, 77, 206, 215, 254, 253, 262
Ursache s. auch Determinismus, Kausalität 60 f., 64-67, 203-205, 209, 211 f., 229-234, 239, 241, 243 f., 248 f., 251, 261 f., 316
Ursachenlosigkeit s. auch Indeterminismus 229, *231-234*
Urteilskraft 10, 99-101, 161-165, 224, 242, *271-274*, 302-304
Utilitarismus s. auch Folgenethik 10 f., 14, 22, 25 f., 40-42, 75, 90, 107, *154-158*, 188, 280, 292 f. 309
Utopie *83-85*, 94, 182

Verallgemeinerung s. Universalisierung
Verantwortung, s. auch Urheber, Zurechenbarkeit 12, 54, 58 f., 69, 71 f., 81 f., 98, 108, 124, 130 f., 134, 138, 170, 182, *192*, 202-207, 209, 221, 234, 238 f., *249-252*, 260, 284, 289, 303, *310-312*, 329, 334, 338, 361
Verantwortungsethik 312 f.
Verbindlichkeit s. auch Imperativ, Relativismus 12, 18, 20, *23-27*, *29-32*, 37-41, 43, 49, 51, 54, 96 f., 164 f., 181, 184 f., 224 f., 239, 266 f., 272, 277, 280, 306, 308, 312, 317 f., 334, 349, 352 f., 356
Verbot s. auch Imperativ 20, *265-267*, *285*
Verdienstliches Mehr s. Tugendmoral
Vermitteln s. auch Urteilskraft *38 f.*, 98 f., *269-271*, 274
Vernunft (Rationalität) 36 f., 47, 52, 54, *59 f.*, 63 f., 93, 100, 110, 114, 184, 202, 215 f., *237-240*, 325, *336*
- eudaimonistische ~ s. auch Lebensklugheit 114, 118, 122, *125-127*, 137, 140, 161
- hedonistische ~ 114, 140, 350 f.
- moralisch-praktische ~ *26*, 36, 63 f., 188, *190 f.*, 196, 203, 216, *219-227*, 243, 268, 294, 303, 315, 324, 336 f., 361 f.
- pragmatisch-praktische ~ *24 f.*, 63, 223, 268, 303, 336
- praktische (handlungsleitende) ~ s. auch praktische Reflexivität 24, 57, *61-64*, 66, 138, 167, 187 f., 190, 196, *203-219*, 223-226, 229, 237, 239, 268, 270 f., 294, 298, 307, 336, 349
- reine praktischen s. moralisch-praktische ~
- technisch-praktische ~ *24 f.*, 63, 153, 223, 268, 303, 336
- theoretische ~ 64, 162, *186-188*, 190, 216, 237, 336
Vernunftwesen 95, 136, 193, 267 f., 285, 298 f., 307, 316, 355, 359
Versprechen s. auch Ehrlichkeit 15, 22, *36*, 274, 278, *286-293*, 296 f.
Versuchung 133, 144, 217, 321 f., 333, 337, 343
Veto-Möglichkeit s. auch Libet-Experiment 258
Vollzugshandeln (praxis) s. auch Herstellen 27, 56 f., 63, 69, *76-79*,

83, 87, 106 f., 126 f., 160, 166, 206, 317 f., 325
Vorrang des Rechten vor dem Guten vs. Vorrang des Guten vor dem Rechten 178 f., *188 f.*, 190

Wahrnehmung 22 f., 67 f., 247 f., 255-257, 261
Warum moralisch sein? 307, *356-359*, 361
Wechselseitigkeit (Gegenseitigkeit) 30, *123 f.*, 150 f., 283, 285, 341, 358
Weisheitsliteratur 9, 94, 100, 104, 110, 148, 150, 187, 251
Weltoffenheit *48 f.*, 54-57, 70-72, 146
Wertethik 308 f.
Widerfahrnisse 93, *171-175*, 251, 334, 343, 359
Widerfahrnisbewältigungskompetenz s. auch Heiterkeit, Seelenruhe 171-175
Willentlichkeit (volitives Moment) s. auch Absicht *56-58*, 59, 70, 77, 126, 204, *207-210*, 214, 221, 243, 252, 296
Willkür 196, 210, 212 f., 233, 262, 272
Wille s. auch praktische Reflexivität, Willensfreiheit 57, *70-72*, 190 f., 207 f., 220-222, 226, 238, 240 f., 244, 254, 258, 263 f., 309 f., 322-325, 332
Willensethik 11, 13 f., 45, 72, 75, 95, 132, *190-193*, 196 f., 203, 225, 268 f., 271, 273, 278, 280, 289, 296, 298 f., 311, 313, 324-326, 332
Willensfreiheit s. auch Autonomie, Determinismus, Freiheit, Hirnforschung 10, 14 f., 71 f., 89, 190, 196 f., 201-202, *219-227*, 263-265, *298-304*, 308
Willensschwäche (Unbeherrschtheit) 65, 77, 167, *216-218*, 316, *331-333*, 337
Wissentlichkeit (kognitives Moment) s. auch Absicht, know how, know that *56-59*, 61, 66, 77, 92, 126, 158, 204, *207-212*, 214, 218, 221, 243, 252
Wohl(ergehen) s. auch Eigenwohl, Fremdwohl 9 f., 20, 24-26, 63, 104, 142, 152, 157, 162, 177, *179-182*, 183 f., 186, 220 f., 223, 225 f., 236 f., 240, 254, 264, 279 f., 291, 301 f., 316 f., 319, 328, 340 f., 346 f., 356, 360
Wohlgesinntheit 344-346
Wohlstand (ökonomische Existenz) s. auch Gelassenheit 23, 37, 75, 82, 96, *114-118*, 125 f., 137, 139, 144-146, 152-154, 158 f., 189, 198, 220, 223 f., 346
Wohltätigkeit 221, 273, 285, 357
Wohlwollen 27, 75, 152, 159 f., 169, 179-181, 221, 280, 299, 308 f., 313-315, *344-346*, 356 f.
Wollen (volitives Moment) s. auch Wille, Wunsch 14, 61, *70 f.*, *190-193*, 201, 207 f., 210, 221, 223, 226, 233, 238 f., 246, 253, 262, 264, 267 f., 284, 309 f., 316, 333 f., 359
Wunsch s. auch Sehnsuchtsglück, Wollen 57, *66-68*, 82-85, 144, 151, 207 f., 220, 225 f., 244, 264, 268, 310, 323, 344 f.

Zen-Buddhismus s. Buddhismus
Ziel s. auch Absicht, Endziel, Eudaimonie 10 f., 14, 23-25, 51, 56-58, 61-64, 68-72, 74-81, 86-89, 100, 102, 106, 108, 115, 117 f., 125-127, 133, 139 f., 153, 159 f., 162, 164, 169, 178, 183, 188-193, 199 f., 206, 211, 213 f., 226, 257, 266, 270, 280, 325 f.
- Hierarchie von ~ s. auch Endziel, Begriff des Glücks *69 f.*, 80, 86 f., 114 f.
- höchstes ~ 14, 69 f., 72, 76, 79 f., 83, 87, 137, 178, 187, 190, 192 f.
- notwendiges ~ s. auch Wohl 25, 74, 89, *95*

Zufriedenheit 81, 96, 102 f., 106, *110 f.*
Zurechenbarkeit s. auch Urheber, Verantwortung 56, 58, 134, 203, 206, 209, 212, 251, 263, 267, 312, 328 f.
Zuschauer, unparteiischer s. Beobachterperspektive
Zustimmung, subjektive 19, 65, 69, 76 f., 106, *131-133*, 145, 179, 207 f., 212, 216 f., 226, 229 f., 262 f., 267 f., 272, 285, 305 f., 308, *313-318*, 321, 323, 333, 342, 354, 352-358
Zwang 69, 201, 206 f., 210, *228 f.*, 234, 236-239, 246, 254, 259, 262, 337
Zweckethik s. Folgenethik, Utilitarismus

Aus dem Verlagsprogramm

Beck'sche Reihe «Denker»
Herausgegeben von Otfried Höffe

Theodor W. Adorno, von Rolf Wiggershaus (bsr 510)
Anselm von Canterbury, von Rolf Schönberger (bsr 568)
Antike Skeptiker, von Friedo Ricken (bsr 526)
Hannah Arendt, von Hauke Brunkhorst (bsr 548)
Aristoteles, von Otfried Höffe (bsr 535)
Augustinus, von Christoph Horn (bsr 531)
Avicenna, von Gotthard Strohmaier (bsr 546)
Francis Bacon, von Wolfgang Krohn (bsr 509)
George Berkeley, von Arend Kulenkampff (bsr 511)
Giordano Bruno, von Paul Richard Blum (bsr 551)
Rudolf Carnap, von Thomas Mormann (bsr 554)
Ernst Cassirer, von Andreas Graeser (bsr 527)
Noam Chomsky, von Günther Grewendorf (bsr 574)
Nicolaus Cusanus, von Kurt Flasch (bsr 562)
Charles Darwin, von Eve-Marie Engels (bsr 575)
Jacques Derrida, von Uwe Dreisholtkamp (bsr 550)
René Descartes, von Dominik Perler (bsr 542)
Epikur, von Malte Hossenfelder (bsr 520)
Johann Gottlieb Fichte, von Peter Rohs (bsr 521)
Michel Foucault, von Urs Marti (bsr 513)
Gottlob Frege, von Verena Mayer (bsr 534)
Hans-Georg Gadamer, von Kai Hammermeister (bsr 552)
Jürgen Habermas, von Alessandro Pinzani (bsr 576)
G.W.F. Hegel, von Hans Friedrich Fulda (bsr 565)
Werner Heisenberg, von Gregor Schiemann (bsr 577)
Max Horkheimer, von Zvi Rosen (bsr 528)
Wilhelm von Humboldt, von Tilman Borsche (bsr 519)
David Hume, von Jens Kulenkampff (bsr 517)
Edmund Husserl, von Verena Mayer (bsr 579)
Indische Denker, von Kuno Lorenz (bsr 545)
Karl Jaspers, von Kurt Salamun (bsr 508)
Immanuel Kant, von Otfried Höffe (bsr 506)
Johannes Kepler, von Volker Bialas (bsr 566)
Søren Kierkegaard, von Annemarie Pieper (bsr 556)
Konfuzius, von Heiner Roetz (bsr 529)
Nikolaus Kopernikus, von Martin Carrier (bsr 558)

Jacques Lacan, von Kai Hammermeister (bsr 578)
Gottfried Wilhelm Leibniz, von Michael-Thomas Liske (bsr 555)
John Locke, von Rainer Specht (bsr 518)
Niklas Luhmann, von Detlef Horster (bsr 538)
Niccolò Machiavelli, von Wolfgang Kersting (bsr 515)
John Stuart Mill, von Peter Rinderle (bsr 557)
Isaac Newton, von Ivo Schneider (bsr 514)
Friedrich Nietzsche, von Volker Gerhardt (bsr 522)
Wilhelm von Ockham, von Jan P. Beckmann (bsr 533)
Willard Van Orman Quine, von Henri Lauener (bsr 503)
Blaise Pascal, von Wilhelm Schmidt-Biggemann (bsr 553)
Charles Sanders Peirce, von Klaus Oehler (bsr 523)
Jean Piaget, von Thomas Kesselring (bsr 512)
Platon, von Michael Erler (bsr 573)
Plotin, von Jens Halfwassen (bsr 570)
Karl R. Popper, von Lothar Schäfer (bsr 516)
Karl Rahner, von Albert Raffelt/Hansjürgen Verweyen (bsr 541)
John Rawls, von Thomas W. Pogge (bsr 525)
Jean-Jacques Rousseau, von Dieter Sturma (bsr 549)
Bertrand Russell, von Thomas Mormann (bsr 560)
Jean-Paul Sartre, von Peter Kampits (bsr 567)
Max Scheler, von Wolfhart Henckmann (bsr 543)
F.W.J. Schelling, von Hans Michael Baumgartner/
Harald Korten (bsr 536)
Friedrich Schleiermacher, von Hermann Fischer (bsr 563)
Arthur Schopenhauer, von Klaus Jürgen Grün (bsr 559)
Duns Scotus, von Ludger Honnefelder (bsr 569)
Adam Smith, von Karl Graf Ballestrem (bsr 561)
Sokrates, von Günter Figal (bsr 530)
Baruch de Spinoza, von Wolfgang Bartuschat (bsr 537)
Thomas von Aquin, von Maximilian Forschner (bsr 572)
Paul Tillich, von Werner Schüßler (bsr 540)
Giambattista Vico, von Peter König (bsr 571)
Vorsokratiker, von Christof Rapp (539)
Max Weber, von Gregor Schöllgen (bsr 544)
Alfred North Whitehead, von Michael Hampe (bsr 547)
Ludwig Wittgenstein, von Wilhelm Vossenkuhl (bsr 532)

Verlag C. H. Beck München

Otfried Höffe bei C. H. Beck

Ist die Demokratie zukunftsfähig?
Über moderne Politik
2009. 334 Seiten. Paperback
Beck'sche Reihe Band 1911

Wirtschaftsbürger – Staatsbürger – Weltbürger
Politische Ethik im Zeitalter der Globalisierung
2004. 309 Seiten. Broschiert

Kants Kritik der reinen Vernunft
Die Grundlegung der modernen Philosophie
4. Auflage. 2004. 378 Seiten. Leinen

Demokratie im Zeitalter der Globalisierung
1999. 476 Seiten. Leinen

Kleine Geschichte der Philosophie
2. Auflage. 2008. 384 Seiten mit 20 Abbildungen. Paperback
Beck'sche Reihe Band 1597
und
2001. 384 Seiten mit 180 Abbildungen,
davon 85 in Farbe. Gebunden

Gerechtigkeit
Eine philosophische Einführung
3., durchgesehene Auflage. 2007. 127 Seiten mit 6 Abbildungen. Paperback
Beck'sche Reihe Band 2168 (C. H. Beck Wissen)

Lexikon der Ethik
In Zusammenarbeit mit Maximilian Forschner,
Christoph Horn, Wilhelm Vossenkuhl
7., neubearbeitete und erweiterte Auflage. 2008. 379 Seiten. Paperback
Beck'sche Reihe Band 152

Lesebuch zur Ethik
Philosophische Texte von der Antike bis zur Gegenwart
4., durchgesehene und erweiterte Auflage. 2007. 455 Seiten. Paperback
Beck'sche Reihe Band 1341

Verlag C.H.Beck München

Philosophie bei C.H.Beck

Otfried Höffe (Hrsg.)
Klassiker der Philosophie
Band 1: Von den Vorsokratikern bis David Hume
2008. 386 Seiten. Paperback
Beck'sche Reihe Band 1792
Band 2: Von Immanuel Kant bis John Rawls
2008. 360 Seiten. Paperback
Beck'sche Reihe Band 1793

Ernst Tugendhat
Egozentrizität und Mystik
Eine anthropologische Studie
2. Auflage. 2004. 170 Seiten. Leinen

Ernst Tugendhat
Anthropologie statt Metaphysik
2007. 207 Seiten. Gebunden

Nico Scarano/Mauricio Suárez (Hrsg.)
Ernst Tugendhats Ethik
Einwände und Erwiderungen
2006. 336 Seiten. Broschiert

Wilhelm Vossenkuhl
Die Möglichkeit des Guten
Ethik im 21. Jahrhundert
2006. 472 Seiten. Leinen

Kurt Flasch
Meister Eckhart
Die Geburt der «Deutschen Mystik» aus dem Geist
der arabischen Philosophie
2006. 192 Seiten mit einer Abbildung. Gebunden

Verlag C.H.Beck München

Philosophie bei C. H. Beck

Kwame Anthony Appiah
Ethische Experimente
Übungen zum guten Leben
2009. 304 Seiten. Broschiert

Wolfgang Sofsky
Das Buch der Laster
2009. 272 Seiten. Gebunden

Manfred Kühn
Kant
Eine Biographie
5. Auflage. 2004. 639 Seiten mit 27 Abbildungen. Leinen

Hans-Martin Schönherr-Mann
Sartre
Philosophie als Lebensform
2005. 174 Seiten. Broschiert

Konrad Paul Liessmann
Günther Anders
Philosophieren im Zeitalter der technologischen Revolutionen
2002. 208 Seiten. Leinen

Hans Dieter Zimmermann
Martin und Fritz Heidegger
Philosophie und Fastnacht
2., durchgesehene Auflage. 2005.
173 Seiten mit 4 Abbildungen. Gebunden

Christoph Riedweg
Pythagoras
Leben, Lehre, Nachwirkung
Eine Einführung.
2. Auflage. 2007. 208 Seiten mit 3 Abbildungen und einer Karte. Broschiert

Verlag C. H. Beck München